社会福祉学研究の50年

日本社会福祉学会の歩み

日本社会福祉学会 編

写真でつづる
日本社会福祉学会の50年

日本社会福祉学会創立大会
(1954年5月9日　於：大阪市教育会館)

日本社会福祉学会創立に係わった人々（日本社会福祉学会設立準備委員，1954年5月9日）
後列左から嶋田啓一郎，横山定雄，吉田久一，岡村重夫，東田英夫の各氏
前列左から田村米三郎，竹内愛二，仲村優一，小川政亮，木田徹郎の各氏

第2回日本社会福祉学会大会
（1954年11月14日　於：日本女子大学）

第4回日本社会福祉学会大会（1956年10月13～14日　於：同志社大学）

第7回日本社会福祉学会大会（1959年10月31日～11月1日　於：東北福祉短期大学）

第13回日本社会福祉学会大会 （1965年11月21〜22日　於：熊本短期大学）

第18回日本社会福祉学会大会 （1970年11月2〜3日　於：四国学院大学）

第35回日本社会福祉学会大会
$\begin{pmatrix} 1987年10月10〜11日 \\ 於：日本福祉大学 \end{pmatrix}$
自由発表分科会会場

第47回日本社会福祉学会大会
$\begin{pmatrix} 1999年10月9〜10日 \\ 於：川崎医療福祉大学 \end{pmatrix}$
韓国社会福祉学会会長　金聖二氏を迎えて

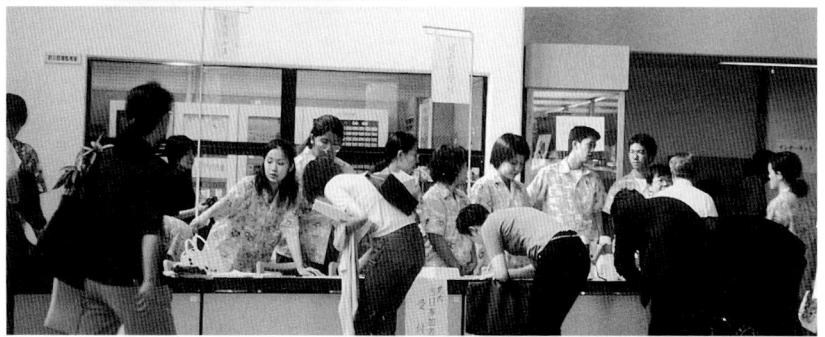

第49回日本社会福祉学会大会
$\begin{pmatrix} 2001年10月20〜21日 \\ 於：沖縄国際大学他 \end{pmatrix}$
受付の様子

第50回記念日本社会福祉学会
$\begin{pmatrix} 2002年10月26〜27日 \\ 於：日本社会事業大学 \end{pmatrix}$
2002年度総会

第51回日本社会福祉学会大会
(2003年10月11〜13日 於:四天王寺国際仏教大学)
ポスター発表(左)は第47回大会(1999年)から採用された

第四章 機 関

第十条 (役員) 本会に左の役員をおく。
 1. 理事 若干名 うち一名を代表理事、一名を会計理事とする。
 2. 監事 二名
第十一条 (理事及び監事の選任) 理事及び監事は、総会において、会員の中から選任する。代表理事は、理事会において互選する。
第十二条 (任期) 役員の任期は、二年とする。役員は再選することができる。補欠の役員の任期は、前任者の残任期間とする。
第十三条 (代表理事) 代表理事は、本会を代表する。代表理事に故障がある場合には、その指した他の理事が職務を代行する。
第十四条 (理事) 理事は、理事会を組織し、会務を執行する。
第十五条 (監事) 監事は、会計及び会務執行の状況を監査する。
第十六条 (委員) 理事会は、委員を委嘱し会務の執行を補助させることができる。
第十七条 (総会) 理事会は、毎年一回会員の通常総会を招集しなければならない。代表理事が、必要と認めるとき又は、会員の三分の一以上の請求がある時は、臨時総会を開く。
第十八条 (議決) 総会の議決は、出席会員の過半数をもって決する。

第五章 會 計

第十九条 (経費) 本会の経費は、会費、寄附金およびその他の収入をもってあてる。
第二十条 (予算及び決算) 本会の予算は、理事会の議決を経、総会の承認を得てこれを決定する。会計理事は、毎会計年度の終了後遅滞なく、決算報告書をつくり、総会に提出してその承認を得なければならない。
第二十一条 (会計年度) 本会の会計年度は、毎年四月一日に始まり、翌年三月三十一日に終るものとする。

第六章 規約の変更及解散

第二十二条 本規約を変更するには、又は本会を解散するには、会員の三分の一以上又は理事の過半数の提案により、総会出席会員三分の二以上の同意を得なければならない。

附 則

1. この規約は一九五四年 月 日より施行する。

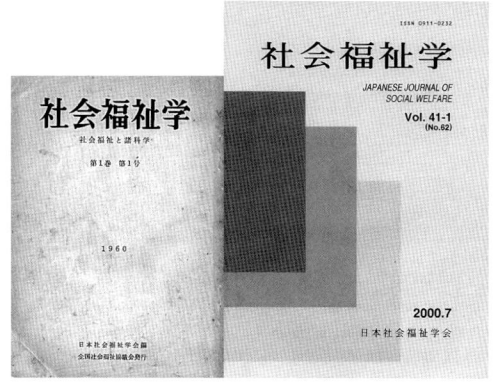

共同研究の成果『日本の貧困
―ボーダー・ライン階層の研
究―』有斐閣（1958年）

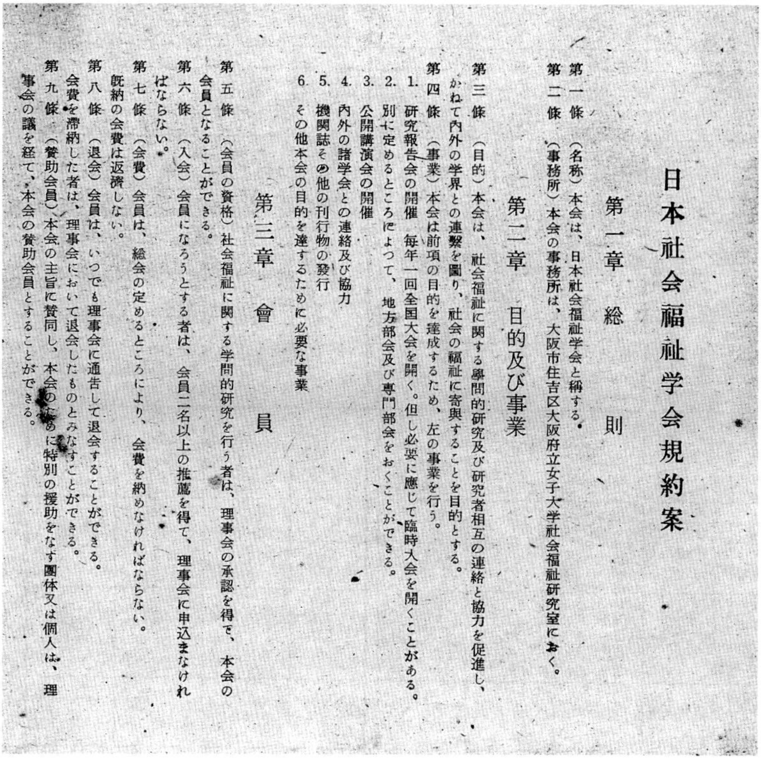

機関誌『社会福祉学』
創刊号（1960年）と装いも新たな第41巻第1号（2000年）

日本社会福祉学会大会創立時の規約案

日本社会福祉学会規約案

第一章　総　則

第一條　（名称）本会は、日本社会福祉学会と稱する。
第二條　（事務所）本会の事務所は、大阪市住吉区大阪府立女子大学社会福祉研究室におく。

第二章　目的及び事業

第三條　（目的）本会は、社会福祉に関する學問的研究及び研究者相互の連絡と協力を促進し、かねて内外の学界との連繫を圖り、社会の福祉に寄與することを目的とする。
第四條　（事業）本会は前項の目的を達成するため、左の事業を行う。
 1. 研究報告会の開催　毎年一回全国大会を開く。但し必要に応じて臨時入会を開くことがある。
 2. 別に定めるところによって、地方部会及び専門部会をおくことができる。
 3. 公開講演会の開催
 4. 内外の諸学会との連絡及び協力
 5. 機関誌その他の刊行物の発行
 6. その他本会の目的を達するために必要な事業

第三章　會　員

第五條　（会員の資格）社会福祉に関する學問的研究を行う者は、理事会の承認を得て、本会の会員となることができる。
第六條　（入会）会員になろうとする者は、会員二名以上の推薦を得て、理事会に申込まなければならない。
第七條　（会費）会員は、総会の定めるところにより、会費を納めなければならない。既納の会費は返済しない。
第八條　（退会）会員は、いつでも理事会に通告して退会することができる。会費を滞納した者は、理事会において退会したものとみなすことができる。
第九條　（賛助会員）本会の主旨に賛同し、本会のために特別の援助をなす團体又は個人は、理事会の議を経て、本会の賛助会員とすることができる。

革とよばれる改革の一環として社会福祉法への改称・改正が行われました。また，世界に類をみない少子・高齢社会の急速な進展の中で，どのような社会保障のシステムと対人援助を軸としたソーシャルワークを展開させていくのか，50年前の理念と理論枠組みだけでは対応できないところにきていることも事実です。

しかしながら，戦後の荒廃の中で掲げられた理想と理念は，今日といえども褪せることはないと思っています。それどころか，地球規模でのヒューマンセキュリティ（人間の安全保障）を考えなければ，日本国民の生活と社会保障自体安定させることができない今日の状況では，憲法前文の理念を世界的に展開するソーシャルワークが求められていると同時に，今後の日本の社会福祉学研究はそれに応える研究と活動をしなければならない時期ではないでしょうか。

日本社会福祉学会が21世紀の社会状況に見合った，新しい歩みを踏み出すためにも，日本社会福祉学会がどのような理念で発足し，その理念の具現化のためにどのような活動をしてきたのかを改めて振り返り，現会員がそれらの共通理解を深め，21世紀の今後の活動にそれを活かすことが必要であり，かつ大切なことではないかと思います。本書は，そのような思いで刊行されました。

本書を刊行するに当たっては，「日本社会福祉学会50年史編纂委員会」の宇都榮子委員長を始め，編纂委員の方には大変なご労苦をお掛けし，本当にお世話になりました。また，50年というものの，多くの資料が散逸し，その収集だけでも大変な作業が必要でした。多くの会員のご尽力，ご協力により漸く資料が収集でき，本書にまとめることができました。改めて，編纂委員を始め，ご協力頂いた多くの会員の皆様に心より厚く御礼申し上げます。

本書が日本社会福祉学会に所属する会員の共通理解を深め，21世紀の新たな社会福祉問題に対応する社会福祉学研究と社会福祉実践を深め，推進する一助になることを心より祈念しています。

2004年6月20日

日本社会福祉学会会長

大橋謙策

編纂の視点と枠組み

　日本社会福祉学会創設50年，一口に50年というがその歳月は限りなく重い。
　日本社会福祉学会創設の頃のわが国の社会福祉と社会福祉学研究の状況をこんにちと比較してみれば，そのことは直ぐにも理解されよう。50年の昔，戦後が終わったか終わってないかという時節のなかで，わが国の社会福祉は，敗戦直後の大衆的窮乏に対応するために再構築された生活保護を基軸に，戦災孤児浮浪児対策，傷痍軍人対策としての色彩の強い児童福祉サービスと身体障害者福祉サービスがその周辺部分に展開されるという状況にあった。そして，一方，社会福祉学の研究は，敗戦とともに勢いを取り戻した「社会科学」を方法論として，社会福祉の本質を問う厳しい論争が展開されるという状況にあった。
　こんにち，周知のように，わが国の社会福祉は，生活保護を最終的なセーフティネットとしながらも，介護保険を含む高齢者福祉サービスや児童福祉サービスを中心に展開されるという状況にある。近年の社会福祉基礎構造改革を通じて社会福祉制度の骨格も著しい変化を経験してきた。社会福祉の運営体制は市町村を主体とする方向に変化し，財源調達方式には社会保険技術が取り込まれ，契約と援助提供事業者の多元化，そして競争原理の導入による利用者主体の社会福祉の実現がめざされている。
　社会福祉学の研究も，こうした状況を反映しつつ，かつての社会福祉の本質を問うという議論から国・自治体レベルの施策の計画や策定，事業の運営管理，援助過程における価値や理念，援助の技法，第三者評価や利用支援の方法などに関わる議論にその比重を移してきている。
　この間，わが国の社会福祉学の研究者たちは，社会福祉学研究の基礎を築いた第一世代，それを継承しつつ独自に新しい理論的な展開に途を開いた第二世代，そしてそのような第一世代，第二世代の研究者に薫陶を受けた第三世代を経て，いまではその主流を第四世代さらには第五世代に移してきている。社会

福祉理論の類型でいえば，政策論，技術論，固有論，運動論，経営論という経過を経て，ミクロ，メゾレベルの個別研究を中心に新しい理論的な試みも展開されるという状況にある。

日本社会福祉学会50年史の編纂は，予想されたことであるとはいえ，このような未曾有といって過言ではないような社会福祉そのものの変動の過程と社会福祉学研究の展開の過程を相互に関連づけながらその創設，発展，そして変動の過程を跡づけるという，きわめて困難な作業となった。もとより，歴史というからには，何よりもそれを構成する歴史的事実が掘り起こされ，確定されなければならない。まずその作業自体に困難がつきまとうことになった。50年という時間は，日々に新しい事実やそれにかかわる情報を生みだすとともに，その事実を人びとの脳裡から遠ざけ，雪だるまのように増加し続ける資料の山のなかに埋もれさせてきた。

そのような状況のなかで，50年史編纂委員会は，学会としての組織，活動，財政，年次大会のみならず地方部会の組織や活動にまで視野を広げ，学会の会員をはじめとする多数の関係者を煩わせ，史資料の発掘と確認のために記憶を辿り，資料の奥底に尋ねることをお願いしてきた。ヒアリングや資料の提供にご協力いただいた関係者の方々に，改めて御礼を申し上げなければならない。

蒐集した歴史的事実，その裏付けとなる史資料を整理し，分析し，記述するにあたっては，学会の活動における節目とその背景にある社会福祉の時々の変動をよりどころとして時期区分を行い，それぞれの時期と地方部会を編纂委員会の各委員で分担することとした。編纂委員で担いきれない部会については，それぞれの部会の活動の経緯に詳しい学会会員に執筆を依頼した。

時期区分と地方部会の編成は以下の通りである。

第1期　1945〜55年　　学会創立への動き—戦後社会福祉学研究の萌芽
第2期　1956〜64年　　初期の学会活動—共同研究と社会福祉統合論
第3期　1965〜73年　　学会組織の動揺と収束—社会福祉研究の混迷
第4期　1974〜89年　　学会組織の飛躍的拡大—視点の転換：政策批判と政策提言

第5期　1990年以降　学会組織の整備と質—制度改革論と資格制度論

北海道部会，東北部会，関東部会，中部部会，関西部会，中国四国部会，九州部会

　ことあらためて指摘するまでもないことであるが，歴史の研究においては，基礎となる歴史的事実としてどれを拾いあげ，個々の歴史的事実のどれにどれだけの重みを与え，相互に関連付け，そこからどのような意味を引き出してくるのか，これらの過程には研究する側の歴史観，社会観，人間観が，より直接的にはそれらを背景に組み立てられた社会福祉の理論が関与してこざるをえない。

　歴史は，個々の研究者のもつ尺度，すなわち研究対象にたいするスタンス，視点，枠組み，手順・手続き，言語体系にもとづいて多様に存在する事実のなかから採択，分析され，一定の文脈をもつように意味づけられた，換言すれば研究者によって多様な事実のなかから選びだされ，一つのストーリーとして再構成され，記述された歴史的事実の集積にほかならない。

　編纂委員会は，歴史的事実の蒐集や分析，解釈において各委員の個性と色彩が前面に出過ぎないように議論を積み重ね，日本社会福祉学会50年史としての一貫性，統一性を確保するように努めてきたつもりである。それでも担当者の色彩を除き去ることは望みえないことであった。その限りにおいて，時期区分をはじめとして，それぞれの時期や地方部会に関する歴史的事実の選択，分析，解釈，そして記述はいずれも編纂委員会ならびに各委員による試論の域をでるものではない。将来本格的な歴史研究として日本社会福祉学会史が描きだされるための準備作業，史資料を蒐集し，そこに一定の整理を加えるという，いわば未開の分野にローラーをかけるという作業に終わったかと思われるが，その成否についての判断は読者諸氏に委ねるほかはない。

　こんにち1970年代の後半から80年代にかけて，新自由主義や新保守主義に依拠する福祉国家批判が台頭する時期を境に時代は世界史的な転換期に入ったという歴史認識が一般化しつつあるが，それに先立つ1950年代の後半にはじまる

世界的な経済成長は，福祉国家政策をヨーロッパから北アメリカ，オセアニアに広げ，わが国も70年代初頭にはこの流れにキャッチアップし，福祉国家の末端に連なることになった。そして，その間に，わが国の社会福祉学研究も開花の時期を迎え，本質論争を契機に幾多の個性的な社会福祉理論をうみだしてきたのである。いまなお，顕在的あるいは潜在的に大きな影響力をもち続けている孝橋正一や岡村重夫の理論はそのような福祉国家発展期の社会福祉学研究を代表する業績であった。

　もとより，その後の社会福祉学の発展にもみるべき業績が多数含まれている。しかしながら，転換期的状況が本格的に展開し，日本社会福祉学会が50年を迎えるこんにち，わが国の社会福祉学研究にも一つの時代が終わったという印象が強い。

　秋は2004年，わが国の社会福祉学研究は戦後60年間の模索と蓄積を基盤に新しいステージに踏み出そうとしている。日本社会福祉学会の来るべき50年がわが国の社会福祉学研究に飛躍的な発展をもたらすことを切望しつつ擱筆する。

　　2004年9月20日

日本社会福祉学会50年史編纂委員会

凡　　例

1. 執筆にあたっては，本書が横組みであるために，原資料が縦組みである場合，漢数字は算用数字に改めた。また，人名以外は，一部の資料をのぞいて当用漢字に改めた。
2. 第Ⅱ部，第Ⅳ部については，読みやすさをはかるために，できるだけ注記をさけ，引用文献，参考文献も文中に挿入した。
3. 人名表記については原則として，学会名簿に記載される通りとした。引用資料中の場合は，そのままとしたが，本書第Ⅲ部に再録した座談会，対談，第Ⅴ部〔資料5〕機関誌『社会福祉学』総目次については，統一をはかるため，学会名簿通りとした。
4. 機関誌『社会福祉学』については数え間違いにより通巻号数の39号が欠番となっている。「学会ニュース」は1978年創刊から3号，1987年に復刊して1号が刊行されているが，1992年に実際は通巻第5号にあたるものが復刊第3号として刊行され今日に至っている。すでに，何年も経過していることなので，引用にあたっては，機関誌やニュースに表記されている号数をそのままとした。
5. 年表の表記にあたっては，大会，総会などの開催場所は〈　〉で囲み。司会や発表者の所属については（　）で囲み，所属については大学の学の字は省略した。

『社会福祉学研究の50年』目　次

写真でつづる日本社会福祉学会の50年（口絵）
刊行にあたって………………………………………………大橋謙策　i
編纂の視点と枠組み…………………日本社会福祉学会50年史編纂委員会　iii
凡　　例………………………………………………………………………vii

第Ⅰ部　社会福祉学研究50年の回顧と展望

戦後社会福祉研究の総括と21世紀への展望──自らの立場との関係で
……………………………仲村優一　2

1 独自のディシプリンの形成…(2)／2 若手研究者への期待…(3)
／3 社会福祉とソーシャルワークの関係…(3)／4 社会福祉の補充性…(5)

戦後社会福祉の総括──思想史的立場からの反省と課題………阿部志郎　7

1 断絶と連続…(7)／2 血と土…(11)／3 多数とひとり…(16)
／4 ローカルとグローバル…(19)

社会福祉研究の展開と展望──「社会福祉学」の在り方を中心に
……………………………一番ヶ瀬康子　27

はじめに…(27)／1 展開──社会福祉学の成立にむかって…(28)
／2 展開──社会福祉学の進展…(32)／3 展望…(35)／おわりに
…(38)

戦後社会福祉の政策研究の総括──とくに1960年代後半以降を中心に
……………………………三浦文夫　40

はじめに…(40)／1 高度成長期の社会福祉政策と研究動向…(41)
／2 低成長時代の社会福祉政策と研究動向…(48)／3 社会福祉制

度の「改革」と社会福祉研究の動向…(54)／おわりに…(60)

『統合科学』としての社会福祉学研究と地域福祉の時代
..................................大橋謙策　63

はじめに…(63)／1 地方分権下における地域福祉実践と社会福祉学研究の新たな視座…(65)／2 地域トータルケアシステムに求められるソーシャルワークの固有性と日本的展開…(70)／3「統合科学」としての社会福祉学と研究組織論および研究評価論…(75)

第Ⅱ部　社会福祉学研究の50年と日本社会福祉学会

第1章　学会創立への動き──戦後社会福祉学研究の萌芽・1945年〜1955年
..................................宇都榮子　86

1 学会創立前の社会状況…(86)／2 日本社会福祉学会創設の底流をなす学問的状況…(93)／3 日本社会福祉学会創立…(102)

第2章　初期の学会活動──共同研究と社会福祉統合論・1956年〜1964年
..................................杉村　宏　112

1 社会福祉をめぐる社会状況…(112)／2「日本の貧困」をめぐる共同研究と社会福祉課題…(117)／3『社会福祉学』の発刊と研究活動…(124)／4 学会の社会的活動…(131)

第3章　学会組織の動揺と収束──社会福祉研究の混迷・1965年〜1973年
..................................遠藤久江　136

1 高度成長期の社会福祉理論…(136)／2 日本社会福祉学会の社会的自立…(140)／3 社会福祉専門職制度確立への助走…(146)／4 学会の社会的活動…(155)

第4章　学会組織の飛躍的拡大──視点の転換：政策批判と政策提言・1974年〜1989年
..................................田澤あけみ　156

1 戦後社会福祉体制の見直し…(156)／2 学会30周年と社会福祉再編…(160)／3 臨調・行革の推進と学会活動…(167)

第5章 学会組織の整備と質──制度改革論と資格制度論・1990年以降
　　　　　　　　　　　　　　　　　　　　　　　　……………………平戸ルリ子　182

　　1 社会福祉制度改革と学会活動…(182)／2 学会の国際化の動き…(194)／3 学会組織の再編と質の確保…(198)／4 資格制度と社会福祉学会…(204)

第Ⅲ部　記念座談会・対談・聞き書きからたどる日本社会福祉学会の50年

座談会　日本社会福祉学会の歴史──創設期・初期を中心に ………210
　　　　　　　　　　　岡村重夫　嶋田啓一郎　横山定雄　吉田久一
　　　　　　　　　　　　　　　　　　　　　司会　一番ヶ瀬康子
　　　　　　　　　　　　　　　編集委員　小松源助　高島　進

　　1 学会創立の底流…(211)／2 学会の創立経過…(217)／3 学会初期の研究動向…(237)／4 創立期，思い出の人びと…(254)

対　談　学会創立時の学問状況と想い出の人々 ……………271
　　　　　　　　　　　　　　　　対談者　岡村重夫　吉田久一
　　　　　　　　　　　　　　　編集委員　秋山智久　宇都榮子

　　1 学会創立頃の学問状況…(271)／2 社会事業教育懇談会の頃…(275)／3 社会福祉と隣接諸科学…(279)／4 大河内理論への挑戦…(282)／5 社会福祉学会か社会事業学会か…(284)／6 行政マンと社会福祉研究…(287)／7 関東と関西の関係…(289)／8 日本社会事業学校連盟との関係…(291)／9 学会創立に係わった人々…(294)／10 今日の学会への感想…(298)

聞き書き　日本社会福祉学会の50年〈その1〉 ………………302
　　　　　　　　　　　　語り手　一番ヶ瀬康子　高島　進
　　　　　　　　　　　　司会者　古川孝順
　　　　　　　　　　　　陪席者　50年史編纂委員
　　　　　　　　　　　　記録　　小泉亜紀

聞き書き　日本社会福祉学会の50年〈その2〉……………323
　　　　　　　　　　　　　　　語り手　仲村優一
　　　　　　　　　　　　　　　聞き手　古川孝順
　　　　　　　　　　　　　　　陪席者　50年史編纂委員
　　　　　　　　　　　　　　　記　録　小泉亜紀

第Ⅳ部　日本社会福祉学会地方部会史

第1章　北海道部会史……………………………杉村　宏　338
1 北海道社会福祉学会運営の変遷と特徴…(338)／2 北海道社会福祉学会活動の変遷と特徴…(341)／年表　北海道社会福祉学会・日本社会福祉学会北海道部会年表…(351)

第2章　東北部会史………………………田代国次郎・遠藤久江　367
1 東北部会初期の状況…(367)／2 東北における社会福祉研究活動の背景…(368)／3 東北社会福祉研究の特色…(369)／4 東北部会の活動の断面…(371)／5 東北部会の現状と課題…(371)／年表　日本社会福祉学会東北部会年表…(373)

第3章　関東部会史……………………………遠藤久江　388
1 関東部会の発足と活動…(388)／2 初期の部会活動とその内容…(389)／3 関東部会運営組織の変遷…(389)／4 関東部会の研究大会とその内容…(391)／5 論集・会報の発行…(391)／年表　日本社会福祉学会関東部会年表…(394)

第4章　中部部会史……………………………高島　進　407
1 中部部会の活動…(407)／2 中部部会の特徴…(409)／年表　日本社会福祉学会中部部会年表…(411)

第5章　関西部会史……………………………牧里毎治　419
1 関西部会の概略的変遷と特徴…(419)／2 社会福祉本質論争と部会活動…(421)／3 まとめにかえて――関西部会の特質…(426)／年表　日本社会福祉学会関西部会年表…(428)

第6章　中国四国部会史……………………………………平戸ルリ子　436
　　　　1 中国四国部会の発足…(436)／2 初期の中国四国部会の活動…(437)／3 中国四国部会の特徴…(437)／4 これからの中国四国部会の課題…(440)／年表　日本社会福祉学会中国四国部会年表…(442)

第7章　九州部会史……………………………………………田澤あけみ　454
　　　　1 組織・運営の変遷と特色…(454)／2 主な研究活動にみる特色…(461)／年表　日本社会福祉学会九州部会年表…(463)

第Ⅴ部　資　料　編

資料1．日本社会福祉学会規約　　(480)
資料2．日本社会福祉学会歴代役員　　(489)
資料3．日本社会福祉学会会員数の変遷　　(491)
資料4．創立時日本社会福祉学会会員名簿　　(492)
資料5．機関誌『社会福祉学』総目次　　(498)
資料6．日本社会福祉学会出版物一覧　　(532)
資料7．日本社会福祉学会第2回臨時総会並びに研究発表会開催要綱（1954年日本女子大学・日本社会事業短期大学）　　(533)
資料8．日本社会福祉学会年表（1954年度～2003年度）　　(535)

編集後記……………………………………………………宇都榮子・牧里毎治　565
人名索引　569
事項索引　574

第Ⅰ部

社会福祉学研究50年の回顧と展望

戦後社会福祉研究の総括と21世紀への展望*
――自らの立場との関係で――

仲村　優一

1　独自のディシプリンの形成

　社会福祉研究の対象となる社会福祉をどういうものとしてとらえるかについては，それをとらえる研究者の学問研究のディシプリン（専門分野）に規定されるところが大である。
　このシンポジウムの報告者，および，独自の学問体系を組み立てたといわれる理論――たとえば，孝橋理論，岡村理論などは，それぞれ異なるディシプリンをもっており，それが，それぞれの研究者の社会福祉論に独自の性格を与えている。
　相対的に独自の学としての社会福祉学が成り立つためには，社会福祉の名辞を与えられて，現に，それ以外の何ものでもない"社会福祉"として存在する歴史的現実，歴史的形成物としての社会福祉を，既成の諸ディシプリンを超えた独自のディシプリンとしてとらえる学の体系を組み立てることが可能でなければならない。
　戦後（第二次世界大戦後）の半世紀の間の社会福祉を対象とする学問的研究の数多くの試みは，そのような独自のディシプリンとしての社会福祉学を定立することをめざして展開されている。そして，諸ディシプリンを超えた独自の学の体系をもつ社会福祉学という独立のディシプリンを形成することが，21世紀

＊　本論は，一番ヶ瀬康子・高島進・高田真治・京極高宣編『講座　戦後社会福祉の総括と21世紀への展望　I　総括と展望』ドメス出版，1999年に掲載の日本社会福祉学会第45回全国大会シンポジウム（'97.10.25）「社会福祉研究――戦後50年の総括と21世紀への展望」に基づく同論文を加筆修正したものである。

に向けての当学会の共通の追究課題だといってよいのではないか。

2　若手研究者への期待

　わが国の社会福祉研究は，社会福祉の専門職団体と専門教育機関が十分に育たないままで，社会福祉関連の諸学会が肥大化するというゆがんだ展開をとげている。

　それでも，社会福祉系大学および研究機関の機関誌，数は多くないが，いくつかの専門の雑誌，および，諸学会の機関誌等を発表の場として，すでに膨大な量の研究成果が発表されている。

　これらの，過去半世紀の社会福祉研究の枠に入る諸研究のデータについて，異なるディシプリンによる社会福祉研究の比較検討を行って分類整理する作業をしなければならないが，筆者の時間と能力が許さないので，このことは学会の若手研究者の今後の研究に期待する以外にない。

3　社会福祉とソーシャルワークの関係

　論者自身のディシプリンとしては，経済学（社会政策論，そのなかの大河内社会政策論）から入り，戦後初期の社会事業教育を通してアメリカのソーシャルワークに学び，ケースワークを専攻した。その初期の段階で，同じ大学の先学の教授木田徹郎氏（社会学）から，社会福祉事業の体系（システム）は，制度体系と専門行動体系（ソーシャルワーク）から成り，両者が不可分のものとして成り立つことを教えられた（木田徹郎『社会福祉事業』川島書店，1967年）。そして，約20年前（1978年），社会福祉とソーシャルワークの関係について次のように書いたことがあるが，このとらえ方は，基本的にはいまも変わらない。

　　そもそも，ソーシャル・ワークとは何か。この問いに的確な答えを与えることは難しいが，さしあたり，次のように理解しておきたい。

　　すなわち，制度体系としての社会福祉（ほぼ1950年代までの社会事業。学者によっては今日でも「社会事業」に固執していることは周知のとおりである）の枠組

みの中で，その制度の担い手としての実践主体が，当該制度のもとで提供される諸サービスの利用者（クライアント）との間に対面的・対人的，かつ継続的な関係を結び，その関係を媒体として援助的実践（プラクティス）を行う場合，その実践を総体的にとらえた表現がソーシャル・ワークである。したがってそれは，正に制度としての社会福祉の盾の半面であり，社会福祉そのものの表現形態である。そして，かかる意味での援助的実践をどのように行ったらよいかの技術的過程を明らかにすること，その内容を科学的に体系化することが，社会福祉研究の重要な一側面であり，いわゆる社会福祉論の課題でもある。したがって，ソーシャル・ワーク研究は，社会福祉方法論の研究にほかならない。

かくて，ソーシャル・ワークは，それを包み込む制度としての社会福祉との相互規定的な関係においてとらえられなければならないことになる。制度としての社会福祉が，高度化した資本制社会の社会問題に対する対応措置を講ずるためのあれこれの制度・政策体系の一つであり，社会の発展の法則に規定され，その発展の方向に適合する合目的的な方策施設の体系であることはいうまでもない。したがってソーシャル・ワークという実践に体現される社会福祉の方法論もまた，制度としての社会福祉の展開に規定され，歴史的合目的性をもって社会福祉制度体系の中に位置づけられる必然性をもっている。この意味で，その実践は，社会問題的視点を抜きにとらえることはできない。つまり，制度の動きとは無関係に成立し独り歩きする方法の体系などはありえないのである（拙稿「ソーシャル・ワーク研究の一断面」松本武子編著『日本のケースワーク』家政教育社，1978年所収，pp. 119-120）。

なお，吉田久一氏は，「（仲村は）……社会問題的視点と社会関係的視点の統合を企て，歴史的社会的志向を示した。仲村氏はマルクス主義的社会科学の立場からではないが，政策論と技術論の二分法を排し，政策が拡大すればするほど，個別的ニードとかみ合わせる作業をきめこまかく行わなければならないとしている」（松本武子編著，同上，p. 116）としたうえで，仲村が「社会問題的視点」と「社会関係的視点」の総合志向を示しながら十分理論化できていないという厳しい指摘をしている。

この指摘に対する十分な解答を筆者はまだ用意できていないが，一応，社会福祉援助を支える理念のとらえ直しの一環としての「自立」概念の検討のなか

で,「独立自活」以来の古い自立論の克服の方向で問題提起したことは,少なくとも解答肢の一つになると考えている(拙稿「社会福祉行政における自立の意味」仲村優一社会福祉著作集 第 1 巻『社会福祉の原理』旬報社, 2003年, 所収)。なお,この点に関しては,今日公的介護保険がらみで,「高齢者介護・自立支援」という新しい検討課題が生じつつあることに注目しておきたい。

4　社会福祉の補充性

「社会福祉の仕事は,ある人が貧困,心身障害等に起因する社会的ハンディキャップ,生活上の障害を負って家族ともども苦しんでいるような場合に,社会福祉の実践の担い手である従事者(実践主体)が,社会の共同責任を分担し,社会の意思を代表する立場で,クライエントの個別の必要に応じ,対人的・対面的関係を通して,一般対策の手の及ばないところに援助の手をのべるという性格をもっている。このような性格を,仮に社会福祉の『補充性』ということばで表すこととする。」(仲村優一『社会福祉概論』誠信書房, 1984年, pp. 17-18)

筆者はこのように述べたうえで,大河内一男の昭和13年の論文「我国に於ける社会事業の現在及び将来」にヒントを得て,補充性を,相互補完(並立),補足,代替の3つの補充性に整理し,代替から,補足,相互補完へと社会福祉は歴史的に発展をとげつつあるとして,3つの補充性が歴史的概念でもあることを指摘した。

これに対し古川孝順氏は,代替と補足の補充性は同意するが相互補完的並立的補充性には同意することができない,として筆者の見解を厳しく批判している。

これに対する筆者の見解は,社会サービス体系のなかで「個別化されたパーソナルな関係で提供される(あるいは,主体的に利用する)サービス」として,他の一般的な社会サービス(たとえば,所得保障,医療,住宅等)と相互に補完し合う関係においてとらえられるものが社会福祉サービスであり,かかる意味での補充性が社会福祉の固有の性格を示すものとみるのである。

しかしながら,これまで社会福祉サービスの一環としてとらえられてきた

「介護のサービス」が，医療と同じように社会保険（介護保険）の保険給付として提供される可能性が出てきた今日，従来の概念枠で，つまり，補充性の枠組みのなかで「介護のサービス」をとらえることが可能なのかについて，新たな検討を迫られることになるであろう。このことは，これまでの社会福祉のとらえ方にひとつの大きな変革をもたらすものになるかもしれない。

 以上のほか，社会福祉研究における国際化の問題，とくに，翻訳文献への依存度が極端に高く，こちらからの情報発進が極度に低調な情報の片貿易の問題，社会福祉研究と社会福祉教育の関係等についても視野に入れた分析を行うべきだと考えている。

主要参考文献

古川孝順『社会福祉学序説』有斐閣，1994年。
松井二郎『社会福祉理論の再検討』ミネルヴァ書房，1992年。
岡田藤太郎『社会福祉学一般理論の系譜』相川書房，1995年。
宮田和明「社会福祉理論研究の動向と課題」『社会福祉研究』第60号，鉄道弘済会，1994年。

戦後社会福祉の総括*
―― 思想史的立場からの反省と課題 ――

阿部　志郎

1　断絶と連続

　〈敗戦〉をどう位置づけるかによって，戦後社会福祉の歴史的評価は違ってくる。

　敗戦を契機に，政治社会体制・思想・価値観・政策・行政施策は一変し，占領政策は，社会福祉に対しても大きなインパクトを与えた。敗戦にともなう窮乏，外地からの復員引揚げ，焼け野原の都市，浮浪児，戦災孤児，食料難，飢餓，そして無気力な政治と打ちひしがれた民衆の姿が瞼に焼きついている。

　このような状況のなかで，占領軍は，いちはやく『救済ならびに福祉の計画』を指示し，「無差別平等の原則」「公的責任の原則」「最低生活費保障の原則」の3つの原則を，政府の救済制度創設にあたって要求した。占領軍の対日福祉政策が，わが国社会福祉の近代化を促進する直接的かつ具体的な端緒となったのは，疑いを入れない。[1]

　1947（昭和22）年に地方自治法が施行され，地方自治の民主化と併行して，社会福祉では占領政策に従って現代化が進められ，1947年に児童福祉法，1949年に身体障害者福祉法が制定され，1950年の生活保護法とともに，福祉三法時代とよばれた。

　占領軍政策の影響が圧倒的であるとの印象からか，戦時の「万民翼賛体制」

＊　本論は，一番ヶ瀬康子・高島進・高田真治・京極高宣編『講座　戦後社会福祉の総括と21世紀への展望　Ⅰ　総括と展望』ドメス出版，1999年に掲載の日本社会福祉学会第45回全国大会シンポジウム（'97.10.25）「社会福祉研究――戦後50年の総括と21世紀への展望」に基づく同論文を加筆修正したものである。

のもとでの厚生事業との断絶があり，国家主義の否定のうえに，戦後の民主的社会福祉が到来したと認識しがちである。

戦後数年間に刊行された著作は，竹中勝男，海野幸徳の原理論，法制の概説書と日本社会事業史を除けば，竹内愛二，谷川貞夫，木村忠二郎，黒木利克等によるアメリカの援助技術――ケースワーク，グループワーク，コミュニティ・オーガニゼーション――並びにアメリカ社会事業の紹介書で占められ，それ以外の研究書は見当たらないのをみても，干天に慈雨のごとく，アメリカの新しい理論，技術，方法の吸収にどれだけエネルギーを注いだかがわかるし，戦後の人びとはその学習に追われたものである。[2]

ケースワークについて，リッチモンドやトールの「コモン・ヒューマン・ニーズ」の紹介，さらに，コミュニティ・ワークが社会福祉協議会によって実践化がはかられたのもひとつの成果であった。その後，社会福祉協議会は，他国に例をみない独自の発展をとげることになる。

しかし，いまにして思えば，1950年前後に，自主的な研究会で平和論を闘わすことはあっても，戦争の責任に言及することはなかった。むしろ，被害者意識がまさっていたかもしれない。海外に一歩も出ることはできず，戦争の非人間的暴虐行為による侵略についての情報も届かず，閉塞状態に置かれていたので，アジアの国々のことはもちろん，沖縄さえ視野におさめていなかった。閉塞状態とは，混沌とした状況のなかで，将来の行方に思いを馳せ，与件を超えて展望する理想と，現状を分析して新しい可能性を見出す叡知とを持ち合わせていなかったことをいう。

本来，戦争責任を避けて通ってはならない時期に，問題意識をもっていなかったのが悔やまれる。私自身，戦争責任を自覚したのは1960年代であり，その後も贖罪の責を負ってきたとはいえないのが恥ずかしい。

換言すれば，戦前の〈負〉の遺産を主体的に継承するのにきわめて無知にして怠慢であったのを告白しておく。歴史を学ぶことが，それを語り継ぐ責任を負うことだとすれば，内心忸怩たるものがある。

戦争責任から再出発した戦後ドイツの社会福祉との決定的相違を知らなければならない。ドイツでは，ボランティア運動まで戦争への罪責感から起こった

ことを銘記すべきだろう。そういえば、同じ1950年頃、アメリカの社会福祉の世界でも、戦争責任が論ぜられることがなかったのは、戦勝国だから当然だったのであろうか。

仲村優一をはじめとする若い研究者、行政マン、実践家の群が、戦後登場してくる。混乱し疲弊した社会を背景にして、まったく無関係な分野から世俗の人生コースからはずれ、内面的苦悩を経て、ある種のベルーフとパトスをもって福祉に転身した戦後派で、この人びとの研究業績が世に問われるのは、1957年以降になる。敗戦という異常な時代が生み出した特異な群像は、その後、専門研究、社会福祉の組織化、福祉行政、現業での実践、さらに、専門職化への道を拓くことになった。

このグループは、忽然として現われたかのようにみえるが、生江孝之、大河内一男、竹内愛二、竹中勝男、長谷川良信、菅支那、谷川貞夫、磯村英一、牧賢一、三好豊太郎、遊佐敏彦等の影響を深く受けている。戦前、戦後の両グループに橋を渡したのが、嶋田啓一郎、岡村重夫、孝橋正一、吉田久一、今岡健一郎、五味百合子、重田信一、浦辺史、浅賀ふさ、木田徹郎、若林龍夫、天達忠雄等、戦後の社会福祉の理論体系化を試み、後輩の育成指導に当たった人びとである。その間には、社会福祉の本質をめぐって論争もあった。行政畑には、葛西嘉資、木村忠二郎、小山進次郎、黒木利克、伊部英男等が占領期とその後の福祉行政を方向づける役割を担った。すなわち、戦前から戦後への人材の系譜をみただけでも、連続性があるのは明らかである。戦後派が、何を次世代に受け継いできたかはこれから問われる問題であろう。

軍国主義の時代に育ち自ら軍隊に志願した私自身、戦後の虚脱感に悩みながら、戦前を否定し、それを克服することに絶えず意を用い、戦前戦後を意識的に切り離し非連続ととらえた。

近代化は、国家を単位として発展したが、戦後派にとって国家は即全体主義、ナショナリズムという単純な図式があり、その国家をただちに民主主義に転移させることができず、国家や権力への疑問に直面し、納得するのに時間を要した。外発的圧力で戦後、社会福祉はまったく装いを新たにしたと受け止めていたが、しだいに、人的のみならず戦前から戦後へと脈々と伝わる思想的実践的

なつながりを見出し，内発的展開の努力を内に孕む社会福祉の歴史性が理解できるようになった。

　私が身をおく民間施設でいえば，石井十次は，1910年代にすでに，慈善事業の対象となる孤児が自然災害のみならず，都市スラムに原因があることを察知し，その対策を実行に移したし，スケールの大きな北海道での実践で，留岡幸助は論理的思索をし，山室軍平は，高い倫理観に立って，廃娼・セツルメント等の先駆的事業を展開した。有馬四郎助，石井亮一，岩下壮一等は，情熱的に実践に携わったが，同時に実践の理論的根拠も追求している。

　明治期まで遡らなくても，戦時に，民間施設の存在意義を主張し，孤塁を守るのに苦闘した松島正儀，中村遙，平野恒，川田貞治郎，高嶋巌，大坂鷹司，長谷川保等の顔が思い浮かぶ。その貴重な実践は，戦後に継承されている。[4]

　思想的には，法学者牧野英一の『最後の一人の生存権』を評価する。生存権と社会事業の関係を明示したのが，北海道家庭学校での1924（大正13）年の講演であるのは意義深い。もう一人は，左右田喜一郎。1922年の『文化価値と極限概念』（岩波書店）で，人格の自立主義を強調したが，自ら匡済会横浜社会問題研究所長に就任し，山中篤太郎に代表される研究者を育て，横浜社会館の館長として，弱者への社会全体の対策を要求し，社会の権利を重視する挨拶に，感銘を受ける。[5]

　福田徳三，高野岩三郎，安倍磯雄等によって生存権思想が社会事業や労働問題とのかかわりで受け継がれてきたのを見逃してはいけない。憲法25条において国民の「健康で文化的な最低限度の生活を営む権利」と，「社会福祉……の向上及び増進に努める」国の義務を規定した生存権の理念は，わが国でも基本原理として社会事業の底流をなしていたのを指摘しておくべきだろう。

　社会事業専門教育を長谷川良信が提唱したのは1916年であるが，東京，関西の大学では専門教育が実施され，そして，この頃から『積極的社会事業』が論ぜられ，救貧から防貧への転換がはかられている。

　今日，社会福祉専門教育が格段に普及し，博士課程にまで進むことができるようになり，社会福祉士制度が創設10年にして1万名の合格者に達しているのを考えると，昔日の感がある。けれど，生存権・人権思想を基底に，社会問題

に目を開き，専門知識と技術を学び，専門倫理に貫かれた専門職の養成は，なお大きな課題と言わなければならない。先人はすでに戦前にその必要性を指摘している。

戦後民主主義の落とし子として現代社会福祉が誕生したと解釈するのは妥当ではない。たしかに，占領によって萌芽期を迎えることになり，開花までの短時間の準備期間のゆえに，かたよりとひずみは否めないが，新しいシステムの背後に，近代化に向けての地味な理論的・思想的・行政的・実践的努力の積み重ねがあったのを軽視することはできない。

戦後の研究者たちは，老若を問わず，気の遠くなるほど重いニーズを前にし，一途，かつ，ひたむきに貧困を中心とした問題解決に懸命に取り組み，学会では真剣に熱い議論を交わし，時代に立ち向かう気魄に満ちていた。その情熱は，戦前派から受け継いだものであった。

一見，戦前との隔絶のうえに形成されたかにみえる戦後社会福祉は，けっして無から有を生じたのではなく，戦前戦中の限界と挫折を認めつつ，なお，二分せずに，非連続の連続として把握し，連続と非連続が交錯しながら地下水のように流れつづけ，それが戦後に達している継承的側面を謙虚に学ぶべきではなかろうか。それが戦後に生きる者の責任でもあると思う。

2　血　と　土

わが国の経済は，朝鮮戦争，その後のベトナム戦争の軍需景気に沸き，国民総生産，実質成長率において例をみない繁栄を謳歌し，「高度」と形容されるほど急速な成長をとげた。経済というパイの総量が増大するなかで，福祉予算も増額を続け，総花的な対策を可能にするので，社会福祉問題への意識は稀薄で，全体的には経済の発展が福祉問題から目をそらさせる皮肉な役割を果たした。

経済成長は，国民生活を著しく向上させたが，同時に，地域構造や就業構造の変化を引き起こした。政府の白書が用いた表現では，「巨大な規模の構造変動」が起こった。工業化による都市への人口集中で，雇用者は80％を超え，東

海道メガロポリス，太平洋ベルト地帯とよばれる巨大都市が造成され，生活環境が悪化し，公害，鍵っ子のような問題が派生する。農村地帯では，年少人口の集団就職や出稼ぎで人口は流出し，兼業化が進み，地場産業や生活関連施設が閉鎖に追いこまれ，生活防衛の要素を欠いた。

しかし，経済社会の構造的変化のなかで，国民生活白書は，「経済に生活が奉仕するのではなく，生活に奉仕する経済でなければならない」と指摘せざるをえず，経済成長に対する社会開発の立ち遅れを国民も問題にしはじめていたのである。とはいえ，経済発展とともに，過密・過疎の現象が深刻になり，農村の故郷離脱，都市では故郷喪失を招き，都市にも農村にも新しいニーズが発生し，地域社会は崩壊にさらされた。

戦後の社会変化は，望ましい進歩であったのだろうか。たしかに，わが国の社会にとって変化は，ひとつの進歩であることに間違いはなかろう。それは，貧困から繁栄に向かっての進歩であった。しかし，同時に，明るい側面と暗い側面をあわせもっている。進歩と後退が同時進行したことになる。

ともあれ，生活の基盤をなす「地」が，激しく動いたのである。

神奈川県の場合，戦前2850を超えた寺社林が，1980（昭和55）年の調査で42しか残存していないと報告されている。1955年から20年間に，人口が350万人増加し，都市化の進展が急激であったのと相関している。ムラ共同体の精神的シンボルともいうべき鎮守の森の喪失現象は，共同体的紐帯の弱まりをともなう。

地域社会で神社仏閣の果たす役割は，地域福祉で論ぜられることがなかったが，この点で，都市計画におけるヨーロッパとわが国の場合の差異となって現われてきているのではあるまいか。

従来の市場機構では充足できないニードの多様化に対し，家族扶養機能の減退と外部化，匿名化の拡大，連帯性の欠如による疎外感が深刻化した。「血」の弱体化といわなければならない。

核家族化とともに，家族機能は外部化されてきたが，外部での受け皿が整備されていないため，ギャップが生じている。それは，施設等基盤整備だけでなく，血縁に代わる連帯意識が育っていないギャップでもある。

明治維新の開国で，わが国は，ヨーロッパの文明に追いつけと，富国強兵殖産興業を政策とし，科学，技術を導入し，義務教育を普及させ，軍備を拡張させ，着々と近代化を進めた。家制度の維持もはかったが，産業革命で人口移動，労働者の工業圏への集中，都市化が起こり，すでに明治時代からイエ・ムラ共同体は変容せざるをえなかった。

　戦後，老年人口の増加によるニーズの増大に施設では充足できず，地域社会での対応に迫られる。さらに，施設中心の処遇方法に対する短所もあって，1969年，国民生活審議会は「コミュニティ――生活の場における人間性の回復」を公にし，1968年に，東京都社会福祉審議会はコミュニティ・ケアを答申，1971年に，中央社会福祉審議会は，「コミュニティ形成と社会福祉」を発表した。

　「福祉見直し論」をひとつの端緒として，行政も民間も地域福祉へと急速に傾斜し，コミュニティ・ケア論議を踏み台にして，共同体に代わるコミュニティを基盤とする方向へと社会福祉が切り替えられてきた。政策的にも地域福祉に比重が移っているが，いまだ概念規定が定着していないし，地域保健，地域医療との連携も不十分なうえ，それを包括する枠組みも創出されていない。

　それでは，はたしてイエ・ムラによって構成されてきた伝統的共同体は崩壊消滅したのだろうか。

　たしかに，共同体の対内倫理とよべる親孝行・敬老あるいは仏教の殺生戒という社会規範は後退し，少子化・核家族化とともに血縁関係は機能しにくくなった。地域社会の崩壊は，人間性の荒廃に集約されるとして，「人間性の回復の場としてのコミュニティ」「日常生活のよりどころとなって現代文明社会における人間性回復のとりでとしての機能を確立する場としてのコミュニティ」構想が打ち出されたに違いない。

　しかしながら，共同体が解体し，コミュニティ形成を志向するといっても，ヨーロッパの家族・コミュニティとは基本構造において相違がある。「孤独には耐えられても，孤立には耐えられない」とヨーロッパは考え，社会的孤立から高齢者を守るため，社会保障の整備，社会福祉の強化に努め，コミュニティを基盤にして在宅サービスを展開してきた。そこには，孤独に耐えることを大

前提とした文化が存在している。

　1968年に，民生委員による寝たきり老人が20万人という調査結果にショックを受けた国民は，高齢者問題に目を開かれた。

　1970年に，高齢者人口が7％を超え，アジアでただひとつ高齢化社会に突入することになり，「豊かな老後を守る国民会議」がもたれたが，高齢者問題の進行は予想をはるかに上回った。高齢者の生活・経済・家族・健康・雇用・住宅など多様なニーズが拡大し，対策は立ち遅れた。総理府の世論調査によれば，9割の国民が老後の生活に対する不安をもっている。

　わが国でも，ヨーロッパと同様に，高齢社会で孤立と孤独が困難な問題と思われるので，地域福祉を重視し，在宅サービスの拡充を重点目標にするようになった。社会福祉が充実してくれば，将来は，社会的孤立から相当程度まぬがれることができるようになろう。けれど，孤独については，孤立と同列には扱えない。社会福祉がどこまで孤独に介入できるか，あるいは，介入すべからざる問題であるのかは，検討課題だと思われる。

　ヨーロッパで常態化している「ひとり暮らし」は，わが国では日常生活で，たとえばスーパーマーケットに出掛けても会話はなく，大根4分の1，卵1個では売ってもらえない。消費生活の不便さ，社会関係の疎遠に加えて，地域では，ひとり暮らしに対する無意識的な偏見に逢着する。高齢者の家族同居が50％に達するわが国の実態は，同居率3～4％であっても，「スープの冷めない距離」に家族が隣居し，在宅サービスで支えられる北欧とは比較にならない。わが国のひとり暮らしの困難は，高齢者のみではなく，女性にも及ぶ。[8]

　それは，人間は，家族とともに生活するのが常態であり自然で，「ひとり」の生活形態を不自然とする共同体から伝えられた固定概念に根ざしているからではあるまいか。ヨーロッパと比べると，年々割合が低下しているとはいえ，同居の比率は非常に高く，子や孫との同居志向も60％以上となっていることと無関係ではないだろう。家族の一員としてのみ人間を認知する先入観にとらわれ，「個」の存在を認めず共同体意識から脱却できずにいるからであろう。その意味では，ひとり暮らしの生活障害は，日本的問題である。

　さらに，ひとり暮らし高齢者が健康を害すれば，老人ホームへと短絡的に判

断し，地域のなかで生活に密着する価値観への配慮に欠けていたことを反省させられる。生活の全体性を断ち切るかたちで施設入所に結びつけてきたが，仏壇，位牌，墓，近隣関係，住居やペットへの執着，買い物，銭湯等の日常性は，生活のなかで重い位置を占めているので，機能的発想を転換させなければならない。

　ここ数年，施設中心・病院ケアから在宅福祉・在宅医療への転換が注目を浴びてきたが，それは，生活の全体性と継続性を尊重し，住民主体と自己決定が重視されてきたことを意味している。

　直系家族から夫婦家族へと移行し，核家族化が進行し，家族機能は著しく減退し，それを社会機能に求める傾向が強まったとはいえ，必ずしもその意識が根底から変えられたとはいえないようである。

　長男＝本家は墓を守り，次男以下が工業の担い手になる構造は，明治の産業革命も，高度経済成長期も，変わることがなかったし，いまだに，「お上の世話になりたくない」とか，税金を「とられる」という意識から抜け出せずにいるのも事実であること，そして，大都市においてさえ，親族網は依然として強い事例[9]は，共同体が住民のなかに息づいていることを物語るのではなかろうか。

　最近，市民参加型福祉サービスの活動が活発である。多様なニーズに対応する多元的な供給主体の分担型福祉社会への移行が推進されているが，サービスの受け手が同時に担い手になるような市民の相互理解と参加は，互酬性の延長としてとらえられる。イギリスで，ティトマスが贈与と互酬と愛他主義の問題を提起したが[10]，地域の住民生活のなかで，葬儀については大都市の団地でも互酬が行われているし，婚儀の祝い金に引出物をお返しする風習も，中元・歳暮の慣習も，すたれないどころかさかんに行われる。田植えを稲刈りで「手間返し」する互酬は，ヨーロッパではほとんどみられないわが国の特徴といえる。これは，儒教でいう「礼は往来を尚ぶ」（礼記）の思想でもある。

　互酬性が機能する社会が共同体的性格を宿しているとすれば，意外に共同体意識が失われていないことに気づく。互酬と個の確立とは矛盾しない。これからも時代にふさわしく法制・制度は改正されるだろうが，地域の慣習・伝統・住民の意識の内実において，根底から改変できぬものがある。それが，文化と

いうものである。1993（平成5）年の中央社会福祉審議会の意見具申は、互酬にもとづく市民参加型サービスをボランティアに包含する方向での問題提起をしている。互酬を愛他主義へ普遍化させ、自立と連帯の社会に高めるステップにさせるのを、今後の方向づけとしたい。ボランタリズムが福祉の基本だからである。

　もし、社会関係が、「人間」―「家族」―「社会」―「国家」に分けられるとすれば、わが国の社会が依拠してきたのは「家族」―「国家」であり、家族を超える問題はすぐに国家責任に結びつけ、行政責任に転嫁しようとする。ヨーロッパ社会は、「人間」―「社会」の関係を基盤として発展してきた。ソーシャルワークもボランタリズムも福祉国家もその上に成立した。コミュニティもその脈絡において理解できる。

　行政依存・官尊民卑の意識構造をもつ社会に新しい展望を拓き、コミュニティに接近する試みとして、ヨーロッパともアジア共同体とも異なる、[11]互酬に立脚した独自のコミュニティ・モデルの開発を可能にしてもよいのではないか。

3　多数とひとり

　社会福祉の思想的基盤は、民主主義といえる。

　戦後の占領軍は、ポツダム宣言の「自由に表明された国民の意思」を受けて、非軍事化、民主化を目標とし、言論の自由、国民の権利意識の確立をはかり、主権在民、生存権の保障により、前近代的な社会事業を払拭しようとした。

　民主主義の基本原理は、J.ベンタムの言葉を引用すれば、「最大多数の最大幸福」の実現にある。イギリスは、この思想を基盤として、資本主義・自由主義社会を発展させた。しかし、そこには社会階級の対立、貧富の差の拡大が生み出されたので、その反省に立って、戦後、福祉国家建設へと転向した。福祉国家こそ来るべき時代の「最大多数の最大幸福」を実現する社会体制として、国民は選択した。1970年代の石油危機からかげりが出始めたとはいうものの、EU（欧州連合）加盟国の社会保障予算は、国内総生産（GDP）比で28.6％で、1980（昭和55）年の24.3％より膨らんでいる。

わが国では,「最大多数の最大幸福」が経済社会建設の目標として設定され,社会保障・社会福祉に政策的優先度は与えられない。「バターか大砲か」の二者択一において,経済が先行したのは,「パイの論理」に対抗しうる福祉の論理を構築できなかったのも一因ではないか。経済が成長を続ける間,福祉も拡充できたので,いつのまにか「パイの論理」を受け入れ,経済発展に追従せざるをえなかった。

新憲法の提唱にもとづいて,国民生活の最低保障をする国家施策としての社会保障がしだいに制度化されていくことになるが,占領期が終了するとともに噴出してきたのが「ボーダーライン階層」の問題であり,依然として貧困が福祉の中心課題であった。

1957年の朝日訴訟は,「健康で文化的な生活」をめぐる鋭い問題提起となり,1961年の皆保険・皆年金を呼び起こし,さらに,老人福祉法ができ,一時,老人医療の無料化がはかられるなど,以後の人権訴訟を大きく変えた。

だが,この頃から貧困研究は低調になる。日本社会福祉学会は,その設立時の1954年から4年にわたって低所得,ボーダーライン層をテーマにとりあげ,1957年の『厚生白書』も貧困を主題とするほど研究はさかんであったが,1997(平成9)年の『厚生白書』は,まったく貧困に言及せず,公的扶助にもわずかな頁しかさいていない。わが国の社会が,貧困に取り組む必要がないほど豊かになったからか。「見えない貧困」は,文字通り見えなくなってしまった。[13]

生活保護基準の上昇と保護率の低下によって,公的扶助の研究は以前ほど深められなくなったが,福祉政策をめぐる所得再分配については,経済界での論争が続いた。福祉政策が波及する経済活動のマイナス面を強調する議論が目立つ。1980年代になって,経済の発展は,社会保障・社会福祉の整備による社会の安定が可能にしているとの理論が,少数の学者ではあるが展開されるようになった。[14]

ベンタムが主張する「最大多数の最大幸福」から多数決の方法が編み出されたが,その弱点は,「ある一個特定の目的のために人格の核心に触ることなしに多数決の容認せられ得べきような社会の生成が考えられるべきである[15]」と指摘されている。人格価値が問題の対象となるとき,すなわち量ではなく質に

問題の本質が問われるときには，多数決の原則は馴染まないことになる。
　いうまでもなく，社会福祉は人格価値を人間の基礎に据える。多数決との矛盾は，戦後のわが国の歴史がそれを示している。多数派の反福祉的判断と横暴にブレーキをかけるのは何か。
　ヨーロッパでは，言論の自由は良心の自由と密接に結びつき，無批判に多数輿論に従わないディセントの精神（dissenting tradition）が機能した。ディセントは「異議を唱える」意で，強力な多数にも所信をまげず，自己の主張を貫こうとする批判精神を指し，17世紀以来イギリスに勃興したプロテスタンティズムを背景として生み出された思想である。しかも，少数意見を尊重する妥協の柔軟性をあわせもち，「自発的強調」（マグリアガ）がトレランスの思想として結実していく。わが国はディセントの思想を受け容れることをしなかった。
　もうひとつは，人間はひとり以上にもひとり以下にも数えられてはならないとするデモクラシーの基本原則である。福沢諭吉は，これを，「天は人の上に人をつくらず，人の下に人をつくらず」と巧みに表現した。人間はあくまで「ひとり」という考えが，政治の決定方法として一人一票主義を導いた。「ひとり」がマイノリティを擁護する根拠であり，少数者を守る社会福祉の出発点となった。
　戦前にも「ひとり」に価値をおいて実践した慈善事業家たちがいた。[16]戦後，この「ひとり」の理念を糸賀一雄は，「この子らを世の光に」と端的に表現した。「『この子らを世の光に』と『この子らに世の光を』の違いについてね，『この子らに』ではなく『この子らを』……」と講義中に倒れ，これが最後の言葉になったのは象徴的出来事であった。「に」から「を」へは，革命的転換といってよいだろう。糸賀の思想は，パーソナリティの根源を〈ペルソナ〉として認識したことと，障害児の存在を「神の栄光のあらわれんためなり」と理解したことに特色がある。[17]1963年に，水上勉が「拝啓　池田総理大臣殿」（中央公論）を公にして，障害者問題に一石を投じ，その波紋は，障害児対策，さらにコロニー建設運動へとひろがり，国際障害者年（1981年）を経て，新しい段階を迎える。[18]とはいえ，障害児の就学権が確立したのは，1979年で，敗戦後34年を要したことを忘れてはならない。

この間に，1960年に精神薄弱者福祉法，1963年に老人福祉法，1964年に母子福祉法が制定され，福祉六法時代となり，法的制度的整備が進んだが，事態は制度化では解決しえないほど深刻となり，切迫を告げた。社会的消費手段への投資は遅れ，各種施設の絶対的不足による社会的マイナスが明らかになり，世論は「ひずみ」是正を要求し財源再分配を論ずるようになった。

　1949年の身体障害者福祉法は，生産社会への復帰を目標として当事者責任を求め，1963年の老人福祉法は，社会貢献を価値基準とし，老人を過去の存在として把握した。教育は，経済社会の担い手の育成に専念し，福祉もまた，産業社会への復帰を目標に，リハビリテーションを進展させ，ますます富と力と効率を支配原理とする経済発展体制の枠組みにのみ込まれていった。

　ノーマライゼーションは，1980年頃から使われはじめ，バリアフリー，インテグレーションの用語とともに広がっているが，ノーマライゼーションがわが国の福祉行政に与えた影響は，他国に比べてもけっして小さくない。[19]しかし，いまだに「精神薄弱児」に代わって「この子らを世の光に」を社会的に表現する適切な用語を創出できないのが現実かもしれない。

　社会は，いつの世でも弱肉強食・優勝劣敗の傾向をもち，「最大多数の最大幸福」のみを追求し，マイノリティを「社会的弱者」と表現し，恩恵的に福祉を与えようとする。社会福祉は，「ひとり」のもつ意味を確認し，マイノリティの幸福を守る本質的意志を深めながら，マジョリティとマイノリティの共存を具現化させようとする。マイノリティとマジョリティを包摂し共生するパラダイムを社会福祉がいかに構想するかが問われよう。

　公的介護保険において，世代間分担による社会保険方式を導入し，家族介護から社会介護へと社会連帯の理念が打ち出されているのは，21世紀に向けての挑戦であり，ひとつの試金石となるだろう。

4　ローカルとグローバル

　1977（昭和52）年に「地方の時代」が提唱されたが，高度経済成長が破綻し低成長に移ると，赤字財政の克服，赤字国債の解決のため，かえって中央集権

は強化された。地方分権の時代に移るのは，ベルリンの壁の崩壊，東西冷戦の解消により近代国家主権が見直され，分権化が保革を超えた共通課題として登場してからになる。

　中央集権が依拠したのは，公正・公平性，情報集中と，効率性であった。分権によって集権に欠けている即応性と総合性と地域性を具体化しつつ，公平性に配慮できるかが問題となる。中央集権は，民間社会福祉を福祉国家体制に取り込み，認可，措置，委託と公費による公権力を増大させた。財政基盤の脆弱さだけでなく，民間の思想的・社会的基盤の薄弱さが加わり，民間性は低落せざるをえなかった。

　わが国は，長い間中央集権で国家行政中心であり，中央の政策を地方が補完する形で超過負担が固定化していた。すなわち，中央を円心として，周辺に都道府県，その外延に市町村が位置する求心的構造を形成してきた。

　明治憲法には，地方自治の1項目さえなかったのをみても自治の歴史は浅い。地域福祉の問題は，行政にとっても，住民にとっても簡単ではない。地域住民にとって，行政は要求相手であり，参加の客体として存在してきた。社会福祉の法律には，行政の区画はあっても，地域社会は登場してこなかった。

　自治体行政は，本来，生活福祉を志向しなければならないから，住民の生活が営まれる共同の基盤である地域社会に根ざすべきであろう。地域には個人や家族の生活問題に共感し，問題を共有しようとするエネルギーが隠されている。この発掘は，行政の統治的作用によってではなく，住民自身によってなされるのが望ましいのは言うまでもない。

　戦後50年を経て，社会変動に対応する社会福祉の基本的枠組みの改革が求められている。[20]

　自治とは，コミュニティの運命をコミュニティ自体が決定することであるが，自治のなかでは，与えるものと与えられるものの関係を超え，行政も市民も相互に学びゆく過程をたどる。そこで共同課題として参加と分権の実現に協力することになる。それが，分権・市民参加を基本軸とする福祉改革の方向でもあろう。

　戦後，国民の窮乏対策としてスタートした社会福祉は，少子高齢化に対応す

べく，年金・医療の改革と並んで社会福祉の制度改革に着手しなければならなくなった。気鋭の研究者が，状況分析・問題点の指摘・批判・建設的提言と学問的・行政的・市民的レベルでこれに参加しているのは心強い。[21]

敗戦による改革，六法体制，1970年代の「福祉見直し論」の延長線上に福祉改革は位置づけられる。「福祉見直し論」は，福祉後退と強く批判されたが，他面においてバラマキと非難された福祉行政に，政策化，計画化の機運を導入したこと，地域福祉台頭の幕開けとなったこと，施設社会化の契機となったこと，行政のなすべきこととなすべからざること，そして民間の独自の責任と役割は何かという公私関係の再検討の機会を提供したこと，とくに，市民参加をうながし，福祉の普遍化につながったことを評価してよいだろう。

福祉社会は，当然のこと，市民参加を必要不可欠な基盤とし，自治と分権に結びつく。国民負担率の高いヨーロッパの国々は，例外なく，分権化が進み，市民参加に支えられた社会であるのは，国民全体の信頼にもとづく連帯感があって，はじめて市民参加と分権が醸成されたということになろう。

さらに，保健・医療・福祉の統合化が叫ばれているが，地域でこれを実施するメカニズムと地域の特性に応じたサービスを統合的に提供できる，市民参加型のシステムの形成に努力を払わなければならない。

新しい時代は，ボランティア活動の振興に期待がかかるが，これは，ボランタリズムの再評価，さらに，民間独自の領域と責任，NPO理念，市民活動の方向性，公私の選択と役割分担の問題以前に，憲法89条を含めて，公私関係を思想史的に検討し，その限界を超えようとする協力が必要なのではないか。それが，マイノリティに対する社会福祉の姿勢と立場を明らかにする途だと考えられる。創設80周年を迎えた民生委員制度も，その歴史を評価し，次の時代に備える節目にさしかかっている。

今回の「社会福祉基礎構造改革」が，単に行政事務や財源配分の合理化に終わることなく，パラダイム転換を目標とし，公共的課題とボランタリーな分野，市場原理の導入を含む複合的システムの再構築になるのを望んでいる。それには，公私の信頼感の回復とともに社会の意識変革を呼び起こす起動力となる新しい価値創造への努力が欠かせない。どのようなシステム改革がなされても，

その時点から古くなることを忘れてはならないだろう。

　20世紀を通して，人間の歴史は進歩しているのか，という根源的な問いかけに対して，いささかなりとも福祉改革が寄与するには，不確実性の状況のなかに，厳しい自己変革の過程を基底にしなければなるまい。

　福祉改革のひとつの視点は，「成長か福祉か」ではなく，市場競争と生活の保障を両立させる市民的成熟社会へのチャレンジであろう。「揺りかごから墓場まで」をスローガンに，戦後半世紀かけて築き上げたヨーロッパ福祉国家モデルの有効性と持続性を吟味することと，一国平和主義・一国成長主義に根ざし，国民国家に機能する社会保障体系のグローバル化を21世紀の課題としてあげておこうか。

　今後どのような社会体制を選択するかは，すぐれて政治の問題であり，国民の選択である。社会福祉の拡充の理念と仕組み，その可能性を示しうるビジョンと構想力を養う必要を痛感する。

　戦後に至るまで長いこと，「脱亜入欧」の哲学に災いされ，西欧に目を注ぎ，ヨーロッパモデルを指標とし，アジアを軽視してきた自分自身に対面するときがきた。〈血〉を超えて足下の〈地〉に腰を据え，個を確立しつつ，世界と連帯する時が迫ってきている。(22)

　産業「革命」を経験したヨーロッパ社会は，資本主義と科学文明の驚異的発展をなしとげたが，その所産として社会問題の派生とその解決に苦悩した。他方において民主主義を確立し，アソシエーションを中心とした社会運動が勃興し，それを生み出すボランタリズムの思想も豊かであった。しかも，イギリスで「漸進の不可避性」(inevitability of gradualism)の社会哲学が，福祉国家の形成とソーシャルワークの発展を可能にした。これが，19世紀の歩みであった。

　20世紀は，残念ながら，前半は戦争に明け暮れ，後半は東西冷戦，ベトナム戦争，国際共産主義の崩壊と国際情勢の不安定が続き，経済成長とハイテク科学の急速な発達により時代は激しく変化したが，社会発展の思想的ダイナミズムも文明と文化のバランスも保つことができなかったと言わざるをえない。

　総理府の「社会意識に関する世論調査」(1997年4月26日)によれば，日本が「悪い方向に向かっている」と答えた人が55.5％に上るという。悪化の内容は，

国の財政，自然環境，物価，医療，福祉と続き，不安感がひろがっていると報告されている。根源的な生きる意味が見出せずにいるのではないか。

21世紀は，人口の構造的変動，貧富の格差，南北問題，民族・国家紛争，高齢化によって，そして，それを方向づける思想的貧しさによって，さらに揺らぐのではないか，と予感する。

21世紀を展望したとき，時代がいかに変化しようと，社会福祉における人間観の確立による人間存在への揺るぎない信頼と，社会問題を解決する人間社会に対する可能性への確信なくしては，福祉社会は創造されないだろう。

注
（1） 占領政策の研究は，村上貴美子『占領期の福祉政策』（勁草書房，1987年）のほか，多々羅紀夫，仲村優一，古川孝順，秋山智久，副田義也，社会福祉研究所等で進められている。
　　　戦後，北米の民間団体によるLARAとよばれる救援物資が，小学校，病院，社会福祉施設に重点的に配分され，ここから学校給食が開始されている。
　　　富国強兵の政策の下で，軍事力，生産力をもつ「強い」人間が重視され，弱者には劣等処遇という戦前の時代から，「弱さ」をもつ者への〈保護〉（保護から〈支援〉へと変るのに，その後50年を要した）に力点が移るという価値の転換が促されることになったのは記憶にとどめるべきだろう。
（2） 竹内愛二，D.デッソー，浅賀ふさ，若林龍夫，E.トムソン等が媒介になって，方法論・分野論は，松本武子，寺本喜一，大塚達雄，小川政亮，鷲谷善教，上田千秋，田辺敦子，三和治，前田ケイ，武田建，中垣昌美，吉澤英子，佐藤進，井垣章二，太田義弘，大坂譲治，山崎道子，小田憲三，山崎美貴子，黒川昭登，荒川義子，岡本民夫，松本栄二，山手茂，白澤政和，森井利夫，浅野仁，中川健太郎，畠山龍郎，大利一雄，大友信勝，根本博司，花村春樹，田中荘司，川田誉音，保田井進，古瀬徹，北川清一，小笠原祐次等によって，積極的に論議されている。さらに，その学統を引き継ぐ次の世代によって再編成されることになろうか。
（3） 谷昌恒，大谷嘉朗，柴田善守，永田幹夫，吉村靫生，一番ヶ瀬康子，柏木昭，小松源助，小倉襄二，石井哲夫，福田垂穂，板山賢治，窪田暁子，前田大作，阿部志郎等を指すが，このほかにも実践の場に転身した人は少なくない。
（4） 柴田善守の石井十次，住谷磐を中心とする同志社，土井洋一の留岡幸助と山室軍平，嶋田啓一郎・隅谷三喜男の賀川豊彦，三吉明の北海道社会事業・有馬四郎助，一番ヶ瀬康子の『養育院百年史』，東北社会福祉史研究会や守屋茂・池田敬正・高島進・遠藤興一・田代国次郎・菊池義昭・宇都榮子・矢島浩等により戦前の貴重な実践史が掘り起こされている。なかでも，吉田久一『日本社会福祉思想史』（川島書店，1989年）は，基本的研究書である。

第Ⅰ部　社会福祉学研究50年の回顧と展望

(5)　『神奈川県匡済会七五年史』神奈川県匡済会，1994年。
　　　「社会政策の目的とする所は，経済上の弱者たるがために，あるいは生まれながらにまた後天的に，人が人としての尊厳を傷つけることなしに，その文化的使命を全うするを得ざる幾多の障害を除き去り，人格の自由と独立とを確保し，その完成を期せしめんとするにある」。
　　　「その之を妨ぐる所以が社会組織それ自身の内にあるならば，之を匡正しこれを改善するは取りも直さずその社会でなければならない」。
(6)　長期間の集団的施設養護によって生ずる心身の発達障害を総称する症候群として，ホスピタリズムが1950年代に論争となり，児童養護の処遇のあり方のみならず，1960年代以降の施設の社会開放・地域化の議論にも影響を与えた。
(7)　三浦文夫，永田幹夫，右田紀久恵，牧里毎治，高橋紘士，田端光美，井岡勉，大橋謙策，岡田恭一，岡本栄一，木谷宜弘，浜野一郎，高森敬久，鈴木五郎，大澤隆，永岡正己，谷口政隆，根本嘉昭，渡辺武男，三塚武男，河合克義，和田敏明，野上文夫，中野いく子，杉岡直人，岩田正美，上野谷加代子，岸川洋治等の研究成果によって，コミュニティ・ケア論は社会福祉協議会等の活動との相乗によって論議を広め，しだいに地域福祉論として定着してきた。
(8)　島田とみ子・塩沢美代子『ひとり暮しの戦後史』岩波新書，1975年。
(9)　P. タウンゼント，山室周平訳『居宅老人の生活と親族網』(垣内出版，1974年)は，東ロンドンの調査として反響を呼んだが，籠山京編『大都市における人間構造』(東京大学出版会，1981年)は，わが国の実態を提示した。
(10)　岡田藤太郎『社会福祉学一般理論の系譜』相川書房，1995年。
(11)　たとえば，フィリピンでは，親から受けた恩義(ウタン・ナ・ロォブ)に報いるために，老後の親の面倒をみるのは子どもの義務と考える人が99％という。カナダでは，ボランティア活動と，高齢者の社会参加を通して相互援助の機会が多いと報告されている。
　　　タイ，インドネシアでは，親の介護には家族が責任をもつとの答えが97～99％を占めているが，わが国の場合は27％との調査結果が報告されている。
　　　『高齢社会とネットワーク・国際比較研究』(横須賀基督教社会館地域福祉研究所)によると日本の場合，家族・地域社会は変貌し，私的扶養から社会扶養へと移ろうとしているが，親族・近隣・友人との関係——インフォーマル・ケア・システムの活用が課題となろう。
(12)　学会発足の初期に，磯村英一，氏原正治郎，木田徹郎，横山定雄，富田富士雄，孝橋正一，田村米三郎，中鉢正美，奥村忠雄，岡村重夫，雀部猛利，坂寄俊雄，岸勇，籠山京，天達忠雄，小倉襄二，東田英雄等が激しい論争を重ねた。
(13)　1955年の第2回大会が日本女子大で開催された折，参加者は60～70名だったのではないか。
　　　筆者は，この時初めて研究報告をしたが，前二列に先輩・長老達が席を占め，報告者に鋭い質問を浴びせ，内心狼狽しながら答えた記憶は今でも鮮明である。当時の先輩達の後輩育成への配慮があったのではないかと思う。
　　　その後は，江口英一，小沼正，高野史朗，白沢久一，小野哲郎，岩田正美等の研究が発表されている。

(14) 経済社会に果たす社会福祉の役割，経済成長と社会福祉の関係を提起し，社会福祉の重要性を主張しているのは，福武直，馬場啓之助，山田雄三，隅谷三喜男，丸尾直美，正村公宏，宮沢健一，塩野谷祐一，西村周三，宮島洋等の社会学，経済学者であるのは興味深い。正村は，「福祉の過剰」ではなく，「福祉の不足」が経済の不均衡の原因と分析する。

(15) 左右田喜一郎「文化哲学より観たる社会主義の協同体倫理」(『文化価値と極限概念』)

(16) 17世紀末，東北の一隅で封建社会を批判した安藤昌益は，「人は万々民なれどひとりなり」と喝破した。時代が江戸から明治に移る頃，小野太三郎は，「たった今，食うことのできない人達を，一人でもいいから食わすようにするにはどうしたらよいか」と悩んでいる（傍点筆者）。400年前，大分で日本で初めてのヨーロッパ型の育児院を開いたアルメイダが非難されたのは，武士・町人・農民の子を身分の区別なく一緒に育てたからであった。また，石井十次は，1000名を超える孤児院の集団生活のなかで，「密室教育」をとり入れて，パーソン対パーソンの関係を重視している。

E.H. ノーマン『忘れられた思想家』岩波書店，1950年。
田代国次郎・菊池義昭『日本社会福祉人物史（上）』相川書房，1987年。
小坂興繁『小野太三郎伝』北国新聞社，1991年。
柴田善守『石井十次の生涯と思想』春秋社，1964年。

(17) 『糸賀一雄著作集』日本放送出版協会，1982年。

「人間が生きていく上になくてはならない共感の世界は，それぞれの段階がもつ無限の可能性を信じ，それを豊かに充実させること」，それを社会復帰とよび，「人間の生命が，それ自体のために，その発達を保障さるべき」だという理念が発達保障に昇華される。1968年に出版された糸賀の『福祉の思想』(NHKブックス)ほど多くの人びとに読まれた福祉の本は，ほかにないのではあるまいか。糸賀は，実践家であるだけでなく，思索の人であり，理論化に苦闘し学会にも積極的に参加した。戦後が送り出した際立った人間像の一典型であろう。

(18) 国際婦人年（1975年），国際児童年（1979年），国際障害者年（1981年）等，国連が設定した年に，国際的にみて，わが国は真面目に取り組み国民の関心を高め，施策も充実された点で，過小に評価すべきではない。

(19) 小島蓉子，児島美都子，清水寛，藤村哲，中園康夫，忍博次，江草安彦，定藤丈弘，藤村哲，岡上和雄，谷中輝雄，谷口政隆，ヘンリー・ニノミヤ，三ッ木任一，佐藤久夫等によって理論的に考究されている。

(20) この頃に，京都で開かれた大会（1997年）では世代交代を求める雰囲気が感ぜられ，時代に即して学会も，また，新しい方向づけが要請されていると認識し，筆者は次の時代への希望を抱いた。

(21) 一番ヶ瀬康子，真田是，仲村優一，右田紀久恵，三浦文夫，高島進，星野信也，堀勝洋，宮田和明，高橋紘士，高沢武司，京極高宣，松原一郎，高田眞治，小室豊允，古川孝順，小林良二，栃本一三郎，竹中哲夫，橋本泰子，山下袈裟男，松井二郎，阿部實，高橋重宏，古瀬徹，山崎泰彦，柏女霊峰等，福祉国家の危機を背景に，福祉改革が緊急課題となり，研究者も輩出し，積極的に検討がなされている。

（22） 1996年に，アジア社会福祉学会が設立され，アジア諸国との情報交換，共同研究に取り組む場が確保されたので，活性化を期待したい。

社会福祉研究の展開と展望
―「社会福祉学」の在り方を中心に―

一番ヶ瀬　康子

はじめに

　1954（昭和29）年5月，日本社会福祉学会が創設されて50年がたった。学会としての創設は，世界の国々のなかでは日本が始めてであったと聞く。つまり社会福祉のいわゆる先進国において，社会福祉会議あるいは学校連盟等々で，研究的な報告や議論がなされてきたのであろうが，それが学会という名称で結実したのは，わが国が始めてなのである。しかもその後，韓国で，学会が創立されているが，その他の国々の動向は，学会という名称，在り方での展開ではないという(1)。いったい，この理由は何であろうか。

　いろいろなとらえ方があると思うが，戦前，戦中主として専門学校のいわゆる職能教育の中で結実した社会事業論，ソーシャルワークに関する成果は，社会事業概論さらにソーシャルワーク論つまり「論」であった。それは，日本のアカデミズムでの「学」というレベルもしくはその在り方には到達し得なかったと考える。

　ことにドイツの学問論が主流であった旧帝国大学系の大学を中心としたところの日本の学界では，ほとんど問題にされなかった。その社会事業が一応注目されたのは，社会政策学においてであろう。この点において学会の前史のなかで注目されたものは，1938（昭和13）年の大河内一男論文「我国に於ける社会事業の現在及び将来」（『社会事業』1938年8月）であった。その流れを意識しつつ，1954（昭和29）年に日本社会福祉学会が，設立されたと思える。もちろんその契機となったのは，日本国憲法25条において生活権保障としての社会福祉

が成立し，占領下のもとであらためてアメリカのソーシャルワークの導入がはかられ，しかも福祉三法の時代に入って，かつての職能教育であった流れが新制大学のもとで位置づけられて以来のことであろう。新制大学制度そのものは，アメリカの制度が移入されたのであるが，大学の教授陣の多くは，戦前・戦中における旧帝国大学系出身のものが少なくなかった。それだけに，いかに社会福祉への研究・教育の在り方を"学"としてとらえるかは，それぞれの問題認識の底流にあったと思われる。このことは，日本社会福祉学会の当初のメンバーズを見るとうかがえる。

なお，学会創設直後，同志社大学他8大学によって準備委員会が設けられて，日本社会事業学校連盟が設けられている。この点に関し，「連盟がなぜ日本社会福祉学会とは別の組織としてつくられたのか」（大友信勝「日本社会事業学校連盟の組織整備——法人化にむけて」一番ヶ瀬康子／大友信勝・日本社会事業学校連盟編『戦後社会福祉教育の五十年』ミネルヴァ書房，1998年，p.314）が問われているが，それについては，国際社会事業会議への加入が契機として急がれた旨のみ指摘されている。そして，1968（昭和43）年までは，学校連盟の総会が，学会と同日に開催方式をとってきた。つまり学校連盟は，教育を中心とし，その前提となる社会福祉学については，学会にまかせられてきたと考えられる。

1　展開——社会福祉学の成立にむかって[2]

日本社会福祉学会が創設される前後の著書などを中心とし，研究の展開過程について，筆者は，かつて，次のように述べたことがある（日本社会福祉学会機関誌『社会福祉学』第6号，特集　戦後20年の社会福祉研究，pp.21-40，1966年）。

　　第一期　混乱期（昭和20年〜22年）
　　第二期　アメリカ社会事業技術の直移入の時期（昭和23年〜26年）
　　第三期　いわゆる政策論定着期（昭和27年〜29年）
　　第四期　いわゆる政策論および技術論の並列期（昭和30年〜34年）
　　第五期　再編志向期（昭和35年〜39年）

学会設立後，当初は，何よりもまず，実態認識への把握が重要との認識から，

「日本の貧困」を共通課題として掲げ，学会としての共同研究がなされた。それは，当時，1949年ごろから"ボーダーライン層"という用語が使用されはじめ，1952・55年ごろから生活保護行政の「警鐘用語」として取り上げられてきた。とくにそれが厚生白書で指摘されたことへの注目などから，社会福祉の独自の政策対象として着目されたことによる。学会では，調査・歴史研究など多様な方法で探究されており，のちに『日本の貧困』（日本社会福祉学会編，有斐閣，1958年）として，刊行されている。

　しかし，現実には，陰に陽に学会のなかで常に議論されてきたことは何であっただろうか。筆者の主観もまじえていうならば，第1に社会福祉学とは何かということへの追究であったといえよう。孝橋正一『社会事業の基本問題』（1954年，ミネルヴァ書房）など社会政策学会からの流れにおいては，ともすれば応用経済学としてのとらえ方が色濃く，一方で占領下のもとでのソーシャルワーク論は，戦前の職能教育に影響した応用社会学あるいは占領軍からの移入教育の影響での直訳的ソーシャルワーク論であったといえよう。（代表的には竹内愛二）この両者の流れをどう統合するかということも含めて，応用経済学としての展開か，ソーシャルワークのみを社会福祉学としてとらえるのか，あるいは統合するのか，さらにその固有性を確立するのかなど，様々な議論が引き続き底流として存在してきたのである。

　ことに，大学教育のなかで社会福祉学科がしだいに成立してくると，当然ながらその学的な性格が問われざるを得ない。とりわけ単科大学以外でも社会福祉学科が定着してくるなかで，その学問的性格は常に問われてきた課題であった。そのなかでとくに結実した努力は，当時家政学部内にあった社会福祉学科において，社会福祉学の固有性の確立に精力をそそいで完成した岡村重夫『社会福祉学（総論）』（1956年，柴田書店）であった。

　その後，社会福祉制度自体は，高度経済成長のもとで"生活革命"ともいえる急激な国民生活の変化に対応し，"福祉六法"時代にはいった。

　前述の筆者の時期区分における第五期の状況を，当時の諸研究を時代背景との関連でまとめた執筆当時の状況との関連で概括したものの要約は，つぎの通りである。

「35年の安全保障条約改定時に,国民運動がもり上がって以来,いわゆる上からの『福祉国家』への志向が一応顕著となり,社会福祉もその一環として,しだいに注目をあびてきた。一方国民生活は,独占資本の支配の強化のもとに,いわゆる消費革命が起こり,核家族化,都市化現象が急速に進み,賃金も職能型へ移行する傾向がみえはじめてきた。そのなかで底辺の問題もいっそう顕在化する一方,いわば現代化への変動から生じた生活問題もいちじるしく顕著になってきた。そしてそれらへの研究も活発になってきた。国民のなかからも,しだいに不十分な社会福祉に対する権利意識が増大し,各種の組織的運動が展開されるようになってきた。それとともに,社会事業関係立法も対象別に機能分化し,昭和35年3月精神薄弱者福祉法,38年3月老人福祉法,39年7月母子福祉法ができてきた。そしてそのもとで,それまでの解釈学的な制度論とはことなり,権利を前提として各論的研究とともに,権利の立場から総合的に制度を把握する研究また社会保障自体の総合的研究が多数でてきた。また社会事業は,単に予後処置でなく環境改善策であるとして,家庭や地域社会の問題に目をむける傾向が強くなってきた。政府からは『人づくり政策』がうちだされ,いわゆる経済扶助的な社会事業から社会的処置としての社会事業への要望が高まってきた。そのもとで,従来までの政策論をさらに歴史的に実証,展開し,国民の権利的立場にたって再編成し,実践論あるいは運動論的視点に立ちながら,方法論をも包含していく動きがでてくる一方,それまでの技術論的視点にたつものも,その社会的枠組への考察を深めようとの動きがでてきた。」(『現代社会福祉論』1971年,時潮社, p.30に再録されたものから要約とくに例示された文献は除いた。)つまり1960年代から1970年代前半にかけての社会福祉研究は,具体化し,多様化しながら,実践的な視点からその構造化への志向が高まっていったように思われる。代表的なものとして制度体系と行動体系の接近を考察した木田徹郎『社会福祉概論』(社会福祉講座1,1964年)や,嶋田啓一郎の「社会福祉と諸科学――社会福祉研究の方向を求めて――」(『社会福祉学』第1巻第1号,1960年1月, pp. 8-31)などがある。

さらに吉田久一教授還暦記念にまとめられた『戦後社会福祉の展開』(ドメス出版,1976年)が,その動向を裏づけている。それには,この期の社会福祉

論の特徴が，次のように述べられている。

> 戦後社会事業の特徴であった「導入」「啓蒙」的性格から社会福祉は，ようやく国民生活における実践からの問い直しがはじまった。それはひろく「歴史的社会的実践」という理論的次元の問いから，現場臨床実践までも含んでいる。その結果，政策・実践の二分法が徐々に統一的傾向にむかった。例えば政策派側の中心であったマルクス主義理論から，福祉労働論などを媒介に社会事業技術をもその視程に収めようとした。逆に社会事業技術の側では単なる啓蒙理論から実践を基底にすえながら　技術の統合化，あるいは社会福祉原論への位置づけ，即ち基礎理論との組合せ傾向がはじまり，それはやがて技術の社会的志向となった。さらに社会事業技術は従来の枠を払って運動化したことも特徴であった。（吉田久一編『戦後社会福祉の展開』ドメス出版，1976年，p. 87）

　以上の状況を学会レベルで要約するならば，社会福祉がようやく「実践学」としての性格を明らかにしてきた時期であったといえようか。

　しかし，その実践学自体を，学問論としてとらえて意義づけるために，いっそうの努力が要求された。それは，とくに大学紛争などにおいて，厳しい問いかけがあった中で考えざるを得なかった。紛争にあった各大学での努力は，それぞれであっただろうが，筆者の経験の中から出した当時の答えは，「社会福祉学とは何か」（『思想』岩波書店，1970年1月）であった。この論文は，当時，とくに社会福祉系大学において，また社会福祉学科を内包している総合大学において，大学紛争で問われた課題の底流にあった問いへの説明として述べたものであるが，筆者がその後，常に意識したものである。論文をめぐる批判への対応およびその後のひきつづきの探究のなかで把握したその主旨を，要約すると，次の5点になる。

1) 社会福祉学は，完結され閉ざされた体系ではなく現代の人間生活の日常的な営みに，つねに試行錯誤のアプローチを試みながら，開かれた問題提起，問題認識，問題解決を探究し，人権保障を具体化する学である。
2) それは，近代に発達した諸科学の限界さらにパラダイムに対して，現代の諸問題への認識を軸に展開するものであり，近代科学のパラダイムの転換を志向する。

3） とくに人間の諸局面を切り取って，体系化する近代の「タテワリ」科学とは異なり，人間の生活をトータルにあるいは全面的にとらえる学である。Totality, Wholism の視点にたつ。
4） 問題認識にとって，近代諸科学の意味あるものは摂取し統合化を志向するとともに，社会福祉学の成果は，近代諸科学をより進展する可能性を秘めている。つまり学際科学，総合科学，越境科学としての在り方を示す。
5） 以上の特質をもつ社会福祉学において肝要な点は，認識方法において，日本の近代科学のもつ演繹法や帰納法の出発点に発想法（現実から仮説を創り出す方法，アリストテレスのいう Abduction）を重視する必要がある。さらに歴史研究，調査研究，国際比較研究などを展開しながら，とくに事例研究から出発する。とりわけ現場や地域調査（踏査，参加観察も含む）などでの展開が，必要である。

　その間の研究の展開には，総合化を力動的に志向した嶋田啓一郎『社会福祉体系化論』（ミネルヴァ書房，1980年）が刊行された。

　また当時，三浦文夫を中心とした社会保障研究所グループの政策研究が，形成されてきた。それは，後に本人より次のように総括されている。

　　——この研究の系譜は従来のマクロ視点（わが国ではマルクス主義理論に依拠するものが多かったが）に立つ政策研究に対して『政策科学』『政策技術』あるいは『社会福祉経営論』等といわれている。この政策研究の特徴のひとつは，中範囲理論あるいは理論の実証主義的な研究方法をとってくる点である。」
（『講座 戦後社会福祉の総括と21世紀への展望 Ⅰ 総括と展望』ドメス出版，1999年，p.87）

　つまり中範囲論としての社会福祉経営論などの成果が展開されてきた。後に地域福祉論も活発になってきた。

2　展開——社会福祉学の進展

　少子高齢化がすすみとくに80年代に突入し，福祉国家批判が現れた。そのもとでの社会福祉学の展開については，京極高宣の次のような理解もある。

1980年代に入り，先進諸国はスタグフレーションという経済不況の壁にぶつかり財政緊縮に迫られました——1990年代に入ると，各国の保守主義復帰の傾向の下においても，人口高齢化の圧力に対して，社会福祉の再建を成し遂げる気運が高まりました。ここにおいて，学問論のレベルでも社会福祉の理論研究の新たな燃焼が興ってきたのです。(京極高宣『改訂　社会福祉学とは何か』全国社会福祉協議会，1998年，p.127)

　京極論文の指摘する新たな燃焼としての例示には，次のような著書が上がっている。京極高宣『現代福祉学の構図』(中央法規出版，1990年)，一番ヶ瀬康子『社会福祉の基本視角』(時潮社，1990年)，松井二郎『社会福祉理論の再検討』(ミネルヴァ書房，1992年)，船曳宏保『社会福祉学の構想』(新評論，1993年)，古川孝順『社会福祉学序説』(有斐閣，1994年)
　以上の他，筆者はさらに宮田和明『日本社会福祉政策論』(ミネルヴァ書房，1996年)，池田敬正『現代社会福祉の基礎構造』(法律文化社，1999年)などを加えたい。ことに宮田和明の著書の年表は，時代背景との関係で，研究動向をより詳しく知るのに有効である。
　また，戦後の研究の系譜を，古川孝順『社会福祉学』(有斐閣，2002年)の中では，孝橋正一を嚆矢とする「政策」論　竹内愛二を中心とする「技術論」，岡村重夫による「固有」論，一番ヶ瀬康子，真田是，高島進らの「運動論」(あるいは「新政策論」)三浦文夫に始まる「経営論」などと類型化している。
　しかし，1990年代になって21世紀の社会福祉改革期には，具体的な政策批判や調査などが，必ずしも積極的ではなかった。その点については，吉田久一『日本社会福祉理論史』(勁草書房，1995年，p.206)の指摘もあるがさらに学会などの研究動向とりわけ20世紀の成果と21世紀への展望を追求した鉄道弘済会『社会福祉研究』(1999年，通巻第80号記念特大号)にみるべき論文が何点かある。とくに話題をよんだ星野信也「社会福祉政策研究の"失われた10年"」(鉄道弘済会『社会福祉研究』2001年4月，pp.20-26)のなかの「新世紀のフレッシュな社会福祉政策研究者への期待は，縦割りの社会福祉学を横断的に再編成し，政府の利己的・欺瞞的改革の反復を厳しく批判しつつ，経済成長依存を脱却した社会福祉政策固有の分配の理論と理念を探求することにあるといえよう。」(前掲，

p.26）との指摘は重要であろう。

なお，以上の他，20世紀末における学会の成果と学の在り方を問う業績としては，玉石混交の評もあるが，一応学会挙げての総括であった『戦後社会福祉の総括と21世紀への展望Ⅰ～Ⅳ巻』（ドメス出版，1999年にⅠ：2002年にⅡ，Ⅲ，Ⅳ）がある。

一方で，英文による機関誌の発行やアジア社会福祉学会の創立（1998年）さらに国際比較研究委員会（1997年4月～2003年3月）などの成果も，21世紀へ引き継がれた重要な展開であったといえよう。ことに国際比較研究委員会の成果は，『社会福祉の国際比較――研究の視点・方法と検証』（阿部志郎，井岡勉編，有斐閣，2000年）にまとめられている。"今なぜ社会福祉の国際比較か――価値比較をめぐって――"の中で，阿部志郎委員長は，「比較とは，他文化との相違を発見し，理解することであるが，それを基礎に異質性の認識と受容へと導かれなければならない。それを可能にするのは異質性への信頼であり，それを知る喜びであろう。」（p.17）と述べており，欧・米の近代化で生まれた社会福祉のみならずアジア社会へも注目している。

また，1980年代以降，社会福祉学会との関係で，とくに注目すべきは，日本学術会議との関係である。日本学術会議において，1981年以来，社会福祉学は，社会学分野のなかではあるが研究連絡委員会を構成し，一応市民権が認められ，現在も，日本社会福祉学会から会員を選出している。そのことは特記してよいことであろう。すでに会員としては，それ以前に社会学には磯村英一，法学では小川政亮会員が，それぞれの学会を母胎として，選出されていた。それが日本社会福祉学会を母胎とし，13期から選出されるにいたったのである。筆者は，社会福祉・社会保障研究連絡委員会の委員長として，会員に選出され，13期，14期，15期をつとめ，16期，17期は仲村優一，18期，19期は大橋謙策会員がつとめてきている。日本学術会議の構成は，日本のアカデミズムの学界を代表される会員によるだけに独立した社会福祉学の存在への理解はむずかしい。それでも日本のアカデミズムに発言ができるチャンスとして，さらに自らの在り方を自省する場として，一歩前進したものとしてとらえてよいのではないだろうか。すでに13期以来，現在まで6編の「対外報告」「意見具申」を公表，影響

を与えている。⁽³⁾

　さらに日本学術会議においては，とくに国際学会が重視され，それへの参加への補助が出されていた。日本社会福祉学会の場合，国際学会が存在しなかったため，国際社会福祉会議や学校連盟などへの参加を，それに代わるものと認められて，各期に補助の申請を推進してきた。

3　展　　望

　21世紀もすでに4年を経ている。21世紀においては，日本の学術の在り方そのものが，20世紀の問題点を克服するような展開を期待していたものが少なくないのではないだろうか。つまり18世紀以降の近代科学自体が，欧・米中心のパラダイムのみでは考えられなくなってきているなかで，改めて俯瞰的，総合的な在り方にもとづく問題解決志向さらにデザイン型の学術を組み入れる方向に転換しつつあると思われる。社会福祉学の在り方も，その動向に裏づけられた発展がさらに望まれる。

　ことに20世紀があまりにも競争，能率を基本とした市場経済により国民生活が疲弊，さらに2度も起こった世界大戦等々，しかもそれらを促進した科学技術に偏った在り方を視野に入れる必要がある。そして新たな自立と共生，さらに平和を確立する方向を念頭においた展望を，またその基盤となる価値観，本来的な宗教をよみがえらせる必要がある。

　以上のような視点を前提にして，社会福祉学自体において，第一にグローバルな視点での社会福祉研究の在り方さらに国際社会福祉の展開については，ひきつがれた重要な課題であるといえよう。この点において，学会は，前述の阿部志郎学会長のもとでの国際委員会との関連も含め，とくに学会自体の活動ではないが，学会員のメンバーを中心として『世界の社会福祉　12巻』(旬報社，1998～2000年)と，さらにそれに続く世界の『年鑑　世界の社会福祉』が毎年刊行されている。ことに『年鑑　世界の社会福祉』(旬報社，1998，1999年)で，編者(仲村優一，阿部志郎，一番ヶ瀬康子編)たちの願っていることは，いわゆる英米のみではなく，アジアさらにアフリカ中南米などにおける社会福祉の在り

方,相互扶助などをとらえて,いわゆるグローバルな視点での構築を試みようと意図していることではないだろうか。その意味において,この年鑑は,これから学会との関係で,あるいはアジア社会福祉学会との関連で重要である。また,このような年鑑は,欧・米諸国ではもとより他でもいまだ刊行されておらず,日本の国際的立場さらに社会福祉学の進展のなかでこそ,可能なものといえよう。年鑑への想いは,3巻の次の「刊行にあたって」のなかに要約されている。

　　われわれは視野を広げて世界の社会福祉を俯瞰的・総合的にとらえ,そのなかから世界・地球の『持続的発展』(Sustainable development)に向けて学ぼうとする意図があった。
　　しかしながら世界を見渡してみると,貧困からの脱却はおろか,『飢えの貧困』に苛まれる人々の数はむしろ増大し,これに局地的戦争(民族的・宗教的対立によるものが多い)が拍車をかけている。そして,これがアメリカの2001年9・11同時多発テロ事件および中東の紛争につながっており,2002年にも,中東の2つの危機,すなわち,イラクの不安状況とパレスチナ紛争は悪化の一途をたどっている。そして,このような状況の中で,20世紀の福祉の遺産の腑分け作業とともに,新しい世紀に向けた世界の社会福祉との共生・共存を目指して,グローバルな視点から福祉課題の追求が要請されているのである。『世界の社会福祉年鑑』を21世紀の初めに発刊し,21世紀を通して刊行しようとするねらいはまさにここにある。」(2003年版,p. 3)

第2に,いわゆる21世紀の社会福祉における自立と共生の具体的在り方を,地域福祉を社会福祉の基盤とした社会福祉法において,どのようにそれを展開するかについての諸研究,諸調査がなされてはいる。しかし,不況を反映し調査費が潤沢でない故か,社会福祉調査は1980年代に比して停滞気味である。それは,もっと活発になされてよいのではないだろうか。ことに介護保険制度をはじめ,地方分権推進一括法にもとづく地方自治体の運営において,少子高齢化の著しい中山間,離島などに関する積極的な調査,大都市の家族や地域における人間関係崩壊の象徴である児童や高齢者の虐待問題への調査などが急がれる。そして,それらを踏まえた展望のなかでの社会福祉政策の在り方,とりわ

け地方自治と具体的な計画策定への研究が重要である。ことに介護保険の財政との関連で，市町村合併が急速であるが，そのことは，日本社会全体にとって，ある意味では，明治維新以来の変貌をもたらす動向ではないだろうか。地域福祉計画の策定の仕方など，積極的な社会福祉研究とりわけ政策研究の在り方が必要となってくる。これらの意欲にみちたたとえば「科学研究費」の申請について，社会福祉学独自の審査制度が確立されてる現在，より活発化される必要がある。

　第3に，以上の在り方を含めて今，社会福祉の制度外において，いわゆる市民運動的な福祉の創造が，NPOその他において展開がなされてきていることについての，学会の視点と視座が問われていると思われる。すでにこの点については，前述の星野氏の論文で指摘されたとおりであるが，現実そのものの進展はより速いことが，集会その他でうかがえる。つまり児童福祉法，老人福祉法などのタテワリ法制度を超えての多機能，小規模，地域密着型の新しい"ホーム"作りが，外山方式を契機に各地で活発化してきている。この点は，運動論の視点からいっても，普遍化された社会福祉のもとでの新たな展開であり，やがて制度改革にまで迫るものとしてとらえられる。現在活発になってきている制度外の在り方を創造するソーシャルアクションやあるいはボランティア活動さらに運動等の位置づけや意味づけも，問われるところである。

　第4に，従来，医療の対象として，社会福祉研究では，具体的に検討がなされにくかった課題が，差別との関連もふくめて，重要でかつ緊急な人権問題として明確化してきている。たとえばハンセン病患者の問題また精神障害者問題，難病患者問題などがそれである。その研究への拡がりと深まりが期待されている。

　なお以上の動向を踏まえた社会福祉学研究への期待は大きいが，それらをより充実あるいは充足していくためには，かつて日本社会福祉学会で論じられていたことがより分化，深化され，それぞれ独立した学会で発表討論されている成果との統合的視点さらに有機的な関連やネットワークを，親学会ともいうべき日本社会福祉学会がどのように受け止め，推進をするかが重要である。たとえば社会事業史学会（1973年，研究会として発足），日本地域福祉学会（1987年），

日本福祉文化学会（1988年），また日本福祉教育・ボランティア学習学会（1995年）などとの関連である。

　また，もう一方の課題として，本来他国では，学校連盟的な性格のものと学会は，一体化しているのであるが，日本の場合には，本論文の"はじめに"で述べたように分化してきた。それだけに現在の社会福祉教育に対する学会としての見解や在り方について，また研究との関係について，どのように深めて交流あるいは共同していくかということは，大きな課題ではないだろうか。それは，学校連盟等ですでに問われていることでもあろうが，研究を踏まえた教育でなければ専門教育，大学教育ではなく，また現実の課題に何らかの点で，影響するものでなければ，社会福祉学の実践学としての意味は薄れていくであろう。

　ことに現在の国家試験のなかで，社会福祉史に関する問題が少なくまた生活問題論，生活構造論などでの利用者認識が，不充分もしくは欠落している状態がある。そのためいわゆる実践を，現実の制度内実践に限定したとしても，利用者側からそれをどう深めるのかということには，当然限界が生じることはいうまでもない。

　以上のことを考えた時に，日本社会福祉学会の21世紀の課題はますます大きく，しかも学としての在り方を，基本的な視点の中で積極的にとらえていく必要がある。とくに日本学術会議などとの関連でいえば，以上のような在り方は，つねに日本学術会議でも学際的な在り方，あるいは学問の在り方として問われてきたところである。したがって社会福祉学の日本学術会議での意味，位置づけを，より強固なものとするためにも重要であるといえよう。

お わ り に

　日本社会福祉学会の次の50年は，社会福祉をますます必要としている現実の国民的な生活実態そして具体的な差別に対する人権保障の学として，構造的でダイナミックな展望を持ちつつ，グローバルな視点とともに個別研究による充足が期待される。それは，きわめて急がれてよいことではないだろうか。

現実の課題から逃れることが，価値からの自由でもなければ，学問そのものともいえない。問題は，それぞれの価値観を踏まえて，具体的な人権視点と視座の在り方こそが重要なのではないだろうか。この点についての理論と共通認識をどうするかも，学会の大きな課題といえよう。

　ことに社会福祉学としての体系化を急ぐあまり，観念操作に陥ることなく，時代への対応，国民の課題にどう応えるか，その迫力ある在り方こそが，日本社会福祉学会においては重要であろう。

注
（1）　本書第Ⅲ部聞き書き，日本社会福祉学会の50年〈その2〉仲村優一発言（p.323）参照。
（2）　この稿の参考文献を収録したものとして『戦後社会福祉基本文献集Ⅰ，Ⅱ，Ⅲ（1945～1975)』（日本図書センター，2000～2001年）がある。解説はⅠが一番ヶ瀬康子，Ⅱは井岡勉，Ⅲは遠藤興一が分担している。
（3）　ことに日本学術会議18期の対外報告「ソーシャルワークが展開できる社会システム作りへの提言」は，学会としても注目，討議すべき報告である。

戦後社会福祉の政策研究の総括*
——とくに1960年代後半以降を中心に——

三浦　文夫

はじめに

　日本社会福祉学会は創立30周年を記念して，機関誌『社会福祉学』（第25巻第2号，1985年3月）で「社会福祉理論形成の軌跡と展望」というテーマで特集号をくんだ。筆者は，その際に「社会福祉政策研究の回顧と展望」として拙稿にまとめさせていただいたが，そのほかにこれに加筆，訂正を行ったものを社会保障研究所編『社会保障研究の課題』（東京大学出版会）に「社会福祉政策研究の回顧と課題」（1986年）という論文として発表している。その後1992年に社会保障研究所の創立25周年（1990年）を記念して，社会保障研究のリーディングス『日本の社会保障』（全4巻）が刊行されることになった。このシリーズの第4巻『社会福祉』の編者の一人として，また，掲載論文の選定委員の一人として，巻末に拙文の「解説」論文を掲載することにしたが，この「解説」論文は同書掲載の18の論文のコメントのほかに，紙幅その他の理由で割愛しなければならなかった多くの論文，書物についての紹介を行った。それは結果的に上記の拙稿につづく1965年以降の約25年の社会福祉研究の動向を瞥見することにもなった。

　このために今回は社会福祉政策の観点から，戦後の社会福祉研究を改めてフォローアップすることは避け，本シンポジウムの副題となっている「21世紀へ

---

*　本論は，一番ヶ瀬康子・髙島進・髙田真治・京極高宣編『講座 戦後社会福祉の総括と21世紀への展望　I　総括と展望』ドメス出版，1999年に掲載の日本社会福祉学会第45回全国大会シンポジウム（'97.10.25）「社会福祉研究——戦後50年の総括と21世紀への展望」に基づく同論文を加筆修正したものである。

の展望」という観点から，主として1960年代後半以降に限定して，社会福祉政策と研究動向の展開を考察することにしたい。このために，上記の二つの拙稿を素材に加筆，訂正するとともに，とくに筆者がかかわってきた政策論議を意識しながら，今回のシンポジウム報告とする。またこの小論では関連の著書・論文等は必要最小限のもののみを引用することにさせていただいている点もお断りしておきたい。

1 高度成長期の社会福祉政策と研究動向

上述したようにこの報告では，1960年代後半以降の約30年間の社会福祉の政策展開と，それとのかかわりでの政策研究の動向をみることにするが，最初に高度成長期の社会福祉の歩みに焦点をおいて考察する。この時期は，1950（昭和25）年前後の敗戦直後の戦災復旧と戦後体制の確立の枠組みづくりをへて，50年代から60年代前半にかけての自立経済の基盤づくりから，高度経済成長への転換がなされ，ようやく高度成長経済の光と影が露わになってきた時期とみることができる。そして戦後の社会保障，社会福祉（政策）の展開発展からみると，この時期は皆年金・皆保険体制（1966年以降）に入り，わが国の社会保障がようやく国際的に比肩する制度的枠組みをもつにいたった時期であり，とくに社会福祉の面では，いわゆる社会福祉三法から六法体制への移行を軸としながら，高度成長下で社会福祉の「拡大」の時期とみることができる。

(1) 「社会福祉の拡大」の意味するもの

その意味でこの時期の社会福祉政策研究にとって，社会福祉の「拡大」をどのようにとらえるかということがとくに重要な課題となる。

その場合の論点の一つは社会福祉対象の変化とのかかわりで，社会福祉の「拡大」ということをどのようにみるかということである。この点に関して吉田久一は社会福祉問題の多様化・高度化の形成要因を論じ，貧困問題の変化，老後・家族問題，地域・公害問題，社会的消費の弱体のひずみ，疎外問題などを紹介し，さらに「高度成長期の貧困研究」（『現代社会事業史研究』勁草書房，

1979年，pp. 528～531) ということで，新しい貧困および貧困拡大に焦点を合わせた研究動向をこの時代の特徴の一つとしている。そして江口英一，宮本憲一，中鉢正美，籠山京，真田是，小倉襄二，高野史郎等の貧困研究を紹介している。なお吉田はこのように社会福祉の対象とのかかわりでの貧困研究を紹介すると同時に，次のようにも述べている。「しかし，社会福祉では対象論を含めて40年代後半（1970年代＝引用者）以降，貧困研究はあまり興味あるテーマとなっていない。貧困をとりあげる際も，『生活面における経済的ニード（貨幣的）から非経済的ニード（非貨幣的）への移行』のように，貧困からの脱却が主流になっている」と。

　この吉田の記述は一面ではこの時代の研究の一端を先駆的なかたちで明らかにしている。しかし貧困または低所得者問題の重視は，社会福祉を資本主義体制の所産である貧困あるいは生活問題への政策対応とみるマルクス経済学に立脚する社会福祉政策論者にとっては，依然として社会福祉研究の最大の課題とされていたことは否定できない。ただし，その実証的な研究は，かつての貧困研究，ボーダーライン階層問題で行われたような勢いはなくなっていく（しかし，上記の江口およびその門下生を中心とする貧困研究は地道ながら継続され，最近の不定住問題等にみられる貧困研究にすぐれた業績をあげている点は看過することはできない）。これらの研究とは別に，貧困現象を経済的貧困にとどめず，より広く生活問題としてとらえる研究がこの時期にすぐれた業績をあげている点も注目しておかなければならない。たとえば生活問題を生活構造論と関連させて具体的な実証研究の枠組みを提供しようとした副田義也や中鉢正美等の研究，あるいは社会構成体理論を軸として貧困を現代社会問題に広げた真田是や社会的共同消費財の欠如として都市問題等に新しい貧困をみる宮本憲一等の著作も忘れることはできない。

　また社会福祉「拡大」をいち早く指摘したのは木田徹郎で，1967（昭和42）年に『社会福祉研究』誌上に発表した「社会福祉拡大への転換──社会福祉の現代的課題」という論文で，社会福祉の対象は，社会，経済の構造変化，都市化や国民生活の変容などによって，貧困問題に収斂するものではなく，自殺，疎外，アパシィ，麻薬中毒，非行，不安等の社会病理や住宅・生活環境問題あ

るいはその時期頃から注目されるようになった老人問題等，問題の多様化と拡大化の傾向を指摘している。

第二に社会福祉の対象の「拡大」の論議と並行して，社会福祉制度あるいは政策面での社会福祉「拡大」の意味をどのように考えるかという課題もある。このような問題に対して，それまでのわが国の学会での主流を占めていた「社会科学的」社会福祉研究者は，六法体制への移行等は現象的なものとし，さほど大きな関心を示していなかった。ただこの時期に従来のマルクス経済学の立場からの「構造論」的な福祉政策論の主張に対して，同じマルクス主義の視点に立ちながらも，運動論の立場からそれまでの「構造論」的政策研究への批判が現われている点は注目しておく必要がある。たとえば1950年代から60年代にかけての，孝橋正一らの支配者階層（資本）によって，資本主義の維持，強化をはかるということを目的として形成，運営される社会事業政策論に対して，労働者をはじめとする国民の運動の役割を重視し，政策は支配，被支配の力関係によって政策とその運営が規定されるという観点から，労働者の観点からの政策形成への積極的介入の必要を主張する真田是，高島進その他の主張が現われてくる。そしてこの「運動論」的福祉政策論（これは古川孝順らは「新政策論」といっている）では，国家独占資本主義のもとでの搾取と収奪の広がりのなかで，労働運動等の広がりによって，国家政策への一定の譲歩の結果として社会福祉制度の拡大をとらえながらも，畢竟は国家独占資本主義の国民一般に対する福祉と収奪の新しい飴と鞭の対策としてとらえるのにとどまっていたようである。

これらの研究に対して，ソーシャル・アドミニストレーション研究の視点から「内在的」に社会福祉政策をとらえる社会保障研究所グループを中心とする新しい研究集団が60年代末ぐらいから登場してくる。この研究グループの一人である三浦は，社会福祉の「拡大」を福祉三法体制から六法体制への移行を素材にその政策的意味を論じている。そして1962年の社会保障制度審議会のいわゆる「総合調整に関する答申」における低所得階層対策の重視という意見を援用し，それが生活困窮者等を主要な対象とする従来の救貧的社会福祉制度から，低所得階層を主要な対象とする防貧的社会福祉へと展開していく点に着目し，

この政策動向は対象拡大にとどまらず制度拡大につながっている点を明らかにしている（同じような論旨は中鉢の当時の論文にもみることができる）。この社会福祉制度「拡大」のとらえ方は，80年代以降に大きな問題となる社会福祉のニードの普遍化，福祉サービスの一般化という概念の形成からみると，それへいたる通過点ないし屈折点となっていることを評価できるが，貧困から，低所得という経済的要件で社会福祉サービスの受給要件を縛りつけているという点で，一定の限界をもつこともあわせて批判している(2)。

(2) 福祉センター構想

　この時期の注目すべき研究課題として，社会福祉の「拡大」と変容のなかで，社会福祉制度の改正を求める論議が現われてきている。その一つに生活保護制度のあり方と福祉事務所の再編に関する論議がある。前者の論議は，一方では貧困の変化に着目するとともに，制度的には国民皆年金・皆保険体制下の生活保護制度のあり方を見直すとともに，他方では生活保護行政におけるケースワーカーのあり方や貧困のスティグマとのかかわりで，生活保護制度のラディカルな見直しを求めるものであった。このなかで生活保護制度のもつ所得保障機能と社会福祉機能の分離を主張する三浦の生活保護再編論に対し，既存の制度を前提として内容の充実を求めるべきであると主張する児島美都子や公的扶助研究会等による生活保護充実論が現われてくる（この論議はそれほど発展せず，21世紀への展望とのかかわりで改めて問題となるものと思われる）。

　また生活保護再編論の系譜につながるものとして，1971（昭和46）年に全国社会福祉協議会に設けられた社会福祉事業法改正作業委員会の「福祉センター構想」がある。すなわちこの構想は，将来，生活保護実施事務と社会福祉実施事務を制度的に分離させ，これまで生活保護事務所としての色彩の濃い福祉事務所を，福祉五法を中心とする福祉センターとして再編成することを提案するものであった。この福祉センター構想ほどラディカルな主張ではなかったが，福祉事務所を福祉五法の実施機関としての機能を強めるという視点をとった厚生省社会局庶務課『新福祉事務所運営指針』が刊行されたのも同じ時期であった。これらに対して福祉事務所の現業員有志を中心に組織された公的扶助研究

会や，それに連なる研究者たちは，福祉事務所の再編より，その内容を充実させることが必要という立場で，反対の意見・論文等を数多く発表している。この福祉事務所問題をめぐる論議の背景には，生活保護中心に実施してきた社会福祉行政の現業機関としての福祉事務所から対人福祉サービスの実施機関として「福祉センター」への転換をはかろうとする意図を含んでいたものであるが，この点は必ずしも十分に理解されず，それは今日の福祉事務所の混迷ないし機能低下につながっていく。

(3) 社会福祉専門職化問題

　社会福祉の新たな対応や生活保護制度の再編の論議と関連して，同じ時期に社会福祉職員（マンパワー）の専門職制についての論議が行われている。この問題は，1967（昭和42）年に東京都社会福祉審議会で審議された「東京都における社会福祉職員専門職化のあり方に関する答申」のなかでとりあげられている。また63年には大阪府の社会福祉審議会でも同じような問題がとりあげられている。そして69年に国も中央社会福祉審議会に特別に職員問題専門分科会をもうけ，社会福祉の変容のなかでの社会福祉職員の資質向上方策についての検討を行うこととし，そして71年に職員問題専門分科会・起草小委員会は「社会福祉士法制定試案」を公表し，各方面の意見を求めた。その試案は福田垂穂の「社会福祉職員の専門職化への提言」という論文がその基調となっていた。そこでの社会事業のとらえ方は，アメリカで発達したソーシャルワークの流れをふまえながら，社会事業の課題は重層的にとらえたダイヤグラムにもとづき，知識と実際的処遇が統合された総合的技術をもつ専門領域と考え，このために必要な専門職を考察している。この試案に対して，行政や現場で支持の意見が強かったが，労働組合や一部の学者からの強い反対意見が出されたりしている。

　この社会福祉士法制定試案は結局は陽の目をみることなく1976年にお蔵入りとなるが，その理由の一つは対人福祉サービスが基調となったわが国の社会福祉の流れに必ずしも適合的でなかったことがあったように思われる。しかし，このあたりの論議は必ずしも十分に行われず，当時は一方ではソーシャルワークの専門性の研究の延長線での社会福祉従事者の専門職化をはかる論議にとど

まり，他方では，上記の運動論的社会福祉理論につながる福祉労働論というかたちでのユニークな研究がみられ，肝心の対人福祉サービスとのかかわりは，あまり意識されていない。

(4) コミュニティ・ケアをめぐる論議

この時期の社会福祉研究のなかで，その後の社会福祉の展開に影響を与えた論議の一つにコミュニティ・ケアあるいは在宅福祉に関する研究がある。この論議は1969（昭和44）年に明らかにされた「東京都におけるコミュニティ・ケアの進展について」という答申を契機にひろがったものである。この答申では老人福祉分野におけるコミュニティ・ケアを，施設ケア（インスティテューショナル・ケア）に対置する在宅ケアと同列にとらえているが，これに対して早くから地域福祉の理論化に努めてきた岡村重夫は「地域福祉の概念」という論文で，コミュニティ・ケアの重点の一つは在宅ケアだけでなく，要援護者を地域住民の共同によって援助を行う点を強調し，上記の東京都の答申を批判している。コミュニティ・ケアの論議は中央社会福祉審議会・コミュニティ専門分科会でもとりあげられ，71年に明らかにされた「コミュニティ形成と社会福祉」と題する答申で，今後の社会福祉の推進の基軸にコミュニティ・ケアを取り入れるべきとしている。この答申で主張しているコミュニティ・ケアは在宅ケアというよりは，施設機能の高度化とその機能を活用するショートステイ，デイサービス，ハーフウエイ・ハウス等の中間施設の設置や施設の給食機能を地域に開放するなど，施設サービスの地域開放を軸とすべきとしている点に特徴がある。この答申の根拠となった考え方を，この答申の起草者であった三浦は「コミュニティ・ケアと社会福祉」という論文で，コミュニティ・ケアの発祥地であるイギリスでの経験を紹介しながら，その日本での展開方策について論じている。この中央社会福祉審議会のコミュニティ・ケアに関する答申を機に，上記の岡村重夫は1974年に，『地域福祉論』（光生館）のなかで，71年に刊行した『地域福祉研究』でのコミュニティ・ケアの考え方をさらに発展させ，地域福祉の重要な構成要素の一つとしての位置づけを行っている。

これらの論議を契機にコミュニティ・ケアをめぐっていくつかの主張が出さ

れている。その論点はコミュニティ・ケアにおける在宅ケア，施設ケアの関係をどうとらえるかということであり，またそれに関連してコミュニティ・ケアの実施主体を行政あるいは専門的公的機関が中心になるか，それとも地域住民が主体となるべきかということ等であった。いわば care in community, care by community をめぐるイギリスのコミュニティ・ケアの論議に似た論議がイギリスとは別の次元で行われている。この論議はのちに在宅福祉サービス論では統合されるようになるが，この日本的なコミュニティ・ケアの論議は地域福祉の概念の構築にも大きな影響を与えていく（ただこのコミュニティ・ケアの答申等にもかかわらず，この時期＝1970年前半にはそれは必ずしも政策化されたとはいえない）。

(5) コミュニティ・ケアと公私機能分担

なおこの時期に論議された問題で，その後の社会福祉政策に一定の方向を与えたものに，社会福祉における公私機能分担の再検討の論議がある。戦後の社会福祉の実施・運営は，公私分離原則にもとづいて行われ，とくに社会福祉施設については「公主私従」原則を基本とされてきた。「公主私従」原則とは，施設の設置，運営について，行政が第一義的に責任をもつということであり，諸般の事情でそれができない場合に，民間（社会福祉法人等）に委託するという方式を意味している。ところが1960年代後半ぐらいから公設公営型の施設に代わって，行政が社会福祉事業団をつくり，施設経営を委託するという方式が生み出された。とくに71年度を初年度とする社会福祉施設緊急整備5カ年計画が打ちだされ，それまで立ち遅れてきた施設を緊急に整備することになったが，その場合に行政が設置のみならず，その経営まで直接に行うことは困難という批判も加わって，社会福祉事業団の増設が広まっていく。そして1971（昭和46）年7月に厚生省から「社会福祉事業団の設立及び運営について」という通知が出されている。このような動きを背景にして，改めて公私問題がとりあげられるようになり，このような事業団による公設民営方式についての批判等もこの時期にみることができる。

この公私役割分担の論議をさらに発展させたものが，上述したコミュニテ

ィ・ケアの実施責任のあり方をめぐる論議であった。保育所や入所施設の設置・運営とは異なって，コミュニティ・ケア関連の施設やサービスをそれまでの「公主私従」原則で行うことが非効率的で非現実であるという認識から，入所施設や生活保護事業等を念頭においた公私役割的な観点でコミュニティ・ケアの推進をはかることが妥当でないとしてその見直しを求める三浦らの主張が出てくる。そして積極的にコミュニティ・ケア推進を地域住民の参加・協力に求め，住民参加の重要性を強調する主張に対して，コミュニティ・ケアの中核部分について，地域住民やボランティアの直接的な参加・協力を強調することは公的責任を曖昧にし，「安上がり福祉」につながるという批判を生み出したりしている（なおこの時期には社会福祉資源の供給レベルでの公私論は必ずしも明確に意識されてはいない。このために社会福祉供給システムへの研究は1980年代になって展開されることになる）。

2 低成長時代の社会福祉政策と研究動向

　1973（昭和48）年を政治家たちは「福祉元年」と宣伝しているが，皮肉なことにはまさに73年こそわが国の経済の失速状態が現われ，十数年続いた高度経済成長基調の破綻と低成長，安定成長への移行のクリティカル・ポイントとなった時期であった。この年は経済の伸びの鈍化ということに加え，とくに国，地方公共団体の財政危機がより深刻になり，借金財政に移行していくことになる。加えて人口の高齢化がようやく世人の関心をよび，経済，社会変動のもとでの福祉に対する国民の関心も高まるなかで，社会保障，社会福祉のあり方が問い直された，制度改革が求められていく時期でもあった。

(1) **福祉見直し論と対人福祉サービスの展開**
　まず「福祉見直し」の論議であるが，それは大きく分けて二つの流れがみられる。その一つは上記した低成長・財政破綻的状況下において，高齢化の進展，国民生活と意識の変化等によって拡大・多様化する社会福祉の諸課題にいかに効果的に応えていくかという観点から，それまでの福祉のあり方を批判し，福

祉の効率化，重点化等を求める論議であった。それに対してもう一つの系譜は戦後30年近くを経過し，経済社会の変貌とともに国民の福祉ニードの拡大，変化がみられるようになり，従来の特定の要援護者集団や階層に対する対策の域を超えて，広く国民を対象にして彼らのもつ社会（福祉）的ニードの充実・解決を軸とした社会福祉の新たな対応策を求めるというものである。やや図式的ないい方になるが，前者の「福祉見直し」の論議は，財政審議会，地方制度調査会等，どちらかというと社会保障，社会福祉に対して「外在的」な立場からの批判という色彩が強くみられたのに対して，後者の主張は社会福祉関係者の一部から現われたもので，その意味では「内在的」な視点からの社会福祉サービスの変容と新しい方策を求める論議であった。そしてとくに社会福祉ニードを貨幣的ニードから非貨幣的ニードへの変容としてとらえ，従来のソーシャルワーク的な社会福祉に対して，社会サービスの一環としての対人福祉サービスの登場を背景に，新しい社会福祉のあり方を追求する意図をもつものであった。

　もちろん，国民の福祉ニードの変化，拡大とともに，社会福祉の理念，目標等の変化が加わり，新しい社会福祉サービスを追求する試みはこの時代だけのものではない。しかし，どちらかというと，それまでは高度成長期の比較的恵まれた財政状況下にあって，増大する社会福祉ニードに対して立ち遅れてきた社会福祉の拡充を，もっぱら国あるいは地方公共団体に求めるということに重点がおかれ，福祉ニードの変化に対応して新しく社会福祉サービスの開発を意図的に進めるといった三浦らの主張はいまだ学会において少数意見の域を出ることはなかった。

　このために社会福祉の貧困対策からの離脱の主張，あるいはコミュニティ・ケアの推進や公私の機能分担の再検討等の問題提起は，むしろ国の責任を国民に転嫁するもの，安上がり福祉の推進ということで批判される傾向が強かった。これに対して1970年代中頃になると，社会福祉ニードの変化，多様化の進展ということとともに，財政の行き詰まりのなかで，従来のように行政（財政）に依存するだけで社会福祉を拡充させることが困難になってきたという事情もあって，新しい社会福祉サービスやその経営のあり方がしだいに関心をよぶようになっていく。

(2) 在宅福祉論の展開

このなかでとくに注目すべき動きに在宅福祉サービスの展開がある。上述したコミュニティ・ケアは70年代前半には政策的には現実のものとはならなかったが、それは1975（昭和50）年以降になって改めて在宅福祉ということで陽の目をみることとなった。それに大きく寄与したものに『在宅福祉サービスの戦略』（全国社会福祉協議会, 1979年）の刊行がある。この在宅福祉につながる研究はすでに全国地域福祉研究会議等で73～74年ぐらいから論議されてきたものであるが、その論議をリードし、新しい地域福祉の方向づけを定式化したものが前掲書であった。そしてこの『戦略』に示された在宅福祉サービスの推進は、社会福祉協議会が行う地域福祉活動の重要な柱とされ、それまでの社会福祉協議会活動の軌道修正をうながすとともに、地域福祉のとらえ方にも一定の影響を与えている（これらについて永田幹夫『地域福祉組織論』1981年に詳述されている）。その後、在宅福祉の推進は中央社会福祉審議会・老人福祉専門分科会のテーマとなり、81年12月に「当面の在宅老人福祉対策について」ということで厚生大臣に意見具申されている。そしてこの在宅福祉の推進は、その後の老人福祉はもちろん社会福祉の展開の基調の一つとされるようになっている。

ところで在宅福祉の展開は、このサービスがわが国ではまったく新しいものであっただけに、その後の実践をへるなかでその内容や理念も変化・発展してきている。たとえば当初はコミュニティ・ケアがそうであったように、在宅福祉サービスも施設ケアに対置される在宅ケアということで、福祉サービス提供の方法の一つととらえられていたが、やがて施設ケアを含めたより広い概念とされるようになった。そしてさらに自立概念の発展に加えてノーマライゼーションの理念が社会福祉のなかにひろがり、定着化していくにしたがって、在宅福祉は社会福祉の単なる方策（アプローチ）ということだけでなく、要援護者の地域での自立をはかるとともに、ノーマライゼーション理念の具体化をはかる基本的な路線あるいはアプローチとしてとらえられるようになった。

このノーマライゼーション理念はとくに国際障害者年を契機に障害福祉分野にとどまらず、広く社会福祉の基本的価値の一つとして定着、普及するようになっていく。またそれと同時に、障害者福祉分野において顕著になってきた自

立概念の変容に着目した研究も重要である。それはとくにアメリカやわが国の障害者の自立生活運動（IL）のなかから生まれ、しだいに概念化されていくだけでなく、リハビリテーションとともに、新しい障害者福祉の方法としても発展していくことになる。また障害者運動等を通して拡大し変容してくる自立概念は、さらに保健・医療分野で注目されるようになった生活の質「クオリティ・オブ・ライフ（QOL）」という問題と関連し、社会福祉の価値、理念あるいは目的についてこの頃から改めて注目されるようになっていく。

(3) 社会福祉の「普遍」化をめぐる論議

　在宅福祉の展開と並んで社会福祉の新しい動きとして注目されるものに、社会福祉の普遍化、一般化の論議がある。もともとこの問題は上述した1960年代中頃に顕著になった、社会福祉「拡大」の論議に関連づけられ、救貧的社会福祉からの脱却の方向として先駆的には問題とされてきたものである。そして、その具体的な論議は老人ホームのあり方に関する論議として現われていく。それは最初は1970（昭和45）年の中央社会福祉審議会の「老人問題に対する総合的施策について」という答申、さらに77年の「今後の老人ホームのあり方について」という同審議会・老人福祉専門分科会の意見具申等では、養護老人ホーム、軽費老人ホーム等の利用者を貧困ないし低所得老人に限っていることを批判して、老人ホームの入所に当たって、経済要件によって入所ニードを選別する方式を是正することを提案している。

　これと同じ問題意識で、在宅福祉の中心となるホームヘルパー（家庭奉仕員）の派遣に当たって、低所得所帯に限定してきたそれまでの派遣方式を改め、所得にかかわりなくホームヘルプ・ニードに即してホームヘルパーの派遣を行うべきとする提案等がみられている。それによって82年度から家庭奉仕員派遣制度の改正が行われた。また、1982年に厚生大臣の私的諮問機関として設置された社会保障長期展望懇談会は「社会保障の長期展望について」という報告書を公にしているが、そのなかでわが国の社会福祉の今後の方向を在宅福祉を軸とする地域福祉と、そして従来の救貧的選別主義的福祉から普遍主義的福祉への転換ということでまとめている。

ここでいう救貧的選別主義というのは，社会福祉サービスの利用に当たって，本人または彼の属する世帯等が貧困，低所得等であるかどうかというような経済要件にもとづいて資格を選別し，そのうえで社会的ニードに対応して必要なサービスの提供をはかるという方式をいい，それに対して利用者の経済的要件にかかわりなくニードに応じて必要な福祉サービスを利用する方式を普遍主義的福祉としてとらえたりしている。そして今後の社会福祉の展開は，1950年，60年代にくらべて「福祉水準」も高まり，加えて国民生活の向上と意識の変化等によって，従来の貧困対策に収斂する傾向からの脱皮をいかにはかるかということとし，そのための課題の一つとして救貧的選別的福祉から普遍主義的福祉への転換をはかることを求めていく提言が現われてくる。この普遍主義的社会福祉に対してR.M.ティトマスなどの主張する選別主義（セレクティビティ），普遍主義（ユニバーサリズム）のとらえ方の違いを明確にしながら，普遍主義を土台に積極的な選別の仕組み（ポジティブ・ディスクリミネーション）を参考に，むしろそれを社会福祉行政上の運営問題と関連させ，措置制度とのかかわりで論じる注目すべき主張もあった。

(4) 社会福祉の費用負担論

この普遍主義的福祉への転換と関連して問題となったものに，社会福祉における費用負担問題がある。見方によると，従来の社会福祉が救貧的選別主義的であったために，そのサービスに要する費用は無料ないし低額であるという主張も成り立つが，もしそうであるならば普遍主義的福祉への転換は，社会福祉利用者のなかに支払能力をもつ階層も含まれることになる。その意味では社会福祉サービス即無料サービスという従来の固定的なとらえ方は当然再検討されなければならなかった。加えて折からの財政逼迫という事情と絡み合って，この費用負担に関連して応益，応能のいずれの方式を採用するかということが改めて問題となっていく。ちなみに費用負担の具体的な論議は，比較的早くから保育料問題として現われ，その後，養護老人ホーム，特別養護老人ホームをはじめ障害者更正援護施設等の費用負担問題，あるいは在宅福祉サービスにおける費用負担問題などで具体化し，社会福祉財政の一つのトピックスとなったも

のである。そしてこの費用問題は，のちの介護費用のあり方にかかわる論議につながり，介護保険の導入に際しての介護費用の財源を公費で賄うか，それとも社会保険によって賄うかという論議の芽を含んでいるように思われる。

(5) 社会福祉供給システム論

この時期に現われた研究上の重要なトピックスの一つに社会福祉の供給システムという課題があり，その後の社会福祉政策および研究に大きな影響を与えた社会福祉供給体制論が登場する。社会福祉における供給体制の論議の萌芽は上述した社会福祉の公私責任論ないし役割分担論にみることができるが，それが社会福祉供給問題として，意識的に論議されるようになったのは1975（昭和50）年前後ぐらいからであった。しかし，当時は社会福祉サービスの提供ないし実施体制レベル（サービス・デリバリー）での公私役割分担論と施設，マンパワーその他のサービス資源の調達・配分レベルでの公私論が必ずしも明確に区別されていない。このためにそこでは在宅福祉サービスの推進にあたっての福祉事務所や施設等の役割と並んで，サービス提供における地域の意義や近隣，家族，ボランティアなどの役割についての論議等が具体的に論じられることが多かった。

その後1980年前後ぐらいからこのようなサービスのデリバリー・レベルでの論議とは別に，社会福祉資源の調達・配分の問題としての供給問題が論議されることとなっていく。その直接の契機はベビーホテルや有料老人ホームの不祥事で，それまで社会福祉の枠外とされてきた民間業者による福祉類似の施設，サービスを社会福祉としてどのようにとらえるかということであった。これらの民間業者によるサービス（その多くは市場メカニズムを前提としている）が，公的サービスの枠を超えて社会福祉の分野でもひろがってきている現実に対して，それらを単に規制するだけでなく，その育成・助成をはかる必要が論議されるようになった。その背景には社会福祉ニードの変化，多様化のなかで，社会福祉サービスは単に国民の基本的・基礎的生活の確保をはかるというだけでなく，より良い生活，生きがいを感じることのできる生活を得ることを目的に必要な援助を行うようになるという認識がある。そしてこのような社会福祉の変化に

対応して，多様なニードに即応する施設やサービスの供給をすべて公的に行うことが困難であるだけでないばかりか，妥当でないとし，基礎的基本的ニードに対する施設・サービスの供給は公的に行うにしても，追加的，選択的サービスについては多様な供給主体がかかわりをもつようになるとしている。このようにして福祉供給体制の問題は，従来の福祉資源の調達・配分をもっぱら公的責任に帰着させる考え方を超えて，社会福祉分野に市場的福祉の参入を認めるというだけでなく，多様な福祉供給組織の必要を主張する論議に発展していく。

このような問題提起は80年前後に三浦などから行われたが，これに対して各方面から激しい批判が行われている。このゆえもあって，社会福祉学会においても，1982年第30回大会では「社会福祉政策の本質を問う——その動向と課題」が，そして翌83年の第31回大会では「社会福祉における公私問題——日本の現状と課題」が共通テーマおよびシンポジウムテーマとしてとりあげられている。この社会福祉供給体制問題は，マクロ的な社会福祉理論研究における福祉国家，福祉社会論の基盤とされる混合経済体制のもとでのウェルフェア・ミックスと関連づけられる面もあり，後になって社会福祉研究の重要なテーマの一つとされるようになっていく（この論議はさらに1990年代後半以降，とくに介護保険の導入や社会福祉基礎構造改革などによって，社会福祉サービスの民営化，多元化の論議から，市場原理の導入に到る流れにつながっていく）。

3　社会福祉制度の「改革」と社会福祉研究の動向

1985（昭和60）年から最近までのわが国社会福祉の展開は，戦争直後の社会福祉制度構築の時期にも匹敵するような，制度再構築の新しい動きがみられる時期である。しかし，そこで追求されている社会福祉制度の再構築は，現在進行形で展開しているところであり，それらを歴史的に総括するにはあまりにも生々しい出来事が続いている。このためにここでは事実の経過を中心に論述することとなるが，あえていうと90年の福祉八法改正は戦後第2回目の社会福祉の制度「改革」の第一次段階，それ以降を制度「改革」の第二次にいたる時期とみることができる。ここではこの制度「改革」の動きを詳細に論ずるゆとり

はないので，以下制度改革の第一次段階を中心に，具体的な事実を箇条書き風に政策展開と研究動向を瞥見することにしたい。

(1) **補助金問題検討会と福祉制度改革の動き**

まず福祉制度「改革」の直接的な契機は，1985（昭和60）年の補助金問題検討会報告であった。この検討会報告とは，「増税なき財政再建」の第二臨調路線のもとで，マイナス・シーリングを余儀なくされた85年度政府予算編成にあたって，高率補助金の1割カットが行われたことに対して，86年以降の補助金の取り扱いを検討するために設置された有識者による検討会であった。そしてとくに高率補助金の主要なものとして，社会保障関係（とくに生活保護，社会福祉関係）の補助金削減に対して，同検討会報告では　社会保障，社会福祉にかかわる国と地方の役割分担の見直しと是正を前提に補助率の削減は余儀ないものとしている。そして従来，生活保護と同様に機関委任事務として取り扱われてきた社会福祉の措置関係の事務を，生活保護とは別に団体委任事務とし，社会福祉に関する地方の役割を高め，国の介入・関与を軽減することとしている。そしてこの提言にもとづき86年3月に社会福祉三審議会は社会福祉のうち施設への入所措置等の事務を団体委任事務とするなど地方の権限を強化することの必要を答申し，それは86年12月に「地方公共団体の執行機関が国の機関として行う事務の整理及び合理化に関する法律」の制定につながっていく。

この動きに対して，全国社会福祉協議会は学識経験者を中心に，社会福祉基本構想懇談会を設置し，1985年に「社会福祉関係予算の編成にあたって」という緊急提言をまとめ，さらに86年には「社会福祉改革の基本構想」という報告書を発表している。このなかで補助金削減問題を単に財政問題に矮小化すべきではないと，これを契機に積極的に従来の社会福祉制度の見直しを行い，戦後間もなくしてつくられた社会福祉制度の改革の必要性と提言を行っている。

これと並行して，86年4月から社会福祉制度の全面的見直しのために，福祉関係三審議会合同企画分科会が設置され，中長期的視点からの社会福祉制度の見直しと当面の緊急課題についての対応が検討された。この過程で87年5月に社会福祉従事者問題に関連して，1960年代からの懸案であった社会福祉従事者

の資格制度を具体化すべく「社会福祉士及び介護福祉士法」が制定されている。そして同年12月「今後のシルバーサービスのあり方について」という意見具申を行ったりしている。そして1989（平成元）年3月30日にそれまでの合同企画分科会の検討をまとめて「今後の社会福祉のあり方について」という意見具申を行い，社会福祉制度改正の基本的方向を明らかにした。

(2) ゴールドプランと福祉八法改正

　他方，わが国の高齢化の進展に対応して，21世紀の初頭の長寿社会に備えて，人生80年時代にふさわしい経済社会システムの構築をめざし，国の諸政策の指針として，1986年6月に政府は，長寿社会対策大綱を定めている。また折からの消費税導入問題と関連して，長寿社会対策を強化する政策的必要が重なり，88年3月に大蔵省，厚生省の連名により将来の福祉の見通しが発表されている。そして高齢化の進展は社会保障・社会福祉の需要の激増をうながすとして，いわゆる「高福祉高負担」の論理で社会福祉需要の増大に対応する財源確保のための増税が不可欠としている。またこの延長線で同年10月に労働省，厚生省による「長寿・福祉社会を実現するための施策の基本的考え方と目標について」という福祉ビジョンが発表され，さらにこのビジョンを発展させる形で89年12月に高齢者保健福祉推進十か年戦略（ゴールドプラン）が発表されている。この一連の動きは高齢化にともなう福祉需要の増大に対して，これまで立ち遅れてきた保健・福祉施策の緊急整備をはかるという意味で評価できるが，その半面で消費税導入の口実とされてきた点も看過するわけにはいかない。

　この福祉関係三審議会合同企画分科会の報告にみられる社会福祉制度改正の必要性とその方向づけ，他方では高齢化への対応と消費税導入問題にからむ財政問題との関連で打ち出されたゴールドプランの策定と老人保健福祉サービスの緊急整備に関する新しい政策手法の導入等があいまって，90年にいわゆる福祉関係八法改正が行われることになった（なおこの八法改正に先んじて90年1月29日に中央社会福祉審議会・地域福祉専門分科会の「地域における民間社会福祉活動について」の意見具申が行われていることにも留意しておく必要がある）。

　ところで制度改革の動きは，国レベルで行われてきただけではない。たとえ

ば東京都ではこれに先んじたかたちで,「社会福祉の転換」の動きがみられている。そしてこの東京都の動きと,国レベルでの社会福祉事業全般の見直しと制度改革の動きは表裏一体のように進んでいる。かつて地方での老人医療費公費負担制度のひろがりが,1972年の老人医療費支給制度につながった例があったように,政策形成における国と地方の関係を示す一つの例として,これらの動きをとらえることは興味深い課題である。[3]

この福祉八法改正の内容は多方面にわたるが,キーワード風にいうと①在宅福祉サービスの法定化と地域福祉の重視,②原則的に市町村を基盤とする社会福祉実施体制の確立,③保健医療等との連携を内容とする社会幅の総合化,④在宅福祉推進のために社会福祉協議会の機能強化,⑤老人保健福祉分野での計画策定等が新たに規定されている。この個別的な内容はともかくとして,この改正は戦後一貫して維持されてきた社会福祉の制度枠組みと事業経営と運営の原則の修正をはかろうとしている点は明らかであり,その意味で戦後2度目の制度改革と称しているのである。

このような社会福祉の制度「改革」については,上記の全国社会福祉協議会社会福祉基本構想懇談会の提言のほか,同懇談会のメンバーによって法律「改正」を積極的に支持する立場からの著書や論文がいくつか出されているが,同時にこれらの制度「改革」および「改革」論に対して,多くの研究者からの批判も出されている。その批判のスタンスはいろいろで,この制度「改正」の方向を認めながらも,その内容の徹底化をはかるという立場から,たとえば一方では「地方分権なくして改革なし」として分権化のいっそうの推進,あるいは利用者の意向を無視する措置制度へ手を触れていない点の批判等がみられる。その反面で,この八法改正は,大資本中心の行政改革,財政再建の臨調路線につながるものとして位置づけ,とくに国の社会福祉推進の責任を地方および民間に転嫁するものとする趣旨の多くの論文や書物が出されている。しかし,いずれにせよその路線の違いは別として,従来の社会福祉制度の改革の必要性については,かつてのような制度改革そのものに反対というような意見の対立の幅は少なくなり,どのような社会福祉制度を構築するかが重要な研究課題となってきている。そしてこの文脈でみてみると,最近になって改めて社会福祉の

パラダイム論が提起され21世紀の社会福祉のための，新しいパラダイムへの模索が行われはじめていくものと期待したい。

(3) 社会福祉従事者問題

　今回の「改革」の流れのなかで論争点の一つとなったものに，社会福祉の専門性と資格制度問題がある。社会福祉従事者をめぐる問題は，前述した1971（昭和46）年の「社会福祉士法制定試案」を中心に関係者間でのホットな論議をよんだが，その後76年の社会福祉教育懇談会の「社会福祉教育のあり方」の報告を機に，あるべき社会福祉従事者像とそれをめざす社会福祉教育についての論議が行われたりしていたところであった。ところが87年の「社会福祉士及び介護福祉士法」の登場を契機に改めて社会福祉従事者の専門職制の問題が論じられるようになっている。とくにこのなかで注目しなければならない課題の一つに，介護福祉をめぐる論議が出てきている。従来，もっぱら家族介護に委ねられてきた介護から，老人ホーム等の施設から在宅にいたる社会的（あるいは地域的）介護の意義と役割をめぐる論議が，実践レベルだけでなく，政策レベルでも注目を浴び，重要な研究課題となってきている。そしてとくに介護を中心とする保健，医療サイドからの接近のなかで，介護福祉の独立性，専門性を明らかにする研究に多くの関心が寄せられてきている。介護福祉学会や介護福祉教育学会の発足などはその端的な現われとみることができる。また多様な介護および関連サービスを総合的，効果的，効率的に提供（ないし利用）するための手法としてケースマネジメント，ケアマネジメント等の研究があり，そのための組織，人材養成等，政策および政策運営の観点からもこの問題が注目されてきている（なお介護保険導入問題とからんでこの研究はフィーバーしたテーマとなってきていることは周知のとおりである）。

(4) 社会福祉における国と地方との関係

　また1990年の「改革」の主要な課題であった国と地方公共団体（とくに市町村）との関係についての論議もこの時期に数多くみられる。この論議は従来のわが国の社会福祉が国の制度として構築され，その運営にあたっても国主導の

かたちで行われてきたことに対する反省ないし批判ということですでに60年代，70年代に現われてきた。そしてすでに述べたように，社会福祉サービスの変容のなかで，地方の独自性を強める必要が明らかとなり，加えて折からの臨調，補助金問題懇談会等の報告の思惑とからみ合って，従来の機関委任事務とされてきた社会福祉の措置事務を団体委任事務に切り替えることとしている。そして今回の八法改正では，その事務の実施主体を市町村に移管することとしているが，これに対して日本社会福祉学会の第37回大会（1989年）では「社会福祉における国・地方・民間の役割」というシンポジウムが行われ，このほか福祉行政の立場からも分権化，地方自治，さらに住民参加等に関する研究が数多く現われてきている（とくにこの問題は最近の行政改革の柱として分権化が改めて注目されているが，この分権化をさらに実体化していくための社会福祉の取り組みの新たな課題となり，社会福祉行政の観点からだけでなく，地方行財政の面から保健福祉分野への言及も数多くなされるようになってきている）。

(5) 地域福祉と地域福祉計画

　この分権化および在宅福祉の推進を軸とする地域福祉の展開が進むなかで，社会福祉（地域福祉）計画に関する研究が数多くみられるようになったのもこの時期ぐらいからであった。その直接の契機は都道府県，市町村での老人保健福祉計画の策定が義務づけられ，それに多くの福祉関係者が参画する機会が増えたことによるものである。また同時に東京都では老人保健福祉分野に限らず，各分野を網羅する総合的な計画を都，区市町村，そして民間レベルで策定する三相の地域福祉計画が施策化している。これと平行して他の府県や市町村あるいは社会福祉協議会等でも福祉（保健）計画あるいは地域福祉活動計画等の策定が行われるようになった。このような動向のなかで，1987年に結成された日本地域福祉学会の役割が重要なものとなっていく。これによって社会福祉研究の従来の理論研究のほかに，計画論，計画策定方法等が新しい研究分野としてひろがりはじめてきている。

(6) **社会福祉サービスの総合化**

　この時期の社会福祉研究のなかで，社会福祉と隣接分野との連携問題に関する論文や著作を多くみることができる。とくに保健，医療と社会福祉の連携問題は古くして新しい問題であった。古くから貧困と疾病の悪循環問題として，この問題が論議されてきたが，最近では「不治永患」状況におかれた人びとの増加，高齢化の進展による後期高齢者の増加により老化と疾病の区分が困難となってきたり，重症重度の障害者の増加等によって，保健・医療サイドのみではこれらの人びとに十分対応できないという認識が定着している。それと同時に，社会福祉の側でも保健，医療との連携なしには安心できるサービスの提供が困難になってきているということも明らかにされてきた。このために1990年の社会福祉事業法改正では，その第3条の2において，「……社会福祉事業その他の社会福祉を目的とする事業を実施するに当たつては，医療，保健その他関連施策との有機的な連携を図り，地域に即した創意と工夫を行い……」という条文を新たに加えている。このゆえもあって，保健，医療，福祉の連携についての理論的，実際的な研究が重要な課題となっていく。（とくにこの保健・医療，福祉の連携，統合の動きは，行政組織としても厚生省の老人保健福祉局の発足，障害者保健福祉部の創設，また都道府県の行政組織でも福祉保健局（部）の設置や，第一線機関としても市部では福祉事務所と保健所との統合を行うところも増えはじめてきている）。

　この保健・医療と福祉の統合化の観点からとくに重要な出来事は，新しい介護システムの構築と公的介護保険の導入問題である。これらは2000年以降の第二次福祉制度「改革」につながり，社会福祉基礎構造改革と併せて，21世紀の社会福祉の再編となっていくものであるが紙幅の関係もあり，これらについては機会を改めて論ずることにしたい。

お わ り に

　最初にお断りしているように本稿は1997年10月25日の日本社会福祉学会第45回大会のシンポジウム「社会福祉研究―戦後50年の総括と21世紀への展望―」

のために1996年に執筆したものである。そのためにこの原稿では主として1960年代後半から90年代の中頃までの社会福祉政策の展開と政策研究の関係を取り扱っている。そして21世紀の展望につらなるものとして，とくに1990年の「老人福祉法等八法改正」を戦後社会福祉制度の改革の第一段階として位置づけ，そこで取り扱われた政策に関わる政策研究と論点を筆者なりに整理し，その政策基調の延長線上に21世紀の課題の一端を示すことにしている。このために21世紀の社会福祉の展開に重要な影響を与えることになる介護保険法の制定・実施および社会福祉基礎構造改革の論議とそれにつらなる制度改正についてここで触れることはしていない。今回，本書に再録するに当たりこの点を勘案し，最小限の加筆・訂正を行った。

注
（1） このために戦後の社会福祉理論研究の体系的理解のためには，吉田久一の『現代社会事業史研究』（勁草書房，1979年），宮田和明の「社会福祉政策と研究の動向（年表）」およびこの年表を再録している同氏の『現代社会福祉政策論』（ミネルヴァ書房，1996年）や，古川孝順「戦後社会福祉理論の批判的継承」『社会福祉学序説』（有斐閣，1994年）等を参照していただきたい。
（2） 吉田久一は「高度成長期以降の社会福祉理論」（同氏編著『戦後社会福祉の展開』所収，ドメス出版，1976年）のなかで，「マルクス主義的社会福祉理論の種々相」ということで，上記の孝橋理論に対する運動論的視点や疎外論的立場からの諸研究を詳細に紹介している。それらに対して「中間的ないし中範囲的社会福祉理論」を説くことで，上記の木田や三浦等の諸論を紹介しているが，この研究動向の整理は有効なものである。とくに後者の研究系譜として竹中勝男，嶋田啓一郎や木田徹郎の主張等をあげているが，中間的という意味はともかくとして，意図的かどうかは別として木田や三浦等にみられる研究アプローチには明らかに中範囲理論の視点に近いものがある。そしてこの研究の系譜は従来のマクロ的視点（わが国ではマルクス主義理論に依拠するものが多かったが）に立つ政策研究に対して，「政策科学」「政策技術」あるいは「社会福祉経営論」等といわれている。この政策研究の特徴の一つは，中範囲理論あるいは理論実証主義的な研究方法をとっている点にある。
（3） この点について永山誠『戦後社会福祉の転換』（労働旬報社，1993年）に詳しく紹介・分析されている。それによると東京都は，すでに84年に知事の諮問を受け，同社会福祉審議会において今後の社会福祉の総合的展開の方策についての審議が行われ，84年の中間報告をへて，86年に同審議会は「東京都におけるこれからの社会福祉の総合的な展開について」という答申を行っているが，そこに社会福祉の転換ということで，新しい社会福祉の方向が打ち出されていることを指摘している。とくにこの社会福祉転換の

なかで，東京都は今後の社会福祉は地域福祉を基調とすることを確認しているが，これを具体化するため87年に東京都地域福祉推進計画検討委員会が設置され，89年に「東京都における地域福祉推進計画の基本的あり方について」と題する報告が公表されている。永山は東京都のこれらの動きを，上記の厚生省の合同企画分科会の審議内容と比較しながら，その親近性，類似性を明らかにしている。

『統合科学』としての社会福祉学研究と地域福祉の時代

大橋　謙策

はじめに

　本書における第Ⅰ部は，日本社会福祉学会の歴代会長が，各々の立場から「社会福祉学研究の回顧と展望」を行うという企画である。筆者は1998年10月から2004年10月まで会長職を担った者としてその責を果たさなければならないが，社会福祉学研究全てをカバーし，その回顧と展望を行うこと等もとよりできない。しかも，回顧部分にしても，社会福祉学の論点ごとに学説史的に丁寧に論述する余裕も力量もない。その点は他の先生方にお任せしたい。したがって，本稿では筆者が会長職を担っていた時代の社会福祉の課題に引きつけ，それらがどのような社会福祉学研究と実践の課題を提示しているかを示すことに止めたい。ただし，少子・高齢社会における社会保険制度のあり方が年金，医療保険，介護保険と軒並み問われているが，それは従来社会福祉学研究の範疇として取り扱われてきたとはいうものの，今日では学問的には社会保障制度，社会保険制度として別の検討枠組みを設定して論議する必要があると考え，ここではその論点については取り上げていない。
　その上で，さらに日本社会福祉学会を母体として推薦され，日本学術会議の会員に任命されている立場から，学術体系全体の見直しの中で社会福祉学がどのような課題を突きつけられているかを明らかにすることで責を果たすことにしたい。
　日本の社会福祉制度は，1990年の「社会福祉関係八法改正」により，戦後初期に作られた社会福祉制度の構造が"コペルニクス的に転回"し，2000年の社

会福祉法への改称・改正により，戦後社会福祉の基礎構造改革の集大成が行われたということができる。もちろん，生活保護制度や福祉事務所制度等今後改革が求められる課題はあるものの，歴史的に大きな区切りを迎えたことは事実であろう。今や，社会福祉のメインストリームは地域福祉であり，個人の尊厳を旨として，地域での自立生活を可能ならしめる地域トータルケアの提供と，それを支える福祉コミュニティづくりの実践が求められる時代ということができる。

本章では，この時代に社会福祉のメインストリームになった地域福祉に関する研究と実践を軸にして次の3つの項目から"回顧と展望"を行うこととしたい。ただし，社会福祉学の"回顧"というよりも，"展望"に比重をかけて，今後のあり方について論じることとしたい。

第1は，地方分権下における地域福祉実践と社会福祉学研究の視座という課題である。戦後の社会福祉学研究において「社会福祉制度・政策研究」と「社会福祉方法・実践技術研究」とは多くの場合"乖離"していたが，今日の地方分権化における地方自治体の地域福祉計画づくりにおいて"統合"が求められていることに関し，社会福祉学研究はどうあるべきかを論じたい。

第2には，社会福祉法の理念である地域自立生活支援においては，保健，医療，福祉の連携が問われ，市町村における地域トータルケアシステムが求められているが，他職種とのチームアプローチの中で，ソーシャルワークの固有性が改めて問われている。また，そこでは社会福祉方法論の統合化が求められると同時に，アメリカ等から"直輸入"的であったソーシャルワークが日本の文化，あるいは社会人類学的検討を踏まえて，今後どのような日本的展開をさせていくのかについても検討したい。

第3は，"社会福祉は学問か"と長く言われてきたが，日本学術会議等が進めている学術体系の見直しの中では，ある意味で社会福祉学が今後の学問体系や研究方法の先端的課題を担っているということもできる。日本学術会議が論議している「統合科学」としての社会福祉学の研究組織論及び研究評価論について検討し，先端的課題を解決するためには社会福祉学はどうあるべきかについて，その組織論と評価論について述べたい。

1 地方分権下における地域福祉実践と
　　社会福祉学研究の新たな視座

(1) 社会福祉学研究における「社会福祉制度・政策研究」と「社会福祉方法・実践技術研究」との"乖離"問題

　戦後日本の社会福祉学研究と実践は,「社会福祉制度・政策研究」と「社会福祉方法・実践技術研究」とが二極分化したまま展開されてきたというのが実態であろう。学説的には黒木利克(『日本社会事業現代化論』全国社会福祉協議会,1958年),岡村重夫(『社会福祉学(総論)』柴田書店,1956年),木田徹郎(『社会福祉概論』新日本法規出版,1964年),嶋田啓一郎(「社会福祉と諸科学—社会福祉研究の方向を求めて—」『社会福祉学』第1巻第1号,日本社会福祉学会,1960年,『社会福祉体系論—力動的統合理論への途—』ミネルヴァ書房,1980年,「社会福祉思想と科学的方法論」『社会福祉の思想と理論』ミネルヴァ書房,1980年)等に代表されるように,社会福祉制度に関する政策と担い手としてのソーシャルワーカーのあり方とを統一的にとらえようとする研究はあった。

　しかしながら,社会福祉制度が国の機関委任事務であり,「措置行政」として行われてきたという制度上の桎梏もあり,その統合的あり方についての実践を踏まえた研究は豊かに花開かなかった。しかも,当時にあっては国民の最低生活保障上,所得保障を主たる目的とする制度である社会保険,公的扶助の整備に関する課題が大きな問題であったこともあり,貧困問題をはじめとして,社会福祉問題を創出させる社会構造とその変革に対し社会福祉研究の主たる関心が寄せられていた。したがって,社会福祉実践を担うマンパワーの養成やその質的向上に必ずしも目が行かず,直接的な対人援助を軸とする社会福祉に関する制度とその運用に関わる社会福祉方法論との統合化の問題は社会福祉学研究上,主たる課題にならなかったという面がある。

　さらには,対人援助を軸とする社会福祉の制度を担うマンパワー問題も,社会福祉教育が量的にも,質的にも整備されていなかったということもあって,1960年代半ばまでは一般的学歴問題で対応できると考えられた面があった。し

たがって，学歴を踏まえた上で，専門的社会福祉教育の養成を受けるというシステムと連動させて，マンパワー問題を論議する状況になかった。

これら「社会福祉制度・政策研究」と「社会福祉方法・実践技術研究」とが乖離した状況を見直すべきとの気運が1960年代末に相次いで出てくる。その一つの傾向は，専門職問題であり，他の一つは福祉事務所体制の見直しも視野に入れた福祉センター構想であり，かつ在宅福祉サービスを軸にした地域福祉センター構想でもあった。ここでは，社会福祉学研究の基本となるソーシャルワークの考え方との兼ね合いから，主に専門職問題を取り上げておきたい。

1967年に東京都社会福祉審議会が「東京都における社会福祉専門職制度のあり方」に関し，中間報告を出す。その後，1969年には行政管理庁が「施設職員の身分制度確立に関する勧告」を出すし，1971年には中央社会福祉審議会が「社会福祉専門職員の充実強化方策としての社会福祉士法制定試案」を公表する。この間，全国社会福祉協議会や医療社会事業協会，あるいは日本社会事業学校連盟でも職員問題や資格問題を検討する組織を設置したり，構想を表明している。日本社会福祉学会でも社会福祉専門職問題検討委員会を1971年に設置し，検討している。しかしながら，この論議は制度的には実現しなかったが，都道府県レベルにおいては，実質的に一般行政職とは異なる任用の仕方として，社会福祉系大学卒業生等を採用する「社会福祉職特別採用制度」が実施された。

また，1969年の行政管理庁の勧告と1970年の中央社会福祉審議会の「社会福祉施設緊急整備について」と題する答申を受け，社会福祉施設が急速に整備されていくが，その施設におけるマンパワー問題への対応策が十分でなかったことを踏まえ，1976年には中央社会福祉審議会から「社会福祉教育のあり方」（意見具申）が出される。この意見具申は，主に社会福祉施設で働く職員を想定して，ソーシャルワークを担う職員とケアワークを担う職員とは養成教育の仕方が違うのではないかと考え，大学での社会福祉教育のあり方を大幅に見直し，現場と結びついた臨床性の高い養成教育のあり方を提唱した。しかしながら，この意見具申も社会福祉系大学の教育課程には当時としてはほとんど反映されなかった。

この間の社会福祉職員問題は，「社会福祉制度・政策研究」においても，「社

会福祉方法・実践技術研究」においても，大きな課題であったと思われるが，社会福祉学研究方法の見直しがそれにより進んだとは必ずしも言えない。

　ソーシャルワークという機能は，個人が抱えている生活問題を解決するために，その人が抱えている生活問題がどこに起因しているかを明らかにする過程として，その人の生育史や心理分析も行うと同時に，その人や家族の生活全体の分析を通し，その生活が社会環境との間でどのような軋轢と課題を有しているのかを明らかにすることをした上で，問題解決に向けて必要な資源を活用しつつ，その人並びに家族に対する働きかけを行うと同時に，もし有効な資源がなければ，新しいサービスの開発や社会福祉制度改革を社会的に働きかけつつ，その人や家族の社会環境を改善することである。したがって，①このようなソーシャルワークの機能が発揮できる社会システムをどうつくるかということと，②その担い手としてのソーシャルワーカーをどう育てるかという社会福祉教育の問題，③ソーシャルワーカーが活用できる対人援助サービスとしての社会福祉制度をどう豊かにするかということが社会福祉学教育，研究上において常に全体的に意識されて論議されていなければならないにもかかわらず，「社会福祉制度・政策研究」と「社会福祉方法・実践技術研究」とは必ずしも統合的には論議されてこなかった。

　1970年前後の論議は，これらの論議を統合的に論議し，制度化しようとする一つの"沸騰点"として展開されながら，その実現ができなかったことは社会福祉学研究史において改めて分析されるべき課題である。

　岡村重夫が"社会関係の客体的側面だけに着目する一般的政策だけでは不十分であって，社会福祉固有の視点・機能として，社会関係の主体的側面の欠陥に着目して生活困難をとらえるところに対象把握の固有性があり，また同様にして社会関係の主体的側面の欠陥を援助するところに固有の機能がある"（『全訂 社会福祉学（総論）』）と指摘したことが，「社会福祉制度・政策研究」と「社会福祉方法・実践技術研究」との乖離を克服する視点であり，そこにこそソーシャルワーク研究の視座がおかれなければならなかったのではないだろうか。

　しかし，残念ながら「社会福祉方法・実践技術研究」をしている研究者にとっては，アメリカなりのソーシャルワーク研究と実践のあり方の"紹介の域"

をでなかった（仲村優一「社会福祉研究・実践の歩みを語る」『社会福祉研究』第80号，2001年4月号，鉄道弘済会所収）のではないか。先にも述べた通り，当時の機関委任事務，「措置行政」の時代にあっては，難しかったということは推察できるものの，日本での社会福祉系大学での養成教育のあり方およびその実践的展開においては大きな課題であったと言わざるを得ない。嶋田啓一郎，岡村重夫以降どれだけその学説を継承し，発展させることができたのであろうか，改めて社会福祉学研究のあり方が問われていることである。

また，1970年以降社会福祉施設の整備が進んだにもかかわらず，施設における「直接処遇職員」と位置づけられたケアワーカーに関する研究は1987年の「社会福祉士及び介護福祉士法」が制定されるまで，社会福祉学研究分野では十分発展しなかった。

さらには，社会福祉制度の中心が当時は社会福祉施設にあったこともあり，ソーシャルワーカーとケアワーカーとの職務の違いや養成教育のあり方についての研究もあまり進展してこなかった。

(2) 社会福祉行政の分権化と地域福祉計画における"統合化"の可能性

社会福祉学研究における「社会福祉制度・政策研究」と「社会福祉方法・実践技術研究」との乖離問題を解消する一つの大きな契機は，1990年の「社会福祉関係八法改正」である。戦後の社会福祉構造の基本であった社会福祉事業法が改正され，"福祉サービスを必要とする者が，……（中略）……地域において必要な福祉サービスを総合的に提供されるように，社会福祉事業その他の社会福祉を目的とする事業の広範かつ計画的な実施に努めなければならない"（社会福祉事業法第3条）とうたわれ，地方自治法の理念を踏まえて，地方分権化した社会福祉行政にも"計画"という考え方を導入することになった。そのことを踏まえ，老人保健福祉計画の策定義務をはじめ，地方自治体は障害者計画等計画行政を進めることになり，介護保険法に基づく介護保険事業計画へと続く。これら1990年代に策定された社会福祉の計画は，主に地方自治体において高齢者や障害を有する人に対する在宅福祉サービスを軸とした福祉サービスの資源整備に関する計画が重要な課題であった。

しかしながら，2000年に改称・改正された社会福祉法で規定された地域福祉計画は，市町村の地域福祉に関する計画であり，新しい社会福祉のサービスシステムとしての地域福祉の計画を住民参加で策定することを求めたものである。この地域福祉計画は，1990年代に求められた福祉サービス資源整備の計画とは異なり，より地域自立生活を支援するためのシステムに関する計画をも目指しており，多様な"総合性"が求められている。そこでは，地方分権化の下で各地方自治体が各々の地域特性を踏まえ，地域に見合った福祉サービスのシステムづくりを求めている（大橋謙策・原田正樹編著『地域福祉計画と地域福祉実践』万葉舎，2001年参照）。

この地域福祉計画づくりにおいて，実質的に「社会福祉制度・政策研究」と「社会福祉方法・実践技術研究」とを統合的に展開できる条件がつくられてきたといえる。したがって，社会福祉学研究者は単に，地方自治体の福祉サービスの資源整備計画づくりとこれを位置づけるのではなく，「社会福祉制度・政策研究」と「社会福祉方法・実践技術研究」との統合の中に，社会福祉学固有の視点と確立があると考えるべきではないか。そのことを意識した地域福祉計画づくりの実践とそれに関する研究が十分でないことに危惧を感じる。そのためにも，地域福祉計画を策定する際には，住民の福祉サービスに関するニーズキャッチのとらえ方とそれを踏まえた市町村のソーシャルワークを展開できるシステムをどうつくるかというソーシャルワークの視点からの計画づくりが重要になる（大橋謙策「地域福祉計画とコミュニティソーシャルワーク」『ソーシャルワーク研究』109号所収，相川書房，2002年参照）。

そのポイントは，J. ブラッドショウのニードキャッチ論にある。それを参考にしつつ，住民が求めてきた個別課題として表れるニード（必要と表明されたニード— expressed need と問題だと自覚されているニード— felt need）のみならず，専門職員からみて，必要だと考えられる規範的ニード（normative need）や社会的に制度として必要であると認証されているニード（comparative need）という視点や枠組を踏まえて，ソーシャルワーカーの視点で地域福祉計画を総合的につくり，その中にそれらのニードを解決できるサービスのあり方とそれを活用できるソーシャルワークを展開できるシステムづくりを盛り込んでいくことが

社会福祉学研究として求められているということができる（Bradshaw, J.「The Concept of Social Need」『Planning for Social Welfare : Issues, Models and Tasks』Neil Gilbert & Harry Spect, ed., 1977年所収，及び「A Taxonomy of Social Need」『Problems and Progress in Medical Care』MacLachlan, G. ed., 1972年所収）。

2 地域トータルケアシステムに求められる ソーシャルワークの固有性と日本的展開

(1) 社会福祉実践方法の統合化

1970年代において，従来ケースワーク，グループワーク，コミュニティオーガニゼーションと3分類されていた社会福祉方法論が統合化の波にさらされる。一つの流れは，エコロジカルアプローチやシステム理論を踏まえた，アメリカでのジェネラル・ソーシャルワークの動向（太田義弘，秋山薊二編著『ジェネラル・ソーシャルワーク』光生館，1999年参照）であり，他方はイギリスのコミュニティケアの進展に伴い，ケアマネジメントという方法の確立とコミュニティソーシャルワークという考え方から導き出されてくる流れである。

日本でも，そのことが実践的に必要であり，重要であると意識されてくるようになるのは1990年代である。岡村重夫，小松源助監訳で『社会福祉実践方法の統合化』（ミネルヴァ書房，原題，『Integration of Social Work Method』H.Spect 他編，1976年）が刊行されたのは，1980年であり，その書の中でH.スペクトが社会福祉実践方法の統合化の議論はイギリスの1968年のシーボーム報告に大きな影響を受けていると明確に述べている。しかしながら，日本では，この時点ではあまり大きな議論が展開されていない。その後，1982年にイギリスでバークレイ報告がだされ，コミュニティケアを推進していくための，ソーシャルワーカーの役割が大きな課題となり，その議論は日本でも大いに注目された。しかしながら，バークレイ報告は主に社会福祉制度・政策研究者の間で脚光を浴びるものの，社会福祉方法・実践技術研究者の論調は必ずしも豊かであったとはいえない。バークレイ報告での議論は「社会福祉制度・政策研究」と「社会福祉方法・実践技術研究」との関わりを議論する契機であったにもかかわらず，

地域福祉研究者を除けば，ジェネラルソーシャルワークとコミュニティソーシャルワークとの関わり，あるいはその論議を通して「社会福祉制度・政策研究」と「社会福祉方法・実践技術研究」との関わりを深める論議にはならなかった。小田兼三の『現代イギリス社会福祉研究』(川島書店，1993年)やマルコム・ペインの『地域福祉とケアマネジメント——ソーシャルワーカーの新しい役割』(杉本敏夫・清水隆則監訳，筒井書房，1998年)をはじめ，イギリスの政策の紹介は多くあるものの，日本的な課題に引きつけての研究は必ずしも多くない(その後，平岡公一『イギリスの社会福祉と政策研究』ミネルヴァ書房，2003年，田端光美『イギリス地域福祉の形成と展開』有斐閣，2003年等の労作が刊行されている)。

しかしながら，日本の社会福祉が地域福祉の時代になろうとしているこれからにあっては，社会福祉実践方法の統合化の課題は大きな課題である。日本では，1997〜98年に社会福祉士養成教育課程の見直しが行われ，2000年度に新しい養成教育課程が導入された。その教育課程では，社会福祉実践方法の統合化の考え方が導入された。また，その新しい社会福祉実践方法の統合化の考え方は，従来のような社会福祉施設や福祉事務所では十分実習体験ができないであろうと考え，それを具現化するための教育方法として，ケースワーク機能，グループワーク機能，コミュニティオーガニゼーション機能を意識し，その全体を体験できるものとして，市町村を基盤とした地域福祉型社会福祉援助技術現場実習も開発され，認められている。しかしながら，この社会福祉援助技術現場実習に関する研究も十分進んでいるとは言いがたい。

と同時に，そのようなソーシャルワーク実践をどのようなシステムで展開していくのかを社会福祉制度・政策研究者も社会福祉方法・実践技術研究者も真剣に考えていかなければならない。日本学術会議，社会福祉・社会保障研究連絡委員会が2003年6月に対外報告として出した「ソーシャルワークを展開できる社会システムづくりへの提言」は，その両者の研究をつなげることを意図したものと受けとめる必要がある。

(2) **地域自立生活支援におけるチームアプローチとソーシャルワーク研究の重要性**

ところで，急速な少子・高齢社会の進展に伴い，「社会福祉の普遍化」が進

み，福祉サービスの質が大きく問われている。また，その一環として地域での自立生活支援という考え方が社会福祉法制上も明記されることになる。2000年の社会福祉法で"個人の尊厳の保持を旨とし，地域での自立した生活が営めるように支援する"と述べ，そのために"多様な福祉サービスについて，利用者の意向を十分に尊重し，かつ保健医療サービスその他の関連するサービスとの有機的な連携を図るよう創意工夫を行いつつ，これを総合的に提供できるよう"に実施すると指摘された意味は大きい。

つまり，地域での，在宅でのサービス提供にあたっては，病院や入所型社会福祉施設での治療，援助を想定した，個人の身体的状況の把握・分析・診断とその対症法を考える「医学モデル」では対応できない。地域での，在宅でのサービス提供にあたっては，同居の家族関係や近隣におけるソーシャルサポートネットワークの有無，あるいは経済的側面や家計管理的，生活技術的側面も視野に入れて援助を考えざるを得ない。したがって，一つのソーシャルワークの理論モデルで全て対応できるということは事実上無理であり，その人及び家族が抱える課題やその援助の過程において，ジェネラルソーシャルワークアプローチが求められざるを得ない。

しかも，福祉サービスを必要としている人は，慢性疾患の高齢者や精神障害者の生活をイメージすれば分かるように，社会福祉法第5条が指摘するような多様な福祉サービスと保健医療サービスやその他の関連するサービスとを有機的に結びつける創意工夫が必要になる。かつまた，単発のサービス提供で問題解決につながるものではなく，継続的な対人援助が必要にならざるを得ない場合が多い。そこでは，福祉サービスを必要としている人およびその家族がどのようなサービス，支援を必要としているのかに関するチームアセスメントが必要であり，チームアプローチが求められることになる。

とすれば，医師や保健師・看護師，あるいは理学療法士・作業療法士・言語聴覚士等のリハビリテーションに関わる関係職員とチームを組んで，ソーシャルワーカーとしての社会福祉士やケアワーカーとしての介護福祉士が仕事をすることになる。そのようなチームアプローチ，チームケアを行う際に，社会福祉学固有の分析法と援助法が問われることになる。医学の発展は疾病の診断法

と治療法を確立・発展させることであったといっても過言ではないであろう。それと同じで，社会福祉学の固有性とは，岡村重夫が言うように援助すべき課題に関する"診断法"と"援助法"を確立していくことであろう。

社会福祉士並びに介護福祉士が何を問題とし，何を分析するのかという"診断法"であるアセスメントが重要になる。かつては貧困の分析が大きな課題であった時代もあるし，生活構造的分析を行ったこともある。医学モデルとは異なる生活モデルにおいて，どのような視点と枠組みによるアセスメントが必要なのか，その視点と枠組みは他の職種と異なる視点，枠組みとして，他の職種からも社会的評価を受けるものとして社会福祉職種共通の技術として確立されていかなければならない。

1997年に文部省（当時）高等教育局医学教育課に設置された「21世紀医学・医療懇談会」は第2次報告として「21世紀に向けた介護関係人材育成の在り方について」を出した。その中で，"福祉，医療，保健が連携した総合的なチームケアの推進"の必要性を指摘し，そのためにも"福祉，医療，保健に関する職種間の連携を図るために，育成段階から各職種間に共通の価値観を育てることや各職種合同で介護・福祉現場での実践活動を経験させること，基本的な共通カリキュラムの調査研究をすすめること"等を提言している。このような考え方は，イギリスでは2003年9月より実施に移されているとのことであるが，日本でも今後求められる課題である（矢嶋真希「イギリスのソーシャルワーク専門教育について」『ソーシャルワーク研究』Vol. 30, No. 1, 相川書房, 2004年及び，金田知子「イギリスのソーシャルワーク教育の展開と新たな動向」『ソーシャルワーク研究』Vol. 30, No. 2, 相川書房, 2004年等参照）。

社会福祉行政が地方分権化された市町村においては，財源的にも，システム的にも，援助のあり方そのものを考えても地域トータルケアシステム構築の必要性が言われている。このような状況を考えれば考えるほど，社会福祉学の固有な"診断法"と"援助法"に関する研究を，他の職種とのチームケアの中で考えていかなければならない。

ソーシャルワークの展開において，"診断法"は重要である。その"診断法"としてはアセスメントのあり方と面接が重要な意味をもつ。しかしながら，

アメリカ等で言われる面接のあり方，技術を単に紹介するだけではなく，日本人の文化に引きつけて，日本的に"消化"し，アレンジし，理論化することが求められているのではないか。それは，ある意味でアジア型社会福祉モデルを構築していく上でのポイントになるとも思われる。

　日本の20世紀は「タテ社会」である（中根千枝『タテ社会の人間関係』講談社現代新書，1967年参照）といわれ，"長いものには巻かれろ"，"出る杭は打たれる"，"寄らば大樹の陰"という処世訓をもたされてきた。しかも，子育て・教育においては，常に"○○してはいけない"，"○○しなさい"という禁止と命令で育てられてきた。したがって，多くの国民は自分の意見を素直に表明することをはばかり，"世間体"を気にし（阿部謹也『「世間」とは何か』講談社現代新書，1995年他参照），"もの言わぬ農民"（大牟羅良『ものいわぬ農民』岩波新書，1958年参照）としての文化を身につけている。日本において，ソーシャルワークを展開しようとすれば，どうしたら住民に意見表明してもらえるか，どうしたら自らのニーズや自らが望むケア方針を述べてくれるのか，世間体や周りの住民の意識をどれだけ気にして地域生活を送っているのかを考えなければならない。そのような日本人がもっている国民性，文化とアメリカなりの文化とは大いなる相違がある。にもかかわらず，アメリカなりのソーシャルワーク理論を十分消化・翻訳することなく，そのままの理論を直輸入的に紹介しても日本に定着するのであろうか。日本の今日の状況，例えば精神障害者の増大，子どもや高齢者の虐待の増大等を考えると，従来の日本の地域社会，家族がもっていた機能ともいえる"横町のご隠居や大家さんがお世話する"，"相身互い"といった機能は脆弱になり，その機能の社会化としてのソーシャルワーク実践がまさに社会的に求められているのではないか。とすれば，日本的な文化を文化人類学や社会人類学等の知見を活用しながら，ソーシャルワーク理論の日本的展開が社会福祉学研究で求められている。"アメリカでは○○である。"，"イギリスでは○○である。"といった"出羽の守"的研究をそろそろ脱却しなければならない。それは，決してグローバリゼーションに敵対することではない。

3 「統合科学」としての社会福祉学と研究組織論および研究評価論

(1) 日本学術会議における学術体系の見直しと「統合科学」としての社会福祉学

　日本学術会議は，第17期において吉川弘之会長（当時）が俯瞰型研究の必要性を提起して以降，学術体系の見直しに取り組んできた。第18期にその検討の一つの区切りとして『新しい学術の体系──社会のための学術と文理の融合』と題する報告書が2003年6月に発表された。そこでは，"人文科学，社会科学，自然科学という分類によって研究分野を排他的に区分することは一つの形式にすぎない。実社会の問題は人文的，社会的，自然的に孤立して発生するものではない。そこで，問題解決に適合する科学自体のあり方が検討されなければならなくなる。従来，人文，社会，自然の'諸科学の総合'といえば諸分野の寄せ集めか，境界領域を扱う科学を意味したが，分野のモザイクや総合（generalization）にとどまらず，研究対象を統合（integration）してとらえる必要がある。モデル転換論では，これを「統合科学」と称している。"として，従来の学問体系を前提としての学際研究ではなく，「統合科学」を生み出す有力な方法としての「俯瞰型研究」の重要性を指摘している（同報告書，p. 18）。と同時に，その報告書では，"科学を単に知識生産の装置として見るのではなく，それがどのように社会に影響を与えるかという視点を科学研究内部に取り込む"（同報告書，p. 19）ためにも「俯瞰型研究」の重要性を述べている。また，同報告書は，科学は"認識"と"実践"という人間の一般的活動の原型を踏まえて発展しなければならないにもかかわらず，"認識"を切り離し，"認識"を深める活動を中心に展開したとして，科学の実践論的な価値関与という視点から見直しが必要だとも問題提起をしている。科学には，"認識（分析）科学"と"設計科学"とがあり，その両者の関係を改めて問いなおすことが必要であると指摘する。"設計科学は設計対象に関する科学的知識──しばしば"対象知識"と呼ばれる──なしには成立しない。だが，その設計科学に不可欠の対象知識は既成の認識科学から提供されるばかりでなく，設計科学自体が自ら開発・獲得する。翻ってその知識が認識科学の画期的展開をもたらすことも少な

くない。"と述べ、「認識科学と設計科学」というバランスのとれた学術体系が文理を横断し定着させる（同報告書，p.92）としている。

　このような、新しい科学論を21世紀には考えざるを得ないが、社会福祉学の研究と実践はまさに、この「認識（分析）科学と設計科学」との融合が求められているし、そのバランスが保たれなければ成立しない「統合科学」の分野であるといえる。それは、ある意味では「統合科学」のあり方の先端をいっているし、「俯瞰型研究」並びに"科学の実践論的な価値関与という"ことが最も求められている分野の研究ということができる。その意味では、研究者個々人の学問の自由という名の下での"ディレッタンティズム"による研究では、少なくとも"実践論的な価値関与"や"競争的研究資金の配分"という面から評価を得るには厳しいものがある。社会福祉学研究分野は"価値関与"の部分が多く求められるだけに、ややもすると"ディレッタンティズム"に陥る研究をして、"自分は研究している"と自己評価している研究では、社会的評価としては厳しいものがある。

　ところで、文部科学省系列の日本学術振興会の科学研究費のあり方も「俯瞰型研究」や「統合科学」という発想の下で、"競争的研究資金の配分"を獲得していかなければならない。社会福祉学は科学研究費の分科・細目の一つとして、分科名・社会学の細目として平成15年度分より認められた。とはいうものの、科学研究費の配分枠自体、「俯瞰型研究」に伴う学問体系の再編成に伴い見直される可能性さえある。実際問題として、科学研究費において「俯瞰型研究」の重視という視点から総合領域の研究費の配分枠が重視されてきている。また、他の研究領域である「分野・総合領域，分科・人間工学，細目・リハビリテーション科学・福祉工学」の領域で、キーワードとして、医療社会福祉学や生活支援技術、介護支援技術、社会参加、障害学等が使用されているし、あるいは「分野・総合領域，分科・生活科学，細目・生活科学一般」の領域で、高齢者生活、介護、保育と福祉がキーワードとして使用されている。さらには、「分野・社会科学，分科・心理学，細目・臨床心理学」の領域で、セルフヘルプグループが取り上げられている。

　このようにみてくると、従来、社会福祉学教育・研究において一般的に使用

されてきている，高齢者福祉とか，児童福祉とかといった属性分野ごとの領域を表すキーワードで科学研究費の表示をしていったのでは，他の総合領域の関係者との違いが明らかにならない。それらのキーワードに意味をもたせるためにも，"社会福祉学"に固有なアプローチ，研究方法，分析視角等の確立が緊急の課題であり，それを他の分野の研究者に認知してもらうことが重要になる。それがないと，これだけ総合領域的な研究が増え，「俯瞰型研究」が推進されてくると，社会福祉学の細目を独立させなくてもいいのではないかとさえ言われかねない状況が出てきている。

(2) 日本学術会議の改組と社会福祉学の評価問題

　日本の学界，大学のあり方が今大きく問われている。日本学術会議法の改正法案が2004年3月に衆議院で可決され，参議院では4月に可決され，公布された。改革の概要としては，①従来のような，全国約76万人といわれる研究者で組織されている1481の登録学術研究団体を基盤に，180からなる研究連絡委員会（委員2370人）が210人の日本学術会議会員を選出するという方式が改組され，日本学術会議自体がメリットベースにより会員を選考する。②従来の学術体系を見直し，俯瞰型研究を推進し，学問分野間の"競争と連携"を推進するため，7部制を改組し，人文社会系，生命科学系，理学及び工学系の3部制にする。会員選出もこの枠を基本として考えるが，会員配分数はその枠そのものにはとらわれない。③研究連絡委員会という組織を廃止し，新たな課題や緊急課題に迅速に対応できる組織として，連携会員制度を新設，④総務省所管から，内閣総理大臣所管（内閣府）とし，総合科学技術会議と連携して科学技術の推進に当たるというものであり，全面的には2005年10月の施行であるが，一部は公布実施された。

　他方，文部科学省および日本学術振興会の科学研究費の審査等についても改革が進められている。総合科学技術会議での方針を踏まえ，より"競争的研究資金の配分"を推進するために，各分野ごとのプログラムオフィサーを中心に審査を行うということから，科学研究費の審査委員についても，従来のように日本学術会議から推薦することはやめて，日本学術振興会が設定する科学研究

費の審査委員に関するデータベースに，日本学術会議から審査委員の情報を提供するという立場に変わった。しかも，そのデータベースに掲載される研究者も基本的にメリットベース（研究業績中心主義）での基準をクリアーした人で，なおかつ63歳以下の研究者を推薦するという内容になってきている。

　ところで，総合科学技術会議での方針に基づき，学術研究体系の見直しが進んでいるとはいうものの，その基本は"科学技術立国"を打ち出した小泉内閣の方針もあり，どちらかといえば自然科学中心の考え方に基づく再編成という観は否めない。これらの改革動向の趣旨は受け入れるとしても，自然科学分野での研究者の評価のあり方，メリットベースの考え方と社会科学，人文科学分野での研究者の評価のあり方，メリットベースの考え方とは当然違うところがあるはずである。まして，社会福祉学分野におけるメリットベースとは何かは定かではない。たとえ，社会福祉学分野におけるメリットベースの共通理解が進んだとしても，その考え方が社会福祉学分野だけに通用する"閉ざされたメリットベース"では，学術体系の見直しとそれに基づく"競争的研究資金の配分"の流れの中で，社会福祉学が他の分野に伍して独立した領域と位置を確保することは困難になる。当然のことながら，社会福祉学分野のメリットベースの評価方法と評価基準が他の学問分野において受け入れられ，かつ評価されるものでなければならない。

　社会福祉学研究の評価のあり方，あるいは社会福祉学分野でのメリットベースとはいかなるものかについて今後検討を深めていく必要がある。その検討の素材になるものとして，ここでは2つのものを指摘しておきたい。

　第1点は，「大学評価・学位授与機構」の評価方法と考え方である。そこでは，各研究者が自分の直近の5年間の業績の中から，自ら評価してほしいと考える業績を5点挙げ，自ら自己評価するとともに，専門評価員による外部評価を受ける仕組みとなっている。その評価は研究の評価とともに，その社会的効果の評価の2側面から行われる。研究の評価としては，研究の独創性，発展性，あるいは基礎研究への貢献，他分野への貢献等から評価を受ける。社会的効果の評価項目としては，地域の文化的課題への寄与，政策形成への寄与，知識の普及，人材養成への寄与等が挙げられている。判定作業は，評価してほしいと

挙げた5点の著作，論文すべてを専門評価員が査読して審査を行う。審査の判定の際には，例えば論文について言えば，査読付きの学会等の機関誌に掲載されたものであるかどうか等掲載された雑誌の"格"が問題になるし，また，社会的効果や審査に当たってはそれらの論文，著作が著名な学術顕彰の賞を受賞しているかどうかとか，あるいは国際学術会議での招聘講演や基調講演をしているかどうか等も大きな判断根拠として重視されている。

　第2点は，文部科学省の大学設置・学校法人審議会大学設置分科会の社会福祉系大学教員の審査基準についてである。社会福祉系大学教員の審査基準は公表されていない。筆者が10年前頃に審査を担当していた際に，審査が恣意的に流れないようにと，関係者が協議して作成したものをここでは記しておきたい。

　例えば，大学教員の審査基準の主なものとしては，①専攻分野に関する単著（研究書）を有すること。ただし，相当数の審査付きの学術論文を体系的に有していることで代えることができる。②専攻分野に関する博士の学位を有すること。ただし，近年取得した課程博士については，個別に審査することとする。課程博士の場合には，学位論文が出版物として刊行されていることが重要。③近年の主たる学術研究業績が，専攻分野，担当科目に焦点化しており，かつ継続的に専攻分野のレフリー付き学術論文を発表していること。④大学等において長年の教育・研究経験を有していること。あるいは，専攻分野に関連した高度な知識や技術・技能を有し，今後の大学における教育や学術研究活動に貢献することが期待できること等がある。これらの項目に付け加えて，㈲社会的評価を受けた賞を受賞していること，㈹科学研究費をはじめ，競争的研究資金の配分を受けた経験，㈧修士論文や博士論文を指導をし，どれだけの修了者を輩出しているかといった教育能力，㈡国や地方自治体の審議会委員としての活動経験。その際には，その役割についても評価。㈱大学評価・学位授与機構や科学研究費等の審査・評価に関わる委員経験，㈭教育方法，教材開発に関する経験と役割についての評価等も評価対象となっている。

　ここに挙げた2つのメリットベースに関わる，このような評価の項目と枠組みは，ほぼ他の機構による研究評価を受ける場合にも共通して求められてきていると考えてよいであろう。COE等においても同じような内容のものが，個

人レベルにおいても，大学・研究所という組織レベルにおいても評価されていると考えられる。

　社会福祉学のように，優れて臨床的な，かつ「認識（分析）科学」というよりも「設計科学」的色合いの濃い研究方法を重視する分野においては，その成果・結果自体の評価が多面的であると同時に，研究を科学的に行おうとすればするほど検討すべき要因が複雑に絡み，流動している状況の下での研究にならざるを得ない。それだけに，研究方法自体の確立が困難で，未だ十分確立しているとは言い難い。まして，個人のプライバシーの保護や研究倫理上の問題もあり，社会福祉学分野では研究業績を蓄積しにくいという面がある。そのようなことは否めないとしても，それに甘んじている訳にはいかない状況が先に述べた通りある。しかも，最近の社会福祉系大学の教員の中には，大学院で研究方法や学説史研究等の訓練を受けてきた教員だけでなく，臨床性を大切にすることもあり，現場からの"社会人"登用枠での教員が増えてきている。そのような教員の増大も視野に入れつつ，他の学問分野からも評価される研究方法の確立と研究水準の向上は，今日の学術体系の再編成の流れの中で"待ったなし"に求められていると言わざるを得ない。

　このような評価システム，科学研究費のあり方は，単に個々の研究者の評価のみならず，研究者が所属している大学，研究機関の存続に関わる評価としても使われてきている。今後，私立大学等への研究助成の評価等にも使われてくるものと考えると，私立系大学が多い社会福祉学の教育・研究に大きな影響が表れる。社会福祉学の教育・研究を豊かに発展させることが，日本の社会福祉を豊かにすることにつながっていることを踏まえ，科学研究費の配分等がどうなっていくかを日本社会福祉学会の個々の会員としても，社会福祉学の研究者組織としても真剣に対応していかなければならない課題である。

(3)　社会福祉学研究者の組織化とソーシャルケアサービス従事者研究協議会の位置

　日本社会福祉学会は1954年に創設された。その日本社会福祉学会と常に表裏一体の関係で活動してきたのが日本社会事業学校連盟（2003年12月に文部科学省より社団法人化が認められ，日本社会福祉教育学校連盟と改称）である。

国際的にみると，日本のような日本社会福祉学会があるのは韓国等稀であり，社会福祉学やソーシャルワークに関する学術研究は国際社会事業学校連盟として行われてきたのが実態である。日本では，他の学問分野との関わりもあり，国内的には日本社会福祉学会が，国際的には日本社会事業学校連盟が国際組織の一員として活動してきたというのが実態であろう。日本社会福祉学会が研究してきた社会福祉学研究の内容と国際社会事業学校連盟が行ってきたソーシャルワークに関する学術研究とが同一の内容であるかと言えば残念ながら違っている。その一つの現象が，日本における「社会福祉制度・政策研究」と「社会福祉方法・実践技術研究」との乖離問題として表れているといってよい。

　ところで，日本における社会福祉実践なり，社会福祉制度・政策研究なり，社会福祉方法・実践技術研究なりを考える際，社会福祉職員の養成と資格および任用と研修がどれだけ一元的に，かつ全体的に検討されたかは大きな課題である。1960年代までは，日本社会福祉学会と日本社会事業学校連盟の検討の波長はあっていたようにも思えるが，1970年代以降にあってはその関係は必ずしも十分連携が取れていたとは言いがたい。まして，日本ソーシャルワーカー協会や日本医療社会事業協会，日本精神医学ソーシャル・ワーカー協会等の社会福祉職能団体と日本社会福祉学会および日本社会事業学校連盟とが一堂に会する協議会を設置し，社会福祉実践を豊かにするための教育，研究，専門職団体活動の全体を視野に入れて，そのあり方を検討することは事実上なかった。

　ようやく，2000年5月に，日本学術会議の社会福祉・社会保障研究連絡委員会と日本社会福祉学会の呼びかけで，「ソーシャルケアサービス従事者養成・研修研究協議会」が結成された（この組織は2003年1月に「ソーシャルケアサービス従事者研究協議会」と改称）。この組織には，日本学術会議に登録が認められている社会福祉・社会保障研究連絡委員会の登録学会で，改めてこの組織に加入することおよび分担金を支出することを確認した学会が日本社会福祉学会をはじめ7学会，それに全国的社会福祉教育の養成組織である（社）日本社会福祉士養成校協会，（社）日本社会福祉教育学校連盟，（社）日本介護福祉士養成校協会，そして社会福祉専門職の職能団体である（社）日本社会福祉士会，（社），日本医療社会事業協会，（社）日本精神保健福祉士協会，日本ソーシャルワー

カー協会が加入し，各々分担金を負担している。「ソーシャルケアサービス従事者研究協議会」は，各加盟団体が抱える課題について共通理解を進めると同時に，ソーシャルワーカーやケアワーカー等ソーシャルケアサービスに従事する者の養成，研修，任用等について研究協議し，社会福祉実践を豊かにすることを目的にしている組織である。「ソーシャルケアサービス従事者研究協議会」は現在，①実習教育に関するプロジェクト，②社会福祉士等国家資格者の就職・任用に関するプロジェクト，③ソーシャルワーカーの評価に関するプロジェクト，④国際社会事業学校連盟が進めているソーシャルワーク教育の国際標準化（グローバルスタンダード）に関する検討プロジェクト，⑤専門職大学院・生涯研修に関するプロジェクトを設置して作業を進めている。日本社会福祉学会としても，学会活動の"社会貢献活動"として，あるいは"科学の実践論的な価値関与"の視点からも，この「ソーシャルケアサービス従事者研究協議会」での研究活動は重要になる。

　また，日本社会福祉学会は第19期日本学術会議に登録している27の登録学会で組織している「社会福祉系学会連絡協議会」（現在は「福祉研連」に登録している学・協会という組織であるが，「福祉研連」が2005年になくなることを見越して，2004年3月30日に本協議会を設置することを確認した）の「世話学会」としても重要な役割を担っている。日本学術会議は210人の定員であるが，長らく社会福祉学分野は会員枠がもてなかった。それは社会福祉学が新興学問領域として，他の既存の学問領域から認められていなかったからである。ようやく，社会福祉学分野が会員一人を選出できるようになったのは，第13期以降である。社会学学会関係者の理解の下に，社会学分野の定員を一人減らし，社会福祉学分野の会員枠が設置された。それ以降，日本社会福祉学会の会長の"当て職"としてではなく，社会福祉学系学会から各々選ばれた推薦人による選挙に基づき会員が選ばれ，第13～15期を一番ヶ瀬康子会員が，第16～17期を仲村優一会員が，そして第18～19期を大橋謙策（筆者）が勤めてきた。この過程で，社会福祉系学会の連絡組織が正式に組織されたのは1999年5月である。その後，社会福祉・社会保障研究連絡委員会に登録する学会が増大し，第13期時点では7学会であったものが，第19期では27学会にもなっている。

これからの日本社会福祉学会は，自らの学会のことのみならず，「社会福祉系学会連絡協議会」の「世話学会」としての役割を担い，社会福祉学研究の拡がりを反映した活動を展開していくことが求められている。

　日本社会福祉学会は，このように社会福祉学研究の拡がりと深化を踏まえてこれからのあり方を展望しなければならないが，もう一つ重要な課題がある。それは，日本のソーシャルセキュリティ（社会保障）は，一国では守り，確立できないほど国際的影響を受ける時代になっていることである。在住外国人のソーシャルセキュリティ（社会保障）も含めて，国際的ヒューマンセキュリティを考えなければならない。だからこそ，国際社会事業学校連盟は，ソーシャルワークのグローバルスタンダードを作りたいと考えている。憲法前文にあるように，"全世界の国民が恐怖と欠乏から免れ，平和のうちに生活する権利を有することを確認した"精神を思い起こし，国際的視野での社会福祉学研究，とりわけソーシャルワーク研究と国際的な貢献ができる実践を進めることが日本社会福祉学会に求められている。それこそが21世紀の日本社会福祉学会の責務であることも確認しなければならない。日本社会福祉学会が韓国社会福祉学会と正式に学術交流の提携を結んだのは，2002年10月である。日本社会福祉学会は国際関係は，（社）日本社会福祉教育学校連盟に任せるということではなく，今後，韓国のみならず，中国等東アジア諸国との学術交流を推進させていかなければならない。

第Ⅱ部

社会福祉学研究の50年と
日本社会福祉学会

第 1 章
学会創立への動き
―― 戦後社会福祉学研究の萌芽・1945年～1955年 ――

宇都　榮子

1　学会創立前の社会状況

1　第二次世界大戦敗戦後の社会状況

　1945（昭和20）年8月15日，日本はポツダム宣言を受諾し無条件降伏した。そして，GHQ（連合国軍最高司令官総司令部）による間接統治方式による占領政治が行われ，日本の民主化・非武装化，軍国主義の根絶，基本的人権の確立など，ポツダム宣言が実施されていった。GHQの指令を受けて，治安維持法等の廃止，婦人参政権の承認，労働組合法の制定による労働者の団結権・団体交渉権・争議権が保障された。戦争潜在力とみなされた財閥も解体され，不在地主，在村地主の小作地の解放（農地解放）が行われた。1947年5月3日，日本国憲法が施行され国民主権が確立され，生存権保障の規定（第25条）が盛り込まれ，社会福祉諸制度の確立が図られていった。

　1946年頃より米ソ冷戦段階に入ると，アメリカはアジア政策の中心を日本におき，日本の非軍事化政策を大幅に修正し，GHQは，「経済安定9原則」の実施を日本政府に指令した。1950年6月25日の朝鮮戦争勃発により，国連軍の物資，サービスの提供をになった日本は，特需景気を迎えた。一方，1951年9月8日対日講和条約，日米安全保障条約が調印され，1952年4月28日，条約発効により日本は独立した。1951年7月8日には，警察予備隊7万5000名が創設され，52年12月には保安隊と海上警察隊に改組された。1954年7月より保安隊などを改組して自衛隊が発足した。

2 敗戦後の国民生活と福祉三法の成立

(1) 生活保護法の成立

　戦後の国民生活に目をむけると，戦時中，何とか確保されていた主食の配給（2合1勺＝約315g）が，敗戦とともに遅配・欠配となり，1946（昭和21）年5月，「米よこせ」と，皇居前で25万人を集めた食糧メーデーが開催された。戦後直後，要保護生活困窮者は，800万人と推計された（「生活困窮者緊急生活援護要綱」）。日本政府は，1945年12月「生活困窮者緊急生活援護要綱」（以下，援護要綱）を閣議決定した。援護の対象となったのは，一般国内生活困窮者，失業者，戦災者，海外引揚者等，傷痍軍人，その家族，軍人遺族であって，著しく生活に困窮している者であった。

　GHQははじめ日本経済の自力再興をのぞんだが，日本の敗戦後の経済状態では自力再興できないと判断し，1945年12月「救済並び福祉計画の件」（SCAPIN404）を指令，最低生活保障，無差別平等の原則を示し，日本政府に対し生活困窮者救済の具体的計画案の提出を求めた。同年12月31日，日本政府は，前記「援護要綱」を過渡的実施策として含んだ「救済福祉に関する件」（CLO1484）を提出し，救護法などの現行各種援護法令を調整して国民援護に関する総合的法令制定により国民の生活保障をめざすとした。

　GHQはこれに対し1946年2月，覚書「社会救済」（Public Assistance SCAPIN775）を提示し条件付承認を行った。その条件とは，国家責任による生活保障・無差別平等・最低生活維持の公的扶助三原則を明確化することであった，これは，戦後日本の社会福祉の基本原則となっていった。

　これを受けて1946年9月，公的扶助三原則の規定を含んだ「生活保護法」（法律17号，以下旧生活保護法と称す）が成立した。GHQは公的扶助の制度を一定の訓練を受けた専門的職員（クォリファイド・パーソネル）によって運営することを，日本政府に対して求め，1946（昭和21）年10月に予定された生活保護法の施行にあわせて社会事業の専門的従事者養成のための学校を設立することを要求した（『日本社会事業大学四十年史』日本社会事業大学，1986年，pp.68-70）。

　非軍事化，民主化政策から「経済安定9原則」指令等の経済自立化政策へと

占領政策は転換し，同時に1948（昭和23）年6月以来，失業者は急増していった。それにもかかわらず，生活保護法による救済は拡大されるどころか，引締めの方向へと向かった。このような状況下，1949年に活動を開始した社会保障制度審議会は，同年9月，吉田内閣総理大臣宛に「現下の社会情勢に鑑み，政府は社会不安を除去するため，緊急に現下の生活保護制度を改善し，もって当面の緊迫する情勢に対応するよう」との勧告を行った。これにもとづき，憲法第25条の定める理念「健康で文化的な最低限度の生活」の保障をめざし，旧法を全面改正した現行の「生活保護法」が1950年5月に成立した。同法は，①憲法第25条との関係で生存権保障の目的を明確にし，②保護請求権，③不服申立の規定，④欠格条項の廃止，⑤実施主体に訓練された有給専門職員（社会福祉主事）を置き民生委員はこれに協力するものとするなど，これまでより大きく前進した。

しかし，保護内容を規定する保護基準はきわめて低く，被保護者の資産や能力の活用を求める補足性の原理はきびしく，さらに世帯単位原則の名のもとに親族扶養が求められ，不正受給者はきびしく罰することにするなど，問題点を多く残した。

(2) 児童福祉法の成立

戦後初期の児童問題としては，戦災孤児・浮浪児・引揚孤児の問題があった。1948（昭和23）年2月1日実施の全国孤児一斉調査によれば，空襲・戦死による孤児2万8245人，引揚孤児1万1351人，棄迷児2649人，その他一般孤児8万1259人であり，孤児総数12万3504人であった（児童福祉法研究会編『児童福祉法成立資料集成 上巻』ドメス出版，1978年，p.45）。

政府は，敗戦直後の9月20日には，「戦災孤児等保護対策要綱」を次官会議決定し，個人家庭への保護委託，既存の施設への収容保護を行ったが，孤児は巷にたむろし浮浪児化し，生活の悪化から，その他の児童をも含んで浮浪化するといった事態が生じた。

1946年4月には「浮浪児その他の児童保護等の応急措置実施に関する件」，同年9月には「主要地方浮浪児等保護要綱」が出され，「狩り込み」と称され

る街頭浮浪児の強制収容が，警察と共同して行われるようになった。

浮浪児問題根絶のための抜本的な児童保護対策を講じる必要から児童保護を専門に扱う機構の設置が計画され，1947年3月，厚生省に児童局が設置された。

1946年12月，厚生大臣は，戦災孤児，引揚孤児，浮浪児問題の根本的解決をめざし，中央社会事業委員会に対し児童保護事業の強化徹底の具体策について諮問した。1947年1月，中央社会事業委員会は「児童福祉法要綱案」を附して「不幸な浮浪児等の保護の徹底をはかり，すすんで次代のわが国の命運をその双肩になう児童の福祉を積極的に助長するためには，児童福祉法とも称すべき児童福祉の基本法を制定することが喫緊の要務である」と答申した。

この答申を受けて，政府は，1947年8月，新憲法下の第1回特別国会に「児童福祉法案」を提出，1947年11月に可決・成立し，12月公布され，1948年1月にその一部が，同年4月に全面施行された。

(3) 身体障害者福祉法の成立と展開

日本の障害者に対する救済政策は，生活に困窮する人々を対象に，恤救規則・救護法並びに生活保護法の範囲内で実施されてきた。第2次世界大戦中，傷痍軍人が多数発生したことにより，傷痍軍人という限定された障害者を対象グループとする対策がとられてきた。しかし，無差別平等の原則を重視する占領期においては，これまでのように傷痍軍人を中心とした救済政策を実施するわけにはいかなかった。

そこで，日本政府は，占領軍の指示に従いながらも，実質的には従来の施策を維持しようとつとめた。生活保護法を活用しての救済を行いながら，傷痍軍人が社会経済的に自立できるよう技能習得，職業訓練の機会を得られるようにした。

1948（昭和23）年11月には，GHQ・厚生省間会議において「ろう（聴覚障害），唖（言語障害），切断，まひ，心臓障害，結核性障害，その他すべての障害を含む日本の身体障害者のための包括的な援助対策を提供すべき法律をいかに発展させすべきか」について話し合われた。そして1949年12月「身体障害者福祉法」は，法律第283号として公布施行された。

(4) **50年勧告と社会福祉事業法の制定**

　敗戦後の国民生活の窮乏に対応して，国家は憲法が規定する生存権保障の義務があるとして，1950年5月社会保障制度審議会は「社会保障制度に関する勧告」を行った。

　また，敗戦後の社会状況に対応できる社会福祉事業の全分野にわたる基本的共通事項を規定した法律を制定しようとの動きが登場してきた。1938年制定の「社会事業法」では，もはや当時の社会状況に対応できなかったからである。1949年11月開催のGHQ・厚生省合同会議「社会福祉行政の6項目」提案の合意が直接的な引き金となった。6項目提案とは，厚生行政地区制度の確立，市厚生行政の再組織，厚生省により行われる助言的措置および実地事務，公私社会事業の責任と分野の明確化，社会福祉協議会の設置，有給専門吏員の現任訓練の実施であったが，この実現を来年中に努力するようにとの合意がなされた。

　1951年3月，社会福祉の組織および運営管理にかかわる規定をその内容とする「社会福祉事業法」が制定された。本法制定により社会福祉事業の概念と運営原理が明確になり，社会福祉事業の行政組織として社会福祉主事，福祉事務所の制度が確立され，社会福祉法人制度が創設され，社会福祉事業の公共性が高まり，公私社会福祉事業の責任と活動分野を明確にした。

3　社会福祉事業の展開と組織化，その思想

(1) **民間社会福祉事業の展開**

　敗戦後，高度成長期にいたるまでの間に最も施設数において伸びを示したのは，保育所であった。1944（昭和19）年に2184カ所あった常設託児所は，戦災による焼失と敗戦による「戦時託児所」の閉鎖により1946（昭和21）年には873カ所に減少した。託児所は，昭和21年には，旧生活保護法の保護施設の一つとして位置づけられたが，1947年に児童福祉法が制定されると，保育所と名称を変え，児童福祉施設の一つとなった。

　焼け跡の中で，野外保育，青空保育も行われた。1947年3月末日現在で保育所数は1618カ所，内私立1223カ所（75.6％），公立395カ所（24.4％）であった（浦辺史他編『戦後保育所の歴史』全国社会福祉協議会，1978年）。

敗戦後，戦災孤児・浮浪児等の収容救済に奔走した育児施設は，児童福祉法制定によりその第41条に規定され，養護施設となったが，1948年3月現在267施設，入所児童1万1091名に達した。さらに，養護施設入所を必要とする児童の増加，民間教護院の養護施設への転換なども加わり，1949年には施設数394，児童数2万395名となった。

1942年に発足した整肢療護園は，1946年その業務を再開していたが，1951年10月厚生省に移管され，日本肢体不自由児協会が委託経営をまかされ，児童福祉法による肢体不自由児施設として再発足した。戦後障害者福祉に発達保障の理念を提唱した糸賀一雄は，池田太郎，田村一二とともに1946年11月滋賀県に「精神薄弱児」と戦災孤児・生活困窮児のための近江学園を開設した。

(2) 民間社会福祉事業団体の再編成ならびに創設

第2次世界大戦前，いくつかの社会事業団体が結成されていたが，敗戦による壊滅的な打撃を受けて，それらの活動も休止状態になっていた。戦前とは異なる新たな問題の発生もあり，社会福祉も各施設，各個人が個々ばらばらに活動を進めるというのではなく，お互いに連携して問題に対処する必要があり，組織化の動きが出てきた。

1949（昭和24）年11月GHQ・厚生省合同会議の6項目提案合意の第5項に「厚生省は全国的及び都道府県の社会事業団体及び施設により自発的に行われる社会福祉活動に関する協議会を設置し」なければならないとされており，これを受けて社会事業団体・施設の組織化がはかられ，1951年1月，日本社会事業協会，同胞援護会，全日本民生委員連盟を統合して中央社会福祉協議会が発足した（全国社会福祉協議会九十年史通史編纂委員会編『慈善から福祉へ　全国社会福祉協議会九十年通史』社会福祉法人全国社会福祉協議会，2003年，pp. 181-193）。

1947年11月，日本社会事業専門学校（日本社会事業大学の前身）労働組合が結成され，つづいて同年12月，日本社会事業協会にも組合が結成された。1948年8月，第1回社会事業労働組合懇談会が開催された。当時，社会事業従事者はその多くが未組織の状態におかれていたので，社会事業の研究活動をとおして従事者の未組織状態の克服もはかろうと，1950年10月社会事業研究会が結成さ

れた。日本社会事業学校の若手教員と卒業生を中心とした研究グループだった。1953年5月，名古屋市で開かれた第6回全国児童福祉大会のさい，全社協職組，日社大労組，大阪社協職組，関目学園職組の呼びかけにより，日本社会事業職員組合（現在の日本社会福祉労働組合）結成大会が開催された。さらに，日社職組の支援を得て，1953年11月東京保母の会が誕生した。

　前述したように，GHQ指令SCAPIN775や，日本国憲法第89条による公私分離政策がとられるようになり社会事業法（1938年制定）による民間施設に対する国庫補助も受けられなくなった。そこで，民間社会福祉事業の財源確保のため，1947年11月25日より12月25日まで国民助け合い運動の一環として第1回国民たすけあい共同募金運動が行われた。1951年社会福祉事業法公布により共同募金も法制化され，第1種社会福祉事業と位置づけられ，1952年，共同募金事業を行う社会福祉法人中央共同募金会が設置された。

(3) 社会事業本質論争

　永岡正己は「1950年代前半，講和・独立後，戦前と連続する政治構造の復活，国民生活を犠牲にした急速な資本主義経済の復興，出稼ぎや兼業農家の創出を含む新たな貧困形成，朝鮮戦争勃発後の再軍備，そして社会福祉が再び後退する状況にあって，社会福祉を占領期を超えて実態としてどのように主体的に確立するかという課題が露わに」なり，「社会福祉とは何かが現実の社会福祉を具体的にどうするかと結び合わさって議論となった。」（永岡正己「第1章　戦後社会福祉思想の形成と展開」『講座 戦後社会福祉の総括と21世紀への展望　Ⅱ 思想と理論』ドメス出版，2002年，p.34）として，大阪社会福祉協議会機関誌として1952年創刊された『大阪社会福祉研究』誌上で開始された戦後の「社会事業本質論争」についてふれている。

　第1期，第2期と2期（『大阪社会福祉研究』第1巻第1号，1952年1月から第2巻第1号，1953年1月）にわたって本質論争は行われている。論争参加者は，岡村重夫，田村米三郎，竹内愛二，孝橋正一，竹中勝男，雀部猛利，小倉襄二の7名であった。

　宮田は，この論争について「論争を組織した編集者の意図の中には，社会福

祉の理念の積極的意義を再確認することで社会福祉事業の反動化の流れを押し止めたいとする思いがこめられていたと考えられるが，実際には論争はもっぱら抽象度の高い「本質論」の次元で行われ，現実の社会福祉事業の動向に根ざした議論が十分に展開したとはいえなかった。」(宮田和明「第2部第1章　戦後社会福祉理論の形成と展開」『講座　戦後社会福祉の総括と21世紀への展望　Ⅱ　思想と理論』ドメス出版，2002年，p.146) と評している。

『大阪社会福祉研究』誌上読者の声欄として設けられている「村から町から」(第1巻第11号) には，「本質は大衆の生活の中に」との題で「社会福祉研究を愛読する私は，社会福祉事業本質論争を興味深く眺め，また家族にもそれを読ましているのですが，あまりぴんとこないらしい。それがこの論争の最も大きい欠陥であると思う。(略) 大学の教授連や，古くさい社会事業屋の，平清盛的な，本質論の法衣をぬがして。こんどはこの誌面を，散髪屋か風呂屋あたりの人人を相手にした，インタービュウーといった記事にあて」たらどうかといった意見，「私たちの本質論を」と，こうした論争が必要なことについてふれている。

(4) サービス論争

新生活保護法ならびに社会福祉事業法の施行にともない，社会福祉の専門技術のあり方が問題となってきた。生活保護サービスをめぐって社会福祉における民主化とは何か，社会福祉におけるサービスとは何か，社会福祉における政策と技術のあり方は，などといった内容で1953年1月から約1年『社会事業』誌上で黒木利克，木田徹郎，池川清，大原龍子，岡村重夫，小川政亮，田中嘉男によって論争が展開された (真田是編『戦後日本社会福祉論争』法律文化社，1979年)。

2　日本社会福祉学会創設の底流をなす学問的状況

日本社会福祉学会の底流をなす学問的状況について，吉田久一は，本書第Ⅲ部座談会の冒頭で，第二次世界大戦前の三火会，第二次世界大戦敗戦後の社会

事業教育懇話会，日本社会事業協会社会事業研究所主催の社会事業研究発表会，関東の若手研究者による金曜会を取り上げている。また，関西側の動きについては，岡村重夫は，関西の社会事業教育懇話会，社会事業教育連盟，関西社会福祉学会，社会事業事例研究会を学会創設の底流となった動きとしてあげている。これらについて以下見ていきたいと思う。

1 戦前からの流れ

(1) 三火会

まず三火会についてみてみよう。三火会は，1928（昭和3）年後藤子爵記念第5回市民賞論文に入賞した牧賢一，村松義郎，紀本参次郎，磯村英一，長谷川喜千平，奥安左衛門，田中邦太郎，三浦かつみによって社会事業研究サロンがもたれたことに始まった（重田信一・吉田久一編著『社会福祉の歩みと牧賢一』全国社会福祉協議会，1977年，p.30）。三火会は会則もなければ代表者もない仲間同士の研究会としてはじまった。大正後半期から満州事変に至る昭和6，7年のころ，社会事業界では唯物弁証法的理論が誕生したが，三火会中心メンバーたちもこうした理論を展開した。

しかしながら，戦時下に入ると，三火会は1937年日本社会事業研究会を組織し，日本社会事業の再編成要綱を決定し，社会事業の対象を国家体制の欠陥や国内諸体制整備革新の実施過程における犠牲者，人的資源としての資格を欠く人，または欠くおそれある国民ととらえている。

吉田久一によれば，この三火会が，学会設立を目指していたというのである。昭和7，8年頃雑誌『社会事業』でその呼びかけが行われたが成熟しなかったと述べている（第Ⅲ部座談会，pp.211, 213）。

(2) 社会事業研究発表会

ついで吉田は社会事業研究発表会のことについて「それから二つめに，今の全社協に社会事業研究所がありまして，そこで，研究発表会を毎年やりましたね，かなり規模が大きく2日間続けてやっていた。それが，やはり一つの機運を醸成してきたと思うんです。」（本書第Ⅲ部座談会，pp.213-214）と言っている。

財団法人日本社会事業協会社会事業研究所（1945年日本社会事業協会，1951年中央社会福祉協議会，1952年社会福祉法人全国社会福祉協議会連合会，1955年同法人全国社会福祉協議会と改称）主催の全国社会事業研究発表会であるが，これは戦前の発表会と戦後の発表会とがある。まず戦前に行われた2回の発表会についてみてみよう。

　時代の要求に即した研究機能の充実をはかるため1934（昭和9）年12月1日に財団法人中央社会事業協会社会事業研究所は開設されている。1939（昭和14）年3月，穂積重遠を第2代所長として迎え，職員も増員された社会事業研究所は，調査・研究，出版，従事者養成を3つの柱として活動を進めていった。そして1941年からは，社会事業を研究する人に研究成果を発表する機会を提供し，相互に論議・研究を盛んにするために社会事業研究発表会が社会事業研究所の主催で行われるようになった（前掲『慈善から福祉へ　全国社会福祉協議会九十年通史』p.124）。

　第1回研究発表会は1941（昭和16）年10月10・11日の両日社会事業会館で開催されている。第1部会「人的資源の保護育成に関する研究」，第2部会「国民生活の確保に関する研究」，第3部会「社会事業の基礎その他に関する研究」の3部会で構成され，会費2円，参会者212名，研究発表者82名であった。部会の構成は，戦時下の社会事業の置かれている位置を示した内容になっている。全国から社会事業の現場人が集まり，さらに大学，社会事業研究所所員の発表が行われている。翌年の第2回研究発表会は厚生事業研究発表会として開催され，第1部会「国民保健並医療」，第2部会「母性並児童保護」，第3部会「一般庶民生活の援護」，第4部会「厚生事業の組織機関」で研究発表が行われた。その後，戦争の激化により一時中断されたが，戦後に入ると1948（昭和23）年以降，毎年開催されるようになった。

2　戦後の流れ

(1) 全国社会事業研究発表会

　財団法人日本社会事業協会社会事業研究所が主催して行った全国社会事業研究発表会は，前述した戦前に開催されていた研究発表会を再開する形で1948

(昭和23)年から開催された。『社会事業』(第31巻第5号,1948年7月,p.26)に掲載された戦後第1回目の「全国社会事業研究発表討論会」案内によると,研究発表討論会は,「社会病理的諸現象の背後にある本質的問題を理論的に追求し,実際の施策に寄与すると共に,全国の社会事業関係者に,その資格を限定することなく,自由なる討論の機会を提供することによって社会事業の科学的水準の向上に資することを目的とする」としている。

こうした趣旨のもと,戦後第1回目の研究発表会は,1948年10月13・14日の2日間にわたって,①社会事業行政の基本問題,②私的社会事業の将来,③農村社会事業の在り方,④社会事業に於ける民主性と指導性の四部会の構成で行われた。研究発表者の決定は,「①各地方社会事業協会に夫々数名の研究発表者の推薦を委嘱する。②適当なる学識経験者に本研究所より直接発表方を依頼する。」という方法で行われたようである。あらかじめ,発表要旨を200字詰10枚から20枚で提出し,発表時間は1名20分であった。しかし,発表者の数が多い場合は,15分に短縮されることも多く,時間が短すぎるとの不満も寄せられることになった。

本研究発表会の主催者であった社会事業研究所長の谷川貞夫は,「この発表会のねらいの一つは,斯業に於ける新人の発見であった。そしてそれとともに所謂ベテランの健在ぶりを知ることであった。そして彼等業績をして,日本社会事業の現段階と将来に対して,力強い寄与をなさしむることであり多くの示唆たらしめようということであった。」(『社会事業』第31巻第10号,1948年11月,pp.20-21)としている。

表1にあるように,大学,研究所等の研究者,行政担当者,社会事業現場の人で本研究発表会は組織されている。3回以降は,講演者の講演,研究討議が行われた後,一般研究発表が行われている。

こうした研究発表会は東京で開催されただけでなく近畿地方,中国地方,北海道,北日本などで開催されたとのことである(西内潔「第六回全国社会福祉事業研究発表並に文献賞授与式を省みて」『社会事業』第37巻第2号,1954年3月,pp.112-117)。全国社会事業研究発表会と近畿地方社会福祉事業研究発表会については『社会事業』誌上でその一端を知ることができる。関西の場合には大阪社

第1章　学会創立への動き

表1　第1回・第6回全国社会事業研究発表会　発表テーマ・発表者一覧

《第1回　昭和23年10月13・14日　於：日本社会事業協会》

一　社会事業行政の基本問題
「社会事業行政の基本問題」糸賀一雄（滋賀県立近江学園長）／「更正問題に於ける生活研究の重要性と公事ケースワークの在り方」西原煕久（社会事業研究所）／「社会事業行政の基本問題」小澤一（社会事業研究所）／「陸奥国中村藩の人口と育子政策—現代児童福祉事業を批判す—」髙橋梵仙（社会事業研究所）／「浮浪児行政の基本問題」竹田俊雄（愛育研究所）／竹中勝男（同志社大学教授）／「民生委員制度覚書」永田幹夫（全日本民生委員連盟）／「社会事業行政と私的社会事業」松島正儀（東京育成園長）／「社会事業行政の基本問題」岸勇（社会事業研究所）／「都市社会事業行政の基本問題」宮出秀雄（東京市政調査会）／「社会事業行政の基本問題」島田正蔵（萩山實務学校長）／「社会事業行政の基本問題」平田富太郎（早稲田大学教授）／菅野薫（福島市社会課長）／未高信（早稲田大学教授）

二　私的社会事業の将来
「私設社会事業の将来」服部賢準（愛知県子供の家園長）／「私的社会事業の将来」堀文次（石神井学園々長）／脇田悦三（京都白川学園長）／「近代史と私設社会事業」吉田久一（鴨台社会事業研究会）／「私設社会事業の将来」塚本哲（東京都民生局）／都築秀夫（京都社会福祉協会）／「私的社会事業の将来」辻村泰円（奈良愛染寮長）／「私的社会事業の将来」大谷嘉朗（東京育成園）

三　農村社会事業の在り方
「農村社会事業の在り方」伊藤要三（愛知県牛田職奉補導所長）／「農村社会事業の動向」河東田教美（埼玉育児院長）／「農村要保護者の生活実態」仲村優一（日本社会事業専門学校助教授）／「農村社会事業の方法及対象」酒井平（社会事業研究所）／「タウンに於ける社会事業の実証的研究」三野亮（日本社会事業協会）／「農村社会事業の在り方」柴原清治（福島県民生委員）

四　社会事業に於ける民主性と指導性
「社会事業の指導性と民主性—新しい社会事業理念によせて—」横山定雄（日本社会事業専門学校講師）／「社会事業の民主性と指導性」孝橋正一（大阪社会事業学校教授）／「社会事業に於ける民主性と指導性」高木秀芳（奈良県飛鳥少年学院）／「児童福祉の面より見たる社会事業に於ける民主性と指導性」武居正利（日本児童館）／土屋政雄（京都府社会課）／安部廣（福島県同胞援護会支部）／「社会事業に於ける民主性と指導性」鈴木修一郎（愛知県駒方寮）

五　其他
「社会事業従事者の専門教育について」今岡健一郎（日本社会事業専門学校教授）／「民間社会事業の特異性と教育治療の實踐」今井新太郎（家庭学校長）／「浮浪児の心理学的一考察」林蘇東（中央児童相談所）／「病院に於けるケース・ウォーカーの報告」吉田ますみ（聖ロカ病院）／「インフレーションと少年犯罪の問題」玉生道経（法務庁）(ママ)／「社会事業に於ける精神学の役割」村松常雄（国府台病院長）／「要教護児童調査に就て」青村光二（教護職員養成所）／「社会事業推進拡充の一考察」青木顯壽（熊谷生活相談所長）／「題目未定」森脇要（立教大学教授）

《第6回　昭和28年11月15・16日　於：中央社会館講堂，東京》

講演「社会事業の変貌」大河内一男（東京大学経済学部長）
研究討議「社会保障と生活保護」
　　主論者：石田忠（厚生省厚生事務官）・氏原正治郎（東京大学助教授）・茂又一郎（東

97

第Ⅱ部　社会福祉学研究の50年と日本社会福祉学会

```
                    京都杉並福祉事務所長）
自由研究発表題目及び発表者（省略）
第一部会（児童福祉）
第二部会（医療社会事業及び少年犯罪）
第三部会（地域社会福祉活動）
第四部会（社会福祉一般並に方法論）
```

注１：『社会事業研究資料第十輯全国社会事業研究発表会発表要旨』財団法人日本社会事業協会社会事業研究所、1948年、「全国社会事業研究発表会日程」（『社会事業』第31巻第9号、1948年10月、pp. 32-33）、
『第六回全国社会福祉事業研究発表会要綱』社会福祉法人全社協社会事業研究所、1953年より作成。
注２：第6回は全国社会福祉事業研究発表会となり福祉の文字が加わった。

会福祉協議会と社会事業研究所の共同主催で行われ、大阪府、大阪市、朝日新聞大阪厚生文化事業団および毎日新聞大阪社会事業団が後援し、関西社会福祉学会が協賛した（西内潔「第二回近畿地方社会福祉事業研究発表会を顧みて」『社会事業』第36巻第9号、1953年9月、pp. 58-59）

いずれも2日間にわたって行われ、講演と自由発表で構成されている。

(2) 社会事業教育懇話会

先に生活保護法の実施にあたって一定の訓練を受けた専門的職員によってその実務が担われることを GHQ は強く日本政府に要求したことにふれた。そこで厚生省は日本社会事業協会を経営母体とする日本社会事業学校（1947年専門学校）を、1946年10月設立した。1948年には大阪社会事業協会を経営主体とする大阪社会事業学校が、日本社会事業専門学校の分校として設立された。両校は、1950年短期大学となった。この時期には、大学において社会事業専門教育を実施する際に必要な条件を審議し、「社会事業学部設立基準」を文部省に提案するため、社会事業専門教育委員会が設けられている。この委員会は、GHQ 民間情報教育局のホームスと同公衆衛生福祉部のウィルソンを中心に、厚生省の松本征二、早稲田大学、明治学院大学、立教大学、龍谷大学、大谷大学、日本社会事業専門学校の各代表者によって構成されていた。

日本社会福祉学会設立の源流のひとつとなった「社会事業教育懇話会」（以下「懇話会」と略す）は社会事業専門教育委員会が社会事業学部設立基準を大学基準協会に提出して解散したのち、1947年8月13日、GHQ のウィルソン、厚

生省の安田巖，松本征二，斉藤勇一，立教大学の森脇要，日本女子大学の上村哲弥，菅支那，明治学院大学の若林龍夫，日本社会事業専門学校の今岡健一郎，小川政亮，日本社会事業協会の岡村周美，それに興望館の吉見静江の12人を発起人として発足している（菊池正治・阪野貢『日本近代社会事業教育の研究』相川書房，1980年，p.213）。

　懇話会は，日本社会事業協会内に置かれ，「社会事業専門教育（以下，専門教育と称す）に関し意見の交換を行うと共に当面緊急なる具体的対策を検討樹立し，その実現を図ること」（今岡健一郎「社会事業教育懇話会の一年を顧みて」『社会事業』第31巻第8号，1948年）を目的とした。そして目的達成のため，例会を開催し「専門教育に関する調査研究特に教授内容実習方法等の検討外国事情の認可等を行い併せて関係当局に意見を具申し又は関係方面に対し必要なる啓発を行」った（前掲，今岡論稿）。

　懇話会の案内は，早稲田大学，日本女子大学，明治学院大学，立正大学，駒澤大学，大正大学，慶應義塾大学，立教大学，自由学園，龍谷大学，同志社大学，関西学院大学，明治女子専門学校，女子厚生専門学校，聖路加専門学校，日本社会事業専門学校の16校に対してなされた（前掲，菊池・阪野『日本近代社会事業教育の研究』p.213）。1948（昭和23）年9月から49年8月までに10回の例会がもたれ，「（一）関西にも同種の懇話会設立を勧告する，（二）指導保姆養成課程基準の決定，（三）医療社会事業教育課程基準の決定，（四）（二）と（三）は日社校に於て実施する，（五）『医学教育に於ける社会事業関係科目設置の強化並に医師の社会事業教育に就て』（関西社会事業教育懇話会で決定したもの）建議することなどについて決定している医療社会事業実施上の最も大きな問題の一つに医療側に於ける社会事業の理解の不足があげられる。之が打開策として次ぎの如き建議を行う事に決した。なお同建議は関西懇話会の七月例会に於て決議されたものを東京に於ても同時に建議する事に決した」（前掲，今岡論稿）。

　今岡健一郎が前掲論稿で述べているように，敗戦後の日本の社会事業界において，専門教育が大きく取り挙げられ，大きく動いて来た事は，新しい動向の一つであった。さらに，戦前においては社会事業の専門教育は小規模で小範囲

第Ⅱ部 社会福祉学研究の50年と日本社会福祉学会

資料1 最終の美を飾る関西社会事業教育連盟

　最終の美を飾る関西社会事業教育連盟
昭和二三年創立以来，関西社会事業教育連盟は，大阪，京都，兵庫の三府県三市民生当局，ならびに大阪社会事業短期大学はじめ，社会福祉関係の講座を有する各大学，および関係諸団体の支援のもとに，社会事業教育の推進にあたってきたが，昨年春，社会福祉事業法の施行とともに，各府県に社会福祉協議会が結成され，社会事業教育に関する企画もその方でたてられ，研修や現任訓練教育によって，すでに実施をみており，連盟の任務もここに，一応終った感があるので，昭和二七年度末をもって，いよいよ解散することになった。ついては，去る七月二八日の幹事会において，連盟の最後を飾る本年度事業を，左記により実施することになったので，ここにご紹介する。
一　日米対象社会事業専門用語集
　　決定版の作成
　決定版作成特別委員（応諾のあった分）
　　関西学院大学教授　竹内愛二氏／大阪市立大学教授　岡村重夫氏／大阪市児童課長　池川清氏／（交渉予定）
二　近畿二府四県に於る専門教育家名簿決定版の作成
　名簿作成審査委員
　　大阪社会事業短大教授　孝橋正一氏／大阪女子大学教授　田村米三郎氏／関西学院大学教授　竹内愛二氏／同志社大学教授　竹中勝男氏／大阪市立大学教授　岡村重夫氏／京都府社会課指導係長　土屋政一氏／兵庫県社会課指導係長　浅野武氏／大阪府社会課指導係長　一井蓮三氏／朝日新聞厚生事業団　賀集一氏／毎日新聞社会事業団　松尾純雄氏
　但しこの名簿は年々増補訂正される必要があるので，連盟解散後も継続しておこなうよう，近畿二府四県の社会福祉協議会に要望することに決定した。
三　連盟の功罪論に関する論文の発表
　『大阪社会福祉研究』誌上に発表する。
四　大講演会の開催
　本年度末に計画実施する。

　　　　　懸賞論文募集
　〔課題〕
　　　A　社会事業教育のあり方について，B　社会事業家の養成について
　以上のテーマで，近畿二府四県の各大学の社会福祉専攻学生社会事業従事者のなかから募集，本誌『大阪社会福祉研究』に発表する。
〔〆切期日〕本年一二月二〇日
〔審査委員〕社会事業専門教育家名簿作成委員を以て充てる。
〔賞　　金〕進呈，詳細については次号本誌上に発表
〔論文送先〕大阪市東区法円坂町一大阪社会福祉協議会内　関西社会事業教育連盟宛

出所：『大阪社会福祉研究』第1巻第8号，1952年8月20日，p.65.

であったが，「敗戦を契機に山積せる深刻な社会問題を前にし，此の種の教育の必要が痛感され，日本社会事業専門学校（以下，日社校と称す）の創立，大学専門教育はにわかに活発となった」ことを指摘している。

関西社会事業教育懇話会も組織され，毎月会合が持たれ，熱心に研究会が開催された。これは，やがて関西社会事業教育連盟となり，関西社会福祉学会に改組された。関西社会事業教育連盟の活動として資料1にみられるような事業が行われている。岡村重夫によれば，懇話会は社会福祉関連の職員の専門的な資質を向上させることと，大学の研究者，教員になっていく人を発掘養成しようとの意図があったとのことである（本書第Ⅲ部座談会，p. 272）。

(3) 金曜会──東京若手の研究会

東京における学会源流の一つとして吉田は若手研究者（重田信一，仲村優一，横山定雄，吉田久一の4人が発起人）によって1948年に活動を開始した金曜会（会員は約30名）をあげている。この会は学会ができる頃まで7, 8年続いたという（本書第Ⅲ部対談，p. 277）。吉田は「平和の問題（焼け跡時代でした）と目の前の貧困の問題などを問題意識として，同志的に一つ会を作ろうじゃないかといことになり重田信一さんと仲村優一さんをさそって，4人で発起人となり金曜会というのを作ったんですよ。（学会創設は）実は，表面的には，教育懇話会ないしは社会事業研究所が醸成したものではありましたけれども，渦中にあった私としては学会を作っていったエネルギーが金曜会からもでてきたような気がするんです。なぜ学会を作らなければならないと考えたかといいますと，社会事業研究所の研究会は，現場の人も大変多かった。ところが一方では，学校もいくつか出来てくるでしょう。いったい学校の教師はもっと学問に打ちこまなくていいのかという反省が，あったわけです。やはり，きちっとした学問をしなければ，学校も多く出来てきて学生たちに常識的なことばかりいっていたのではどうにもならんではないか。それで学会を作ろうじゃないかということになったような気がします」とのべている（本書第Ⅲ部座談会，p. 214）。

(4) 社会事業事例研究会

岡村重夫は関西における日本社会福祉学会源流のひとつとして「小さいのでは，竹内さんなんかを中心に，僕らも加わって，社会事業事例研究会を月1回やっていました。」（本書第Ⅲ部座談会，p. 216，対談 pp. 290-291にも関連記述有）と，

社会事業事例研究会について触れている。この研究会は，1949（昭和24）年頃からケース研究を行ってきた。岡村重夫によれば，以上，あげた研究会等において，東京と大阪には交流があり，考えの違いをのりこえて「社会福祉の理論をつくりたい。独自のものをつくりたいという空気が基本にあった」という（本書第Ⅲ部対談，p. 280）。

3　日本社会福祉学会創立

1　学会設立の機運

(1)　社会事業研究発表会のマンネリ化と学会設立の機運

　敗戦後の日本においては，前節でのべたような日本社会福祉学会創設につながるいくつかの流れが見られた。

　日本社会事業協会社会事業研究所主催で行われていた全国社会事業研究発表会は，大学教授の講演と，大学，研究所等の研究者，行政担当者，現場の社会事業家の発表とをおりまぜて開催されていたが，その発表に物足りなさを感じている人も少なからずあった。近畿地方でも社会福祉事業研究発表会が開催されていたことは先にふれたが，近畿地方第１回の研究発表会は会場の椅子も足りなくて，立って聴く人もあるという盛況ぶりだったが，２年目は７分の入りとなったということである。「……もう一つなんだったね」といいながら帰宅する人びとのことばに発表会に対する評価が正直に示されていたようである。「社会福祉事業の実践の場にある，第一線の従事者によるバイタリティーに富んだ，生き生きとした研究の成果を聞かされることを熱望し，それを心から楽しみにしていたのである。しかるに，その発表の大部分はわずか15分間という，時間的制約によって，そのかぎられた時間に抑制され，しめつけられて，非常に萎縮した研究発表という感じであった。」と研究会に参加した神戸の南開六丁氏は『大阪社会福祉研究』（第２巻第８・９号合併号，p.65）に，研究会に対しての意見を寄せている。さらに，「いくら軽い啓蒙的な目的が，この研究発表会に，あるとはいっても，今日おこなわれているこのままのやり方では，どう

もすっきりしない，中途半ぱなものになってしまいそうだ。この点に関しては，大阪の研究発表会だけではなく，東京で毎秋ひらかれる全国社会事業研究発表会についても同じことがいえる。」と指摘，このままの形を踏襲してはその意義も薄れるだろうと手厳しい。特別講演会についても専門外の高名な権威化された講師を呼ぶよりも，社会福祉関係の研究者をあてたほうがいいのではとしている。

　このような研究会の状況については，若手の研究者達も危惧していた。吉田久一は，「研究所の社会事業研究会というのは，戦後の福祉を進めていく上で功績があったと思うんですよ。そう思いますけど，そのころの日本社会事業協会の研究発表大会の内容が非常に広いわけでしてね。それが研究者もおれば現場の施設経営者は自分の施設報告をするというわけでね。その中ではじめ学校で飯をくっている者で，学会を作ろうとしたわけでした。そのころ研究所の発表大会は多少マンネリ化もしていました。われわれ若い者がみんなで手伝っていましたので自己矛盾ですが」と述べている。(本書第Ⅲ部座談会，p.217)

　さらに吉田は「戦後，5，6年ね。所長が谷川貞夫先生だけれども。ところがね，始まって3，4年たちましてね，なんだかその発表会が議会の演説みたいなものとか，あるいはあまり勉強もしないで自分の施設の報告とか，そういうのがでてきて，学校が15，6できましたので，こんなのでいいのかというふうな空気がみんなありました。」「26年，昭和でいうと26年ごろじゃないかな。帰りにね（研究発表会），あの終わって帰りに岡村さんにね，あの，『吉田さん，学会をつくろうじゃないか』という岡村さんからの呼びかけです。」(2003年1月13日聞き取り）と，当時の状況を述べている。

　本書第Ⅲ部の座談会（p.217）で岡村重夫は学会結成の呼びかけは東京が中心で，東京からやかましく言って来たとしているが，横山定雄は「関西の先生方から『社会福祉関係の大学や専門課程の若手を専門研究者として育ててもらうためにはどうしても社会福祉や社会事業の専門学会が必要だ』と学会設立を東京の方へ強く働きかけてこられたことを思い出します」（本書第Ⅲ部座談会，p.217）と吉田の発言を支持している。

　岡村も本書第Ⅲ部の吉田との対談（p.281）の中で，関西での社会事業研究

発表会の様子についてふれ，発表の大部分が施設のやっている仕事の報告で，こんな発表会では駄目だ，もっと理論的な議論にならなければ駄目だと感じていたことを述べている。また，本対談（p. 282）で吉田は，大河内一男理論からどうやって社会福祉は自立するかも課題であったと述べている。

(2) 幻の日本社会事業学会

　当時，社会事業研究所長を務めていた谷川貞夫は，『社会事業』（第31巻第10号，1948年11月，p.20）の「展望」の欄で第1回全国社会事業研究発表会についてふれ，その際に「日本社会事業学会」が誕生したとしている。そして「『社会事業研究発表会』を契機として，発表会の参加者を基盤として，所謂，盛り上がる総意の結集として，『学会』の結成となったのである。このことは，恐らく我国に於ける社会事業研究の画期的な出来事として注目に値すると確信する。社会事業が学として成立するか否かの問題は，既に久しきに亘る論議である。われわれは，今たゞちにそれを解決しようと思わないし，そのような必要もないであろう。しかし社会事業を学的に研究し，科学的に検討することは，今後ますます必要である。真面目な研究を，いろいろな立場から，がっちりと，協力してやりたいものである。」（前掲『社会事業』p. 20）としている。しかも，『第三回全国社会事業研究発表会要綱　昭和二十五年十一月十一・十二日』の表紙には，日本社会事業学会，財団法人日本社会事業協会社会事業研究所と記載されており，共催をうたっている。さらに，谷川は，「大会に引つゞき二日間に亘って行われる『社会事業研究発表会』は，『日本社会事業学会』との共催の形をとっている。『日本社会事業学会』は，一昨年の社会事業研究発表会を契機として生まれたのであるが，世話人達の身辺多端のために研究発表会の共催を為す程度で今日に及んでいるが，この研究発表会を機会として，新しい構想にもとづく再出発が期待されている」（『社会事業』第33巻第11号，1950年11月，pp. 4 - 5）と『社会事業』の「巻頭言」で述べている。仲村優一は，本書第Ⅲ部聞き書き日本社会福祉学会の50年〈その2〉（p. 326）の中で，社会事業研究所を母体に学会作りを試みる動きが関東側にあって，谷川貞夫から，仲村，吉田久一に働きかけがあったが，谷川方式に賛成できなかったので，話だけ聞い

て乗らなかったと述べている。この学会のことについては，日本社会福祉学会創設にかかわった仲村以外の他の人々も，誰もふれていないところをみると，実態は何もなかったのであろう。

2　学会創立

(1)　創立までの経過

　こうして，学会創立の呼びかけがなされ，準備が進められていった。関東では，木田徹郎を表面にたて，吉田久一，横山定雄が中心となって学会設立を推進，仲村優一，小川政亮も加わった。関西では，竹内愛二，田村米三郎，孝橋正一，岡村重夫，嶋田啓一郎が学会設立の推進役を担った（口絵写真参照）。設立趣意書も用意され発起人に名を連ねた人々があったとのことだが残念ながらこれはいまだ目にしていない。吉田久一によると発起人代表は関西社会事業教育連盟会長平林徳三だったということである（本書第Ⅲ部座談会, p. 236）。

　学会の名称をどうするかについては「社会事業」か「社会福祉」かの論議があった。吉田は「私はまだ，とても社会福祉なんていえた状況じゃないから，社会事業の方がいいと考えていた。学会だから余り理想主義的で学問的基礎もまだできていない社会福祉でないほうがよいと思って」（本書第Ⅲ部座談会, p. 220）おり，社会事業学会とすべきとしたが，岡村は「目的概念とか何とかいうことではなくて，やはり憲法に『社会福祉』と書いてあるんだから，それでええというわけです。それは社会保障や公衆衛生とちがったものとして規定されたものです。目的概念なら社会保障も公衆衛生もみなその中にはいるわけです。一応分けて書いているのだから，やはり特定の分野を指していると理解すべきでしょう。」（本書第Ⅲ部座談会, p. 223）と社会福祉学会とすべきと主張した。1953（昭和28）年前後には社会福祉という言葉は，一般化していたかとの小松源助の質問に，吉田は「そうは思わない」と答え，岡村は，大阪市立大学でも，大阪女子大学でも始めから「社会福祉学科」で，「社会事業学科」という名称は全然問題にならなかったと述べている（本書第Ⅲ部座談会, p. 223）。

　歴史的内実が社会福祉か社会事業かを問題にする吉田と，社会福祉という言葉が使われ始めているとする岡村だったが，名称は「日本社会福祉学会」と決

定した。吉田は，岡村との対談の中で，「社会福祉学会は岡村さんにしてやられたが，（笑い）社会福祉全体は学会創立当時そんなことないんでね。今の時代が歴史時代に入ったとき，30年代後半から社会福祉と使用する私の説の方が歴史的社会的に正しいことが証明されますよ。抽象的目的論ばかりでなく（笑）今の全社協の『月刊福祉』のはじまりは明治42年の『慈善』で，それ以降名称の変更はおおむね歴史の進行にかなっているが。『社会事業』から『月刊福祉』に変るのは昭和36年からでそれも正鵠を射ている」(本書第Ⅲ部対談, pp. 225-226) と社会事業学会とすることの正当性を主張している。

規約作成は小川政亮が中心となって行ったということである（本書第Ⅲ部座談会, p. 235)。規約は，1950年再開していた社会政策学会の規約とほぼ同じ構成となっており，社会福祉と社会政策の文言が異なるぐらいであった。ただ，社会政策学会は戦前からの歴史があったので，会員に名誉会員があったが，戦後発足した日本社会福祉学会には名誉会員の規程はなかった。近接の学会として参考にしたものと思われる。

(2) 日本社会福祉学会創立

こうして，1954年5月9日，設立総会をかねて第1回日本社会福祉学会大会が，大阪市教育会館を会場として開催された（口絵写真参照）。そして，日本社会福祉学会が設立され，学会規約，第1期の役員も決定された。この設立総会には，社会政策学会と社会学会から祝辞が寄せられ，前者の祝辞は中鉢正美，後者は磯村英一が読み上げたということである（本書第Ⅲ部座談会, p. 231)。

本書第Ⅴ部資料編に掲載した学会設立当初の学会規約第3条によると設立の目的は「社会福祉に関する学問的研究及び研究者相互の連絡と協力を促進し，かねて内外の学界との連繋を図り，社会福祉に寄与すること」としている。

規約第4条には学会事業について，1．研究報告会としての年1回の全国大会，2．地方部会，専門部会の設置，3．公開講演会の開催，4．内外の諸学会との連絡及び協力，5．機関誌その他の刊行物の発行，6．その他本会の目的を達するために必要な事業が規定された。これらの事業のうち，1．2．4．などについては学会発足後ただちに実行に移されたが，機関誌発刊は，1960年

第1章　学会創立への動き

表2　創立時役員一覧

理事及び監事		委員	
代表理事	四宮　恭二（大阪社会事業短期大学）	明山　和夫（大阪女子大学）	
会計理事	田村米三郎（大阪女子大学）※大阪	一番ヶ瀬康子（日本女子大学）	
理　　事	東田　英夫（大阪社会事業短期大学）	今岡　健一郎（中部社会事業短期大学）	
	磯村　英一（東京都立大学）	三吉　明（明治学院大学）	
※東　京	木田　徹郎（日本社会事業短期大学）	中本　博通（大阪社会事業短期大学）	
	森脇　要（立教大学）	仲村　優一（日本社会事業短期大学）	
※名古屋	村松　常雄（名古屋大学）	小倉　襄二（同志社大学）	
	岡村　重夫（大阪市立大学）	雀部　猛利（神戸女学院大学）	
※京　都	嶋田啓一郎（同志社大学）	柴田　善守（大阪市立大学）	
※兵　庫	竹内　愛二（関西学院大学）	重田　信一（全国社会福祉協議会連合会）	
	谷川　貞夫（社会事業研究所）	多田　貞久（北海道社会福祉協議会）	
	若林　龍夫（明治学院大学）	丹治　義郎（関西学院大学）	
	吉田　久一（淑徳短期大学）	田代　不二男（東北大学）	
監　　事	菅　支那（日本女子大学）	富田　富士雄（関東学院大学）	
	竹中　勝男（同志社大学）	横山　定雄（国立精神衛生研究所）	

注1：『昭和29年5月　日本社会福祉学会会員名簿』日本社会福祉学会から作成。
注2：※印は各地連絡理事

まで待たねばならなかった。

　会員の資格は「社会福祉に関する学問的研究を行う者」で「理事会の承認を得」たものであり，会員となろうとする人は会員2名以上の推薦を得て理事会に申込むこととなった。

　創立時の役員は代表理事四宮恭二をはじめとして表2に示す人々で構成されていた。規約第16条に規定されている委員に若手会員をおき，会務の執行を補助してもらったようである。事務局は大阪府立女子大学が引き受け田村米三郎が担当した。

　学会創立時に作成された『昭和29年5月　日本社会福祉学会会員名簿』によると，会員216名分が掲載されている（本書第Ⅴ部〔資料4〕ならびに口絵写真参照）。ただし，本名簿には，謄写版刷で作成された会員名簿を後から貼付したものが20名加わっている。この20名を除くと196名となるので，創立当初の会員数は196名であったと推測される（〔資料4〕注2参照）。

　地方別会員数について表3から見てみると，関西が102名で52.04％を占め，関東は58名，29.59％となっている。岡村重夫によると，関西の方では関西社

第Ⅱ部　社会福祉学研究の50年と日本社会福祉学会

表3　創立時地方別会員数

地方別	会員数	%
北海道	4	2.04
東北	2	1.02
関東	58	29.59
中部	14	7.14
関西	102	52.04
中国・四国	8	4.08
九州	8	4.08
合計	196	99.99

注1：『昭和29年5月　日本社会福祉学会会員名簿』日本社会福祉学会から作成。
注2：学会創立時は関西・関東の2部会しかなかったが，所属部会についての記載がないので，現在の部会別に分けて集計した。

表4　創立時所属種別会員数

所属種別	人数	%
大学・短大	115	58.67
研究所	10	5.10
社会福祉施設	15	7.65
児童相談所・福祉事務所・更正指導所	6	3.06
病院・保健所	8	4.08
社会福祉協議会	11	5.61
行政	18	9.18
工業学校	1	0.51
新聞社厚生事業団	5	2.55
会社	1	0.51
その他	6	3.06
合計	196	99.98

注：『昭和29年5月　日本社会福祉学会会員名簿』日本社会福祉学会から作成。

会事業教育連盟のメンバーがそっくりそのまま自動的に日本社会福祉学会に入会した（本書第Ⅲ部座談会，p.229）とのことであったから，関西側の数が多くなったものと思われる。次に，所属別会員数について表4で見てみると，大学・短大が115名で58.67％となっており，研究所とあわせると63.77％であった。社会福祉施設，相談所，病院，保健所，社会福祉協議会をあわせると20.40％，行政が9.18％となっている。

(3)　日本社会福祉学会創立への反響

雑誌『社会事業』は，学会発会翌月には「展望」欄（資料2），1954年末の「かえりみるこの一年」（資料3）の中で，日本社会福祉学会創設についてふれている。

また，『大阪社会福祉研究』には資料4に示す記事が掲載されている。

3　学会創立当初の大会と社会的活動

1954年5月9日開催の第1回大会は，「貧困の日本的性格」というテーマで開催され，発表者は奥村忠雄（大阪市立大学），孝橋正一（大阪社会事業短期大学），

第1章　学会創立への動き

資料2

> 「研究」
> （一）
> 　社会福祉の研究に関する学会は久しく待望されていたのであるが念々五月九日大阪で創立総会が行われた。当日は奥村，孝橋，仲村，磯村四子の各々異なった角度からする「貧困の日本的性格」に関する講演を中心に来会百数十名の熱心な討論が行われた。今秋には東京で研究発表会がもたれる筈であるが将来斯学研究の中心推進力に発展することを望んで已まない。（木田）

出所：『社会事業』第37巻第5号，1954年6月20日，p.50．

資料3

> **司会** ところでこの夏には大阪で発会式をやり，またこの十一月には東京で大分活発に研究会を持った主として学者グループの日本社会福祉学会のことについて一つ。
> 　　現場との直結を
> **中川** 我々現場にいるものが望むことは。学会というものはややもするとむずかしいことばかりやって，実際の我々と離れ勝ちになるのものですが，今度はそういうことなく実際問題と常にとりくんでやっていただきたい。
> **木田** それには先ず現場の人達の協力が必要で，ケースワークについても施設や福祉事務所などからどんどん問題がおくり込まれてくるとなると，自然学会の研究も進むようになる。現場が基盤にないとどうしてもお座なりの理論に終る恐れがある。
> **司会** どうか研究室だけにとじこもらないで頂きたいものですが。
> **小野** 社大なんかで勉強した人が，卒業して新しい理論や技術を応用し，発展させようとするときに，園長がどこまで理解ある態度を示してくれるか……ここで理解が示されれば，自ら現場と研究室とが融合してくるんじゃないかしら。
> **木田** 世界中が日々新たなりという時に，社会事業だけが永年勤続だけを自慢しているのだと困るでしょう。他の世界が進むからよほどしっかりしなければならない面があるでしょう。
> **谷川** 過去にも社会事業学会というものがあったが，何故こゝに社会福祉学会として新らたに出直さなければならなかったのか，メンバーなどをみてもあまり変っていない。しかしそれは，謂うならば，その意図するところは社会事業よりも社会福祉という概念がより巾をもつものと意識され，それを学問的に採り上げようとするところにあるのでしょう。はじめは学校に関係している教師達だけで結成しようとの考えを持っていたものもあった。学会であるが故に学校関係が中心でなければならないということになると，今問題の現場との結びつきの根拠も危くなってくるおそれがある。これは注意しなければならないといえましょう。臨床的な研究の積みかさねが必要視されるなら，学会が現場とのつながりを忘れないことだと思います。

出所：『社会事業』第37巻10号，1954年12月20日，pp.58-59．

仲村優一（日本社会事業短期大学），磯村英一（東京都立大学），司会は東田英夫（大阪社会事業短期大学），今岡健一郎（中部社会事業短期大学）であった。第1回目は自由報告は行われず共通論題について報告され，討議するという形で行われた。「当時，ボーダーラインとか低所得層の研究がさかん」で，「有史以来と

資料4

福祉時評
「誰のための福祉学会」

　日本社会福祉学会創立総会と，その第一回研究発表大会が，五月九日午前九時から終日大阪市教育会館で開かれ，参会者は主として東京，関西，中部の各大学関係教授，講師など百二，三十名は越すほどの盛会であったが，それにしても，社会福祉事業現業家の出席が，とても少なかったようである。

　午前は総会，午後からは「貧困の日本的性格」という論題で，研究発表とその討論があった。発表者である四教授の学究の深さと個人的性格が，かなりはっきりと浮き彫りにされて，興味深く聴くことができた。

　正直にいって，しろうとには初めての学術語や，統計上のテクニックも知ることができて，蒙を啓かれることが多かった。これらの詳細な報告については，いづれ関係学術雑誌その他で発表されるだろう。

　ただ，しかし，筆者は長時間にわたって，この研究発表会をきいている間に，すくなくともこの社会福祉学の対象の一部である貧困者が，この学会に出席していて，次のような質問と要望をこの学会に求めたとき，学会はどう答えるだろうか，と考えたことである。質問は二つある。

　第一は「われわれ貧困者のために，貧困の社会的構造を研究していただくのはありがたい。しかしわれわれが，痛切に要供していることは，現実の社会で福祉に生きることである。

　エンゲル係数がどうの，パレトー係数の変化がどうの，という激論の意義もわれわれは認める。しかし，これはわれわれを福祉にするための手段であって，決して目的ではないと思う。この目的を忘れるか，積極的な発展に努力しない学会は，学会のための学会であって，貧困者の，われわれのための学会とはいいがたい。

　そして，広島やビキニの原水爆の被害者がモルモットになることを拒否したように，われわれを単に，モルモットにするような学会ならおことわりする。」

　第二の質問は，「なるほど，日本におけるわれわれの相対的，あるいは絶対的貧困線は，よく解った。しかし，あなた方学者先生方には貧困線はないのですか。"貧困の日本的性格"はわれわれに限られたものであるか，なまやさしいものではないと思うが，どうか。われわれが貧困であることは，学者も含めた大多数の日本人の貧困を意味する，という結論が誤りであったら，これを訂正してほしい。そして問題は貧困の解決にある。」

　このような質問は「学会」の日本的性格からいって，的はずれとおっしゃられるかも知れない。しかし，学者のいう絶対的貧困に浮き沈みしている同胞の，せっぱつまった社会的生活権の主張こそ，大切な課題として傾聴する必要はないだろうか。

出所：『大阪社会福祉研究』1954年4・5合併号，pp. 63-64．

言っていいほど貧困研究が高ま」っていたのでこうしたテーマを第1回目に選んだと吉田は言っている（本書第Ⅲ部座談会，p.230，対談，p.286）。

　同年秋，11月14・15日には第2回大会が日本女子大学・日本社会事業短期大学で開催された（口絵写真参照）。共通論題は「社会福祉事業の対象について」で，三好豊太郎（労働省）「社会福祉事業の対象についての科学的接近への課題—被保護者家族の構造分析を中心として—」，岸勇（中部社会事業事業短期大学）

「社会事業の対象について」，岡村重夫（大阪市立大学）「社会福祉事業の対象」，富田富士雄（関東学院大学）「社会事業における計測の問題」の4発表が行われている。本大会から自由論題研究発表が行われるようになった（第Ⅴ部資料篇〔資料7〕参照）。この年，社会保障費削減の予算案が提出され，社会福祉界をあげて予算の復活運動が行われた。翌年，日本社会福祉学会は，社会政策学会と共同して籠山京，木田徹郎，中鉢正美，吉田久一の4人で，社会党江田三郎のところへ行って社会保障予算復活交渉の激励や陳情を行ったということである（本書第Ⅲ章座談会，p. 245）。

1954年11月の第2回日本社会福祉学会大会後，17大学26名の参加者により日本社会事業学校連盟設立が決議され，翌55年日本社会事業学校連盟が設立（14校）された。これは第9回国際社会事業会議ならびに国際社会事業教育会議を日本で開催するに先だって必要な組織づくりとして行われた。

浦辺史は，日本社会福祉学会の隣友学会として社会政策学会，保育学会をあげ，社会政策学会は敗戦後1950年に復活し，日本保育学会は1948年創設されたのに，日本社会福祉学会はそれより遅れて1954年にスタートしたのは社会福祉の民主化のおくれであるとしている（「日本社会福祉学会の特質と展望」『社会福祉学』第25巻第2号，1985年3月，p. 5）。

第3回大会は，1955年10月29・30日の2日間，中部社会事業短期大学で，「社会福祉事業の本質について」を共通論題として開催された。司会は，谷川貞夫，岡村重夫，発表者は早崎八洲，竹内愛二，雀部猛利であった。1952年1月に始まった『大阪社会福祉研究』誌上で展開された，社会事業本質論争につながるものであったが，『研究発表要旨』によると，早崎は「社会事業は野業であって，本質的なものを持たない。また持つ必要がない」として社会事業本質論の愚について発表したと思われる。

第3回大会1日目には公開講演会が愛知県商工館ホールで午後6時から開催された（本書第Ⅴ部〔資料8〕のp. 535参照）。

こうして，日本社会福祉学会は活動を開始していくが，「社会福祉なんか学問のうちに入るか」（本書第Ⅲ部座談会，p. 281）という既成科学に対抗していける社会福祉学の確立をめざして活動を展開していくこととなる。

第 2 章
初期の学会活動
―― 共同研究と社会福祉統合論・1956年～1964年 ――

杉村　宏

1　社会福祉をめぐる社会状況

1　「逆コース」の戦後復興から高度経済成長期へ

(1)　戦後復興と低所得階層問題

　1953（昭和28）年の朝鮮戦争休戦協定の締結による朝鮮特需の喪失は，不況下のインフレを生み出した。インフレ防止と国際収支の悪化に歯止めをかけるために，54年度予算の総枠は1兆円に抑える超緊縮予算を余儀なくされた。その上 MSA 協定の締結，保安隊等を改組した自衛隊の発足などにより防衛予算の増額が必要となったため，社会保障関係費の大幅な削減案がこの予算に盛り込まれることとなった。とりわけこの時期の社会保障の中心的制度であった生活保護については，国庫補助率を従来の80％から50％にすることとなったため，地方自治体・議会，社会福祉関係団体，労働組合などの広範な反対運動が起こり，この結果，厚生大臣は更迭され削減案も撤回された。まさに「バターか，大砲か」が問われた時代であった。

　しかしこの撤回と引き換えに，生活保護基準改定の据え置きと生活保護（特に医療扶助）の引き締めが図られることになった。いわゆる第1次生活保護適正化期（1954～1956年）の幕開けであった。「昭和31（1956）年までは『監査に明けて監査にくれる』といわれた福祉事務所苦難の時代」であり，それはまた生活に困窮する国民とっては，福祉事務所が「迫害事務所」となって襲いかかった時代でもあった（仲村優一「戦後における公的扶助制度の転回（2）―処遇方針

を中心として―」日本社会事業大学救貧制度研究会編『日本の救貧制度』勁草書房，1960年）。

　1955年から「戦後復興5ヶ年計画」に誘発された神武景気が約2年半続くが，このように急速な景気の回復が，やがて本格化する産業構造の転換を含みながら進行していたために，好況下の失業などによる新たな不安定階層を生み出し始めていた。ともあれ1957年の「長期経済計画」をうけて，1960年に池田内閣の下で「所得倍増計画」が閣議決定され，政策誘導による高度経済成長が本格化することとなった。このような状況を受けて，1956年発行の初の『経済白書』は，鉱工業生産指数や国民生活水準が平時戦前段階に復帰したことをもって，「もはや戦後ではない」ことを宣言した。

　同年，厚生省大臣官房企画室編の，これも初の『厚生白書』（昭和31年版）が刊行された。この白書では，「わが国の国家政策は常に経済政策が社会的政策に優先して考えられてきた」として，「厚生行政基礎調査報告の結果から，低所得階層は，零細農家，零細企業または低賃金労働者のように，一応標準的な稼働能力を持ちながら，国民一般の所得水準の向上の歩みから経済的に取り残されたものと並んで，母子，老齢者，身体障害者などの，稼働能力にハンディキャップを負っている階層が，相当な部分を占めている」ことを明らかにして，低所得階層の存在に注意を喚起するとともに，経済白書の戦後終結宣言に疑問を提示した。

(2) 高度経済成長の推進と「新しい貧困」

　高度経済成長政策は，スクラップ・アンド・ビルド政策に基づく，産業構造の転換と労働力の流動化を意図したものであった。1955年以降矢継ぎ早に打ち出された農業構造改善，中小企業基本法，エネルギー転換政策などは，自営層の急速な分化・分解と労働力の都市集中を招き，日本社会と国民生活の姿を大きく変えることとなった。

　農業人口は1950年には45.2％であったが，1960年30.0％，1970年17.9％と低下し，かわって雇用労働者が急増した。戦後復興期の鉄鋼業中心の工業部門も，1950年代半ば以降，石油化学・電機産業に移行し，「三種の神器」（白黒テレビ，

電気冷蔵庫，電気洗濯機）が急速に普及し，電化生活が大衆化した。大量生産体制の確立と消費生活の拡大は，都市型生活の浸透と労働者家族の世帯形成に伴う初期投資の拡大，流通・販売機構の巨大化などによって，生産と消費の拡大再生産が昂進する構造を生み出した。

急激な生産と消費の膨張は，従来からの所得過小による貧困階層に加えて，名目的な所得の拡大がありながらも，社会的に強制された欲求水準の上昇によって形成される「社会的標準」（江口英一編著『改訂新版　生活分析から福祉へ』光生館，1998年）の達成をめざし，収支のバランスを崩してローンやクレジット・消費者金融などに依存する不安定階層を大量に生み出すことになった。また生活の社会化に伴って，社会的共同消費財としての住宅，保育・教育施設，医療・リハビリテーション施設，社会福祉施設などの不足による社会生活の悪化，さらには消費が拡大すればするほど深刻化する公害問題や都市問題など，人間存在そのものとその社会生活を脅かすいわゆる「新しい貧困」が注目されるようになった。この時期の社会福祉が課題とすべき社会問題として，このような公害，ごみ問題をはじめとする都市問題と，その対極としての過疎化など地域問題，急速な核家族化に伴う高齢者の「独居死」に象徴される家族問題などが新たに浮上してきた。

2　社会福祉事業から社会福祉へ

(1)　国民皆保険皆年金体制と福祉六法の確立

戦前，主として健民健兵政策の必要から創設された国民健康保険制度は，戦後はごく一部の地域を除いて機能停止の状態にあり，1956年段階で農林漁業従事者や都市自営業層を中心として，約3000万の国民が健康保険制度の適用から排除されていた。こうしたわが国の社会保険制度の不備を生活保護が補ってきたが，すでに見た医療扶助の急激な増加にブレーキをかける保護適正化の推進は，社会保険による医療の再構築を促すことになった。

1958年に公布された新国民健康保険法は，組合健保，政府管掌健保，共済組合健保など既存の健康保険に加入していないすべての国民に加入を義務付け，1961年に施行された。ここに国民皆保険が達成されたことになるが，それは高

齢者，無職者なども，他の健康保険に加入していない限りこの国民健康保険に加入することになり，社会保険料の支払能力に乏しい人も包摂することを意味した。

給付率が50％（後に70％）という実態に象徴されるように，雇用労働者の健康保険に比べて著しく不平等な社会保険であり，その実現にはかなり強い労働組合等の抵抗もあった。しかしたとえ保険料を支払えない者であっても保険証が交付され，すべての国民が医療保険で受診できるようになったことは，生活保護制度の基本原理である無差別平等原理が，皆保険・皆年金体制を確立することによって社会保障の原理となることを意味した。

(2) **社会保障審議会第 2 次答申 —— 救貧から防貧へ**

こうした皆保険・皆年金体制の整備を踏まえて，1962年，社会保障制度審議会が「社会保障制度の総合調整に関する答申」を厚生大臣に提出したが，この答申は，社会保障における社会福祉の位置と役割を明確にするものであった。

すなわち「社会保障は，救貧から防貧へ発展するといわれており，救貧についで防貧が社会保障の目標にあげられるが，防貧のなかで低所得階層対策が，それを目標にする社会福祉政策がこの際とくに重視されなければならない」として，低所得階層対策としての社会福祉政策に言及している。

ここでいう低所得階層とは，厚生行政基礎調査が指摘したものと基本的には変わらない人々を指しているが，「その数はわが国においては約千万人に近いともこれを超えるとも言われているが，その種類があらゆる分野にわたっており，しかも実態が十分に把握されていない」としている。答申が示した低所得者階層は「老齢者，身体障害者，精神薄弱者，母子，内職者，日雇労働者，失業者等のうちには，生活保護を受けるまでになっていないが，それとあまり変わらない生活しかできないボーダーライン階層や，職業や収入が安定していないために，いつ貧困に陥るかわからない不安定所得層」であった。

つまり防貧としての社会福祉政策は，不安定所得階層に焦点を当てて計画されるべきで，そのためにも一千万人とも言われる不安定階層の生活とニーズの実態を十分把握する必要があることを指摘したのである。

このような議論と前後して1960（昭和35）年に精神薄弱者福祉法（現行知的障害者福祉法），1963（昭和38）年老人福祉法，1964（昭和39）年母子福祉法（現行母子及び寡婦福祉法）が成立し，福祉六法体制が確立した。社会福祉が救貧体制から離脱し，国民全体の福祉増進をめざす体制が制度的に整備されることとなった。

(3) 社会運動・社会保障運動の拡大 ── 朝日訴訟の位置と役割

第1次生活保護適正化政策は，結核患者に焦点化した医療扶助の適正化と扶養義務調査の強化を特徴としていたが，生活保護基準改定を1953年から4年間据置いた上に，「草の根を分けるような」扶養義務調査による仕送りの強要などが，憲法に違反しているという朝日訴訟（1957年）の引き金を引くことになった。

この訴訟の発端は，生活保護を受けながら結核療養をしていた朝日茂に対して，福祉事務所が30数年来音信不通の兄を探し出し，1500円の仕送りを強要したことに始まる。朝日は，当時の入院日用品費600円では療養生活が維持できないので，兄が送ってきた金員のうち，せめて1000円だけ入院日用品費に当てるようにしてほしいという訴えを起こしたものであった。結核療養患者の生活保護費という，およそ国民生活からかけ離れた問題をめぐる訴訟のように見えたこの裁判が，後に「人間裁判」と呼ばれ社会保障運動の道標となったのは，「逆コース」に象徴される戦後民主主義の揺らぎに対する国民の反発，高度経済成長政策による所得・消費格差の拡大と社会福祉ニーズの噴出など，国民が「健康で文化的な生活とは何か」という，まさに朝日が提起した問題を実感する素地が備わっていた時代背景と無縁ではない。

またそのための社会運動が政治課題や社会福祉課題をめぐって活発化してきた時代であり，1960年の安全保障条約改定反対の運動を中心にして急速に拡大し，やがて革新自治体の増加を背景にした地域福祉政策へと結実していく時期の前段階でもあった。

ともあれ1960年を前後する約10年間は，国民生活が総貧乏時代から所得格差の拡大の時代へ移行していく時期であり，それはまた社会福祉課題が貧困から，

貧困に積み重なる新たな生活問題へ拡大することを意味していた。生活保護的福祉から社会福祉の確立の時代へ向かう中にあって，時代は社会福祉学会に自らの位置と役割を明確にすること，社会福祉とは何かということを理論的，実証的に明らかにすることを求めていた。

2 「日本の貧困」をめぐる共同研究と社会福祉課題

1 本質論争からの脱皮

(1) 岸・仲村，公的扶助ケースワーク論争

この章では，1956年の日本社会福祉学会第4回大会から，1964年の第12回大会までの期間を扱うが，学会活動が始まって間もないこの時期は，それまで長い間論争の焦点であった戦後社会福祉の基本性格に関する問題，すなわち「戦前社会事業の再構築」か「新たな社会福祉の構築」か，また，社会事業ないし社会福祉の本質はその「制度・政策」にあるのか，援助過程における「技術・方法」にあるのかといった課題が尾を引いていた時期でもあった。しかし時代の急激な変化によって国民生活に生じた社会福祉ニーズの高まりは，こうした論争からの脱皮を促していた。

これらのいずれの議論も，戦前社会事業のあり方と占領下のアメリカの学問・文化の移入に深く関わっていたために，容易に結論が出る問題ではなかったが，学会結成後次第にこれらの議論が整理され，新たな課題へと発展していくことになる。

しかしながらすでに触れたように，この時期の社会福祉なり社会保障が生活保護制度を中心に担われていたにもかかわらず，生活保護行政では「保護適正化」の嵐が吹き荒れ，低所得階層の生活は困難を極め，社会福祉の方向も見失われがちであった。このような状況の下で，仲村優一と岸勇による公的扶助ケースワークをめぐる論争が行われた。

1957年に発刊された仲村の著書『ケースワークの原理と技術』で，「公的扶助の第一義的目的は対象者の最低生活保障であり，他の目的のために公的扶

が手段化されるべきでないこと，公的扶助をまさに公的扶助として実現する過程でケースワークの知見を取り入れうる余地があること，そのような意味でのサービスは特殊ケースに対する福祉サービスとしてのケースワークとは本質をことにすること」を指摘したが，岸はこれにたいして「公的扶助は貧困を社会問題として認識してその原因・対策を社会の中に見出すことに基礎付けられている，然るにケースワークという個人を社会に適応させることによって問題の解決を図ろうとする技術を導入することは，公的扶助の本質を見失わせるから，公的扶助から排除すべきもの」と批判した。

この論争の火種は，1953年に生活保護適正化政策が本格的に始動する時期に，厚生省でその衝にあっていた黒木利克が，雑誌『社会事業』1月号で「生活保護におけるサービスについての試論」という表題で，「生活保護ワーカーの仕事が機械的給付事務に脱している……生活保護におけるサービスとは，事務に必然的に伴うもので，粉薬を飲むときに必要な水のようなものである」と論じたことにある。

雑誌『社会事業』は，公的扶助におけるサービスとは何かをめぐってこの問題提起をめぐる論争を企画したが，単発的に木田徹郎，岡村重夫，小川政亮とケースワーカーらが発言したに過ぎず，本格的な論争とはならなかった。その中でも小川は，公的扶助におけるサービスには民主主義原理に適合するものと公的責任を回避するものの2つがあるが，黒木のサービス論は「適正化」を進めるために，保護基準の低さを家計指導的サービスで回避するものであると批判した。この批判が示しているように，この時期の「適正化」の波にのまれて十分展開されなかったものから引き継がれている課題でもあった。

しかしこの論争は，民主主義に基礎をおく公的扶助の処遇過程と社会福祉サービスとしてのケースワークのあり方に関する重要な問題提起を含んでいたにもかかわらず，その後1958年の雑誌『社会事業』5月号で反論と再反論の特集が組まれたが，学会ではほとんど議論されることはなかった。なお黒木はこの時期，戦後の社会福祉行政を主導してきた立場から『日本社会事業現代化論』（全国社会福祉協議会，1958年）を刊行し，社会福祉の概念，制度・政策，方法等について従来の制度・政策論を批判的に検討して「現代化」の課題を提起した。

(2) 社会福祉対象の問題──ボーダーライン層の「発見」

　結成間もない学会は，社会事業と社会福祉の折衷案のごとき「社会福祉事業」の対象や本質の議論から出発したが，生活保護適正化に関連して，生活保護世帯と生活実態がほとんど変わらないボーダーライン階層の存在に着目することになる。

　ボーダーライン層という用語が最初に用いられたのは，1952年11月に発行された厚生大臣官房広報渉外課・全国社会福祉協議会連合会編「社会福祉行政資料」であったという（一番ヶ瀬康子「『低所得階層』に関する研究の系譜－戦後の部－」日本社会福祉学会編『日本の貧困』有斐閣，1958年）。

　この中で「現にわれわれ国民の中には200万に及ぶ被保護者がいるわけだし，保護を受けていなくともボーダーライン上にうごめく，食えない人々はこの何倍にも及ぶであろう。……200万にも及ぶ被保護者は，その人々だけが社会から切り離されているわけではない。これらの人々を生み出す社会にそれだけの基盤がある。生活困窮者の実態をみれば，国民生活の状況がわかるというのはそこに理由がある」としている。

　さらにこの時期に整備され始めた「厚生行政基礎調査報告」（1955年4月発行），で「世帯の消費水準が，生活保護基準以下かまたは同程度」の低消費水準世帯を192万世帯，972万人と推計したのである。

　しかしながら，ボーダーライン層という「貧困の発見」は，新たに生み出された貧困階層を発見したというよりは，生活保護適正化政策によって排除された人々に対する政策的対応の必要性とともに，生活保護基準を抑制し適正化政策を合理化するという政治的文脈のなかで焦点化されたといってよい。

　厚生省は，1953年以降の被保護層の減少について「主として景気の好転，国民生活の安定に伴って経済構造に起因する貧困＝構造的貧困が縮小した結果である」（『厚生白書』昭和32年版）とする一方，厚生行政基礎調査ではすでに見た構造的貧困としての低所得階層が膨大な量で存在しているという一見矛盾した認識を示している。

　黒木も「(1950年代半ば以降の) 被保護階層の減少傾向は労働力世帯の自立更生によって相当質的に変化を生じ，いわゆる本来的被救恤階層と入れ替わりつ

つあることを示している」（前掲，黒木利克『日本社会事業現代化論』）としており，本来的被救恤階層と低所得階層の関係が社会福祉対象をめぐる問題として浮上することになった。

　雑誌『社会事業』は，1956年7月号で「ボーダーライン層特集」を組み，谷川貞夫，富田富士雄，中鉢正美らが，その概念や実態について論じている。その後『都市問題』，『厚生』，『生活と福祉』などの雑誌でも相次いで取り上げられるようになったが，この年の社会福祉学会第4回大会において，「ボーダーライン層について」を共通論題として本格的な論議が行われるところとなった。

2　共同研究の実施と『日本の貧困』の刊行

(1)　共通論題の決定と『日本の貧困』刊行の経緯

　ボーダーライン層研究は，1956～1957年の2年間，文部省の綜合研究費（ママ）を基盤として取り組まれた社会福祉学会の共同研究課題であり，その成果は『日本の貧困―ボーダー・ライン階層の研究―』（有斐閣，1958年）として刊行された（口絵写真参照）。

　このテーマが取り上げられた経緯は，木田徹郎の手になる「あとがき―本研究の成立について―」に詳しいが，それによれば1955年の第3回大会の際に「当時厚生省などが極貧の被保護階層に転落する母集団という意味で問題視していたボーダー・ライン層（自立生活と被保護生活の境目の領域〔border line area〕にある人々でいわゆる低所得階層という意味）を取り上げたらどうかという意見が，主として関西側の孝橋教授らによって提出され，多くの賛成を得たのであるが，さらに『ボーダー・ライン層の研究』では巨視的な社会経済的局面のみが重視され，『社会福祉』の特徴的視点が薄くなるのではないかという考えが，岡村教授やわれわれから出て結局『ボーダー・ライン層の生活構造の研究』ということでまとまり，大会参加全会員の了承を得た」という。

　第4回大会の共通論題「ボーダーライン層について」，第5回大会「低所得階層の生活構造の研究」の発表は，それぞれ4本と12本であったが，これらの報告は一部表題に変更はあるが，そのすべてが『日本の貧困』に収録されており，また第4・5回大会の自由研究発表からも6本が収録されている。[1]

『日本の貧困』の出版にあたっては，第2期（1956〜1957年）の代表理事であった磯村英一が奔走して実現したが，おりしも1958年11月に東京で開催された「第9回国際社会事業会議」を記念して，12月1日に発行されるはこびとなった。
(2)
　『日本の貧困』の基本的視点について，磯村は「はしがき」で次のように述べている。「貧困現象を経済政策・社会政策の面から研究したものは数多い。しかし『社会福祉』という観点から，とくに貧困に陥り易い階層に重点をおいた研究はまったくないといってよい。その意味で，この小編が……日本の貧困の科学的研究と福祉的対策の面に必ずや資することのあるのを確信して疑わない。」

　本書の構成は，第1章「低所得階層とは何か」，第2章「低所得階層の社会構造的研究」，第3章「『低所得階層』形成の諸問題」，第4章「低所得階層の意識」，第5章「低所得階層の生活構造」，第6章「低所得階層の対策」となっており，関西側から12名（雀部猛利，岡村重夫，奥村忠雄，桑畑勇吉，園直樹，竹内愛二，松本栄二，小倉襄二，田村米三郎，岸勇，嶋田啓一郎，孝橋正一），関東側から12名（磯村英一，富田富士雄，中鉢正美，吉田久一，一番ヶ瀬康子，横山定雄，服部克己，牛窪浩，木田徹郎，小川政亮，鷲谷善教，小川利夫）の総勢24名が執筆にあたった。

　いずれも社会調査等を踏まえた実証的研究で共同研究にふさわしい内容となっているが，とくに第1章，第2章の研究の基礎となった尼崎市における社会調査の分析は，ボーダーライン階層の性格と社会福祉の視点を明確にするものとなっている。

(2) 尼崎共同研究調査——ボーダーライン層の存在と社会福祉の課題

　雀部猛利は，ボーダーライン階層を「生活保護基準すれすれのところにある社会層」とする経済的側面からだけの理解を排し，竹中勝男が社会事業の対象として規定した要救護性の概念を援用し，ボーダーライン階層とは「要救護性を担いながら，その対策を自力にて講じ得ないいわゆる要救護者階層である」（雀部猛利「ボーダーライン層の設定に関する作業仮説」『日本の貧困』）として，尼崎

市民生活実態調査の仮説を設定した。

　この調査は昭和31（1956）年10月に行われたが，無作為に抽出された578世帯について，その収入と支出の水準を調査するために，14次改訂生活保護基準を基にしてその倍率と世帯分布を調べている。生活保護基準倍率が1.7以下の世帯は，エンゲル係数が55以上を示す生存限界水準を下回っており，その倍率が4.0～4.2（ママ）までの世帯ではエンゲル係数が43～47をしめしており，憲法25条に保障する文化的な最低生活を営める水準とし，それぞれの構成比は，生存限界水準以下の世帯が約10％，最低生活以下の世帯が30％であるとしている。

　さらに要救護性の社会的指標として，労働の不安定性，教育機会の喪失，疾病，家族関係の不調整，社会参加（からの排除──筆者）などを上げ，先にあげた経済的指標とこの社会的指標を縦軸と横軸にとって二元論的立場から要救護者階層を把握する必要があるとしている。

　この問題提起を受けて岡村重夫は，「低所得階層の社会福祉的分類」をテーマに，低所得階層に対する社会福祉対応という共同研究の核心部の分析を試みている。社会福祉的分類は，社会生活上の困難を判断し，効果的な社会的方策・施設のあり方を検討するために行うものだから，世帯および個人を分類する基準として，①経済的安定，②職業，③医療，④家族的安定，⑤教育，⑥社会的協同，⑦文化・娯楽からなる「社会生活上の基本的要求」項目に着目する必要があるとしている。これらの要求を充足するためには社会保障や職業安定，義務教育など専門的分業機能を持つ社会制度を利用することになるが，これらの社会制度はその専門的機能から個人を分類するために，個人や世帯の一部面のみに着目して個人の生活全体を見ることができない。

　これに対して社会福祉的分類は，個人の社会制度との関係の全体と問題の重複状況に着目するところにその特徴があり，個人が社会的要求を充足するために，制度利用者として主体的に利用する機会と意思を有しているかを判断することにある。

　このような方法によって尼崎市民の調査対象世帯を分類すると，「一般階層」と「低所得階層」「貧困層」では問題の重複度がまったく異なり，可処分所得が保護基準以下の世帯では重複する問題の内容が複雑多岐にわたることが

実証され，個別的把握の重要性と個別的対応の必要性が示唆されている。

(3) 厚生行政とボーダーライン階層論

　社会福祉学会の共同研究は，ボーダーライン階層という切り口から日本の低所得・貧困階層の形成過程，生活構造と意識，対策などについて検討分析し，その後の社会福祉研究に貢献したが，ボーダーライン階層論の影響は社会福祉学会だけの議論にとどまらない広がりを示した。

　1959年12月に刊行された「講座社会保障」（全4巻）は，社会政策学会の会員が中心となって編纂したものであるが，その第1巻が『現代日本の貧困』であり，序論「日本の貧困」を執筆した大河内一男は，その冒頭で「日本の『貧困』を考える場合，いわゆる貧困階層の『貧困』の問題だけを対象とするのは正しくない……いわゆる『ボーダーライン層』1千万余をむしろ問題にしなければならない……」と述べている（丸山博ほか編『講座社会保障1　現代日本の貧困』至誠堂，1959年）。

　ボーダーライン層研究に関する研究者の視点を類型化すると，①停滞的過剰人口（論）的視点，②国民諸階層（論的）視点，③最低生活費（論）的視点，④生活構造論的視点，⑤社会学的複合視点，⑥行政的視点に分類できる（吉田久一『日本の貧困』勁草書房，1995年）。

　このようにボーダーライン階層論は，その時代の国民生活のあり方と社会福祉・社会保障の方向に関する学問的関心事でもあったが，本来生活保護基準という政策的尺度によって測定した行政的概念であったから，なぜこの時期にこのような階層が行政的に注目されたのか，またこの階層に焦点を当てることの政策的意図は何かという問題が個別に存在していたと考えられる。

　岸勇は，『日本の貧困』の中の「低所得階層問題と厚生行政の方向」で，厚生白書（昭和31年版）の「現行基準額においてさえ，その保護をも受けず，自力によってわずかに保護基準程度の生活水準を維持しているに過ぎない低所得階層が，900万人ないし1,000万人に及んでおり……したがって，今にわかに保護基準を引き上げれば，急激に被保護者の数は増大し，経費はさらに激しく膨張するであろう。……保護基準が伸び悩んでいることの大きな理由は，ここに

あるといってよい」という記述に注目し次のように述べている。

「このように，低所得階層の膨大な存在自体が，保護基準ストップの主要な理由とされているのである。事実，昭和28年7月に第13次改訂がなされて以来，低所得階層問題が政府によって大きく取り上げられたのと符節を合わせて，昭和32年4月に至るまで実に4年近くもの間，保護基準は物価上昇にもかかわらず据置かれたのである。……膨大な低所得層の同じ様な存在にもかかわらず昭和28年に至るまでは，保護基準は殆ど毎年のように引きあげられてきた……」，だから決して低所得階層の存在が保護基準を引き上げることができない理由なのではなく，「このように主張することによって低所得階層と被保護者とを分裂させ，低所得階層を保護から締め出し，保護基準（の引き上げ）をストップし，かくて保護費を切り詰めようとする保護行政の方向の中にある。低所得階層の膨大な存在は，まさにこのために利用されたのである。」

朝日訴訟では，一般勤労世帯の平均生活水準の40％にも足りず，エンゲル係数が50をはるかに上回る状況の下で生活保護基準の違憲性が争われたが，厚生省でさえ著しく低いと認めざるを得なかったにもかかわらず，その引き上げが困難であった理由として，先に引用した厚生白書の記述を援用している。すでに見た保護適正化政策を正当化する論理にボーダーライン階層論は再び「利用された」のである。

3 『社会福祉学』の発刊と研究活動

1 機関誌の創刊と学会運営

(1) 学会活動の広がりと機関誌の必要性

日本社会福祉学会の第4回～5回大会は，すでに触れたとおりボーダーライン階層に関する共同研究を中心とする報告が大勢を占めたが，第6回以降の大会の共通課題と開催地は次のとおりであり，テーマの質的な変化と開催地域の広がりを見て取ることができる。

第6回（1958年）「近代社会における家族と社会福祉」（関西学院大学）

第7回（1959年）「社会福祉と諸科学」（東北福祉短期大学）
第8回（1960年）「社会福祉と社会保障」（大阪社会事業短期大学）
第9回（1961年）「社会福祉における国家と自治体」（北海道大学，北海道学芸大学）
第10回（1962年）「社会福祉における住民参加」（大阪日本生命ビル）
第11回（1963年）「経済開発と社会福祉」（東京都立大学）
第12回（1964年）「社会福祉研究の戦後の発展」（華頂短期大学）

　第5回までの大会テーマの特徴は，社会福祉は何かという問題をその本質や対象に即して検討しているが，その大部分が日本の貧困と（貧困層を含む）低所得階層問題に焦点化していた。また社会事業か，社会福祉かという論点も未整理なために，社会福祉事業の対象や本質という表現がとられるといった状況であった。第6回大会以降になると，第14回大会テーマで「社会事業」という言葉は，「民間社会事業の現状分析と課題」という形で使用された以外は，「社会福祉」で統一されるようになった。

　1958年に代表理事が磯村から竹内愛二に交代したことも多少影響しているかもしれないが，第6回大会は，それまでの大会と少し異なる発想によって運営された。

　25周年記念の座談会で嶋田は「竹内先生がたは，サイコロジカルな側面が重要だということを主張されて止みませんでした。そして第7回の……『社会福祉と諸科学』という共通論題で，私も発表しましたが，制度的側面と（サイコロジカルな側面の——筆者注）両面の統一が必要だという，今日の統合論の始まりはこの時に出て来た」と述べている（本書第Ⅲ部座談会，p. 239）。

　社会福祉が隣接学問領域との交流を深めることによってその固有の領域を模索し，社会福祉の学問的体系を明確にすることが求められる時代を迎え，また開催地が東京と関西だけではなく東北や北海道に広がったことに見られるように，会員の地域的拡大が図られたために，機関誌発行の必要性が強く意識されるようになった。

　1959年6月，関東側からの木田，吉田両理事，関西側からの竹内代表理事，岡村，嶋田，雀部各理事，中本博通委員による編集会議を開催し，機関誌発行

の具体化について協議した。これに先立つ理事会で編集委員として吉田，横山，雀部，中本が任命され，編集規約，発行回数，基金，執筆者などについて協議し，同年10月の大会で承認を受け，編集・発刊の運びとなった。

1960年3月に「積年の宿願であった……学問的・理論的性格を持つ全国的規模の機関誌」（竹内愛二「機関誌の創刊に際して」）として『社会福祉学』が刊行された（口絵写真）。

(2) 機関誌の編集と運営

代表理事の竹内は創刊号の冒頭で，今は年2回の発行で満足しなければならないが，将来的には季刊としたいという抱負を述べている。しかし実際には，編集業務と資金的な面から年1回の発行にとどまり，年2回発行されるようになるのは1980年以降であった。吉田は機関紙第2号の編集後記に「竹内代表理事から年間2回出版を守るようにとの強い要望で（竹内教授は「私は老人であるから，死んでも草葉の蔭で年2回刊行を監視している」というこわいご命令である）本号も36年3月刊行を目標に編集してみた」と記しているが，それは1号発行から1年後のことであり，年2回の発行は事実上困難な状況にあった。第5号までの特集と実質的な編集責任者はつぎのとおりである。

　1959年度（1960年3月）　　第1巻1号　社会福祉と諸科学（中本）
　1960年度（1961年3月）　　第1巻2号　ソーシャル・ケースワーク（吉田）
　1962年度（1962年6月）　　第3号　最低生活費論（吉田）
　1963年度（1963年12月）　第4号　社会福祉における住民参加（柴田善守）
　1964年度（1964年12月）　第5号　経済開発と社会福祉（柴田）

第1号，第4号，第5号は，前年の大会の共通論題を特集のテーマにしている。とくに第1号は特集と自由論題ともに学会報告に基づくものが多いが，第4号・5号は，特集論文だけが大会共通論題の報告によるものである。

創刊当時の募集要領には，原稿は自由に寄稿してほしいこと，特集論文，自由論題ともにそれぞれ3～4編の投稿を予定していること，原稿の採用は編集委員会に任せてほしいことなど，簡単な説明がされているだけであった。実際の執筆の依頼は，大会の各部会司会者に機関誌に掲載できそうな報告がないか

どうか依頼しておいて，ある場合に執筆を依頼するという方法をとっていたという。岡村は当時の状況について，「(原稿が集まるかどうか一番心配だったから——筆者注)各部会の司会者に発表要旨にマークしてもらってね，この発表は機関誌にのせるかどうかというような着眼で発表をきいてもらうことにした。これをあらかじめ司会者にたのんでおいて，それで，その原稿を集めて，その日に執筆者に依頼しそれで書くんやとこういうようにいってね……」と語っている（本書第Ⅲ部座談会，p. 244）。

しかし，大会報告と照合してみると，第1号は共通論題，自由論題とも大会報告に基づく論文で構成されているが，第2号では特集論文5本のうち大会発表論文は2本であり，そのほか大会報告論文は歴史資料が1本に過ぎず，後はオリジナル論文である。第3号は学会の共通論題と異なる特集を組んだために，特集論文も自由論題論文も大会で発表されたものと異なっている。第4号，第5号はともに，共通論題の報告者の論文が特集として掲載されているが，自由論題はオリジナルなものである。機関誌の号を追うごとに，掲載する論文が大会発表から相対的に独立していったとみることができる。

もう一つの心配は発行のための資金であった。第1号は関西側で編集することになったが，中本の編集後記によれば基金集めには代表理事と基金募集委員が当たり，基金を寄せた団体は朝日新聞大阪厚生文化事業団，毎日新聞大阪社会事業団，産業経済新聞大阪新聞厚生事業団，日本生命済生会，鉄道弘済会関西支社社会福祉部であり，出版は全国社会福祉協議会の厚意によるとされている。

第2号は関東側で編集発行することとなった。吉田は，創刊号は209頁で予想以上に経費がかさんだために，第2号では自由発表も募集したが，特集原稿と学会発表から1編を採用したのみで103頁と半減せざるを得なかったことと，出版資金はいずれ会費でまかなうようにしなければならないが，会員が少ないために募金によって刊行せざるを得ない状況であることを編集後記で記している。この期の募金委員は木田，牧賢一，若林龍夫，吉田が任命され，日本赤十字，鉄道弘済会，原田積善会から募金をしてもらい発行した。

こうした募金活動については異論もあったようで，「(1967年の)第15回の名

古屋でありました理事会に,日本生命済生会が,100万円,雑誌(機関誌——筆者注)のために資金を提供しようといったという話を出しましたら,孝橋先生が『産学共同でけしからん』といわれた。それで私は……おことわりした」と嶋田が座談会で述べている(本書第Ⅲ部座談会,p. 243)。

機関誌の発行に伴って学会費も値上げされた。当時の会費に関する記録がないためその詳細はわからないが,第9回大会(1961年)で会費値上げが認められたため,第4号からは独立採算制がとれるようになった。ともあれさまざまな困難を克服しながら,機関誌発行が継続できる体制が徐々に整っていった。

2 社会福祉研究方法の深まりと広がり

(1) 政策論と技術論の「統合」

学会機関誌の名称を『社会福祉学』とすることに関する記録は見当たらないが,学会創設時に学会名称を「社会福祉学会」とするか,「社会事業学会」とするかについて激しい議論があり,岡村がいう「声の大きい方(岡村自身——筆者注)の意見で決まった」経緯からすると,学会機関誌の名称でさして異論が出なかったのは,1954年から1960年にかけて社会福祉という用語が学会内部でも一般的になっていったことを示しているものと思われる。

学会機関誌の最大の使命は,「社会福祉学」を文字通り「学」として理論化ないし体系化するための共通のグラウンドを提供することであった。なぜならば敗戦直後は,研究者同士が立場の違いはあっても「皆で社会福祉を作っていこう……(ということで),割合に一緒になってやって」いたが,「昭和34,5年(昭和31・2年——筆者注)から……,あれは技術論だとか,あれは政策論だとかいって別れ」てしまう状況が生まれていたからである(吉田,本書第Ⅲ部対談,p. 278)。

機関誌第1号の特集は,すでに触れたように,1969年の第7回大会の共通論題であったが,「諸科学」の中ではとりわけ政策論の基礎である社会科学的側面と,技術論の基礎である心理学的側面が重視され,その「統合」を模索するものであった。

大会で司会を行った岡村は,第1号の巻頭論文「社会福祉と諸科学ー社会福

祉研究方法論―」で，特集の意義を概略，次のように述べている。
　「大会の共通論題が『社会福祉学と諸科学』でなかったのは，『社会福祉』が科学でありうるのかという決定を留保するという態度の表れとも取れるし，またはじめからそれが科学ではありえず，技術（art）ないし技能（skill）であることを言い含めたものともとれるが，研究方法の基本には『社会福祉』という制度ないし社会現象は何を対象にするのかということを明らかにすることでなければならない。その場合対象領域を例えば対象は貧困であり経済学的範疇で概念構成をするというように，特定単一科学の認識方法で科学化を試みることも可能であるが，それでは親科学の下請け的社会福祉学である」とする。
　社会福祉の対象は複合的事象であるが，それを隣接諸科学の研究成果を取り入れ実践に生かすだけではなく，科学的認識の対象として諸科学の成果に学びながら固有の論理を持つ統一的全体として構成することを追究する。すなわち「社会生活上の困難の解決を援助するための社会制度の一つとしての社会福祉に，残された固有の対象領域ないしは活動領域は，諸科学の専門分化的方法から取り残された社会生活の全体構造の秩序という点にある。生活の主体的構造の秩序にしたがって諸科学の成果を再構成すること」を提起している。

(2) 社会福祉と諸科学

　この提起を受けて嶋田啓一郎，牛窪浩，佐口卓が，それぞれの領域から社会福祉研究の方法について発言している。
　嶋田は，諸科学の原理を綜合する（ママ）社会福祉固有の原理ないし社会福祉における「統一的要素」は，社会福祉の共通の方法や動機にあるのではなく，それが解決を迫られている共通の社会病理的問題の中にあるとし，その病理現象は，社会生活を営む上での「個人と制度的集団との間に成立する社会関係において……生起する社会的不充足あるいは不調整」であるとした。したがって社会福祉とは，それらに対応する「充足，再調整さらに予防的処置を通して，社会的に正常な生活水準を実現しようとする社会的諸活動」であるが，これまでの社会福祉の歴史はこのような活動を制度的アプローチによって行ってきたとして，「政策面では個々の問題に正確に対処し得ないリアルな個人に関わる問題領域

とその解決を任務とする社会技術とは，人間行動の主体性をめぐる複雑な状況を明らかにする別個の視点，すなわち主体的アプローチの方法であるべき」とした。

牛窪は，社会福祉における科学的技術・方法の今後の方向を検討するに当たり，「社会生活上の困難の除去と予防に関する効果的援助技術の体系を，人間性の価値につながる法則の応用という視点に立って明らかにしていくことである」としている。

佐口は，社会保障における社会福祉の位置からその固有性をどのように見るかについて論じ，概略次のように述べている。わが国の社会保障は社会保険を主体としているが，それはあくまでも雇用労働者間の所得再分配をいう面が強い。これは資本の負担をできるだけ軽減するという動機によるもので，本来社会保障は国民全体を対象とした包括的で大規模な社会制度であるはずだが，保険技術に矮小化されているのが現実であり，そのなかで「社会福祉が『国家扶助と車の両輪である』という意味での副次的要素が強い自主的なものと考えるか，それとも（保険技術に矮小化された——筆者注）社会保障制度で扱えない分野を包括するものと考えるかが課題ではないか」としている。

「制度論」と「技術論」の統合というテーマは，この後も意識的に追求された。例えば1964年の第12回大会は，共通論題が「社会福祉研究の戦後における発展」であったが，当時代表理事に就任していた岡村は大会で理論の統合をはかりたいと考え，第1部会「（基礎理論・歴史を含む）社会福祉の総論的研究」，第2部会「（制度研究を含む）低所得階層対策の研究」，第3部会「（グループワーク，コミュニティ・オーガニゼーションを含む）ケースワークの研究」とし，この部会報告を受けて全体会で統合しようと試みている。

制度論的社会福祉論と技術論的社会福祉論の「統合」は必ずしも成功しなかったが，学会参加者が共通の問題意識と共感をもって社会福祉研究の方法に関する議論を行い，社会福祉の固有性がある程度明確になったことは間違いない。

岡村は30周年記念対談で「代表理事が議長になって，分科会で技術論，政策論の分科会をやり，それを全体の会議で統合しようというわけだが，結局それはまとまらへんのや。言いっぱなしでね。……39年度だな」（本書第Ⅲ部対談，

p. 294）と述べる一方，「『主体的側面』というと，皆がウォーッていう……とにかく立場を越えて共通の関心があった」とも述べている（本書第Ⅲ部対談，p. 280）。

(3) 社会福祉とコミュニティ

社会福祉の固有の課題が何であるのかという議論と平行して，高度経済成長による国民生活の「ひずみ」が顕著になるにしたがい，「ひずみ」の実態を正確に捉えその解決の方向を見出すことも，社会福祉学会に課せられた課題であると意識されるようになる。

柴田善守は『社会福祉学』第5号のあとがきで，特集を前年大会の共通論題の「経済開発と社会福祉」としたことについて，社会開発に積極的な発言をすることは学会の社会的役割であるとした上で「戦後異常な発展を遂げた日本社会にはいたるところに問題を抱えています。新聞では『ひずみ』というような言葉を使っておりますが，その『ひずみ』の問題を明確化し，その解決方法を提案することはこの学会の持つ責任の一つ」と述べている。

産業構造の転換による，急激な自営業層の分化・分解による雇用労働者層，職員層，販売サービス層などの増加とそこにおける国民の生活問題の深化・拡大は，「不安定階層」の大量創出と過疎・過密問題，都市問題，公害問題などの地域課題を噴出することになる。社会福祉研究の関心もおのずと地域社会に向けられるようになり，1961年の第9回大会以降，地方自治体や住民，および社会開発といった問題と社会福祉のあり方が課題として登場してくることになる。

4　学会の社会的活動

1　「平和・貧困」に関わる社会的活動

(1) 「逆コース」に対する異議申し立て

1960年安保闘争を前後するこの時期は，政治の時代であり，その下部構造た

資料1

警察官職務執行法改正反対に関する声明書

今回,突如として国会に上程された「警察官職務執行法改正法案」は,「公共の安全と秩序」を維持するためという名の下に,警察官権限を大はばに拡大・強化し,それによって憲法によって保障された基本的人権をじゅうりんしようとするものであります。すなわち,国民の居住の自由,人身の自由,研究の自由,思想・良心の自由,言論・集会などの表現の自由や労働者の団結権団体行動権など凡そ一切の民主的基本的な人権が,これによって極度の制限を受けることは,火をみるより明らかであります。また,保護の名のもとに児童少年を容易に警察的拘束に付することができることなどは,児童・青少年福祉の観点からみても,まことに恐るべき改悪であるといわねばなりません。私たちは戦争による,国民の犠牲によって辛うじてかちえた基本的人権の保障が一片の法律によって破棄され,ふたたび,戦前の治安維持法時代のような暗黒時代に,押し戻されることを断じて黙過することはできません。国民の福祉を標榜し,これが研究にたずさわる私たちは,今ここに平和的・民主的・福祉国家的憲法をあくまで守る立場において,このような改悪法案に強く反対するものであります。

1958年10月18日
日本社会福祉学会有志

注:原文は縦書き。

る経済の激烈な変動の時代であったから,「社会生活上の諸困難」を社会的文脈に沿って解決しようとする社会福祉にとっても,こうした時代状況は無縁ではありえなかった。

とくに戦時下において社会事業を変質させ戦争政策に積極的に加担をしてしまった歴史を総括して,新たな社会福祉の理論と実践の確立をめざす社会福祉学会は,「貧困と平和」の問題には鋭敏であった。学会創設から1960年代までは,「逆コース」政策に対する異議申し立てを,総会の名において決議するということもあった(本書第Ⅲ部座談会,pp. 245-246)。

1956年6月には吉田が起草した「学問思想および教育の自由に関する決議」が行われている。また1958年10月には,「警察官職務執行法改正反対に関する声明書」(原案は小川が起草,資料1)が総会の総意で採択されている。これらの決議の背景は,大正デモクラシー期の伝統を受け継ぎ戦後改革の中でようやく花開いた基本的人権としての諸権利が,公共の安全と秩序を維持するという口実で極度の制限を受けることは,学問の自由や思想・良心の自由を危うくすることと受け止められたからにほかならない。

資料 2

生活保護基準の根本的是正を要求する決議

1960年11月3日，日本社会福祉学会決議

　すべて国民が健康で文化的な最低限度の生活を営む権利を有することは，憲法第25条および生活保護法の明記するところである。しかるに生活保護法にもとづいて厚生大臣が定める現行保護基準がそのような意味での最低生活費を保障するに値しないものであることは，先般の朝日行政事件訴訟判決をまつまでもなく，周知の事実であり，厚生省でも次年度予算において生活扶助基準26％引上げを予定し，また自由民主党内ですら50％の引上を妥当とする説もあると聞くほどである。

　現行生活保護行政には国民の権利保障の観点から問題が多いが，特に保護基準における低さが，いかに国民生活を圧迫破壊しているか，人間たるに値する生活を保障していないかは，われわれ社会福祉の研究にたずさわるものとしても，たえず明らかにしているところである。

　よって，われわれとしては，真に憲法及び生活保護法にいう健康で文化的な最低限度の生活を営むことのできるものとするように，現行保護基準を一刻も速やかに大幅に引上げるよう，また保護基準の制定に当っては，いうまでもないことながら，これを政府において一方的に決定することなく，民主的手続をふんで行われるよう要求するものである。

　右第8回日本社会福祉学会総会の名において決議する。
　　1960年11月3日

　　　　　　　　　　　　　　　　　　　　　　　　　　　　　　日本社会福祉学会
　内閣総理大臣殿
　厚　生　大　臣殿

注：原文は縦書き。

　これらの決議に異を唱える会員もいたが，発足間もない学会は小規模で「同志的結合」という面もあって総会の名において行われた。後には学会有志という形態をとるようになったという（吉田，本書第Ⅲ部座談会，p. 246）。

(2) 社会保障の推進をめざす活動

　この時期の貧困の問題とは，生活保護層の問題であり，保護基準の問題であった。しかしそれは決して一部の問題ではなく，国民全体の生活の問題に直結する重みを持つ問題であった。すでに触れられているように1954年度の社会保障費（中心は生活保護費）削減問題が起こったときには，主として関東の会員が中心になって社会政策学会と話し合って，政府や政党に陳情をした。

　また1960年10月，朝日訴訟を審理していた東京地方裁判所は，当時の生活保護基準は憲法25条に違反しているとして原告勝訴の判決を言い渡したが，この

判決を受けて，学会は同年11月の第8回総会で，「生活保護基準の根本的是正を要求する決議」（資料2）を採択し，これを印刷して朝日新聞社など40カ所に配布した。11月30日付の東大新聞は「保護基準引き上げよ－福祉学会総会で決議－」の見出しで，「採択された決議はこのほど関係各庁に送られた」と報じている。

翌年1月9日にこの決議を携えて，社会政策学会の大河内，藤本武と社会福祉学会の木田，籠山京，中鉢，仲村，吉田で社会党の江田書記長，自民党の田中政調会長にそれぞれ面会陳情した。また大内兵衛はこの件で両党に書簡を送っている。

朝日訴訟は学会員の大多数の関心事であり，こうした決議は原告をはじめとして訴訟関係者を励まし，社会保障の推進に何がしかの貢献をしたことは疑いない。朝日訴訟を支持する団体・組織がその後中央でも地方でも結成され，社会保障を要求し推進する原動力となったが，その後ひとり朝日訴訟だけではなく，社会福祉・社会保障のさまざまな領域における社会運動の母体が誕生した。

こうした社会活動・運動に着目し，制度形成における政策と運動の関係に着目し，社会福祉の理論化を進める動きも生まれてきた。

後に「運動論的社会福祉論」と呼ばれる研究方法を提起したのは真田是，一番ヶ瀬康子らである。真田は，社会福祉のあり方は，対象としての社会問題，社会問題の解決を求める運動，これらに影響されながら支配層が打ち出す政策の3つがあり，それらの質量と相互の関連によって規定されるとしている。こうした運動論は，1960年代から70年代前半にかけて革新自治体の誕生とその福祉政策に大きな影響を与えた。

2　社会福祉従事者の専門性に関わる社会的活動

社会事業学校連盟は社会福祉学会創設後まもなく設立準備をはじめ，1955年に設立総会を行った。連盟の当初の活動は，カリキュラム，実習教育，実践向上のためのマンパワー養成等の課題に関する意見交換が中心であったようであるが，1956年，大学設置基準に社会福祉学士号，付属社会福祉施設設置義務規定などが盛り込まれなかったために実践教育は弱体化するということもあって，

連盟活動そのものはそれほど活発に行われていたわけではなかった。

　学校連盟を作る動機が，日本の社会福祉教育のためというより，国際社会事業学校会議の支部を設置するためという色合いが強かったために，吉田は「ちょっと反発を覚えた」。岡村によれば，社会福祉学会後に「飯食っているだけ」だったが，「浦辺（史）君が……数年経っても，こんなことしてたってしょうがない……もう少し活動したらどうですかということになって，シンポジウムになった……」とその経過を明らかにしている（本書第Ⅲ部対談，p. 292）。

　実態はともかく学会は連盟創設後，共同で社会福祉従事者の専門性に関わる要望等をまとめ陳情活動を行うようになった。

　1957年8月には「社会福祉主事・児童福祉司および身体障害者福祉司の資格を向上せしめる方策に関する陳情」を神田厚生大臣に行っているし，1963年2月には最高裁・法務省に「家庭裁判所調査官採用試験科目改正に関する陳情」をおこない，同年5月最高裁から，社会福祉法制，ソーシャルケースワーク，社会病理学および社会調査を試験科目に加える旨の回答を得，実現にこぎつけた。また国家公務員採用上級試験の出題分野に社会福祉関連科目を加えることを人事院に陳情している。

　これらの活動は家裁調査官の試験科目のように直ちに改善が図られたものもあるが，この種の社会的活動を繰り返して行うことを通じて蓄積された実績に基づいて，専門職制の確立などが図られてきたと見ることができる。

注
（1）　第5回大会における自由研究発表のうち，三吉明の「ボーダーライン層としての引揚者とその対策」，東田英夫の「ボーダーライン層の家族構造とケースワーク的治療の可能性」については，「あとがき」によれば「締め切り期日をいそいだために……収録できなかった」とある。
（2）　第9回国際社会事業会議に関して，「外国代（ママ）員の参考に供する目的をもって，英文の"Cultural Exchange in the Field of Social Work"（非売品86頁）をアジヤ財団の援助を得て刊行，……配布した」（竹内愛二「日本社会福祉学会の起源と発達」『社会福祉学』第1巻1号）。

第 3 章
学会組織の動揺と収束
――社会福祉研究の混迷・1965年～1973年――

遠藤　久江

1　高度成長期の社会福祉理論

1　高度経済成長と社会福祉

(1)　所得倍増計画と国民の生活

　1960（昭和35）年12月池田内閣は「国民所得倍増計画」を閣議決定し，1967年予定より早く所得倍増が実現した。GNPが西ドイツ，イギリスを抜いて世界第2位になったのである。高度経済成長はわが国の産業構造を大きく変化させ，第一次産業から第二次産業へ，そして第三次産業へと激しい変動をもたらした。この過程で労働力の流動化は加速し，都市の人口集中と農山村の過疎化現象をもたらした。都市においても農山村においても，国民の生活環境と生活内容は激しい変化を経験していった。高度経済成長は雇用機会の拡大，賃金の上昇，新しい技術革新の恩恵を受けた生活等々豊かさを体現できる生活を創出するものであったが，一方ではその恩恵を受けることのできない疾病者，障害者，高齢者，ひとり親家族などの生活に格差を生じさせ，相対的な貧困を生み出していった。高度成長の中で起こる所得格差，ひずみ拡大はいわゆる低所得階層のうえに顕著に現れていった。また，高度成長が進んでいく中で，新たな社会問題としての公害被害者や交通事故被害者等を生み出していった。これらの新しいニーズに対しては，単に経済的支援だけでなく，各人の社会的自立を実現するための社会的支援やより高度な専門的支援が必要となってきた。

(2) **新たな福祉ニーズ**

　高度成長過程では農山村からの若年労働力の流出に伴い，生産活動や生活維持のために必要な村落共同体の機能を維持することさえ困難となり，地域住民に計り知れない苦しみをもたらしていった。一方では本格的な核家族化，小家族化の傾向が加速し，伝統的な家族や地域社会に存在していた自助的，相互扶助的な問題解決能力を失っていった。この結果，家族や地域共同体の中に内包されていた高齢者や障害者の介護や療養などが新たな福祉ニーズとして顕在化していった。

　この時期の経済成長優先の国土開発がもたらす生活環境への影響には計り知れないもがあった。高度経成長を支える石油エネルギーを精製する過程で排出される亜硫酸ガスによる四日市や川崎にみられる大量の喘息患者の発生，有機水銀による水俣病および胎児性水俣病の発症，薬害によるサリドマイド事件，森永砒素ミルク，カネミ油症事件など生活の根底を脅かす問題が次々に発生した。また，都市の空気汚染，交通渋滞，河川汚濁等生活環境の悪化は進んでいった。高度経済成長の負の側面として，社会福祉ニーズの創出のメカニズムが，経済優先の価値観と開発優先の社会経済政策に依拠することを知らされてきたのである。このような課題に対して全国各地で生活を守る運動が展開していった。

2　社会福祉の新しい位置づけ

　この時期，社会福祉に対する認識の変化も見られる。「社会保障制度の推進に関する勧告」（1962（昭和37）年8月）は，社会福祉と公的扶助，さらにはこれに社会保険をくわえて，三者の関係を一層明確に規定しようと試みた。中央社会保障制度審議会は，社会福祉を一般所得階層に対する社会保険，貧困階層に対する公的扶助と区別し，そのうえでそれを主として低所得階層（ボーダーライン層および不安低所得階層）に対応する防貧対策として位置づけた。すなわち社会福祉を公的扶助と分離し，福祉サービスとして位置づける重要な契機となった（古川孝順『社会福祉学』誠信書房，2002年，p.196）。

　1960年代の前半にはこれら福祉サービスを展開していくための法律が成立し

ていった。1960(昭和35)年精神薄弱者福祉法(1998(平成10)年に知的障害者福祉法に名称改正)が,1963(昭和38)年老人福祉法が,1964(昭和39)年母子福祉法(1981(昭和56)年母子及び寡婦福祉法に改正)が制定された。これで社会福祉六法が完成した。

また,1950年末から進められていた国民健康保険制度が1961年4月1日より全国に普及し,同じく国民年金保険料の収納事務が開始され,国民皆保険,皆年金へ向けて本格的に歩みだした。1960年代後半から1970年代前半にかけては年金,医療保険の整備が進み,ライシャワー駐日大使刺傷事件を契機に精神障害者対策が進み,精神保健法の改正がなされ,児童扶養手当・特別児童扶養手当等の制度も充実し,公害対策が動き出す時期でもある。就労婦人のための保育所づくり運動,障害者の自立へ向けての運動や高齢者の生活擁護運動が活発に展開し,1972年には堀木訴訟が勝訴した。このような運動を背景に東京都をはじめ全国各地に革新自治体が出現し,福祉ニーズへの対応を国に先立って自治体が実現して,国が追従するという構造を生み出していった。

3 社会福祉理論の混迷

吉田久一は,高度経済成長期以降の社会福祉理論の特徴の一つは,歴史的社会的実践的視点の深まりである(吉田久一『社会福祉理論の歴史』一粒社,1974年),と指摘しているが,この視点での理論的成果を上げている一番ヶ瀬康子は,1970年1月号の『思想』に「社会福祉学とは何か――一試論として―」を発表した。この論文はより整理されて「社会福祉学序説―社会福祉の科学とは何か―」として発表された(『現代社会福祉論』時潮社,1971年)。一番ヶ瀬は「社会福祉は,政策機能としては,他の広義の社会政策の代替的機能及び補完的機能であるが,その需要者,対象者にとっては,生活に直接しかも対面的にかかわりをもつところの即時的で実質的な生活権保障であるといえよう。」(同前書,p.68)と規定している。そして,「社会福祉施設,機関・機能そのものが粗悪化しているような状況についてこそ,具体的にそのメカニズムを明らかにし,その認識を基本的な矛盾にまで貫徹させる努力をつねに行うことによって,それを運動のエネルギーに進展させていくことができる」(p.73)とした。一番

ヶ瀬理論は運動論の視点を強調したばかりでなく，生活権の担い手側に立った理論展開は高度経済成長期以降の社会福祉論に対する問題提起を多く含んだものであった。(吉田，前掲書，p.393)

浦辺史は「これまで，アカデミックな理論研究が，地方自治における社会福祉の現状分析こそ研究者が国民の要求に応える当面の課題である」(浦辺史『社会福祉学』第11号，1971年，p.1)と分析し，また，老人クラブの老人たちが自らの要求を掲げて行動をはじめたこと，労働組合の国民生活要求が社会福祉改善闘争を含むものになったこと等の動きを見ることができるとし，政策主体の社会福祉政策を恩恵的な思想に基づくものから，国民の福祉要求を実現するものに改善することへと変革を求められることになったこと，国民諸階層の社会福祉要求の実現をめざす社会福祉運動こそは社会福祉改善の客観的契機としてその発展が今日ほど必要な時はないとした(浦辺史，同前書，p.2)。

このような運動論的な理論形成への動きがあった頃，社会福祉学会第18回大会で会員から「現場」と「研究者」の問題に言及されたのをうけて，『社会福祉学』第11号を「70年代の社会福祉─課題と展望─」として編集し，特集論文の他，9編の"現場からの発言"を掲載して，学会としての，当面している問題状況を切り開き，学会としての研究水準を明らかにしようとしている。

1970年代に入り，高度経済成長のかげりが出てきた頃，大学紛争がはじまり，社会福祉学部や社会福祉学科のあるほとんどの大学で紛争が起こった。大学紛争はそれ自体大学組織が新しい時代へ脱皮するための歴史的な必然性をもった動きであったと思われるが，社会福祉学部や学科をもつ大学では，学生と教師が，また学生同士がお互いの理論的実存的実体をもったぶつかり合いを展開した。その動きは社会福祉現場にも波及し，社会福祉とは何か，社会福祉実践とは何かを問い合うことになった。

騒然とした社会情勢にあって，現在の社会福祉制度は体制維持に荷担することになるとした短絡的な理論と運動によって，社会福祉現場での職場放棄のストライキが起こったりした。これら極端ないわゆる「社会福祉解体論」や「社会福祉施設解体論」も飛び出し，社会福祉理論も混迷のなかにあった。社会福祉理論形成においても，現場からの問題提起をふまえながら，いかに社会福祉

理論を構築していくかという新たな課題をもった，おおきなターニングポイントの時期をむかえていたといえる。

学会の研究動向を見ると年次大会のテーマが，1960年以降の共通論題は「社会福祉と社会保障」，「社会福祉における国家と地方自治体」，「社会福祉における住民参加」，「経済開発と社会福祉」，と続いている。1969年には「社会福祉変動と社会福祉の対象——1960年代の動向」となっている。一方，『社会福祉学』第6号（1966年）は「戦後20年の社会福祉研究」と題されて，社会福祉が学として成立するのかどうかの理論研究がなされている。1968年には機関誌刊行が遅延，翌年合併号として発行など困難をともないながら1971年の第11号では前出の「70年代の社会福祉―課題と展望―」の特集を組んでいる。

2　日本社会福祉学会の社会的自立

1　事務局体制の整備と学会の民主化

(1) 運営の民主化

創設期の学会の事務局がどこにあったかは定かではないが，代表理事のもとで事務局の機能が行われていたと思われる。おおむね関西と関東が交互に代表理事となっていたので，事務局もそのたびに移転していたのであろう。しかし，1960年代に入り，学会誌の2号，3号が発行された昭和36年，37年は事務局として吉田久一が編集後記を書いているので，この時期は吉田が事務局長のような役割を担っていたと思われる。1968（昭和43）年，代表理事になった浦辺史（日本福祉大学）の提案で，学会の会費徴収及び事務連絡を日本福祉大学に固定することができた。名簿の発行はじめ，日常的な連絡は大学でまかなわれることになり，学会としての連絡，調整についての処理が順調になった。日本福祉大学が事務局を担って運営されていた時期，学会事務局に残る書類によると，昭和45年7月15日付けで，日本社会福祉学会代表理事，浦辺史から，学校法人法音寺学園，理事長鈴木宗音殿宛で，「日本社会福祉学会に対する援助金の交付について」依頼がなされている。そして，本会の運営費として5万円の援助

金を受けている。同年11月3日開催の総会において，高島会計理事は経理状況を説明して，1200円の年会費から，最小限2000円への値上げを提案し，承認された。決算書によると46年度までは5万円の寄付金があったが，47年度には予算化をしていたが決算ではゼロとなっていた。この時期，代表理事の所属している大学から援助金を受けなければ事務局を維持することはできなかった様子がうかがえる。結局会費値上げによって乗り切っていった。学会の事務局体制の確立にとって浦辺史の功績は大きかった。

　その後，事務局は1973年・1974年は大阪府立女子大学，1975年・1976年は龍谷大学，1977年・1978年同志社大学が担当し，1978年に全国社会福祉協議会内に移転となった。

　1969（昭和44）年11月の総会において，「学会の研究水準向上，運営の改善について」会員から現状の批判が出され，次回総会で十分な議論の場を保証すること，会員の多い関東，関西両部会での検討を依頼した。1970（昭和45）年11月3日の総会には，東北部会と関東部会から意見が提出された。東北部会の内容は『社会福祉学』第11号に掲載されているが，理事の選出方法，会費，運営，学会誌の編集と発行，社会福祉教育カリキュラム検討委員会の設置等多岐にわたる内容であった。関東部会は1970年総会において中間報告をし，翌年6月関東部会においても報告している。主な内容は，①機関誌の活用——年間の研究業績リストの紹介，すぐれた書評を掲載，定期刊行，学会ニュースの発行等，②部会の充実——部会ニュースを発行して，地域の研究活動の交流を図る，部会の執行機関の強化，全国学会と部会の研究課題，共通課題等の連携等，③学会運営の検討——現在の発表形式は継続，研究発表の機会の保障と研究水準向上のための討論の保障，報告者は事前にレジュメの提出と事後の報告書作成への協力等，④会員資格について——現状でよい，⑤組織・規定等——理事の多選制限や半数改選等，担当理事制度，事務局の強化，財政問題等が詳細に報告されている（学会事務局保存資料）。

　会員数が増加し始め，学会発表の内容も多岐にわたってきたこの時期に，大会の運営や日常的な事務局運営について，会員の関心が高まってきたことがうかがえる。しかし，この後専門職資格問題が大きくなり，学会改革問題だけを

取り上げて検討することができなくなり，この話し合いの内容は，その後の学会の運営に少しずつ反映されているのではなかろうか。

(2) 部会活動について

　学会は設立の経緯からみると，部会とはいわなかったが，まず，関西と関東が学会活動の拠点になっていた。関東部会は日本社会福祉学会設立と同じ時期に発足している。1960年の報告によると関東部会207名，関西部会207名と同数になっている。1961（昭和36）年に北海道で北星学園大学が社会福祉学科を新設したことにともない専任スタッフが増えたことから，30余名で地方支部としての承認を申請し，翌年の理事会で承認され，北海道社会福祉学会が発足している。次いで1965年に九州部会が発足している。1963（昭和38）年には理事会において，「部会還元金の件」が議され，一人につき100円を各地連絡理事宛に送付することとなり，北海道部会，東北部会，関東部会，中部部会，関西部会に送付されている。また，1969年4月頃より中国四国部会の結成の動きが起きている。ちょうどこの時期，日本福祉大学に学会事務局があったため中部部会としての活動はほとんど行われなかった。1967年2月には東北部会の活動として，東北社会福祉合同セミナーが開催された。参加団体は日本社会福祉学会，東北ソーシャルワーカー協会，各県下医療社会事業協会，日本精神医学ソーシャル・ワーカー協会，東北児童福祉司会が合同したものであった。

　このように各地で部会活動が活発になると，そこでの研究的な例会が開催されるようになり，共同研究も進んできて学会発表の数も増えてきた。

2　日本学術会議登録への歩みと活動

(1) 学術会議登録への期待

　日本社会福祉学会は創立20余年たっているにもかかわらず，学会としての市民権をもっておらず，文部省の科学研究費の配分委員を出すこともできないでいることにいらだちをもっていた。このことを憂慮して，日本学術会議第1部会員である小川太郎，第2部会員である小川政亮が学会と学術会議との関係付けに努力されていた。社会福祉学が何部会に所属するかはなかなか決まらなか

第3章　学会組織の動揺と収束

った。社会学や教育学との関連で，第1部会にするか，社会福祉立法や社会保障法が社会法学の重要な部分を占めるので第2部会にするのか，また，福祉財政の側面から第3部会の経済政策との関わりがあるのではないか等，社会福祉の研究は教育学，社会学，社会法学，社会政策学等の学際的な位置づけが望まれた。

(2) いくつかの勧告

　第9期（昭和47年1月20日から50年1月19日）の日本学術会議は産業・国民生活特別委員会（委員長・岩尾裕純）を設けて，その中の社会福祉小委員会は「社会福祉の研究・教育体制について」の勧告案の検討を進めていたが，1974（昭和49）年4月の総会に提出するに先立ち，日本社会福祉学会長あてに勧告内容の検討依頼がなされた（勧告第1次案は学会事務局保管）。早速，理事会で検討の結果，「検討所見」を提出した（事務局保存の資料による）。

　「勧告案は政府が社会福祉の研究教育体制充実のため努力すべき施策として適切であり，その説明もよろしいと考えますが，国際的に見て日本の果たすべき責任についても言及されることが必要かと存じます。例えば，39頁の下から8行目"論をまたない"，の次に"このことはアジアにおける高度に経済発達した日本が社会福祉の研究教育における国際的責任を果たす上からも強く要請される"と挿入されたらいかがでしょうか。なお，勧告案Ⅰの2は次のごとく現実的に改めたほうがよいと考えます。"保母その他児童福祉関係職員の養成は大学において行うことを原則として，各種学校の保母養成機関を早急に学校教育法の短大に引き上げること。なお，成人社会福祉関係職員の養成教育に関してもその充実をはかること"勧告案には誤植が多く見られるので，念のため指摘しておきます。―略―」

　このような経緯の後，勧告は第65回総会で議決され，5月20日内閣総理大臣宛に勧告されたが，その内容は案の段階からみると大幅に修正され，学会の検討所見も生かされたものになっていた。（以下勧告内容）

　「社会福祉の研究・教育体制等について（勧告）」　―前文―略―
　Ⅰ．社会福祉の研究・教育体制の充実について

1．大学と大学院における社会福祉の研究・教育組織の充実をはかること。特に国公立大学における社会福祉の研究教育組織の新増設並びに既存の大学特に私立大学のこの種の組織の充実のため国として必要な財政的負担を講ずること。なお，大学前教育にける社会福祉についてもその充実をはかること。
　　2．社会福祉に関する総合的な研究を促進するために科学研究費等の活用につき特段の配慮を講ずること。
　Ⅱ．児童福祉職員並びに障害児・者の教育・福祉にあたる教職員の養成制度の改善について
　　1．保育者の養成は原則として大学においておこなうものとし，当面，各種学校としての保母養成機関については早急に，これを少なくとも短期大学に引き上げるものとすること。
　　2．障害児・者の教育・福祉に関する職員の養成制度を整備拡充すること。特に「特殊教育教員」養成制度の大幅な改善をはかること。
　Ⅲ．障害児・者の教育権保障について
　　1．すべての障害児がその就学権を保障されるよう速やかに必要な措置を講ずること。
　　2．障害者に対する高等教育の機会を拡充するため，大学・短期大学等の受け入れ態勢の整備のため，大幅な国庫助成など必要な施策を講ずること。なお，そのためには，「特殊諸学校」（盲学校，聾学校，養護学校）中等部・高等部の教育体制の改善などについても十分な考慮を払うこと。

　以上の項目に詳細な説明が付されたものである。（日本学術会議勧告・声明集第7集，pp. 139-144）この勧告は学術会議おいて社会福祉の教育・研究体制について取り上げたはじめてのものであった。その後，1次案以後に削除されていた作業療法士・理学療法士養成に関しては，3年後，第72回総会で，「リハビリテーションに関する教育・研究体制等について」が採択され，1977（昭和52）年5月に政府に対して勧告がなされた。この勧告の中に一項目「医療福祉士（仮称）の教育について」が挙げられており，医療福祉士の資格制度の創設を提案している。医療福祉士に関しては昭和43年度の日本医療社会事業協会総会において，今後の運動方針の一つとして「医療社会福祉士法案」が採択されているので，新しいことではないが，学術会議の勧告に取り上げられているこ

とは注目に値する。また，4年制大学（社会福祉系）および大学院における医療福祉教育の充実を図るとともに，医療福祉研修コース（1年間）を設置することを提案していた。

　第10期（昭和50年1月20日から53年1月19日）には小川政亮を委員長として，社会福祉問題特別委員会が設けられ，政府からの勧告をうけて，社会福祉の職員養成問題や研究体制問題について研究討議が行われた。社会福祉の現状と課題（小川政亮委員長），就学前児童の保育・教育問題（浦辺史委員ほか），障害児（者）教育義務化の問題（川合章委員ほか），リハビリテーション，医療・福祉問題（河邨文一委員ほか），国民の健康・増進問題（飯塚鉄雄委員ほか），母性保護問題（藤森聞一委員ほか）などであった。「リハビリテーションに関する教育・研究体制等について」の勧告がなされたのもこの期であった。同じ昭和52年11月21日には「『社会福祉の研究・教育体制について（勧告）』等の一部具体化——とりわけ『障害児（者）の教育保障のための総合的，一貫的な体制の整備』——について（申し入れ）」が第73回総会の議決に基づき，政府に申し出がなされた。これは2年前の1975年12月，国連総会が採択した「障害者の権利宣言」の精神にのっとり，養護学校義務化実施（1973年11月，「学校教育法中養護学校における就学義務及び養護学校の設置義務に関する部分の施行期日を定める政令」（政令339号）により，1979年度から養護学校義務化——筆者注）に当たっての具体的な施策であった。

(3)　日本学術会議への登録

　ここで，少し年代は進んでいくが，日本学術会議への登録に至る経緯を述べておく。第9期，10期は第2部会の社会法学研究連絡委員会に小川政亮が委員として活動し，社会学研究連絡委員会には社会学の北川隆吉が幹事をしており，日本福祉大学の大沢勝も委員となっていたが，日本社会福祉学会からは委員は出ていなかった。しかし，第12期（昭和56年1月20日から59年1月19日）の社会学研究連絡委員会の中に，社会福祉・社会保障研究連絡会が組織され（委員長・北川隆吉），その委員に一番ヶ瀬康子が選ばれていた。第13期からは委員の選出方法が変わり，各学会を母体として委員を推薦することになり，日本社会福祉

学会から一番ヶ瀬康子が委員として推薦された。第13期（昭和59年1月20日から平成元年1月19日）の委員となった一番ヶ瀬康子は「北川隆吉先生の意向として，社会学の領域の中で4つある研究連絡委員会の一つに，社会福祉・社会保障研究連絡委員会を位置づけて，社会福祉学会の代表を入れて学術会議の会員にするということで社会学の了解を取り付けた」と証言している（第Ⅲ部聞き書き〈その1〉，p. 312）。この第13期のなかで，1985（昭和60）年，日本社会福祉学会は日本学術会議へ学術研究団体として登録され，学術的研究の広がりをもつため社会福祉・社会保障研連（第1部），社会法学研連（第2部），経済政策研連（第3部）に登録された。第13期には高齢化社会特別委員会を設置している。また，1986（昭和61）年7月1日付で「社会福祉におけるケアワーカー（介護職員）の専門性と資格制度について」意見具申をしている。このような動きにあわせて，関東部会は1986（昭和61）年12月6日には日本学術会議社会福祉・社会保障研究連絡委員会と共催で「高齢者問題と福祉サービス」をテーマにして，シンポジウムが開催され，学会員が問題提起をおこなった。1987年12月11日，やはり関東部会と共催でシンポジウムを開催し，「地域における高齢者の福祉と保健―新しい協力をめざす研究・教育・養成の問題―」がテーマであった。

3 社会福祉専門職制度確立への助走

1 社会福祉専門職問題の背景

(1) 社会福祉専門職論はあったか

社会福祉専門職論は社会福祉近代化との関連において，社会福祉の専門性を希求するなかで展開してきたといえる。また，関係職員の処遇改善の理論的根拠を求める意味で展開してきた。木田は戦後社会事業の展開について，社会福祉が声高に叫ばれているが，その内容が厳密さを欠き曖昧かつ空疎な用語とさているのではないか，その原因の一つに研究者や専門実践家たちの理論的追求の不明確性と問題分析の不足と責任をあげている（木田徹郎『戦後日本の社会事業』勁草書房，1967年，p. 53）。一方，社会事業・社会福祉に支配階級が期待し

追求するのは，救済や権利の保障ではなく，それを支配に必要な最小限かつ安上がりにとどめようとする。ここから，表向きには人民の必要に答える労働として現れながら，逆に人民の要求をそらし抑圧と権利を侵害するという矛盾した二面性がおしつけられる（小倉襄二，小松源助，高島進編集代表『社会福祉の基礎知識』有斐閣，1973年，p. 17），との指摘もある。

　これまでも機能的技術的立場にたった対象論のなかで，ケースワーク研究がなされたり，対象規定の固有の視点を明確にしようとの試みはあったが，社会福祉の専門性を明確にして，専門職論を展開する研究は多くなかった。社会福祉理論における社会福祉専門職論は1971年の「社会福祉士法」試案で提示された資格制度成立への動きの中ではじめて本格的に議論されてきたのである。

　試案が提出された時期，社会福祉の働き手は社会制度の中で専門職としての認知を得ておらず，劣悪な前近代的な労働条件下にあった社会福祉現場にとっては大きな戸惑いと困惑が起きた。学会においても社会福祉現場の会員からの問題提起を受けて，社会福祉の専門性とは何か，専門職とは何かを検討することとなった。

(2) 「社会福祉士」という名称

　社会福祉六法が制定され，社会福祉施設整備が進められ，社会福祉従事者の数も増加してきた。特に公立の保育所をはじめ公立の社会福祉施設の増加は私立のそれとの比較を可能とし，前近代的な労働環境にある民間社会福祉施設の実態が問題視されるようになった。1961（昭和36）年3月，労働省は社会福祉施設に対する労働基準法第8条13号適用を通知した（したがって，労働基準法施行規則第27条により9時間労働）。東京都社会福祉協議会は同年7月に「民間社会福祉事業従事者処遇調査委員会」を発足させ，①資格基準に関する小委員会，②給与基準に関する小委員会，③労務管理に関する小委員会，④共済・保健に関する小委員会を設けた。資格制度は第1の小委員会で検討され，1962年7月に中間報告書を発表している（資料：東京都社会福祉協議会『民間社会福祉事業従事者処遇調査委員会中間報告』1962年）。この中で「社会福祉士制度試案」が記述されている（仲村優一社会福祉著作集第6巻『社会福祉教育・専門職論』のための解

説，pp. 248-269に記されている，社会福祉士の名称の由来はこの報告書のことである）。「この制度は現状の各施設や事業所に於ける職員を専門職として位置づけるための一方法として民間独自の案として試みるためのものである」として提案している。

その後資格制度に関する動きはないが，1964（昭和39）年日本精神医学ソーシャルワーカー協会が結成され，翌年2月，日本医療社会事業協会，日本精神医学ソーシャル・ワーカー協会，日本ソーシャルワーカー協会，日本社会事業学校連盟は，「精神衛生技術指導体制の確立に関する陳情書」を厚生大臣宛に提出している。その内容は身分の保障，資格，教育制度の確立を要請したものであった。

東京都知事は1966（昭和41）年，東京都社会福祉審議会に対して「東京都における社会福祉専門職制度のあり方ならびに専門職員養成，確保，使用，再教育，昇進および各職種の必要数について」諮問をし，翌年3月に中間答申を発表し，9月には「東京都に於ける社会福祉専門職制度のあり方に関する最終答申」を発表した（1967年，全国社会福祉協議会発行）。一方，大阪市社会福祉審議会が「福祉関係職員問題分科会」を設置（1970年7月），翌年の5月には「大阪市に於ける社会福祉専門職制度のあり方に関する第一次答申」を，1972年6月には第二次答申を発表している（『社会福祉の専門職とは何か』鉄道弘済会，1967年，pp. 227-239）。このように各地で社会福祉専門職制度確立への動きがあった。

社会福祉従事者の実態調査が進み，社会福祉施設における職員の業務の実態や労働条件の問題点が明らかになるにともない，一部民間社会福祉施設では労働組合を結成して，労働条件改善運動の動きもあった。しかし，労使条件改善の動きが，組合運動としての動きよりも専門職制度確立への方向をとっている理由は，各民間社会福祉施設の規模は決して大きくはなく，前近代的な労使関係であっため，一部の職場を除いて労働組合を組織できなかったためではなかろうか。また，措置費制度の中に組み込まれている人的な問題は政府への要求という形を取りやすかったのかもしれない。

2 「社会福祉士法」制定試案と学会の動き

(1) 社会福祉専門職問題検討委員会の設置

　日本社会福祉学会において，社会福祉専門職問題を取り上げた端緒は，会員上野博乎，田村操，丸毛静香，三代浩肆（前者3名は東京医療社会事業協会会員，三代は後出——筆者注）から1971（昭和46）年9月26日付および10月1日付で提出された要望書であった。この時期の社会福祉専門職問題は以下の経緯を経てきている。厚生省が昭和46年度予算編成の過程で，昭和46年度は社会福祉施設整備を重点的におこない，次年度には職員の身分や待遇改善を新たな資格制度を創設して抜本的に取り組むとしていた。そして，昭和45年暮れには「社会福祉士法」の草案を中央社会福祉審議会職員問題専門分科会に諮問し，その専門部会の中に「社会福祉士法起草委員会」を設けて，日本社会事業大学の仲村優一，明治学院大学の福田垂穂を中心に草案作成にかかった（この委員会での作業やその後の経緯については，仲村優一社会福祉著作集第6巻『社会福祉教育・専門職論』のための解説，pp. 248-269に詳しい）。

　学会へ提出された上記の要望書の内容は日本社会福祉学会の1971年度大会で，「社会福祉士法案」についての学会として態度表明を求めたものであった。

　10月1日開催の理事会の議案として，通常議題の最後に「会員の要望書について」が上程された。浦辺代表理事から上程された「社会福祉専門職研究委員会の設置について」とあわせて議論され，以下のようになった。①社会福祉学会として，現在問題になっている社会福祉士についてだけでなく，広く専門職という考えについて検討する。②日本社会福祉学会の中に「社会福祉専門職問題検討委員会（仮称）」を設置する。③委員の構成は理事から一番ヶ瀬康子，柏木昭，嶋田啓一郎，児島美都子の4名とその他各専門職団体に所属している会員を理事会が委嘱する（翌日2日の理事会で，専門職団体として，全国公的扶助研究会，全国障害者問題研究会，日本医療社会事業協会，日本精神医学ソーシャル・ワーカー協会，日本ソーシャルワーカー協会，自治研，保母の団体，家裁調査官協会等に働きかけるとの意見があったが，5日付けで依頼した専門職団体は，全国公的扶助研究会，全国障害者問題研究会，日本医療社会事業協会，日本精神医学ソーシャル・ワーカー協会

の団体であった)。④本委員会については追って予算処置をする。以上の内容を代表理事から総会に提案することとした。また，要望書の中にあった「中央社会福祉審議会の会長に対して，『社会福祉士法案』の審議を公開すべく要望すること」については理事会の責任で要請することにした。直ちに10月5日付で，代表理事浦辺史から，中央社会福祉審議会，職員専門部会会長木村忠二郎宛に「社会福祉士法案要綱並びに審議経過公表方要請について」提出された（学会事務局保存資料）。

　このような理事会の動きと時を同じくして，会員有志は学会当日2日間，昼休みを利用して，自主的な討論会を開催した。配付された資料によると，①社会福祉の専門性が未確立な状況にあること，②手続き的に非公開であること，③資格内容が階層化していること等をあげて学会として専門委員会を設置し，検討するよう要請したものであった（学会事務局保存資料）。この呼びかけ人は上記の要望書を提出した者たちであった。

(2) 社会福祉専門職問題検討委員会の見解

　検討委員会は学会理事会から一番ヶ瀬康子理事，柏木昭理事，児島美都子理事，嶋田啓一郎理事，団体代表として全国公的扶助研究会から高野史郎，日本精神医学ソーシャル・ワーカー協会から三代浩肆，日本医療社会事業家協会から上野博于，全国障害者問題研究会から吉本哲夫で構成された。委員長に嶋田啓一郎理事，事務局長に児島美都子理事，事務局は佐藤敦子が担当した。1971年11月27日浦辺代表理事からこれまでの経緯の説明があり，3月末を目途に中間報告のメモを作成すること，予算は当年度分から2万円，来年度分から3万円，計5万円でまかなうこと等が示された。

　検討の方法としては，まず，①人間に関わる専門性とは何かについて論じ，②専門性を支えるものは何かを明らかにした上で，③社会福祉の専門性および，④社会福祉の専門性を支える条件を追求し，その上で今回の試案について結論を出すことにした。検討にさいしては会員の総意を反映させるため，10点にわたる討論点をあげ，各地域ブロックごとの討論を要請，意見を求めた。同時に，自治労，全医労，日社職組，保問研に，関連団体にも試案に関する資料を送付

し，意見を求め参考の資とすることとした。

　ブロックの意見は「本制定試案には反対」というものが多かった。反対の理由は「本試案によって，社会福祉の質の向上，そのための待遇改善ははかられない。必要なのは労働条件を規定している最低基準，措置費，施設運営要領等の改善で，また，質の向上のためには，研修時間の確保が必要である。ことに，試案の説明で述べられている社会福祉の考え方が，適応理論であって，権利から出発していない点に問題がある。社会福祉教育カリキュラムにもこうした考え方が反映するおそれがあると思われるので，問題である」との指摘が多かった。また，任用に際し国家試験を行うことについては反対の声が多かった。

　なお，委員会は4月3日に開催された理事会の決定により，委員名で中央社会福祉審議会事務局宛に委員会としての一応の見解を中間報告として，次の要望事項を添付して提出した。

　〔要望事項〕
　1．今回提示された試案の内容は，社会福祉の専門性の本質並びに現在の客観的情勢よりみてなお慎重討議を要する多くの問題を残しているので，原案のままこれを早急に制定することは反対である。
　2．しかし，審議会の答申以前に試案が公開された意義は大きいが，制定試案はきわめて重要な問題提起を含んでいると思われるので，本委員会としてはさらに広く深く会員の討論を呼びかける予定である。したがって，答申の時期を延長し，十分な時間的余裕を持って関係者の意見を聴取されたい。
　専門職問題検討委員会の見解
　　人間に関わる専門性は，役割分担の上で，人間の生命・生活に全面的にかかわるもの，即ち，人権に直接関わる労働である。したがって倫理性と科学性と方法の熟達が必要である。この場合，専門性を支える条件として，まずこれを裏づける自主研修権が必要である。そこで，社会福祉の専門性とは何かが問題になるが，それは生存権，生活権に則り生活問題の担い手に関する認識を社会資源の創出及びその運用との関連において実践するものでなければならない。とりわけ社会資源の運用は一人一人の人権を十分尊重した上で熟達した対応を科学的に駆使するものでなければならない。以上のような社会福祉の専門性から福祉労働の特質を考えると，社会的権利（憲法25，26，27条）の阻害に苦し

む人々の権利擁護の公共サービスとして，主として公共サービスを利用して，まず健康で文化的な生活保障を実現し，生涯にわたって，発達する力を得るよう援助する公共サービスであるといえよう。これをはかりうる基準はたんに学歴だけでなく，学習経験，現場経験，研修経験等であろう。社会福祉の専門性を支える条件として第一に強調されなければならない問題は劣悪な労働条件の改善であるが，任用のし方や，配転，受け持ち人数，非常勤職員等も問題である。しかし，待遇——すなわち最低限の生活保障は全労働者共通の問題として考えるべきで，専門職としては，研修時間の獲得等を問題にすべきである。

　なお，本制定試案のでてきた背景のひとつとして，民間から起こってきた運動（医療福祉士法案，東社協，全社協による専門職制度等）があったことを認めることが必要なので，われわれとしては試案に反対するだけでなく，社会福祉の質の向上のためには何が必要なのかを明らかにし，積極的に次の諸点を提案したい。

　1．現行社会福祉諸制度の実態をよく調べること，とりわけ人権の視点からの現行法の点検をおこなうこと。

　2．福祉労働の実態をよく調べること。これについては，実態調査委員会をつくり，学会として福祉労働の実態調査を行うこと。

　上記の2点にあわせて，次の諸点を関係当局に要望する。

① 研修内容の改善。
② 社会福祉教育機関におけるカリキュラム改善。
③ 試験内容の改善。
④ 任用にさいしては積極的希望を持つ人を任用し，本人の希望と承認なしに配置転換しない。
⑤ 従来の研修を改善し，研修編成にソーシャルワーカーの参加および独自編成を認める自主研修制をみとめよ。研修内容によって差別しないこと。
⑥ 研修の裏付けとしての定員を増加すること。
⑦ 中央及び地方研修所の設置，但し研修プログラムの自主編成，訓練，運営については，民主的に選出された委員会のような機関でおこなうこと。
⑧ 奨励金，委託制度の飛躍的拡大。

　〔付〕任用にさいし国家試験を行うことには反対。

この報告は日本社会福祉学会第20回大会時に開催された総会で承認され公表された。

3 「社会福祉士法」制定試案に対する関係団体の見解

社会福祉士法試案に対しては，多くの関連団体が社会福祉の現状から考えて，職員の資格制度を考える前にやるべきことがあるのではないかとの思いがあって，大きな議論を巻き起こした。社会福祉従事者の労働実態は，依然として前近代的，かつ非民主的な労働環境での長時間労働と低賃金というものであった。専門職としての資格制度の確立は職員処遇の根底にある措置費制度の見直しなくして，職員の専門性の発揮はあり得ないという認識は理解しやすいものであった。また，医療の中で専門職集団と協労して日常業務に携わっている医療ソーシャルワーカーの集団は，常に社会福祉の専門性が何かを問われ続けていたため，専門職としての資格問題に敏感に反応した。

(1) **日本精神医学ソーシャル・ワーカー協会の見解**（1972年3月29日）
日本精神医学ソーシャル・ワーカー協会は，以下のような見解を示した。

　　日本精神医学ソーシャル・ワーカー協会は1971（昭和46）年12月，中央社会福祉審議会職員問題専門分科会起草委員会より示された社会福祉士法制定試案が，社会福祉に対する，国民大多数の要求からかけ離れているわが国の社会福祉の現状を改めるのに実質的に役立たないばかりか，その現状を肯定する結果を招くおそれが大きいものと考え，この試案の法制化に反対の意見を表明します。その理由として，（概略）1．わが国の社会福祉従事者の劣悪な労働条件がこの法案により解決できるとは思わない。現行の法規に示された低い資格基準すら守られていない実態に対して，この試案はどのように対応しようとしているか理解できない。2．資格基準を同一職種を二種に区分する根拠が不明。二種から一種への移行の容易さは専門性確保への否定につながる。3．現任の社会福祉従事者の自主的研修等が保障されていないことは社会福祉専門職化への動きではない。4．（6項目の）具体的な基盤整備の施策を優先させるべきである（『社会福祉の専門職とは何か』鉄道弘済会，1972年，pp. 212-213）。

(2) 全国自治体労働組合の見解

Ⅰはじめに（省略），Ⅱ社会福祉専門職をめぐる経過と背景（省略）

Ⅲ．試案に対する自治労の基本的見解（項目のみ）

1．専門職とは何か。2．問われている専門職。3．「福祉士法」制定によって，「職員の質の確保」はできない。4．賃金，労働条件の劣悪な実態をまず改善し，魅力ある職場をつくることをぬきに専門職員の充実強化は不可能である。5．賃金問題についての具体的な提示がないことは，重大な責任回避である。6．専門職が専門職として機能する条件を整えることが先決である。7．専門職以外の労働者の実態を無視しているところに真の専門職化は成立しない。8．「福祉士法」の制定によって，公私格差は解消せず，かえってますます拡大する。9．労働者の自覚的戦いの中にこそ真の専門職化への道がある。10．試案は，社会福祉関係労働者に，いたずらに幻想をふりまくばかりでなく，有害無益であり，撤回すべきである。(『自治労資料』72―第6号，1972年4月)

(3) 関係団体の動き

その他全国社会福祉協議会は「社会福祉士法」制定試案に対する意見として，業種別協議会の保育協議会，保母会，老人福祉施設協議会，養護施設協議会の3団体の意見，都道府県協議会の意見として13の社会福祉協議会からのものをまとめて，1972（昭和47）年5月に発表している。また，保育問題研究会，社会福祉事業法改正研究委員会等見解を発表した。全社協保育協議会保母会はこの試案をきっかけに，保育の専門性の研究を進め，保育士法案を作成したが成立するまでには至らなかった。

「社会福祉士法」制定試案を中心になってまとめた仲村優一は，この試案がもし，日本社会福祉学会が賛成してくれていたら成立していたと語っていた。仲村優一は16年後に成立する「社会福祉士及び介護福祉士法」作成に再度かかわることになるのであるが，先に反対された経緯があるので，行政サイドは日本社会福祉学会に出さないようにしたと語っていた（本書第Ⅲ部聞き書き〈その2〉，p.324）。

4　学会の社会的活動

　これまでも学会は声明を出したり，陳情したりと社会的な活動を展開してきているが，この時期にもいくつかの活動をしているので，時系列的に順次挙げてみる。

・1963（昭和38）年2月10日　日本社会事業学校連盟，日本ソーシャルワーカー協会，日本社会福祉学会の3団体と共同で，「家庭裁判所調査官採用試験科目改正に関する陳情」を最高裁判所・法務局に提出した。内容は専門試験科目として社会福祉学を加えることを要望した。

・1964（昭和39）年2月　日本社会事業学校連盟・日本社会福祉学会は「国家試験に関する陳情」を人事院に提出。内容は国家公務員採用上級試験の出題分野に社会福祉関連科目を加えることを要望

・1970（昭和45）年11月3日　日本社会福祉学会第18回総会において「少年法改正に反対する決議」を採択。法務大臣他関係機関に送付した。同総会において，江口英一会員より「失対制度廃止反対の声明」への署名運動を学会内で進めることへの協力依頼があり承認された。

・1971（昭和46）年10月3日　第19回総会において，「社会福祉士法案要綱試案並びに審議過程の公表」を決定し厚生省に要請した。

・1972（昭和47）年4月17日　日本社会福祉学会社会福祉専門職問題検討委員会の中間報告を中央社会福祉審議会職員問題分科会に送付した。（詳細は第3節に記述）

・1974（昭和49）年1月25日　日本社会事業学校連盟・日本社会福祉学会の連名で文部大臣に対して，国立大学に社会福祉学科設置方並に学位規定に社会福祉学博士・修士の新設を要望した。この要望は日本社会事業学校連盟が1966（昭和41）年文部省に「社会福祉学修士・同学士の称号に関する陳情」を行って以来，1968年にも同種の陳情を行った。今回の陳情もその延長線上のものであり，今回は日本社会福祉学会と連名で行ったものである。

第 4 章
学会組織の飛躍的拡大
——視点の転換：政策批判と政策提言・1974年～1989年——

田澤　あけみ

1　戦後社会福祉体制の見直し

1　臨調・行革推進下の学会活動の特色

　学会創設50周年を迎えた今から振り返れば，日本社会福祉学会にとってこの期（1970年代半ばから80年代を通して）は，総じてまさに内的にも外的にもかつてない大きな歴史的岐路に立たされる多くの新しい要因が水面下で準備された時期といえる。

　学会の内にあっては，創立30周年を迎え学会会員の増加（1980年代の会員数は約1300～1500人位），組織機能の拡大・再編（たとえば学会誌編集体制の強化，財政運営面での整備，学会事務局の固定化など）への対応のみならず，構成メンバーの膨張に伴う構成員の潜在的世代交代・バックグラウンドの多様化の進展，日本学術会議の構成学会としての新たな位置づけを獲得するなど，学会としての科学研究水準の高度化要求などが課題となっていた。

　それ以上にこの時期学会のあり方に多大な影響を与えたのが外部環境要因であった。1つは戦後の社会福祉体制の考え方や骨格に関係するような国際的広がりをもっての「福祉国家の危機」論争，国内的には「福祉見直し」，第二次臨時行政調査会・行政改革審議会路線での社会福祉政策の再編などが急速に推進され始め，その対応に追われたことである。併せて2点目としては，むしろ社会福祉全体の水準アップのためにも社会福祉界としては願いでもあった社会福祉専門職の資格化問題が，日本での国際社会福祉会議（1986年）開催以降急

浮上し，関係者のそれまでの内的動向とは別個に迅速すぎるスピードで国家資格のための法制化が実現したことである。これは，日本社会福祉学会にとってのみならず少子・高齢化に向かうわが国にとっては，社会的にも極めて大きな歴史的出来事であったのに比して，法制化に際しては学会内部での十分な検討や検証が成熟する間もなくスタートした。この社会福祉の専門資格化も，行政「改革」に伴う一連の社会福祉・社会保障政策の転換と連動し，その「改革」を進め担うことと表裏一体の関係にあった。

また構成メンバーの膨張に伴う構成員の潜在的世代交代・バックグラウンドの多様化を含めこれらの諸要因は社会福祉学の性質や役割・手法にも相互に複雑に影響しあって，それまでの「要求」，批判的視点や時の政策とは距離を置く手法やとらえ方という伝統的スタンスに加えて，利用者・国民の側に立った創造，チェック，道筋づくりなどの新たな視点，役割やそのための多様な理論構築や組織化が期待された。これらはどれ1つをとらえても国内事情のみならず，グローバル化の要素をはらみつつ重要な問題として，この期の日本社会福祉学会のあり方に大きく影響しまたそれを規定した。

以上のような時代的特色の中から代表的なものを少し詳細に取り上げてみると，1970年代以降のオイルショックを契機とした国家財政の逼迫をタテマエにいわゆる「社会福祉の見直し」に始まる一連の社会福祉政策や考え方の転換は，1980年代末から1990年代に公式化・実体化する社会福祉「改革」の可視的第1段階といえる。

一般的に転換期の質的把握は，大きくは政策・サービス供給主体の視点からの把握か，もしくは国民，サービス利用者側の視点に立つかなどによってその解釈には違いが生じてくる。この時期の日本社会福祉学会がいずれであったのかは，もはや草創期の組織結束という第一義的目的はとうに過ぎ，むしろ会員個人の専門的バックグラウンドの多様性，考え方，理論に負う要素が大きくなっていて一概に括ることはできない。代表的な1つの見方として，かつて仲村優一は，一連の動向の特質について次のような9点をあげて説明した（仲村優一「理念と視点：社会福祉『改革』の視点とは何か」『社会福祉研究』第40号，1987年4月，pp. 1-2）。

それらは、①1950年体制から1980年体制への移行として、1950年代の福祉三法体制から1960年代以降の福祉六法体制を経てさらには1980年代の変化傾向を脱六法体制へ、②選別的・救貧的福祉から一般的・普遍的福祉へ、③そのことはすなわち生活保護収斂型福祉から生活保護脱却型福祉へ、④無料・低額負担の福祉から有料・応能負担の福祉へ、⑤施設福祉中心の福祉から在宅福祉の強調へ、⑥受動的措置の福祉から主体的選択利用の福祉へ、⑦公的行政による画一的サービス供給から公私協働による多元的供給へ、⑧行政の縦割りによる福祉セクショナリズムから地域における保健・福祉サービスの横断的総合化へ、⑨中央集権的福祉から地方分権的福祉へ、と表わした。

2 臨調・行革動向と「社会福祉」

臨調・行革は当座大きくは2つの点で社会福祉祉制度・政策に影響を与えた。1つは臨調第5次最終答申に盛られた「社会保障，文教，農業，公共事業，産業助成，防衛等の主要行政分野における主な保護助成策について具体的整理合理化策を提言する」」(『社会福祉関係施策資料集2』全国社会福祉協議会，1986年，pp.245-246) を受けて，「社会保障」については「自助努力と社会連帯を基盤としつつ社会保障制度が国の政策として安定的に機能し得るよう、国民の負担水準との関連に配慮しながら，運用を含め制度の合理化・効率化及び体系化を図る必要がある。このような基本的考え方に沿って既往答申に示した給付水準の適正化等公的年金制度の合理化，給付率の見直し等医療保険制度の合理化，児童手当制度の抜本的見直し等の着実な実施を図る」ことが提示された。これにより特に1984～89年にかけては生活保護を初めとする国の補助金等の削減，利用者からの費用徴収が実施された (表1参照)。

2つには社会福祉事務の団体委任事務化等地方分権指向の具体化である。

これらの動きに対し日本社会福祉学会は国民の生存権・生活権を確保する立場からこれら一連の政策動向を危惧し，1985年初めから行革に関する特別研究委員会を立ち上げてこれらの問題に取り組んだ。

委員会を中心にシンポジウムを開催したり，報告書を公刊したりと一時期活発な活動を展開し一定の社会的インパクトはあった。しかし会員構成の多様

第4章　学会組織の飛躍的拡大

表1　特に社会福祉に関係する臨調・行革動向（狭義）

年	動　向　等	
1981年	3月	第2次臨時行政調査会初会合（会長・土光敏夫　5次にわたり答申、'83、3解散）
	7月	「増税なき財政再建」を提案、第1次答申（児童手当制度の抜本的見直し等社会保障の抑制を提起）
1982年	2月	第2次答申
	7月	「活力ある福祉社会の建設」等を入れた第3次答申
	8月	老人保健法公布
	10月	家庭奉仕員派遣事業の対象拡大と費用徴収制度導入
1983年	2月	第4次答申
	3月	第5次答申（最終）
	8月	行革審「当面の行政改革に関する意見」
	11月	厚生省、生活保護不正受給史上最高と発表
1984年	8月	身体障害者福祉法改正（更生援護施設入所者の費用徴収制度導入）
1985年	5月	国の補助金等の整理及び合理化並びに臨時特例等に関する法律公布（1年限りの暫定措置として生活保護費等の国庫負担を削減、翌年立法化により延長）
	7月	行革審、内閣機能強化や民間活力導入等を求める報告書発表
	11月	社会福祉施設運営費問題検討会、社会福祉施設運営費（一般生活費）の水準及び改定のあり方についての意見
	12月	中央社会福祉審議会、国民生活の変化等に対応した生活保護制度のあり方について意見具申
	12月	中央社会福祉審議会老人福祉専門分科会、老人ホームに係る費用徴収基準の当面の改定方針について意見具申
	12月	中央児童福祉審議会費用負担部会、精神薄弱者援護施設等に係る費用徴収基準の改定について意見具申
	12月	身体障害者福祉審議会、身体障害者更生援護施設に係る費用徴収基準のあり方について意見具申
	12月	地方行革大綱閣議決定（福祉事務所の団体委任事務化等）
1986年	5月	国の補助金等の臨時特例等に関する法律公布（社会福祉施設の措置費に対する国の負担割合を2分の1、生活保護費や公費負担医療等への国庫補助金を10分の7とする3年間の暫定措置）
	12月	老人保健法改正（老健施設の創設、医療費の一部負担の引き上げ）
	12月	地方公共団体の執行機関が国の機関として行う事務の整理及び合理化に関する法律
1987年	12月	社会福祉関係3審議会合同企画分科会、社会福祉施設（入所）における費用徴収基準の当面のあり方について、今後のシルバーサービスのあり方について意見具申
1989年	4月	国の補助金等の整理及び合理化並びに臨時特例に関する法律公布（生活保護法、精神薄弱者福祉法、特別児童扶養手当法の改正、国庫負担75％となる）

資料：池田敬正・土井洋一編『日本社会福祉綜合年表』法律文化社、2000年等を参考に作成。

化・拡大化，時代的変化などもあって，かつての学会挙げて1つのエネルギーに結集した貧困問題への取り組みに見られたような社会的影響力や迫力，問題提起には至らなかった観がある。

この期のもう1つの大きな学会の関心事は学術団体としてのアイデンティティの構築，拡大する会員や社会福祉の一般化，福祉系大学数の増加等に付随した専門教育問題であった。いわゆる「士（サムライ）法案」以降の専門職制化の直接的議論とは別に，日本学術会議，日本社会事業学校連盟と連携・連動し，1982年専門委員会を組織して社会福祉教育全般に関する調査・検討を行っている。ただし1987年の国家資格法制化に際しては，日本社会福祉学会は理念的にも実務的にも積極的に表面に出ることはなかった。むしろ法制化以降一定の時を経過し，社会福祉体系全体との関係からや国家資格化の評価・諸矛盾・課題などが学会大会や機関誌，支部部会活動を通して活発に論じられた。

2　学会30周年と社会福祉再編

1　30周年記念号にみる「軌跡と展望」

当時の学会内部における学会のあり方や社会福祉理論についての認識は，『社会福祉学』第25-2号（1985年3月），「日本社会福祉学会創立30周年記念特集号」と題する「社会福祉理論形成の軌跡と展望」の特集に見ることができる。特集号では通常の論考以外に，この30年間代表理事等として学会にさまざまに大きなインパクトを与えてきた研究者5人（仲村優一，浦辺史，一番ヶ瀬康子，三浦文夫，髙島進，以上掲載順）の論文と再録（竹内愛二＝吉田久一）を含めて対談（岡村重夫＝吉田久一）を掲載した（本書第Ⅲ部に収録）。

機関誌担当理事として本号の編集に当たった秋山智久は「編集後記」（第25-2号）に以下のように記している。

「本号は，本学会創設30周年記念特集号として，昨年4月以来，その編集の構想を練り，その企画を推進して来た。そして歴代の代表理事等を中心とした学会運営に当たってこられた方々に執筆を依頼したのであるが，逆にそれらの

方々は，社会福祉研究の第一線でご活躍の人であるので……。『記念号』として岡村重夫先生提供による創立時の写真や，創立時の役員名簿を掲載することができ，また，過去30年の学会誌総目録と学会プログラムを整理できたことによって，特集に相応しいものとなったことを喜んでいる」。あわせて30周年記念号を機に学会誌の体裁について「目次を表紙に出しISSN（国際標準逐次刊行物番号）を定め，通巻番号を打った」ことも付記されている。

　それぞれの寄稿論文の中で，学会のこの30年と「今」について仲村優一は「学会発足後30年余り経った今日，行財政改革下，国債依存の借金財政建直しの名目で福祉の国庫補助率削減問題が突然表面化するにいたった。しかも30年前のような反対世論が湧き起るまでにはいたらず，行革推進ムードの中で何となくこのまま流れていきかねない気配である。本学会を含め諸学会の動きも極めて低調である」（同誌，p.3）と憂思した。浦辺史は「日本社会福祉学会の特質と展望」と題して学会の批判さるべき特質を次のように総論的に指摘した。「ともあれ，国民の不幸を心配する日本社会福祉学会は，国民の不幸を拡大するような政治動向には敏感に反応して研究者としての良識を示すことが国民に対する社会的責任であると考える。最後に，日本社会福祉学会は30年の歴史を経て，保育，児童，青少年，心身障害者，老人と多様な対象者に対し，教育，リハビリ，労働，医療，人間関係相談と多様な臨床技術をふくんでいるデパート学会の観がするが，社会福祉が国民的規模に利用者を拡大するにつれて，隣接科学との研究の協同が発展するばかりか老年学会，医療福祉学会，障害者問題研究会と分野別の学際的研究が芽生えているが，おそらくこれは急速に発展することであろう。日本社会福祉学会はこれらにどう対処すべきなのであろうか」（同誌，p.14）と今後の課題の1つを提起した。

　一番ヶ瀬康子はこれまでの日本社会福祉研究を担ってきた世代系譜の継承を辿り，「社会福祉学が従来いわれていたように，たんに学際科学の段階にのみとどまってよいかという点である。もちろん，安易に総合科学であるべきだというのではない。しかし，学際科学以上に，もっと，現代の生活解体の社会問題性をトータルに明らかにし，その原因を全面的に認識して，問題解決の方向を総合的に探究するためには，学際科学以上に各科学の相互交流，そしてとき

には越境的発言も必要なのではないかということである。……すでに指摘した2つの系譜の双方が，生活現実からの認識を媒介に，より積極的に交流することまた双方から……学びとったものを鋭い感性と柔軟な思考で，自らの問題感覚をもって，統合化を積極的にこころみることなどの諸努力が，さらに高まることが期待される」(同誌，pp. 21-22) とのメッセージを寄せた。

三浦文夫は「この社会福祉転換の主張は，どちらからかというと社会福祉の当事者側から，内在的に提起されたというよりも，臨調行政改革推進審議会，地方自治経営学会等や財政再建を至上命令とする財政当局等から打出されてきた印象があり……これらの動きは外在的に与えられたものという受け止め方がみられる。このためにこれらの動きに対して，機械的に反撥したり，他人事として把えようとしたりする傾向が，社会福祉関係者や研究者の一部にみられる。……重要なことは，これらの主張や動きを『黒船襲来』的に受け止め，攘夷論をふりかざすのではなく，国民の生活を守り福祉の確保を如何に図るかという観点から，社会福祉の転換の是非を明らかにするとともに，社会福祉の転換なり『改革』の構想や道筋を，社会福祉の立場から自主的，主体的に明らかにしていくことである」(同誌，pp. 23-24) との見解をもって過去30年間の社会福祉政策研究の動向を3期に時期区分して分析した。

最後に高島進は，社会福祉史研究に焦点を当て，1954年以降1984年（第32回学会大会）までの学会研究大会における歴史研究報告の領域（対象）的特色，戦後の主要な社会福祉史に関する著作目録の検証・分析を踏まえて，臨調・行革進行の中で歴史研究が今なぜ重要視されねばならないかを訴えている。「歴史研究は実証性をぬきにはありえない。……しかし，歴史研究をなりたたせるもう1つの基礎的な要件は問題意識である。歴史は過去の単なる再現ではない。どの一時点をとっても数億，数十億の人びとが生きて，何ごとかの歴史的事実を時々刻々つくりだしているのであるから，……われわれが過去をとらえるという作業は，われわれの問題意識により，過去の事実を選択することを通じて可能となる。そうした問題意識は究極的には社会福祉の現在の問題をどう把握し，どのような方向にその解決をもとめ，実践するかという，……実践的意識ということにつながる。……歴史研究とはその意味で極めて主体的・実践的な

ものでしかありえない」(同誌, p.63)。

　このように5研究者が5様に学会30年間の総括と抱負を述べているが大きくは2つの事柄が指摘されているように思う。1つは進行しつつある渦中の80年代の行政「改革」路線の政策動向をめぐって，国民にとって社会福祉縮減になりかねないと危惧されるとの立場から，十分主導的立場を担い得ないとの認識にもとづく学会の力量や役割・関与に対する評価である。80年代の時代性をいかに認識するかの立場を超えて，後に触れるように永岡正己の「グランドセオリーの困難さ」を裏付けるかのような指摘・認識である。またそれを通して学会組織の拡大とメンバーの考え方・バックグラウンドの多様性の現実をも認識せざるをえなくなったとともに，大所帯の組織的結束や意見集約の困難さをも明確にしたといえる。そのことは一方では，支部活動の活性化や隣接する研究会・学会の立ち上げなどという学会本体がかつてのような単一的特質を超えて，多様なエネルギーと挑戦への可能性を内包するようになったという積極的要素へと転換するエネルギーの成長をも示唆している。

　あと1つは，実践科学としての社会福祉学の質的あり方や方向性に関するさらなる究明に敷衍されたことである。特に30年という節目を契機に，人々の生活・社会の複雑多様化，情報化の進展の目覚しさに伴って社会福祉の守備範囲のさらなる一般化や拡散・拡大が進む中で，何でもありの「福祉」への警鐘と過去の「社会福祉」からの継承を踏まえた新たな社会福祉学の再構築への問題提起ととらえられよう。

2　学会30周年の課題

　1954年の設立以来4半世紀を経，また30周年を迎えるという組織としても大きな節目の時期を含む本期は，国際的には20世紀福祉国家モデルの「危機」論争や戦後の社会福祉事業法，福祉六法体制に象徴される社会福祉の骨格にもかかわる激動の時代であった。

　高澤武司の言葉を借りれば，さまざまな観点から1973年を社会福祉行政の戦後体制への終焉のターニングポイントととらえ，1973年から「現代社会福祉」が始まったとした。その根拠としてわが国の福祉サービス供給機構のあるべき

方向については70年代末までに兆候的・試行的ではあるものの，コミュニティ福祉への思考上の転換がほぼ決定付けられたこととした（高澤武司「戦後福祉行政の機能の拡張と障壁」『社会福祉研究』第30号，鉄道弘済会，1982年4月，pp.33-35)。時代的特質について，古川孝順は1974年から1988年までを社会福祉調整期と区分した上で，さらに1974年から1980年までを社会福祉の費用抑制期と1981年から1988年までを財源調整期と理解し，これらの期は財政主導型の福祉改革期とその時代的特色を規定した（古川孝順「社会福祉政策学の再編と課題」三浦文夫，高橋紘士，田端光美，古川孝順編『講座 戦後社会福祉の総括と21世紀への展望 Ⅲ 政策と制度』ドメス出版，2002年，p.296)。

1980年代以降の「福祉国家」モデルの検討・再編論については，それは単に「反福祉国家論」との対抗関係が顕在化しただけではなく，より複雑多様な要素が含まれることが指摘された。そのために「市場対政府というドグマ的対抗図式や福祉国家対反福祉国家という対抗図式は社会の動きを見失い，視野と選択肢を狭める可能性を持っている。……対抗図式としてではなく市場と政府がいかにグローバルなかたちで共存を実現するかが課題」とされた（高田真治「福祉政策の視点」一番ヶ瀬康子，高島進，高田真治，京極高宣編『講座 戦後社会福祉の総括と21世紀への展望 Ⅰ 総括と展望』ドメス出版，1999年，p.124)。併せて80年代半ばからの措置システムの考え方については，社会福祉の政策動向は従来の行政手続きモデルからサービス利用過程モデルへの変化とも解された（小林良二「戦後社会福祉の政策展開と展望（2）－組織論の視点から」三浦文夫，高橋紘士，田端光美，古川孝順編『講座 戦後社会福祉の総括と21世紀への展望 Ⅲ 政策と制度』ドメス出版，2002年，p.45)。

このように本期の社会福祉の政策動向に対し，それまでの社会福祉の制度や概念とは異なるさまざまな理論や見方が展開されるなかで，1970年代後半から1980年代の日本の社会福祉思想と理論の全体的傾向を取り上げて，永岡正己は「高度成長に深く枠づけられ経済に従属し，政治システムに規定された主体性の弱い日本の社会福祉思想は，1970年代に基盤と骨格の弱さを露呈し石油ショック以後の困難な状況を内的に支える強固さをもつことはできなかった」と指摘した。さらに「ニード論，運動論の形成などメゾレベルの理論展開を含む重

要な動きも始まったが全体として十全な思想的視野をもった論争は展開されなかった」として「1970年代以後の理論はグランドセオリーの困難さをかかえていた」ことにその原因を求めた（永岡正己「戦後社会福祉思想の形成と展開」阿部志郎，右田紀久恵，宮田和明，松井二郎編『講座 戦後社会福祉の総括と21世紀への展望 Ⅱ 思想と理論』ドメス出版，2002年，pp. 60-61）。

　一方でこの時期には，かつての社会福祉の本質論争では解釈論に比重が置かれ，あまり究明されなかった学の性格についてもほぼ合意が得られたとされる。社会福祉学とは何かへの関心・研究の深化・拡大の中で明確になってきたこととして，一番ヶ瀬康子は日本学術会議の位置づけなども視野に含めて実践科学であることを再確認している。一番ヶ瀬は日本社会事業学校連盟主催の「戦後社会福祉教育の五十年」と題する講演の中で「さまざまな意見がありますけれど，一応，実践学であるという合意が得られた時期がきた…… 実践的な現実の問題に対し実践を深めていく問題提起ということに起点があわされてきたように思います。……ミクロな対応の中から問題を発見して，それを政策・計画学の視点につなげていこう，ミクロとマクロの接点というあたりのところが1つの流れになっていったのでは」と学の性格に言及した（一番ヶ瀬康子「戦後社会福祉教育の五十年」一番ヶ瀬康子・大友信勝・日本社会事業学校連盟『戦後社会福祉教育の五十年』ミネルヴァ書房，1998年，p. 11）。

3　学会組織活動の刷新とネットワーク化の進展

　「社会福祉」は言葉上も「福祉」として表現されることが多くなり，学会，組織は多様性と膨張の一途にあった。それまで年1回の発行であった学会機関誌の発行は1980年以後，年2回となった。多様性はあるもののそれぞれの地方部会活動は福祉系大学を中心に，それぞれのブロックにおける社会福祉研究活動の拠点たるべき活動を展開し中央とは異なる独自性を発揮した。それに伴い，それまで時々に各福祉系大学持ち回りでなされてきた学会事務局は，1978年からは全国社会福祉協議会内地域組織部に固定され，さらに拡大に向かいつつある学会組織の連絡調整の基盤が少しずつ整備された。

　事務所の固定化とあい前後して伝統的に各大学持ち回りで編集されてきた学

会誌『社会福祉学』も1979年からは編集委員会制度を新たに発足させ，編集規定等の整備を含めてより組織的で充実した機関誌体制に建て直した。学会活動の拡大・多様化は掲載する学会誌の内容にも多様に反映された。たとえば，第27－1号（1986年5月）では初めて社会福祉と「居住」の問題が特集的に取り上げられるなど，いっそう近接領域との関連をテーマとする新しい傾向や実践科学としての統合化を模索する論考が増加してきた。多様・拡大化傾向は学会研究大会にも反映され，次第に自由発表テーマの多様化，発表演題数の増加へとつながった。80年代に入ると分科（部）会数が2桁台に増加するとともに同じ分科会でも1つでは消化しきれず複数の口頭発表区分を準備するようになった。

この時期は国民生活における社会福祉施策の重要性への認識の高まりを受け，社会福祉学会活動実態や学会の位置づけへの認識などについても問題提起がなされた。第9期日本学術会議は1974年5月の第65回総会で産業・国民生活特別委員会を設けて「社会福祉の研究・教育体制等について」を政府に勧告した。

このような関係者等の働きかけ等が結実して日本社会福祉学会は1985（昭和60）年，第13期から学術研究団体として日本学術会議の社会福祉・社会保障研連（第1部），社会法学研連（第2部），経済政策研連（第3部）に登録された。これら各研連領域にわたったのは社会福祉学が学際的性格を有するとされたことによる。そして以後日本社会福祉学会と特に日本学術会議，社会福祉・社会保障研連とは時々のテーマに応じて調査・研究活動においても連携した活動がなされるようになった。

1980年代には社会福祉士及び介護福祉士法の制定なども影響して，学会に影響を及ぼすあるいはテーマによっては協働活動や機能役割分担を必要とする，目的や活動を特定した組織が急速な成長をみせた。なかでも1960年代末までは学会の年次研究大会時にあわせて開催していた日本社会事業学校連盟大会は，以後分離し独自に日本社会事業学校連盟は社会福祉教育セミナーを開催することとなった。より実践的視点を重視する問題については1983年に再建された日本ソーシャルワーカー協会との連携が必要となった。

また，1980年代は各支部学会が地方特性を反映して独自の活動を模索し始め

ただけではなく，1987年には「日本地域福祉学会」の設立など日本社会福祉学会の中でのさらに特定領域・分野，視点に依拠した新しい学会・研究会活動の誕生や胎動が見られた。

3 臨調・行革の推進と学会活動

1 行財政改革に関する2つの特別委員会の設置

(1) 臨調特別委員会の活動

1973年秋の第1次オイルショックはいわゆる「福祉元年」を皮肉にも「福祉見直し」へと変えた。さらに第2次オイルショック（1979年）は「日本型福祉論」を生み，1980年代の政府・第2次臨時行政調査会（1981～84年）の設置と行政の効率化や財政の緊縮化を目指す社会福祉政策・サービスの再編に向かった時代であった。この間特に，社会福祉事業法，社会福祉六法を中心とする戦後日本の社会福祉体制の基盤は次第に，その対象を施設収容第1主義や低所得層に限定する見方から，必ずしも低所得，施設収容に対象やサービス提供方法を限定しない戦略を指向する方向での組み換えが進行していた（里見賢治「社会福祉再編期における社会福祉パラダイム」阿部志郎，右田紀久恵，宮田和明，松井二郎編『講座 戦後社会福祉の総括と21世紀への展望 Ⅱ 思想と理論』ドメス出版，2002年，p.70）。

なかでも学会は第2次臨時行政調査会路線の社会福祉行財政のあり方をめぐる動向に対して，1981年秋という早期に内部に特別委員会を設置して学会として取り組む体制を組織した。公式的には1981年10月9～10日，四国学院大学を会場に開催された第29回日本社会福祉学会大会・総会の席上，「臨調問題に関連して特別委員会の設置が提起され，満場一致で採択された」（『社会福祉学』第23-1号，1982年7月 p.159）。行政改革に関する社会福祉特別研究委員会は，委員長に佐藤進（日本女子大学），委員に仲村優一（日本社会事業大学），小松源助（日本社会事業大学），三浦文夫（日本社会事業大学），一番ヶ瀬康子（日本女子大学），北川隆吉（名古屋大学），浦辺史（道都大学）が第29回学会総会で承認さ

れた（ただし81年度学会理事会記録，浦辺論文（『社会福祉学』第23−1号）では，重田信一（全国社会福祉協議会〔ママ〕），永田幹夫（全国社会福祉協議会）が委員に含まれている）。

学会理事会議事録（81年度）によれば同委員会設立（案）には次のような文案が残されている。

>「第2次行政調査会答申にもとづき，現在国において検討されている行政改革は人権を守るべき社会福祉の発展を阻止し，その後退をまねき，国民生活の安定と平和をおびやかす結果を導くものを含むものと危惧しております。したがって，日本社会福祉学会はその動向に重大な関心をもち，緊急に行革における福祉問題特別研究委員会を設置し，状況を分析，研究し事態に対応して必要な行動を積極的にとることを大会決議として声明します。
>
>　　　　　　　　　　　　　昭和56年10月9日　日本社会福祉学会第29回大会」

この学会決議の動向は早速翌10日，学会開催地のローカル各紙のみならず，全国版では『朝日新聞』紙上で「臨調を批判　特別委員会設置　日本社会福祉学会」という見出しで，第29回社会福祉学会全国大会で行政改革についての福祉問題特別研究委員会が設置され学会がこの問題に対抗して取り組む姿勢として報道された。学会内部のみならず社会的にも臨調の動向に対する学会の動向に少なからぬ関心が寄せられた。

その間の経緯について浦辺史は「臨調・『行革』と社会福祉研究の課題」（『社会福祉学』第23−1号，1982年7月）の中で次のように記述している。

>「時あたかも行革関係法案が一括採択されようとする臨時国会の開期中の10月9日に学会総会が開かれるのをみてたまりかねて学会理事会へ要望書をおくった。学会理事会では，手際よく総会で臨調行革に危惧の意志表示を行うとともに，研究委員会を設けて臨調・行革と福祉問題の研究をすすめることになった。その後学会としては，行政改革における福祉問題特別委員会が設けられ，佐藤進委員長の下，一番ヶ瀬・仲村・重田・三浦・小松・北川・永田の各委員のほか私も委員に指名された。年内に2回の委員会を開いたが情報蒐集のほかはまだ研究は残念ながら進んでいない」（pp. 131-132）。

同じ号の「編集後記」で高島進は「臨調・『行革』が社会福祉の展望に暗い

第4章　学会組織の飛躍的拡大

かげをなげかけている。学会としても特別委員会を構成し各部会でもとりくむことが決定し，地方部会報告にのべられたようにすすんでいる」とし，この問題には学会本体のみならず各地方部会でも検討されていることに言及している。

　これらの方針に従って引き続きその後の学会大会では，第30回大会（1982年10月）・「社会福祉政策の本質を問う―その動向と課題―」，第31回大会（1983年9月）・「社会福祉における公私問題―日本の現状と課題―」として大会テーマに掲げられたり，第32回大会（1984年10月）のシンポジウムテーマとして取り上げられ検討・研究された。連動して学会誌の特集だけでも第23－2号（1980年10月）・「臨調行政改革と社会福祉の動向」，第24－1号（1983年6月）・「社会福祉政策と行財政改革」，第25－1号（1984年9月）・「社会福祉における公私問題―日本の現状と課題―」，第25－2号（1985年3月）・「危機にたつ現代家族と社会福祉の課題」などと題してまとまって「臨調行革」問題に取り組んだ。

　結果的には，各種の取り組みにもかかわらずさまざまな意見・見解の相違から，設立時の意気込みを一本化することはできなかった。学会としての意見統一を図ること自体が困難であったのか，報告書の類は出されなかった。いわばそれに替わるものとして委員長を務めた佐藤進は，文責は委員会ではなく自らにあると断りながら，学会誌に「行財政改革と社会福祉　第2次臨調下の行財政改革と福祉行政」（『社会福祉学』第24－1号，1983年6月）と題する長文の委員会の総括的報告論文を寄せた。

　　「この特別研究委員会は設立後行革に関連する内外の関係資料を蒐集しつつ，第2次臨時行政調査会の創設とその答申の内包する行財政改革の発想，その具体化の方向の客観的評価，加えてこの答申の中央政府・地方公共団体の広義の社会福祉行財政への具体的展開に関する実態究明を行ってきた。そしてこの特別研究委員会の討議の結果は，まず，日本社会福祉学会第30回大会（1982年10月）における臨調行財政改革と社会福祉のシンポジューム開催とその報告論議に具体化され，その後も討議を継続することになった。……学会の共通的な問題認識とその共通課題への対応と取り組んだことは，学会関係者が何らかの形でこの行政にかかわっており，加えて行財政改革の社会福祉行政，国民の生存

権，生活権問題にかかわる行政へのインパクトの大きさを予見したからにほかならないと考えられる」(pp. 43-44)。「批判の当否はともかく筆者なりに整理してみると，第2次臨調とその各答申にもとづく政策の展開は第1に，停滞的な低経済成長期において増大する行財政需要とコスト膨張，行政機構の肥大化現象に対し限られた財源，社会資源の政策的配分の必要から行財政改革の教育啓蒙的レベルから具体的な政策的実践レベルへの段階の問題を提起し動いている。第2に，この答申と政策はとりわけ広・狭の社会保障，社会福祉行政領域において公的独占あるいは寡占サービス行政領域に対し自立・自助，民間の活力利用の形でその行政領域の見直しとともに福祉サービス産業化，公・私の有料サービスシステムの開発など事実として新しい Delivery System 形成奨励の政策動向と国民の負担強化とサービス選択を始動せしめている。第3に，第2次臨調と答申にもとづく政策は，追いつけ型近代化の名による『西欧型福祉国家』から実体はともかく『日本型福祉国家』建設の方向を示し始めている。第4に答申とその政策は『豊かな社会』のなかの『貧困化現象』に対する行政対応として普遍主義原則から選別主義にもとづく必要行政の選択を中心に『聖域』化されてきた『福祉』行政へのメスをいれ，一方政治的力学の面で防衛費を『聖域』化領域に転換せしめつつある。以上のような第2次臨調と社会福祉行政の現実とのかかわりをみるとき，前述の『権利』の文字を一切拒否し『活力ある福祉社会』の実現を当然のごとく無限定的に自助・自立原理の強調と調和ある国家行政介入によって求めようとしている政策動向は財源対策の実現といえ，国民負担を前面に一方人権尊重のフィロゾフィを欠いているといってよい」(pp. 64-66)。

委員会の終結に中途半端の観が否めないのはおそらく，委員の1人であった浦辺史が指摘する如く「委員の意見が対立して所期の効果を収めることができなかった」(『社会福祉学』第25-2号，1985年3月，p. 13) からであろう。わずかにこの委員会設置の背景となった社会福祉の方向性への危惧や本委員会の主流であった「改革」への批判的姿勢は1980年代半ば以降より具体的・現実化してくる社会福祉費削減への更なる対抗として，学会内部に新たに設立された「生活保護等国庫負担削減に関する特別研究委員会」に引き継がれた。

(2) 生活保護等国庫負担削減に関する特別研究委員会

　いわゆる「福祉見直し」から第2臨調・行政改革推進審議会の主張に沿って80年代以降は実際的な社会福祉の「再編期」に移行することになった。その特色は1983年3月14日の第2臨調第5次答申（最終答申）等にみられる「補助金等の整理合理化」に入れられた有名な「個人の自立・自助や民間の自主的活力あるいは地方公共団体の自主的対応にゆだね得るものはできるだけゆだねる」（全国社会福祉協議会『社会福祉関係施策資料集2』1986年8月）という方針に依拠した福祉事務の団体委任事務化を含む，社会福祉・社会保障に係る国庫補助金等の整理合理化方策であった（前掲，表1「特に社会福祉に関係する臨調・行革動向」参照）。

　学会では1981年度の行革問題特別研究委員会に続いて「生活保護等国庫負担削減に関する特別研究委員会」を設置し1985年2月には活動を開始していた。公式には第34回日本社会福祉学会大会総会（1986年11月，於　淑徳大学）で「生活保護等国庫負担削減に関する特別研究委員会」の経過報告を行った。この活動のため本研究委員会単独で，1986年度に115万5000円，1987年度に86万4492円という予算規模での特別会計が組まれた。三和治（明治学院大学）を特別研究委員会委員長に，石黒チイ子（全国社会福祉協議会），小沼正（駒澤大学　1985年11月27日死去），佐藤進（日本女子大学），津田光輝（東京都目黒区福祉事務所，小沼委員死去による後任），仲村優一（日本社会事業大学），松崎久米太郎（上智大学），山下袈裟男（東洋大学）の8名を構成メンバーとし，1985年2月3日～1987年5月23日まで計18回の研究委員会を開催し，その間「最近の福祉事務所における生活保護行政運用に関する実態調査」の実施および委員会メンバーによる数回の関係機関（福祉事務所）・関係者（担当者）へのヒアリング調査を行った。そして，1988年4月，『生活保護国庫負担削減による影響についての研究』を学会として公刊し終結した（資料1「最近の福祉事務所における生活保護行政運用に関する実態調査」調査結果の概要，参照）。

　『生活保護国庫負担削減による影響についての研究』の「まえがき」にはその目的や経緯を含めて次のように記されている。

　　「昭和60年度から実施された政府による高額補助金，国庫負担8割から7割

第Ⅱ部 社会福祉学研究の50年と日本社会福祉学会

資料1 最近の福祉事務所における生活保護行政運用に関する実態調査

〔A〕調査研究実施の経過

(1)調査の目的

　昭和60年度から開始された生活保護費の国・地方自治体における費用負担割合の変更によって，福祉事務所レベルでのその影響を，その運用実態—各福祉事務所における生活保護運用の inside work —を明らかにすることを第1の目的とした。しかし，この直接的影響が明確になるためには，今後数年の経過を待たなければならないと考えられることから，この調査では，昭和59年度と同60年度の福祉事務所行政運用実態から，短期的に，間接的な動向をもとにして，その状況を分析する。

　第2の目的は，昭和50年代後半以降のわが国の低経済成長下において，国民生活の停滞的状況にもかかわらず，一貫して，生活保護率の低下傾向の実態を福祉事務所の生活保護行政の具体的運用の動向を通じて，その内容を明確にすることにおいた。

(2)調査対象福祉事務所数

　全国各地の配置状況に対応して，183カ所を有意抽出によって選定したが，調査票送付福祉事務所数は158カ所であった。

(3)回答のあった福祉事務所数と級地別状況

　前記のうち，調査票の回答があった福祉事務所数は107カ所であった。また，これらの級地別数（全国の抽出率）はつぎのとおりである。

	数	抽出率
1級地	56カ所	19.8%
2級地	13カ所	9.6%
3級地	38カ所	5.0%

(4)ヒアリングの実施

　特別研究委員において，自治体における生活保護等担当者へのヒアリングと，各委員の福祉事務所訪問によるヒアリングを実施した。

〔B〕調査結果の概要

1．分析結果(1)
(1)1級地福祉事務所の場合の対比

　1級地福祉事務所群のうち，保護率11‰以上の福祉事務所群（typeⅠ）とそれ以下の福祉事務所群（typeⅥ）の比較からみた結果を要約すれば，つぎのとおりである。

　(a)現業員1名当たりの担当件数は，typeⅠ福祉事務所群の場合68.8，typeⅥは88.6である。

　(b)世帯類型別受給期間別の状況は，つぎのとおりで，type別の特徴を見せている。

	高齢者世帯	母子世帯	10年以上受給
typeⅠ	41.4%	18.9%	25.8%
typeⅥ	27.1%	21.7%	15.4%

(c)自治体の総予算に占める生活保護費の割合は，typeⅠで10.5％，typeⅥで，7.2％を示している。
(2) 3 級地福祉事務所の場合の対比
　　3 級地福祉事務所群のうち，11.0‰以上（typeⅣ）とそれ以下の福祉事務所群（typeⅤ）とを対比した結果の要約はつぎのとおり。
　　(a)現業員1名当たりの担当世帯数は，typeⅣで58.9，typeⅤで51.1である。
　　(b) 1 被保護世帯当たりの年間保護費は，typeⅣで156.2万円，typeⅤで185.4万円である。
　　(c)自治体総予算に占める保護費の割合は，typeⅣで6.5％，typeⅤで，2.0％である。

2．分析結果(2)
(1)相談件数に占める保護開始件数の割合
　　(a) 1 級地福祉事務所の場合，type別の年次別推移は，typeⅠで46.5％（昭和59年度）から42.4％（昭和60年度），typeⅥで43.5％から39.7％と両者ともに低下している。
　　(b) 3 級地福祉事務所の場合，typeⅣの福祉事務所は43.5％（昭和59年度）から39.7％（昭和60年度）へ，typeⅤで45.0％から39.4％へとともに低下している。
(2)保護申請の取り下げ事由別状況
　　(a) 1 級地福祉事務所群の場合の取り下げ事由別のtype別による構成比状況。

	扶養義務者の援助	自力による	貯金あり
typeⅠ	22.8％	21.0％	16.5％
typeⅥ	15.0％	18.7％	13.9％

　　(b) 3 級地福祉事務所の場合は，typeⅣのみであるが，「貯金あり」17.9％，「扶養義務者の援助」13.9％，「保険解約」12.6％，「自力による」4％であった。
(3)保護開始の事由別状況
　　(a) 1 級地福祉事務所群の場合

	傷病	稼働者の死亡	収入減
typeⅠ	81.1％	6.4％	6.0％
typeⅥ	56.8％	18.0％	16.5％

　　(b) 3 級地福祉事務所群の場合，typeⅤのみであるが，「傷病」56.2％，「収入減」17.2％，「稼働者の死亡」12.1％である。

3．分析結果(3)
　回答のあった福祉事務所から抽出した24福祉事務所の生活保護費について予算決算額における状況を要約すれば，つぎのとおりである。
(1)保護費の対前年度比率は，12福祉事務所で減少している。
(2)急激に保護世帯数の減少した 1 級地福祉事務所群では，5 事務所のうち 4 事務所で最高－6.4％（対前年比）〔ママ〕マイナス状況である。
(3) 1 級地で対前年度比において，プラスとなっている福祉事務所群の場合，保護費の対前年比で23％も増加している福祉事務所もある。
(4) 3 級地福祉事務所の場合，6 事務所のうち 4 事務所で保護費が減少し，対前年比－11.0％の例

もある。

〔C〕調査結果についての考察

前述の分析結果の考察から、つぎのようなことがらが指摘されよう。
(1)最近の保護行政の適正化指導が機能していることが考えられる。
(2)保護申請件数の減少とともに、その開始件数の比率が低下していることは、注目すべき動向のひとつである。
(3)生活保護の費用問題と保護率の関係は、必ずしも明らかではないが、適正化の機能化を受け入れる要素の所在を示唆することがらも少なくない。
(4)これらは、生活保護、福祉事務所が地域住民の最低生活を保障するという重要な役割と、同じく重要な機能である生活相談の窓口としての役割が低下していることの現れではないか、どうか。さらに掘り下げた検討が必要とされる。
(5)調査対象となった福祉事務所数は、既述のように少なく、統計的にも代表的な意味はないが、ここに示されていることがらは事例的な意味にすぎないとしても、国民生活の基本に関わる意味をもつ問題を提起していると思われる。

　保護率は、人口急増地区では被保護世帯数の増減動向と無関係に低下する。重要なことは、人口停滞地区で急激な被保護世帯数の減少地区の生活保護行政内容を確認することである。
　これらの地区福祉事務所における停・廃止世帯の内容と開始世帯数の動向と、その構造の変化を中期的な視点で分析することにより、生活保護行政現場の傾向がより鮮明になろう。

出所:『生活保護等国庫負担削減に関する特別研究委員会　報告』1988年、学会理事会記録より抜粋。

　　への削減、自治体負担2割から3割への増加結果となった。この措置は限定的な対応であるとされるものの、生活保護が国家責任のもとで実施されていることや、国民生活の基礎に関わる位置を占める役割の重大性、全体的にいわれてきた自治体財政の基盤の乏しさ、弱さ、さらに生活保護行政に関わる自治体職員の問題状況などを含むこれまでの経過や認識から、社会福祉関係者はもちろん、多くの人びとにとっても重大な関心を寄せられる課題となった。
　日本社会福祉学会は、昭和59年の総会において提起されたことがらに基づき、この措置について社会福祉学会の拠って立つ目的とその立場から研究するため『生活保護等国庫負担削減に関する特別研究委員会』を設け、在京の公的扶助関係研究者（学会会員）をメンバーとして昭和60年2月からその活動を開始した。
　それ以後、会員各位のご協力を得てこの問題に対する調査研究を続け、この度の報告書作成にこぎつけることができた。その間、昭和61年度の総会に、特

別委員会の研究活動を『中間報告』として報告し，同62年度総会では調査結果を中心にその状況を報告した（以下省略）」。

同時に本研究委員会はこの研究の一環として同じメンバー（委員長・三和治，委員・小沼正を除く6名）により，心身障害者福祉対策研究委員会と称して「国庫負担金の一律削減が自治体における心身障害児・者福祉施設とりわけ身体障害者に対するそれに与える影響についての問題を調査研究」する目的をも兼務した。そして次の2つの研究課題を設定した（日本社会福祉学会・心身障害者福祉対策研究委員会『国庫補助金一律削減における地方の心身障害者福祉施策の影響の研究』1987年12月，pp.1-2）。

1つは「心身障害児・者福祉施策，特に身体障害者福祉施策に焦点をあてその自治体の対応の状況から国庫負担削減の影響をさぐること」，そして2つ目には「これに先行している生活保護の実施状況の分析・検討によって現在進行中の心身障害児・者福祉施策（身体障害者への所得保障）考察の資料とすること」にあった。

心身障害者福祉対策研究に限定した報告書は学会（課題研究）に対する財団法人・富士記念財団の助成金を充てて前掲報告書に先立ち，1987年12月に日本社会福祉学会・心身障害者福祉対策研究委員会『国庫補助金一律削減における地方の心身障害者福祉施策の影響の研究』として全167頁の研究報告書が刊行された。

2　社会福祉教育の高度専門化と学会活動

(1) 資格制度と学会の関与

1987年5月の社会福祉士及び介護福祉士法成立にいたるまで直接的な社会福祉専門職化に係る議論は3度ほど隆盛した。

1つは1960年代末～70年代初めの，中央社会福祉審議会「社会福祉の向上のための総合方策について（諮問）」（1969年）を受けた1971年，中央社会福祉審議会職員問題専門分科会起草委員会による「社会福祉士法制定試案」の策定がある。このいわゆる「士（サムライ）」法案計画は，すでに周知の通り全国の社会福祉関係諸団体からさまざまな批判的意見を浴び，意見の一致を見ることが

できなかった。特に日本社会福祉学会では「時期尚早」との声が強かったことが法案の流れた決定的な要因であったとされている（京極高宣『福祉専門職の展望——福祉士法の成立と今後』全国社会福祉協議会，1987年，p. 45）。この計画への評価・解釈はさまざまあるが，結果的には専門職論の延長線上でのみ解釈されたことでイギリス・シーボーム報告に見るような社会福祉供給構造全体へのインパクトはなしえないまま，1976年には正式に白紙撤回された（高澤武司「戦後福祉行政の機能の拡張と障壁」『社会福祉研究』第30号，鉄道弘済会，1982年4月，p. 37）。

　2回目の機運は，いわゆる「福祉見直し」や行財政改革を契機とする1970年代半ば頃に見られた。1974年5月20日，日本学術会議より第65回総会の議に基づき「社会福祉の教育・研究体制等について」（勧告）が出された（『社会福祉学』第15号，1974年9月，pp.115-121）。その中で，「我が国では欧米諸国にくらべて社会福祉体制の整備はその学術研究・教育体制を含めて極めて不十分である」ことが取り上げられた。そして「国民的な生存権的要求に答えるためには，国及び地方自治体の財政支出の拡大とともに，社会福祉活動に従事する人々が質量ともに十分に確保されることがその労働条件の改善とともに必要である。よって，本会議は社会福祉に関する多くの問題のうち，今回は特に研究・教育問題のみをとりあげ，政府が次の諸点について早急に必要な施策を講ぜられるよう勧告」した。その諸点とは，「1．社会福祉の研究・教育体制の充実について」，「2．児童福祉職員並びに障害児・者の教育・福祉にあたる教職員の養成制度の改善について」，「3．障害児・者の教育権保障について」の3点がとり上げられていた。

　「1．社会福祉の研究・教育体制の充実について」の説明では，「社会福祉の研究・教育は戦後次第にいくつかの大学でとりあげられるようになり，社会福祉の研究・教育に関する大学院・学部・学科又は専攻コースを持つ大学は，日本社会事業学校連盟加盟校で短大を含め36校，また日本社会福祉学会の会員も1,000名をこえようとしている」ことに触れた。この勧告については『社会福祉学』第15号（1974年9月）によれば，「1974年日本学術会議より政府に対し社会福祉の研究・教育体制等についての勧告あり，学会からは小川政亮，一番ヶ

瀬康子，三浦文夫，宍戸健夫，土方康夫，田中昌人，浦辺史等が協力要請にこたえた」(p.115)ことがわかる。

　1975年3月には厚生省社会局長の諮問機関として「社会福祉の教育問題検討会」が設置され，「今後における社会福祉関係者の基本構想及び社会福祉教育のあり方について」(答申) など二次に及ぶ答申がなされ，社会福祉教育問題検討委員会の趣旨を支持した (京極高宣『福祉専門職の展望─福祉士法の成立と今後─』全国社会福祉協議会，1987年，pp.240-277参照)。

　3度目の興隆は1980年代半ば以降の国家資格の実現にあった。すでに進捗していた行財政構造の見直し路線，人口構造の高齢化の進展等の最中，国際社会福祉会議の日本での開催 (1986年夏) を機に直接的弾みがついた。当時厚生省社会局・社会福祉専門官として法案作成過程に深く関与した京極高宣は，この国際会議は「日本ソーシャルワーカー協会 (会長・阿部志郎) 再建など，わが国における社会福祉専門職のあり方を見直すうえで大きな示唆が与えられた」としている (京極高宣「社会福祉専門職制度の10年の評価と課題」『社会福祉研究』第69号，1997年7月，pp.42-43)。

　1986年末には中央社会福祉審議会等社会福祉関係三審議会合同企画分科会 (座長・山田雄三) が設置され，翌87年1月19日合同企画分科会に福祉従事者のあり方を早急に検討する企画小委員会が設けられ，1月29日には第1回会合が開かれ資格制度化に向けて具体的検討が開始された。社会福祉関係三審議会合同企画分科会は，同年3月23日，社会福祉関係者の資格制度について「早急に資格制度化の実現を図るよう」意見具申した。その中で「福祉関係者の資格制度については……法制化の必要性が高まっているところであるが，日本学術会議をはじめとして日本社会事業学校連盟，日本ソーシャルワーカー協会，全国社会福祉協議会等からも早急に法制化を図るよう要望が強く，またシルバーサービス関係方面から専門の人材養成を求める声が大きいため，本委員会として緊急に検討を行ったので，その検討結果を報告する」(前掲，京極高宣『福祉専門職の展望─福祉士法の成立と今後─』巻末「参考資料」より) とある。法成立までのその後のプロセスは，4月15日全国社会福祉協議会，日本社会事業学校連盟，日本ソーシャルワーカー協会「社会福祉士・介護福祉士法制化実現全国緊

急集会」の開催や国会陳情などを経て，1987年5月21日，衆議院本会議で社会福祉士及び介護福祉士法案は可決，同年5月26日公布された。

　専門職もしくは資格制度化への動向における日本社会福祉学会の関与については，第1のヤマであったいわゆる「士（サムライ）」法案に「時期尚早」という法制定化見送りへの「決定打」を放った以外には，第2のヤマ，そしてこの1987年資格法制化に関してはまったく表面だった活動や関与は見られない。この間の学会の動きを広義に解釈するなら，1986年8月1日に出され社会福祉教育懇談会提言に盛り込まれた，日本社会福祉学会を代表する研究者9人の専門職化についての主張が見られたというくらいであろう（秋山智久「ソーシャルワーカーの資格はどうあるべきか」『社会福祉研究』第40号，1987年4月，p. 38）。

　法制化の時代には，関係団体・組織の役割分担，ネットワーク化が実現し，学会よりはむしろ専門職制，資格制度とより密接に関わる社会福祉教育領域を受け持つ学校連盟や現場のソーシャルワーカーと結びつきの強い日本ソーシャルワーカー協会などが積極的・中心的に関与する段階にあったとみることができる。この時点までのわが国の社会福祉専門職問題や専門性に関する理論やフレームワークはすでに「士（サムライ）」法案などを経るごとに議論され尽くした観があり，学会へのさらに新たな理論構築を求められることも現実には希薄であったために，行政改革の流れのなかで政治行政パワーが実務的側面からリードする勢いが勝利した結果といえよう。

　国家資格化は日本社会福祉学会のみならずわが国社会福祉界全体にとっても歴史的出来事であった重みや，「士（サムライ）」法案時には『社会福祉学』第12号（1972年9月）で特集的に取り上げられたのに比して，1987年法制化に関わっては社会福祉学会大会や学会誌で正面きって取り上げ，議論する時間的余裕もないままに成立を見た観が否めない。法制化の最中ではわずかに『社会福祉学』第28－1号（1986年6月），「編集後記」で岡本民夫が「本学会でもかねてからの懸案事項の1つであった社会福祉士及び介護福祉士法が成立・公布され来年度より施行されることになりました。この法律の制定は社会福祉従事職員にとって悲願であっただけに多少の問題を残しながらも重要な一歩前進として評価できるものと思われます。さらにこの法が名実ともに社会的に評価でき

第4章　学会組織の飛躍的拡大

資料2

文部大臣（奥野誠亮）殿　　　　　　　　　　　　　　昭和49年1月25日
　「国立大学に社会福祉関係学科の設置方等要望について（陳情）」

　　　　　　　　　　　　　　　　　　　　　日本社会事業学校連盟会長（仲村優一）
　　　　　　　　　　　　　　　　　　　　　日本社会福祉学会代表理事（浦辺史）

　1970年代における経済社会の発展と国民生活の変ぼうは，社会福祉を国の重要な政策課題としてとりあげさせ，社会福祉職員の専門職化問題とその量的拡大が日程にのぼっております。社会福祉職員の需要にこたえる社会福祉関係学科（社会福祉，児童福祉，保育等）を設置する大学，大学院，短期大学は逐年増加し，本連盟に加盟する大学数はすでに36校に達し，近く40校をこえることが予想され，日本社会福祉学会の会員も1,000名をこえようとしております。
　しかしながら，社会福祉の大学教育は，一昨年本土復帰にともない国立大学となった琉球大学を除き，その大部分は私立大学で行われ，公立の4年制はわずか5校にすぎない現状であります。かかる実情にかんがみ，文部省におかれましては，社会福祉の研究教育の推進向上のため下記事項の実施方ご検討を賜りたく，ここに日本社会事業学校連盟ならびに日本社会福祉学会総会の決議にもとづき，連名をもって陳情いたします。

　　　　　　　　　　　　　　　　　　記
1　国立大学に社会福祉関係学科（社会福祉，児童福祉，保育等）を設置されたい。
2　昭和43年すでに陳情いたしましたところであるが，学位規則を改正して社会福祉学博士，社会福祉学修士を新設されたい。

（添付資料）
1　日本社会事業学校連盟名簿
2　大学における社会福祉学科の学部別設置状況

出所：1973年度学会理事会記録より。添付資料については再録省略。

るものにしていくために本学会が学問上果たさねばならない責任は益々大きくなるものと考えます」とコメントしたのみである。あるいは第29－1号（1988年6月）で「社会福祉における専門性と専門職―『自立』との関係において―」と題する秋山智久論文で一部，この法のことに言及している。

(2)　社会福祉教育調査委員会

　1970年代以降，顕著な高齢化，「福祉見直し」に伴う社会福祉をめぐる内部・外部環境の急激な変化，人々の人権・権利意識の高揚等に呼応した福祉系大学における社会福祉教育の高度化への期待と量的拡大の諸矛盾などが明確な課題の1つとなっていった。1974年1月には，日本社会事業学校連盟会長と日

第Ⅱ部　社会福祉学研究の50年と日本社会福祉学会

表2　社会福祉教育に関する調査概要

調査タイトル	調査時期	調査対象	結果概要の公表
「大学院における社会福祉教育に関する調査」	1982年12月	日本社会事業学校連盟加盟の18校（回収率　修士課程77.8％，博士課程72.7％）	日本社会福祉学会社会福祉教育調査委員会「大学における社会福祉教育の現状と課題」『社会福祉学』第24－2号（1983年9月）
「社会福祉専攻を有する四年制の大学における社会福祉教育に関する調査」	1983年3～7月	日本社会事業学校連盟加盟四年制大学中「社会福祉学部」「社会福祉学科」「社会福祉専攻コース」を有する23校（回収率91.3％）	日本社会福祉学会社会福祉教育調査委員会「大学における社会福祉教育の現状と課題－社会福祉教育基礎調査報告－」『社会福祉学』第25－1号（1984年9月）

本社会福祉学会代表理事の連名で文部大臣宛の「国立大学に社会福祉関係学科の設置方等要望について（陳情）」が出された（資料2）。さらに，既述の日本学術会議の1974年5月20日の内閣総理大臣・田中角栄宛の「社会福祉の研究・教育体制等について（勧告）」などはその突破口となった。

　学会では日本社会事業学校連盟とともに，日本学術会議，社会福祉・社会保障研究連絡会が当時その活動の一つとして掲げていた社会福祉教育のあり方検討の目的に協賛する形で，3者連名で学会内部に社会福祉教育調査委員会（委員長・窪田暁子）を組織して，1982～83年に福祉系大学院・大学を対象に社会福祉教育全般の状況に関する初の大掛かりな調査を実施した。本委員会設置に関する直接の動機に関する資料は多くはないが調査および結果の概要は『社会福祉学』誌上に掲載され（表2「社会福祉教育に関する調査概要」参照），第30回学会大会（1983年9月）でも口頭発表された。

　調査目的は，大学院調査においては，「社会福祉専攻を有する大学院に関する基礎的データを蒐集することにあった。この目的を達成するため，①「大学院概要」「講義要項」「入試要項」「時間割」等の基礎資料の蒐集，②各大学院社会福祉専攻主任教授への調査票を用いた郵送調査」で構成された。大学に関しては，「大学における今後の社会福祉教育のあり方を検討するための基礎的データを蒐集することにあった。この目的を達成するため，①「大学要覧」

「講義要項」「入試要項」「時間割」等の基礎資料の蒐集，②各大学社会福祉専攻主任宛の調査票を用いた郵送調査，③各大学において社会福祉を専攻している学生（新入生および4年生）を対象として主に集合調査法によって行われた『社会福祉専攻の学生の動向に関する調査』」の3構成から成った。ともに「わが国においては初めての試みであり」，調査結果は「大学院（四年制大学）における今後の社会福祉教育を考える上でひとつの基礎資料となることを期待するものである」ことを研究委員会は調査意義とした。

　調査結果は社会福祉専攻学生に限らない当時の大学生に共通する一般的傾向と，社会福祉分野に特化しては，社会福祉の各任用資格の曖昧性，行政「改革」進行中の社会福祉分野の特質をよく反映したものとなった。同時に，今となっては，87年福祉士法制定以前・以後の福祉系大学やカリキュラム等がそれぞれの時代に内包する問題や特質を比較・理解する上で歴史的に貴重な資料でもある。

第 5 章
学会組織の整備と質
――制度改革論と資格制度論・1990年以降――

平戸　ルリ子

1　社会福祉制度改革と学会活動

1　制度改革の内容と社会的背景

(1)　福祉関係八法改正と社会的状況

　超高齢化の急速な進行と，かつてないほどの出生率の低下，それに加えて，いわゆるバブル経済の崩壊など，昭和から平成へと変わる時期は，社会福祉の面でも，従来の制度の抜本的見直しと大きな変革が求められる時期となった。
　制度改革の始まりは，1990年6月のいわゆる福祉関係八法改正（老人福祉法等の一部を改正する法律）であるが，その基本方針は，前年3月の福祉関係3審議会合同企画分科会の「今後の社会福祉の在り方について」（意見具申）で示されたものである。その柱は①社会事業の範囲の見直し，②福祉サービス供給主体のあり方，③在宅福祉の充実と施設福祉との連携強化，④市町村の役割重視である（厚生省社会・援護局企画課監修『社会福祉の基礎構造改革を考える検討会報告・資料集』中央法規出版，1998年）。また，同年12月には，超高齢化に対応するため，翌1990年度を開始年とする「高齢者保健福祉推進十か年戦略」（ゴールドプラン）が策定されている。
　このような前年度の基本方針や具体的な高齢者のサービス整備計画との関係に基づき，高齢者をはじめとする措置サービス等の所管の変更等を定めたのが福祉関係八法改正である。この改正がなされた表向きの理由は，分科会具申に示されたような住民に身近な地域でのサービスの提供であったが，現実には，

第5章　学会組織の整備と質

国や都道府県の大幅な福祉関係予算の削減という意図があったことは明白である。その結果，第二次大戦後にできあがったわが国の社会福祉のしくみを大きく転換するものとなった。

　福祉関係八法改正の内容は，在宅福祉サービスの積極的推進（社会福祉事業として位置づけ）と福祉サービス，中でも特に高齢者関係サービスの市町村への一元化，市町村および都道府県老人福祉計画の策定などであるが，以後，福祉改革の基本的考え方として，市町村重視が当然のことのように進められていくことになった。

(2)　児童・高齢・障害分野の改革と介護保険法の成立

　1994年12月には，「今後の子育て支援のための施策の基本的方向について」（エンゼルプラン）と「緊急保育対策等5か年事業」が策定され，高齢者分野に比べ立ち遅れていた児童福祉の分野にも，ようやく国レベルで改革の動きが起こった。しかし，実際に見直しや児童福祉改革の必要性が叫ばれ始めたのは，これより少し遡った1990年の，いわゆる「1.57ショック」がきっかけである。この年に発表になった1989年の合計特殊出生率は，「ひのえうま」の年の1.58をも下回る過去最低の1.57を記録した。この出来事は各方面に大きな衝撃を与えたが，それに加えて関係者に改革の必要性を強く認識させたのは「弓掛レポート」（弓掛正倫「養護施設の将来展望」『子どもと家庭』第28巻7号　1991年）による施設改編案の発表であった。厚生省の現職の児童家庭局育成課長であった弓掛が，現行制度では現実の児童福祉ニーズに対応していないとして，従来の児童福祉施設の改編案を発表したのである。担当課長名の影響は大きく，関係者，中でも特に児童福祉施設の全国組織や児童福祉研究者らに影響を与え，それぞれが将来構想や方針を検討するようになった。以後，全養協制度検討特別委員会「『養護施設の近未来像』報告書」（1995年2月）や全社協・児童福祉施設のあり方委員会報告書「児童福祉施設再編への提言」（1995年2月）など再編論が活発化していく。結果として，この施設改編論は一人歩きしてしまった感があり，1997年改正の段階では，従来の施設枠組みを超える改編は起こらなかったのであるが，現実問題と制度間の齟齬を考えさせる契機となった。

1997年の児童福祉法改革の柱は，少子化傾向への歯止めに直接大きな影響を与えるものとしての保育所改革（保育ニーズへの対応）と養護系の児童福祉施設改革（対象年齢や目的，名称の変更等），それにひとり親対策である。この3つの改革の内，今回の焦点は，いうまでもなく保育所改革であろう。それは，保護者が保育所を「選択」できる仕組みを導入したこと，すなわち行政との「契約」方式という，長年続いた「措置」にかわる仕組みを用いたことの意味が大きいということである。この際，今後も児童福祉法は駅伝方式により改正を続けていくことが発表されたが，2001年には，母子生活支援施設と助産施設も行政との契約方式に変更になった。なお，1999年には，「緊急的に推進すべき少子化対策の具体的実施計画について」（新エンゼルプラン）も出されている。これは，2004年度末までの具体的な児童福祉サービスの整備目標値を示したものである。

　エンゼルプランと同年（1994年）12月，高齢者介護の充実の観点からゴールドプランの全面的な見直しが発表され，翌年スタートした。内容は，整備目標の引き上げ等（1999年度末までの当面の整備目標）と今後取り組むべき高齢者介護サービス基盤の整備に関する施策の基本的枠組みである。そのどちらにもマンパワーの養成確保が組み込まれているのが特徴である。

　本来，2000年3月末にはこの新ゴールドプランの目標値が達成され，4月の介護保険施行を迎えるはずであった。しかし，現状の高齢者の保健福祉ニーズに十分対応できるサービスの質と量の確保ができないまま，介護保険はスタートせざるをえなかった。政府は，さらなる整備計画として，1999年12月に「ゴールドプラン21」（今後の5か年間の高齢者保健福祉施策の方向）を策定した。

　一方，障害者に関するサービス分野でも整備計画が策定された。1995年12月に障害者対策推進本部で決定した障害者プラン（ノーマライゼーション7か年戦略）は，具体的な施策目標を明記し，リハビリテーションとノーマライゼーションの理念を踏まえ，以下の7つの視点から施策の重点的な推進を図るとしている。それは，①地域で共に生活するために，②社会的自立を促進するために，③バリアフリー化を促進するために，④生活の質（QOL）の向上を目指して，⑤安全な暮らしを確保するために，⑥心のバリアを取り除くために，⑦我が国

にふさわしい国際協力・国際交流を，といった内容である。このプラン策定により，高齢者，児童，障害者といった保健福祉施策の3つの計画が出揃い，それらのより強力かつ計画的な推進が可能になったとされた。

1989年に出された厚生省「介護対策検討会報告書」は，社会的介護の必要性を打ち出し，その在り方としては，従来の「措置」から新たな「契約・選択」の制度への転換を示唆した。また，エンゼルプラン，新ゴールドプランと同年 (1994年) には，厚生大臣の私的諮問機関の高齢社会福祉ビジョン懇談会提言として「21世紀福祉ビジョン」が出されたが，この中においても，我が国の急激な少子高齢化の進行を踏まえ，介護・子育てなど，社会保障制度の再構築の必要性が述べられている。

こういった一連の検討を受けて成立した介護保険は，その財源を従来の税金（公費）から社会保険方式に切り替えたこと，サービスを受ける仕組みを「措置」から，自らの介護度にあわせて「選択・契約」する制度にするなど，今までの社会福祉サービスの提供の仕組みを大幅に変更したものとなった。また，その入り口業務を担当することになったのは市町村であった。

(3) 社会福祉基礎構造改革の経緯と内容

『社会福祉の基礎構造改革を考える検討会報告・資料集』（厚生労働省社会・援護局企画課監修，中央法規出版，1998年）の中の「序に代えて」で，「社会福祉事業等の在り方に関する検討会」座長の八代尚宏は委員会での検討の意義を以下のように述べている。「……今後，人口高齢化が急速に進展するなかで，平均的な家族の福祉サービスに対する需要が大幅に拡大することが見込まれている。もとより，消費者主権を発揮できない要介護者に対しては，引き続き公的な役割が重要であるが，大部分の個人については，自由意思に基づく選択を原則とし，そのための情報開示等に努めなければならない。金融，労働，医療，教育等の各分野と同様に，福祉サービスが「特殊なもの」であり，公的部門によってもっぱら供給されなければならないという大前提を見直す必要性がある。こうした改革の流れに社会福祉は置かれているのである。（中略）国民の増大・多様化している福祉需要を効率よく満たしていくためには，こうした方向をさ

らに深化させていく必要がある。そのためにも，社会福祉の基盤制度の再構築が急務であり，社会福祉の検討が開始されたと受け止めている」。八代を委員長とする「社会福祉事業の在り方に関する検討会」は1997年8月を初回に計5回開催され，11月に「社会福祉の基礎構造改革について（主要な論点）」を発表した。そこでは改革の方向及び主な検討事項として，①社会事業の範囲等の見直し，②措置制度の見直しと契約制度の導入，③サービスの質と担い手となる専門職，④効率化，⑤施設整備費用の見直し（サービスの対価としての収入を施設設備の費用に充当することを認めるなど），⑥社会福祉法人の設立要件，役割，会計単位等の見直し，⑦社会福祉協議会，ボランティア団体等の強化，⑧共同募金の方法・配分の再検討，⑨福祉分野の人材確保（市場原理の活用や福祉系大学等の教育や研究の質の向上），⑩地域福祉計画の策定，⑪福祉事務所や社会福祉主事の在り方について　の11項目が述べられている。きわめて具体的で，事実上ここでの提言が，後の社会福祉法等の改正（社会福祉基礎構造改革）に生かされる結果となっている。

　その後，この検討会は，中央社会福祉審議会（委員長：木村尚三郎）の社会福祉構造改革分科会に引き継がれ，1998年6月に「社会福祉基礎構造改革について（中間まとめ）」が発表され，さらに12月には「社会福祉基礎構造改革を進めるにあたって（追加意見）」が出された。「中間まとめ」で述べられた改革の理念・基本的方向は，①サービスの利用者と提供者の対等な関係の確立，②個人の多様な需要への地域での総合的な支援，③幅広い需要に応える多様な主体の参入促進，④信頼と納得が得られるサービスの質と効率性の向上，⑤情報公開等による事業需要の透明性の確保，⑥増大する費用の公平かつ公正な負担，⑦住民の積極的な参加による福祉文化の創造　であり，これらは先に出された「社会福祉の基礎構造改革について（主要な論点）」の提言を，より具体化するための基礎的性格のものといえよう。

　2000年6月に公布された「社会福祉の増進のための社会福祉事業法等の一部を改正する等の法律（社会福祉基礎構造改革の推進）」の基本理念は，「利用者の立場に立った社会福祉制度の実現」であり，具体的内容は，①福祉サービスの利用制度化（身体障害者福祉法・知的障害者福祉法等の改正）—措置制度から利用

者が選択し利用する制度へ—，②利用者の利益を保護する仕組みの導入（社会福祉事業の改正）—地域福祉権利擁護事業と苦情解決制度（解決のための委員会の設置）—，利用契約成立時の書面交付の義務付け，③福祉サービスの質の向上（自己評価と第三者評価），④社会福祉事業の範囲の拡充（福祉サービス利用援助事業，手話通訳事業等），⑤社会福祉法人の設立要件の緩和，⑥社会福祉法人の運営の弾力化（利用制度化した事業については，施設ごとの会計区分を法人単位でも許可，利用収入の施設整備費の償還への充当許可），⑦地域福祉の増進（市町村による市町村地域福祉計画の策定，社会福祉協議会・共同募金等の活性化）である。このうち福祉サービスの利用制度化は，すでに開始している介護保険サービスや保育サービスのように，利用者（障害者自身）が自ら選択し，契約する支援費制度のことを指している。

　これらの基礎構造改革の意図するところは，国民の自立意識の高まりや時代の要請に応える福祉サービスの充実というのが，その表向きの説明である。しかし，改革推進の事情としては，急速に進む高齢化により，従来の措置制度による公費負担では財政的に維持が困難になってしまったこと，また，社会的入院など医療保険への依存もかなり高く，国庫負担面の抑制から福祉制度改革の必要性が強まったこと，そして，従来の厳しい設立要件や運営規制を設けた社会福祉法人では，大幅な介護サービス量の増加が期待できないことがその理由であろう。それゆえ，開設・運営のハードルを低くし，その分，運営や情報の透明性の確保を義務付け，利用者の利益を保護する仕組みを設けることによって，質を保とうというものと考えられる。

2　社会福祉制度改革への学会のかかわり

(1) 大会テーマ・地方部会大会テーマと社会福祉制度改革の関係

　一方，こういった一連の改革と社会福祉学会のかかわりをみていくと，福祉関係八法の改正以降，社会福祉制度改革が，学会の大会テーマやシンポジウムテーマとして続けてとりあげられていることがわかる。社会福祉改革に関係した大会テーマや大会記念シンポジウムテーマを設けたのは，下記の大会である。

　第39回（1991年）大会・シンポジウムテーマ「社会福祉「改革」とマンパ

ワー―福祉マンパワーの質と量の確保を考える―」(鹿児島経済大学)
第40回(1992年)大会・シンポジウムテーマ「21世紀につなぐ社会福祉―福祉改革の課題と展望―」(長野大学)
第43回(1995年)大会・大会主題シンポジウムテーマ「社会保障・社会福祉のパラダイム(制度・理念・実践)の転換」(淑徳大学)
第46回(1998年)シンポジウム1テーマ「社会福祉システムの再構築とソーシャルワーク理論のパラダイム」(明治学院大学)

このうち40回大会では,「今回のシンポジウムは,福祉改革の策定が今後の福祉現場,実践にどのような影響をもたらすかを考えながら,21世紀への指針を探ることを目的に設定した」と大会の萩原清子委員長は述べている("日本社会福祉学会長野大会を終えて"「学会ニュース」No. 3, 1992年11月)。さらに,シンポジウム報告として,シンポジストの宮田和明が,現実と理念の乖離を問題にし,結論として八法改正によって一応の決着をみたが改革は「これからである」としたことや,一方地方自治総合研究所の澤井勝が,市町村に権限委譲された今回の法改正で改革は「終っている」と述べたこと,しかし,市町村への負担が高まるので,県の役割と援助のあり方および国の行政責任の発揮のし方が課題であるとしたこと,市民の代表的立場から参加した記録映画作家の羽田澄子が,困った人を助ける「システム」と「ネットワークの確立」こそ大事としたことが掲載された。また,コメンテーターの三浦文夫は,今回の八法改正は改革そのものとしては「部分的」であり,21世紀に向けては社会保障全体の見直しと再編が必要であると述べ,一番ヶ瀬康子は,今回の「改革」は社会福祉制度改革という「狭い改革」であり,21世紀に向けては「制度改革」の限界を明らかにしながら理念の実現をいかに図るかが課題であるとした。最後に萩原は,このシンポジウムを終えての感想は,「福祉の普遍化」をめぐってのいっそうの改革の必要性であったと結んでいる。

このように90年代前半の大会では,社会福祉改革が正面から取り上げられ議論が深められていったが,それらは後半ではほとんど大会テーマ等から姿を消してしまう。介護保険のように,実際にとりあげようとしても,会員の反応があまり見られなかった例もある(例えば第44回大会の同朋大学では,介護保険制度

の特別分科会を設けたが、運営委員会の予想に反して、さほどの参加者が得られなかった。「学会ニュース」No.13, 1997年3月)。制度改革については、後述するように理事会推進で公開講座を積極的に開催していったこともあり、むしろ後半は、制度改革論よりも、目前に控えた21世紀を意識し、今までの総括や将来の展望といった大会テーマが取り上げられるようになっている。第44回（1996年）大会テーマ「21世紀を拓く社会福祉―人間が人間であるために―」（同朋大学）や、第45回（1997年）大会テーマ「社会福祉―戦後50年の総括と21世紀への展望―」（龍谷大学）などがそれであるが、特に45回の大会では、仲村優一、阿部志郎、一番ヶ瀬康子、三浦文夫といった歴代の社会福祉学会長が一堂に会し、今までの振り返りと将来展望を述べるというシンポジウムが行われた。

　一方、地方部会の研究大会や例会では社会福祉制度改革はテーマとして盛んに取り上げられている。例えば、1990年の九州部会第34回研究会の「社会福祉改革の現状と課題」、1994年度関西部会第2回例会の「福祉改革の現状―措置権委譲と老人保健福祉計画―」、1997年3月中部部会研究例会特別報告1「児童福祉法改正問題の経過と今後の展望―児童福祉現場・児童福祉研究者からの提言―」、1998年中部部会研究例会「公的介護保険制度の実施上の諸問題」等がそれである。1995年3月の北海道部会のように「介護保険をめぐる動向と課題」を月例会の題材にした部会もある。また基調講演が関連テーマとなったものもある。1993年の第27回東北社会福祉合同セミナー基調講演・丸尾直美「高齢者保健福祉推進十か年戦略の課題」や1995年第29回東北社会福祉合同セミナー基調講演「新しい介護システム導入により福祉はどう変わるか」、1997年中国四国部会第29回研究会での特別講演「児童福祉改革について」などである。

　また、地方部会の傾向として、1992年東北部会第26回セミナー基調講演「保健福祉計画とソーシャルワーカー・市町村時代の幕開け」（厚生省病院管理研究所、小山秀夫）や九州部会第35回研究会統一テーマ「市町村老人保健福祉計画―計画策定の過程と残された問題―」、1996年2月の四国ブロック地域福祉研究会「住民主体のサービス提供を考える」のように、地域実践を意識したテーマや報告者が選ばれるという特徴もみられる。地方部会では、全国とは異なり、1990年代後半も制度改革を積極的に取り上げていった。1997年には児童福祉制

度改革が，1998年以降は，いずれの地方部会も介護保険制度と社会福祉基礎構造改革をテーマに基調講演やシンポジウムを実施した。また，中部ブロック2000年4月研究例会「社会福祉実践における権利擁護―介護保険実施のなかでの高齢者分野―」のように権利擁護をとりあげる地方部会もあった。

社会福祉制度改革（特に介護保険制度）や基礎構造改革は，市町村への権限委譲，実施体制（市町村の役割や医療・保健・福祉の連携のあり方など）が重要な柱となっている。そういった意味で，より地域性が出やすく，課題が明確になりやすい地方部会での検討が目立ったということであろうか。

(2) 社会福祉制度改革と公開シンポジウム

地方部会とは別に，学会主催で地域ごとの開催を前提とした小規模単位での公開シンポジウムが開催されたのも1990年代学会活動の特徴の一つである。これは，1996年3月の理事会において，日本社会福祉学会としても「公的介護保険制度」「児童福祉制度改革」について多様なメンバーの参画を得て議論の場を提供する必要性があることが論議され，公開シンポジウム開催が決定されたものである。開催にあたって，会長の阿部志郎は，「社会福祉は，最近，激しく動いている。そのパラダイムが問われ，新しい制度がつくられ，転換期に直面していると思われる。転換のエネルギーの源は，政治や現場からではなく，明らかに行政に発している。すなわち，政策主導というべきであろう。政策は，計画化として現れてきた。ゴールド・プラン，老人保健福祉計画，エンジェル・プラン，障害者プラン……。そして，それにもとづいて，制度の見直しが始まり，また，公的介護保険制度が導入されようとしている。研究者の組織である学会として，腕をこまねいて座視するだけでは，無責任のそしりを避けられない。昔は，政策に対して批判的立場をとることが多く，研究発表もあり，有志で声明を出したりした。批判すべきものは批判を加えなければならないが，学会内の論争に終始して，内輪で"もの申す"だけでは犬の遠吠えになりかねない。そこで，政策立案者，自治体や実施に関係ある人々と，同じ土俵の上で，情報を交換し，時に批判し，要望し，あるいは，助言し，共鳴できる場を設定したらどうかと考えた。（後略）」と会員に向け，積極的な参加を呼びかけた

(「学会ニュース」No. 11, 1996年7月)。

　まず,児童福祉改革関係では,1996年5月に東京(東洋大学)において「子ども家庭施策の新たな方向」が開催され,高木俊明厚生省児童家庭局長が基調講演「児童福祉制度の見直しについて」を行い,続く10月には近畿ブロック(同志社大学)で「こどもの人権—児童虐待問題をめぐって—」が開催された。1997年には,前年に引き続き,東京で学会主催公開シンポジウム①が「子ども家庭福祉の新たな方向」をテーマに開催された。ここでも基調講演は「児童福祉法の一部改正について」と題して,大泉博子厚生省児童家庭局企画課長が行った。シンポジウムのテーマは「問われる在宅子ども家庭サービス」であった。1998年11月には,日本学術会議「福祉研連」登録学術団体の共催によりシンポジウム「少子社会と子育て支援システムのあり方」が東京・大正大学にて開催されている。

　一方,介護保険関係では,1996年10月に,公開シンポジウム北海道ブロックが「公的介護保険徹底解剖—在宅サービス供給体制を中心に—」をテーマに開催され(北海道自治労会館ホール),12月には,公開シンポジウム九州ブロックが「公的介護保険の課題」をテーマに西南女学院大学にて開催された。

　さらに,テーマを社会福祉計画や基礎構造改革などに広げたものも企画された。まず,1997年11月には,学会主催公開シンポジウム②として「児童・障害者・高齢者の社会福祉計画を問う—地域への総合支援体制を求めて—」が札幌市社会福祉総合センターにて開催,基調講演を「社会福祉実践の共通基盤をさぐる」として一番ヶ瀬康子が担当,シンポジウムが行われた。1998年1月にも1997年度学会主催公開シンポジウム③が,西南女学院大学にて「虐待と人権」をテーマに開催されている。

　1998年度も前年同様3回の学会主催公開シンポジウムが企画され,①は9月に東京(駒澤大学)にて「社会福祉基礎構造改革」をテーマに開催された。このときの基調講演は炭谷茂(厚生省社会・援護局長)が担当した。②は11月に,同じ「社会福祉基礎構造改革」をテーマに岡山衛生会館にて開催され,こちらの基調講演は「中央社会福祉審議会社会福祉構造改革分科会・社会福祉基礎構造改革について」をテーマに大泉博子(山口県副知事:前厚生省)が担当,さら

に増田雅暢（国立社会保障・人口問題研究所総合企画部第一室長）が講演「公的介護保険が社会保障を変える」を行った。③も11月に開催されたが，こちらは2日間にわたって仙台（東北部会）で開催された。1日目のテーマは「社会福祉基礎構造改革とは何か」でシンポジウムを開催，2日目は「現場の中で社会福祉基礎構造改革の課題を考える」として，現場の高齢者・障害者・児童家庭福祉の各部会のワーカーが報告を行った。総括講演は「社会福祉基礎構造改革とは何か」で，阿部志郎が担当した。

　このように，学会主催の公開シンポジウムは，地域性を考慮し，会員のみならず非会員までもが参加しやすいよう配慮の上，全ブロック（地域）にてタイムリーなテーマで開催された。先に阿部会長が述べたように，講演者やシンポジストには現職の厚生労働省の関係者を招き，学会大会のシンポジウムが，会員の規模の拡大や参加者の増加にともない，どちらかといえばセレモニーのようになりがちな傾向が強まる中で，内容の深まりをみせた企画となった。

(3) 機関誌・学会報告等にみる社会福祉制度改革

　機関誌『社会福祉学』では，1990年6月1日発行の31－1号（通巻42号）において，さっそく「社会福祉制度改革と福祉実践」が特集として組まれたが，それは，前年秋の大会シンポジウムをまとめたものである。翌年の第32－1号・通巻44号でも，改革の基本となる家族の変容についてやはり特集が組まれている。特集テーマは「90年代の家族と社会福祉実践」である。6月発行誌は，前年開催の社会福祉学会大会がまとめられているので，おのずと社会福祉改革が特集としてくまれることになったが，第33号－1や34－1号が社会福祉制度改革関連特集を組み，第33－2号では，学会大会テーマとは直接関係がなかったが，「変動期における社会福祉の課題」を特集テーマに，佐藤進，石井哲夫，高田眞治，松原一郎，筑前甚七らが論文を執筆している。

　一方，介護保険制度や児童福祉改革については，公開シンポジウムのテーマにはとりあげられたものの，大会テーマにならなかった関係で，特集論文として機関誌に掲載されることがなかった。わずかに西郷泰之が研究ノートとして，「今後の児童福祉法改革の課題—児童家庭福祉サービス供給体制改革に向けて

―」を発表した程度である（1999年1月第39－2号・通巻59号）。

　学会の個人報告では，1990年代以降，制度改革論関係の発表はほとんどなく，児童福祉であれば，施設処遇の現状把握，あるいは批准を控えた児童権利条約に関する研究，増加しはじめた児童虐待などに関する援助のあり方等が多くなる。公的介護保険についても，制度論を述べるというよりは，介護の実状やケアワーカーの適性，あるいは処遇のあり方論などがとりあげられている。

　社会福祉制度改革と学会機関誌，学会報告の関係をまとめれば，学会全体単位の大きなレベルでは制度改革は（特に1990年代前半に）取り上げられたものの，個人単位の発表・論文では，ほとんどふれられていないということがわかった。マクロの視点で論ずるような理論・制度論が，どちらかといえば敬遠され，発表の中身の質は別としても，比較的具体的な問題に焦点をあてた発表が1990年代以降多数を占めている状況である。

(4) 社会福祉制度改革への学会の影響

　社会福祉制度改革・社会福祉基礎構造改革は，第二次世界大戦後のわが国の社会福祉に関する視点・費用負担・サービスのあり方・人材などの大きな転換を促すものである。主題として掲げられた「住民の生活に密着した福祉サービス」や「サービス利用者と提供者との対等な関係」は確かに重要な視点であるが，「措置から選択・契約への移行」，「多様なサービス提供主体の参入促進」，「公平・公正な受益者負担」といった視点が，はたして十分な検証を得た上で実行されたか，例えば契約・選択制度に移行する際の基盤整備となるべき福祉サービスの質と量の確保や，契約制度が利用困難な人に対する権利擁護の仕組み，サービスの窓口であり担い手でもある市町村の体制強化などが，どれほどその基準に達したかは疑問が残る。

　社会福祉制度改革に関して社会福祉学会がしてきたことは，まず，制度改革そのものについての仕組みの理解である。そしてその次に行われたのが，援助現場における現状把握や問題点の整理である。結果としてすべて後手に回ったという感が否めない。学会主催の公開シンポジウムという試みは開催されたものの，学会としての政策提言のような形ではまとまらなかった。社会福祉制度

改革への学会の影響を強いてあげるならば，学会の活動によって，改革の内容が会員へ周知徹底されたということであろうか。研究者の立場から制度成立以前にその状況を把握し，そして制度改革の要件を明らかにし方向性を示唆すること，場合によっては改革推進に関して歯止めをかけることや，施行にあたっての提言などもできたはずであるが，それが学会としてなされることはなかった。

2　学会の国際化の動き

1　特別委員会の設置と成果

　1992年度の総会を期に代表理事を交代するにあたって，一番ヶ瀬康子は「日本学術会議でも，もっともっと人数がふえないと，また学会そのものの国際化に努力しないと，他の領域の学会に比して，不利な点なども明らかになってきました」と述べた（「学会ニュース」No. 3，1992年11月）。一番ヶ瀬の後をついで代表理事となった仲村優一は，同じニュースの中で，「同会議が目ざす学術会議の国際化の流れに沿って研究活動を展開することを期待されております」と，この課題に取り組んでいくことへの会員の協力を求めている。

　このような学術研究の国際化の動きを受けて，1993年3月に日本社会福祉学会規約第18条（特別委員会）に基づき「社会福祉における国際協力のあり方検討委員会」が設置されることとなり，9月の学会総会で承認された。総会での承認に先立ち，委員会の設置案を検討するため，7月に全学会員に対し委員会への参加意思表明を含む「社会福祉における国際協力に関するアンケート」を実施し，その結果，研究の主な柱として①従来の社会福祉の限界（国境・国籍の内という）実態の解明，②社会福祉における国際問題の抽出，③社会福祉における国際協力の意義の検討，④社会福祉における国際協力の実態の精査，⑤社会福祉における国際協力の方法の検討，⑥日本社会福祉学会としての社会福祉における国際協力の可能性の検討，が決定した。また，委員会構成は，委員長仲村優一，副委員長窪田暁子，東北部会谷勝英（のちに原鉄哉に交代），関東

部会豊福義彦（のちに三谷謙一に交代），中部部会高島進，関西部会岡本民夫，中国四国部会足利義弘，九州部会保田井進（代理李秀），渉外担当理事・事務局秋山智久となった。なお，全国研究会での研究の枠組に基づいて，各地方での研究会を開始すること，研究の結果を何らかの形で発表すること，研究機関は2カ年で，それが終了した後もこの課題の検討を継続することが学会で報告された。

　1994年1月には安田火災記念財団に研究助成を申請し，10月には「社会福祉における国際協力に関する研究・基礎研究篇」を作成刊行し，第42回大会参加会員に配布している。1995年には，全国研究会を5月・7月と9月の3回開催し，1997年10月に『社会福祉における国際協力のあり方に関する報告書（理論・実践編）』を発行した。この「あり方委員会」と並行して，1996年度総会では，社会福祉の国際化傾向や社会福祉制度の改革を十分踏まえながら，学会の活性化に努めることが確認され，新たに国際化に関係する事業としては，「英文誌刊行委員会」（特別委員会）の設置が承認された。委員長は秋山智久，委員は小田兼三，高島進，田端光美で，わが国の社会福祉並びに社会福祉研究に関する情報を英文で海外に発信することを目的としたものである。また，1997年3月の第4回理事会においては，国際化の時代を迎え，学会を挙げて国際比較の方法論についての研究を深めることを課題として「国際比較研究委員会」（特別委員会）の設置が承認され，先行研究の蓄積の多いヨーロッパと北アメリカを中心として研究を進めていくこと，予算は安田火災記念財団の助成金を英文誌刊行委員会と調整の上充てることが決定された。委員構成は委員長阿部志郎，井岡勉（幹事，スウェーデン担当），秋山智久（アメリカ担当），田端光美（イギリス担当），栃本一三郎（ドイツ担当）とした。この成果は，2000年3月に阿部志郎・井岡勉編『社会福祉の国際比較』として有斐閣から刊行された。

　このような特別委員会設置の動きとも関係して，大会テーマやシンポジウムにも国際化が取り上げられた。まず，理事会の要請を受けて，1993年第41回大会（上智大学）が「国際化時代の社会福祉とその課題」を大会テーマに行った。シンポジストの星野信也は「国内問題としての国際化」と「国際問題としての国際化」を挙げ，特に前者の領域に焦点づけつつ，「在日」に生きる人々の差

別問題と生活保護法が内包しているところの内外人平等問題を論じ，いま一人のシンポジストの富田輝司は，新しい国際ネットワークの必要性を説き，政治力・経済力・軍事力ではない，協力と情報に支えられた社会的にして人的ネットワークの確立を強調した（「学会ニュース」No. 5，1993年10月参照）。

1994年の第42回大会（同志社大学）では，招待講演としてテネシー大学平山尚による「海外からみた日本の社会福祉」を，課題報告シンポジウムとして「社会福祉における国際化」を開催した。以後連続して，1995年第43回大会（淑徳大学）でもシンポジウム I のテーマが「社会福祉における国際化」，1996年第44回大会（同朋大学）のシンポジウム II も「社会福祉の国際化」がテーマとして行われている。

2001年の第49回大会（沖縄国際大学・沖縄コンベンションセンター）では，大会テーマを「アジアの社会福祉と日本」とし，ジェイムズ・ミッジリイ（カリフォルニア州立大学）による記念講演「グローバリゼーションと社会福祉—国際社会福祉との関連—」や大会シンポジウム「東アジアの社会福祉と日本への期待」を開催した。また，特別企画として，日本社会福祉学会とアジア社会福祉学会との共催で「アジア社会福祉における国際協力と国際協調をめざして」が，また，沖縄の地域性を考慮して，大会実行委員会主催自主企画シンポジウム I として「沖縄における国際児に関わる問題と支援—総合相談・アメラジアンの教育権と養育費確保の法的支援—」が実施され，立ち見がでるほどの参加者があった。

2　海外の学会・研究者との交流

2002年に第20期理事会会長に就任した大橋謙策は，「学会ニュース」（No. 29）に「アジアの世紀と日本の社会福祉の今後」と題した挨拶文を載せ，「これからは少なくともアジアに向けて，日本の国際的貢献を果たさなければならない時期」で，「国際的視野をもった社会福祉・社会保障の教育・研究が必要とされますし，日本の国際貢献も求められています。」と述べた。このような協力体制は，海外（特にアジア）の研究団体・研究者との学術交流という形でも確実に実を結び始めている。

まず，1996年11月には，アジア社会福祉学会設立総会および記念シンポジウム「アジアにおける社会福祉の研究と実践への期待—文化と風土に根ざした理論と技術—」が開催された（日本学術会議講堂）。1999年7月には，第2回大会が「アジア社会福祉の新たな方向と比較研究の可能性の検討」をテーマに，開催されている。1998年第46回大会（明治学院大学）では，ベクト・ニィリエ（ウプサラ大学）を招いて記念講演「ノーマライゼーションの成果と展望」を行い，翌年1999年度大会には韓国社会福祉学会の金聖二(キムソンイ)会長と事務局長を招待した。2001年の第49回大会では，大会シンポジウムに香港社会福祉協議会のケイ・Y・K・クー会長や咸世南(ハムセナム)（江南大学）教員をシンポジストとして，また，特別企画シンポジウムのシンポジストにアジアの国々の研究者の参加を得た。

　特に韓国との交流は定着化し，海外に会員が招待される機会も得た。2002年4月19・20日の韓国社会福祉学会春季学術大会（延世大学校）には，日本社会福祉学会代表として宮田和明副会長，井岡勉研究担当理事が出席し，大会2日目の「日本社会福祉の課題と展望」において，「日本における地域福祉の特徴的動向と課題」（井岡），「日本における社会保障・社会福祉改革と介護保険制度」（宮田）と，それぞれ報告した。その逆に，同年の第50回記念大会（日本社会事業大学）のおりには，「日本社会福祉学会・韓国社会福祉学会・学術交流シンポジウム」を韓国からの研究者を招いて「日・韓の社会福祉学の現状と課題—共同研究への模索—」というテーマで開催した。なお，韓国との交流は，学会レベルだけでなく，2001年10月より発足した在日社会福祉学専攻留学生協議会（日韓社会福祉学術交流分科会）などへの学会よりの援助（10万円）などでも行われ始めている。

　2002年10月27日には，日本社会福祉学会と韓国社会福祉学会との間で，共同研究の推進や学術研究大会への代表者の招待を主な合意事項とする「社会福祉に関する研究交流の推進に関する覚え書」を交わし，今後の協力体制強化が確認されている。

3　学会組織の再編と質の確保

1　学会組織のあり方の見直し

　国際化と並んで，学会が1990年代に抱えた課題は，組織としての充実と質の向上である。わずかな発起人の声掛けで始まった日本社会福祉学会も，創立40周年を迎える頃には会員数が2000名を超える規模の学会となり，事務局や理事会などの運営体制の整備・強化，それに伴う規約の改正が必要となった。2000年の第48回大会時の理事会では，新たに学会会長の諮問機関として「21世紀の日本社会福祉学会の組織・運営のあり方委員会」（委員長白澤政和）も発足し，1年間にわたり検討を行い報告がなされ，それを受けて2001年度総会にて改正案が審議，承認された。以下は，90年代に行われた組織運営の主な改革である。

(1)　名誉会員制度の創設

　学会員の増加が進む中，多年にわたり社会福祉学会の発展に寄与された会員を名誉会員とする制度がつくられ，92年度総会（第40回長野大会）で，初めて磯村英一，岡村重夫，浦辺史の代表理事経験者の3氏が満場一致で承認された。2003年度までに名誉会員になられた方々は以下の各氏である。嶋田啓一郎・吉田久一・重田信一（以上1993年度総会），小川政亮（1995年度総会），仲村優一（1998年度総会），児島美都子（2000年度総会），阿部志郎・小倉襄二・佐藤進（以上2001年度総会），一番ヶ瀬康子・小松源助・柏木昭（以上2002年度総会），大坂譲治・窪田暁子（以上2003年度総会）。なお，日本社会福祉学会名誉会員制度規定は，2001年度総会時に，第2条を，名誉会員に推挙できる要件を，会長を務めた会員及び理事・監事の職を通算12年以上務めた会員と改正した（2004年の役員改選より施行）。

(2)　理事並びに監事選出方法の改正

　理事並びに監事の選出についても，さまざまな検討・改正が行われた。その

主なものをまとめると以下のようになる。
・日本社会福祉学会の代表者を「代表理事」から「会長」に変更した（規約第14条改正，1993年度総会）。
・日本社会福祉学会理事および監事選出規則の一部を改正し，「会員の直接選挙により選出された理事が病気，もしくは長期の海外出張などによる特別の理由により，理事就任の辞退を申し出た場合には，総会の議を経て，次点の者を繰り上げ当選とすることができるとする。」とした（1993年度総会）。
・理事会運営内規を制定し，理事の役割分担を明確にし，会務を滞りなく執行させるために運営委員会を設置し，その任にあたらせる。運営委員会は代表理事，総務担当理事，渉外担当理事，機関誌担当理事，会計担当理事により構成される（1993年度総会）。なお2001年度改正により，理事の役割分担は，理事会で決定することとし，副会長と研究担当理事が運営委員会に加わった。
・役員を，理事10名以上20名以内　うち１名を会長にあてる他，総務担当理事，研究担当理事，渉外担当理事，機関誌担当理事，庶務担当理事，および地方部会担当理事をおくと規約第11条を改定した（1996年度総会）。
・役員の任期は，総会において承認された日の翌日から３年後の大会の終了する日までとする（1998年度総会）。
・規約第10条に「会員の除籍条項」を設け，学会の名誉を著しく傷つけた場合，理事の３分の２以上の提案により，総会の３分の２以上の同意を得て，除籍できるとした（2001年度総会）。
・規約に新たに，役員として副会長を加え，副会長は理事の中から会長が指名し，会長が事故ある場合には，会長の職務を代行するとした（2001年度総会）。
・規約第15条で，会長の任期は２期を限度とすることとした（2001年度総会）。
・理事および監事の選出規則を改正し，第１項で，理事の７名は５名連記の無記名投票により選出するとし，地方担当理事は地域ブロック別に１名を選出するが，第１項で選出された理事を除外するとした。また，選挙で選出された理事は監事になれないこととした（2001年度総会）。
・理事または監事として合わせて４期務めた場合には，それ以降は被選挙権を有しないとした（2001年度総会）。

(3) 事務局体制の強化

1993年11月,全社協より移転の旨の申し出があり,同様の依頼を受けた日本地域福祉学会とも検討の結果,共同で事務局を賃貸し独立した事務局体制をとることとなった。1994年6月から四谷サンハイツビル1208号に事務所を開設し,隣室の「日本マーケティング教育センター」に業務委託した。この費用などを考慮し学会費を6000円から7000円に改定した(あわせて規約も改正)。さらに,1995年度より,協力員として全国社会福祉協議会富田恵子を依頼,事務局は,日本マーケティングセンター岡井哲士と事務局員として春山陽子が担当することになった(春山は1999年3月に退職,4月より小林萬里子事務局員が就任)。事務局はその後,1996年4月より隣室1209号室に移転,1998年5月15日からは,日本社会事業学校連盟東京事務所が加わって3団体で事務所をもつことになり,現在地の森山ビル西館501号に移転した(規約改正)。2001年6月からは,そこに社団法人日本社会福祉士養成校協会も加わり,4団体共同維持となった。

(4) その他の規約改正・事務体制の整備

その他事務体制に関する規約改正等は以下の通りである。
・特別委員会の設置を明記する規約条文第18条を設置した(1993年度総会)。
・旅費規程の整備(1995年度総会)。
・会計年度の変更(4月1日から3月31日までの年度単位とする)(1997年度総会)。
・3年以上会費滞納者の退会規約の設置(1998年度総会で承認)。これは同年の総会に先立ち,会計監査を行った中垣昌美,小松源助両監事より,3年以上の会費未納者が200名以上いることに対して,規定を明確にして対応するようにとの指摘をうけたこととも関係している。
・規約改正は会員の10分の1以上,または理事の過半数の提案により,総会出席会員の3分の2以上の同意でもってできるとした(2001年度総会)。
・規約第27条で,本会は会員の3分の1以上,または理事の3分の2以上の提案により,総会出席会員の3分の2以上の同意でもって解散できるとした。
・「学会ニュース」の復刊と定期発行(1992年11月20日 No.3より復刊,1999年度からは年3回発行)

・ホームページ委員会を1998年度第4回理事会より設置し（委員長は坂田周一，委員は小山隆，森本佳樹，中谷茂一，高橋重宏），1999年5月19日に公開開始。会員の業績登録はインターネットで各自入力してもらうようにした。

以上のようにさまざまな改革・規約の改正を行うことによって，学会組織としてその形が，次第に確固たるものになりつつある。

(5) **法人化への動き**

1999年第19期会長就任にあたって大橋会長は，「3500人を擁する学会ではあるが，いまだ任意団体である」とし，「社会的評価の上からも法人格を取得する時期にきている」と述べており，また「21世紀の日本社会福祉学会の組織・運営のあり方委員会」からの報告（「学会ニュース」No.27，2001年6月）でも白澤委員長が法人化を検討していると述べているが，現段階ではまだ法人格の取得は実現していない。

2 学会運営のあり方の検討

理事会ごとの新入会員が100人の単位を超えることもまれではなくなり，会員総数は大きく増加した。また加入している会員の，もともとの専門領域が多様化していく中で，組織の充実とともに，いかに学会として高い社会福祉の研究レベルを維持していくことができるか，大会や地方部会，機関誌等のあり方が問われるようになってきた。それらについて，1990年代以降さまざまな提言や改革が行われているので，以下まとめてみる。

(1) **全国大会について**

大会に関する課題は，大きく分けて運営上の問題と，報告者の質との2つを挙げることができる。さらに報告者の質については，その研究内容についてと，大会に参加する際の条件・態度・モラルの問題とに分けることが可能である。

まず，大会運営についてであるが，大会を引き受けた当番校の事務局の数校が，開催に向けての改善要求を具体的に「学会ニュース」などを通じて発信している。例えば，第42回大会開催校同志社大学事務局長黒木保博は，「学会ニ

ュース」No. 8で,「会員の質の問題」として,個人的な事情を主張する会員のモラルの低さを指摘し,また260もの分科会発表があったが,一部の会員から発表内容の質についてのクレームがあったとして,発表内容よりは発表したことでの「業績稼ぎ」になっているのではないかと,学会全体での大会の取り組みへの検討の必要性を指摘している。さらに黒木は,そういった指摘だけにとどまることなく,具体的な対応マニュアル(開催校マニュアル)を作成し,次回開催校の淑徳大学に申し送りしている。この同志社大学の工夫は,たとえば,参加費の事前納入制を設け,当日納入者と金額に差をつけたことなどである。また,要検討課題として,分科会司会者の選び方,発表者の会員資格確認等,後の大会運営に大いに参考になる提案を行っている。そういった開催経験校(事務局)からの声などが生かされ,以下のように改善が進められることになった。

・45回大会より,司会者は必ずしも報告者から出すのではなく,その分科会にふさわしい内容の司会ができる会員に別途依頼した。
・第46回大会より,報告者は申し込みの段階から全て学会員であることが義務付けられた。すなわち,前年度末の理事会で承認を得ていることが最低条件となった(共同発表者も同じ)。
・第48回大会からは,前年度の会費を納入していない会員には大会での発表を認めないこと,発表はその(1),その(2)までとすること,発表期日の希望は受け付けないこと,ポスター発表と口頭発表の差をなくすことなどが決定された。また要旨書式もA4判に統一した。
・研究担当理事を中心に第48,49,50回大会は研究プロジェクトを組んだ。

以上のような大会の具体的改善に加え,今後の検討事項として,質の向上のため,発表を審査付きにしてはどうかとの声もあるが,発表数の面からも実現は困難として具体化にはいたっていない(「学会ニュース」No.27, 2001年6月)。

(2) 地方部会との関係

学会規模が大きくなるにつれて,地方部会が研究活動に果たす役割も変化してきている。学会では,1996年度第4回理事会議案として,「地方部会の活性

化」を審議している。それは，ひとことでいうならば，日本社会福祉学会から独立した学会とし，会員としての登録や会費を別立てにするというものである。これについては，準備の整った部会から実施するということになった。

　学会理事会のそうした意向を受けて，実際に動きを起こしたのは，1998年2月に設立準備委員会を設けた関西部会である。その結果，11月29日に関西社会福祉学会の設立をみた。なおこれは，日本社会福祉学会関西部会も兼ねている。

　他の部会に関しては，公開シンポジウムの開催に関する援助や部会還元金等で地方部会の活性化を支援してきたが，学会化・活性化には，なおいっそうの支援が必要として，従来の還元金の算出方法から，北海道，東北，中国四国は地域の活性化のために増額し，中部，九州は広い地域性をカバーするため増額する方向で検討することが99年度第2回理事会で検討された。

　実際，各地方部会を比較してみると，その状況にはかなりの差がみられる。公開シンポジウムは，地方部会独自の企画・運営能力を問う意味も有り，北海道部会のように，だいぶ刺激を受けたとの報告もあったが（「学会ニュース」No. 23, 2000年2月），全体としては時期尚早という状況で，学会独立を見送っているところが現段階ではほとんどである（「学会ニュース」No. 27, 2001年6月）。

3　学会機関誌の充実

　学会機関誌は，会員の研究の質の指標として重要な意味を持つ。会員の質の向上をはかるため，学会としても特に機関誌編集の規定づくりには力をいれてきたところである。編集規定の変化は以下の通りである。

・機関誌編集規定・執筆要項をそれぞれ機関誌編集規程・執筆要領とし，現行の機関誌の状況にあうよう改正した。また，理事会内規の制定に伴い，機関誌編集委員会の設置を明示し，併せて運営内規を制定した（1993年度総会）。
・機関誌は，原則として1年1巻とし，2号に分けて発行する。本誌に論説・研究ノート・資料・海外社会福祉研究・書評・文献収録・学会彙報などの各欄を設けた。ワープロ，パソコンの規定等を整備した（1995年度総会）。
・学会機関誌の質的向上を目標に，投稿論文審査に関して査読委員制を設け，審査の充実をはかった。これに伴い機関誌編集委員会内規を編集委員会規程

とする等，必要な改正を行った（1997年度総会）。
・査読委員の任期を 3 年と定めた。また，機関誌編集規程の 4 から，研究ノートと資料を削除し，論文・実践報告・資料解題・調査報告に変えた。なお，文献登録のページは削除した。さらに体裁を B5 判と大きくし，掲載論文を増やした。また，従来の短期間での論文募集を見直し，査読者が掲載に向けて支援をしていく方式とし，査読結果については，掲載不可の場合にも査読者からのコメントを応募者に返却することとした。同時に 2 人の査読者からの評価を基にした掲載決定のルールを明らかにした（1999年度改正）。
・機関誌の発行を将来的には年 4 回をめざして執筆要領を変更し，当面年 3 回とする。

　以上のように機関誌編集に関しては，改正が定期的に行われている。何人もの査読委員が協力し，落とすためではなく，一編でも多く研究成果を掲載しようとする試みが進められている。事実，多くの若手研究者たちや，現場から研究の道に進んできた会員たちに学会誌掲載の道を拓き，それがさらなる研究の励みになっている。これは今までの学会活動の中でも，会員の研究に対する資質の向上に対しての，たいへん大きな取り組みであり，成果であるといえよう。

　なお，学会機関誌ではないが，戦後社会福祉の制度・理論・研究・サービスの50年の総括と，新たな世紀を迎えるにあたっての展望をまとめた出版物の刊行が，学会の記念事業として行われた。『講座 戦後社会福祉の総括と21世紀への展望』（ドメス出版）であり，2002年10月に全 4 巻の刊行をみた。

4　資格制度と社会福祉学会

1　社会福祉改革と新たな資格制度との関係

　1980年代末につくられた社会福祉士及び介護福祉士法は，学校現場における社会福祉教育のあり方を大きく変えた。また，急激に進む少子高齢化社会を迎え，新たな大学（学部・学科）の設置が困難になる中で，「福祉」に関係した大学（学部・学科）であれば，大学設置審議会の基準が比較的ゆるやかに認めら

れるということから，1990年代には，軒並み全国に「福祉」と名前のつく大学・学部・学科ができ始めた。その結果，従来からある社会福祉系の教育機関に所属していた教員たちは，新設の組織に請われてその籍を移した。しかし，それだけでは人材が不足し，現場の職員たちをいわばスカウトする形で教員として迎える教育機関が増え，また，関連する他の専門分野（例えば看護や医学，心理など）から応援を頼んで教員になってもらうところも現れた。さらに，大学院の修士課程を修了したばかりで，業績もさほど多くない若い人材が介護専門学校等の講師として着任していくことも珍しくなくなった。そして，カリキュラムの面からも変化があり，新しい学部・学科においては，従来には必ず置かれていた原理的な科目や歴史研究が姿を消し，あるいは時間を減らし，代わって国家試験に直接関係する科目だけを設置する学校が増えた（2004年社会事業史学会での松本園子らによる研究報告参照）。

　一方，社会福祉教育を行う団体である日本社会事業学校連盟では，社会福祉士制度制定以降急激に加盟校が増加し，わずか数校で始まった組織が，1997年度には100校を超える加盟校となっている（一番ヶ瀬康子・大友信勝・日本社会事業学校連盟編『戦後社会福祉教育の五十年』ミネルヴァ書房，1998年）。学校連盟では，それより少し前の1994年6月に会への加盟基準を改定し，一定数の教員が福祉プロパーであることを求めた。日本社会福祉学会への新規加入申込者の急増とこの改定の時期は，ほぼ一致している。本来の「社会福祉に関する研究」を目的とした入会ではなく，このように業績や所属の利害関係で行われたとしたら，これは危機的な状況といわなければならない。歴代の社会福祉学会会長は，こういった状況の難しさをふまえながら，常に「学会ニュース」の巻頭言などで，社会福祉の固有性の確立と社会福祉研究の質の向上を訴えてきた（「学会ニュース」No.20，No.21，1999年2月，5月等参照）。それが，ここにきて，ますます深刻になってきているといえるだろう。

　社会福祉制度改革で一大転換となった介護保険制度は，その相談・援助の専門職の中に，介護福祉士や社会福祉士だけでなく，むしろ看護職の進出を促した。介護支援専門員などの受験資格をみるとその多様な資格は驚くほどである。また，指定介護事業所は従来の社会福祉法人だけでなく，いわゆる民間事業の

参入を認めた。三浦文夫は，改革以降の社会福祉従事者問題に触れ，「介護を中心とする保健，医療サイドからの接近のなかで，介護福祉の独自性，専門性を明らかにする研究に多くの関心が寄せられてきている。介護福祉学会や介護福祉教育学会の発足などはその端的な現われとみることができる」(三浦文夫，「戦後社会福祉の政策研究の総括」『講座 戦後社会福祉の総括と21世紀への展望 Ⅰ 総括と展望』所収 ドメス出版，1999年)と保健・医療・福祉の連携の重要性を指摘している。

こういった中で，社会福祉学会はどのような研究水準を保つのか，また，社会福祉の専門教育に寄与することができる理論等をどのようにうみだすことができるのかが問われてきているといえるだろう。

1992年2月には，日本社会福祉学会によって「社会福祉研究者実態調査」が行われ，報告書が1993年4月に会員に送付されているが，これは所属する研究者の教育のベースなど，いわば会員の実態把握のための調査であり，多様な基礎学問領域があきらかになった。その後のさまざまな改革へとつながる基礎データとなったと考えてよいであろう。

また，介護保険法成立と同年，精神保健福祉士法が成立した。従来，この資格はPSW協会という職能団体でのまとまりが強い資格であり，そこに社会福祉学会がどう関係していくのかということも新たな課題となってきている。

2　専門職の資質向上に果たす学会の役割

振り返ると，学会全体として専門職の養成や資質向上に関しての取り組みは，あまりなされてこなかった。しかし，2000年に入ると，日本学術会議社会福祉・社会保障研究連絡委員会(福祉研連)が中心となって呼びかけ，日本社会福祉学会が登録学会・協会の世話学会となり，新たに会を立ち上げた。これは，社会福祉人材の要請，研修に関わる以下の9つの課題について検討することを目的とする会である。①ソーシャルワーカーに求められる倫理綱領とそれに関する教育，②生活モデルに即した問題発見・解決のためのアセスメントに関わるアセスメントシートの開発と教育，③フィールド実習における実習指導システムと教育機関とのかかわり，④社会福祉援助技術演習における事例の取り上

げ方と事例研究の方法，⑤社会福祉士実習におけるケアワーク技術に関わる実習，⑥高校福祉科教員養成課程における介護技術実習と社会福祉士実習のかかわり，⑦地域を基盤とした社会福祉総合演習のあり方と社会福祉援助技術の統合化，⑧「社会福祉士のための医学一般」，「社会福祉士のための社会学」等の科目における教育内容と教材，⑨社会福祉士国家試験科目のシラバスの検討と教材について。そして倫理綱領，事例研究教材とアセスメントツールの開発，実習教育，社会福祉士国家試験科目の4項目の内容について成果をまとめることになっている。この検討会には，日本社会事業学校連盟，社会福祉従事者の職能団体，社会福祉士および介護福祉士養成に関わる団体が含まれており，社会福祉学会はそれらをまとめ，調整し，リードしていく役割を期待されている。

なお，専門職に関する資質の向上等については，地方部会が多く注目し，そのテーマにとりあげている（詳細は第Ⅳ部地方部会史を参照されたい）。

3　学会の社会的活動

国際化や制度改革関連以外に，1990年代以降日本社会福祉学会が行った社会的活動としては，やはり，「福祉研連」のまとめ役としての活動の意味が大きい。学術会議に対して社会福祉・社会保障関係の学会（団体）が力を合わせて働きかけることによって，社会福祉に対する理解と認識，評価が高まりつつあるが，本学会はその働きかけの中心を担ったといってよいだろう。

特に，第19期理事会において設置した「社会福祉学助成振興委員会」（委員長：上野谷加代子）の活動が認められ，2003年度文部科学省所管の科学研究費において，「科学研究費分科細目表」で社会福祉学を独立することができたこと，さらに，そのことと関係して，前述した「ソーシャルケアサービス従事者養成・研修研究協議会」が設置されたことは，社会福祉に関わる教育・研究・実践の共通論議の場ができた意味で価値があることである。

社会福祉学は，その固有性を何処に置くか，その特性を明らかにすべきということが常に課題としてあげられてきた。しかし，その前提として，疑う余地がないのは，その基本が社会生活に密接に関わるものであり，そこで生活する人々の視点を中心に考えるという点であろう。そのようなことから，日本社会

福祉学会では，過去にさまざまな社会的活動を行ってきた。社会の出来事とのかかわりで言えば，1995年の阪神・淡路大震災を受けてのシンポジウム開催やボランティアの組織化への援助等はその最たるものと言ってよいだろう。単に理論のみの展開に終わることなく，それが実践と結びついてこそ，本学会の意義が大きいと考えられるのである。21世紀に入り，学会が関わらなければならない社会的活動はますます多くなってきている。2002年3月の「学会ニュース」(No.29) で会長の大橋は，「社会福祉サービス利用者の人権擁護と倫理，社会福祉学教育・研究上の倫理，ヒトゲノム・臓器移植等問題と社会福祉等検討すべき課題が多々あり」，それらについて，今後学会として一定の考えをまとめていきたいと述べている。そしてさらに，「平和のうちに生存する権利を具現化する重要な役割が理事会に課せられている」とも述べている。日本社会福祉学会が社会の中でますます重要な役割を担っていくために，そのような視点での具体的な活動が今後よりいっそう必要となってくるであろう。

第Ⅲ部

記念座談会・対談・聞き書きからたどる日本社会福祉学会の50年

座談会

日本社会福祉学会の歴史[*]
―― 創設期・初期を中心に ――

岡村　重夫（大阪社会事業短期大学）
嶋田　啓一郎（同志社大学）
横山　定雄（武蔵大学）
吉田　久一（日本社会事業大学）

司　会　　一番ヶ瀬　康子（日本女子大学）
編集委員　小松　源助（日本社会事業大学）
　　　　　高島　進（日本福祉大学）

一番ヶ瀬　今日は大変お忙しいところ，ありがとうございました。学会もちょうど25年を経まして，4分の1世紀を経たことになり，もう歴史をまとめる作業を本格的に始めませんと，せっかく今まで御苦労の中で作り上げて下さったこの学会の願いとか，あるいは御努力が消えてしまうと思いますし，また，ちょうど現代のような，ある意味では曲り角の時に，継承するものが消えてしまっては残念だと思いまして。そういう意味で，前から理事会で学会史をまとめるという意向は強くあったわけですが，資料が十分集まらなかったこともありますし，また資料だけで歴史をまとめるというよりは，生きた歴史にするために，そのころの御苦労談，思い出，あるいは色々な感想を含めた座談会をぜひやりたいと，こういう気持で，今日お集まりいただいたわけです。どうぞ，よろしく忌憚のない御発言をお願いしたいと思います。

高島　ひとことだけ申します。竹内愛二先生に御出席をお願いした矢先に，

---

[*] この座談会は，『社会福祉学』第22巻2号，1980年および同23巻1号，1981年に所収の日本社会福祉学会創立25周年を迎えて企画された座談会の記録である。1980年に実施されたと思われるが，期日，場所，共に不明。なお，所属は当時のものである。明らかに間違いであると思われる表記については訂正し，漢数字を算用数字に直した。

先生が亡くなられて，大変残念に思います。そのことを思うと，もっと早くやればよかったという気持で一杯です。

今日は，学会史のうちの，創立からだいたい60年代に入る頃までを中心にして，お話をいただければと思います。

どうでしょうか，皮切りに，吉田先生が学会誌の2号に1ページぐらい，学会創設について書かれているのですが。

1　学会創立の底流

吉田　それを書いたのはね，竹内先生が関西の創設の事情を書いたんですよ（資料1），それに対して，僕は関東の方も書かなければ具合悪いと思いまして，書いたということなんです（資料2）。

嶋田　竹内先生のは第1号ですか，ここに持っていますが。

吉田　ええたしか創刊号です。この前に，一番ヶ瀬先生や高島先生から，どんな座談会をやろうかといわれ，お渡しした5つの項目を，頭に浮かんだままに書いたわけです。その順序を追うことはありませんが，学会創設は1954（昭和29）年なのですが，その前の昭和20年代後半の，学会のできる前後の，学問的情況，あるいは学会的な——研究会など色々ありましたから——動きを少し話しながら，結局その流れが学会に集結するのですから，そういうことを初めに話し合ったらどうでしょうか。関西の方はどうですか。関東の方から始めますか。

嶋田　私は，戦争の前と戦後に移ってくるそのプロセスが非常に大事だと思っているのですが。というのは，戦後に再出発するその仕方に戦前がどのように影響を与えているかということがありますね。一つには日本の社会政策学会の動きというのが，どんな問題をもっていたのか。そこへ新しい学会が生まれたのですから。そういうこと，先生はお考えになりませんか。

吉田　あまり話を拡げますと，なんですけど，戦前に1回，社会事業学会を作ろうという試みはあったことはあったんです。それは昭和7・8年頃でしたか。ちょうど，磯村英一さんとか，牧賢一さんとかが中心で三火会というのが

資料1

日本社会福祉学会の起源と発達

竹内愛二

　わが日本社会福祉学会のそもそもの起源は、終戦後（昭和22年秋）GHQ社会福祉関係当局、京阪神各府県民生当局、各大学社会福祉関係学科担当教授、および社会福祉現業界の指導者たちによって、わが国の社会福祉事業の現代化と発達のために、社会事業教育の振興を企図すべきであるとの建前から、研究・懇談の機会をもちたいとの声があげられ、同年12月以降、毎月1回定期的に集会を開くこととした、かの関西社会事業教育懇談会の発足にそれを見ることができる。

　この懇談会は翌昭和23年に、その目的および活動を具体化し、その名称も関西社会事業教育連盟と改められ、大学による社会事業専門教育、府県ならびに市当局、府県社会福祉協議会などによる社会福祉関係従事者再訓練、高校生ならびに一般大衆を対象とする啓蒙的社会事業教育、および社会福祉関係学科担当教師養成の四部門の委員を設け、相競って、おのおの実態調査をもとにして立案・建議をなした。その結果の直接・間接の影響により、京阪神間のみならず、全国において、新制大学や短期大学などによる社会事業専門教育が、大いに振興したのである。

　かくして昭和25年に至り、大学、府県ならびに市当局、府県社協などによる社会事業教育が、それぞれ制度的に確立し、その運営も軌道に乗ったので、この関西社会事業教育連盟は、一応その使命をはたしたものと考え、同年秋これを解散したのであるが、社会福祉の学的・理論的研究はますますその必要性を増加し、各大学の研究活動の相互連絡、および協力・援助をなすことの重要性がいよいよ切実に感じられたので、右連盟の解散と同時に関西社会福祉学会を結成し、右連盟の会員の他に、新たに入会者をも迎えて、全くの学問的団体としてのその発足を見るに至ったのである。

　この関西社会福祉学会も、当時の斯界における要望にこたえるところとなり、年々健全な発達をとげ、その存在価値が漸次広くみとめられるようになった。時あたかも関東地区においても、各種の社会福祉関係の研究グループが活躍しているのを一本にまとめたい希望もある情勢が見られたので、昭和29年4月、関東側および全国の同学の人々に呼びかけ、新しく全国的組織としての日本福祉学会の結成をなし、従来の関西社会福祉学会の会員は全員これに加入することになった。その創立総会ならびに第一回研究発表大会は同年5月9日大阪市教育会館で開催された。そして初代の代表理事として大阪社会事業短期大学長四宮恭二氏の就任を見たのである。

　爾来本会は、毎年々次総会と研究発表大会を開催するほか、関東・関西に各々部会を設けて、きわめて活発な研究討議などによる学問的活動をつづけてきた。しかるところ会員（約40名）の多くは、かかる集会による研究活動のみでなく、書籍、定期不定期刊行物などによる発表をもなすことが、会員自らのためのみでなく、広くわが国の社会福祉事業全般の発達に対して、特に理論的・科学的に寄与することが多いという理由をもって、かかる企ての実現を要望することが、年と共に切実さを加えてきた。幸い昭和33年末には、年報の性格をおびたシンポジウム「日本の貧困—ボーダーライン階層の研究」（有斐閣版340頁価600円）を出版し、また同年秋、東京で開催された第9回国際社会事業会議などの外国代員の参考に供する目的をもって、英文の"Cultural Exchange in the Field of Social Work"（非売品86頁）をアジヤ財団の援助を得て刊行、前記国際会議外国代員に配布した。これらの企ては、当時の代表理事磯村英一氏および木田徹郎理事などの献身的な努力によって可能になったのである。

　かかる発展をとげて今日にいたった本学会が、その内外の要望に応じて、次に実現すべきことが、その機関誌の刊行にあることはいうまでもないことである。今回その第1号が発行されることにいたったのは同慶のいたりである。（故人）

出所：『社会福祉学』第1巻第1号，1960年より再録。

資料2

日本社会福祉学会の起源

吉田久一

　本誌第1号で竹内愛二教授は「日本社会福祉学会の起源と発達」と題されて，主として関西側の学会結成前夜の動きについて伝えられた。結成の衝に当ったものの一人として関東側の事情について一言してみたい。関東側でも関西と同様に敗戦直後，各大学社会福祉関係学科担当教授を中心に社会事業教育懇談会（ママ）が存在していた。また日本社会事業協会社会事業研究所では，その事業として戦前の社会事業研究発表会を復活して，23年度より毎秋大学関係や現場の研究者を中心として発表会を開いていた。これとは別に敗戦の衝撃を特に強く感じていた30代や20代の若い研究者は金曜会（発起人重田信一，横山定雄，仲村優一，吉田久一）を結成して，月例会を持っていた。

　この三者はメンバーが重複していた者も多かったが，関東側の社会事業の研究水準を高めることに努力していた。しかしこの中から反省がでてきたことは，現場の研究と純粋の研究機関に籍を持つ者の基礎的研究を一応分離して，社会事業研究所で主催する研究発表には，現場での蓄積を報告して貰い，社会福祉学会においては基礎的研究をなし相互にその業績を交換し，錬磨して行くことがより望ましいのではないかという声が起ってきた。

　このような時ちょうど関西でも社会福祉学会創立の機運が高まっていた。そこで主として前記の社会事業教育懇談会のメンバーが発起人となりまた金曜会のメンバーである木田徹郎，横山定雄，仲村優一，小川政亮，吉田久一らが下働きということで学会結成の関東側の準備委員となり，（関西側竹内愛二，岡村重夫，東田英夫，嶋田啓一郎，田村米三郎）29年5月9日の創立総会となったわけである。

出所：『社会福祉学』第1巻第2号，1961年より再録。

ありましたね。あの人たちが中心だったと思うが学会を作ろうという試みがあって，少し呼びかけなども行われたようですが，ついぞ，成熟しないままに，戦争に入っていくわけです。

関東の動向

　吉田　それで戦後の話は関東のほうはここにおられる横山先生に助けていただかなければならないんです。横山さんにも少し思い出していただいて。

　私，関西もかなり似たような情況だったと思うんですけれども，関東では20年代後半，三つばかりの流れがあるような気がするのです。一つは，例の占領軍のフローレンス・ブルーガーとかD.ウイルソンが中心で社会事業教育懇話会——これは関西にもありましたが——ここでしばしば集まりました。

　それから二つめに，今の全社協に社会事業研究所がありまして，そこで，研

究発表会を毎年やりましたね，かなり規模が大きく2日間続けてやっていた。それが，やはり一つの機運を醸成してきたと思うんです。

　それから今一つは，やや同志的な集まりですが私，自分が関係していることで申しあげにくいが，社会事業研究所で，第1回の社会事業文献賞というのをもらったことを覚えているんです。それをもらった席の時でした，実は横山さんが来られて，"一つ若い者で"――そのころ我々は若いんですよ，（笑）――平和の問題（焼け跡時代でした）と目の前の貧困の問題などを問題意識として，同志的に一つ会を作ろうじゃないかということになり重田信一さんと仲村優一さんをさそって，4人で発起人となり金曜会というのを作ったんですよ。

　（学会創設は）実は，表面的には，教育懇話会ないしは社会事業研究所が醸成したものではありましたけれども，渦中にあった私としては学会を作っていったエネルギーが金曜会からも出てきたような気がするんです。

　なぜ学会を作らなければならないと考えたかといいますと，社会事業研究所の研究会は，現場の人も大変多かった。ところが一方では，学校もいくつか出来てくるでしょう。いったい学校の教師はもっと学問に打ちこまなくていいのかという反省が，あったわけです。やはり，きちっとした学問をしなければ，学校も多く出来てきて学生たちに常識的なことばかりいっていたのではどうにもならんではないか。それで学会を作ろうじゃないかということになったような気がします。だいたい，先のような三つの流れがあって，その上に学会にまとまっていったというように思います。

　横山　その一番最後の金曜会が社会事業研究会になったんでしょ？

　吉田　金曜会が30年代のごく初めに社会事業研究会となったと記憶しています。

　横山　私は，金曜会は途中からで，社会事業研究会になったころから参加したと思っているんですよ。

　吉田　社大が中心だった社会事業研究会と近代社会事業研究会とは違います。近代社会事業研究会は我々より若い柴田善守，小倉襄二，一番ヶ瀬康子さんにつきあげられて，私が代表のような型で，高島進さんが事務局を引き受けてくれた会です。

横山　社大では研究会（例会）をしょっちゅうやってました。
嶋田　社大が出来たのは何年だったでしょうか。
吉田　（昭和）21年です。研究科がはじまります。
嶋田　戦前の社会事業協会が，社会事業学校というのを作っていましたね。牧先生たちが。あれは社会事業学校という名前でやっていたように……。
吉田　戦前は社会事業研究所の研究生制度で，横山さんなんか研究生で。
横山　そう，私は昭和17年の研究生（今岡健一郎君も同期）で。学校とはいわなかったです。
嶋田　それじゃあ，西内潔君たちが入っていたところですね。

関西の動向

嶋田　それでは関西の方を少しお話します。私，色々資料を探して，思い出してみました。

　関西では，同志社が昭和6年に大学レベルのコースを日本で初めて作ったのです。その時は神学部の中に出来たのでした。というのは，昭和のその時代には社会事業という言葉さえ危険に思われていましたからね。それがずっと続いていまして，戦後に新しい情勢が起ってきます。昭和21年にブルーガーが関西に来まして，その時に，社会事業の教育を始めるために，懇話会を作ったらどうかという話がでました。実際に出来たのは，昭和22年の秋9月だったのです。その時もブルーガーさんが来て話をしまして，関西社会事業懇話会（ママ）ということで，ちょうど関東と同じような出発をしていると思いますね。

　そして，その時，集まりましたのは，進駐軍ではブルーガーさん――その時にはウィルソンさんは来ませんでしたが――，それから社会事業の学校関係では竹中勝男先生とか竹内愛二先生とか，私も参加しております。それから社会事業の従事者の中では，浜田光雄という方がいらして，とても熱心だったんですね。それから，木川田さんがおいでになってます。記録によればそうなっています。それから，ネルソン・ネフ。あの人が，昭和24年に来られて，関西に学校連盟を作ったらどうかということで，関西社会事業学校連盟というのを作ったのです。これが日本全体の連盟になったのでは？

岡村 あれは関西社会事業教育連盟じゃなかったですか。これは竹内さんがそういうように書いている。私もそういうように記憶しています。

嶋田 教育連盟でしたか。ああそうですか。私，自分の日記に，学校連盟とあったような気がして……。

岡村 関西社会事業教育連盟ですね。この名前は覚えていますね。

嶋田 そうですか。それを作りましてね，まず関西社会福祉学会というのを作ったのです。それがあとで，昭和29年に日本社会福祉学会というものになっていったわけです。

だから，初め関西社会事業教育連盟の時には，"近代社会福祉についての学術研究を行う"というようなことが先に出ております。それから，後に日本社会福祉学会にしました時に，それが，"全国の会員の連絡と学問的水準の向上のために協力をする"ということになっています。初めは，いきなり学術研究だけを急いで，それのみを目的に書いておりました。

それが，昭和29年に，創立総会と同時に学会の大会というものを，大阪の市の教育会館でやったのです。それが日本社会福祉学会の初めです。

一番ヶ瀬 創立までのところで何か付け加えていただくことございませんか。

岡村 流れとしていえることはね，東京の社会事業研究所の発表会は，かなり大がかりのもんやったね。わたしも一度しゃべったことあったが。あれと同じようなものが大阪では朝日新聞厚生文化事業団が主催で，やはり年に1回，研究発表会があった。これには，谷川さんなんかも来てました。この会はかなり長い間続いていました。

嶋田 浜田光雄先生がとても熱心でしたね。

岡村 これがかなり続いていたね。そういうものが研究の刺激になったんでしょうな。それから小さいのでは，竹内さんなんかを中心に，僕らも加わって，社会事業事例研究会を月1回やっていました。学会創立以前はそういう流れじゃなかったんでしょうか。

2　学会の創立経過

岡村　それでまあ，学会結成にいたるわけですが。主として東京が中心でね……東京からやかましく言って来たことを覚えています。

吉田　いーやあ，関西も相当やかましかったよ。どちらかというとアカデミックな関西から呼びかけが強かったですよ。

横山　関西の先生方から「社会福祉関係の大学や専門課程の若手を専門研究者として育ててもらうためにはどうしても社会福祉や社会事業の専門学会が必要だ」と学会設立を東京の方へ強く働きかけてこられたことを思い出します。

岡村　それで，結局関西でやれということで第1回大会を大阪市教育会館で開きました。僕と死んだ田村君が事務局をやり，四宮さんが議長でした。

嶋田　四宮さんはもっとあとからじゃあないですか。

岡村　いや，第1回創立総会の議長ですね。

嶋田　ああ，創立総会の。

岡村　これは，創立当時のことですが。この学会創立前の関西の情況はそんなことです。東京とも似たような事情だと思いますが，直接的には，教育連盟という組織で，京阪神の関係者が会合していたことがよかったと思います。

吉田　ちょっと一言加えておきますとね，研究所の社会事業研究会というのは，戦後の福祉を進めていく上で功績があったと思うんですよ。そう思いますけど，そのころの日本社会事業協会の研究発表大会の内容が非常に広いわけでしてね。それが研究者もおれば現場の施設経営者は自分の施設報告をするというわけでね。その中ではじめ学校で飯をくっている者で，学会を作ろうとしたわけでした。そのころ研究所の発表大会は多少マンネリ化もしていました。われわれ若い者がみんなで手伝っていましたので自己矛盾ですが。

創立への期待と姿勢と複数の学問的系譜

岡村　大阪では教育連盟のメンバーをそのまま学会員にしたんです。だから現場の人がたくさん入っていて，その体質は学会ができてからも，しばらく続

きましたわね。そして（ある時）学会理事会で，会員1人1人を審査せよという議論が出ましたね。しかしそれはもっとあとにやったと思うよ。

吉田 僕はね，あなたにも"学校の教員が，それで飯を食っているのに，この程度の発表でどうなるか"と，いわれたよ（笑い）。

とにかく，そういうことで，研究所の発表会はそうした現場の人と研究者とが雑然といっしょになったという発表会でしたね。事業報告みたいな発表が多くてね。

嶋田 それで，私は戦前との関係を思ったのです。牧賢一先生が亡くなられたお葬式のとき，牧先生のなされた役割についての紹介があって，私は非常に感銘深く思ったのですが，それは戦前にたとえば，磯村先生や牧先生たち，ある意味で社会的にラジカルな考え方をもった人たちでしたね。で，ああいう人たちが社会福祉のことをやらなければということを強く主張された。それで戦後の民主化社会で一挙に自分たちの時代がやってきたということで，社会福祉を非常に広く考えようとした。ところがそれに対して学校の人達は今おっしゃったように，それを非常に狭くした。それで牧賢一先生はそれをたいへん不満とされたということが，その時，話され，私は誠にそうだったと思いましてね。

吉田 いや学会創設には，戦時社会事業ファシズム化の反省もあったので，単純に戦前と比較するわけにもいかない。

嶋田 それから，去年，明治学院の専門部に社会学コースを作られて，ちょうど50年になったのです。その時お祝の会がありまして，私参ったのですが。その時調べておりましたら，明治学院の田川大吉郎先生は，明治学院に社会学部を作るときには「キリスト教社会主義者を養成する」と，初めからはっきり書いているのですね。そういう目的で作られているのです。あの時代においては，社会意識を強くもった社会事業という感覚がかえって強かったんです。これは大正リベラリズムの思想的伝統から，昭和に入ってからも，軍部ファショ化していく社会状態に対して抵抗して，思想的意図をもって，明治学院や同志社は社会事業を始めてるのですね。

戦争の後に，一つの流れとしては，社会政策をやっておられた経済学者が社会福祉に入って来られた。その方々がどちらかといえば広い立場をとっていま

して，資本主義の問題を考えるという……その中には孝橋先生のような方もおられました。

　それに対して，もう一つは，アメリカで勉強された方々が，——たとえば竹内愛二先生は，昭和6年に日本に帰って来られまして，同志社でケース・ワーク，グループ・ワークを中心に社会事業教育を進める立場をとられました。竹内愛二先生は社会福祉学会の会長にもおなりになって，そのような線を強く出されたわけですね。

　ですから，日本では，マルキシズムの系統の人たちは，いわゆる制度論的だといわれる展開の仕方をしようとしました。そこには社会政策系の理論家たちが多く入っているのです。そのファシズムに抵抗しようと考えていた人たちは，そういう意味で広い視野をもっていました。それに対して，竹内愛二先生の系統の方々はどちらかというと狭い。しかしながら，学校形成にあたっては，社会事業学校という専門性をもったものを目指して，ケース・ワーク的なものが非常に重要となったわけですね。

　大きくいうと，それら2つの流れがあって，さらにそれら両者を結ばなければならないという者と，だいたい3つの流れがあったように思いますね。このようにして第1回の会が行われたわけですね。

　吉田　異論をはさむわけじゃあないけどね。実はね，磯村先生は今はむろん研究者でいらっしゃいますけどね，牧先生，磯村先生，それに僕らぐらいまでの年代——私は昭和10年，まあ戦前からですわね——の者というとね，社会事業について，何でも知らなければならなかった。つまり社会事業常識人だ。それが戦後のアカデミズムから出てこられた嶋田先生らと異なるところで，学問的には方法論でも何でも甘いですよ。それをいくらか学問的にしてくれたのは，実は戦時中の，大河内一男，風早八十二，そして社会学の松本潤一郎，法律学の菊池勇夫，後藤清等の人たちですね。その人たちが社会事業研究所にぞろっと流れこんできていたわけですね。そして，いくらか，社会科学に耐えるような社会事業理論というものを作ってくれたわけです。あとの牧さんはじめ，僕らにいたるまで，実は理論としては混沌たる神代の時代みたいなもんでね。ですからそれでいいのかという反省が大変強かった。

嶋田 私の聞きましたのはね，つまり社会運動的な感覚をもってやっておられたから，それで牧先生は戦後の社会事業教育というものが狭くなるのを慨嘆されたというお話だったと思いますね。

吉田 それより，何故かつての運動が戦時厚生事業理論みたいなものに変身したかという不信を戦争直後我々が最も強く感じたんです。

諸系譜の学会としての総合

一番ヶ瀬 実際に，創立総会に入っていく具体的なプロセスの中で，今，先生方がおっしゃった，色々な流れの統合を，どういう形でなさっていったのでしょうか。

岡村 学会の名前つける時ね。その時やり合いましたね。

吉田 岡村さんは別としてね，……私はまだ，とても社会福祉なんていえた情況じゃないから，社会事業の方がいいと考えていた。学会だから余り理想主義的で学問的基礎もまだできていない社会福祉でない方がよいと思っていた。

嶋田 その時，社会福祉っていいませんでしたね，初めの間は。

吉田 いや，岡村さんは，ちょうどそのころ例の『社会福祉学』31年の岡村理論の体系をまとめかかっていた時でしょ。だからね"どうしても社会福祉でなければだめだ"とがんばったことを覚えている。そうでなければ岡村社会福祉学が破産してしまう。

岡村 ああ，君たちは「社会事業」だとがんばったね。

吉田 そうそう。歴史などやっていると現実的になるからね。むろん私も高度成長以降は「社会福祉」を使用してますがね。あのころはとても。

小松 ちょっと話はそれますが，私ども，その頃若かったんですけれども，先ほど話し合われた社会事業研究所の研究発表会とか，それをもとにした『社会事業』という雑誌の特集号が出ましたね，ああいうのは非常に魅力的でしたね。それで非常に刺激うけたんですけれど，ああいう流れが学会に移っていくのにスムーズにいったのか，それともある程度混乱があったのか，その辺のところをちょっとうかがいたいんです。

岡村 その辺のところの詳しいことは知りませんが，谷川さんが中心ですよ。

あの特集号の第1号には，僕も執筆しましたが，今読んでもやっぱり非常によかったと思いますね。あれね本来年4回出るはずだったんですよ。季刊ということでね。

嶋田 大阪で，『大阪社会事業』という雑誌がでていたのは……。終戦直後だったですか？

岡村 それは『大阪社会福祉研究』のことですか。戦前は『社会事業研究』といっていましたね。

嶋田 戦後，社会福祉に初めからしました？

一番ヶ瀬 あれは岡村先生のお名前が……

岡村 ええ，私も編集委員しましたけどね，あれは孝橋君が初めやっておって，そのあと僕がやりましたが，結局つぶれましてね。

嶋田 社会福祉の学会創立の当初には，第1回，2回は社会福祉学会としてやったのですね。ところで，第3回の大会がその時中部社会事業短大といったのですが——日本福祉大学でありました時，"社会事業の本質について"というテーマにしようとしたのです。その時，孝橋先生が，社会福祉というより社会事業という言葉の方がいいということを強く主張されました。私たちは"社会福祉の本質"でやりましょうと主張したのですが，孝橋先生が，社会事業の本質とすべきだといわれたのを私，印象的に覚えているんですがね。

高島 記録は妥協して"社会福祉事業の本質"となってます（笑い）。

皆で そうなっていますか。

一番ヶ瀬 学会の名称を，社会事業にするか社会福祉にするかということは，小さいようで大きな問題だと私は思うんですが，そこら辺の名称をつける過程での御意見や議論など，もう少し伺いたいですねえ。

「社会事業」か「社会福祉」か

嶋田 私の記憶では，ネフさんが来ましてね——実はね，同志社に彼は博士論文を出したんです。それを，私は反対したもんですから，印象的だったんですが——その時，ネフさんはアメリカではもう Social Welfare という広い概念になりつつあると，だから社会福祉の方が適切だといって——先ほどの社会

事業教育連盟は，その時に発足したんですがね。その時ネフさんは，社会福祉の方がよいと主張しました。学会の名称には，関西社会福祉学会というように，社会福祉になったのですが，我々はもう，社会事業の上位概念として社会福祉にいくべきだと考えていました。ネフさんの，ヒントとその点一致したのです。しかしながら，その時一番反対したのが孝橋さんでした。

横山 なるほどそれは，わかるね。東京ではどうだったんでしょう名称については。

吉田 昭和26年に社会福祉事業法が出来ましたでしょう。作ったのは木村忠二郎さんですが，木村さんがね，社会福祉事業法を作るときに，その解説の中に書いていますように，社会福祉と名称を使用したのは，「意気込みを表わすために」というような表現でね。カテゴリーが生命である法律に「意気ごみ」もおかしいがつまり学問的というより，少しハッタリであっても，国家再建のためにということが，26年の社会福祉事業法を作った人たちの気持でしょう。それは90％保護児童であった22年の児童福祉法も同じです。

嶋田 その時ネフさんが課長していましたからね。ネフさんはそういう主張をしていましたから。

横山 目標概念としていくべきだという考え方がありましたからね。

吉田 そうそう。

一番ヶ瀬 竹中先生は……

嶋田 竹中先生は初めから，『社会福祉研究』ということで本を出されたんです。

吉田 そうです。あれが一番早いですよね，しかし先生は27〜8年だったか「社会事業」という名称を付した優れた論文を同志社の機関誌に発表している。

岡村 竹中先生の場合は，社会福祉の下位概念として社会事業がありますからね。

吉田 そうそう。

嶋田 私，今でも社会福祉というのは目的概念であって，それの実践形態として，社会事業，即ちソーシャル・ワークという考え方を用いると思っているのですがね。

吉田　岡村先生は反対だろうけれど。

岡村　（笑い）

一番ヶ瀬　やはり，名前をどうつけるかについての議論はあったわけですか。

岡村　ええ，あったわけですよ。この人たち全部，社会事業，社会事業といってね（笑い）。僕は社会福祉でええというわけですね。僕は目的概念とか何とかということではなくて，やはり憲法に「社会福祉」と書いてあるんだから，それでええというわけです。それは社会保障や公衆衛生とちがったものとして規定されたものです。目的概念なら社会保障も公衆衛生もみなその中にはいるわけです。一応分けて書いてあるのだから，やはり特定の分野を指していると理解すべきでしょう。だからそれでいいじゃないか，というようなことが僕らの考え方でしたね。さらに言えば社会事業という貧民対策みたいなもの，やめたらいいだろうという考え方もあったわけですね。それも一つありました。それから社会事業という僕ら，日本では，ソーシャル・ワークというより，戦前の保護救済事業だということが頭にあるもんでね。

嶋田　福祉という言葉は，明治8年の日本の詔勅の中に「福祉を増進し」という言葉があって，興味深く思いましたね。

吉田　ああ，そりゃあ，古い時代からあるんでね。社会事業よりずっと古い。

岡村　「社会」が付かなきゃ，意味ないわけでね。

嶋田　そう。

岡村　福祉一般なら，そりゃあ，昔からある言葉です。

小松　やはり，昭和28年前後に，社会福祉という言葉は，先生方の間でかなり一般化しておったんですか。

吉田　私はそうは思いませんでした。まだそのころ社会福祉理論もできておりませんし。

岡村　いやかなり一般化していましたよ。

吉田　やはり混線状態だったんですよ。

岡村　だって，わたくしのいた大阪市立大学でも，大阪女子大学でも始めから，「社会福祉学科」ですわ。「大阪市立大学社会福祉学科」のできたのは，昭和24年です。「社会事業学科」という名称は，全然問題にならなかった。

嶋田　社会福祉という言葉は，米国において，ディヴァインが『ソーシャル・ワーク』という本を出した時，その本を，「ソーシャル・ウェルフェアー・ライブラリー」の第1巻としたのです。それは1922年のことです。だから，アメリカでも古い言葉なのです。それから社会事業学校を作る時，ポーター・リーは，ソーシャル・ウェルフェアーということを講演の中でいっているんですね。

　岡村　アメリカではとにかく，関西では昭和24年当時から，うちの市大もそうやけど，大阪女子大も，社会福祉学科ですよ。日本女子大は……

　一番ヶ瀬　昔は社会事業学部です。

　岡村　あれは……何とか……女工保全科か。

　一番ヶ瀬　女工保全科，児童保全科です。

　岡村　そういうものを戦後に名前を変えたわけでしょう。

　一番ヶ瀬　戦後，昭和22年から社会福祉学科です。

　岡村　そうでしょ，そしたら，やはり社会福祉というのはそのころから，出てきているわけや。そのよりどころは，やはり憲法じゃないですか。

　一番ヶ瀬　日本女子大の場合は，かなりアメリカの指導の影響が強い気がします。

　岡村　けれど，その場合，アメリカはやはり，Social Work でしょう。

　一番ヶ瀬　いや，やはり Social Welfare だったと聞いてます。

　岡村　ああ，Welfare ですか。竹内先生がね社会事業という言葉に最後まで，非常にこだわったので，僕とやり合いしたことがある。先生は，専門社会事業というように専門という字をつけて，いわゆる戦前の救済事業とはちがうんやということを，いいたかった。それではますますまぎらわしいから社会事業なんて言葉をやめてしまえといったよ。

　吉田　専門じゃなくて科学的社会事業だよ。

　岡村　いやいや『専門社会事業研究』という大きな本があるじゃないか（笑い）。

　吉田　『専門社会事業研究』を書いたの34年だったかな。

　岡村　僕らは自分の本の中でもこの点の批判にふれておいた。

吉田 先生の，生涯を通じてみた場合科学的社会事業を唱えたことが勲章で，昭和10年前後から科学的社会事業を強調したのは先生の功績だった。

岡村 しかし，その後は Professional Social Work を「専門社会事業」と訳したんや。それで僕はその訳がまちがいだというんやな。

吉田 いや僕は用語に拘泥しているわけでないが，社会事業理論史として，竹内さんは，生涯を通じて，科学的社会事業を昭和10年ころから強調したことを言っておきたい。

岡村 だけど，先生，はっきり書いているよ。「専門社会事業」って，僕はよう覚えているよ，一度，引用したことあるから。

高島 『専門社会事業』が専門書としてはそうなんで，今度はもう少し通俗的なので『科学的社会事業入門』と書いているわけですよ。

岡村 そんな本もあるわな――

高島 先生は両方とも使われたんじゃあないですか。

岡村 やはり社会事業という言葉に，先生，非常にこだわっていて，何か従来の救済事業とちがうんだというんで「専門」という言葉をつけてみたりする。が少なくとも日本語の「社会事業」は戦前の「社会事業法」に結びつく言葉ですよ。社会福祉とは先生，なかなかいわないんだな。それは，やはり戦前からやっている人だからだろう。僕ら戦後の研究者だから「社会福祉」の方をとるね……。

吉田 そうそう。

一番ヶ瀬 色々ちがったとらえ方や論議があったけれども，「社会福祉」とつける方が大勢を占めた，ということですか。

吉田 そうでしょうねえ。

高島 吉田先生は，一敗地にまみれたわけですね（笑い）。

吉田 うん，社会福祉学会は岡村さんにしてやられたが（笑い），社会福祉全体は学会創立当時そんなことないんでね。今の時代が歴史時代に入ったとき，30年代後半から社会福祉と使用する私の説の方が歴史的社会的に正しいことが証明されますよ。抽象的目的論ばかりでなく（笑い）今の全社協の『月刊福祉』のはじまりは明治42年の『慈善』で，それ以降名称の変更はおおむね歴史

の進行にかなっているが，『社会事業』から『月刊福祉』に変るのは昭和36年からでそれも正鵠を射ている。

岡村 関西では孝橋君なんか，社会事業でなければと言う人もいるよ。

吉田 孝橋さんは「基本問題」として理論的見地からだから歴史的現実からみると私と違いますが，小川政亮さんも社会事業だが，僕と用語を使用する立場が少しちがうんでね。それはそれとしましてね，社会事業という用語は戦争中迫害をうけましたこともいっておきたい。リベラリズムやヒューマニズムということで社会事業が排され，厚生事業が主流だった。私もその経験をもっている。

岡村 それはそうや，これまた事情がちがうわ。

吉田 事情がちがうけれども，戦後社会事業には社会問題的視点を積み重ねてきた大正デモクラシー下の社会事業の再編成という面がある。高度成長以前までは。

岡村 しかし，大ざっぱにいえることはね，戦前からの人でも戦後は「厚生事業」という言葉は使わなかったよ，社会事業という言葉をみな使いましたよ。

吉田 それはそうですよ。戦後社会事業にとって戦時厚生事業が完全否定できるかどうかが最も重要なことですからね。それは戦前の社会事業——それは我々の先輩がつみ重ねてきたものですが——連続されるということでしょう。そうでなければ生存権だってすべて憲法25条にかえしてしまってなんとなく占領下で頂だいしたということになりかねない。生存権だって思想的には大正デモクラシー下でかなり深まっていますよ。それが戦前から従事していたものの率直な感想ですがね。むろん憲法25条が基本になることを前提としてですが。

嶋田 ただ第9回の国際会議が東京でありました時は，まだ社会事業といっていたんです。その時に，ソーシャル・ウェルフェアーというべきだということが，学者たちから強く主張されましてね，それで，その次の次から，社会福祉になったと……。

岡村 そりゃまあ，そうでしたけれどね。関西では孝橋君が社会事業，社会事業と言うし，関東では，この人らが「社会事業」言うて，未だに学校の名前にそれが残っているよね。

吉田 （笑い）僕の学校か，主体性のないものほどちょくちょく名称が変る。経済学部の経済等ずいぶん古い用語だなあ。あまり私は用語に拘泥していないが，学校は社会事業大学でも高度成長以降は私も社会福祉ですよ。ただし高度成長以前の「戦後」での名称は断固として社会事業です。

岡村 僕の学校でカリキュラムをみて，びっくりしたのは「児童保護論」とか「労働保護論」とかすべて保護事業なんだ。もちろん「社会事業概論」という課目の名前にしてあるからね。それはおそらく，孝橋君なんかの社会事業論者が，やかましく言うた結果なんだ。「社会福祉」なんか現実にないんだと，あるのは「社会事業」やというわけでしょう。もちろん僕は就任して翌年全部変えましたがね。

嶋田 僕は，ネフさんがね，社会福祉という言葉を使えということを非常に強くいっていたことを思い起こすのですがね。彼が博士論文を書いた時には，1，2箇所でしか書いていない。社会事業と記しているのですけれど，もうアメリカでは社会福祉というのが当り前になってきているということをいっておりましたね。それは昭和24年ですから。

岡村 まあ，考えてみたら学会の名前はおもしろかったですね……がんばりがいがあったな（皆笑い）。

吉田 いやあ，これはね，岡村『社会福祉学（総論）』にね，とうとう花をもたせちゃったようにみえるが，それは岡村の哲学的「先験論」からで歴史的社会的現実ではない。

岡村 いやいや，こっちの方が先や（笑い），まあ，これしかし，一番ヶ瀬先生がいうように，初めに決める名前は，やはりずいぶん大事ですわな。

一番ヶ瀬 それはやはり大事で，そのとおりなんですがね。

嶋田 まあ竹中先生が，『社会福祉研究』で使ったのは24年ですからね，福祉という概念を学問的に言おうとしたんです。

一番ヶ瀬 やはり，そういう意味で，竹中先生の考えやネフさんの考え。それから憲法にあるという岡村先生のお考え。そういうものが大勢を占めたと考えていいわけですね。

吉田 いやー，みんな超歴史的になってしまったね。名称は理論でなく，歴

史的現実の中できめて行くべきだと思いますよ。

　小松　戦前からおやりになっていた横山先生なんか，こだわりなかったですか。

　横山　ええ，あいまいなままに，やっていったって感じがしますね。

　嶋田　その時，社会事業という概念は，いわゆるテクニカルなものを扱うという……。

　横山　テクニカルに限定していくのは，もう少しあとじゃないかと思うんですがね。

　嶋田　いつごろなんでしょうかねえ。

　横山　いつごろになりますかね，仲村君がアメリカから帰って。

　吉田　うちの仲村さんですか。いやあ，彼は，やはり大河内社会事業からでてくる側面があるので，そうテクニカルな面で割りきることはできない。

　横山　だからその辺，最初は非常にあいまいなままに使っていたわけですよね。社会事業にせよ，社会福祉事業にせよ。

　吉田　そりゃ，そうですよ。

　一番ヶ瀬　あいまいのまま，なんとなく社会福祉ということに……。

　横山　というよりも，現実にあるのは「社会事業」だが，「社会福祉」という目標概念も研究対象に取りこむべきだ，両者の科学的総合を考えていく必要があったということから，「社会福祉学」とか「社会福祉研究」ということになったと思います。

創立発起人とその苦労

　一番ヶ瀬　では，創立総会の前後のころに入ってよろしゅうございますか。もし，よろしければそういう経過の中で，特に発起人というか，主だった方，具体的に仕事をおすすめになった方々を，お教えいただきたいのですが。

　吉田　発起人の前にも何かあったわね，趣意書など出す時に。世話人とかね，あったでしょうね。発起人は，かなり詰まってからの話でね。その時の発起人は，関東では，だいたい中心となって推進したのは横山さんと私と……ただ，我々は34，5だから，ちょっと若すぎて，関西の竹内・岡村先生にはひけをと

るから木田先生を表に立てて，3人でやりましたけれども，発起人に名前を連ねる時に，同世代の，小川政亮，仲村優一さんが一緒でした。その時とった写真が残っているはずだ。関西は誰だっけ。竹内さんと岡村さんと……。

岡村 田村米三郎君。

一番ヶ瀬 そうすると関西は，岡村先生，田村先生，それから。

嶋田 竹内先生，それから孝橋先生も入ってました。

一番ヶ瀬 そうして，ほかの大学や研究者の先生にお呼びかけになった。

岡村 そうですね，で，その時は，だいたい先ほど出ました関西社会事業教育連盟のメンバーをそっくりそのまま，自動的に入れたようなもんですね。

吉田 これ，第1回目の総会で決定した人事だけど総会で決まった理事ですがね。

岡村 委員なんてあったんだな。

吉田 ああ私等よりまた一世代若い人たちは委員でね。

横山 うん，委員制度ってあったな。

一番ヶ瀬 だいたい，いつごろから，そういう動きを？ 昭和28年暮ぐらいですか。

嶋田 私の記録では，昭和28年の6月に，そのことで集まってますね。

一番ヶ瀬 28年6月ですか。

岡村 僕，全然覚えてないな。

嶋田 ずっと日記を書いているもんですから。で6月に集まって相談してますよ。

岡村 そりゃ，やっているでしょうね。

嶋田 正式に作ったのは，昭和29年の3月ですから。

岡村 あの時は誰が，しゃべったんや。

吉田 第1回の発表というのは，ここに（資料）書いてあるでしょう。

---

* 口絵写真。
** 第Ⅱ部第1章の「表2 創立時役員一覧」p. 107, 参照。
*** 資料「日本社会福祉学会大会経過」は省略した。大会経過については，本書第Ⅴ部〔資料8〕日本社会福祉学会年表を参照。

岡村　これは個人発表なかったんですね。

吉田　なかったですね。

一番ヶ瀬　昭和29年5月に第1回の大会があったのですね。

嶋田　5月ですか。

一番ヶ瀬　で，その時の論題が，「貧困の日本的性格」。こういう題をおつけになったのは。

吉田　それは，私がつけました。

一番ヶ瀬　そのお気持は？

吉田　(笑い)お気持って，深い根拠というよりも，大変いい題じゃあないかと思って，つけましたがね，その時には(笑い)今から言えばボーダーラインとか低所得層の研究がさかんだったからだが。

嶋田　学会として貧困問題を扱う，問題の性格からも制度論的に，貧困の問題をとり上げなければならなかったことが，研究方向に影響しました。それで第1回から第7回までのテーマをみますと，だいたい，貧困の問題，ボーダーラインの問題低所得階層の問題とかありまして，ただ，第6回の関西学院での大会，昭和33年ですが，その時には近代社会における家族と社会福祉として，家族問題が初めて入って来たんですね。それまで，ずうっと社会政策的な，経済学的見地をお持ちになった方が強かった，ということは戦後昭和21年のエンゲル系数は，68％だったという日本の情勢の中では，竹内先生がいかに自分の立場を主張されましても，それが一般的な主流にはなり得なかったんですよ。それが第6回に家族問題が入りまして，第7回に「社会福祉と諸科学」というので，社会福祉研究の方法論というように，じっくりと各個問題にとり組もうという段階にそこではいってきたわけですね。

岡村　この4回5回のボーダーラインの問題は，学会の共同研究を受けてのことですよ。それが2年間続きました。

横山　その時は全体として，要保護者層とかボーダーラインの問題が，非常に重要な問題だったんですね。

嶋田　ですから，社会福祉学会そのものが，やはり日本の貧困状態を背景にしながら生まれてきたということがいいえますね。ところが，一方では，進駐

軍が来ていますから，米軍の実情に即してはケース・ワークの重要性が強調され，そういう考え方が，一つの重要な線ではあったわけですね。

一番ヶ瀬 で，この創立総会の時に，これは私はほかから聞いたんですが，社会政策学会の諸先生――大河内先生はじめ――に呼びかけをなさっているわけですね。

吉田 いや，そういうことではなくてね，隣接学会から祝辞をもらおうということになってね。

岡村 社会政策学会からのメッセイジがありましたね。

吉田 メッセイジはね，中鉢正美さんがね，社会政策学会から持ってきて，それから磯村さんが社会学会を代表して，メッセイジを創立総会に読みあげたりしてね。

一番ヶ瀬 これは社会政策学会と社会学会？

吉田 そうです。隣接学会としてね，ただ最初の時期ね，まあ岡村先生もそうだっただろうけど，大変苦しかったのはね"お前さんたちのは学問じゃあない"といわれ続けてきたことですよ。

横山 それはずっとそうだったですよ。社会政策学会などからね。むりもないんですよ，社会福祉という概念もね，考える出発点や考え方がまちまちのままみんないろんなふうに取り組んでいたんです。つまり，いろんな学問領域から集まってきていたわけで，まとまらないですよね。

吉田 まあ，最近はあまりそんなこという人もいないだろうけど。最初のころ，ひどいもんでしたよ。"私のいうこと，お前さんたちわかるかなあ"と壇上からいった人もいてね。もっともわかりませんでしたよ。むつかしすぎて（笑い）。

岡村 そうだったかな？（笑い）

吉田 だからね，社会福祉学会の学問が学問じゃないといわれると，大変つらかった。"なに！"というところもあったけどね。岡村さん等は絶対他の学会に入らないで社会福祉学をつくり上げるんだと誓ったな。私は岡村さんと考えが違うがあのころすばらしかった（笑い）。

岡村 いやいや，そりゃあ全く同感だね。奥村君もそう言ってたかな。しか

し彼は僕の「総論」を読んで,すっかり態度を変えたね。

吉田 あの人の使う高等数学はわからんかったよ。……うちの小川政亮さんなんか,腕組んでくってかかっていた。そんなこと覚えている？

岡村 そうやったけ。

吉田 岡村先生は,やや発想が哲学的だったから,あまり傷つかずわが途を行ったのだろうけど。

岡村 彼,すっかり変わったな,僕らの研究室では雑誌出す毎に合評会やるわけや,奥村君なんかも入って,最初はそりゃあ,もうえらい鼻いきやったけど,あと,すっかり変ったと思うよ。

創立時の会員と役員

一番ヶ瀬 創立当時の会員数というのは,いかがなんですか。

吉田 これは昭和31年5月に出したもので,おそらく基礎は昭和30年ごろだと思いますが,277名ですが。*

一番ヶ瀬 ほぼこの数字が創立総会の……。

岡村 たしか,そうですよ,300人足らずだった。

横山 よく,これだけの会員が入会してくれたという感じですね。まあ現場の人も相当多かったけど。

岡村 関東では,そういう現場の人もいっしょにやっていく組織らしいものはなかったのかなあ。

横山 社会事業研究所の発表会でね,現場の人たちともみんな知り合いになっていた。

吉田 それから,あのころ,行政の人達,みな勉強してましたよ,厚生省の木村忠二郎さん,東京都の塚本さんとか,服部さんとか……。

岡村 ああ,よう会合には来てたね。

横山 東京での,研究仲間には,そういう人たちがいて,かなりの役割を果

---

* 『昭和29年5月　日本社会福祉学会会員名簿』によると,会員数は216名。ただし,本名簿には,謄写版刷で作成された会員名簿20名分が貼付されているので,創立当初の会員数は196名であったと推測される。

たしてくれましたね。

　一番ヶ瀬　そのころ理事会や色々の役割など，実際にどうやってお決めになりましたか。

　岡村　第1回，どうして決めたかね──

　吉田　理事をですか，あれは第1回は，選考委員を決めて，選考委員会でやりましたね。

　横山　地区別にね，考えましたね。

　一番ヶ瀬　発起人の方々がですね。

　岡村　選挙というのはいつごろやりましたかね。

　吉田　11回目ごろからですよ。

　一番ヶ瀬　発起人の方が中心になって合議でお決めになった？

　横山　総会で選考委員を選んで，その人たちが……。だから事前に，一応の準備はしてありましたけれどね。

　一番ヶ瀬　創立総会前後で何か。

　吉田　ただね，創立前後のことで──やはり今でもそういうところありますけれども──つまり，どっちかというと社会科学系統の人たちと竹内先生とかね──あのころ随分アメリカに留学したりして帰ってきた人が多かったからね。英語の，会話ができると向こういって，3年ぐらい留学してケース・ワークかなにかをやってくると，こちらへ来て先生になってしまうわけね。──だから，いってみれば社会問題派と方法論派をどうかかえていくかというのが，やはり学会としては苦労でしたね。

　嶋田　東京で初めてケース・ワークの授業されたの誰ですか。

　吉田　小沢一さんもいたが，中心は谷川さんでしょうね，あの人セツルやっていたから戦前はむしろグループ・ワークだと思いますが。

　小松　先ほど，例えば関東ですと，社会事業研究所の研究活動がなされておったが。しかし，その場合，範囲が広くて，現場の方がたくさんおって，学問的なものがなかなか成立しないというような考えもあって，学会というものになったといわれましたが，そうすると学会になった時の会員の資格，あるいは入会条件ですか，それらについてはどんなふうに考えられて，進められたので

すか。

　吉田　少し意見を加えておきますとね，学問的に頑張らなければならないということもありましたが，むしろ私などは，もう少しモラルの問題として考えてしまって，大学も出来たのに，そしてそれで飯を食っているのに，これでいいのかという反省の方がむしろ大きかったですね，先ほどの話のように，私なども含めてそれ以上の戦前から社会事業やってきた先輩は誠に混沌としていて，社会事業のAからZまで知らなければならなかった。どう専門分化するかが問題だった。

　横山　しかも基礎からやらなきゃならない連中もいますし。ですから入会資格っていうのは別に厳密に考えなかったんじゃあないですか。

　吉田　そうですね，2名の紹介でね。

　小松　結果的には現場の方も中に入ってきた。

　横山　現場の人であっても少しでも研究的にやろうという人には呼びかけていったんですね。

　吉田　先の話ね，今の言葉でいうと政策派とテクニックの人たちとあるでしょう，それをうまくまとめていくことが大変だった，これが，骨の折れたところですね。

　横山　うん，これは大変苦労したところです。当分の間そうだったですね。

　吉田　それにつけても，岡村さん，竹中先生，それから竹内先生達がおやりになった例の大阪の本質論争というものね。これはかなり，そういう意味で重要ですね。

　岡村　しかし，学会とは一応関係ないもん。

　吉田　関係はないけれども，大阪が中心で，関東はむしろ実証的だった。

　岡村　だいたい入っている人は，学会のメンバーなんだけど，あれをたのんだのは，別にそういうことと関係なしに，面白そうなのでということでやっていましたからね。

　一番ヶ瀬　底流としては……。

　吉田　そうそう，学会に尾を引いてる。

　岡村　それはいろいろありましたね。

一番ヶ瀬　それでは，この規約[*]は，実際に草案をお作りになったのは，どなたなんですか。

吉田　これはね……。

横山　参加した覚えはあるんだけど，どういうことだったかな……。

吉田　何をサンプルにして，やったっけなあ。

横山　どういうことだったんでしょうね，社会学会や政策学会など関係学会のを参考にしたことはおぼえているけれど。

一番ヶ瀬　それで入会のところの条件はかなり広くとって……。

岡村　たしか，条件は何もないでしょう。

一番ヶ瀬　ええ，ないんですよ。だけども社会学会なんかはやはりきびしい。

横山　推薦者だけはね。

岡村　これは，はじめてだから，あまり制限はしなかったんです。入口をかなり広げようじゃないかということでした。会員2名の推薦があればいいじゃないか，ということでやりましたね。

一番ヶ瀬　それはかなり意識して，そういうことに。

横山　ええ，かなり意識しているように覚えているなあ。

岡村　そう，やはり拡げなければいけないというんでね。

一番ヶ瀬　それは現場へ拡げるということですか。

岡村　いやあ，まあ現場も含め，まあ関心のある人を広く集めたいという気持がありましたね。それでも，なおかつ，あのぐらいしかありませんでしたからね。

横山　社会事業関係の学校はまだ非常に少なかったですからね。だから社会事業の純粋な研究者はまだ少ないし，関連学会の人たちに対する呼びかけも，そんなに大したことは期待できないし。それよりも，もっと現場とつながってゆく必要性の方が大きかったんじゃあないですか。

一番ヶ瀬　現場の中に研究者が，逆にいらした。

---

*　本書第V部〔資料1〕日本社会福祉学会規約参照。
**　口絵写真参照。

横山　かなりいましたからね，もっともかなり未分化でね。
吉田　この規約，たしか小川政亮さんがだいぶやってくれたように憶えているが。
横山　そうだ，法律関係で。
小松　あの大阪の最初の時に，小川先生が説明されたことを覚えてますよ。
吉田　ああ，そうそう。
嶋田　私の記憶では，こういうことが書いてあるんです。34年の6月に，大阪で関東の木田先生，吉田先生，関西から，竹内先生，岡村先生，嶋田が集まって規約の協議をしたと書いてある。
岡村　何年ですか……34年？　それはずっと後やね。それはもっと前にやったんですよ。
嶋田　そうですね，規約の協議とあるから，何か問題が起こったのでしょうか。
岡村　それは規約のどこかを変えたんでしょうなあ。
吉田　初め，2回やることになってたんですよ。春と秋に。
岡村　1回だけ実行したんや。
一番ヶ瀬　それであとは，年に1回に……。大阪女子大が最初，事務局引きうけておられますね。
岡村・吉田　そうです，そうです。
一番ヶ瀬　これ，やはり田村米三郎先生。
岡村　そうです，田村君，熱心にやりましたからね。田村君と僕とで，会場設営に行ったり何かしました。それ覚えてますわ。当時，学校で集まる所がないから，大阪市の教育会館を借りましたが，その交渉に田村君といっしょに行ったことを覚えておりますよ。
吉田　ですから第1回目の代表理事は四宮さんだったが，発起人の代表は平林徳三さんでした。
岡村　そうやったかな，平林さんは関西社会事業教育連盟の会長だったからね。
吉田　ああ，そのせいか？　そして第1回の事務局があったせいもあって，

平林さんが発起人の代表にね。

岡村 平林さん熱心やったから，平林さん，昔は学習院の先生でね，のちに大阪女子専門学校の校長さんですわ。源氏物語の大家でした。

横山 思い出したなあ。

3　学会初期の研究動向

一番ヶ瀬 それでは，次の初期の動向の方へ移りたいと思いますが，よろしいでしょうか。

初期の動向，先程もちょっとお話でてましたけれども。貧困の問題を中心に第5回ぐらいまで，集中的に大会がもたれていますが，そのあと研究方法とか社会保障との関係などがでてきて，9回10回では国家と地方自治体とか住民参加の問題がすでに出て来ているわけですね。で，そういう意味では，10回までぐらいの動向というのは大体，3つぐらいに区分できると思うんですが，その最初のころは先程お話に出てたんですが，ことに，一つ伺っておきたいのは貧困の日本的性格という，その日本的性格と，おつけになった吉田先生のお気持です。これは一方で，学会を日本社会福祉学会となさったというのと，もしかしたらつながるのかもしれないのですけれど。社会政策学会は，「日本」をつけないんですね，つけないことをまた，社会政策学会はかなり是としておられるんです。社会学会は「日本社会学会」ですね。日本社会福祉学会そして貧困の日本的性格，これはどういう意図でなさったのでございましょう。

貧困の社会事業的把握

吉田 いやあ，正直いって忘れましたがねえ。確かね，貧困の性格といっても漠然としているのでもう少し現実味を帯びさせるというぐらいのことで，日本を入れたような気がいたしますがね。あるいはその時もっと深く考えていたかもしれませんが，忘れてしまいました。

嶋田 私の記憶では，その時，日本では，社会政策でやるべきものを社会事業に転嫁してやっていくという，そういう日本の資本蓄積のあり方，日本的な

根源的蓄積のやり方が明治から昭和にわたって，ずっと行われてきたことが始めに論ぜられましたからね。我々にとっては，この日本的ということが非常に意味をもっていたと思いますね。日本資本主義の特性というものがね。つまり社会政策の社会事業化というもの。

岡村 大河内さんの考え方がね。

嶋田 あの考え方が，非常に影響していますからね。

吉田 いやあ，少しちがう。それは，あの報告者の選び方をごらん下されば，だいたいわかりますよ。孝橋先生は文字どおり経済学からの構造論ですよね。それから磯村先生は社会学でしょう。それから，奥村さんはむしろ生活問題とか。

岡村 生計費だよ。

吉田 それから仲村さんは，まだ帰りたてのケース・ワークで。ですから日本的性格の名のもとに実は貧困を社会事業から把握しようという視点でメンバーを選んだことは事実だと思います。やはり，社会福祉学会なんだから。ただ何となくというのではなくて，メンバーの選び方は，そんなことでね。

2回目の対象*はおもしろかったなあ。岸（勇）さんと岡村さんが隣にすわっててね。覚えていらっしゃらない？

岡村 あれ，どこでやった時だっけ。

吉田 これね，社大**ともう一つ。社大で参加者全員に紅茶を配れたほど少数だった。

一番ヶ瀬 分科会は日本女子大で，討論会は社大です。

吉田 隣にすわっててね，"お前さんのは"とかいって，あのころはみんな元気があったなあ（笑）。

横山 岸—仲村論争というのはおもしろかったね。

一番ヶ瀬 そして第3回で「本質」。

岡村 これは名古屋でしたね。これは何をやったんだ。

---

*　第2回大会の論題「社会福祉事業の対象について」のこと。
**　日本社会事業短期大学。

吉田　ここにありますよ。

一番ヶ瀬　このころは，まだガリ刷りなんですね。*

岡村　これ，自由論題もあるね。

嶋田　第6回が関西学院でありまして，その時に，この家族の問題がとりあげられましたが，先程いいました竹内愛二先生は，ちょうど1930年代のアメリカで，ヘレン・クラークのいわゆる"psychological era"という，そういう時代に社会事業を学んでこられたのですね。ですから，この時にはどちらかというと，社会学者とか，横山先生のような心理学を勉強なさった方が，はじめてこの回で重要な役割を果たされることになったのです。

一番ヶ瀬　そうですね，やはり第5回までと，第6回とではちがいますね。

嶋田　この時少し転換が起こってきたんですね，これは関西学院で行われたことが非常に意味を持っているんです。

横山　社会福祉ということを目指すという意味から幅広くとりあげようという，その現われではないでしょうか。

嶋田　その時，竹内愛二先生がたは，そういうサイコロジカルな側面が重要だということを主張されて止みませんでした。そして，次の7回の東北福祉短大でありました時に「社会福祉と諸科学」という共通論題で，私も発表しましたが，制度的側面と両面の統一が必要だという，今日の統合論のはじまりはこの時に出て来たわけですね。

横山　内容がね，どうしてもバラバラというか，統合はむつかしそうな感じでしたね。

岡村　5回までのが，学会編集の『日本の貧困』になって共同研究の成果が発表されたのでした。

一番ヶ瀬　そうですね，有斐閣からでました。

岡村　あの時，報告がまとまっているでしょう。

一番ヶ瀬　はい。これは文部省の科学助成金をとってなさっている。かなり磯村先生が力を入れられたようです。

＊　第3回大会『研究報告要旨』のこと。

吉田・岡村 そうそう，磯村さんが代表理事でしたから。

一番ヶ瀬 今でも磯村先生，このことおっしゃいます。

小松 第5回までは社会福祉事業という表現だったでしょ。ですけど第6回以降は社会福祉になっていますね。

岡村 なるほど。

第7回大会と統合的気運

一番ヶ瀬 第7回大会というのは，やはり一つの転機なんでしょうか。それまでの考えを統合するという。

嶋田 そうです。それを統一しようという考えをもってやったわけですね。ですから岡村先生がはじめにお書きになっておられるところに，集合名詞になってはいけないという警告を書かれたんです。そして，私はその統合論を主張したのです。それから，次に，牛窪先生が心理学の立場を主張されて，佐口先生が，それに対して，社会保障論的な，経済的な角度を主張なさったのです。今度，私出します本の中に，この時の文章そのまま，先に載せているんですけどね。統合論を目指していたもんですからね。そういう意味で載せましたけど。その時相談し合ったんですね。岡村先生はその時統合論は集合名詞になってはいけないということを非常に強調されたのですが，私は，全く同感でした。

横山 同時に学問的体系を明確化する必要があるというのが基本にあったわけですね。

一番ヶ瀬 これは，司会は岡村先生，お1人ですか，それまでは2人なのにね。

嶋田 アメリカで統合論がいわれるようになった前に，日本で学会がとり上げていたんですよ。

一番ヶ瀬 それでまた，第8回で，社会福祉と社会保障ということですね。

吉田 それは第7回で，竹内，谷川先生が座長と書いてある。

一番ヶ瀬 じゃあこの資料*がまちがっているんでしょうか。

---

* 資料とは，(資料4)「日本社会福祉学会大会経過」(『社会福祉学』第21巻第2号，pp.101-104) のこと。

岡村　主論者は僕と牛窪と佐口，になっているね。
嶋田　いやあ，それ私がやりました。
岡村　これは困ったな——。
高島　解決しておいてもらわなきゃあ（笑い）。
吉田　ああ，これはその時，岡村さんは座長なんだ。そして嶋田さんと牛窪さんと佐口さんが主論者だ。
岡村　じゃあ，そういうことでしょう。
一番ヶ瀬　これプログラムと実際がちがったわけですか。
吉田　変更したんですね，岡村先生が座長。
嶋田　岡村先生が座長で，そういうように指導されて，それを受けて私が話をしたんですが，佐口先生がそれをまた経済論にもどしてしまわれたんで，そういうことが起こりました。
高島　竹内さん，谷川さんはどうなったんですか。
一番ヶ瀬　突如，座長やら色々変更されたのは，御欠席になったからでしょうか。
吉田　予定は，谷川，竹内先生ですね。
岡村　休んだから，僕が代りにさせられたんだな，それで嶋田さんが入って。竹内，谷川が来なかったんだなあ。
吉田　おかしいなあ，竹内さん，会長だもの。会長挨拶って書いてあるもの。
一番ヶ瀬　いらしたけど，事情により変更ということですね。第9回，第10回というのは，またこれ一つ転換がみられるように思えるんですが。これは……ちょうど安保の後ごろで。
小松　そうですね，こういうテーマが，どういういきさつで，出てきたのか……。
一番ヶ瀬　第9回，10回というのは，それまでのテーマと若干性格がちがうんですか。
高島　少し地道にやろうという感じですね。
嶋田　方法論を扱ってから実際，地味になったんですよ。
吉田　第9回に北海道でしたね。北大で。

一番ヶ瀬　このころから，1960年代以降ですから，社会福祉というのは，かなり政策的な意味を持ち始めてきたという先見的意味があったんでしょうね。

岡村　国際社会事業会議は何年やったやろ，東京での。

嶋田　昭和38年でした。

岡村　そうすると，その前だなあ。

一番ヶ瀬　どちらかというと，11回ぐらいまで傾向が似てますね。

小松　そうですね。

岡村　ここでやっぱり，高度経済成長やろうなあ。

一番ヶ瀬　ああ，その中で，社会福祉をめぐる情況が変ってきたと。

嶋田　住民参加の問題がでてきたのは，一つのエポックですね。

岡村　いやいや，やはり，経済成長だと思うね，これ。

一番ヶ瀬　経済成長の中で，社会福祉をめぐる情況の変化がやはり反映したということでしょうか。

吉田　事務局を引受けてて，この時，会費を値上げしたんだな。頭下げたこと覚えているけれど。

一番ヶ瀬　その会費の値上げというのは，ちょうど機関誌の発行と関係あるのでは，ありませんか。

機関誌の発行

吉田　ああ，機関誌の発行は……。

あの，1960年に，第1巻第1号がでてますね。昭和35年3月ね。この機関誌の発行の規約を作るときのことはよく覚えてますけれど，大阪社大の中本さんと2人で規約を作りましたが，特に中本さんの協力が大きかったと思うんです。『社会学評論』を参考にして，規約を作ったと思います。第1回の費用は関西で作っていただいたようで。あとの方は東京で。で2冊でたわけですね。でも年がちがうからなあ，第1巻第2号にはなっているけれども。

高島　年がちがうんですね，1年遅れなんです。だから，どういうつもりだったのかと思いましてね。

吉田　いや，2回だそうと思ったんですよ，ああ，ここに書いてある。竹内

先生ね、「おれは年をとったから、もうじき死ぬけれども、草葉の陰で、見てるから、1年に2回出せ」と書いてあるんです（笑い）。

　一番ヶ瀬　ああ、それで最初は2回。

　高島　2回出す予定が、ずれたんですね。

　嶋田　私の記録ではね、昭和34年6月に、関東の木田先生と吉田先生、関西から竹内先生、岡村先生と私と集まって、そこで雑誌を編集することについて相談し、その時、規約についても話し合ったと。で、その時、大阪府(ママ)＊と朝日新聞、毎日新聞、日本生命済生会、鉄道弘済会の大阪支社、産経新聞がお金を出してくれて雑誌を出すことになったと書いてある。そしてほかの記録を見ますと、第15回の名古屋でありました理事会に、日本生命済生会が、100万円、雑誌のために資金を提供しようといったという話を出しましたら、孝橋先生が「産学協同でけしからん」といわれた。それで私は、代表理事としておことわりしたということが書いてあります。

　横山　おもしろいですね。

　一番ヶ瀬　はじめから2回というのは決まっていたわけですね。

　高島　いや、あれは年1巻出すということになっているんですよ。

　岡村　1巻なら、2号でも何号でもいいわけだ。

　一番ヶ瀬　2冊でも3冊でもいい。1冊でもいいという……。

　吉田　この時も全社協でいろいろやってくれて、発行は全社協になっているのだけれども、編集後記ということで私は書いているんだけど先にいったことが出てる。読んでみますと、"竹内代表理事から、年間2回出版を守れとの強い要望〔竹内教授は「私は老人であるから、死んでも草葉の陰で年2回刊行を監視しているから」という命令であるから〕……"と（笑い）。

　横山　じゃ今でも監視してるのかな。

　一番ヶ瀬　正に監視していられるのでは（笑い）。

　高島　どうやら実現しますかな。

　一番ヶ瀬　最初の編集委員は吉田先生ですね。

＊　『社会福祉学』第1巻第1号の編集後記によると大阪府は入っていない。

吉田 それはちゃんと名前が出ている。

嶋田 編集委員は，吉田先生と横山先生と，雀部先生と中本先生の4人になっていますよ。僕の日記では。

吉田 ああ，関西では雀部，中本さんね。

一番ヶ瀬 その編集の御苦労談など，ひとつ。

吉田 第1回が割合楽だったのは「社会福祉と諸科学」があったからですね。

嶋田 発表そのまま出したんですね。

吉田 そうそう，共通論題そのままでしたからね。

岡村 あのね，こういうことを提案したのを僕思い出した。東北での大会の時だと思うんだけれど，各部会の司会者に発表要旨にマークしてもらってね，この発表は機関誌にのせるかどうかというような着眼で発表をきいてもらうことにした。これをあらかじめ司会者にたのんでおいて，それで，その原稿を集めて，その日に執筆者に依頼しそれで書くんやとこういうようにいってね，こういうこと覚えてるな。だから原稿も集まりやすかったんじゃあないかなあ。

一番ヶ瀬 それとね，ちょうど，その年に近代社会事業研究会が第1回の大会をやったんですね。私がそこで報告をしたら，帰りがけに籠山先生に呼びとめられて，「あれを機関誌に書きなさい」といわれた記憶があるんです。

岡村 そうです。まあこれからもおそらく原稿は集まるだろうけれども。あのころ，それが一番心配だったし，編集会議を省略するというわけでもないけど，まあまあ，いくつかの発表の中に，いいのを一つか二つマークしてもらうということで，発表終った時に「君原稿も書くんだよ」っていえるからね。

高島 このころ発表時間どのくらいでした。

自由論題は……。

嶋田 25分と5分の質問でした。

高島 まだ今よりよかったですね。

一番ヶ瀬 まだ人数が少なかったんで。

嶋田 今，人数とおっしゃったので，関東と関西がちょうど同数でね。昭和35年です。第1号がでた時です。それで会員の構成をみますと学校教育関係者が107名，施設が249名で，だんぜん施設が多い，これが我々の学会の一つの特

色だったんですね。その他が56名。関西が206名関東が206名で同数でした。

　吉田　先の金の出し場所，関西ばかりいって関東をいわないと悪いから。これね，頭下げて歩いたところは，日本赤十字，鉄道弘済会，原田積善会に金出してもらったんですわ。

　先の創立の時の準備委員というのに関西側にね東田さんがいたんで，付け加えて。

　横山　去年，亡くなりましたね。

　吉田　あまりしゃべらなかったが，熱心だった。

　岡村　そうやったな……。

　嶋田　その時は学会の支部が関東支部と関西支部しかなかったのですね，それで，この時，東北と中部，四国に作りたいという意見がでたのです。

学会の社会的活動

　吉田　初期の動向で，もう少し加えておきたいのはね。初めのころは，先もいったように数も少なかったし，同志的結合という面もあって，色々，社会的活動をやったんですね。それをちょっと紹介しておかねばと思うんですが。いくつかありますけれどね。昭和30年の時だったかなあ，例の社会保障費削減の大変な時にねあの時，関東にまかすということで社会政策学会と話しあって大内兵衛先生の名刺をもらって籠山京さんと木田さんと中鉢さんと私と4人かな，社会党の元書記長やってた江田三郎氏の所にいって，――あれは大河内先生もいっしょだったかな――激励や陳情してそれから，色々総会の名において決議をしたことが，かなりあるんです。だいたい各回ごとにね。

　嶋田　昭和34年の伊勢湾台風の時には，わざわざ特別委員会を作ったりしましたね。

　吉田　それもありますし，1956（昭和31）年6月にね。これは僕が文章書いたと思うけど「学問思想および教育の自由に関する決議」というのをやっている。それから1958（昭和33）年の10月ですか，これは小川政亮さんが原文書いたと思うんだが，警職法改正法案に対しての〈抗議*〉。これは学会の総意でね。これは関西学院のときでしたね。まだそのほか，あると思いますが，初期のこ

ろには，戦後の早い時期でまだ平和だとか貧困だとかを真剣にみんな考えていたのでそういうことをやりました。

　おもしろかったのは，大阪社大にまだ，田中卓さんとか，音田正己さん三木さんとかがおられて，田中，三木さんと音田さんとは立場が異なっていたが，われわれの要望に反対をぶつんでね。しかし反対は反対で自分の思想信条からでているので筋が通っていた。あれは本当に若い日の思い出ですね。

　岡村　小川君が説明すると，音田君が反対とやるわけや。

　吉田　覚えてますね。そういう社会的活動も初期にはやりました。これはぜひ加えておいていただきたいと思いますね。

　一番ヶ瀬　そのころは，学会有志として，そういうものを発表されたんでしょうか。

　吉田　総意の場合もありましたが，有志の場合もありましたね。反対もあったから。

　岡村　反対があってね，そういう時は途中から有志に変ったこともあったね，有志ならいいということでね。

　高島　その決議文なども雑誌に記録しておきましょう。*

　一番ヶ瀬　そうですね。

支部活動

　一番ヶ瀬　ところで，次は，支部活動に移ってよろしゅうございますか。支部ができたのはいつごろですか。はじめ関西ですか。

　岡村　いやいや，関東と関西といっしょに。

　一番ヶ瀬　これって，いつごろでしょうか。

　高島　ええと，昭和31年にはもう，支部活動やっていましたね。僕，最初に吉田先生に命令されて発表しましたこと覚えていますから。

　一番ヶ瀬　中部は関東に入っていたわけですか。

---

*　（前ページ）　本書第Ⅱ部第2章，資料1（p.132）所収。
*　本座談会に引き続き『社会福祉学』第21巻第2号，1980年，p.101に（資料3）として掲載された。本書第Ⅱ部第2章，資料1（p.133）参照。

吉田 いや，関西だった。

高島 僕が出身があちらだもんで，勉強によく行ったもんだから，東京で，"お前やれ"といわれて，急きょ，やりましてね，それが31年だったと思います。

吉田 1956年の第3号に。これ日本女子大が事務局のときでしょう。

一番ヶ瀬 それは私が編集したんです。松本先生がやっていらっしゃいまして手伝いました。

吉田 そうでしょう。で"関東部会も今年は第3回を迎えたわけである"って書いてあるから，1956年で3回だ。それで思い出すんだけれど，まだ横山さんが立教におられて，関東部会が立教で発会をしたんです。僕が司会をして，横山先生が説明役でね，谷川さんが座長やったと思うんです。このころ社会学会でも関東部会がすでにありました。

横山 それ何年でした。

吉田 1956年が第3回になってるんだけど。

一番ヶ瀬 それじゃあ，1955年からじゃないでしょうか。先生。

高島 春，秋やってたんじゃあないですか。

横山 そう，春，秋，やったんですよ。

一番ヶ瀬 それじゃ学会発足の翌年からですね。

吉田 それでね非常に熱心でしたね。隔月に例会をやって，年に1度総会をやるわけですね。その総会なども随分充実していて，いろいろやってまして。通常の会報以外にこれね「日本社会福祉学会関東部会第5回研究大会報告要旨」なんて，いうもの出してるわけですよ。第5回は1958年で慶応でしたが，シンポジウムは渡辺洋三（東大）米山桂三（慶応）重田信一（全社協）小川利夫（日社大）で，自由発表も仲村，横山等々で充実しており，この会から若い高島さんが「戦後日本における救貧法研究史」をひっさげて現われるわけだ（笑い）。前記の報告書は1957年の親学会（第5回，明治学院大）の「研究報告要旨」にひけをとりませんよ。で，第2回が，明治学院（ママ）で，第4回が日本女子大学だったと思いますがね。

例会なんかでも，今覚えてるのはね，大河内一男先生とか，隅谷三喜男さん

とかインド哲学の中村元さんとか来ていただきました。そして部会が3つに編成されていて，歴史と原理と政策という形で，むろん政策の方は処遇とか方法を含めて，3つで，隔月交代にやるという仕組でやったと思うんですね。

　高島　それは例会の部会ですね，関東部会の研究発表大会を半年に一度ずつやり，そのほかに研究例会を隔月にやったんですね。

　吉田　そうですね。

　一番ヶ瀬　それと『厚生白書』批判みたいなことを何回かやりましたね。

　吉田　ああ，それは僕はまだ覚えているな。うちの学長平田さんがやったこと覚えている。あれ，いつだったか。

　一番ヶ瀬　たしか早稲田のとき。……わりと何年間かとり上げていたようです。

　吉田　そうそう。関西の方は……。

　岡村　関西はね，そういう記録出してませんね，部会の会報はもちろん，やってはいますよ。1年に1回もしくは2回。

　嶋田　2回はやりました。前はもう少しやったんだけれど，だんだんやらなくなって。

　岡村　だいたい1回か2回は，当番校がやっていたなあ。いつからやったかということは，ちょっと記憶ないなあ。

　吉田　学会報には載ってないかな。

　嶋田　学会があった時，報告はしてます。

　岡村　してますね。……あまり熱心とはいえないんだな。

　吉田　だって，シンポジウムなんかやってるじゃあないですか。

　岡村　まあ1年に1回ぐらいじゃないですか。きっと。これ昭和34年10月でしょ。これ5年でしょ。まあ34年ぐらいからでしょう。34年は3回ぐらいやってるわ。

　嶋田　引き受けた学校によって，熱心にやるところもあって。

　吉田　テーマはどうですか。

　岡村　大阪社大でやっている時は田村さんが"社会福祉の方法論"なんてやっている。

嶋田　それから，学会の時のテーマになることは必ず1回はやっています。

岡村　そうそう，「社会福祉と諸科学」とか，「社会福祉と社会保障」とか，だいたい学会のテーマを部会で前もって討議する形ですね。

一番ヶ瀬　前もって学会のテーマを関西では，やられたんですね。それから支部活動で関東と関西からわかれて，いろんな支部が出来てくるのは，もう少しあとですか。

岡村　これまた，大会ごとに提案がありましてね。名古屋，東北。

嶋田　四国，九州といくわけですね。

高島　中部部会は本当にサボってばかりいましたからね。というのは，うちだけが，かたまっているんですよね，あとは本当に散在でね。うちの連中は忙しかったのと，もう一つは変わりばえしないので集まらないわけですよ。

嶋田　そして，初めの間は，関西がやる時に名古屋をいつも御招待致しました。

高島　日本福祉大学は経営の非常に困難な時でね，安保から10年近くは，研究費もろくに出ないとボヤいていた時期ですから，なかなか，おさそいがあっても，行けませんでしたね。

一番ヶ瀬　じゃあ，中部が独立するのは，もう少し後ですね。

高島　独立したのはいつでしょうね。これ，ずうっとたどっていけばわかると思うんですが。

小松　私はその当時，熊本におりました。支部はできていませんでしたけど，やはり学会の動きに刺激されて内田先生が中心になって熊本社会福祉研究所などというのを作りまして，それで県内のいろんな人が集まって，研究活動やったり，機関誌を出したりしたことは，ずっと続きましたね，それがもとになって，その後，支部の結成までいったようです。

嶋田　全国で，東北がずっと一番熱心にやって，東北学会（ママ）までやられるようになったんですね。

小松　学会が出来たことによって，おそらく支部までいかないにしろ，地方に刺激与えて，それなりの研究活動が，かなり行われたのではないかという感じがします。

嶋田　この5・6年，九州はずっと記録をお出しになってますね。

ソーシャル・ワーカー協会・社会事業学校連盟との関係

　一番ヶ瀬　それと，支部ではないのですけど，例えば，東北なんかの場合，ソーシャル・ワーカー協会と合同でやっておられます。ソーシャル・ワーカー協会ができたのは，何年ごろだったんでしょうか。

　嶋田　1958年の東京の大会の翌年からです。1958年，東京で大会がありました時，竹内先生と仲村先生と私と出まして，翌年作りました。

　岡村　60年にアメリカに行った時に，竹内さんにたのまれて，日本の事情を書いた資料を持っていきましたよ。

　一番ヶ瀬　60年ね，それは学会とは，あまり関係ないんですか。

　岡村　そうですね，東北はいっしょにやっておられる。大阪でも大体会員は重なっているんですが，会合は全然別です。

　嶋田　ソーシャル・ワーカー協会を作った時竹内愛二先生が会長になられ，日本もその時国際組織に入るということになったのですね，ところがお金がないので，アジア財団から助成金を出してもらって，国際連盟に払ったんです。その後，毎回，国際会議は開かれ，日本から誰も出ないんですね。しまいには会費不払という事で除名になっていました。1970年のマニラ会議の時，私は個人会費をはらいました。それで日本とジャマイカが再加入ということになりました。だから国際会議には非常に義理を欠いているんですよ。

　岡村　協会の例会は今でも大阪は毎月1回やっていますが，学会の部会は京阪神にまたがるので，余り連絡はありません。

　高島　おそらく，地方の部会ができたのは，昭和42年ごろじゃないですか。

　一番ヶ瀬　かなり後ですね，関東，関西だけが支部活動をやっていたんですね。そして後は，あまり人数がいらっしゃらなかったんですね。

　今のソーシャル・ワーカー協会は，学会とは直接関係はないんでしょうが。

　吉田　ソーシャル・ワーカー協会のことですけどね，あれ初めちょっと，解せない所があった。竹内先生が，国際の方に入るために日本に作るということをおっしゃったんですよ。それで，やや，違和感を持ちましたけど。

しかし，ソーシャル・ワーカー協会よりむしろ，隣合わせていうなら，学校連盟の方が，学会としては，より近いんではなかったでしょうか。

嶋田 ソーシャル・ワーカー協会の方は，ウィルソンが1958年の時，召集をかけまして，国際との関係をもって，日本に作れということですから，国際会議が非常に大きなエレメントになったわけですね。

一番ヶ瀬 学校連盟は何年ですか。

吉田 あれ，学会の翌年ぐらいじゃなかったかな。はじめは学会の総会を利用して開いていた。

横山 あれはずいぶん早かったですね。

岡村 そうですなあ，30年ぐらいでしょうなあ。あれも最初は国際的な，おつき合いでできたんでしょうが，まあ最初は，実践的活動せんでもええということでしたし，ソーシャル・ワーカー協会もおつき合いで始めたんだけれど，これはもう一つ必然性がないのかな，東京でも，つぶれたりして。

小松 ソーシャル・ワーカー協会の全国組織はなくなったけれど，支部はやっているんです。

岡村 支部のなくなったとこも多い。

嶋田 今やっているのは，大阪と京都，それから東北が一番熱心です。

小松 東京にもありますし，埼玉にもあって，連合の会を1年に1回やっております。

岡村 何していいかわからないんだ，僕，会長してるけどね。

一番ヶ瀬 表立ってというより，心情的には，学会が割と，だんだん論理的になってきて，もっとプロフェッショナルなソーシャル・ワークそのものに焦点をしぼった現場の方々の交流がほしいと，そういう気持が，かなり，ソーシャル・ワーカー協会には働いていたんじゃないですか。

嶋田 国際会議に行きますと，なんといってもワーカーですよ。ワーカーの固有の問題にかかっている。

岡村 だけど，それは日本にないわけですよ。

嶋田 筑前甚七さんが，今度出された本に，日本での規約から色々のこと，詳しく書いてあります。そして去年，名古屋で学会のあった時，前にソーシャ

ル・ワーカー協会を作った連中が，皆で20名ほど集まりましたが，会費もまた出し合って，再出発をするということを決めました。仙台の筑前さんと東京の伊藤さんという方がとても熱心です。

　だから，その程度には活動してるんだけれど，ワーカーとしての固有の問題をやろうとしても，日本では，ワーカーの固有の問題自身が十分に掘り下げられないんですね。国際会議は今度，香港でも，はじめにワーカー協会が先にありますよ。

　岡村　ところが，社会福祉の従事者の問題がないかというと，問題はいくらでもあるわけで，ソーシャル・ワーカー協会とちがうところで，論ぜられているのが実情でしょう。

　高島　ソーシャル・ワーカーと日本でいう従事者と必ずしも，ぴったり一致しないところに問題があるんで，複雑ですね。

　一番ヶ瀬　それと，学会というものが，アメリカにはないわけですね。

　岡村　そりゃないわね。

　一番ヶ瀬　そういうところのちがいもありますね。社会福祉会議があるけれども。

　嶋田　社会福祉会議というと，日本でいいますと社協がやっているものになってしまう。

　岡村　この前，英国へ行った時，僕は何と紹介されたかというとね，ソーシャル・ワーカーかと思ったら，そうやない。ソーシャル・ワーク・セオリストだって（笑い）。

　嶋田　ソーシャル・ワーカー協会，そのものは，専門家としていかに学会の水準を入れる(ママ)かということが第一ですね。それからソーシャル・ワーカーの身分保障ですね。日本でこれが進んでないんですけど重要な問題になっているんです。そういうことを課題にしているんですね。ですから，やはり固有な課題があるんですよ。

　横山　それはむしろ学校連盟でとり上げたんじゃないですか。卒業生の問題で。

　一番ヶ瀬　就職問題とからんでですね。

高島 外国の場合，イギリスなんかは，はっきり資格制度なんかソーシャル・ワーカー協会がかなり主導的に作っていってるでしょ．そういう力を持ち得ないもんでね．

嶋田 イギリスの場合 "Social Work Today" を出している，アメリカでは "The Journal of Social Work" というのはソーシャル・ワーカーのソサイェティが出している雑誌です．ですから，ある意味で学問的なことをやっているんですよ．ワーカーが．

吉田 たしかに，司会者がおっしゃったように，ソーシャル・ワーカー協会も，建て前論としてはそれぞれ役割があったと思うんですよ．ただ，学会の方も10回近くなりますとね，大きくなり700名ぐらいになってね．……それで近代社会事業研究会等ができたが，分派ということで，しばしば学会でしかられたこと覚えてます．党中党を作るということでこれはやや感情論ですよ．そうじゃなくて，近代社研の方では，だんだん学会というものが，大きくなりすぎるので，やはりもう少し理論的にきちっとしないとおかしいというところがあって．孝橋先生なんかにも時々しかられた．横山先生や僕がつるし上げられた事覚えている．学会分派のようにみた人もあったが，あまり立場に拘泥しなかった．マルキストもおればクリスチャンもおり，方法論専攻もおれば，経済学者もいるという具合で，あの会に今日本の社会福祉理論をリードしている多くの人が加わっていた．若い一番ヶ瀬・高島さん等もえらく熱心に近代社研に参加されて．ただ一定の批判的立場を持っていたが．

一番ヶ瀬 それは私も覚えているんですけれども．

吉田 学会も10回ぐらいになると，かなり拡がってきた．拡がると同時に，やはりいくつか問題もでてきたんです．

一番ヶ瀬 近代社研はいつでしたか，発足は．

高島 発足は，昭和31年の末，12月です．

一番ヶ瀬 そうすると，かなり早いころから発足していたんですね．

高島 ただ，全国の学会のあとに研究会をいわば大会みたいにやろうといい出したのは，もう少し後だと思うんです．それまでは，関東の社大でやってたんですよ．

小松 先程のソーシャル・ワーカー協会との関連性ですね，これは一つ考えなければならないと思いますが，もう一つは，日本の場合，それぞれのワーカーの組織というものがあるでしょう。例えば，医療社会事業協会とか，公扶研とか，あるいはPSW協会とか，児童相談所関係とかありますね。そういうところでも，それなりに研究活動やってるわけですね。まだ現場のレベルといいながら，それぞれに非常に重要な問題が提起されてますから，その辺をどういうように学会と関連づけて，相互にかみ合わせていくかということも今後の課題になるんじゃないでしょうかね。

一番ヶ瀬 だから，学会がだんだん論理的になっていけばいくほど，一方で，現場から研究活動が別々に出てきたし，学会の中でもマスの動きに対する小グループの動きが出てきたという。そういう時期がやはりその頃だったわけですね。

4　創立期，思い出の人びと

それでは次に思い出す人びとということで田村先生，竹内先生，木田先生，若林先生，と，そのほかにも……。どうぞ御発言おねがいします。

田村米三郎先生のこと

一番ヶ瀬 はじめの田村先生は最初のころから。

嶋田 田村先生は一貫した方で。

吉田 本当に一貫してたね。

嶋田 一貫して経済学をもって終始されました。経済学的な貧窮の問題にかかわって社会福祉は展開されるので，それ以外のものについては，それぞれ他の学問分野に委ねればよい。それに対しては，デパートの案内係のように，売場を案内する役目さえすればいいのであって福祉学そのものは経済学に限定すべきことだといわれるのでした。私は孝橋先生との談話の折"先生は，同じ単一科学としての経済学といわれる場合にも，田村先生より視野がはるかに広いと思います"と述べると，孝橋先生は「いや私は田村先生とほとんど同一の意

見だ」という答でした。しかしそこには，かなり違ったもののあるのを感じます。いずれにしても，経済学に限定して福祉を論ずる場合，その次元での問題は，極めて明快に理解し得るものを提供できるのですから，社会保障の研究に関心をもつ私は，田村先生の御自宅訪問の度毎に，毎回執念深く同一の立場を主張される態度に……学究者としての一つのあり方だと，敬服していたのです。その主張される側面だけに耳を傾けると，それはそれで，一つの大事な点にふれていられるというように思いました。しかし，先生が国際社会福祉会議などに出ていられるとすると，あの一点集中的議論に安住していられなくなられたのではないかと思うのです。社会福祉の他の側面研究者との論議を交わすうちには，考えも変ってこられたかもしれません。しかし柔和で誠実な態度が，好感を誘う人でありました。

岡村 孝橋君とちょっとちがうのは「彼（孝橋）は資本主義ということをいうんだけれど，私は私有財産制のある限り，貧困問題を中心にする社会事業があると思うんだ」というようなことを書いてたような気がするんだがね。この点が孝橋君とちがうんやということでね。

まあ，なににしても，僕らと全然話がちがうんでね。彼は最初は社会福祉をやる気はなかったが，あの学校で，誰も社会福祉概論をやる人がいないので，やったというのが彼の告白でしたよ。私は，彼から直接女子大に来るように言われて困ったことを覚えていますよ。彼はもともと大阪市立商大で経済学をやり，卒業後も大阪女専経済科で経済原論かなんかを担当していたわけです。戦後女子大では，経済科を廃止して社会福祉学科になったので，彼は福祉概論を担当することになったわけですから，貧困を中心とした，ああいう考え方になるわけです。やはり彼は，狭い意味での経済学の考え方ですね。結局は。

嶋田 しかし社会福祉の内側に，あの人のいわれるような側面が含まれています。そのポイントについていうなら，一つの学究的見識だと思いますね。

岡村 そりゃあ，その側面はあっても，だからといってそれで社会福祉の全領域を解けるとは思われないね。

一番ヶ瀬 田村先生，非常に御熱心に社会福祉学会に参加しておられますね。経済学的な立場を貫くということで。

岡村　そりゃあ，そうでしょうね。やはり一番近いといえば孝橋君やないですか。そのつもりでやっておったでしょうなあ。社会事業サービスというだけではなく，学問しなければならないんだという点だけは情熱があった。

吉田　専門は理論経済学だったんでしたね。

嶋田　ただ，岡村先生と一緒に働いていられたら，彼は必ず何ほどか変ってこられたと思いますね。

岡村　僕があそこへ行ってたら，彼は社会福祉やってないですね。まあ社会福祉の現場や実践に情熱をもっているというよりも，社会福祉を学問的にきちっとしなければいかんなという点では熱心やったと思います。

嶋田　私は，あの一徹さが好きでした。その一徹さには学ぶべきものがあったと思います。

岡村　しかし狭いね。孝橋君は一応アメリカの Social Work と称する本を色々読むわけや。でも田村君は読まんもんね。アメリカのものは。自分の経済学ですべて割り切るという意識やったからね。

嶋田　いつも学会で発表され，それが毎回同じことを主張されていましたね。

岡村　まよいがないね。

吉田　そうそう，毎回ね，まよいがないんだ。でも，第1回の事務局長を引きうけてくれてね。それに，事務的能力があるのね，それで随分助かりましたよ。

岡村　四宮先生が会長でね，田村君は四宮先生の教え子でね。だから四宮さん，僕にね「あれは卒業の時は"銀時計"やった」とよくいってたよ。それで，そういう点で学問的にきちんとしなきゃあいかん，そうでなきゃ慈善事業やないかということですね。それを彼は非常に気にしておった。

吉田　なかなか，創立の時の事務局を引きうけるなんてね……社会事業を始めからやってきた人なら別だけどね。……あの人が受けてくれたんでね。随分助かったですよ。あの人，理論を主張する時は，眼鏡はずして，こうやってね，やってたけれどもなあ，個人的には非常にやさしい人なのね。年も私と同じ位だった。

岡村　そう，とてもやさしい人で。

嶋田　しかし「この世」的知恵に長けず，人ずれしてないところに魅力がありましたね。
岡村　彼の葬儀の時は，学会代表で僕，参列しました。
吉田　あの学校は，中村幸太郎氏も早く死んで，平林さんも。
岡村　平林さんはもう年やったで。
小松　田村先生は，おいくつぐらいで亡くなられたんですか。
一番ヶ瀬　50代でいらした？
岡村　もちろん，50代，前半だったんじゃあないかな。
一番ヶ瀬　たしか，53歳で。……労働過重なのかしら。
岡村　いやいや，彼は先天的な病気があってね。幼児性胸腺とかいって，大人になれば胸腺の肥大がなくなるんですが，その肥大がなくならなかったんで，先天的に具合が悪かったんでしょう。
小松　若い人たちは田村先生といっても知らないと思うんですが，代表的な論文とか著書というと，どんなのがあるんでしょうか。
吉田　いくつか書いてるんですよ。あの大阪の社会福祉研究にも書いてます。私は『社会事業理論の歴史』に田村さんへの鎮魂として一項もうけてあの人の論文を多く収めておきました。
嶋田　今度出ます私の著書の中に，先生の書物のこと書いてます。
吉田　あれは何という雑誌だっけ。大阪女子大。『社会福祉評論』だったかな，あそこには，ずうっと書いてますわ。
岡村　それからね。もう一つは学会にとってまあ非常に熱心だったという話だったけれど，彼がいる間は，女子大の先生方みな福祉学会へ入れていたが，彼がいなくなってから，みなやめてしまった。今一人だけ学会員でしょ。
嶋田　先生は会計理事をされたんですね。
岡村　そうそう，彼は簿記が得意やった。

木田徹郎先生のこと

一番ヶ瀬　じゃ次は，木田先生でしょうか。亡くなられた……。
吉田　順序ですか（笑い），その前にね。竹中先生も初め3〜4回ぐらいは

熱心に学会に出ておられたけど。別に役にはお付きにならなかったけれども。

嶋田 木田先生は学会幹事をなされましたね。

吉田 そうねえ，木田先生のこと本誌に書きましたけどね，とにかく役人をやられた方だけれど，大変なリベラリストですよ。これはね。僕とか小川政亮さんとかね。どれだけ木田先生に感謝していいかわからないほどのリベラリストだった。うちの学校は厚生省の委託でしょう。われわれに勝手に物をいわせてね。亡くなったから言うわけじゃないけど，本当に感謝しております。で，あの人の理論というのは，御存じのとおり社会学の方で，基本はマートンで例の「中範囲理論」。だから下手すると中をとってという話になるけれど（笑）。後輩の岡村，一番ヶ瀬さんなどのいい点を，謙虚に受け取って制度的な体系と行動体系との統合を生涯かけて考えてついぞ自分の手で，あまり明確な結論を出さないままに，亡くなってしまって。

横山 とくに社大の運営管理でね。本当に実質的に学長だったんで，ずっとね。これは心身ともに疲れておられたから。本当に理論を研究する余裕がないぐらいだったでしょう。

吉田 あのぐらい勉強したくて仕方がなかった人はなかったと思う。まあ，僕は大学の葬儀の時かなり長い時間木田先生の業績をみなさんに報告しなければならない役割でね。その時一番思ったのはやはり，あのくらい勉強の好きな人に，雑務ばかりさせてなくしてしまった。そのことが一番胸につまったことを覚えてます。官僚には大変めずらしいリベラリストですよ。

これから後はもう小松さんたちの時代だから何にもいわないけど，社大の初期の学問が多少とも社会福祉研究に寄与できたとすれば，やはり木田先生と木村忠二郎さんがいたからでしょうね。

横山 木田さんだからつとまったんじゃあないですか。日本社大は多士済済でしたものね。その侍連中が。みな勝手なことをいっていると，それをちゃんと受け入れていくんだから。

嶋田 日本で社会福祉の理論的確立に重要な役割を演ぜられた人物の一人です。その主著『社会福祉概論』は永く評価さるべき書物だと思っています。日本では，戦後の困窮事情から経済学的な社会政策理論の影響を重視すべき状況

がありましたが，社会福祉理論の本質的性格から，技術への要求も等閑視するわけにはゆきません。この両側面を統合する立場をとられたのは，木田先生の優れた着眼点であったと思います。今「中をとる」とおっしゃったけれども，単なる折衷論なのか，統合理論に向かっているのか，もう少しそこを吉田先生に洞察して頂きたいと思うのです。折衷主義と統合理論では根底が違うのですから。

吉田 そりゃあね。「中」といっても竹中勝男・木田徹郎の方向は，第三の方向の可能性を持っていたと思います。けどねもう少し長生きしてほしかったと思うんです。

嶋田 日本社会福祉学会で，人間生活の制度的側面と，主体的側面とを学問方法論的に統合する場合，その二つは楯の両面ではなくて，これは，もっと密接な関連をもって統一されているのだということをいわれた。あれは達見だと思います。つまり構造・機能論的な考え方をとらなければならないということを主張されるわけですね。そのあたりが，特に注目されるべきことだと思いますね。

吉田 とにかく網を投げたということで。今でも問題になる人でしょう。私は多少意見が違うのですが，教室で私が木田先生のここが間違いだといってくると，次の時間に吉田のいうことはおかしいという調子で，それが20年も続きましたよ。学生はニコニコきいてくれるし，あんなことできるのは，研究者としては天国だったと思いますよ。そんなこと，先生とても好きだった。

岡村 非常に謙虚な人でしたね。これはちょっとまねのできないぐらい。僕らの先輩だから，もっとおこられてもいいんだけれど，実に謙虚でね。僕ね，今から思うとはずかしいようなことがあったよ。この吉田先生と木田さんが二人，市大へ訪ねて来たことがあるんです。その時僕は学生とゼミをやっとったんや。「ゼミをやっていますが，あんたら，いっしょに聞きなさい」いうて聞かせたこと覚えているが，全く恥知らずというかあつかましい話で思いだして冷汗ものですよ。

吉田 右田紀久恵さんなんか卒業したばかりで。

岡村 お客さん来てるんやけど，ゼミやってるもんで，お客さんもゼミに出

席させて（笑い）。しゃべるなんて，あとから考えると恥ずかしてなあ。木田さんもどんな心算か「私らもいっしょに聞きましょう」というわけでね。そりゃあ，あのまねはできないね。

　吉田　あの時はね，右田さんが里子のことをやってたの覚えてる。

　一番ヶ瀬　日本女子大は，ずっと木田先生が概論をやって下さって，私は助手のころから，先生にずっと教えていただいたんですけれど。先生，探偵小説が大変にお好きで。

　吉田　そうそう，とても好きでね。

　一番ヶ瀬　時間が終ると，探偵小説のお話を一杯して下さって非常に楽しかったんでね。

　小松　非常によく勉強されて，議論をふっかけるんですね。若い者に，対等の立場で，そういう点で，非常にえらいと思うんです。今，私この年齢になって，そう思います。なかなかできないことですよね。

　岡村　なるほど，あの人，いくつで亡くなったの。

　吉田　かぞえの67かな。

　小松　また外書の読み方，速いんですね。

　岡村・吉田　そう，速い，ななめに読んでたからね。

　一番ヶ瀬　一度なんか"あさって日曜日に，これだけ読むんや"といわれて5〜6冊もってお帰りになったの覚えてます。

　高島　新幹線の往復で1冊という人だから。

　一番ヶ瀬　サッと，ななめに読むと，もう。

　小松　つかんでるんですよね。外国の本を読んで勉強しながら，日本における実態なり実証研究をね。非常に大事にして，それなりにつみ重ねていこうという姿勢がありましたね。

　一番ヶ瀬　非常に現場との接触が多かったようですね。

　小松　先生，社会学の御出身だったから。

　岡村　僕は木田さんに今でも悪いと思っているのは，社会学会でね。シンポジウムに福祉の問題をとりあげるという年があったんですね。その時，小山隆先生が会長しておられて，小山先生から出て来いといわれた。僕は，社会学と

福祉は全然ちがうんや，といって，バーンと断ったんや，そしたら，とうとう木田さんが引っぱり出されたんや。そのすぐ後で病気や。その帰りに気分が悪かったときいたが，悪くてね。

　吉田　ちょっとね。薬を飲みすぎたんでね。

　岡村　そうそう，薬はよく飲んでいたよ。

　嶋田　薬って，何の薬ですか。

　吉田　睡眠薬をね。

　岡村　そうそう。僕，びっくりしたね。仙台かなんか学会でいっしょに泊ってみていると，睡眠薬のむのには驚いたね。

　一番ヶ瀬　そんなにたくさん召し上るんですか。

　岡村　そうそう，たくさん睡眠薬をね。

　吉田　孝橋さんも，そうだけど，やはりね。小さい学校は小さい学校なりに，いやなことが多くあって，役所へいけば，頭さげて，予算もらってこなきゃならんし，帰ってくればわれわれ教授会でつきあげるし，睡眠薬でも飲まなきゃ，やってられなかったと思う。

　横山　やはり，ストレスが多かったんですよねえ。

　吉田　今度，金沢へ行く小川政亮さんも，行く時，木田さんに対して感謝して出て行ったけれど，小川さんの学問を本当に愛しそして彼の学問が成長したのも，いくつかの点で学内に木田さんがいたからでしょうね。やはり，大正デモクラシーの時期のリベラリストとはこういうものかと，いつも思ってた。

　高島　木田さんは東京帝大セツルと関係されましたね。

　横山　そうですね，震災後，東大セツルに入っていたんですよ。

若林龍夫先生のこと

　一番ヶ瀬　次に若林先生は……。

　吉田　それでは私から口火を切って。僕はね最初にお目にかかったのは学生服のころですけど，先生が明治学院の中学（今高校ですか）の先生でして，小出省吾という児童文学やってた人が，明治学院の社会科をやめるもんだから，若林先生が主任になって入って来られたので，私は，何となく先生対学生み

いな関係が戦前にはありました。むろん哲学がもともと専門で，社会福祉が専門じゃないけれども，責任者になってから社会福祉をずっとやられた方でその点ちょっと菅先生に似てるんじゃないですか。だけれども途中で色々，役を持つようになってから社会福祉だけ考えるようになった。特に学校連盟の会長を長くやってね。アメリカへいったりして，だんだんテクニカルな方をね，主にして。

嶋田 ケース・ワークに非常に熱心でしたね。

吉田 そうです，そうです。で，明治学院の大学院は初め方法論中心だったでしょう。

嶋田 最近，私は書斎の整理をしていますと，先生からの手紙がでてきました。それには"明治学院で今大変に困っています。にえ湯を飲む思いです"とかいてあるんです。何かそんなことがあったんでしょうか。

吉田 それは学園紛争の時でしょう。

小松 紛争の時ではないですか，学長で当られましたから。社会学科へもどってくる時に何かゴタゴタあったらしいですね。

吉田 もともと学校行政の人でしたからね。そのかわり，会長業なんか，うまかったですね。そして熱心でもあったしね。いつでもこの学会の総会なんか休んだことなかった。代表理事になった時も，やはり運び方がうまいもんですよ。

一番ヶ瀬 私，一つの印象があるんです。非常に遅刻をなさらない先生で，大会の時いつも早くいらして，そういうところがあるんですね。で，私が報告する時，あまり人が集まらなかったことがありましてね。"私ちょうどいいから今早くやっちゃいたい"といったら，若林先生にしかられたことがあってそれ以来ちょっとこわくなってしまって。

小松 吉田先生。若林先生は方法論，非常に大事にされた先生ですけどね。そういうことで明治学院にケース・ワーク関係の先生がたくさん入りましたわね。でもテクニックじゃないですよね。やはり哲学出身ですから，人間をおさえていこうという，そういう姿勢はおありになったんじゃないかと思うんですがね。

一番ヶ瀬　社会科学はあまりお好きじゃなかったですね。

吉田　そうですね。専門が専門だったから。

横山　しかし，謙虚な人ですね。特にそとに対しては腰の低い人ですね。

岡村　しかし，学長の時はなかなか頑固だったらしいよ。

横山　ええ大学の中では随分頑固でね評判も悪かったようですね。

小松　渡辺（栄）先生が，本誌に追悼録を書いた中で，その辺のことにふれて「若林先生のあの時のことは許すことはできるけれど忘れることはできない」という言葉をね，残してられるんだけど。

岡村　何が。

吉田　紛争の時の，色々なことがらでね。……教員が対応したわけでしょ。大変だったらしいですね。

岡村　なるほど，なるほど。

吉田　でも若林先生はね……学会だって浮き沈みがあるでしょう。5・6回あたりから少し中だるみみたいなことがありましてね。みんな初めは一生懸命やってもそんな時いつでも若林さんが来てくれた。必ず出てくれてね，専門じゃなかったけれど，ああいうことは感謝しますよ。

一番ヶ瀬　非常に誠実な先生でいらしたんですね。

小松　実行力あったらしいですね。大学ではみんな今の基礎はあの先生が作られた。大学院もそうだし。学部の発展も。

横山　あの人がという感じですよね。あんなやさしい，おとなしい人がという。

一番ヶ瀬　若林先生はクリスチャンで。

横山　そうです。

岡村　あの物腰のやわらかい所，少し見習わないかんとは思うが，そうはいかん。実に，やさしいわなあ。

横山　その人が実行力があるんですからね。

吉田　学内では管理職だから色々と批判はあったろうけど，明治学院の社会福祉があれだけ大きくなっていったのは，やはり外からみると若林さんの力があるのでないですか。

横山　そりゃあ，そうだ。
吉田　特に審議会の委員なんかやってね。ああいうこと上手だから。
岡村　いつか4・5年前の名古屋で大会のあった時，えらい年とって，小さくなってしまってね。一人で来てらしたの見たよ。あの先生は僕より少し年上やったね。亡くなられたのは……70いくつぐらいやね。
吉田　そうですね。お葬式にはいったけど。
小松　ソーシャル・ワークを何とか育てなければいけないということで，あれ，ソーシャル・ワーク研究所をお作りになったんでしょ。
岡村　ああ，あの雑誌，あそこで作ったんやなあ。
小松　その雑誌がでてるんですね。相川（書房）かどこかから。ソーシャル・ワーク研究所はあの先生の念願だったらしいんですね。
吉田　で若林さんの社会福祉の一番華やかな舞台というのは，日本で国際会議があった時，教育連盟の会長としてね。日本を代表して議長でスピーチをやったという時が，一番華だっただろうなあ，あの時先生はちょっと緊張してふるえていたなあ。

竹内愛二先生のこと

一番ヶ瀬　あと，竹内愛二先生。やはり一番，最近の……。本当においでいただけるとよかったのに……。
吉田　私も戦前から知っている方だし，岡村さんは後継ぎだし嶋田先生は切っても切れない関係だろうし。
岡村　やはり，竹内さんの講義を聴いたわけですか。
嶋田　あの先生は昭和6年に同志社に来られて，私，学生時代にケース・ワークの講義を聴いたのです。
岡村　僕も戦後アメリカの本を読むのに，日本の参考書を探してね。先生の昭和13年かの『ケース・ウォークの理論と実際』が大阪府の図書館にあってね。あれを読んで，随分と教えられたね。先生，その後，戦後に『ケース・ワークの技術』とかいう本を書いたでしょう。"あれよりか，昭和13年のの方がずっとええやないか"といったら御機嫌が悪うてなあ（皆，笑い）。

嶋田 努力家の先生は，亡くなるまでに16冊の本を書かれました。亡くなる前，『社会福祉の哲学』を書かれて，実存主義の立場を主張されたのです。先生の最後の境地は実存主義的解釈にありましたね。

吉田 でも，今でも良かったと思うのは，弘済会の『社会福祉研究』で，「竹内ケース・ワーク50年」というのを収録できてね。

岡村 間に合ったね。

吉田 もうあの時，だいぶ物忘れしていたけれどね。

岡村 そう，おかしかったなあ。質問者の質問に答えないんでね。
　まあしかし，先生も，若林先生やないけれど，実行力はある。これには負けるな。先生は学者としてより，事業家としての方が成功したんやないかと思うぐらい実行力があるよ。とにかく，大阪の占領後の混乱の時代に，先生が市大へ，僕が女子大へ行く，と，そんな話が，だいぶ進んでいたんや。その話がうまく進まなくなって，それで先生は関西学院へいったわけですわ。その時，関学としては，戦後の金のない時に今更新しい学科を作るのは困るといったらしいんだ。先生はちゃんと，兵庫県の共同募金から本代をとって，それをもって関学へ行ったわけです。財政的に迷惑はかけません，ということですよ。そういうことでは非常に実行力のある人ですよ。先生は教会も三つぐらい作っているんやないですか。東神戸教会とか，あれほとんど彼の募金らしいが，先生は印税は全部教会の建設資金とか，運営費とかに使っておられたそうです。
　僕も学会のことで，色々な相談相手になりますけどね。とにかく金集めるにしても何にしても実行力あるね。我々やったらめんどうだと放っておくけれども，先生はどこへでも行きますね。あれはえらいと思ったね。まあ随分苦労されて勉強されただけあって，非常にそういう点はえらかったと思います。

嶋田 学問的には，先生は，ケース・ワークを学ばれて，それ一点張りで，進まれましたが，晩年になって，環境的・制度的な視点を併せもたなければならないと考えられるようになりました。すでに『専門社会事業研究』をお書きになった頃から，処遇状況の理解には，環境諸要素を入れなければならないということを考えられるようになりました。先生には，はじめはなんといっても心理主義的傾向がやはり強かったのですけれども。

岡村　そうですね。精神医学，精神分析をよく勉強しましたからね。

嶋田　同志社を去られなければならなかったのは，学生が"先生の学問は社会科学的ではない"という，批判をしたからですが，学生には先生の長所を理解する余裕がなかったのだと思います。灘神戸生協文化部長のお勤めの後，関西学院においでになったのです。私，先生とちょうど50年間親しくして頂いたのですが，その間に，社会的キリスト教という運動が，日本にありましたね。

吉田　そう，CMのね。

嶋田　キリスト者として社会問題と戦おうというその運動を，終始純情一徹に守られました。大人の純情というよりも，むしろいじらしい少年のような純情ですね。それだけに，学問に対しても純情一路に読書を進め，読まれるとすぐ執筆なさる，筆の速い点では，数少ない学者の一人ではなかったかと思います。

岡村　そう，よく読みますね，先生は。

吉田　今のね，CMの時期——菅円吉先生もそうだけど——この時期を竹内さんの生涯から忘れてはいけないと思う人ですね。

嶋田　社会的キリスト教の信奉者たちには，中島先生，菅円吉先生，また竹内愛二先生たち，いずれも独特の純粋さがありました。

一番ヶ瀬　竹内先生もその運動に参加されていたわけですか。

嶋田　その頃，日本では，社会的キリスト教と並んで，SCMというグループがありましたが，これはマルクス主義の影響をじかに受けていました。竹内先生は社会的キリスト教の側に立って，マルクス主義に対しては批判的なものを同時にもっていられました。SCMは，マルクス主義を丸飲みにしようというのですから，そこが先生とSCMの決定的に違うところでした。

一番ヶ瀬　オベリンの影響でしょうかね。

岡村　それと，先生は牧師さんの子どもでしょ。

嶋田　ええ，牧師の子どもです。

岡村　キリスト教一家ですわ。先生は牧師にでもなれるぐらいの人ですわな……。非常に熱心なクリスチャンですね。

嶋田　そういう意味でクリスチャン的な潔癖さ，狭さがありましたね。

岡村 それとね，非常にビジネスの面でもきちんとしている。僕らあれには感心するね。あの終戦後，進駐軍が来た時に，あの時代，先生は実に忙しくてね。毎日のようにいろんなところの講習会に行かれた。これは大阪府の担当者からきいた話だが，府庁などがケース・ワークの講習をたのみにいくでしょう。そうすると"何時間の講義ですか"と先生がきくでしょう。"5時間です"というとすぐに"じゃあ，これ"と言って，5時間講義のレジュメをその場でくれるという。「何時間ですか」「講義要綱はこれです」という具合でね。それはもう府庁の人が，びっくりしとったわ。ああいうようにするから忙しくてもできるんですよ。

嶋田 先生は，アメリカに8年いられましたから，英語で物を考えることができる人でした。

吉田 先ほど「専門」か「科学」かという議論をしましたけどね，あの先生は昭和10年前後に科学的社会事業というものを一応自分で体系づけたわけですね。それはそれとして，もう一つ戦前に，僕らの大先輩として先生の行動みておりまして，ああいう方法論を主にやっていますと，軍事扶助処遇や軍人の精神障害対策ということで，戦争にそっくり協力することもできるわけですね。テクニカルな面だけで切っていけばね。そして先生も厚生事業におどっていた時期があるんですよ。これは僕もこの目で見ているんですよ。しかし，先生は一方では最後まで，人格という概念を捨てなかったんだなあ。その点，戦争に協力したみたいにしておられたけども，その一点を捨てていなかったなあ。その点20代の学生服の私などに読み切れなかったところだが。

嶋田 それが亡くなられる時の『社会福祉の哲学』そこに凝結していったのですね。

吉田 戦争末期に人格概念を最後まで持ち続けることは大変なことだったんですよね。

嶋田 憲法学の中島重(シゲル)という先生は，その権化というべき人物でしたから，その影響を強く受けられたのです。

一番ヶ瀬 その中島先生と竹内先生は師弟関係に？

嶋田 中島先生は，賀川豊彦氏の影響を受け，同志社で社会的キリスト教を

主張されたのです．竹内先生は，オベリン大学およびウェスタン・リザーブ大学の応用社会科に学び，ケース・ワークを専攻されていました．そのときアメリカで盛んであったラウセン・ブッシュのSocial Christianity運動を知り，昭和5年に帰朝されたのです．それが機縁となって，同じ思想傾向をもつ，中島重先生に，私淑するようになられたのです．それからは中島先生をヘルプして，雑誌『社会的キリスト教』の編集にあたり，先にお話にでましたように，そのビジネス能力は，驚異的なものがありました．同志社中学卒業後，貧乏で大学へ行けなくて，三菱に就職され，非常に有能で，アメリカに渡る機会をもたれたのです．従って独特の鍛えられたものをもっていられたわけですね．しかし，個人的には感情のはげしいところがあって，よくけんかをされることがありましたね．

吉田 戦後に，谷川，竹内と，同じ昭和24年に，『ケース・ワーク』を出したわけですね．で，谷川ケース・ワークに対する批判を雑誌に書いているが，大変鋭いものがあったね．やはりそういうところあるね．

嶋田 ある意味で潔癖だから，そういうことになったのかもしれません．それを信仰者として，自制しようとされていました．学生諸君を実によく世話されて，学生と食事をするのを楽しみにしていられましたね．

岡村 そうね，家へよく学生をよんでね．

小松 私もお昼をよばれたことありますよ．コンパを自宅でやってね．世話好きですね．

高島 小松先生はどういう関係ですか．

岡村 大阪府の精神衛生相談所に戻ったからね．

小松 その時，お世話になったんですよ．それで現場を大事にされましてね．事例研究会など，本当によく世話されてこられたですね．神戸では，神戸HR協会ですか，あれを育てられて，ずーとやってこられたんですね．

嶋田 そこでは，竹内先生を神様みたいに思っている人たちがいるんですよ．

岡村 ヒューマン・リレーションズ協会というが，先生はそんな団体作っておばさん連中によく講義するので，"あんなことやめとけ"って，僕よくいうたもんやけどね（笑い）．

小松　あれ，なかなか，大変なことですよね，今，私も色々と経験してますが，現場の方と事例研究会をとにかく続けるということは。

一番ヶ瀬　今，神戸の市役所なんかに，竹内先生の教え子みたいな方，おられますね。

岡村　そうですね，割合多いですよ。

嶋田　今度，同志社大学へ，岡本民夫君をお迎えしましたが，彼は先生の弟子ですね。

吉田　でも竹内先生の短歌はかなわなかったな。年賀状ばかりでなく。全く（笑い）。

岡村　あれは先生の入院療養の副産物というわけだ。

一番ヶ瀬　内田守先生のお弟子さんなんでしょ。

小松　内田先生に教わって。

岡村　あれ，入院してる時にね。

吉田　ありゃ，天狗なんだな（笑い）。

岡村　いゃあ，天狗でもなかったが，歌集みたいなものを作っていたな。

吉田　内田さんは本物さ，むろん。だけど竹内先生のはね──

小松　あれは，内田先生の系統ですよ（笑い）。非常に具体的な日常生活をうたうという。

岡村　竹内さん，やはりあの八代学院の問題でいっぺんに健康があんなに悪くなりましたね。関学をやめましてね。八代学院に福祉学部を作るというので，先生が行くことになって，本も集めて，ずい分準備をやってました。それが，パタッとだめになってしまって，あれで，先生，一ぺんに具合悪くなったなあ。耳は遠くなるし，会ってみてびっくりしたなあ。それまではピンピンしてた人ですよ。頑健そのものでしたからね。

嶋田　その御逝去は，まことに劇的なものがありました。竹内先生は『専門社会事業研究』で文学博士をとられていましたが，逝去の前，関西学院大学にまた社会学博士請求の論文を出されました。先生の容態が危いというので，関西学院の方でも急がれたと思いますが，部長が学位記をもって先生のところへ行かれた。すると先生は，その部長を前にして3時間信念を吐露され，そのま

ま昏睡されたそうです。84の学者としての大往生を遂げられたのです。
　先般，その葬儀に，私は学界を代表して弔辞を述べましたが，16冊目の『社会福祉の哲学』をお書きになるまでの学問的執念には，宗教的ヒューマニストとしての精進一路の軌跡を見出すことができましょう。

吉田　しかし，おそらく総決算したら恵まれた人じゃなかったか，その長命であったし，むろん世間的にもね。若い時は苦労されたようだが。

嶋田　時代の波がちょうど戦後の民主化に向かい，人間尊重を本命とするケース・ワークが大切にされる社会背景を舞台として，存分の活動をなされた。先生の御生涯は，まことに祝福されていたと言えましょうね。

吉田　それに，バイタリティーとかエネルギーがあったんだね。

岡村　とてもかなわないわ。

嶋田　しかし晩年は人工肛門を着用する不自由の身でしたが，大変な苦労のなかで，それでも気力をもって外国への旅を続けていられたのです。

岡村　とにかくファイトあるね，我々とてもとてもね。

嶋田　ファイトという点と，純情という点では，抜群の人物であったと思いますね。

一番ヶ瀬　学会では，やはり代表理事をされましたよね。

岡村　あれ誰の次やったかな。

吉田　磯村さんの次だ。

岡村　で，その次が木田さんや。それが総会の挨拶終ったら，二人壇上で握手なんかしたりして，えらいもう演出がかってるんでね。皆，笑ったよ，あの時には。

一番ヶ瀬　ロマンチストで……。

　それでは，いろいろ，お話をしていただきまして，ありがとうございました。

対　談

学会創立時の学問状況と想い出の人々

対 談 者　岡村　重夫（大阪市立大学名誉教授）
　　　　　吉田　久一（東洋大学教授）
編集委員　秋山　智久（明治学院大学教授）
　　　　　宇都　榮子（専修大学助教授）

1　学会創立頃の学問状況

吉田　日本社会福祉学会は昭和29年にできましたから，20年代後半のいろいろの研究状況，あるいは社会福祉の状況というのを，あまり知らない方々も大分多くなってきたでしょうから，何故学会ができたのかという，その必然性みたいなものも考えなければなりませんのでね。そこでまず研究だけでなくて，20年代後半の様々な状況を時間の許す範囲内で話し合ってみたらどうですか。
　岡村先生は私より大分先輩ですけれど，社会福祉に出ましたのはこちらが先輩なので，戦後新しく社会福祉を作っていこうという岡村さんの立場とね，僕は昭和10年からやっているものですから，1回戦争につまずいてまた作り出して行こうというのでは，少し考え方，見方が違うと思うんですよ。岡村先生みたいな初々しい感じではなくてね，まあ我々は1回つまずいていますのでね。それでは，最初に，やはり学会だから20年代後半の研究会の状況がいろいろありましたが，関西からお話し下さい。
　岡村　ああそうですか。まあこれは竹内愛二先生が大体書いておられますけ

＊　この対談は，『社会福祉学』25巻2号，1985年に所収の日本社会福祉学会創立30周年記念対談（1984年10月19日，於・駒澤大学）の記録である。なお，肩書・所属は当時のものである。

れど，まあ GHQ の人たちが京阪神の民事部を通じて，当時朝日新聞の人たちや各新聞社内の社会福祉事業団というところに働きかけて，占領軍が要求しておったのは研究者を作り出さなくてはいけないということを非常にやかましく言ったわけだ。それで，社会福祉に関心を持っている研究者を大いにあちこちから発掘する，あるいは行政において養成していこうじゃないかというようなことを持ちかけられた。表面的には現任訓練の必要性ですね。ワーカーの現任訓練という考え方が割合普及していなかったものでね。職員の専門的な資質を向上させることが一つの目的と，もう一つは，大学の研究者，教員になってもらうような人を大いに引っぱり出していこうじゃないかという，まあそういうようなことで初めは，「社会事業教育懇談会」（ママ）というのを昭和22年頃に言い出して，それで何回か会合があったのですけれど，それを強力にするために「社会事業教育連盟」という，まあ名前を変えましてね，かなり大がかりに研究会を京阪神一体になってやりました。そこで竹中勝男先生とか，ハミルトンを翻訳した，三浦賜郎君のお父さんの三浦牧師という人がいてね，あの人などは，いわば反 GHQ の考え方なんだよね。えらくミス・ブルーガーと論争したことを覚えとるわ。三浦さんは英国のナショナル・アシスタンスというようなことを強調しておった。アメリカの救貧事業のようなものではない普遍的サービスを補う特殊サービスとしてのナショナル・アシスタンスをやるべきだと言っておったし，竹中先生はもっと基本的な制度の改革を主張して，レボリューショナリーという言葉を盛んに使ってブルーガーと論争したりしてね，そういう研究会が割合頻繁に行われました。そういうことで僕らもその頃引っぱり出されて研究会に出ました。当時関東と関西と割に交流がありましてね，それで関西で会があるときに関東の人が来たり，又関東の人がこちらに旅行に来たときに集まったりした。例えば僕が記憶しているのは昭和23年に大阪で初めてボランティアというものを訴えてみようというので，ボランティアの発表会をやるときには，早崎先生が来たり，また何かするときには谷川（貞夫）先生が割に来ましてね，そういう研究会を頻繁にやっていましたね。

　そういう研究活動と，もう一つ，竹内先生は書いていないのだけれど，連盟の事業としてやりましたことは，竹中先生と竹内先生と僕と3人で『日米社会

福祉用語辞典』というのを作ったんですよ。ガリ版でできたものです。当時今では想像つかんけど，紙がないんですよ。ものを作るのに紙に非常に苦心したですよ。ボロボロの紙ですよ。だから22，3年にできたものはね，今触ったらボロボロと壊れてしまうような紙ですからね。それは，アメリカの，著者は忘れましたがね，"Dictionary of Social Welfare"という1940年頃の本かな，その翻訳なんですけれどね，そういう辞典を作りましたね。

　それから学会の前身として非常に似かよった活動として，研究発表会というのがあった。谷川先生がみえてね，大阪では朝日新聞厚生文化事業団がお金を出して場所も提供して，毎年研究発表会というのを定例的にやりました。これはかなり大がかりなもので，おそらく学会の前身みたいな感じですわ。大体そのメンバーは共通ですね。そういうものを教育連盟でやりました。そういう人達がまあいわば関西社会福祉学会という，これは竹内先生が書いておられるけれど，あまりはっきりした規定はなかったと思うんだが，そういうものを結成して研究活動をしたということでしょうね。

　それから，当時は研究としては，文献を作ることが主でしてね。といっても翻訳ですけれどね，僕なんかもずい分と作りました。名前は出しませんけれど，大阪市民生局資料という題で調査課から出しているので月1回位パンフレットを出しました。それは僕が大阪市の嘱託みたいになって雇われたような感じで，毎日毎日その仕事をして，できたものをボロボロの紙で印刷しましてね。その中で後日笑い話しだけど大阪ボランティア協会で文献集というのを作った時にね，名前の書いてない『アメリカにおける社会事業ボランティア』というパンフレットがたまたま出てきた。著者不明と書いてあるんだけど，それは僕が書いたものなんだよね。それは嘱託は翻訳するのが月給のうちなんだから著者をいちいち出すわけじゃないんだ。そういうことでそのほかに「ベルリンの社会事業」とか，いろんな資料を出した。当時僕は毎日毎日SCAP（連合軍最高司令部）のライブラリーに通って翻訳を盛んにしたものです。今の人には想像もつかないけれども当時夏になっても扇風機というのがどこにもないんですよ，それでそこのライブラリーの天井にまわっているのが大阪で唯一の扇風機なんだよな。だから朝は弁当もちでまずドアが開いたらすぐに入ってその下へ行っ

て，本を借りて読んだ。だから僕は SCAP のあそこの本は全部読んだ。他にすることないんでね。市役所もそこに行って勉強してくれたらいいというんで，昼の時間に川向こうの市役所にちょっといくだけでいいんでね。

　僕は戦前は社会事業というのはあまり魅力なくて，あまり関心なかったんだけど，実は戦後，何もすることもなくて，原稿でも書いて飯食おうと思って，毎日 SCAP ライブラリーへ本を読みに行っとったわけだ。僕なんか顔なじみだから，自由に書庫へ入れてくれる。戦前のアメリカの本は勉強するほどの本がないというかね。大きな活字の本でね。僕は戦前も翻訳しとったんだけど，余り魅力もなかった。実はばかにしとったんだ。アメリカの文化に対して，ヨーロッパの方がずっと進んでいるという考え方だったからね。ところが，書庫に入って驚いた。昭和16年，日本とアメリカの国交が断絶して一切本が入って来なかったでしょう。だからそれ以後のことは知らないわけね。それで20年になってその間の本をみると戦前とは全く違った，学問的なあるいは理論的な本がずい分と出ているんだな。それで，これは大変なことになったと思って，勉強し直すつもりでそこに行って新しい本を読んだ。2，3冊読んだらパンフレットにまとめるというようなことをして，まあ原稿稼ぎをしていた。それが市役所の人に知られて，市役所の現任訓練などを手伝ってくれということで，それでいろいろ無名の文献を出したわけです。このように個人的に今まで社会福祉に関係してなかった人を引っぱり出すというのも教育連盟の一つの仕事だったんだな。それで僕なんかもそれにのっていったわけだ。だから田村（米三郎）君なんかにしても経済学者ですけれど福祉学科を作るについてどうしても福祉概論をやらなきゃならないんでやりだしたというような人もいる。僕らもその一員で，この東田君もそうだ（当時の写真を見て）。かれは経済学出身で，会社かなんかをやっていた人だが，戦後社会福祉をやり出した人です。そういうことで教育連盟の仕事として研究者を見出して大学を作る準備を進めていくというようなことが戦後大阪の24，5年位の状況ですね。

　吉田　私の方はね，僕がもう10年早く生まれていたらね，否応なしに戦時厚生事業とかなんかを問題にしなければならなかったでしょう。やっぱり責任を持たなければならない職務を持っている以上はね，あったと思う。それからも

う12,3年後で生まれたらね,一番ヶ瀬(康子)さんの年代ね,私はとても研究者なんて顔はしていられないと思いますけれど,ちょうどいい時期に生まれたというかね,ついに学会なんかも作るような話になったわけなんですね。それは,人生というのは,そういう時があると思う,そういうまわり合わせみたいのがね。で,私は戦中から社会事業におりましたからね。戦中なんかはね,社会事業という用語が使えなくなるでしょう,ああいうヒューマニズムみたいなものはね。もう厚生事業一色ですから。岡村先生のように戦後を非常に初々しいという感じで受けとるというよりは,学生時代に経験したものがもう1回帰ってきたんだという感じがありますよね。社会事業自体がね。まあそういうことが率直な感想ですかね。

2　社会事業教育懇談会(ママ)の頃[*]

吉田　まあ色々と研究会の状況は聞かれたことがありますが,少しコメントを加えますと,まず先程の「社会事業教育懇談会」ね,これは占領軍のリードで出来たわけですが。むろん中にはウィルソンのような優れた人もいたし,ブルーガーなんかは底脱けに人がいいんだよ。だけど突飛もないことを言ったり,そういう人もいたしね。日本人でも場合によると,占領軍がそんなことを言わないのに言ったというお先棒をかついだ人もいたり,負けた国というのはそういうことがどこでもあるでしょうがね。色々な状況が懇談会の中にはあったと思うが,とにかく毎月やっていましたよ。社大のまだありますが,2階の汚い部屋,昔はきれいだったが(笑い),あの部屋でやってました。これは研究者をまとめるということでは一つ役立ったでしょうね。

それから二つめは,全国の「社会事業研究発表大会」という名でやった会があり,もともと「社会事業研究所」が主になってやっていたわけです。ところが,この「社会事業研究所」というのは,ちょっと本題をはずれるけれども,やはり特筆しておかねばならんと思うのは,戦争中はね,これは穂積重遠先生

---

[*]　社会事業教育懇話会のこと。

という大所長で，大研究所なんですよ。その研究所に大河内一男とか菊池勇夫先生，後藤清先生とか，皆さん労働問題では発言できませんから，所の方に来るわけなんですよ。この人達が大変いい仕事もしたわけなんですよ。社会事業についてね。お蔭様で『労働年鑑』は15年が最後かな，『社会事業年鑑』は18年まで続いているのですよ。つまり，言ってみれば，戦争中わずかなそういう灯をともす場所であったわけですね。それが戦後また復活したわけです。谷川さんがくどいていたのは，とにかく穂積大所長のもとに研究員がずらっといて，現在考えると最高級の人たちが来ていて，そういう研究所だったのを谷川さんもまだ40幾つかだったから，大した予算もないのに引き継いでどうしてやっていくかとよくくどきを聞きました。やはり戦中の伝統を継いで毎年のように秋ですか，研究発表大会がありまして，沢山の人が発表しておりました。

　岡村　社大の講堂でやったね。

　吉田　これは，やはり学会の即前身とは思わないけれども，そういう土壌を作ってくれた一つと思いますね。

　岡村　それは研究の機関ですね。

　秋山　今の学会の発表ですと自由発表が100以上ありますが，沢山というのはその当時どの位ですか。

　吉田　7，80位あったでしょう。若き日の竹中さんもそうだし，竹内さんとか，皆発表しておりまして，それは大きなB4判も出ておりましたし，小さいのも出ておりますし，発表の成果は素晴らしいんですよ，中身からいけばね。そういうのを引き継いで戦後も「社会事業研究所」でやってくれたのが一つの土壌だと思う。

　ただね，やはり「社会事業教育懇談会」ができたり，いろいろしている中で，学校も幾つかできるでしょう。確かに社会福祉は現場が大事に相違ないけれども，現場の経営者と同じ事を言っていたら，やはり勉強で飯を食っているわけだからとても具合が悪いわけね。当然お互いに協力しながら機能をしなければならない段階が，28，9年なんですよ。それで学会ができてきたということです。もう一つ，会を作るのは意気込みみたいのがありまして，組織ができても会はできるとは限らないのですよ。やはり，「人生意気に感ず」というような

ところもありまして，同志的な結合もあるんで，岡村先生のような先輩を前にして具合が悪いけれども，そういう同志的な結合がかなり強く働きましたね，関東の方は特に。それは戦後すぐに，重田（信一）さんと僕と仲村（優一）さん，彼は若かったけれど，横山（定雄）君と，そういうところでね，これは23年からやるわけですけれども，「金曜会」という同志的結合が，30人位の会があるわけですよ。そこで戦後の社会福祉をどう再建するかってことや，あの頃平和と社会福祉という議論が大変盛んでしたね。戦争に敗けた後だから，平和なくしてなんで社会福祉かっていうふうなことも含めて，ずっとやっていた同志会的結合がありました。メンバーの中で，私が年が多いほうだったのですが，学会を作る時の一つのエネルギーになったということがありますね。

　岡村　「社会事業研究所」の大会というのは，戦後も続いておったのですよ。戦前，今話しあったけれどね，文献賞もあるんですよ。年間に出た論文のいいものに対して文献賞というのをくれるわけ。大阪の音田君も貰ったりね。

　吉田　僕は第１回に貰った。

　岡村　ああ，あなたも貰ったの。

　吉田　生江賞を受け継いでいたわけだ。もともと生江賞というのがあって籠山京さんとかね，戦時中貰ってたね。戦後はどうして名前は変えたか理由は分からないが，社会事業文献賞となりました。

　岡村　音田君が僕の前に貰ったね，セツルメントで。音田君というのは河合栄治郎さんのゼミで社会政策を勉強した人でね。社大におったもんだから，セツルメントを研究したという新しい研究者の一人ですね。翌年，僕は都市老人の調査で貰いました。その時，講堂は一杯でしたね。発表会は大変なものでしたよ。

　吉田　そうでしたね。敗戦の後だから。とにかく福祉をもって福祉国家とはその頃あまり言わなかったけれど，文化国家とか何とか言っていたが，内容はやはり社会福祉が入っていて，そして国家を作っていこうという意気込みに燃えていましたからね。

　岡村　確かにそういう新しい，本当にこれからやり直そうという雰囲気があったわけ。

吉田　ただ，学問的な状況から一言だけ加えますと，御存知のように昭和13年頃から大河内一男，風早八十二，菊池勇夫，後藤清先生，その他ずっと続きまして日本の社会福祉理論の基礎作りをするわけですね。ただ，おおむね労働政策やなんかから来たもんだから，どうそこから自立するかという課題があった。34～5年まで続いたな。そう60年安保位まで続きました。60年安保の時なんか皆国会から帰ってきて12時頃までね，大河内理論からどうしたら社会福祉が自立するかなんて力んでいたもんですよ。それはそれとしまして，そういうことが一つあったのと，むろんアメリカの社会事業がその後入ってきますね。占領軍の指導だから。そのことをどういうふうに受けとめるかということが当然ありますよね。ただ，いろいろと態度がありました。まるっきりアメリカ社会事業万歳というのもあるし，竹中さんのようにちょっとひとひねりして，批判しながら受け入れようじゃないかっていうようなこともありましたし，孝橋（正一）さん，その他むろんマルクス主義が当然それらに対してアンティテーゼとしてあるのは当然ですから，そういう人もありましたね。ただ一言いっておきたいのは，34，5年から立場で別れちゃうんだな。例えば，あれは技術論だとか，あれは政策論だとかいって別れちゃうね。ところが，敗戦後っていうのは声を大きくして言いたいのは，とにかく皆で社会福祉を作っていこうじゃないかというんで，早い話しが，岡村さんと孝橋さんはまるっきり違いますね。私だって岡村さんと違いますね。でも割合に一緒になってやってたんだ。そういう空気ってのが僕は大事だと思う。34，5年位から別れるね。戦後はそんなことありません。みんなやっぱり立場は違っても，それを一つ言っておきたいと思うんですよね。そんなところでしょうかね。

　秋山　この「金曜会」というのは月例会ですね。何回位続いたのですか。

　吉田　それは，ちょっと記憶があれですけれど，ほぼ学会ができる位まで続きました。7，8年続きました。毎月やっていました。仲村君前後の年の人達，我々も含めて。それで永田（幹夫）君達はまたもう少し下ですから。永田現全社協事務局長ね，彼が金曜会ってのは「断層地帯」だなんてからかっていましたけれど。「断層地帯」ってのは，明けても暮れても平和だとか，社会福祉をどうするかなんてばかり言っていて，余り行動しないって。

岡村　断層地帯ってそういう意味か。

吉田　ええ。でも，その「断層地帯」から後の学会の面倒を見てくれる人達がずらっと出てきたのも事実ですね。

岡村　割合に学会創設に関係あると思うんだけども，当時東京と大阪ってのはよく連絡しあった。僕も金曜会に行ったことがある。東京の会に出てこんかといってくると，当時の汽車に乗っての旅行は大変なんだよ。とにかく，来て社大で晩遅くまでやったことあるわ。また谷川さんもよく大阪へ来て関西でのさっき言った研究発表会があるでしょう。また僕が『社会福祉学（総論）』を出したときも東京の連中が集まってね，社大の会議室で皆が出版祝賀会をやろうって，飲み食いはしないけれども，皆意見を言ってくれた。僕がしゃべると皆がいろいろ意見を言うしね。良かったね。

吉田　そういうこともありましたね。

岡村　一部の人に言わせれば，技術論だとかいうんだろうけれども，まあしかし議論してくれるわけです。

3　社会福祉と隣接諸科学

秋山　当初から中鉢先生も入っておられて，大変そういう学際的色彩があったわけですね。

岡村　中鉢さんは学会ができた時から入ってましたね。

吉田　学会の第1回の時に祝辞をもってきてくれたんですよ。

岡村　関西であった時，6回か7回の時なんかも来てな，温泉で倒れてな，貧血おこしてな（笑い）。

吉田　今年，孝橋さんの佛教大学の退職記念会があったでしょう。病気でいけなかったけれども，本が出ましたね。あの中に書いておきましたけれども，いつでしたか，24，5年の頃かな，僕は大阪の会に出て，あれは教育会館あたりかな。中之島を歩いて駅までね，皆僕が夜行で帰るのを送ってきたんだ。その送って来た人ってのが，岡村さん，孝橋さんでしょう，奥村さん，音田さんでしょう。もう一人誰だったかな，ちょっと考えてごらん。皆立場が違うんだ

ね。それが一緒になってね，2km位あったかな，あそこを歩いて議論しながら大阪駅まで送ってきてもらった。そういうことがあった。

岡村 このあいだも大阪市大の研究室30年史に書いたんだけれども，また奥村君も，社会学の連中も僕らも皆社会福祉学会に入って，学会大会に出てきてやっとったわけよ。その頃はかえって未分化で良かったんだな。

吉田 そうですねえ。やはりなんとなくさっきの同志的なっていう点があったんでしょうね。

岡村 社会福祉の理論もね，経済学の人からいうと理論になっておらんという。だから我々ももっとやってやるという意識が，あるんだろうね。相手にしないというわけでない。僕が仙台の学会で社会学関係の「主体的側面」というと，皆がウォーッていうんだよ。とにかく立場を越えて共通の関心があったね。

吉田 そうですね。学会を発足する前でもね，社会福祉の対象論とは何かということを，さっきの社会事業研究会でやったんですよ。岡村さんが発表すると岸（勇）君が奮い立って反論を試みた。大体楽しかったね。あまり立場が違えば話さない今と違って，やってましたよ。

岡村 面白かった，とにかく。それまでは東京，大阪とはいうけれども，その間に交流があったり，ちょっと考えが違う人も一応社会福祉の理論をつくりたい。独自のものをつくりたいという空気が基本にあったね。

吉田 そうですね。

岡村 それが学会を呼びおこしてきたと思いますね。

秋山 それで，その関西と関東を一つにしていこうという気運というような呼びかけみたいなものは，どういうふうになっていたのですか。

吉田 それは岡村さんの考え方もあったかもしれないけれど，私は先程申しあげましたように，学校ができてくるでしょう。そうすると，1年間に4単位の講義にもならないような話しをしていたんでは，どうにもならないんですよ。学校が沢山できてくると。やはり社会事業研究会から，それぞれの機能分担をしながら学校の関係者その他が，ちゃんと理論形成をしなきゃならんという感じが非常に強かった。

岡村 それはね，僕は思ったのは，谷川先生が来て関西でそういう研究発表

会をやるでしょう。先程ちょっと言ったように発表の大部分が施設のやっている仕事の報告みたいのばかりなんだよ。自分のところはこうやっています，ああやっていますという，いかにもつまらない，聞いておって。こんな発表会では駄目だ。もっと理論的な議論にならなければ駄目だなと思う。その理論的なレベルの低さということを感じてね。それを何とか，もうちょっと事例報告じゃなくて研究報告を主体にした会が求められた。

　吉田　それから，さっきの大河内先生からどうして自立するかって，また心理学や社会学などの借りものみたいな空気があって，やはりそれからどう自立していくかっていうことがあったと思う。

　岡村　だから僕は未だに社会福祉固有の理論ばっかり言っているわけだ。その要求が強かったんだね。

　吉田　それから，秋山智久さん達は幸か不幸かわからんけれど，生まれた年代がね。私達が学会をつくった頃は，社会福祉なんか学問のうちに入るかというような言い方を絶えずされてくるわけね。それが社会福祉学会の２回目位の会場でも出てきたわけね。お前さん方，私の言うこと分かるかと既成科学の人からいわれた。

　岡村　最初の創立総会ね。

　吉田　そう言われてみると，確かにこっちも勉強しないこともあるんだけど，何くそっていうようなことがありますよね。今にみてろっていうような。

　岡村　よほど応えたようだね，君なんか。

　吉田　その点，岡村さんの方が戦後に出てきているだけあってピュアで，「僕は絶対に他の学会には入らんぞ」と宣告しましたけれどね。「社会福祉学会で生涯通すぞ」と宣告してましたものね。私も宣告しましたけれども。本当にずっと入らなかったね。最近はものわかりよくなっているけれど。それで我々は社会福祉を，研究の対象にするだけのものに作りあげていくという意気込みを持っていたんですよ。

　岡村　僕はしつこく言われましたのね。小山先生が会長をしていた時に，福祉のパネルやるから社会学会に入って来いと。わたしは，福祉と社会学とは違うと言って行かなかった。代わりに木田（徹郎）さんが引っ張り出されていた。

それはちょっと頑固かもしれないが，僕らはやはり福祉の理論を傍系というか片手間にやられているのに対して，どうしても社会福祉固有の理論を出さなければいけないという，そういう考え方ですね。だから大河内理論なんていうのは，僕らもやっぱりこれではいかんと思うね。それとね，社会保障と社会福祉とが，ごちゃごちゃだったんだね。これは長い間解決しなかったんだな。僕らは，それにはどうしても反対なんだ。しかし今でも，社会福祉が社会保障の一部だという考えが支配的ですよね。社会保障審議会なんかそういう考え方だよね。僕は違うもんなんだと，非常にしつこく最近まで書いたな。平田（富太郎）先生の書いた論文を意識しながら，社会保障の一部とは違うということをね。それは昭和34年か35年かの社会保障審議会の第2回の勧告で，例えば児童福祉施設は公的扶助施設と書いてある。そんな児童施設で人格の形成できるのか，飯食わすだけでいいのかと僕は言いたい。公的扶助の一部なんてもっての外だ。児童の人格形成をどう考えているのかということを，ある本にも書いたことあるんですが，僕はそれをしつこく最近まで書いたね。

4　大河内理論への挑戦

吉田　大河内先生が最近亡くなりましたから，大河内先生の為に言えば，先生は大議論を立てますね。それはそれとして，ああいうふうなものを作るのが先生の学問だから。でも大変，社会事業が好きで，特に貧困研究が好きで，御存知の通りね。もっとも江東地帯の中に生まれた人ですから。これは案外，大河内理論の蔭にかくれて知らないことかも知れないけど，そういう点がありましたよ。これは一つ申しあげておきたい。

岡村　非常に支配的だったね。戦後の大河内理論てのは。社会事業研究所で話を聞いてびっくりしたよ。

吉田　逆に言うと，僕らは胸を貸してもらう相手があったわけですよ。つまり大河内からどう自立するかという，学生の空気もありましたしね。今の学生はそんなことをあまりやらんだろうけれども，さっきの60年安保なんかから帰ってきますと，学生が12時位まで「大河内理論からどう社会福祉を自立させる

のか，先生」なんて，大体僕や仲村優一さん，それから名古屋へ行った小川利夫氏などと，毎年ゼミでとりあげるんですね。そういう時期がありましたよ。そういう胸を貸してくれたということは，孝橋さんがああいうふうにして大河内さんを克服したという見方があるとしても，残る問題があると思う。もう一つ申しあげておきたいのは，名前の問題だけれども，社会福祉対社会事業だなあ。岡村先生は「社会福祉学会」がよかろうと，私は「社会事業学会」の方がよかろうという考え方でした。今でも変わりないね。

岡村 創立の時は大論争や。

吉田 岡村先生は『社会福祉学（総論）』を31年に書くわけでしょう。ちょうど学会を作るころが自分の理論創造の真最中にあるから，社会福祉学でなくては御破算ですよね。そういう時期だった。私は歴史をやっていたものですから，社会福祉なんていろいろ言われていたけれども，何となく価値論みたいのが主になってきてしまって，現実と違うじゃないかという考えが非常に強くて，言ってみれば，まだ社会福祉の時代じゃないという発想があったわけです。これは行政もそうでしたね。木村忠二郎さんが，社会福祉事業法ができるとき，社会福祉事業の解説を書くでしょう。あの中で，社会福祉はこなれた言葉と思わないけれども，一つの意気込みを表わすと，法律が意気込みを表わして作られたんじゃね。ああいう規範学としては叶わないけれども，そういう時期だったのは事実ですね。児童福祉もそうですよ。今，日経連の専務理事，松崎さん，社会福祉っていうけれども，児童福祉の中にね，社会福祉が関係するのは法の何分の一じゃないか，皆保護じゃないかと言われる。だから現実はそうなんです。思想を高く考えてという意味で社会福祉があったんで，僕ら歴史をやっている者としましては，やはり現実は現実で把握しなければならんから，その時期はそうじゃないと思う。社会事業学会としておきたいわけだ。

岡村 児童福祉法，昭和22年12月にね。厚生省に文句言いに行ったよ。何が児童福祉だって。あれは児童保護事業じゃないかと。具体的にどこが悪いかというから，先ず里親制度がない，養子縁組がないじゃないか，ちょこちょこっと書いてあるだけで，つけたしです。あくまで施設中心じゃないか，あれは昔の児童保護事業とどこが違うのやと厚生省に文句言ったことある。池川さんが

市役所の調査課長をしておった頃や。これはアメリカの何をモデルにしたかしらんけれども，大体19世紀の考え方とちがうかっていって文句言うた（笑い）。

　役所は大変遅れているんですよ。僕らは，社会福祉を役所の線で考えてはいかんという考えです。やはり一つの思想であって，福祉の思想というのが中心になっている。役所を中心にしたら，常に時代遅れだ。東京に日本社会事業学校が出きて，次いで大阪にも大阪社会事業学校ができた。社会事業学校ということは旧来の社会事業の学校だという考えが大阪にもずっと長く残っていた。僕は52年に学長に就任しましたが，まだ課目に老人保護論とか児童保護論と書いてあるんだよ。僕は全部変えた。児童福祉，老人福祉とね。あそこも東京の考え方だから保護事業なんだよ。役所のやってること見たら老人福祉法だって老人保護ですよ。実体は，予算の9割は施設の方に使ってますからね。僕は昔，昭和9年頃に，君に言わなかったかもしれないが，社会事業研究所にこんかと言われて原泰一さんに会ったことあるの。

　吉田　あっ所長だね。

　岡村　その時にフランスの社会事業の研究してくれんかと言われたが，相憎，僕はドイツはやりますけど，フランスは分かりませんと断ったんだ。そのころは社会事業は救済事業みたいで嫌だった。いわゆる偉い人が貧民を救済してやるという考え方が好かん。まだ社会政策のほうが魅力があったよ。

5　社会福祉学会か社会事業学会か

　吉田　まあ，我々のように歴史やっているのは，どう考えても社会事業だと思っていたから，社会事業の方というふうにいったわけ。それは今でも考えとしては変わらないんです。高度成長まで使いますから，私は。社会福祉とは言いませんから。

　岡村　僕は一日も早く社会事業を卒業せにゃいかんという考えだった。

　吉田　乱暴ですよ。だから社会福祉が難しくなっちゃうんですよ。哲学的に体系化しちゃうもんだから。

　宇都　竹内先生は，また吉田先生と違う意味で社会事業にすべきだとおっし

ゃっていらっしゃいますね。

岡村 あれはやはりソーシャルワークの翻訳だろう。

吉田 学会は無から有を作るんだからなあ。これは，お金は一銭もないわけですよ。そして大阪と東京でしょう。僕だってあの頃はまだかけ出しで貧しかったけれど。そういったむろん物質的な問題もありますし，それから岡村先生は僕らより大分年上だったからよかったけど，関東では私共よりもう一つ上があるわけですよ。例えば磯村（英一）とか牧（賢一）先生とかいったようなね。どう会をつくりあげていくかという時，下っぱとしての苦労もあったな。

岡村 その当時，僕が感心したのは，社会福祉か社会事業かで，吉田君と僕と議論するのに，木田先生がね，あの人も東京から来ているわけや。関西から田村君か何か，そしてガンガンやるときね，木田先生は黙ってる。あまり社会事業がいかんとか，吉田君のそれがいいんだとか言って味方するわけじゃなくてね，僕らガンガン言うてるけどあっそれでいいでしょうっていうしきで，あの人は何ていうか，腹が大きいというか。

吉田 腹が大きいというより徹底したリベラリストですよ，日本では珍しいですね。だから，例えば木田さんに理論的に反対な人なんか皆抱えていけるわけですよ。

岡村 木田さんがあの時，吉田君に味方したら，名前はどうなってたか分からん。「社会福祉事業学会」でいいじゃないとかね。木田さんがあの時黙ってたからよかった。

吉田 本当にリベラル，役人に珍しい。

岡村 カンカンガクガク大きな声でやるもんだから，吉田君なんかは声が小さいから負けたんだね。僕は昔も書いたように，憲法に社会福祉という言葉があるんだからね，どうしても社会福祉って何なのかをはっきりしなきゃならんと。社会保障，公衆衛生と三つ書いてあるわね。いけないのは，社会福祉だけ定義がない。これを何とか一つ，つくってやろうと，それが本意やった。

吉田 あの日のことはいいでしょうか。発足の，5月9日の総会。

秋山 はい，どういう状況だったんでしょう。

吉田 ここに写真ありますけれども，150人位集まりましたかな。

岡村 うん，そんなもんでしょう。

吉田 パネルの前に祝辞をもらったのは，社会学会と社会政策学会です。社会政策学会は中鉢さんが来て，社会学会は磯村さんが読んでくれたんだ。

岡村 会長が四宮先生で。

秋山 初代の代表理事。

岡村 そうそう。事務局が2人ですね。大阪府立女子大学の学長平林さん。この人は国文の先生ですが，学会をつくるのに熱心でね。社会福祉学科をこの女子大に作るっていって，先生が一番熱心だったろう。田村君もいやいややらされたわけだ。あれは戦前は経済学科だったね。理論経済だったでしょう。経済の連中ばっかりだったからあそこは。奥村君がカムバックしましたね。毎日新聞の松尾さんですけどね，当時，新聞社会事業団は，この学会についてなかなか熱心で，毎日新聞，朝日新聞の社会事業団は非常に熱心に金も出してくれ，やっていました。

吉田 まだ松尾さん在命ですか。

岡村 亡くなりました。

秋山 何か特別の講演かシンポジウムだとかありましたか。

吉田 「貧困の日本的性格」でしたか，そういう題でした。それは，いわく因縁があった。必然性があったというのは，26年頃から32，3年にかけて日本の貧困研究が一番高まった時期ですね。ものすごくアルバイトもできましたしね。むろん幾つかの立場がありますよ。例えば東大の社研がね，貧困研究というのをずっと続けて，大河内先生を中心にして階層論というのが出てくるわけですね。その階層論の議論をやるのが江口さんであり，津田さんであり，あるいは信州大学の高梨さんでした。幾つかの貧困論がありましたが，とにかくそういうふうに有史以来と言っていいほど貧困研究が高まるんですね。もう一つ行政もそうなんで，ボーダーラインというのは行政用語ですね。それが26，7年からずっと長い間ね，行政の言葉で，いわば予算獲得の為の警鐘用語で。それに学会も動員されながら行ったんで，このこともあって「貧困の日本的性格」。

岡村 そうそう，吉田君の意見を尊重してね。

吉田 そういうシンポジウムです。仲村，磯村，四宮，奥村の4氏が話しました。そういうことやりました。

　岡村 それと，割合にあの頃は厚生省も今と違ってね，割合に良心的でね。生活保護が一応あっても，その生活保護を受けていない貧困層が非常に多いと言い出した。それでボーダーラインという言葉が出てきてね。今頃の役所の人はあまりそんなこと言わないわなあ。いろんな問題があっても知らん顔してる。生活保護は一応やるけど，それ以上，それと同じようなすれすれの状態で生活保護にかかってない人がずい分いるじゃないかというわけ。当時1千万人と言われた。そういうのも出てきたんで，文部省から研究費を貰って学会全体で『日本の貧困』という本を出した。出たのが昭和33年だから，やったのは30年〜32年。毎年貧困問題でしたね。あの頃の学会でやるのは。

　吉田 あの本は高くなってますね。貧困どころのさわぎでなくて。4万5000円ですか。

　岡村 僕らでも経済ではないけれども，立場は違うけれど，それは書いてますね。貧困ではなくて，貧民の生活という立場でね。むしろ，そういう立場でなくてはいかんと思ってね。複合的分類です。経済でないものも皆書きましたね。木田先生も書かれたし。

6　行政マンと社会福祉研究

　吉田 一言さしはさんでおきたいのはね，行政が我々学会に対してね，今はまるっきり関係ないし，それが当たり前だけども，何というか，行政マン自体が学会の中に入ってきて，特に東京都は，塚本哲さんを初め，服部君，村田君等々，日本の社会調査の見本みたいな，戦後の原点みたいなものを東京都で作るわけだけど，その連中が皆入って来ているわけだ。地方自治，また厚生省でも，さっき話したように，新しい国造りですから，葛西（嘉資），木村（忠二郎），黒木（利克），小山（進次郎）さんという人達がずらっと揃っていて，これは行政をとりはずしても研究者として一人前にやって行ける人達でしょう。そういう人達が，ずらっと揃ってきているわけ。

岡村　だから，当時は僕は東京へ来たら厚生省へよく行った。黒木さんとか，局長とか，早崎先生ね，行って話しに行くわけ。そういう親しみがあったね，あの頃は。それでまた話しが分かるのね。早崎先生には，僕の本出す時など，いろいろと批判された。ロッチというのを何と発音するか，ロッシュだよなんて言ってね。あの先生にはずい分いろいろと教えられたよ。教育連盟の会なんかにも来て話しをよくしましたよ。

吉田　何故初期の厚生白書がいいのかといえば，そういう点があったからと思う。経済白書では，もう戦後ではないと言う。こっちでは，何を言っているか，まだこれだけのボーダーライン層がいて何が戦後かと。ということと，社会福祉対策とか，社会保障対策は，経済対策の第二次対策ではないというふうな，ことを主張しているわけね。あれはやっぱりさっき言ったような空気があったからでしょうね。

岡村　本当，良かったね。厚生省に児童家庭局というのがある。あれ，黒木さんが児童局長だったときあそこへ行って家庭問題，家族問題をどう考えてるんだという話しをしたことがあるんだな。ファミリー・ポリシーはヨーロッパで盛んだが，家庭問題，家族問題やる気があるのかというわけだ。先生は全くうまいんだ。金使わないで，名前だけ変えてね。実際やった仕事は，家庭児童相談室なんだ。そういうことというと，あの人は分かるわけね。

秋山　昨日ですね。厚生省の局長をされた穴山徳夫氏，児童福祉法の解説を書いた，あの方が，誰が考えたか分からないけれども，児童局を児童家庭局に変えたのは，今からしてみると先見の明があったと言っておられました。

岡村　そのとき黒木さんはなるほどっていうから，何かやるかしらと思ったら，名前だけ変えて，中味は無いわけよ。中味は家庭児童相談室。あとで出した本にそれは書いてある。その本に何か書いて下さいって言われたから書いたけどね。あれだけじゃお粗末なんだけどね。僕はもっとファミリー・ポリシーと言わんまでも，とにかく児童の問題は家族関係をぬきにして福祉なんか考えられんじゃないかっていうようなことを言ったら，あの人は分かるわけよ。

秋山　誰が最初に言い出したんでしょうねということで大変感心をしていました。

岡村 ああ，そう。それは俺が言いに行ったんや（笑い）。あまりよそで言わんけどもね。

7　関東と関西の関係

吉田 それでは発足してから5～6年の間の初期の話しをどうですか。

秋山 当時の例えば学会発表とかは，その貧困問題以外には，例えばどういうことが主だったんでしょうか。

岡村 あるのは「学会誌」だけ。学会の発表の目録はなかったような気がする。

宇都 この当時は自由発表は無いわけなのよね。

吉田 いや，あったでしょう。自由発表が無かったのは第1回だけと憶えています。

宇都 えっ，そうですか。

岡村 第2回以降はあったよ。

吉田 発足6～7年の間のことと言いますと，一つは支部の活動がありますね。どうですか関西は。

岡村 支部活動は，えー京阪神。関西部会って言ってたかな，あれは。

吉田 名古屋も入っていたんじゃないかな。初め中部と言わなかったですね。

岡村 ええ，そうそう。初め中部はなくて，いっしょに部会活動はしておったわけですけれども，僕はあまり細かいことは覚えていない。各大学が交代で当番校しましてね。当番校によっても，非常にきっちりやるところと，あまりやってないところとあったりして，非常に不同なんです。大まかなことを言いますと，関西では学会の大会の共通テーマをとりあげますね。リハーサルというとおかしいが，同じテーマで部会をやって議論をつめて，それから学会の大会に出てくるというシステムでやってましたね。全く離れて自由な発表というのはなくて，パネラーを何人か出してやっておった。しかし，率直に言ってあまり印象はありませんね。議論の白熱したのもあまりなかったような気がする。

吉田 これは関東は非常に熱心でした。自分のことを言って申し訳ありませ

んが，この時期は，学会を作ってから6，7年間というのは，私は淑徳が名目専任で名前だけ残しておいて，一切背水の陣を敷いて，先の岡村さんじゃないけど，社会福祉以外はやらんぞというふうな。僕は学問に途中で出てきた，遅く出たもんだから，背水の陣をしかなければ，とてもやっていけないというふうなことありましてね。ちょうど何もしていない時期なんですよ。

岡村 あんた淑徳と書いてあるよ。第1回は。

吉田 それは学校の方も困るから名目はそうしてあるけれど，サラリーも御免こうむって。実はそういう時期に学会ができたものだから。時間はいくらでもあるわけだね。個人にとりましては，そういう時期でした。はっきり覚えていますけれども，学会ができましてから2～3年後ですけれども（ママ），立教大学に横山君が居りましたものですから，立教大学で発会式やりましてね。私が司会をして彼が規約を作ってね，やったんです。そして，やはり普通の学問原則にのっとって，政策と歴史と原理と3つ設けましてね。交代でやると。そういうことでいろんな人に来てもらったり，会員が発表したりいたしましたが，今も記憶しているのは，大河内先生とか，隅谷三喜男さんとか，中村元さんとか，平田冨太郎さんとか，ああいう人達も来てもらって会をやって，かなり沢山の人が来ていました。ただ私個人のイメージとしては，社会学会の関東部会というのがありまして，それを参考にしながらやっていたということも事実ですね。で，いろいろなことありましたね。米騒動50周年記念なんてやってね。米騒動を体験した人をみんな集めてね。社会福祉の中で，そういう人まだ生きていましたよ。賀川（豊彦）さんも生きていたんじゃなかったかな。長谷川良信さんなんかもおりますしね。米騒動はこういうふうに見たとかやって，そういう会もあったの覚えています。で，大変盛会でしたよ。報告書っていうか，簡単な10ページ位のものですけれど，それも出していました，ずっと。

宇都 1955年が第1回ですか。

吉田 その中からかなり沢山研究者が出てきたな。高島（進）君なんか今は50代だけど，そこから出てきた。

岡村 大阪でも，そういうとソーシャルワーカー協会でなくてもっと前にね，昭和25年当時で学会以前に社会事業事例研究会というのがあった。ケース研究

は昭和24年位からやってましてね，竹内先生と僕が中心で，そのメンバーから例えば黒川（昭登）君，裁判所の調査官だけれども，彼は毎月毎月発表するからね。育ってきた人ありますね，部会の地方の研究会からね。

8　日本社会事業学校連盟との関係

吉田　部会と一緒に，学校連盟の関係で一言申しあげておきたいのは，とにかく，岡村さんや我々が同志的な結合みたいなものもありまして，全く無から有を生ずるような形でつくりあげてきたわけね。ところが，竹内さんがこられて，第1回目か2回目の時にね，この組織にのっけて作りたいとおっしゃるのね，学校連盟を。作る理由は，国際の支部を作りたいとね。ぼくらは，そういうことにちょっと反発をおぼえました。皆，若い情熱を燃やして一生懸命に作ったのに，その際を借りていうような，しかも日本の社会事業の教育をやるというならいいけども，向こうの支部を作る。その為に作りたいとおっしゃるものだから，ちょっと解せなかった，ということがあった。

岡村　学校連盟は学校の連絡会みたいになっていました。

吉田　学会が基礎になってできてきたわけですよ。私なんかもいろいろと自分のテーマでやっていくようになりますから。

秋山　学校連盟が1年遅れて来年が30周年です。

岡村　えーっ。

吉田　そうでしょう。学会が最初，その組織を使ってというような話しだったのだから。

岡村　学校連盟がそんなに早くあったかな。

吉田　ありましたよ。

岡村　あれは若林（龍夫）さんじゃなかったかな。

吉田　いや，竹内さんですよ。向こうの国際の支部を作りたいと，それが出発だったのよ。

岡村　ああ，そうか。学校連盟ね。最初はごくわずかだ。だって学校10校ぐらいしかなかったじゃない（笑）。

吉田 今となれば，むろん最初のうちはサービスしたわけだから大変結構だったわけだけれど。

岡村 はんにゃ苑でした。そこで飯を食っただけよ。それで終わり。それで浦辺（史）君が発言してね。数年経っても，こんなことしてたってしょうがないじゃないか，もう少し活動したらどうですかということになって，シンポジウムになったんだよ。それまでは飯食っているだけ（笑い），晩飯会だ。若林さんは，どこから金を工面してくるかしらないけれど。

吉田 若林先生は，前の国際会議の時の議長あの年度ですよね。33年の時，若林さんが議長やって，僕が学校連盟の代表だったんだ。

岡村 あっそうか。代表でスピーチあったね。

吉田 あがりながら，やりましたよ（笑い）。

岡村 とにかく，事業にはならなかったね。活動は今みたいになかったね。

吉田 もう一つ，6～7年経つまで，今のように学校自体の問題ってのは，卒後教育をどうするとかね，全然ないわけですよ。私はたまに出たことありますけれど，おおむね社会派の諸君は，学校連盟の方に出なかったの。初めからケースワークの話しとかで終わっちゃってるんですよね。

岡村 あれは，各大学から1，2名の役員が出ているだけなんだから。

吉田 多分，向こうも10年経ってからですね。日本のそれぞれの学校の問題を考えるようになっていったのは。

岡村 それに火をつけたのが浦辺君だったと思うね。こんな飯だけ食っていてもしょうがないじゃないかということになってね。それからずっと学校連盟は続いているわなあ。だけど僕は学校辞めたから関係なしです。学校に専任でいる間はあの会合に出られるわけですから。

秋山 今は個人でも賛助会員とかで入れるそうですよ。ところで，学会の社会的活動などはどうでしたか。

吉田 発足してから暫くしてから機関誌も出したり。初期には，社会的発言もするわけですよ。まだ独立してからいくらも経ってないでしょう。だから，戦後の共通体験を皆が持っていてね，やるわけですよ。警職法でも，破防法でもね。また29年に予算を削られるでしょう，社会福祉の。社会党の書記長かな

んか江田五月のおやじさんだったか。皆でまわってね，予算を復活してくれとかね。それは学会の世話役が行くわけで，僕なんかしょっ中ついていきましたよ。そういう社会的活動やりましたね。面白かったなあ，小川政亮さんと音田君とやりあったりね。

岡村 学会でそんなことしたらいかんと音田君は反対するしね。

吉田 それから，大阪社大の教授でね，今神宮皇学館大学の学長やっている，田中卓さんね。

岡村 あれは極右だよ（笑い）。

吉田 平泉澄の弟子だった，三木さんもそうだったな。これが張り合うとかね。僕らもやった方だけどね。それはそれなりに面白かったね。まだ戦後体験を持っていたから，その時期にはね。

岡村 その後，学会ではそんな動きはないね。総会とかに提案して決議せいとかいうのはあの破防法以来ないね。

吉田 あの予算なんかの時はね，大内兵衛さんは，まだ社会保障審議会の会長でしたけれど，名刺をもらってね。大河内さん先頭に，僕とか中鉢さんとか，籠山さんとかね，みんなでまわりましたよ。社会福祉予算を削ったときね，学会の名においてまわった。あの時初めて国会の代議士の部屋をちょっとのぞいてきたけど，初期はそんなことがありました。それから機関誌だけど，初めどこから金をもらったかな。私が責任者で，上越教育大学へ行った中本（博通）さん。彼が規約を作ってくれたんです。あれは社会学会のことを頭に入れて作ったんですよ。それで，お金は出す力はないんですよ。それで鉄道弘済会などぐるぐるまわってもらいましたよ。

岡村 関西でも金集めはやったな。竹内さんがまめなんや。僕もよく引っぱり出されたなあ，僕は大嫌いなんや，頭をさげるの。でも竹内さんが行けば一緒に同道したな。

吉田 25周年の時にも申しあげましたけど，竹内さん機関誌出すのにかなり意欲的でした。1年に1号じゃいかん，2号出そうと。もう大分年だったのかな。僕はいつまで命があるか分からんから，目の黒いうちにって。草葉の陰で見てるからっていうのが得意だったね（笑い）。

ただ，理論的に，学会の機関誌第1号を出す時にとりあげたテーマは「社会福祉と諸科学」だったかな。あの時，31～2年位から政策論だ，技術論だと，なんとか言い始めてきたんですが，これは何か共通のグランドを作らなきゃどうにもならんじゃないかと，それぞれ意見は違うかもしれないけど，一つやってみようじゃないかというように，インテグレーションということが始まったのが，その時かな，34年。

岡村 ところがうまいこといかんのや。

吉田 それで嶋田（啓一郎）さんが，ようし俺が書いてやろうとね。まとまるとは思わなかったけれど，あの人なりに書いてくれた。あの時は，力動的統合理論，得意でしたよ。

岡村 それからね，僕が代表理事しとる時は，華頂短大の大会が統合理論をやろうと思ってね。代表理事が議長になって，分科会で技術論，政策論の分科会をやり，それを全体の会議で統合しようというわけだが，結局それはまとまらへんのや。言いっぱなしでね。それ覚えとるわ。39年だな。

9　学会創立に係わった人々

吉田 僕は，やはり創立に苦労された人々のことを残しておきたいという感じが非常に強いわけですが，沢山お手伝い下さったり，自発的にやって下さった方がありますけれども，僕はどうしても忘れることができないのは，関西では初め事務局を担当して下さった田村さん。それから代表理事やった竹内さん。この2人はとても忘れることはできないし，関東では，木田徹郎さんと，後年社会福祉から離れましたけれど，初期はやっぱり横山君が中心になってやってきた一人なんで，その4人の思い出話しでもね。亡くなった順序というと悪いけど，田村さんが一番最初だね。あの人は真面目だったね。あの理論はあまり真面目すぎちゃって。

岡村 悪いけれどもね。先生は救貧事業中心だったね。孝橋君と違うところは，資本主義と関係なしに私有財産制のあるところに社会事業は必ずあるんだ，というような考え方だった。しかし孝橋君と近いとは，自分でも言っておった

けどね。でも，そこが少し違うんだということも言ってたね。かれも経済学の出身者だ。

吉田 あの人は親しかったけど，事務的な能力はあったね。あの人が初代の事務局長だったから助かりましたよ。

岡村 会計学は得意らしいな。収入とか，支出とか。

吉田 大した予算じゃなかったけれど。パパッと黒板に書いちゃって，事務的能力がありましたから助かりましたよ。

岡村 個人的には別の交渉もあったんだ。それは平林さんに言われて，僕が府立女子大に行くことになっておったんや，僕が行って社会福祉やる予定やったんや。ところが市大の方が早く決まってしまったんでね。結局市大へ行ったんだ。そしたら，僕がSCAPのライブラリーで本を読んでいる時に田村君が来てね。是非府立女子大へ来てくれという。あんたが来てくれないと，わしは福祉概論やらないかんことになると言う。それで予算調べたら，市大の方が3倍も4倍も多いので，僕はもう市大やということにした（笑い）。それに，市大は初めてなので僕一人なのよね。府立女子大は大分いるわけや。専門学校時代の経済学の先生が。中村幸太郎君とか。そういう連中がいたから，そんなとこじゃ面白くない。一人で行った方が面白いからね，平林さんを断わって市大へ行ったんだが，そういうことで個人的には交渉あったんだな。

吉田 岡村さんも長いから関西弁だけど，あの田村さん，あれで質問があったってごま化されちゃうんだなあ。あの関西弁だもんだから。面白くって皆。生粋の大阪人だね。

岡村 大阪商大の首席卒業生だし，えらい財産家でなかなか経済屋っていうのかね。

吉田 研究者にしては珍しく頭が低くて，しゃべり方が優しくて。でも田村さんの事務能力にはずい分助かったなあ。

岡村 大体，僕と2人でいろんな交渉に行ったものです。田村君は先天的な病気があって，早く50歳代で亡くなったんですよね。

吉田 木田先生はね，あまり近すぎてまた話しもしにくいけれど。

岡村 僕にとっても大学の先輩でね。3年位上でね。その先輩に対して無礼

なこと言いもしたが，でも何にも怒らないからね，この先生は．

吉田 それは，社大で鍛えられてるから怒らないという処方を身につけたんだとも思うけれど．いつも社大から，原宿駅の竹下口のところまで，いくら嫌なことがあっても竹下口までだっていうふうなことだったの．つまり，あそこ 5，6分かかるんですよ．厚生省あたりから金もらってる学校としてはね，課長補佐などに頭下げてまわらなきゃならん，いろいろ嫌なことも沢山あるわけですよ．とにかくどんなことがあっても，あそこで終わりだと，そういうタイプで，割にあっさりしてた．それから，社会福祉に出てきたのは，磯村さんなんかの関係で，古くから関係あったけど，大体，職業なんですよ．

岡村 労働省の職業安定課長．

吉田 そうそう．だから，自分は社会福祉はまだ素人だと．だから皆さんに対して，下手に出たり，遠慮もあったり，そういう点も見のがすことはできないと思うんですよ．しかも，一生懸命あの年まで社会福祉の木田論を作ろうと思って努力して途中で倒れたという，そういう人ですね．年はむろんとっていましたけれどね．さっきも言ったように，大変なリベラリストで，自分では何も発言しません．むしろ聞いて最後に意見を出すっていう方で，だから全く社会福祉学会についてはね，任せてくれていましたから，大変そういう意味ではやり易かった．ただ，関西の方はね，一言つけ加えれば，関西の理事とか，実際に事務にあたる人は，皆関東より10位上なんですよね．竹内さんにしたって，岡村先生にしたって．こっちは皆10位若いわね．僕だって，仲村さんだってね．だから，いろいろな話はむろんしなきゃならないけれども，立てる段となると恐れ多くてね．ややそっちが年が上だからね．それで木田さんということになっていたんだ．

岡村 非常にリベラルな人だろうし，気の優しい人で，僕らにも非常にていねいで，実際今から思うと気の毒だったね．磯村さんは，僕等をいかにも後輩扱いしたが，木田さんはできた人で．

吉田 いつまでも残る人ですね．あっさりしたところもありましたしね．亡くなる時も，ちょっと隣へ行ってくるよっていうふうな形で亡くなっていったものだから．

岡村　なんで頭すっかり禿げたんかな。神経質とちがうか，あの人は。

吉田　ええ，大変にそうでしたね。

岡村　学会で一緒に泊った時ね，睡眠薬を沢山飲んでてね，ビックリしたよ。

吉田　薬でよけい命をとられたわけですよ。歩けなくなっちゃってね。竹内さんはどうですか。

岡村　この人は確かに古い社会事業の研究者です。昭和13年に出した『ケース・ウォークの理論と実際』って本があるね。あれがよくできていると言うと，先生が怒るわけだ。先生が戦後書いた本よりあの方がいいと言うと，えらく怒るんや。つまり戦後，アメリカの本を読んでもう精神分析に傾倒してしまったんだ。あの人は，そういうところあるのね。何か一つ読んだらカーッとなってしまうのね。他のものが見えなくなってしまうのね。何でも精神分析なんだよ。それで僕とずい分議論するわけなんだ。僕は，分析は分析屋がやることじゃないかって言いたいんだ。「科学的社会事業」と言うが，先生の科学的社会事業って何かと言うと，要するに，いろいろな科学を応用するってことでね，医学とか心理学とか社会学とか，そういう諸学の応用みたいなものを科学的社会事業っていうから，僕は，中心になる社会福祉が何なのか分からないで応用なんてできるかと，それをいつも言うわけ。そうすると先生は御機嫌が悪いんだけどね。パーソンズの本を読んだらもうすっかりとパーソンズに取りつかれる。僕はそんなもんパーソンズと違うって言うわけよ。パーソンズはそんなこと言うとらせんよ。先生は自分なりにパーソンズを解釈して，福祉の方に都合のいいとこだけ取り入れて説明するわけだね。そんなの諸学の応用って言わないと，僕はいつも言うんだけどね。とにかく，非常に勉強家ね。読むのが，早い早い。熱中する人ね。もう一つはね，事業家。非常に事務能力あってね。金集める時なんかもやるしね。先生はキリスト教会を３つ４つ作ってますよ。

吉田　横山君は，私より２つ下です。もともと社会事業研究所の研究生に戦時中になった人ですけれども，ですから社会福祉と初めから関係のあった人です。戦後ずっと経って，精研に関係する頃からポチポチとあれですね。精神衛生普及の頃の仕事から。

岡村　あれは立教やめてから，あっちへ行ったんですか。

吉田　そうそう，その頃からむしろ社会福祉よりも，大会社などと結びつく方が多くて，亡くなった時も，ちょっと寂しい気がしたのは，社会福祉は我々のように古い仲間はほんの少しで，大部分が会社の人だった。

　岡村　なんとかトレーニングってやつ？

　吉田　そうそう。昔のカウンセリングとかね職員訓練とかね。その方が主だったものですから。ただ横山君は立教系のアングリカンチャーチでしょう。あの信仰ってのは，学生時代から実は変らなかったな。

　岡村　聖公会ですか。

　吉田　そう。それで学会の時もそうだし，その前の社会事業研究会の時もそうだったけれども，彼はやはりマルクス主義の人と対立してましたよ。学会の中でもそうだった。それはやはり，高校時代からのそういうことがありましたね。これは案外知られていないかもしれない。

　岡村　彼はどこの学校。

　吉田　大阪です。生れは京都の昔からのおうちで商店かなにかです。しかし，戦後12，3年だけど，とにかく学会ができる頃，僕は相談相手というのは，やはり彼でしたからね。一緒になってずっとやって，そして学会を創っていった一人だと思いますね。そんなところですね。

10　今日の学会への感想

　秋山　一つお聞きしたいのですが，30年前に先生方が，目的と熱意を持って社会福祉学会を創られたわけですけれども，その事を今，30年過ぎてみて，社会福祉学会というのは，その思いからうまく発展しているというお考えでしょうか。どうでしょう。

　岡村　僕はちょっと当てがはずれた。というのはね，こう何か大きくなりすぎてね，学会が。前は何かこう，自分の学会っていうとおかしいけれども，行ったら皆に会えるとかね，懇親会が面白かったりね。そういうことだったんだな。

　秋山　会員からしたら4倍（ママ）になっていますから。

岡村 そうだろうな。とにかく，ここ数年間なんだが，よその学会みたいな気がして，あまり親しい感じがしなくなった。そんな気がする。それというのも，発表が増えたしね。前は，そんなにテーマも分かれなかったから，どの部会に行っても質問した。よく発表し合うと，相手も親しいと何を考えてるか分かってる人だから，どんな部会に行っても質問したり，討論してやっていたんだけれども，この頃はもう分かれてしまったしね。何処に行って何聞いてもよく分からんのでね，あまり質問もしなくなって，よそ行きになったような気がするんだな。学会はそれでいいんだという気もするが，何や昔とその辺が違うんだな。何か大きくなってしまっていますよね。1000人を越えているでしょう。

秋山 1600人です。

岡村 殆ど知らない人やしな。

吉田 育っているからね，若い人が。

岡村 これは大きくなれば止むを得ないことかも知れませんね。

吉田 私はプラス・マイナス両方ね，30年も過ぎてくればあるのは当然だと思いますけれど。プラスといえば，50近くの学校ができて，やはりそれなりに学校の教員が，その他が，あるいは現場の中ではスーパーバイザーがでてきて，学会が一つの役割をしてると思いますよ。それで，ここでの発表が業績となってそれなりにしていると思う。ただ，この間，磯村さんが，俺はもう学会に行かないぞというふうに書いてらした。そういうことは，テーマについてでしょうね。先生の恐らく言いたいことは，もっとハードなものがあるに違いない，そういうものをなにかよけて通っているということを，もう一つ言いたかったのだと思う。あの人は部落問題だから，ハード中のハードですしね。

それよりも，いつまでもほしいのは，リベラルな立場を離したくないな。確かに行政的な要素が多くなってくるのは，必然的な傾向ですね。これは社会福祉が大きくなっていけば，当然だけれども，それは行政に対する提言，いろいろなことが出てきてもいいけれども，それとともに具体的には，官僚組織とか管理の組織があるでしょう。例えば，こういう発表をして部長が変な顔をしないかとかね，いろいろ何かと問題がありますが，こういう学会の組織なんだから。いつまでも初期のリベラルな点というのは，皆で意見が違っても，一緒に

議論をたたかわしていきたいというのは，痛切に感ずるな。

秋山 先生は，最近の社会福祉の議論の中では「貧困と平和」がなくなってきたという言い方を『社会福祉研究』(30号)で書いていらっしゃいますが。

吉田 ええ。今度，『月刊福祉』70周年ですね，それにも書きました。あなた方と我々とは世代が違うから，私にはそういうことはおかしくはないんで，仲村優一さんくらいのところまでは，35，6年まで，あたり前のこととして議論してきたんですよ。「福祉と平和」この関係は当然なんだと。それが段々高度成長の中の中流化の中のぬるま湯みたいな中で，段々戦後が矮小化してくるわけだ。社会福祉学会ができた頃の状況を段々小さく見ようとしてるわけね。たとえば，「貧困からの解放」などもそうですね。あそこで言っている貧困なんて，そんなたわけた貧困じゃないですよ。日本が崩壊して暮らしがみんな駄目になったという貧困で，今の中流の中で，なんとなくぬるま湯の中で貧困がどうだっていう話しじゃないわけですよ。また，むしろそれは意図的に使う場合もありましてね。憲法条項25条のね，生存権というようなことも含めてですよね。戦後ってものを，特に国家の大国主義，そういう中で，戦後の評価ってのは，小さく見ていこうということになって，社会福祉もそういうふうになりがちなことが，非常に寂しいことですね。

秋山 先生がおっしゃったような，昔は学会が社会的な活動をされたというようなことからすると今日の状況はどうなんでしょうか。

吉田 それに答えは出すことは困難ですけれども，社会ばなれの傾向がありますね。学生諸君もみんなそうなんで。でも僕は終極的には，岡村先生も全くそうなんだけれども，社会福祉ってのは，改良とか，変革の一面はあるわけでしょう。より良くするとかね。ただ眺めれば済むってものではありませんね。だから，あまりに今は眺めていすぎるという感じがするんで，どう解決するかっていうほうがね。実践論だとかなんとか，そういうことはあるけど，そういう事だけではなくて，社会福祉ってそういうもんではないですか。これ，変えていかなきゃならないもの，より良くしなきゃならないもの。その為には，革新的な情熱は無いわけにはいかんでしょうから，それは是非とり返してほしいね。

岡村 一言いうと，思想としての福祉っていうことや。そういう視点はもっと強調されなければならないんじゃないですか。対話を終るには大変ふさわしいところへ話しが来たように思います。

宇都 最初のところで聞きたいと思っていたんですけれど。学会創設には，戦時社会事業ファシズム化への反省があったということを前の座談会の時に先生がおっしゃっているんですけれど，それが具体的にはどういう形で社会福祉学会という学会を組織して，それを乗り越えようという目的があったわけですか。

吉田 それだけではなかったんだけどね。さっきの20年代後半の状況の中にいろんな会が出てきたでしょう。つまりファシズムだ何だっていうふうなことも，結局のところ，新しい国をどう造るかっていう問題と関連してくるわけね。だから福祉で国造りをどうするかっていう，そういう展望を皆持っていたね。だからアメリカから入ってきたものも，例えばケースワークは古くからあったけれども，コミュニティ・オーガニゼーションとかね。そういうこと，むきになって考えたね。そして毎年の社会事業大会とか，必ず言ったもんですよ。むきになって信じたのは，やはり戦後を近代化するということが無上の社会事業の命題だと思ったからでしょう。今はそのことに対して批判はありますよ。その時はそう思ってました。従来の単に団体再組織論などにくいさがっていた横山君などの姿がなつかしく思いだされます。

秋山 どうもありがとうございました。

注
　憶えているまま，みたままを話そうとしたので，思わぬ非礼を，引用したかたがたに犯しているかも知れない。お許しねがいたい。（吉田）

聞き書き

日本社会福祉学会の50年〈その1〉

2003年9月4日　於：アルカディア市ヶ谷

　　語り手　　一番ヶ瀬　康子（長崎純心大学）
　　　　　　　高　島　　進（関西国際大学）
　　司会者　　古　川　孝　順（編纂委員・東洋大学）
　　陪席者　　50年史編纂委員（遠藤久江，杉村宏，
　　　　　　　　　宇都榮子，田澤あけみ，平戸ルリ子）
　　記　録　　小　泉　亜　紀

古川　司会をつとめさせて頂きます。
　2004年で日本社会福祉学会は50周年を迎えます。この50年に時期区分を致しますと，それぞれ第1期が1954年から55年まで，第2期が1956年から64年まで，第3期が1965年から73年まで，第4期が1974年から89年まで，第5期1990年以降ということになりましょうか。
　実は，今日ここ来る前に，30周年の機会に行われた岡村・吉田両先生の対談をもう一度読み直して参りました。ちょうど1960年前後のことが話題になっておりました。大河内理論からいかに脱出し，独自の社会福祉の理論を確立をするかという議論ですね。あるいは，いわゆる本質論争，政策論と技術論の論争ですね。昭和30年代を通じて社会福祉学のアイデンティティを確立をしようという努力が行われてきたことが話題になっていました。
　その後，昭和40年代になりますと，ご承知のように，高度経済成長を背景に社会福祉の拡大が始まりますが，その一方では社会問題の蓄積があり大学紛争もありました。そうしたものを反映しつつ，社会福祉さらには社会福祉理論のアイデンティティというものが30年代とは違ったかたちで問われてきたように思います。40年代の初期には社会福祉の理論さらには社会福祉の存在そのもの

について疑問が提起されました。

　そういう状況に対して学会はどのように対応してきてたのか，そこから何が生まれてきたのか，まずそのあたりからお話しいただければと考えております。一番ヶ瀬先生口火を切っていただけますでしょうか。

学会転換の時代

　一番ヶ瀬　ちょうど高度経済成長のさなかからオイルショックなどで1970年代に入って経済成長にかげりが出てきたという時代の学会ですよね。大学紛争が始まって社会福祉とは何かが問われるようになったあたりだと思います。大学紛争が何だったかということ，これについてはいろんな考え方がありますのでここでは詳しくは触れませんけれども，社会福祉の領域に引き付けて考えれば，ほとんどの社会福祉学科や学部で紛争が起きました。日本社会事業大学も例外ではありませんでしたし，日本女子大学も例外ではありませんでした。

　日本女子大学の場合は社会福祉学科だけで起きまして，大変厳しい目にあったわけです。その動きの中でよく言われたことは政策論に対する批判でした。政策論の持っている性格の中で紛争が起きたんじゃないかということで，技術論関係の方やいろんな方から言われました。それまでは政策論と技術論は，何かこうバラバラに論じられてきました。木田先生などは，両者は連携すべきだとおっしゃってたけども，本質論が尾を引いておりました。社会福祉の本質というのは経済学の立場からとらえる大河内理論を引っぱったかたちでとらえられましたから，この大学紛争の中で起こってきた問題提起の中には社会福祉学の独自性っていうのは一体何かということや，あるいは実践性が問われてきたという点とかさまざまな問題がこれに加わって，またそれぞれ個別の大学の事情が重なって議論が展開されたと思います。

　私はその中で思い出すことがいくつかあるんですが，1つは社会福祉学の独自性みたいなものを明確にしていくためのまとめをしなきゃいけないということでした。ちょうどその頃，岩波書店から頼まれた『思想』の原稿で「社会福祉学とは何か」ということを書き，学生との対話にそれを使ったという記憶があります。この論文については，中身の賛否は問わず，岡村先生は口頭で評価

して下さった。独自性を問うのはこれから必要なことだということでおっしゃって下さったんですね。それからもう一つ，大学紛争で記憶しているのは日社大の場合ですね。あの，仲村優一先生が当時の学長でしたか。

古川 学監時代でしょう。

一番ヶ瀬 政策論の立場に立っておられる方は，学生と真っ向から立ち向かわない，どちらかというと防御的だ。それに対して技術論の先生方は，具体的には石井哲夫先生などが，そうでいらっしゃったと思うのですが，その先生方はね，学生の中に入っていっていろいろな話をされる。そういう話をその当時聞いたことを覚えています。

古川 日本福祉大学ではいかがでしたか。

高島 うちはね，浦辺史先生の実績があってね，浦辺先生は何と言われたかな，「『社会福祉の危機』なんて危機ではない」，「それよりも，社会福祉『理論』の危機だ」。「この現状をどう乗り越えていくかということについての明確な理論が欠けていることが問題なんだ」，こういう発言をされているんですよ。

一番ヶ瀬 その通り，かなり厳しい状況をおさめるのが浦辺先生の役割で……。

高島 それで，大学の自治を確立していくことをめざしてティーチインなんてのを何度も繰り返したんですよ。学生自治会，教授会，教職員組合，この代表でね，徹底的に討論するわけですよ。そういうことを通じて批判的であると同時に実践的な学風を浦辺さんがつくられてきたんです。

一番ヶ瀬 そうですね。そういう意味では，日本福祉大で浦辺先生がその力を最も象徴的に発揮されたのは大学紛争の中だったんじゃないかと思いますね。

高島 ちょうどね，70年，思い出すんだけどね，1970年ね。学会はどこでやられたかな，確か，四国学院大学だったかと思うんですが，その時にね，全国のそういう，こう，ふらふらしている気分的にだけアグレッシブな連中が，総会の時に発言台を占拠しようとして大問題だったんですよ。これ，ぼくが出ていって，来年じっくり討論の時間を設定するから今はやめとけというふうにしておさえたんですよ。ところがね，翌年になったら全然誰も出てこない。せっかく設定したのに。

一番ヶ瀬　それで翌年がね，日本女子大学が会場校だったのですよ。それで，私が実行委員長だった時のあいさつで社会福祉学の持つ意味はますます大きくなっている，今こそ社会福祉学を皆で論じましょうみたいな，割と熱い発言をした記憶があるんですね。

　そういう中で，運動論の時期というのが，しばらく続くわけですよね。運動論の願いというのはいろいろあったと思いますけど，やっぱり，実践というものを社会福祉学は当然のこととすべきであって，その実践のあり方を運動にまで伸ばして捉えていく。技術論の展開を政策批判さらに形成につなげていく。それが一番明解な社会福祉運動論なんだと思うんですけれども，そういうことが中心になって展開した時期であったと言えるんではないでしょうかね。

　古川　学会の発表とかシンポジウムにも実践性の問題が出てきておりますね。

　一番ヶ瀬　次第に反映し始めていますでしょ。各論的なものとか，専門性の問題とかね，それから社会福祉労働論とかね。そういうふうに，それまでは本質論争が主であって諸科学との関係とか論じているんだけど，この時期になってくると社会福祉の中身の問題を追究する，という傾向ですよね。

　古川　地方部会の様子はどうだったでしょうかね。

　一番ヶ瀬　地方部会はまだできてない所もあったんですけども，九州なんか遅れてますよね。

　古川　私はその頃熊本にいましたが，遅れているというか，実は九州でも中央の要請に応えて九州部会の立ち上げがありましてね。しかし九州部会といっても中身がないので，私たちは九州社会福祉研究会という組織を立ち上げてしばらく独自の活動を行いました。

　高島　中部はね，1965年に理事をされていた浦辺先生が地方部会にも責任を持たなきゃいかんということで始められたんです。ところが浦辺先生が1968年には学会の会長を引き受けられ，地方部会の仕事よりも学会全体の重要な課題があり，また学内の要職を次々に務められている時期でもありましたので，5回目の1969年で中断してしまうんですよね。それで，その次は1977年から新しい理事として児島美都子さんと，それから愛知県立大学の高森敬久氏と私が入りましてね，3人で相談して1978年に再開したわけですね。それ以後だいたい

順調に進められることになります。

古川 これまでのお話をまとめますと，1960年代の後半になると学会は従来の本質論の時代から抜け出し，社会福祉の現実が拡大し始めたこともあって，何て言いましょうか……。

一番ヶ瀬 中身の議論……実践論です。

古川 社会福祉の中身がでてきたということで，それに合わせて実践論や運動論が展開されるようになってきた。そのことが学会の報告などにも反映するようになってきた，だいたいこういう理解でよろしいですか。

一番ヶ瀬 そうですね。その頃浦辺先生の代表理事の時代が3期つづきますよね。その時期に，そういうことがだんだん定着し，事務局体制も整備されてきたということですよね。

杉村 大学紛争の関係でいいますと，福祉に対して外的な攻撃があったということでしょうか，それとも内的に何か……。

一番ヶ瀬 外的な攻撃に対して内的には弱かったということですね……。

高島 いや，まあ，論理は簡単ですよ。この不合理な体制を長引かせるために社会福祉があると，そんなものはぶっこわせというんですよ。

古川 社会福祉解体論ですね，一時期話題になりました。

学会組織の整備

古川 ここで改めて学会組織の整備ということでお話しいただければと思います。浦辺先生が代表理事に就任をされて以来，学会の組織の整備が進められたわけですね。浦辺先生に相当のご努力を頂いたように聞いております。

高島 まあ当時，会費の納入状況だとかもう学会はガタガタになってましたからね，それを立て直すことをやったんですよ。まだ会員数も大した頃じゃないですから，今からみれば大した仕事ではなかったんですけど，それをともかくやった。軌道に乗せたということじゃないでしょうかね。

一番ヶ瀬 それで，立て直して下さったのをきっかけに，日本福祉大では大変だという話が出てきて，全国社会福祉協議会の方に事務局を移しますよね。

古川 そうしますと，学会の創設の時代を支えてこられた先生たちの世代が

昭和40年代初頭の頃に息切れしてきたというのは少し言い過ぎでしょうが，会費の徴収その他が滞るようになって，それを浦辺先生の時代に立て直した，こういうことでしょうか。

　高島　浦辺先生は，文部省に対して学術団体として認めさせるとか，そういう課題を積極的にやられて……。

　一番ヶ瀬　日本福祉大学というのは単科大学だったでしょ。その基盤を明解にするためにもそうであったと思います。それから，やっぱり大学紛争でね，随分いろんな社会福祉学科が痛めつけられてますから，その名誉回復を急ぐということもあったと思います。

　当時，社会福祉解体論に対してね，社会福祉学を実践学として，いろんな立場はあったとしてもですよ，実践学として打ち立てていこうという合意ができあがっていったんですよね。そうした中で，事務局も日本福祉大から全社協に移りました。

　ただし，それなりのいろんな悩みはありました。1つはね，その頃になってくると，具体的なことをテーマに取り上げるものですから，何というのか，開催校の意向というのがかなり積極的になってくるんですね。淑徳大学でやったときかな，那須宗一先生は「開催校の意向を聞くのは当然なんだ」とおっしゃる，それに対して理事会としてどれだけ意見を言って良いものにしていくかというあたり，共通論題を定めるのが大変でした。それが1つ。それから，会費の値上げが相次いでいますよね。その理由をはっきりしないといけないということでね。そういう悩みがありました。

　古川　やや乱暴なお伺いの仕方かもしれませんが，先程の本質論争や社会福祉解体論などの理論問題や基盤整備問題について，学会としてはそれをうまく乗り越えてきたという評価でよろしいでしょうか。

　一番ヶ瀬　まあ，そういうことじゃないでしょうか。ただね，うまくっていう表現については，私は……。

　古川　新しい展開につなげて行ったという意味ですけれども。

　一番ヶ瀬　その時にいろいろな学説があったとしても，それぞれの，やはり，思想の自由，言論の自由，学問の自由にのっとった学会でなくてはならないと

いうことだけは貫いたと思います。だから，その点は，岡田藤太郎先生，亡くなられましたけれどもね，先生は「ものが，いいやすくなったよ」とおっしゃった。

高島 うん，ちょうどね，世代の転換期を浦辺先生が導いたわけですよ。それまではね，創立期の大物たちが支配をしていた時代ですよね。それから新しい展開になる，その過渡期を浦辺先生が担われたという……。

一番ヶ瀬 バトンタッチをして。

古川 新しい世代に。

一番ヶ瀬 そうそう，第二世代。

古川 浦辺先生以後，代表理事は三浦文夫先生，それから一番ヶ瀬先生という流れでしたね。

一番ヶ瀬 そうです。三浦先生が選挙で最高点をおとりになって代表理事におなりになった。

古川 理事に当選された者のうち誰が代表理事になるかということについてはいろんなやり方があったようですね。

一番ヶ瀬 それはありますね。でも，だいたい原則としてはね最高点の方。

古川 三浦先生の次が一番ヶ瀬先生。

高島 だいたい慣行が確定するのはこの前後なんですよね。ぼくは，一番ヶ瀬先生に是非代表理事を引き受けろ，支えるからとだいぶ強調して引き受けてもらった。

古川 それが，第12期ですね。

高島 そう，そうですよ。

一番ヶ瀬 いや，私はね，その前はスウェーデンにいってましたからね。1976年と77年。1年半でしたね。それで77年の6月頃帰ってきて学会に出たらね，代表理事になれという話でしょう。嫌だってさんざん断ったんですけれど。もう，強引に。

高島 われわれが支えるから引き受けろといって。ぼくはこの年に編集委員長を引き受けてるんです。

一番ヶ瀬 一番引き受けるようにおっしゃったのは嶋田啓一郎先生。嶋田先

生はね，女性の会員が非常に増えてると，私が引き受けることは女性の他の学会員の励みにもなるからと。その説得力と高島さんが何でもやるからとおっしゃるのを信じて引き受けました（笑い）。

資格制度問題と学会

　古川　このあたりで，資格問題，より広くいえば専門職問題と学会とのかかわりに移りたいと思います。

　一番ヶ瀬　資格の問題についてはね，学会として特別委員会をつくって議論をしている時期があるんですね。これは1971年に嶋田啓一郎先生を委員長にして私が副だったんですが，この時の結論というのは，国から付与される資格ではなく，むしろ民間で資格を設けてそれを認定しようということでした。ちょうど今の臨床心理士みたいなものだと思うんだけど，そういう意見だったのです。そうしないとね国家体制に規定されるということで，そういう意見を出すわけですよ。

　それについてはほぼたいした反対も無く合意されたにもかかわらずね，1987年でしたか，資格制度が「社会福祉士及び介護福祉士法」としてあらわれてくるわけね。ただ，介護福祉士については学会と関係なく，学術会議で高齢化社会の中で必要なものとして私どもの社会福祉・社会保障研究連絡委員会から意見具申をしてました。これについては委員会の意見が反映したと思うんだけど。社会福祉士については学会には何の問い合わせも無い。以前に議論しているにもかかわらず。これは後で，仲村先生と三浦先生のお二人で進められ，そこに京極高宣さんが厚生省サイドから噛んで検討されたと聞いています。

　古川　ええ，その頃京極さんは社会福祉専門官をやっておられました。

　一番ヶ瀬　だからどうしてあの時，学会に相談をなさらなかったのかということだけをお聞きしてみたいと思ってるんですよ。

　古川　少しさかのぼるんですが，最初の資格制度についての法案，いわゆるサムライ（士）法案（1971年社会福祉士法制定試案）については，日本社会福祉学会もそうですが，専門職関係あたりから随分強い反対がありました。

　一番ヶ瀬　階層差をつけるということでね。

古川　資格制度問題の教育や研究に対する影響といいますか，その点はどうでしょうか。

　一番ヶ瀬　大学紛争の後は各大学が社会福祉は利用者中心ということがあって生活構造論とかね，社会問題論とかを置いたんですよ。これが国家試験の科目にはないんです。その後急速に関心がね，落ちてきている。それから，社会事業史，社会福祉史もそれまでは外国と日本ということでかなりの単位数をもってたわけなんですよ。ところが国家試験では原論に組み込まれたわけです。分量も小さくなってしまったもんですから，カリキュラムの中から落とされるわけです。その点でもね，学会に正式に聞くことなしに国家試験方式にされ，中身を決めていかれた。

　遠藤　その時期，ちょうど社会事業学校連盟が入会のための基準をつくろうとしていた。4年制大学は最低こういうカリキュラム，短大ではこういうカリキュラムと何年かかけて基準をつくってた時期ですよね。そのカリキュラム基準が社会福祉士及び介護福祉士法の法案がつくられるときに大変影響を与えたと聞いております。そして，ちょうどその頃にソーシャルワーカー協会が倫理綱領をつくっていました。そういうソーシャルワーカー協会や社会事業学校連盟の動きが，あるいは資格制度に影響を与えていっているのではないか。それは学会の活動とは違うところでの動きだったように思います。

　一番ヶ瀬　私は学会だけが関与することだとは思わないけれども，学会の意見も聞いてよかったんじゃないか，そう思っているんですよ。

　古川　学会の方から見ると，最初のサムライ（士）法案には学会としての対応もきちんとしてきたけれども，その次の現行の資格制度については学会の関与するいとまもなしにつくられてしまったということですね。学会の側から見るとそういう評価をせざるをえないということですよね。そして国家資格の科目のあり方によって教育課程さらには社会福祉研究の領域までが方向付けられるような側面があったということ，そのことは事実として指摘をしておく必要があるということですね。

　一番ヶ瀬　私はね，事実として厚生行政との関わりの中でそういうことになったと思うんです。そのあたりのことはこれからの歴史の問題としてはっきり

させておく必要があると思ってるんです。

　遠藤　いわゆるサムライ（士）法案がだめになって，現行の資格制度が出てくるまでに15，6年ほどの時間的な開きがあるんですね。その間の資格あるいは，専門職に関しての学会の取り組みというのは……。

　一番ヶ瀬　とりあげているでしょ。社会福祉労働論とか専門性だとかね。

　古川　ただ，資格制度に限定したかたちでの研究はあまりなされていませんね。

　一番ヶ瀬　そう。しかし，資格の前提になる，その必要性みたいなものは掘り下げているんですよ。だから，それにのっとってどういう資格が有効かということについてはせめて意見だけは聞いて欲しかった。それと私個人としてはね，教職と同じように国家試験だけではなく，また介護福祉士と同じように，一定の教育の中身，科目を履修して，そして，そこに資格を付与するというほうが教育が侵されることにはならない。聞かれればおそらくそういう意見をいったと思うんです。それに名称独占でしょ。これははやく業務独占にしなければ。今，社会福祉士になってもそれだけで直接は就職につながらないんですよ。非常に厳しい批判をする人のなかには，詐欺だとさえいう人がいますよね。

　古川　資格制度の創設は学会の会員増にも関係しているように思います。それに，学生が社会福祉にたくさん来るようになって，社会福祉に対する社会的な関心も増えてきましたし，研究に対する関心も増えてきたということもありそうですが，そのあたりの功罪をどう評価したらいいものでしょうか。

　一番ヶ瀬　一度ね，学会で資格制度と国家試験の在り方さらに教育と研究のあり方との関係という問題を，きちんと議論した方がいいと思うんですよ。

　古川　今後に残された課題ですね。

日本学術会議との関連

　古川　日本学術会議との関連に話を進めさせていただきます。一番ヶ瀬先生，たしか最初は小川先生が学術会議との関係づくりにご尽力いただいて，その後一番ヶ瀬先生が会員になられ，仲村先生がその後を受け継がれた，そういう理解でよろしいでしょうか。

一番ヶ瀬　私が出たのは13期からなんですけれども，日本学術会議自体がね，それ以前と13期からとではかなり性格が違っているんです。というのは，それまでは立候補そして選挙ということで，学会員の中からは一番最初のほうでは磯村英一先生が立候補して会員でいらした時期がある。それから小川政亮先生が立候補し会員でいらっしゃった。

　古川　選出の母体がそれぞれ違いますよね。

　一番ヶ瀬　そう違っています。小川先生は法学で磯村先生は社会学です。ですから社会福祉学というのは無かったわけ。それで，小川先生の時（第9期）に，産業・国民生活特別委員会をつくられ，私は小川先生に言われて委員になりました。鷲谷善教先生も入っておられたと思う。あとは清水寛氏ね。そこで国民生活のあり方ということで，社会福祉や特殊教育の問題について議論したりシンポジウムをしたりしました。

　しかし，政府から選挙方式では偏る，いわゆる批判勢力（？）のみが選挙で出てくるという学術会議のあり方にかなりの批判があったのです。また，自然科学をもっと重視したいというような意向もあって，13期から各学会を母体として推進するということになった。その時に社会福祉学については，社会福祉学自体として独立するのは無理だ。ただし，これは北川隆吉先生の意向とご努力ですけれども，とにかく社会福祉学を入れた方がいいという意向で社会学のなかで立ちあげるということが決まったのです。

　社会学という領域の中では研究連絡委員会が4つあるのですけど，その一つに社会福祉・社会保障研究連絡委員会を位置付け，そこに社会福祉学会の代表を入れて学術会議の会員にするということで社会学の了解をとりつけ，13期から私が社会福祉学会の代表として学術会議に出たわけです。1期は3年で，3期まで認められていて3期務めました。その最初の13期のときに，学術会議全体のテーマが「高齢化社会の問題について」ということでしたから，その方向との関係でケアワーカーの養成と資格の問題を研究連絡委員会の意見として厚生大臣に出したわけです。これが介護福祉士制度化の根拠になったのです。

　2期目14期の時には，医療ソーシャルワーカーの問題に積極的に取り組みました。意見書として提出しましたが，前の場合と違い，具体的な影響は少なか

ったと思います。15期のときには，脳死の問題が大きな議題だったですね。しかし，脳死の問題ではついに学術会議の意見がまとまらずに終るんです。少数意見があるわけですよ。脳死の判定というのが必ずしも完全に科学的とはいえない，あるいは100％安全ではないという意見です。脳死といわれた人で生き返る人がいるとかね，いろいろあるのと，もう一つは，日本人の信条において命は心臓，胸にあると捉えている人が多いときに，それを脳死ということにすることがいいかどうか。これは，宗教系の先生がおっしゃったんですけど，文学系の先生方もおっしゃってます。そういうことでね，その少数派が強固なためについにまとまらない。それで後から，学術会議とは別に，政府は脳死臨調で永井道雄さんを委員長にして押し切るわけですけどね。そういう大変な曲がり角にあるところで3期が終わるわけです。

　そのなかで特に後に尾を引くのは先ほどの医療ソーシャルワーカーの問題です。これは仲村先生が関わってご一緒だったんですが，私たちはすでに14期の時に議論してるんです。少なくとも精神保健福祉士も医療福祉士も，社会福祉士の資格をベースにしてプラス特化し，深めたコースをつくって資格をとるという方向で認めればいい。初めから分けて，社会福祉士と並列的に精神保健福祉士とか医療福祉士とかつくることは，むしろ専門性を狭くし，しかも低くすることになる。そういう意見を出したんですよ。

　遠藤　薄いパンフレットが出たような気がします。

　一番ヶ瀬　出たでしょー。意見書ですね。それにもかかわらず，精神保健福祉士は別個に走るでしょ。

　遠藤　意見書の出た後ですね。

　一番ヶ瀬　後ですよ。それでね，そのときにそれに私は反対したんですけどね。仲村先生には反対しないでくれというプレッシャーがかかったと聞いています。私や山手先生は積極的に反対したんです。私のところには，柏木先生から延々電話がかかってきてね，なぜ反対するかってね，怒られたんだけども。でも，学術会議の委員としてはそういう立場を通した。とにかく，社会福祉士と精神保健福祉士をバラバラにするのではなく，社会福祉士のうえに精神保健福祉士・医療福祉士，というふうに積みあげていかないと非常に貧しい専門職

になる，そういう話をしたんです。

社会福祉学への評価

　古川　これまで資格問題を中心に日本学術会議とのつながりについてお話を頂いてきたわけですが，学術会議，これはいうなれば日本のアカデミックコミュニティのトップに位置していると思うんですが，その中での社会福祉学に対する評価はその間にそれなりに高まってきたということになるんでしょうかね。それとも相変わらず，アカデミックコミュニティのスタンダードからいうと，社会福祉学はレベルが低いとか，何やってるのか分からないというような，そういう評価が続いていたんでしょうかね。

　一番ヶ瀬　まあ，表立ってそういう議論が出てくるわけではないし，それぞれの特別委員会でも役割を果してきましたし。例えば13期には，高齢化社会問題に対して学術会議全体で意見を言う，これは勧告として中曽根康弘総理大臣に出しましたよね，そういう時に私が特別委員に加わって意見を言うわけです。そういうところでは別にどうということはない。意見は充分にうけいれられたと思っています。一方で，社会学の中で社会福祉学をもっと独立させてほしい，例えば科学研究費の審査の問題とかね，そういうことを主張するという状況でした。

　古川　今は社会福祉学も独立しています。

　一番ヶ瀬　ようやく。散々言ったんだけど，もっと数が増えなきゃだめとか，質的な問題がいわれ，独立することの方がいいかどうかって，社会学の方は好意的に気にして下さったと思うんですが，そういう意見でした。それでも毎年主張してようやくここまで来たと思います。それから，大学設置審議会専門委員会の教員審査も，あれも別個になってきましたでしょ。

　古川　そうですね。いまは実質的には独立してやっています。

　一番ヶ瀬　それなんかもやっぱり，だんだん社会学との違いが明らかになってきたということだと思います。学術会議でも少しずつそうした方向が認められてきたんじゃないかと思います。

　古川　社会福祉学の評価は徐々に上がってきましたが，既存の学問領域に肩

を並べて独自性を確保するには随分ご苦労があったわけですね。

高島 浦辺先生が書いてるんですが，文部省と交渉すると国立大学に社会福祉学部や学科ができないとだめだみたいなことがあるんですね。

一番ヶ瀬 それはね，例えば旧帝国大学には社会福祉学科は無いわけですね。杉村さん北海道大学は社会福祉学科でしたかね……。

杉村 いえいえ全然，全然違うんです。教育計画講座です。

古川 琉球大学にありませんでしたか。

遠藤 あれは，社会学。コースでも専攻でもないんです。我喜屋良一先生が社会福祉をやっておられました。

一番ヶ瀬 それともう一つは，いつ頃からですかね，社会福祉学博士という名称が認められる。あれも，社会福祉学が認められたからじゃない，なんとか博士っていうのは大学院の専攻で，それぞれの大学院が選んでいいことになった結果ですよね。

古川 今はどういう名称でもいいんです。

一番ヶ瀬 何でもいいんですよね。そういう，制度全体の規制緩和が進む中で社会福祉学の独自性が認められてきたものの，やっぱり本質的な意味ではね。それこそ旧帝国大学系は相変わらず無視している。学術会議のメンバーはね，ちゃんと名簿に学歴が出てきてます。ほとんどが国立大学とくに旧帝国大学です。そして，女性は私の時は三人でしたよね。その前は猿橋勝子先生一人。そういう状況の中で社会福祉学の置かれた位置を感じるところはかなりありました。表立って低くみるような意見が出てくるわけではないですがね。

古川 いろいろあるが，それなりにアカデミックコミュニティの中で存在が認められるようになってきたということになりますでしょうか……。

一番ヶ瀬 それは一応いえるでしょうね。

古川 背景には社会福祉の制度それ自体が拡大してきしたということもあるように思いますが……。

一番ヶ瀬 市民権を得たということじゃないでしょうかね。だから，それをどのように保持しながら今後の状況の中でしっかり発展させていくかが，大きな課題ですね。

古川 学会としては昭和30年代から40年代にかけて社会福祉学の固有性とかアイデンティティを追究してきました。その時期,社会福祉の制度そのものの拡大もありました。そうした中で社会福祉の理論研究が進められてきたと思うんですけども,そういう観点からみたとき社会福祉学のアイデンティティはどのくらい確立されたとお考えでしょうか。

一番ヶ瀬 一応の,それこそ流れみたいな中での大きな合意としては,社会福祉学の実践学としての性格は成り立ったと思うんですね。ただ,その中で,ハードな面を組み入れたかたちで社会福祉を考えるのか,ソフトな面だけに限定するのか,そのあたりはね非常に曖昧。私はねハードな面も含んで,ソフトとハードとシステムの問題としてとらえていきたいと思うから,例えば施設計画だとか居住福祉の問題とかそういうのも重視してるんですけれども。そういうものが今の日本の社会福祉学会では比較的軽視されているという印象を受けますね。だから,居住福祉学会なんかが別個にできるわけね。そのあたりの問題からいうと,まだまだ実践学としても矮小化されてる。そして,ソーシャルアクションや運動論とくにNPOなどにつながる市民運動論,これは討論の必要性が依然としてあると思うんです。でも,最近運動論をやる人が少なくなっている。歴史研究もそうですけどね。

制度改革問題と学会

古川 次に,制度改革問題と学会ということですが,1980年代から90年代にかけて社会福祉学研究のあり様もずいぶん変わってきた部分があると思います。端的にいえば,制度改革を先導したり,あるいはそれを批判するというかたちで新しい動きが出てきたということですが,そのことの影響が学会にどういうようにあらわれてきたのか,そのことを話題にしてみたいと思います。

高島 社会福祉研究ってのが本物になるためにはね,すべて社会的な現象を扱うわけですから,当然ながら理論と歴史を欠くわけにはいかないわけですよ。ところがね,残念なことにね,私,今年もね日本福祉大学の社会福祉の発達史を非常勤でやらざるを得ないんですよ。引き受けてくれる人がいないんです。

歴史という研究領域はね,本物になるためには最低15年はかかりますよ。そ

こに若手が育っていない。これはね社会福祉学の将来にとって大変なことですよ。理論についても，理論らしい理論てのはなかなかむずかしいんだけども，本当の理論をちゃんと系統的にやってる人がどれほどいるかというと，これもさみしい。理論が本物になっていたらそこに後継者がでてくるはず，こなけりゃいけないはずなんですよ。それがね必ずしも育っていないという現実は一体どういうことなのか，真剣に考えなきゃいかん，そう思いますね。

　古川　一番ヶ瀬先生，現実の政策と個人としての研究者の関係，そして学会との関係，この関係をどのように整理したらいいでしょうか。

　一番ヶ瀬　学会っていうのは学問の自由にもとづき，常に批判的勢力として真理を追究するという姿勢ははっきり持っていないと，色褪せた意味の無いものになってしまうだろうと思いますね。社会福祉改革，これはどちらかというと厚生行政内改革ですよね。確かに，高齢社会の中で，誰でも，いつでも，何処でも，というような普遍性を強調した制度改革ではあったわけですが，相変わらず住宅保障は抜いたわけです。それは建設省でやってるからね。非常に狭い意味での改革，縦割り行政の弊害を残したままの制度改革ですから，そこには限界がある。学会としても，一方で日本地域福祉学会ができ，日本居住福祉学会ができた。それからまた，日本介護福祉学会といろいろ分化してきた。そうした中で社会福祉学会は実質的にはソーシャルワーク論に限定されてきたという印象を受けるんですよね。

　古川　最近，ソーシャルポリシーの研究とソーシャルワークの研究はそれぞれ別々にやったほうがいいという議論がかなり強くなってますね。

　一番ヶ瀬　機関誌なんかを拝見しててもね，どうしてもミクロな視点での研究が多いですよね。そうであっていいのかということは依然として指摘していくべきだと思う。実践学としての社会福祉学を問うときに，やっぱり依然として運動論を媒介に政策と援助技術のあり方をしっかりと追究しなければならない。そのなかで具体論が出てくるのは構わないけれども，それがばらばらになってしまったら，実践学といいながら非常に矮小化された実践学になってしまう。これはもう木田理論にも反するところだし，浦辺理論とも離れますよね。浦辺先生の場合，社会保障と社会福祉の関係を論じながらその中での社会福祉

の独自性と運動論というようにやってこられたわけです。今後もそういうあり方を学会の伝統として，認識していってほしいと思いますね。

高島 まともな批判の努力っていうのが必要なんだ。一部の研究者の間で必死になってやられてるけれども力が足りない。

一番ヶ瀬 広がりがね。

高島 うん，もっとがんばらなきゃいけない。単に一部の研究者だけじゃなしに，むしろ総力をあげてやるくらいにならないと，今の非常識な動きを是正することはできないのではないか，そういう危機感を持っていますよ。

一番ヶ瀬 昔の学会は声明をよく出してましたよね。だけど，それがだんだん声明は有志という名をつけるべきだということになって，私の頃には有志をつけて出した。今は声明すらでてこない。出そうとする人もいないというか，そういう時期に入ってますよね。

古川 生成期，草創期の雰囲気と今の学会の雰囲気とはかなり違ってきているということでしょうか。

高島 社会福祉っていうのはそういう意味での実践性を失ったらあんまり意味が無いんじゃないですか。理屈いくらこねたって，やはり，日本国民の権利をいかに保障するかという視点を基礎に据えないとね。そうしないと，学問としての社会福祉学なんて無くたっていいということになっちゃうんじゃないか。

古川 ありがとうございます。残念ながらそろそろ時間も尽きてきました。この辺で編集委員の皆さん，この点について聞いておきたい，確かめておきたいというところがあればどうぞ。

杉村 一部では，社会福祉学を純化するとか，社会福祉学のアイデンティティを確立する必要があると主張されていますけど，社会保障との連携ということがなければ生存権の保障ということにならないと思うんです。そこのところが学会のレベルでは……。

一番ヶ瀬 弱いですよね。

杉村 社会保障から自立することが社会福祉学の発展にはならない，そういうご感想をお持ちになっているということでしょうか。

一番ヶ瀬 最近の学会の研究報告なんかを読むとそう思います。

高島　ぼくは，今の結論をいうと，社会福祉という言葉はね二重にとらえざるを得ない。広義の，市民革命の時からでている生存権要求との関係ですよ。本質というのはそこのレベルでしかとらえられない。その一方において，狭義の社会福祉をその中で一定の機能的な分担をしている領域としてとらえる。社会福祉の本質を狭義の社会福祉のところでやろうとしたらおかしなことになっちゃうんですよ。

　宇都　学会創設の時というのは，吉田先生のお話によりますと，社会事業研究所が主催する研究会というかたちで行われていた。それが，現場の方がたくさん参加してはくださるけれどもあまり研究的な話にならない。これではいけないのではないか，社会福祉に関わる大学もある程度出てくるようになって，もう少し社会福祉の研究っていうことを進めていかなくてはならないのではないのかということで学会を創設しようということになり，岡村先生ともお話し合いをなさって学会の創設を進めてきたんだということでした。
　一番ヶ瀬先生はその頃から関わってこられたわけですが，学会創設の時の非常に意気盛んなところから今日までご覧になって，初期の目的が今に受け継がれて達成されてきてるかどうか，そのあたりのことをお聞きしたいと思います。

　一番ヶ瀬　創設の頃っていうけど1954年は私は助手になったばかりなんですよ。それで，菅支那先生がかかわっておられたんで，私は理事会にお茶運んでいた（笑い）。だから関わりかたがそんなに深くはない。

　杉村　でも，先生，すぐに学会で編集した『日本の貧困』（1958年，有斐閣）に執筆しておられます。

　一番ヶ瀬　ああ，書いてますよ。

　杉村　書かれています。あれ50年代末でしたよね。

　一番ヶ瀬　そうですね。その頃というのは，田村米三郎先生とか，木田徹郎先生とか，若林龍夫先生，竹内愛二先生，岡村重夫先生，みなさんそれぞれ専門を持っておられるんですよね。田村先生は経済学，木田先生は社会学，若林先生は倫理学ですか，そういうものを下敷きにして，関わってこられたんですよね。私の場合は生江孝之先生から社会事業をおそわってそこから社会福祉に展開していったから，その先生方が言っておられることを聞きながらも社会福

祉そのものをどうとらえていくかということをやらざるを得なかった。そういう立場に追い込まれて行った。ただ，それを深めるためには，生江先生が私の先生でしたから，生江先生に聞いたらまず経済学をやれと，社会福祉をやるなら経済学をやれといわれてやったんです。私の場合には最初から経済学をやってきたわけではない，そういう違いがある。

　ところがね，私のような初めから社会事業を選んで社会福祉の方へくるというあり方に続いて，ある時期から社会福祉そのものを初めから選んでそれをずっとやってくる人が多くなる時期がくるわけですよ。学会で社会福祉専門職問題との関連で調査をやりました。80年代始めでしたか。その頃の時期に半数を超えるんですよ。社会福祉そのものをやってきた人たちがね。

　私は，この人たちが社会福祉学をどう展開していくのか非常に期待を持ったのです。そういう中で結果的に国家試験でぶち壊されたという印象を受けるわけだけどもね。私たちからみれば，昔はね，熱い胸の学生が集まったのですよ。そして，奇人変人といわれようとそれなりに，貫く人たちがいたんですけどね。とても楽しかった時代ですよね。ところが，国家試験ができてから就職志向とか便利主義がガーっと広がってそれが消えていく。その後の学会はなんか矮小化していったという感じですね。

　田澤　80年ごろに専門職委員会の調査が出て，その頃から社会福祉を学んできた人が会員数のほぼ半数になるっておっしゃったんですけれども，最近の傾向をみていますと，その会員数の拡大には，学部・学科の認可を得るため，社会福祉の専攻じゃない人たちに頼ってしまうような傾向が含まれています。医学，教育，心理の人が増えてきた。その辺りのことは，学会としてはどんなふうに考えたらいいんでしょうか。

　一番ヶ瀬　ちょうど古川さんが提起された第三世代が学会の中に力をもつ前はね，どちらかというとデモシカ先生みたいな研究者も少なくなかった。学会を創立された先生方は，それぞれすごい熱意をもってそれぞれの専門をふまえてやられましたけどもね。例えば，同じ社会学でも社会学の就職の場所が無かったから社会福祉をとかね，法学でもね，ほかにないから社会福祉へというかたちでのデモシカ先生方もおられた。それに対して真っ当に社会福祉をやって

きた人たちからはかなり不満もあった。最近の傾向には教員審査とかいろんなことが作用してるのでしょうかね。

　しかし、学部・学科の設置にあたってもあまりにも安易に人の貼り付けがなされてる。介護なんかの領域でいえばね、看護がずーっと入ってきてますでしょ。介護福祉士をとった人が先生になるのはこれからです。私はこの10年を介護福祉士の方の学会に力を注いだんですけれども、それはどういうことかっていうと、社会福祉学会の中に介護福祉の部会はありますけども、使える時間が短い。だから本質的に介護の問題が論じられない。介護福祉というとき一番問題になるのは看護と介護の関係です。介護福祉は人権としての介護のあり方を追究する、という考え方なんですね。看護と違うのは、看護は医療に付随する、介護は生活の中での自立を高める、そういう生活支援としての介護。そのあたりが不明確なままどんどん会員が増えてくのはまずいと思って、介護福祉部会を切り離すというか、それをむしろ補強するという意味も含めて日本介護福祉学会をつくった。これはいま1300人会員がいるんですよ。

　地域福祉学会、あれもきっと地域福祉を独自に発展させたいということで、岡村・三浦・右田紀久恵先生が中心になってつくられた。この20年ほどの間に学会がどんどん分化していっている。結果的に、日本社会福祉学会自体は拡大を続けながら、同時に関心が拡散あるいは狭くなってきている。

これからの課題

　古川　最後に、21世紀における社会福祉のありようと、それをどう認識し変革の糸口を掴むかという問題、それから研究者個人のありようと学会のありよう、いずれも不即不離なんだろうと思うんですけど、そのことを踏まえながら改めて戦後の社会福祉学研究を振り返って、これからの学会のあり方についてお考えをお聞かせいただけると有難いんですが。

　一番ヶ瀬　学会が歴史を刻んできたその推移の中でやっぱり功罪があったと思うんだけども、社会福祉学自体の発展のためにもう一遍今日的な時代状況の中で、筋道を立てて社会福祉学説史みたいなものを明解にする必要がありますよね。そうでないと、いつも一から議論するみたいな学会では困ると思うんで

すよね。その点において私は戦後の社会福祉学の流れと，その状況の中での発展，あるいは展開の過程を明解にしておいたほうがいいだろうと思います。

古川 ありがとうございます。高島先生いかがでしょうか。

高島 ぼくは歴史やってきたわけですが，国際的な視点を加えていうと，日本という国は制度的にものすごく遅れてると思う。ソーシャルワークの問題も国際的な視点でとらえてもらわないとね。ソーシャルワークはアメリカで勉強したっていう人が多いわけだ。そのアメリカの勉強をする中で狭い範囲でソーシャルワークっていうのをとらえててね，それを一緒にされると困るんですよ。

一番ヶ瀬 関連させていえば，日本の社会福祉学は，実践学として日本の現実から今おっしゃったような点を克服しながら改めてつくりあげていく必要があると思いますね。もちろん，日本のあり方を明らかにする意味でも，国際比較は重要だと考えます。

古川 先生方，今日は御多忙のところ，本当に有難うございました。

聞き書き

日本社会福祉学会の50年〈その2〉

2003年12月23日　於：アルカディア市ヶ谷

　　語り手　　仲村　優一（日本社会事業大学名誉教授）
　　聞き手　　古川　孝順（編纂委員・東洋大学）
　　陪席者　　50年史編纂委員（遠藤久江，杉村宏，
　　　　　　　宇都榮子，田澤あけみ，平戸ルリ子）
　　記　録　　小泉　亜紀

　古川　ご多忙のところ時間をとって頂き有難うございます。先生には一番ヶ瀬，高島両先生による聞き書き〈その1〉の記録をお送りしておきましたので，それをごらんになっての感想なりコメントなりを頂戴するということを含めながら学会の50年を振り返って頂ければと思います。

　仲村　はじめにお話しておきたいことがあります。その一つは社会福祉学に関わる学会もしくは学術会議のようなアカデミーに当るものが存在している国は日本と韓国ぐらいだということです。国によってかなり違います。例えばアメリカで言えば圧倒的にプロフェッションとしてのソーシャルワーカーが強いし，その点が日本は極端に弱い。それからイギリスでは非常にはっきりとソーシャルワークとソーシャルポリシー，アドミニストレーションという2つの分野がつながりを持てないままに分かれている。アメリカはそれがはっきりしないでスクール・オブ・ソーシャルワークっていうのが大半だけれども，大学によってはスクール・オブ・ソーシャル・ウェルフェアーもある。明らかに中身が違う。それが日本の場合はどうかというと漠としていて，あれもありこれもあり，あれもないこれもない，っていう状況にある。

　もう一つは私の立場です。私は日本社会事業大学，厚生省，全国社会福祉協

議会，日本社会事業学校連盟，福祉団体，そして学会と状況によって二重三重の立場があって，そのどれかに完璧に重点をおいて発言するということはありませんでした。例えば一番いい例が社会福祉士制度の捉え方です。1971（昭和46）年の社会福祉士法制定試案，これは5年後にお蔵入りになったとされています。何となく消えちゃった。だけどあれは非常に曖昧な政府サイドの提案なんですよね。中央社会福祉審議会の中の正式の分科会としての所見も無い，分科会の下の非公式の小委員会の提案です。ああいう形で出したのはなぜかというと，これは一番ヶ瀬さん，ご存じなかったから発言しておられないけれど，あれは端的にいうと政府には学会が賛成してくれたら正式にやろうという腹があったんですよ。しかし，真っ先に反対したのは学会だった。後から聞いたら正面きっての反対じゃないと聞きましたが。

亡くなられたんであんまり責任を負わしちゃいけないけども，発端は一番ヶ瀬さんの発言に出てくる嶋田啓一郎先生です。嶋田先生は学会サイドのあの問題の検討委員会委員長になられて，結論は要するに反対だという。理由はいろいろあったけども学会の反対が真正面から出てきちゃったんで社会福祉士法制定試案を引っ込めちゃったんですよ。

その後1987年に社会福祉士及び介護福祉士法が通りました。このことに関連して一番ヶ瀬さんは社会福祉士については学会の線では取り上げなかったと発言しておられます。これは事実だけれども，それは社会福祉士法制定試案の時のことがあるからです。だから行政サイドとしては学会をできるだけ表に出さないようにするという。また反対されると困るというわけです。その時にどこが賛成したかっていうと阿部志郎会長のもとでの日本ソーシャルワーカー協会です。日本ソーシャルワーカー協会の阿部さんを正面に立てて陳情にも行ったんです。要するに，専門職団体は賛成だということを強く出すということで国会サイドに働きかけるということをしたわけです。

聞き書き〈その1〉ではそのあたりが出てないでしょ。一番ヶ瀬さんは立場が違うからご存知なかったかもしれないけど，そういうことがあったんです。一番ヶ瀬さんが介護福祉士の方だけ学術会議で取り上げたといいますけど，それは事実ですけどね，実は今のようないきさつがあるんですよ。これは私が直

接関わって責任持ってやったこと，事実の一つです。

　お役所の審議会の答申とか意見具申は多分9割方お役所のほうの原案文で，これに賛成して下さいというかたちで出るのがほとんどです。今でもそうでしょ。それが社会福祉士法制定試案だけはそうじゃなかったんですよ。これは，福田垂穂さん，私，三浦文夫さん，特に本体部分にはかなり福田さんの意見が入っています。福田さんがご自分の論文を持ってこられて，これを使っていいかということで，制定試案の肉付けのところに使ったんです。ただし，かなり原案に手を入れました。三浦さんも入れた。しかし大枠としては福田さんの原案です。そして，これがもし，学会も賛成し各方面の積極的な賛成があって是非これをやるべきだということで世論が盛り上がるようだったら，厚生省政府提案の法律として出すという心の用意はあったんです。社会福祉士をめぐってはそういう事実がありました。

学会創設の頃

　古川　ずっと時代は遡りますが学会創設の頃のお話を少し伺っておきたいと思います。

　仲村　時期区分のことですが，第1期は1945年から55年，2期は56年から64年，3期は65年から…分け方がやっぱりぴったりこないんですけどね。一応この裏には歴史的な事実があるんでしょうね。細かい年表と対照すればそれぞれ大事な年だったということは分かりますがね。

　学会創りのイニシアティヴをとった人は誰だろうか。私は小川政亮さんとともに事務方の役割を果していました。小川さんと私ともう一人，横山定雄さん。横山さんはお年が上だったと思います。イニシアティヴをとったのはこの人たちです（口絵写真参照）。重要な役割をになったのは何といっても吉田久一さんですよ。吉田さん，横山さん，そして年配の先生方，特に嶋田先生，岡村重夫先生，この中では，東田先生はほとんど発言なしで，田村先生は非常に発言されたけども一匹狼で全体をまとめるということでの発言にはなりませんでした。竹内愛二先生も別の意味での一匹狼。まとめられるということでの発言力が一番強かったのは多分吉田さん，次いで亡くなった岡村先生，そういった方々で

した。

　繰り返しになりますが，竹内先生はむしろ専門職団体の方に関心を寄せられていましたから学会となると設立段階では何と言っても岡村，木田徹郎，吉田，嶋田，この4人の先生方ではないでしょうか。一番最初の代表になったのは四宮恭二先生です。

　宇都　吉田先生の話によると，社会事業研究所の研究会の帰り道に岡村先生がこういう研究会では駄目だ。学会やらないかというようなことをおっしゃって，それがきっかけになったとか。

　仲村　多分事実ですね。それで，要するに大阪サイドのそういう方々がイニシアティヴをとられました。そこに嶋田先生がつながってくる。そのあたりから西の方がイニシアティヴをとることになったんですね。東の方は代表は木田先生です。大学の方だと若林先生。そういった方々が出だしの所でのイニシアティヴをとった方々です。それからこの時点では孝橋さん，学会の方に熱心だったので随所に出てきますよ。その後，孝橋さんはこんなの学会に値しないといって退会したんです。星野信也さんも学会に値しないって退会したんです。そういう人が何人か出ました。結構ですけどね。なかでも孝橋さんは非常にはっきりと今の社会福祉学会は学会の名に値しないって退会された。

　杉村　40年代半ば過ぎですか？

　仲村　初めの頃は熱心に出ておられましたよ。何がきっかけだったのか，だんだん学会がバブルになったからでしょうか。今はもうバブルになり過ぎっていう感じですね。

　古川　いまや会員数4606人です（2003年11月末現在）。

　仲村　誰でも学会員になれるっていう感じです。一つ余談ですけど，東のサイドで学会作りを試みる所まではいってなかったけども，非常に積極的に動いた人は谷川貞夫先生です。谷川先生は全国社会福祉協議会に付設されていた社会事業研究所の所長をしておられて，それを母体にしてということでした。ここには吉田さんもつながってる，だから吉田さんと私に多分働きかけがあったんじゃなかったかと思いますね。私は少なくとも話を受けた。しかし，はっきりいって私は谷川方式には賛成じゃなかった。話聞いといて乗らなかったんで

すよ。谷川先生は大変ご不満だったと思いますけど。当時の社会事業の状況を見ればどう考えてもね当時の研究者グループをそういう線で固めて学会にするという案が実現できるわけがないと思いました。

古川 このあたりで昭和30年代の学会ということでいかがでしょうか。

仲村 昭和30年代は，何しろ生活保護中心でした。何かにつけ生活保護が大きな問題だった。30年代初頭，これは私の専門分野だけども，保護基準が低すぎてこれは生活できっこないという朝日訴訟が起こるし，生活保護では基準問題が基本でした。昭和30年代の後半には福祉三法から六法時代になります。学会のテーマなんかもそういうことでかなり動いてきているなというふうに見ましたけどね。

古川 先生はいわゆる本質論争についてはあまり発言をされていないような気がしますが。

仲村 本質論争については私はあんまり発言していないと思います。社会福祉の本質論争っていうのはイデオロギー論争になるでしょ。私は一貫してイデオロギー論争っていうのは避ける。それはなぜなのか，理屈張ったいい方をするとウェーバー的な立場なんていうんだけど。僕は学問的には大塚久雄先生，大河内一男先生，この2人の影響を大変強く受けていますから。それから学問的というよりは人間の生き方とか，つまり福祉の専門の教師であり研究者である前の人間存在，そしてそれが社会科学ないし社会的な課題にどういうふうに関わっていくかということで，関わる人間のあり方ということで見た場合にやっぱりそこにウェーバーが出てくるんですよね。

僕は東大の経済学部に行ってます。大塚先生に高等学校の時経済学を習って非常に面白かったからです。社会事業との関係で強い影響を受けたのは大河内先生の昭和13年の論文（「我が國における社会事業の現在及び将来」）です。いわゆる大河内論文。ただし大河内論文を読んだのは大学に行ってからです。私の学問的な立場の大本の原点というと大塚，大河内の両先生につながっています。特に，高等学校のとき大塚教授に出会ったということは奇しき出会いということになりそうです。大塚教授に出会う前から私は家庭的には特殊なクリスチャンだったものですから。

古川　社会事業っていう言葉を知られたのは，大河内論文なんですか，それともお父さんの教会の関係ですか。

　仲村　社会事業を知ったのはやっぱり大河内論文でしょ。大河内さんのことを調べていて直ぐに分かったことは，もう大学行ってすぐ分かりましたけどね，大河内先生は今の全社協の前身の中央社会事業協会の社会事業研究所の嘱託で，社会事業に非常に積極的に関わっておられたんです。

大学紛争

　古川　少しとんで昭和40年代の大学紛争のことを伺いたいのですが。

　仲村　大学紛争の時には大変な苦労を経験しました。日本社会事業大学は48日間封鎖されたんです。福祉系の大学はどこでも厳しい経験をしたんじゃないかしら。日本女子大学もかなり厳しかった。一部封鎖されたわけでしょ。東洋大もかなり厳しかったし，明治学院大学もひどかったんですよ。僕は学生諸君とそれこそ徹夜で話し合いました。当時の学生諸君は今も皆元気でやってます。面白いことにというか，やはり福祉関係で頑張ってるっていう人が多いですね。ただ，この時の封鎖の経験っていうのはもう二度と御免ですね。教職員ともに苦労しました。話し合いのぎりぎりの最後のところは，皮肉なことに，封鎖されていた講堂でやったんですよね。講堂を開けて，つまり封鎖した学生諸君がそこを提供して。その時の議長は小松源助君です。彼には感謝していますけどね。あの講堂が一杯になって……。

社会福祉解体論

　古川　その大学紛争の頃でしたでしょうか，社会福祉解体論は。

　仲村　そう。解体論はすでにその過程で出てますし，社会福祉士法制定試案が出た後は繰り返しやられましたよね。教室に飛び込まれて「社会福祉士法絶対反対」といって。授業を中止にはしなかったけども随分やりあいました。

　古川　ちょうどその頃，学会では社会福祉運動論が盛んに論じられていますね。学会のあり方についても問題提起がなされました。

　仲村　学会相手にもありましたよ。学会粉砕。日本女子大の学会の時もあり

ましたよ。しばらくは学会も落ち着いてできない状態だった。5，6年経つうちにどこもかしこもみんな静かになっちゃいましたが初めの2，3年はもう大変だったですよ。もうもとに戻らないんじゃないかと思ったくらいです。また封鎖があるかもしれないという，かなりそういう空気だったですよ。だけどまあ封鎖側の諸君もエネルギーを使い果たしちゃったのね。

　古川　その後，学会としては浦辺先生が代表理事になられて立て直しをされたということですね。

　仲村　事務局はほんとに日福大がよくやってくれたと思いますよね。それは感謝しなければならない。同時に浦辺教授の人徳ですね。

　古川　学会としては昭和40年代のある種の混乱，緊張状態を浦辺先生のもとで何とか乗り越えてきたという総括でよろしいでしょうか。

　仲村　多分それはいいでしょうね。それは浦辺教授の功績だと思いますよ。あの方だからそれで収まったんです。

資格制度

　古川　資格制度については，教育課程への影響など功罪いろいろな議論がありますが，その点についていかがでしょうか。

　仲村　その問題，そのことを持ち出すんだったら，今の小難しい試験のあり方を考える必要がありますね。これはもうオープンに繰り返し我々がいってることですが，要するにあの制度を作った時点では私たち責任持ってましたからね。どういう制度つくるかということで，そう簡単に誰でも通ってしまうような易しい問題出してさっさと通ってしまう問題じゃない，かなり難しい問題，しかしふさわしい問題を出さなきゃならない。しかし，なかなかふさわしい問題が出せないという結果になってる。そのことは繰り返し最初から指摘されてました。それは率直に認めなければならない。

　最初の時点での委員長は福武直先生で，福武先生が亡くなられた後私が引き継いで十数年委員長やったので責任があるんですけどね。最大限の努力をしながらなおかつ問題点の非常に多い問題でありつづけてきていたことは否定できない。私が責任持ってた間，十分に改善されたとは思わないです。最近では随

分よくなった部分もあります。一例をあげると，ケース記録の問題を出すという方式をとったのは国家試験では初めてでしょう。それは，そのことだけで捉えると非常に高く評価できるんだけれども，ケース記録を問題文として使ってつくられた問題はどんな問題だったかというと，最初の頃は問題文を読まなくても答えが半分くらい分かる。解説書にケース記録の部分ではなしに「問題文をまず読むな」なんて出たんじゃないかしら。答えのところが多分これだというのがはっきりしちゃってる。要するに出し方の癖とかがかなりあるので，そういうことがいわれて，事実そうだったと思う。けれども，ケース記録問題なんて初めての試みだから，そういう批判に応えて出すのに値する問題を出すっていうことで，これは非常に特徴があるし，その後随分よくなってるようですけどね。

　それから，何よりも委員会としてはこういう考えがある，これはもう公表してますから書かれてもいいですけど，どの国家試験も一番最初の数年っていうのは合格率低かったそうです。医師の国家試験，看護師の試験，どれもそうです。専門教育と試験とがうまくかみあうように，お互いに努力するということで，その努力が高まるに従って合格率が高くなるという結果になってる。まともな教育をしてそれをちゃんと普通に勉強した人だったら受かる試験にするということです。最初から社会福祉士の試験もそういう方向に持っていくべきだという方針で臨んだんです。ところが一向に変わらないでしょ。だからこれ，問題が悪いのか，受ける方が悪いのか，教育が悪いのか，どっかが悪いんで，今の状態は望ましくない。当初期待した線に行ってないんです。

　古川　資格制度それ自体ではなくて，その運用の仕方とか受け止め方とか，教育側の対応の仕方とか，そういうことも考慮して総合的に判断すべき問題だということでしょうか。

　仲村　それは私たちが福武先生とともに責任を持った最初のときから，この試験でどれだけのものが分かるかということについてはクエスチョンマークつけてましたね。ただ社会福祉士の受験教育であってはいけないけれども，専門教育としての社会福祉の教育が試験につながるところでは，少なくとも8割は合格してもらえるような試験にしたいと考えていました。

古川 もう一点，資格制度のことですが，精神保健福祉士の資格問題ができました。社会福祉士資格との関係についていろいろと話が出ておりますが，いかがでしょうか。

仲村 精神保健福祉士については，前後関係を整理していただく必要があると思いますが，精神保健福祉士が出てきたのはずっと後で，3年前でしょ。ただ，精神保健福祉士制度が提案されたときに，日本医療社会事業協会が非常に強く反対したんです。よく私が会長してる日本ソーシャルワーカー協会が例にあげられるけれども，日本ソーシャルワーカー協会も公式のポリシーとしては反対じゃないけど，賛成できないという姿勢でした。それは，社会福祉士という制度を全体を通しての一般的なソーシャルワーカーの基礎資格というとらえかたをする，それに賛成だということだったんです。その基礎の上にそれぞれの領域のスペシフィックなプラスアルファを付け加えて，医療ソーシャルワーカー，精神保健福祉士（PSW）等々ができるのであって，その基礎資格のところは共通のものとして位置づける。それが社会福祉士だという，そういう制度にすべきだという意見でした。

一番ヶ瀬さんが日本学術会議の会員の時に私も社会福祉・社会保障研究連絡委員会の幹事でしたが，一緒にやった作業の中ではそういう考え方でまとめてきたつもりです。そういうわけで精神保健福祉士についてははその制度が提案されたときには最初の時点では反対だと批評した。ただし，精神保健の関係では宇都宮病院を始めわが国には独特な精神医療領域の病院が世界に際立って多いという，何処の国とも違う日本独特の大変厄介な問題がありました。

精神医療の領域でのソーシャルワーカーが果たす役割っていうのは，もちろんソーシャルワーカー一般の共通の部分を含みながら，日本の場合はかなり特殊なものが現にあるという事実は認めなければならない。そこのところでどう折り合うかという問題でした。

もう一つは，これはあんまり表に出したくないことだけれども，お役所の担当の部門が違うっていうことです。日本のお役所は担当部門が違うと違った制度をつくるっていう傾向があるでしょ。それで，社会福祉士資格の制度化を進めていて，なんかの時に医療ソーシャルワーカーの話になると，医療ソーシャ

ルワーカーは担当部局が違いますからと，そういう話になっちゃう。それ以上に，精神医療の領域は違うことになっていて，そちらはそちらで別に考えて下さいと。始めのうちは医療福祉も別に取り上げるという声が出ていたんだけども，これは日本医療社会事業協会が自らの方針として非常にはっきりと基礎資格を社会福祉士で固めるポリシーを打ち出したでしょ。だから，それで出てこなくなったんです。

精神保健福祉士はその後に出てきた問題で，やはり宇都宮病院の影響が大きいですね。ああいう問題が至るところで起こっている，どこの県でも。精神保健だけはどうも違うようだということで，それに対応するソーシャルワーカーの役割もかなり違ってくるとこがあるようだということを現実問題としては認めざるを得ないということで折り合うことになったように思います。

大事なことは要するに，学会につながる学術会議の線では一番ヶ瀬，仲村，大橋という流れの中で，常に社会福祉士が一般的なソーシャルワーカーとしてそれを基礎にしていろんな領域を固めていくという考え方をとってきている。これはその通りですよ。医療，精神保健のことはスペシフィックのソーシャルワーカーであって，その基礎の共通の部分にプラスアルファを加えてそのそれぞれの部門のソーシャルワーカーの制度をどうつくるかは，それぞれの団体ないしはそのグループの人たちの判断に属することです。自分のところはそれはやらないで社会福祉士だけでいいというところがあっていいし，医療はそれでいいという。自分たちに必要なものは自分たちの研修その他で身につけるようにするというのが日本医療社会事業協会の方針です。精神保健の方はちょっとそれじゃいけないということで別にしたんですよ。

日本の精神医療の現実からするとそれは結果的にはやむを得ないだろうということです。今後に向けては是々非々で現状を認めてその上でゆくゆくはできれば一緒でという方に行くようにする，そういうことで折り合うことにしたんです。それで今はその点で4団体は了解しあっています。国際のソーシャルワーカー連盟の加盟団体として協力してやって行くことで。喧嘩してたときのことを考えるとほんとに嘘みたいですよ。その喧嘩の場はソーシャルワーカー協会の会議室だったんですよ。

制度改革問題

　古川　制度改革の問題と学会のあり方についていかがでしょうか。阿部会長の時代，厚生省の担当者を呼んでシンポジウムをやったことがあります。会員の中にはそのことについて批判的な人もおられます。

　仲村　公務員であっても，問題意識がはっきりしていて学会員になりたいという人がいましたよ。何人か加わってもらいました。学会員になってもらってシンポジウムなんかに出てもらうということであったらいいと思いますよ。日本女子大でやられた時もそうでしたけども，学会員でないシンポジストも相当数いましたね。お迎えしての問題提起の講演をしてもらうということはありうるかもしれないけれども，あんまりそういうことの比重が大きくなると学会としては問題ですね。自分たちの研究組織として対外的に責任を持つという意味でです。

　古川　基礎構造改革の問題に限りませんが，ソーシャルアクションにつながるような動きも，ある意味で必要かと思います。しかし，そういう動きは少なくなっていますね。

　仲村　学術研究の推進というテーマを設定した場合に，そのことには学会は直接の責任をもつんだし推進のためのポリシーなり事業なり，社会的な活動の必要な部分が当然出てくるし，そういう部分でのソーシャルアクションが必要でしょう。学会だからそういうのをすべきじゃないとはいえないですね。

　古川　具体的な制度に対して学会をあげてそれを批判をするとか改善を求めるということになりますと，学会としての，つまりアカデミックコミュニティとしての理念や目標に照らしてそういうやり方がうまくかみあうかどうか，そういう問題もありますね。

　仲村　あるいは，無前提に何でも認めるというわけにはいかないかもしれない。どっかに線を引かなきゃならないかもしれません，これは非常に難しいよね。一般論で言えば，政治的な立場を否応無しに問われるような事柄で自分はどの立場だからこういうソーシャルアクションを展開するという活動は学会の活動じゃないです。そういうのは学会有志であったらいいかということも一つありますけどね。あることに賛成する学会有志が学会有志として意見を出すと

いうことは。ただし学会有志で出すということ自体を学会として組織として認めなきゃならないから無前提に好きなようにどこでもやっていいといえるかどうか，難しいと思います。

古川 実際ある時期までは有志というかたちでやってきていますが，今は有志というかたちでもなかなか同意が得られないということがありますね。

仲村 それは学会というのはその点では禁欲的であるべきだといわれる考え方があるからですね。

古川 昔は状況が状況だったからそういう必然性があったということでしょうけどね。かつては随分やってますね。

仲村 やってるんですよ。始めの頃は随分あるでしょ。

古川 だからそういう時代から今を見ると，これでいいのかという議論も出るし，一方にはそういうことをやるならば一切関わりたくないという人も出てくるわけです。

遠藤 今は職能集団とか福祉関係のいろんな団体があって，アクションを起こすことがとても自由な団体があって，そっちのところはいろいろやれるだけど，学会は何をどうしていいのか分からないという面がありますね。

仲村 例えば，今年金の問題はマスコミが主導でしょ。それについて学会の立場でなにか発言ができないかということで問題設定してみると，ただ賛成だ反対だというわけにはいかない。学会らしい，学問的な整理が必要でしょうね。

杉村 学会のメンバーがそういう政策立案にかなり深く関わっていますから，学会の中で一つの意見をまとめるというところにはなかなか行かないんじゃないでしょうかね。昔は学会というのは社会から相対的に距離があったからいろいろいえたということがあるかもしれません。

学会細分化

古川 現在，社会福祉学の領域でも学会が細分化する傾向にありますが，そのことについてお考えがあればお聞かせください。専門分化していいという説もあります。たとえば，医学関係では医学会総会はいわばお祭りでその傘下にある専門の学会の方がむしろ中心です。社会福祉学会も会員数4600あまりとい

う状況になりますとそういう方向もありえましょうか。

仲村　あんまり賛成じゃないですね。

古川　学会の研究発表大会で千人を超える会員が集まるようになりますと大会をやること自体大変になります。あんまり賛成できないというのはアイデンティティが薄まるとかそういうことでしょうか。

仲村　こういう学会今度つくりましたってあちこちから案内が来るでしょ。学会を勝手に名乗ってそれでいいのかということになるんだけれども，日本社会福祉学会がそういう諸学会と学会の名において同じ土俵に乗って協議する，検討する，運動するということを考えられるかといったら，やっぱり一定の枠組みにおいても制約があるでしょうね。

しかし，それでは学会を日本学術会議に登録している登録学会，そこに限定すればそれでいいのかということになると，これはこれで問題なんです。キリスト教社会福祉学会は会員をキリスト教者に限定していますので学術会議に登録できないんです。難しい問題ですね。キリスト教者でない人がキリスト教社会福祉学を研究しようとすると日本キリスト教社会福祉学会とは別の，学術会議に登録できるような学会をつくってそちらの方に入るということにしないと駄目だということになっちゃうんですね。

期待すること

古川　それでは最後に，これからの学会に対する期待あるいは注文をお伺いしたいと思います。

仲村　一つは，はっきり言えば，繰り返し出されていることだけども，学会報告の質の水準を確保するということです。どういう方法をとればいいのか，査読委員会を通すってこともありえますよね。現場の方では第三者評価という動きがあるでしょ。良し悪しですけど，やはり一般論で言えば大事なことなんで，そのあたりのことを学会報告についても考えてしかるべきだという面もありますね。例えばある人の，まあ名前を出さないまでも，こういう報告があったけれどもこれでいいのかということで，話題に出すことも必要ですよね。

私も今まで大会に出席したときには，どっかの分科会を選んで精勤したと思

いますけどね.非常にいい報告はいい報告としてはっきりさせるべきですし,こんなつまらん報告というのが随分あるから別の意味で切らなきゃならない,そう思うことがありますよね.

　昔もあったのかもしれないけれど,特に最近は,いろいろあります.だから,そこのところは学会の理事会で正式に議題として取り上げて検討すべきじゃないですかね.学会の将来を考えると質の向上を図るために発表数が一時的に少なくなってもやむを得ないかもしれない.それから,どういうのが悪い報告なのか,それを示す何か方法を講じていく必要がある.しかし,それも微妙というか,難しい.社会福祉学会はこんなつまらないガイドラインを示さないといけないほどひどい状況なのかといわれないようにしなければならないからね.そのへんは工夫が必要ですけど,現にひどいのがあるからね.

　また,質を上げるということでは,韓国に学会ができてるようですから韓国と交流するとか.近隣で常に水準の高い報告が数多く出てくるのは香港ですね.特に香港大学は名門大学で,そこから非常にいい報告が出てきてる.ああいう水準の高い報告が数多く出ているところ,研究会を持ってる地域ないしは国との何らかの交流を続けることが役に立つと思います.言葉の問題があるんで厄介ですけどね.

　古川　学会の将来を考えるうえでいろいろと参考になる貴重なご意見をいただき,本当にありがとうございました.

第IV部

日本社会福祉学会地方部会史

第 1 章
北海道部会史

杉村　宏

1　北海道社会福祉学会運営の変遷と特徴

(1)　北海道社会福祉学会の結成

　北海道社会福祉学会の結成大会は，1962年11月18日に道立保育専門学校を会場にして行われた。この地域学会誕生の契機は二つあった。

　第1には，1961年9月1・2日に日本社会福祉学会の第9回大会が，北海道大学と北海道学芸大学札幌分校を会場に開催されたことにともない，地域学会を設立しようという機運が生まれたことである。

　それまでの日本社会福祉学会開催地は社会福祉系大学・短大の所在地に限られていたが，関東・関西・中部・東北の4地域以外の初の全国大会として札幌市で開催されることとなった。テーマは，それまでの社会福祉対象や本質に関するものから，地方で行われる大会にふさわしく「社会福祉における国家と地方自治体」であった。

　北海道大学教育学部に在籍していた籠山京は，戦後日本の貧困研究をリードした研究者の一人であるが，創立当時の日本社会福祉学会の主なテーマが貧困・低所得階層研究であった関係で，第6回大会の指名報告者などでかかわっており，第9回大会の札幌開催に中心的な役割を果たした。

　第2に，この時期に北星学園大学文学部に社会福祉学科が設置されたことである。社会福祉専任スタッフの増員が図られ，その中に日本社会福祉学会活動に積極的にかかわってきて，後に北海道社会福祉学会代表理事を長く務めた三吉明らがいた。こうした北星学園大学のメンバーを中心として，札幌在住の研

第1章　北海道部会史

資料1　北海道社会福祉学会規約

第1条　本会は，北海道社会福祉学会と称する。
第2条　本会は，社会福祉の研究および会員相互の協力と便宜を促進し，内外との交流を図ることを目的とする。
第3条　本会は，前条の目的を達成するため，研究報告会，公開講演会，内外の研究機関との連携およびその他の必要な事業を行う。
第4条　本会は，社会福祉に関する研究，教育，実践に関心を持つものを持って組織する。
第5条　入会は理事会の承認を必要とする。
第6条　本会の会員を分かって次の2種とする。
　1．個人会員
　2．団体会員
第7条　本会に理事若干名（理事の互選により1名を代表理事，1名を会計理事）と会計監査を行う監事をおく。
第8条　理事は，総会において会員の中より選任する。
第9条　理事の任期は2年とする。
第10条　代表理事は，総会を招集する。会員の3分の1以上の要請があるときは臨時総会を開く。
第11条　総会の議事は，過半数をもって決する。
第12条　本会の予算・決算は，総会の承認をえて，これを決する。会計期間は，毎年4月1日より翌年3月31日までとする。
第13条　本規約の改変および本会の解散は，会員の3分の1以上の提案により，総会出席会員の3分の2以上の同意をえて行う。
第14条　本会の事務を行う事務所は，代表理事の所属する機関におく。
（附則）
1．この会の規約は1962年11月18日より施行する。
2．本会は，日本社会福祉学会北海道部会を兼ねる。

究者と道内に点在する社会福祉研究者によって地域学会を支える体制が作られた。

　北海道社会福祉学会の結成大会は約30名の出席をもって行われ，1963年の第2回研究大会を機に日本社会福祉学会の支部として承認を受け，部会活動が展開されることとなった。

(2) **地域学会としての運営上の特徴**

　北海道社会福祉学会規約によれば，北海道社会福祉学会の目的と活動は，社会福祉の研究と会員の相互協力等を促進するために，研究報告会，公開講演会，内外の研究機関との連携などの事業を行うこととされた（資料1）。

　この会の運営上の特徴は，日本社会福祉学会の部会であるとともに，独自に

会費を徴収して地域学会活動を行ってきたことにある。創立当初の会費については不明であるが，確認できる最も古い資料（1984年度決算書）によれば，入会金500円，年会費2000円（団体会員は10000円）であり，当時の日本社会福祉学会からの還元金が2万7500円であるのに対して，会費収入は16万4000円にのぼり，独自性の強い学会活動を行っていたことがわかる。

初代の代表理事には籠山が就任し，翌年江沢繁，1964年度から三吉と引き継がれ，この時期から2期以上務めることになった。1966年から就任した後藤平吉は，1976年まで10年間代表理事を務めた。

1977年～1990年までは北星学園大学に事務局をおき，三吉，太田義弘，白沢久一が交代で代表理事となった。1991年～92年は北海道介護福祉専門学校が事務局を引き受け，代表理事は伊藤博が就任した。

1993年以降現在まで，事務局は北海道医療大学に置かれ，代表理事は高山武志，古瀬徹，横井寿之が就任している。

会員数については，1973年以前は，結成大会時の参加者数が記録されているだけであるが，1970～80年代は80名前後，1990年に初めて100名を突破し，1995年に134名，2000年に165名を数えるに至った。

研究大会は1963年以降毎年開催されており，2002年度で41回を数え，北海道の社会福祉関係者の研究交流に多大な貢献をしてきた。1968年9月に機関誌『北海道社会福祉研究』が創刊されたが，その発刊の辞によれば，毎年1回の大会のほかに毎月ほとんど休むことなく月例研究会を行い，社会福祉事業の充実発展に寄与したと自負していることが述べられている（資料2）。

また機関誌は，1968年～1984年までは断続的に5号を数えるにすぎなかったが，1985年以降は毎年発行されるようになった。その第6号の「あとがき」では，広大な北海道では大会や研究例会に出席できない会員もいるため，活動内容を知らせるためにも機関誌の定期刊行に努める必要のあることが強調されている。

2002年度に23号を発行しているが，これらの機関誌発行に際しては，事務局長を務めた太田義弘，喜多祐荘，鈴木幸雄らの尽力が大きい。

第1章 北海道部会史

資料2 『北海道社会福祉研究』創刊号 発刊の辞

> 昭和37年11月にわれわれの北海道社会福祉学会が創立されてから、本年で早くも6年を経た。創立以来の経過を顧みると、歴代の代表理事・理事の諸先生のご努力はもとより、社会福祉学の研究にたずさわる道内の諸学究、実践的に社会福祉事業に献身されている多くの方々のご尽力、社会福祉事業関係諸機関のご理解とご協力とによって、着実に実践を積み重ねつつ今日の発展を遂げてきた。この間、毎年1回の大会のほかに、毎月ほとんど休むことなく、北海道大学の一室において月例研究会が行われ、これによって、わが国の社会福祉の向上に資するとともに、社会福祉事業の充実・発展にも直接・間接に役立つところがあったかと自負している。
> このようなこれまでに作り上げられてきた基盤のもとに、われわれの学会の学会誌を発行してはどうかという声が起こってきたのは自然の成り行きであった。幸い、昨年度総会において、この件についてご賛同を得、ここにいよいよ創刊号が発行されるに至ったことは、まことに喜びにたえない。また、この記念すべき創刊号の発行と時を同じくして、道内の札幌において、日本社会福祉学会の大会が開催されることは、卓上花を添える感がある。
> 雑誌の名称は、これがわれわれの機関誌であるとともに、北海道における、社会福祉研究者、実務家、関係諸機関のコミュニケーションの役割を果たすとともに、学問的にも調査研究を発表する手段とし、両者相まって福祉の向上に貢献しうるものと考えて、『北海道社会福祉研究』と名付けた。
> 今後、この『北海道社会福祉研究』をわれわれの研究・研さんの場とすることによって、ますます本学会の成果があがり、ひいては社会福祉事業の充実・発展のお役に立つならば幸いこれにすぐるものはない。会員諸氏の、これからのいっそうのご活躍とご協力を願ってやまない。
>
> 北海道社会福祉学会代表理事
> 後 藤 平 吉

2 北海道社会福祉学会活動の変遷と特徴

(1) 創設期の活動

第1回大会(1961年)から機関誌『北海道社会福祉研究』の創刊号が発行される1968年までが創設期といえる。この間第16回日本社会福祉学会が北星学園大学で開催されている。

年に1回開催されるこの時期の研究大会は、とくに大会テーマは設けず、自由研究報告と特別報告・講演、シンポジウムなどで構成されていた。自由研究発表は、福祉事務所や児童相談所、社会福祉施設職員のほか、社会福祉協議会、身障者協会等の団体職員やPSW, MSWなど幅広い社会福祉従事者が参加し、生活保護制度に関する問題や社会福祉施設・機関における実践報告など、制度・政策と施設・医療機関などの処遇における地域課題に関するものが多かっ

第Ⅳ部　日本社会福祉学会地方部会史

第16回日本社会福祉学会大会（1968年9月23日　於：北星学園大学）

た（後掲，資料3参照）。

　月例会は主に北海道大学を会場にして行われたが，1960年代後半から大学紛争が激しくなったこともあり，会場は北海道社会福祉協議会や市内の教会などで開催されることが多くなった。

　1966年の第5回大会が，はじめて札幌以外の帯広大谷短期大学を会場にして行われたために，帯広，北見，釧路などの児童相談所や施設職員の研究報告が行われるなど地域的な広がりが見られるようになった。

(2)　機関誌発行と例会活動の充実

　1969～79年（第8回大会～第18回大会）までの間は，例会活動が活発で，現場実践者の報告が多くなった時期である。研究大会は自由研究発表とシンポジウムによって構成されることにかわりはないが，シンポジウムは「地域福祉と住民参加」（1973年），「地方自治と社会福祉」（1974年），「社会福祉施設の現状と問題点」（1975年）など，施設福祉から在宅福祉・地域福祉へという流れに沿ったテーマが取り上げられるようになった。第18回大会は統一テーマに「地域福祉の確立を目指して」を掲げ，地域福祉の充実を目指す対策のあり方や施設の役

第1章　北海道部会史

割について検討が行われた。

　機関誌第1号は1968年に発刊され，翌年の第2号からは地域部会の活動経過や例会報告のまとめなどが掲載されるようになった。その後しばらく休刊した後に1977年に第3号が復刊された。北海道という広大な地域に点在する会員をつなぐ機関誌の重要性が痛感されながら，例会が実践者の報告に支えられていたことが多かったために，原稿がなかなか集まらなかったことが当時の編集あとがきでも触れられている。

　一方研究者の関心は，社会福祉学の課題や社会福祉士法案をめぐる問題など，全国的な課題や欧米の社会福祉理論・技術の紹介などにも向けられ，これらに関連した報告が大会や例会で行われるようになった。

(3)　社会福祉課題の再検討と機関誌の定例化

　1980～1995年（第19回大会～第34回大会）の運営の基調は，「福祉見直し」と社会福祉専門職養成校の増加に伴う研究課題の再検討にあった。1970年代後半から，社会福祉見直しに関する研究報告などが例会や大会で話題として取り上げられるようになるが，「福祉見直し」のもとで，改めてソーシャルワークをはじめとする援助技術に関する研究・実践が課題となってきたことをうけて，北海道社会福祉学会でもこうしたテーマが積極的に取り上げられるようになった。

　また1982年度から1988年度まで代表理事を務めた太田は，1985年度から4年間にわたり地元新聞社の社会福祉振興基金の支援を受け，機関誌『北海道社会福祉研究』を毎年刊行の軌道にのせ，研究論文の質の向上と蓄積に貢献した。

(4)　福祉改革の具体化と研究交流の活発化

　1996年度以降，福祉系大学・学部の増加に伴う会員の拡大と報告・発表の増加が顕著で，さらに先に触れたとおり社会福祉研究の分化に伴う新たな学会の創設や職能団体の結成がみられ，研究交流の多様化が進んだ。

　このため1987年以降の研究大会は，特に北海道ソーシャルワーカー協会が結成され，初代会長の野村健らが，学会と職能団体の共同・協力に熱心であった

こともあって，「北海道福祉セミナー」（1987~1988年）の共催，日本社会福祉学会公開シンポジウム（1989年，1996~1997年）の開催に協力するなどの多面的な活動が行われた。ソーシャルワーカー協会のほかに，北海道地域福祉学会，北海道社会福祉士会・介護福祉士会が創設され，各団体間の研究交流をはかるために，北海道 MSW 協会，日本 PSW 協会北海道支部にも呼びかけて，1996~1998年の研究大会は7者の共催による合同研究集会として開催された。

合同研究大会の目的は，社会福祉の領域を越えて総合的な研究活動を推進し，あわせて相互理解と交流を図ることとされた。大会準備委員会が組織され，多数の研究者・実践家の参加を得て，社会福祉改革を地域でどう受け止め実践するかを検討する盛大な大会が3年間継続され，総合的な研究の推進と交流という所期の目的は達成された。

資料3　北海道社会福祉学会研究大会自由報告一覧

1962.11.8	北海道社会福祉学会結成総会
1963.9.14 第2回	◎自由報告「児童手当制度について」松井二郎（白石福祉園）／「児童青少年の育成についての一考察」高橋永（旭川育成園）／「教師の性格評定による非行危険性判定法の試み」白佐俊憲ほか（中央児相）／「精薄児（者）の社会的自立に関する一考察」佐々木忠治（花園学院）／「精神薄弱の職場開拓の問題」末岡一伯（北大）／「拓明式授産方式」梅沢喜久（北海道拓明興社）
1964.10.3 第3回	◎自由報告「貧困家庭の収支」伊藤博（北大）／「精神薄弱児の職場開拓に関する研究」末岡一伯ほか（大通小学校）／「アメリカにおける employed mother の研究」高山武志（道立教育研究所）／「ある聾非行児の処遇をめぐって」白佐俊憲（中央児相）／「朝日事件における法律問題」後藤平吉（天使女子短大）／「スモールコミュニティにおける社会福祉活動の様態」江沢繁（道学芸大）
1965.10.2 第4回	◎研究報告「再非行予測表の妥当性に関する研究」瀬上幸江（北星学園大）／「女子精薄者の社会的予後に関する考察」末岡一伯ほか（札幌学芸大）／「身体障害者に関する適性検査の妥当性に関する考察」忍博次（北星学園大）／「社会的予後にみる精薄児福祉の諸問題」白佐俊憲ほか（北見児相）／「竹内愛二社会事業理論について」松本栄二（北星学園大）
1966.10.8 第5回	◎研究報告「民生委員の権威主義的態度に関する研究」八幡紀男（札幌市美香保中学）／「最近の養護相談における破綻家庭の傾向について」加藤光雄（帯広児相）／「精薄児の社会的予後調査結果について」白佐俊憲（北見児相）／「精薄児における小集団の心理学的研究」内田実（釧路ひかり学園）／「社会福祉事業（特に授産事業）と企業経営の結合」高江常男（道身障者福祉協会）／「社会福祉主事の態度について」松本栄二（北星学園大）

第 1 章　北海道部会史

1967.9.9 第6回	◎研究報告「養護施設児の性格特性に関する一考察」清野光代（北星学園大）／「学齢期における長期入院の調書」池田哲子（道教育大旭川校）／「育成医療の問題点」清水清（北大病院 MSW）／「生活保護受給者と民生委員の信頼関係に関する一考察」沢井光子（北星学園大）／「本道における社会福祉協議会活動の問題点」山田泰作（道社会福祉協議会）
1968.9.22 第7回	◎研究報告「ろう教育における問題点と対策」庄司寿一（道立ろう学校）／「保育者養成短大入学者の受験動機と入学感情について」白佐俊憲（北海道栄養短大）／「イギリスにおける家族ケースワーク」飯田一道（酪農学園大）／「札幌市における厚生員制度の現状と問題点」板垣弥之助（札幌青少年育成協会）／「人間教育の場としての精神児施設の指導体系の一考察」山貫義彦（道立もなみ学園）／「精神薄弱の社会的予後に関する一考察」末岡一伯ほか（道教育大札幌校）／「北海道における精薄者の現状における問題点と対策」安井淳（道立太陽の園）
1969.9.7 第8回	研究報告とシンポジウム（内容不明）
1970.9.23 第9回	◎個人研究「保育志望学生の卒業時感情と将来展望について」白佐俊憲（道女子短大）／「特殊学級入級判定の実態についての考察」末岡一伯（静修短大）／「グループワークにおけるグルーピングの実験的研究」板垣弥之助（札幌青少年育成協会）／「幼児養護の問題点」広瀬清蔵（黒松内町つくし園）／「社会福祉専攻学生の価値志向」外山真喜子（室蘭病院祝津分院）／「社会福祉学とは何か——番ヶ瀬氏の見解をめぐって—」松井二郎（北星学園大）
1971.8.29 第10回	◎個人研究「病院の院外作業について」外山真喜子（室蘭病院祝津分院）／「重症心身障害児施設における福祉的意義」増田寿雄（八雲病院）／「施設のシステム設計のための園生基本資料の分析」北畠道之（太陽の園診療所）／「Social needs と地方財政との関連性についての一考察」高内智海（室蘭福祉事務所）／「保育者の就職1年経過時の職場適応について」白佐俊憲（道女子短大）／「青少年問題と住民組織」板垣弥之助（札幌青少年育成協会）／「老人の生きがいに関する調査研究」三吉明（北星学園大）
1972.9.3 第11回	◎個人研究「特別養護老人ホームの問題点」齋藤博明（清祥園指導員）／「自閉症児の処遇について」小島茂（旭川児相）／「コミュニティ活動について」川西清（納内コミュニティ審議会）／「施設ボランティア受入に関する考察」板垣弥之助（拓殖保専）／「保育者の就職2年経過時の職場適応について」白佐俊憲（道女子短大）
1973.10.7 第12回	◎個人研究報告「保育者の就職後3年経過時の職場適応について」白佐俊憲（道女子短大）／「Sin, M. Hale の貧民救済論」白沢久一（北星学園大）／「幼稚園教諭の老人意識実態調査」安藤貞雄（清和荘指導員）／「アメリカソーシャルワーク理論の検討（その1）」米本秀仁（新十津川町立特養ホーム）／「アメリカソーシャルワーク理論の検討（その2）」松井二郎（北星学園大）／「最近の児童相談所の傾向をめぐって」安井正市（中央児相）
1974.9.1 第13回	◎個人研究「精神衛生相談事例研究」小栗博（十勝ソーシャルワーカー）／「ボランティア活動と愛情銀行の機能」菅野良（帯広市社協）／「施設における療護職員とは」小田早苗（北湯沢リハビリセンター）／「札幌市におけるアパート住民の意識調査」板垣弥之助（札幌市青少年問題研究所）／「Richard Haines の貧民雇用論につ

第Ⅳ部　日本社会福祉学会地方部会史

	いて」白沢久一（北星学園大）／「市町村社協の当面の課題」矢島博（帯広大谷短大）
1975.9.7 第14回	◎個人研究発表「重度障害者の結婚問題について」辻信子ほか（北湯沢リハビリセンター）／「施設看護婦の役割について」大河あさ子（北湯沢リハビリセンター）／「最近の養護相談における破錠家庭の傾向について」白井重耀（帯広児童相談所）／「地域社会におけるファミリーカウンセラーの役割」相河アイ子（北海道家庭生活総合カウンセリングセンター、以下略称「家庭C.C.」）／「現代青少年の意識と行動」板垣弥之助（札幌市青少年問題研究所）／「老人ホームの入居者および職員の意識調査」橘谷浩六（白老町立寿幸園）
1976.9.5 第15回	◎個人研究発表「スウェーデンの福祉事情—アルコール中毒対策を中心に—」齋藤義寛（齋藤病院）／「退寮3ヶ年の実績と反省」泉隆.阿部文男（伊達市立通勤センター旭寮）／「医療福祉の現場より」清水清（北クリニック人工腎臓センター）／「地域福祉とコミュニティについて」久富善之（北星学園大）
1977.9.23 第16回	◎個人研究発表「保父さんに関する調査結果報告」村田正義（道社協）／「北海道の母子世帯の実態」堀井繁男（道社協）／「北海道における母子寮入寮者実態調査報告」安井正市（道社協）／「札幌市の小中学生生活実態調査に見る子どもの生活と意識」板垣弥之助（札幌市青少年問題研究所）／「地域福祉対策の現状と課題」矢島博（帯広大谷短大）
1978.9.17 第17回	◎個人研究報告「イギリスの地域一般病院におけるMSW活動」三田村玲子（天使病院MSW）／「わが国における社会保障制度の現状について」矢野根善八（道都大）／「少年非行に関する調査に現れた家庭と非行の関連について」板垣弥之助（札幌市青少年問題研究所）／「高齢化社会の経営問題へのアプローチ」高内智海（文化女子大室蘭短大）／「工業都市における老人実態調査」後藤昌彦（道都大）
1979.9.8 第18回	◎統一テーマ　地域福祉の確立をめざして ◎個人研究発表「精神薄弱児（者）の就職と養護訓練」安井正市（道社協）／「養護施設における集団処遇について」北川清一（道都大）／「高齢化社会の経営問題へのアプローチ（その2）」高内智海（文化女子大室蘭短大）／「千歳市における障害児の保育.療育の発展」清野茂（道都大）／「千歳市における障害児の保育・療育の発展(2)」阿部哲美（千歳市役所）／「ソーシャルワーク実践場面でのシステム的見方について」千葉美也子（興部町立国保病院）／「福祉の視点からの地域住民医療の問題点」増谷久馬（札幌西円山病院）／「老人福祉対策の現状と課題」矢島博（帯広大谷短大）
1980.9.7 第19回	◎個人研究報告「家庭生活カウンセリングセンターの現代的課題」相河アイ子（家庭C.C.）／「少年非行と家庭環境」板垣弥之助（札幌市青少年問題研究所）／「高齢化社会の経営問題へのアプローチ(3)」高内智海（文化女子大室蘭短大）／「紋別市における視力障害者の生活実態について」米本秀仁（道都大）／「地方小都市における母子家庭の生活」後藤昌彦（道都大）／「オホーツクの気候と住民福祉の創造」大滝興三郎（道都大）
1981.9.15 第20回	◎個人研究報告「医療相談における家族ケースワーク」三田村玲子（天使病院MSW）／「高齢化社会の経営問題へのアプローチ(4)」高内智海（文化女子大室蘭短大）／「オホーツク圏住民の総合福祉」大滝興三郎（道都大）／「ウェーバーの福祉国家論」松井二郎（北星学園大）／「今日の青少年問題」板垣弥之助（札幌市青少年

第 1 章　北海道部会史

	問題研究所）
1982.9.12 第21回	◎個人研究報告「釧路におけるカウンセリングの運動計画」渡辺秀子（家庭 C.C.）／「精神障害者の社会復帰とソーシャルワーク」中村佐織（北星学園大）／「大学の社会福祉教育における社会福祉実習システムに関する考察」大島侑・北川清一（道都大）／「老人ホーム体系の現状と課題」米本秀仁（道都大）／「自閉傾向を示す重度精薄児の排泄行動形成化について」内田実・駒木根賀子（釧路ひかり学園） ◎講演「家族機能の変質と保育施設の役割」後藤平吉（藤女子大）
1983.11.3 第22回	◎個人研究報告「看護と人間関係」上野幸子（札幌恵北病院）／「家庭教育相談をめぐる諸問題」加藤敏子（家庭 C.C.）／「登校拒否児における指導の考察」白井重耀（中央児相）／「贈与経済学と社会福祉理論」米本秀仁（道都大）／「児童福祉を阻害する危機的環境を憂う」板垣弥之助（札幌市青少年問題研究所）
1984.9.9 第23回	◎個人研究報告「学生相談室の機能と役割」有馬和子（家庭 C.C.）／「最近のアメリカ・ソーシャルワークの動向」丸山裕子（道立緑ヶ丘病院）／「精神障害者家族会とソーシャルワーカーの役割」佐々木敏明（道立精神衛生センター）／「地域福祉活動の参加要因分析」杉岡直人（北星学園大）／「衰退都市室蘭の高齢化対策を考える」高内智海（文化女子大室蘭短大）
1985.9.15 第24回	◎個人研究報告「脳血管障害者の社会復帰と MSW の役割」宮沢弘子（興部町立国保病院）／「精神障害者社会復帰施設におけるソーシャルワーク実践について」丸山裕子（道立音更リハビリセンター）／「精神科病院における対象者理解とソーシャルワークについての考察」渡辺きみ子（静内石井病院）／「痴呆老人の施設ケア条件に関する研究」佐々木敏明ほか（道精神衛生センター）／「紋別における在宅障害者の通所指導について」喜多祐荘（道都大）／「衰退都市室蘭の老齢化対策を考える」高内智海（文化女子大室蘭短大）
1986.9.7 第25回	◎「家庭生活総合カウンセリングセンターにおける最近の相談活動状況」島田順子（家庭 C.C.）／「医療ソーシャルワーカーの業務分析について」木村ふたみ（倶知安厚生病院）／「地域における障害児療育の課題」阿部哲美（千歳市役所）／「道内における里親活動の研究」伊藤康志（旭川大女子短大）／「衰退都市室蘭の高齢化対策を考える」高内智海（文化女子大室蘭短大）／「特養職員による痴呆判定の構造に関する研究」豊村和真ほか（北星学園大）／「老人福祉寮の現状と課題」大内高雄ほか（道社協）
1987.9.15 第26回	◎個人研究報告「乳がん患者会活動への援助を通して」宮沢弘子（日鋼記念病院）／「精神障害回復者社会復帰施設での実践報告」丸山裕子（道立音更リハビリセンター）／「ターミナルケアにおけるソーシャルワーカーの役割」千葉美也子（釧路赤十字病院）／「在宅障害者の小規模通所事業について」喜多祐荘（道都大）／「衰退都市室蘭の高齢化対策を考える」高内智海（文化女子大室蘭短大）
1988.2.20	'87北海道福祉セミナー テーマ「福祉は今，その動向と課題―福祉制度改革と社会福祉職資格法をめぐって―」
1988.9.18 第27回	◎個人研究「精神障害者家族会と PSW の役割」丸山裕子（道立音更リハビリセンター）／「ターミナルケアにおける家族の変容」千葉美也子（釧路赤十字病院）／「老人病院における医療福祉活動」三田村玲子（西円山病院）／「今日の養護問題」

347

	松本伊智郎ほか（帯広大谷短大）／「老人イメージに及ぼす地域・家族要因の影響」大坊郁夫（北星学園大）／「生活問題対応と生活関係の実態」白沢久一ほか（北星学園大）
1989.9.23 第28回	◎自由報告　A　社会福祉一般「婦人における生殖機能の老化を見つめて」一戸喜兵衛ほか（手稲渓仁会病院）／「長寿社会を考える市民会議について」高内智海（文化女子大室蘭短大）／「道内医療ソーシャルワーカーの職業意識について(1)」米本秀仁（道都大）／「道内医療ソーシャルワーカーの職業意識について(2)」安井愛美（北星学園大）　◎自由報告　B　社会病理研究「札幌市の精神障害」佐々木敏明（道保健環境部精神保健係）／「札幌市の売春問題」加藤峰（道婦人相談所）／「札幌市の高校中退者の問題─北星余市高の場合─」大徳政史ほか（特養石狩の園）
1990.2.24	特別シンポジウム ◎テーマ「町村の福祉サービス（パーソナルサービス）は如何にあるべきか」　司会者・白沢久一（北星学園大）／「町村の福祉サービスの現状と課題」神山貢（共和町民生課長）／「支庁行政から見た町村の動向と課題」八反田進（渡島支庁社会福祉課係長）／「道の町村における福祉サービスの推進課題」河部輝幸（道生活福祉部総務課係長）／「過疎町村の福祉計画」杉村宏（北大）
1990.9.22 第29回	◎自由研究「中国の福祉事情について」杉山厚子（北星学園大）／「小樽育成園の輿水伊代吉院長の業績について」平中忠信（北翔会）／「英国の Social planning について」白沢久一（北星学園大）
1991.9.21 第30回	◎自由研究「大都市社会福祉協議会の課題」柏浩文（札幌市社協）／「社会福祉教育における調査技術の意義」高橋信行（道都大）／「特養ホームにおける寮母の職業意識」松山博光（道都大）
1992.9.23 第31回	◎自由研究「ターミナルケアについて─特養ホームの実践から─」石川秀也（特養聖芳園総務課長）／「在宅福祉におけるホームヘルパーの位置」野川道子（東日本学園大）／「癌患者家族へのソーシャルワーク─心理社会的アプローチ─」室谷智子
1993.12.5 第32回	◎自由研究「西興部村，高齢者女性の生活意識に関する一考察」松山博光（道都大）／「地域福祉推進における諸問題」大内高雄（美唄市社協）／「北海道における高齢者ケアの現状とこれからの方向について」湯浅国勝（道生活福祉部）
1994.12.18 第33回	◎自由研究「高齢者のネットワークと介護不安」平賀明子（北大大学院院生）／「学習障害児を支援する私塾における活動」田中敦（北星学園大大学院院生）／「都道府県別に見た家族形態と老人保健・福祉事業の関係」佐藤秀紀・中嶋和夫（道医療大学）／「ソーシャルワークのエスノメソドロジィ分析に関する考察」田中耕一郎（日本福祉学院）／「老人福祉施設におけるワークキャンプの実践報告」湯浅国勝（道生活福祉部）
1995.9.23 第34回	テーマ「北海道の社会福祉サービスの活性化を考える」 ◎自由研究発表「日本型競争システムにおける教育病理」田中敦（北星学園大大学院院生）／「高齢化社会における高齢消費者問題」中村康子（北星学園大大学院院生）／「小林運平と小樽盲唖学校」平中忠信（北海道社会福祉史研究会）／「ホームヘルプサービスとケアマネジメントの展開について」工藤博（札幌市在宅福祉サービス協会）

第1章 北海道部会史

1996.10.4 全国	日本社会福祉学会公開シンポジウム〈北海道自治労会館〉（日本社会福祉学会主催への協力）「公的介護保険徹底解剖―在宅サービス供給体制を中心に―」 司会・忍博次（北星学園大）／シンポジスト・白戸一秀（道社協地域課長），岩見太市（渓仁会医療福祉部長），吉田義人（栗山町福祉課主幹），前沢政次（北大医学部教授）
1996.10.4 〜5 第35回	第1回北海道社会福祉合同研究大会 ◎大会テーマ「いい福祉つくろう，北海道発！―領域と職種を越えて―」 第1分科会「わが町のケアマネジメント」 司会・椎谷淳二（道医療大）／報告者・波潟幸敏（鷹栖町在宅介護支援センター鷹栖さつき苑副所長），太田英和（札幌市手稲区地域福祉課），向谷地生良（浦河日赤病院MSW係長） 第2分科会「利用者の人権」 司会・米本秀仁（北星学園大）／報告者・服部雅之（札幌厚生病院MSW），若狭重克（札幌市在宅福祉サービス協会），光増昌久（松泉学院副施設長） 第3分科会「見つめなおそう，家族への援助」 司会・伊藤淑子（道医療大）／報告者・小川恭子（美深育成園スーパーバイザー），安井愛美（剣淵北の杜舎SW），北博司（小樽市精神保健福祉相談員）
1997.11.1 全国	日本社会福祉学会公開シンポジウム 「児童・障害者・高齢者の社会福祉計画を問う―地域への総合支援体制を求めて―」 司会・伊藤淑子（道医療大）／シンポジスト・武田俊彦（道高齢者保健福祉課長），伊藤たてお（道難病連事務局長），村上勝彦（帯広けいせい苑施設長）／コメンテーター・高橋則克（道総合企画部計画課主幹）
1997.11.1 〜2 第36回	第2回合同大会 ◎大会テーマ「いい福祉つくろう，北海道発！―領域と職種を越えて―社会福祉実践の共通基盤を探る」 第1分科会「わが町のケアマネジメント会議―チームワーク形成のあり方―」 司会・椎谷淳二（道医療大）／報告者・大久保幸積（特養ホーム幸豊ハイツ施設長），森元智恵子（札幌市西区保健センター保健婦），皆見享（虻田町福祉係長） 第2分科会「利用者の人権―自己決定をめぐる事例報告―」 司会・米本秀仁（北星学園大）／報告者・中村喜人（稚内病院MSW），栗山聖子（小樽市主任ヘルパー），奥田誠（よふき会総合施設次長） 第3分科会「見つめなおそう，家族への援助―『問題家族』への関わり―」 司会・伊藤淑子（道医療大）／報告者・中沢香織（旭川厚生病院MSW），中村杏子（西円山敬樹園在宅介護支援センター主任ヘルパー），宮地廸彦（道立心身障害者総合相談所相談判定課長） 第4分科会「地域生活の支援活動―その現状と課題―」 司会・阿部哲美（千歳市福祉部こども療育課長）／報告者・長井巻子（GHもえれのお家施設長），片山和恵（札幌市精神障害者地域生活支援連絡協議会事務局長），花田貴博（自立生活サポートネットワーク運営委員）
1998.11.7 第37回	第3回合同大会 ◎大会テーマ「いい福祉つくろう，北海道発！―領域と職種を越えて―社会福祉実践の共通基盤を探る」 ◎記念講演「社会福祉実践の共通基盤を探る」仲村優一（淑徳大） ◎基調講演「社会福祉基礎構造改革の基本理念と展望」炭谷茂（厚生省社会・援護局

	長）◎シンポジウム「社会福祉基礎構造改革の理想と現実」司会者・吉村信義（北海道女子大）／シンポジスト・横井寿之（当麻町かたるべの森）、本間和彦（遠軽町福祉課主幹）／コメンテーター・炭谷茂（厚生省社会・援護局長）第1分科会「わが町のケアマネジメント会議―介護保険導入にむけて―」守田秀生（幌加内町福祉センター）・越前谷賢一（美唄市デイサービス）・笠山みつえ（栗山町在宅支援課）第2分科会「利用者の人権」向谷地生良（浦河日赤病院MSW）・松川敏道（北海道医療大）・石川薫（特養ホームかりぷあつべつ）第3分科会「成年後見制度」講演・須田成雄（北海学園大法学部）・石川秀也（特養聖芳園）第4分科会「地域生活の支援活動」大辻誠司（滝川中央病院PSW）第5分科会「アセスメント―福祉職にとってのアセスメントとは―」進行係・伊藤淑子（道医療大）
1999.11.3 第38回	◎自由研究課題「高齢者保健福祉における予防的機能に関する一考察」齋藤征人（道医療大大学院院生）／「重度身体障害者に対する社会的支援―AACの発展とわが国の課題―」久能由弥（北大大学院院生）／「知的障害者施設での体罰問題を題材にした価値教育の試み」松川敏道（道医療大）／「北海道における成人里親の生活と意識」鈴木幸雄ほか（道医療大）／「北海道における高齢者への不適切対応の現状と課題」伊藤淑子ほか（道医療大）
2001.3.18 第39回	◎自由研究課題「地域の高齢者保健福祉施策に関する一考察」齋藤征人（道医療大大学院院生）／「北海道における里父および里母の生活と意識」鈴木幸雄（道医療大）・佐藤秀紀（青森県立保健大）／「児童虐待の研究」石川丹（札幌市児童福祉総合センター）
2001.12.2 第40回	◎自由研究課題「保健・福祉サービスの利用に関する考察」今井良子（道釧路保健所）／「北海道212市町村社会福祉協議会における精神保健福祉活動の現状と課題」今井博康（日本精神保健福祉士協会北海道支部）、栗田克美（北大大学院院生）／「知的障害者の地域生活を支えるサービスの取り組みについて」松坂優（長沼陽風学園地域生活支援センター）／「社会福祉の情報化に関する考察」松川敏道（道医療大）
2002.11.30 第41回	◎自由研究課題「高齢者の健康寿命保持に関する基礎的研究」松浦智和ほか（道医療大大学院院生）／「ソーシャルワーカーの価値観が自己決定援助にどのように影響するか」花澤佳代（道都大）／「地域生活支援の創設と課題」（厚別ケアサービスステーションかいけつ太郎）／「社会福祉施設におけるコンサルテーション」小銭寿子（道都大）／「日本社会福祉学会50年史編纂について」杉村宏（法政大）

第1章 北海道部会史

年表 北海道社会福祉学会・日本社会福祉学会北海道部会年表

年	活動状況
1961 昭36	9／1～2．第9回日本社会福祉学会開催〈会場：北海道大学，北海道学芸大学札幌分校〉
1962 昭37	11/18．北海道社会福祉学会結成総会〈北海道立保育専門学校〉，参加者30名 ＊事務取り扱いについては，暫定的に関谷耕一（北大）に委嘱
	12／9．発起人会〈北大クラーク会館〉「北海道社会福祉学会規約」の成案，附則2「本会は，日本社会福祉学会北海道部会を兼ねる」 ＊代表理事・籠山京（北大）在原力（宗谷支庁社会福祉課）上田歓子（北海道立保育専門学校）江沢繁（北海道学芸大）岡武夫（北海道社会福祉協議会事務局長）福島衛（札幌市交通局）三吉明（北星学園大） 監事・助川貞利（北星学園大）
1963 昭38	2／16．月例会―（以下，略称「月」）「公的扶助とケースワーク」松本栄二（北星学園大）〈北大教育学部〉
	4／20．月）「労働者組織における社会福祉活動の問題点」在原力（宗谷支庁社会福祉課）〈北大教育学部〉
	6／22．月）「生活保護法の問題点」森平八郎／「アジア極東犯罪防止研修所の第2回研修報告」新里二三夫（札幌家庭裁判所）〈北海道大学教育学部〉
	9／14．第2回大会〈北海道大学〉 ◎特別報告「身障者の体育の諸問題」室木洋一（北大）／「精神薄弱児教育の現状とその対策」山本晋（北海道学芸大札幌校）（自由報告については資料3参照のこと，以下同じ） ＊代表理事・江沢繁（北海道学芸大）
1964 昭39	3／16．月）(1)「英国の老人職業問題」(2)「里親制度について」関谷耕一（北大）〈北大クラーク会館〉
	5／3．月）「複合所得型家族と社会福祉」阿部とし子（北海道短大）〈北大クラーク会館〉
	8／8．月）「児相業務についての考察」伊藤康志（児童相談所）〈北大クラーク会館〉
	10／3．第3回大会〈北海道学芸大学〉 ◎特別報告「北海道における老人の生活の実態」関谷耕一（北海道大）／「北海道における養護老人ホームの問題点」坂東諭（寒地建築研究所） ＊代表理事・三吉明（北星学園大），新理事・助川貞利（北星学園大），関谷耕一（北大），会計監査・天野銀市（札幌育児園）
	12／19．月）「ヨーロッパの視察報告」助川貞利（北星学園大）〈北海道学芸大学〉
1965 昭40	2／13．月）「医療費問題をめぐって」菱信吉（北海道医師会）〈北大クラーク会館〉
	5／22．月）「経済開発論をめぐって」江沢繁（北海道学芸大）〈北大クラーク会館〉
	10／2．第4回大会〈北星学園大学〉 ◎特別講演「北海道社会事業史序説」三吉明（北星学園大）
	12／18．月）「リハビリテーションの動向」忍博次（北星学園大）〈北大クラーク会館〉
1966 昭41	2／19．月）「精神薄弱児の社会的予後」末岡一伯（北海道学芸大）〈北大クラーク会館〉
	5／21．月）「福祉事務所に望むもの」野村健（札幌市中央福祉事務所）〈北大クラーク会

第Ⅳ部　日本社会福祉学会地方部会史

	館〉
	6／25．月）「長欠児と児童福祉」吉村信義（札幌市青少年補導センター）〈北大クラーク会館〉
	7／22．月）「英国，ドイツ，デンマークの公的扶助とわが国の生活保護基準（第22次）について」籠山京（北大）〈北大クラーク会館〉
	10／8．第5回大会〈帯広大谷短期大学〉　◎公開講演「帯広市の社会福祉─社会福祉事業の今昔」川原田嘉吉（帯広市収入役）／「北海道社会福祉の現代的課題」三吉明（北星学園大）
	＊代表理事　後藤平吉（天使女子短大）
	12／10．月）「国際社会事業会議に出席して」助川貞利（北星学園大）〈北大クラーク会館〉
1967 昭42	1／21．月）「社会福祉国家における家族の機能」後藤平吉（天使女子短大）〈北大クラーク会館〉
	2／18．月）「共同募金の発展と当面する諸問題」水田武夫（北海道共同募金会）〈北大クラーク会館〉
	4／22．月）「季節労働者に対する社会保障」関谷耕一（北大）〈北大クラーク会館〉
	5／－．月）「少年法の改定について」秋江孝吉（札幌家庭裁判所）〈北海道大学教育学部〉
	6／17．月）「身体障害者対策の諸問題」長野襄（北海道中央身体障害児更生相談所）・福地清智（北海道民生部）〈北大クラーク会館〉
	7／22．月）「朝日訴訟と憲法25条」佐藤敏昭（札幌大）〈北大クラーク会館〉
	9／9．第6回大会〈旭川女子短大〉　◎シンポジウム　司会者・籠山京ほか，提案者・関谷耕一（北大）／忍博次（北星学園大）／石川民理（旭川福祉事務所）／飯田源吾（札幌福祉事務所）／塩の谷貞夫（旭川市民生・児童委員）
	11／25．月）「公的扶助の改善」籠山京（北大）〈北海道大学教育学部〉
	12／16．月）「医療保障の問題点」山田大秋（札幌市厚生局）〈北海道大学教育学部〉
1968 昭43	1／27．月）「アメリカの公的扶助」関谷耕一（北大）〈北大クラーク会館〉
	2／24．月）「イギリスにおける社会福祉の諸問題」飯田一道（前ロンドン・スクール・オブ・エコノミクス）〈北大クラーク会館〉
	3／21．月）「婦人更生の問題点」飯島奈美（北海道婦人相談所）〈北大クラーク会館〉
	5／－．月）「児童相談の現状と問題点」菅原孝義（北海道中央児童相談所）〈北海道大学教育学部〉
	6／29．月）「医療社会事業について」萱場孫一（札幌医科大）〈北大クラーク会館〉
	8／3．月）「老人福祉の問題点」三好俊夫（札幌養老院）〈北大クラーク会館〉
	9／22．第7回大会〈北海道大学法文教室〉　◎シンポジウム　「産炭地における生活保護」司会者・関谷耕一（北大），提案者・佐々木泰雄（夕張市福祉事務所）／菅原孝義（中央児相）／水野一宇（道立総合経済研究所）／辻川輝夫（赤平社協）
	9／22．機関誌『北海道社会福祉研究』創刊　◎研究発表「北海道社会事業現代史考・序説」三吉明（北星学園大）／「北海道に於ける心身障害者の社会復帰状況に関する調査研

第1章　北海道部会史

	究」忍博次（北星学園大）　◎事業報告「北海道社会福祉学会編集委員の委嘱および任務」，「北海道における社会福祉の研究者，実務家，関係諸機関のコミュニケーションの役割を果たすとともに，学問的にも調査研究を発表する手段とし，両者相まって福祉の向上に貢献しうるもの」「発刊の辞」（後藤平吉）より
	9／23～24．第16回日本社会福祉学会大会〈北星学園大学〉北海道社会福祉学会として全面協力
	11／11．月）「近年の『社会福祉国家論批判』について」後藤平吉（札幌大）〈北海道大学教育学部〉
1969 昭44	4／26．月）「被保護世帯の生活水準」伊田慶三郎（小樽市福祉事務所）〈北大クラーク会館〉
	6／28．月）「現在における保育所の諸問題」水岡かおる（中の島保育所）〈藤女子短期大学〉
	9／7．第8回大会〈藤女子短期大学〉　◎研究報告とシンポジウム（内容不明） ＊代表理事　後藤平吉（札幌大）
	9／7．機関誌『北海道社会福祉研究』第2号発行　◎「保育志望高校生の意識態度について」白佐俊憲（北海道栄養短大）「養護老人ホームにおける収容実態と居室編成上の着眼」増谷久罵（北海道民生部）　◎事業報告
	10／25．月）「欧州の特殊教育」忍博次（北星学園大）〈道社協会館〉
	12／13．月）「勤労青少年調査結果について」板垣弥之助（青少年育成協）〈道社協会館〉
1970 昭45	1／31．月）「北海道行刊史の考察」重松一義（札幌刑務所）〈道社協会館〉
	3／14．月）「家庭福祉について」後藤平吉（札幌大）〈道社協会館〉
	5／16．月）「福祉事務所における職員の価値志向」松井二郎（北星学園大）〈道社協会館〉
	6／13．月）「施設におけるリハビリテーション」在原力（北湯沢リハビリセンター）〈道社協会館〉
	9／23．第9回大会〈北星学園大学〉　◎講演「家族福祉対策と家族福祉事業」後藤平吉（藤女子大）
1971 昭46	2／20．月）「板書による施設養護の実際」若林平三郎（南藻園）〈道社協会館〉 （ママ）
	4／24．月）「保育行政上の諸問題」吉村信義（札幌市福祉課）〈道社協会館〉
	8／29．第10回大会〈文化女子大室蘭短期大学〉　◎講演「医療の現場から社会福祉を考えて」伊藤嘉弘（室蘭病院祝津分院）
	9／18．月）「勤労青少年ホームについて」小山田康（勤労青少年ホーム館長）〈勤労青少年ホーム〉
	12／18．月）「社会福祉専攻学生の意識について」永田勝彦（北星学園大）〈道社協会館〉
1972 昭47	2／12．月）「社会福士法案について」白沢久一・松井二郎（北星学園大）〈労農会館〉
	6／17．月）「企業保育所の問題」和野内崇弘（静修短大）〈北光教会〉
	8／19．月）「アルコール中毒患者とワーカーの役割」佐々木敏明（精神衛生センター）〈北光教会〉

	9／3．第11回大会〈北海道拓殖短期大学〉 ◎シンポジウム 「70年代の老人福祉」 司会者・後藤平吉（藤女子大），提案者・井上正夫（清和園長）／高橋順（高橋神経科病院）／脇坂園子（納内婦人会長）／三吉明（北星学園大） 参加者150名 ＊会員名簿150部印刷配布，道内登録者数108名（うち理事10名）	
1973 昭48	4／21．月）「脳卒中後遺症のリハビリテーションについて」忍博次（北星学園大）〈北光教会〉	
	9／22．月）「韓国における国際会議（スライド）」三吉明（北星学園大）〈北光教会〉	
	10／7．月 第12回大会〈道立保育専門学院〉 ◎シンポジウム 「地域福祉と住民参加」 司会者・後藤平吉（藤女子大），提案者・花岡美保子（道農協婦人部）／川西清（納内コミュニティ審議会）／辻川輝雄（赤平社協）／太田義弘（北星学園大） ＊代表理事以下留任，新任理事・山田泰作（道社協事務局長），会計監事・上田歓子（北の星保育園長），登録会員77名	
1974 昭49	4／27．月）「米国ソーシャルワーク理論の最近の動向」松井二郎（北星学園大）〈北光教会，12名参加〉	
	6／22．月）「地方自治と福祉」矢島博（帯広大谷短大）〈北光教会，17名参加〉	
	9／1．月 第13回大会〈帯広大谷短期大学〉 ◎シンポジウム 「地方自治と社会福祉」 司会者・三吉明（北星学園大），提言者・佐々木広司（帯広福祉事務所長）／在原力（北湯沢リハビリセンター）／野口武雄（大樹町長）／後藤平吉（藤女子大） ＊登録会員89名	
	12／7．月）「アメリカの社会福祉施設」相河アイ子（北海道家庭生活カウンセリングセンター事務局長）〈北光教会，12名参加〉	
1975 昭50	3／29．月）「最近の売春と婦人問題」萱場孫一（道婦人相談所長）〈北光教会，12名参加〉	
	4／19．月）「欧米諸国の住民参加の実情」佐藤実（道庁）〈北光教会，12名参加〉	
	6／28．月）「養護学校の現状と問題点」八幡紀男（中央中学校）〈北光教会，12名参加〉	
	8／16．月）「最近のソ連・北欧の社会福祉視察から学んだもの」方波見雅夫（道経済総合研究所）〈北海道家庭生活総合カウンセリングセンター，以下略称「家庭C.C.」〉	
	9／7．月 第14回大会〈家庭C.C.〉 ◎シンポジウム 「社会福祉施設の現状と問題点」 司会者・後藤平吉（藤女子大），提言者・森口正道（北湯沢リハビリセンター）／広瀬清蔵（黒松内つくし園）／井馬皇一（北海道民生部）／矢島博（帯広大谷短大） ・当日参加全員会費100円	
1976 昭51	2／21．月）「農村における特別養護老人ホームの認知について」米本秀仁（新十津川かおる園）吉岡三千子（新十津川かおる園）〈北光教会〉	
	3／27．月）「ファミリーカウンセリングの課題」佐藤八重子（家庭C.C.）〈家庭C.C.〉	
	4／24．月）「精神薄弱者と地域福祉」野村健（銀山学園）〈家庭C.C.〉	
	5／15．月）「社会福祉見直し論と福祉施策」後藤平吉（藤女子大）〈家庭C.C.〉	
	7／24．月）「ボランティア運動について」高橋謙四郎（道社協）〈家庭C.C.，18名参加〉	
	9／5．月 第15回大会〈文化女子大室蘭短期大学〉 ◎シンポジウム 「『福祉見なおし』論をめぐって」 司会者・高内智海（文化女子大室蘭短大），発表者・吉田精一（室蘭市福祉事務	

第1章　北海道部会史

	所長）／西川喜太郎（室蘭市民生委員総務）／森岡永吾（緑生の里理事長）／後藤平吉（藤女子大）　参加者40名
	12／8．月）「ノルウェーの老人福祉」三谷鉄夫（北大）〈家庭C.C.〉
1977 昭52	2／19．月）「学校連盟セミナーの状況」忍博次（北星学園大）〈家庭C.C.〉　参加者13名
	5／14．月）「スエーデンの社会福祉（スライド）」杉山善朗（札幌医科大学）〈家庭C.C.〉参加者30名
	6／18．月）「米国の共同募金運動（スライド）」平中忠信（共同募金会）〈家庭C.C.〉
	9／10．月）「アメリカにおける社会福祉教育の現状」太田義弘（北星学園大）〈家庭C.C.〉
	9／23．第16回大会〈北星学園大学〉　◎シンポジウム　「障害児の義務教育化をめぐって」司会者・留目金治（藤女子大），発題者・菊池曜一（美唄学園長）／島村恒三（手稲中学）／熊谷靖夫（札幌市教育委員会指導主事）／木村謙二（北星学園大学長） ＊代表理事・三吉明（北星学園大），常任理事・伊藤博（北大），後藤平吉（藤女子大），山田晋（拓殖短大），山田泰作（道社協），平中忠信（北海道共同募金会），佐々木敏明（精神衛生センター），齋藤圭紀（慈啓会病院），会計理事・太田義弘（北星学園大），「10月の社会福祉学会で北海道関係理事が三吉・白沢に代わって忍博次が選ばれ今後3年間中央との連絡にあたる。」・個人会員77名，団体会員7団体　参加者150名
	9／23．機関誌『北海道社会福祉研究』第3号発行　◎発刊の辞　三吉明「財政上の理由で長い休刊の時代が続いたが……今回の発刊については，特に会員の佐藤八重子氏（家庭C.C.理事長）の大いなる励ましがあった。」◎「最近の養護相談における破綻家庭傾向ついて」白井重（中央児相）「アルコール中毒患者およびその家族の心理的・社会的変容と援助」佐々木敏明（道精神衛生センター）「障害児教育に対する教師の態度」忍博次（北星学園大）伊藤枝美子／学会日誌　三吉明／◎名簿
	11／19．月）「北欧の老人福祉（スライド）」齋藤圭紀（慈啓会病院ケースワーカー）〈家庭C.C.〉　参加者28名　・第1回理事会開催
	12／1．かねてから要望の高かった会報（菊判4頁）発刊，今後年4回刊行予定
1978 昭53	1／21．月）「外国人カウンセリングの実際—留学生を中心として—」伊藤博（北大）〈家庭C.C.〉　参加者14名
	7／29．月）「米国におけるソーシャル・ワーク活動とソーシャル・ワーカーの役割」太田義弘（北星学園大）〈家庭C.C.〉　参加者34名　・理事会開催，53年度大会の件
	9／17．第17回大会〈天使女子短期大学〉　◎特別講演「家族計画と家族福祉—国際会議に出席をして—」後藤平吉（藤女子大）　参加者100名
1979 昭54	1／25．機関誌『北海道社会福祉研究』第4号発行　◎「我が国における社会保障制度の現状について」矢野根善八（道都大）／「高齢化社会の経営問題へのアプローチ」高内智海（室蘭短大）／「工業都市における老人世帯の生活実態」後藤昌彦（道都大）／「イギリスの地区総合病院におけるMSW活動」三田村玲子（天使病院）／「行政における住民参加—北海道発展計画の策定を中心に—」「北海道発展計画策定プロセス」／◎昭和52年収支決算報告／◎昭和53年収支決算報告
	9／8．第18回大会〈道都大学〉　◎統一テーマ「地域福祉の確立をめざして」　◎記念講演

355

第Ⅳ部　日本社会福祉学会地方部会史

	「地域福祉とボランティア活動」後藤平吉（藤女子大）　◎シンポジウム　「地域と施設を巡る諸問題」　司会者・矢島博（帯広大谷短大），発題者　「児童の立場から」湯浅正邦（生田原ひまわり学園長）／「障害者の立場から」佐々木敏明（道精神衛生センター）／「老人の立場から」増谷久馬（札幌西円山病院）／「地域の立場から」宮野誠保（道都大） ＊代表理事・三吉明（北星学園大），会計理事・太田義弘（北星学園大），常任理事・後藤平吉（藤女子大），佐々木敏明（道立精神衛生センター），平中忠信（共同募金会事務局長），山田泰作（道社会福祉協議会），齋藤圭紀（慈啓会病院），伊藤博（北大），福島正治（道都大），理事・高内智海（文化女子大室蘭短大），矢野博（帯広大谷短大），会計監事・佐藤八重子（家庭C.C.）・個人会員92名，団体会員7団体
1980 昭55	3／29．月）「北欧の生活」梅沢京子（北海道青少年婦人事務局）相河アイ子（家庭C.C.）／「東南アジアの旅」遠藤昭子（家庭C.C.）〈家庭C.C.〉
	4／15．機関誌『北海道社会福祉研究』第5号発行　◎「高齢化社会の経営問題へのアプローチ(Ⅱ)」高内智海（文化女子大室蘭短大）／「精神薄弱児（者）の就職と養護訓練」安井正市（北海道社会福祉協議会）／「養護施設における集団処遇について―集団主義養護とグループワークの比較検討を通して―」北川清一（道都大）／「千歳市における障害児の療育・保育の発展(Ⅰ)」清野茂（道都大）／「千歳市における障害児の療育・保育(Ⅱ)」阿部哲美（千歳市福祉事務所）／「地域福祉対策について―老人福祉対策の現状と課題―」矢島博（帯広大谷短大）／「行政における住民参加」佐藤実（北海道庁）湯浅国勝（北海道庁）／◎学会報告・収支決算予算・新役員
	4／19．月）「北欧の医療と福祉」忍博次（北星学園大）〈家庭C.C.〉
	9／7．第19回大会〈道社会福祉総合センター〉　◎講演「ソーシャルワークとその実践モデルの動向」太田義弘（北星学園大）・個人会員90名，団体会員5団体
1981 昭56	7／18．月）「北海道における精神医学ソーシャル・ワーカーの現況」金田迪代（道立精神衛生センター）〈家庭C.C.〉
	9／15．第20回大会〈北星学園大学〉　◎講演「個別援助の視点と福祉」黒田知篤（道精神衛生センター）　参加者150名　・当日参加費一般300円，学生100円 ・個人会員85名，団体会員2団体
1982 昭57	6／19．月）「フランスおよびベルギーの婚外子法」石川恒夫（北星学園大）〈北星学園大〉　理事会，57年度大会について
	9／12．第21回大会〈釧路市総合福祉センター〉　◎講演「家族機能の変質と保育施設の役割」後藤平吉（藤女子大）　参加者一般45名，学生27名 ＊代表理事・太田義弘，常任理事・三吉明，伊藤博，後藤平吉，佐々木敏明，佐藤八重子，平中忠信，会計理事・杉岡直人，理事・高内智海，宮野誠保，会計監事・相河アイ子
1983 昭58	10／1．月）「イギリスの小都市における老人福祉活動」三田村玲子（渓仁会定山渓病院）理事会，58年度大会について
	11／3．第22回大会〈北星学園大学〉　◎講演「北海道社会事業の歴史」三吉明（北星学園大）　・当日参加費一般500円，学生200円 ＊代表理事・太田義弘（北星学園大），常任理事・三吉明（和泉老人福祉専門学校），伊藤博（北大），後藤平吉（藤女子大），佐藤八重子（家庭C.C.），平中忠信（北海道共同募金会），佐々木敏明（道立精神衛生センター），会計理事・杉岡直人（北星学園大），理事・高内智海

第1章 北海道部会史

		（文化女子大室蘭短大），宮野誠保（道都大），会計監事・相河アイ子（家庭 C.C.）
1984 昭59	5／19．月）	「北海道における社会福祉の課題」三吉明（前学会代表理事）
	7／21．月）	「脳波を指標とした精神薄弱児へのアプローチ」豊村和真（北星学園大）
	9／9．	第23回大会〈道社会福祉総合センター〉 ◎講演「生活基盤と福祉」山本順子（北星学園女子短大）
		＊代表理事・太田義弘（北星学園大），常任理事・三吉明（和泉老人福祉専門学校），伊藤博（北大），後藤平吉（藤女子大），佐藤八重子（家庭 C.C.），平中忠信（北海道共同募金会），佐々木敏明（道立精神衛生センター），会計理事・杉岡直人（北星学園大），理事・高内智海（文化女子大室蘭短大），宮野誠保（道都大），会計監事・相河アイ子（家庭 C.C.）
	12／1．月）	「養護施設におけるグループ・ワークの実践」北川清一（道都大）
1985 昭60	3／2．月）	「母子家庭にみる老後問題」後藤昌彦（藤女子短大）
	3／20．	機関誌『北海道社会福祉研究』第6号発行 ◎巻頭言 三吉明（日本ソーシャルワーカー協会理事）／◎「援助と自助」太田義弘（北星学園大）／「高齢化社会の経営問題へのアプローチ」高内智海（文化女子大室蘭短大）／「地方小都市における母子家庭の生活」後藤昌彦（藤女子短大）／◎北海道社会福祉学会報告／◎北海道社会福祉学会会員名簿・個人会員79名，団体会員2団体，「広大な社会福祉の専門領域の分化に対応して，特殊分化した学会や研究組織が次々と生成するにおよび，その独自の活動への期待がいささか希薄化し，このところやや停滞気味の感を拭えない……そのために北海道社会福祉学会が，複雑に分化した社会福祉を共通の土俵で模索する機会提供の場へと脱皮・再認識されるような活動を今後積み上げていかなければならない……」「編集後記」（太田義弘）より
	5／21．月）	「英国における施設ケアの動向―英国福祉施設のガイドライン―」松井二郎（北星学園大）〈家庭 C.C.〉
	7／6．月）	「精神分裂病のリハビリテーションに関する史的背景と意味」大島侑（道都大）〈家庭 C.C.〉
	9／15．	第24回大会〈道都大学〉 ◎シンポジウム 「自立を考える」 司会者・大島侑（道都大），シンポジスト「精神科医師の立場から」井本浩之（道立紋別病院）／「老人福祉の立場から」三田村玲子（西円山病院）／「身体障害児・者福祉の立場から」清野茂（名寄女子短大）／「研究者の立場から」白沢久一／忍博次（北星学園大）
	11／30．月）	「児童福祉の現状と課題」木藤茂男（札幌市総務局）〈家庭 C.C.〉
1986 昭61	3／1．月）	「ニュージーランドの社会福祉」白沢久一（北星学園大）〈家庭 C.C.〉
	3／14．	機関誌『北海道社会福祉研究』第7号発行 ◎発刊の辞 太田義弘（北海道社会福祉学会代表理事）／◎論文「函館慈恵院創立の一考察」平中忠信（北海道共同募金会）／「衰退都市室蘭の高齢化対策を考える」高内智海（文化女子大室蘭短大）／「地域づくりにおけるボランティア活動について」佐藤實（北海道庁）／「知恵おくれと共に生きるまちづくり」野村健（銀山学園）／「クライエント援助システムの展開」太田義弘（北星学園大）／「ソーシャル・ワーク実践志向としてのコンピテンス」中村佐織（日本女子大）／「機関誌『北海道社会福祉研究』の発刊に際して，財団法人北海道新聞社会福祉振興基金『研究資料作成費』助成を受ける」「あとがき」より
	5／24．月）	「民生・児童委員として考えること」伊藤博（北大）〈家庭 C.C.〉

第Ⅳ部　日本社会福祉学会地方部会史

	7／26．月）「アジアの家族とその生活」李光五（韓国・北大文学部院生）／李学東（中国・北星学園大研究生）〈家庭 C.C.〉
	9／7．第25回大会〈道社会福祉総合センター〉　◎講演「行政の立場から社会福祉の現状を問う」吉村信義（札幌市福祉部長） ＊代表理事・太田義弘（北星学園大），常任理事・後藤平吉（藤女子大），平中忠信（北海道共同募金会），伊藤博（北大），三吉明（和泉老人福祉専門学校），中垣内義也（北海道社会福祉協議会），佐々木敏明（道立精神衛生センター），佐藤八重子（家庭 C.C.），会計理事・杉岡直人（北星学園大），理事・大島侑（道都大），高内智海（文化女子大室蘭短大），会計監事・相河アイ子（家庭 C.C.）　・個人会員78名，団体会員2団体
	11／22．月）「北海道における社会福祉協議会活動と住民自治組織との関係について」山田泰作（札幌学院大）〈家庭 C.C.〉
1987 昭62	3／7．月）「ボランティア活動をめぐる諸問題」杉岡直人（北星学園大）〈家庭 C.C.〉
	3／20．機関誌『北海道社会福祉研究』第8号発行　◎「実践としての過程概念」太田義弘（北星学園大）／「『山谷孤児院』『北海孤児院』『トラピスト修道院の孤児院』等の史実について」平中忠信（北翔会）／「衰退都市室蘭の高齢化対策を考えるⅢ―第3回室蘭市総合基本計画の枠組み―」高内智海（文化女子大室蘭短大）／「福祉行政の転換期を迎えて―社会保障制度の転換をふまえて―」吉村信義（札幌市役所）／「在宅福祉時代の高齢者住宅―老人ホームにかわるものとして―」杉岡直人（北星学園大）／「サンフランシスコ市の在宅福祉サービス―The Adult Service Program をめぐって―」中村佐織（日本女子大）／「小規模通所施設の実態と課題―身体障害，精神遅滞，精神障害をもつ人たちの社会参加の拠点づくり―」喜多祐荘（道都大）／「元来北海道社会福祉学会は，地方での独自の学術研究と実践の高揚と交流の場として設立されたもの……で，独立した組織をもち固有な学会活動を展開してきているが，他方で日本社会福祉学会の支部としての機能も併備している。学会員の約40％は日本社会福祉学会の会員でもあるが，半数強は独自の会員である。」『社会福祉学』28－1）
	5／23．月）「札幌市の町内会・自治会活動」杉岡直人（北星学園大）〈家庭 C.C.〉
	7／18．月）「北海道における共同作業場の現状と課題―精神障害者の場合―」佐々木敏明（元北海道立精神衛生センター北海道庁衛生部）〈家庭 C.C.〉
	9／15．第26回大会〈北星学園大学〉　◎講演「最近の英国での福祉事情―6月選挙を中心に―」白沢久一（北星学園大）　・個人会員会員76名，団体会員2団体
	11／28．月）「フランスとイタリアの福祉事情」永田勝彦（北星学園大）〈北星学園大学〉
1988 昭63	2／20．'87北海道福祉セミナー〈道社会福祉総合センター〉（前年発足した北海道ソーシャルワーカー協会との共催）テーマ「福祉は今，その動向と課題―福祉制度改革と社会福祉職資格法をめぐって―」
	3／15．機関誌『北海道社会福祉研究』第9号発行　◎「衰退都市室蘭の高齢化対策を考えるⅣ」高内智海（室蘭短大）／「家族療法とソーシャル・ワーク」太田義弘（北星学園大）／「資格制度と専門性―PSWの立場から―」丸山裕子（道音更リハビリ）／「在宅療養者家族の会　発足と活動経過」三田村玲子他（西円山病院）／「高校生の進路に関する意識調査」板垣弥之助（札幌市青少年センター）／「山谷孤児院の考証」平中忠信（北翔会）／「都市民生委員の活動課題」伊藤博（北大）

第1章　北海道部会史

	6／4．月）「実践を支える価値の課題」太田義弘（北星学園大）〈北星学園大学〉
	7／7．北海道福祉セミナー〈朝里観光ホテル〉（北海道ソーシャルワーカー協会と共催）◎テーマ「ソーシャルワークと地域福祉」
	7／16．月）「韓国における精神薄弱者施設の現状」野村健（銀山学園）〈北星学園大学〉
	9／18．第27回大会〈帯広大谷短期大学〉 ◎講演「学習障害について」宮本実（帯広大谷短大）
	＊代表理事・太田義弘（北星学園大）、常任理事・後藤平吉（藤女子大）、平中忠信（北翔会）、伊藤博（北大）、三吉明（和泉老人福祉専門学校）、中垣内義也（北海道社会福祉協議会）、佐々木敏明（北海道衛生部保健予防課）、佐藤八重子（家庭C.C.）、野村健（銀山学園）、会計理事・杉岡直人（北星学園大）、理事・大島侑（道都大）、高内智海（文化女子大室蘭短大）、会計監事・相河アイ子（家庭C.C.） ・個人会員76名，団体会員２団体
	12／3．月）「北海道における低所得貧困層の分布と存在量」杉村宏（北大）〈北星学園大学〉
1989 昭64 平元	2／3．月）「最近のアメリカ社会福祉事情」松井二郎（北星学園大）〈北星学園大〉
	3／3．北海道福祉セミナー〈道社協会館〉（北海道ソーシャルワーカー協会と共催） ◎テーマ「施設は今，その方向」
	3／15．機関誌『北海道社会福祉研究』第10号発行 ◎「ソーシャル・ワーク実践へのエコシステムの視座」太田義弘（北星学園大）／「山谷孤児院の考証（その２）」平中忠信（北翔会）／「衰退都市室蘭の高齢化対策を考えるⅤ」高内智海（文化女子大室蘭短大）／「精神障害者施設の地域開放と住民」中村佐織（日本女子大）／「アメリカ・ソーシャルワークにおける個人開業の動向―1980年代を中心に―」丸山裕子（道音更リハビリ）／「社会復帰過程における精神障害者に対するソーシャル・ワーク援助の視点に関する一考察」中村和彦
	5／27．月）「ボランティア活動の成果と問題点」杉岡直人（北星学園大）〈北星学園大学〉
	7／29．月）「大都市の福祉行政の問題点―特に Personal Social Service を中心に―」吉村信義（札幌市児童相談所長）〈北星学園大学〉
	9／23．第28回大会〈北星学園大学〉 ◎シンポジウム 「福祉実践と福祉改革―３福祉審議会と市町村の福祉―」 司会者・忍博次（北星学園大）／「保育の分野について」伊藤克美（大谷地たかだ保育園長）／「障害者福祉の分野について」三戸部隆（道福祉村生活課主任）／「老人福祉の分野について」石川秀也（特養静芳園総務課長）／「地域福祉（社協）について」増井時治（千歳市社協）／「児童相談所について」吉村信義（札幌市児童相談所長）／「福祉事務所について」白沢久一（北星学園大）
	＊代表理事・白沢久一（北星学園大）、常任理事・後藤平吉（藤女子大）、平中忠信（北翔会）、伊藤博（北大）、三吉明（北海道介護福祉専門学校）、中垣内義也（北海道社会福祉協議会）、佐々木敏明（北海道衛生部保健予防課）、佐藤八重子（家庭C.C.）、野村健（銀山学園）、山田泰作（札幌学院大）、会計理事・杉岡直人（北星学園大）、全国理事・忍博次（北星学園大） 理事・喜多祐荘（道都大）、高内智海（文化女子大室蘭短大）、鈴木幸雄（帯広大谷短大）、会計監事・相河アイ子（家庭C.C.） ・個人会員80名，団体会員２団体
1990 平2	2／24．特別シンポジウム〈北星学園大学〉 ◎テーマ「町村の福祉サービス（パーソナルサービス）は如何にあるべきか」 司会者・白沢久一（北星学園大）／「町村の福祉サービスの現状と課題」神山貢（共和町民生課長）／「支庁行政から見た町村の動向と課題」八反田進（渡島支庁社会福祉課長）／「道の町村における福祉サービスの推進課題」河部輝幸

	（道生活福祉部総務課係長）／「過疎町村の福祉計画」杉村宏（北大）
	3／15. 機関誌『北海道社会福祉研究』第11号発行　◎福祉関係三審議会意見具申特別シンポジウム記録　A，福祉改革と福祉実践　B，町村の対人福祉サービスは如何にあるべきか／◎「婦人における生殖機能の老化をみつめて」三田村玲子ほか（西円山病院）／「育児施設『北星園のあゆみ』」平中忠信（北翔会）／「高齢者相談にみる福祉ニーズの考察」中村健治／「長寿社会を考える室蘭市民会議」高内智海（室蘭短大）／◎道内社会福祉関係資料・報告書（1985～89）
	5／12. 月）「福祉意識の構造をめぐって」永田勝彦（北星学園大）〈北星学園大学〉
	9／22. 第29回大会〈北星学園大学〉　◎シンポジウム　「保健，医療分野からの高齢社会への対応について」　司会者・杉岡直人（北星学園大）／「北海道の保健医療サービス調整チームの活動推進について」内藤靖子（道地域医療課看護係長）／「老人町村における保健医療福祉の連携について―鷹栖町のケア―」西永俊幸（鷹栖町保健指導係長）／「保健婦活動からの問題提起」高村範子（新篠津村保健指導係長）・会員107名，団体会員2団体
	12／1. 月）「老健施設の機能について」米本秀仁（北星学園大）〈北星学園大学〉
1991 平3	2／23. 月）「オランダの社会福祉」杉岡直人（北星学園大）〈北星学園大学〉
	3／31. 機関誌『北海道社会福祉研究』第12号発行　◎特集　保健，医療分野からの高齢社会への対応について「保健所保健・福祉サービス調整推進会議について」内藤靖子（北海道保健環境部地域医療課看護第一係長）／「鷹栖町の保健福祉医療の連携」西永俊幸（鷹栖町民生課社会福祉係長）／「町村における保健婦活動の実践」高村範子（新篠津村役場保健婦）／◎「室蘭市における在宅福祉の展開について」高内智海（文化女子大室蘭分大）／「小樽孤児院・小樽成育院を守り育てた輿水伊代吉・いくの業績について」平中忠信（北翔会）／「重度障害者の自立における影響要因」野川道子（北海道大医学部付属病院）／「里親制度の振興の方策」広瀬清蔵（北海道里親連合会会長）／「英国の Social Planning―A.Walker 教授の見解―」白沢久一（北星学園大）
	5／11. 月）「北欧の老人保健をめぐって―在宅福祉を中心に―」前田信雄（札幌医科大）
	9／21. 第30回大会〈北星学園大学〉　◎シンポジウム「マンパワー問題について―教育の場から―」　司会者・白沢久一／「大学から」米本秀仁（道都大）・喜多祐荘（道都大）／「短大から」鈴木幸雄（帯広大谷短大）／「専門学校から」対馬輝美（日本福祉学院）・個人会員110名，団体会員3団体
	11／2. 月）「英国のケース・マネージメント―在宅福祉中心に―」ディビット・チャリス（英国ケント大学対人社会サービス研究所副所長）
1992 平4	4／30. 機関誌『北海道社会福祉研究』第13号発行　◎特集「社会福祉マンパワー問題―教育の場から―」／「高齢社会における対人サービスのニーズと専門従事者の教育」喜多祐荘（北海道介護福祉専門学校）／「社会福祉マンパワー問題について」米本秀仁（北星学園大）／「マンパワー問題―専門学校の立場から―」対馬輝美（日本福祉学院）／「福祉マンパワー問題の現状と課題―養成校における就職状況の特徴と課題について―」鈴木幸雄（道医療大）／◎論文「開拓使の「賑恤規則」制定をめぐって」平中忠信（北翔会）／「国民のニードと社会福祉教育システム」喜多祐荘（北海道介護福祉専門学校）／「札幌市における区社協の課題」柏浩文（札幌市社協）／「老人福祉施設における離床促進のために」湯浅国勝（道庁）／「北海道における老人保健施設の現状について」米本秀仁（北星学園大）／

第1章　北海道部会史

	「ターミナル・ケアに関する家族社会学的研究(1)」杉岡直人ほか（北星学園大）／◎書評　松井二郎著『社会福祉理論の再検討』杉村宏（北大）
	7／18．月）「早期療育システムについて」喜多祐荘（北海道介護福祉学校）〈北星学園大学〉
	9／23．第31回大会〈北星学園大学〉　◎シンポジウム　「北海道における福祉改革の課題と展望」　司会者・伊藤博（北海道介護福祉専門学校）／「身体障害者問題について」野村健（銀山学園）／「老人福祉問題について」坂野英昭（幸栄の里）／「児童福祉問題について」宮川功（札幌市児童相談所） ＊学会事務局が北星学園大から北海道介護福祉専門学校へ移ることに伴い、代表理事・伊藤博、会計理事・喜多祐荘を選出、他の理事は留任　・個人会員112名，団体会員3団体
	11／3．月）「オーストラリアの老人福祉」J.S. Lawson（ニューサウスウェールズ大学），解説　前田信雄（札幌医大）〈道民活動センター〉
1993 平5	11／30．機関誌『北海道社会福祉研究』第14号発行　◎「「福祉人物史」旭川盲聾学院の創立者・南雲総次郎」平中忠信（北翔会）／「社会福祉実践における価値問題」田中耕一郎（北星学園大大学院生）／「障害者に対する住民の態度」忍博次（北星学園大）／「過疎地における高齢女性の家族研究(1)」松山博光（道都大）／「イギリスの国民保健サービス改革における内部市場の導入」野川道子（道医療大）／「札幌の在宅福祉—現状と課題」吉村信義（札幌市在宅福祉サービスセンター）／「市町村福祉保健時代における高齢者地域ケアの推進について」湯浅国勝（道庁）／「《高齢者憲章の制定》をテコにゴールドプラン推進について」高内智海（室蘭短大）／「市町村老人保健福祉計画の策定」佐藤實（道庁）／「若年者に対する社会福祉教育の課程（試論）」喜多祐荘（北海道介護福祉専門学校）／◎1992年度活動報告，事業計画，会計報告，会員名簿　・個人会員117名，団体会員4団体
	12／5．第32回大会〈道社会福祉総合センター〉　◎シンポジウム　「地域における福祉の現状と課題」　司会者／「家族（在宅）」鹿野鉄（ボケ老人を抱える家族会）／「町村」野村健（銀山学園）／「都市」吉村信義（札幌市在宅福祉サービス）　参加者50名 ＊代表理事・伊藤博（北海道介護福祉専門学校），理事・白沢久一（北星学園大）杉岡直人（北星学園大），平中忠信（北海道社会福祉史研究会），中垣内義也（北海道社会福祉協議会），佐藤八重子（家庭 C.C.），野村健（銀山学園），松山博光（道都大），杉村宏（北大），鈴木幸雄（北海道医療大），高内智海（文化女子大室蘭短大），吉村信義（札幌市在宅福祉サービス協会），会計理事・喜多祐荘（北海道介護福祉専門学校），会計監事・相河アイ子（家庭 C.C.），全国理事・松井二郎（北星学園大）
1994 平6	12／10．機関誌『北海道社会福祉研究』第15号発行　◎「宮崎大四郎と啄木と社会事業」平中忠信（北翔会）／「黒松内つくし園のあゆみ」広瀬清蔵（黒松内つくし園）／「寮母の専門性と就業に関わる調査」松山博光（道都大）／「学校福祉活動への期待と展望」田中敦（北星学園大大学院生）／「都道府県別にみた家族形態と老人保健・福祉事業の関係」佐藤秀紀（道医療大）／「高齢者が必要とする保健医療福祉情報に関連する要因」佐々木敏明・佐藤秀紀・中嶋和夫（道医療大）／「北海道高齢者保健福祉計画の推進について」湯浅国勝（道庁）／「ケア・マネージメントの実際と考察」工藤博・吉村信義（在宅福祉サービス協会）／◎1993年度事業報告・1994年度事業計画・会計報告・会員名簿
	12／18．第33回大会〈道社会福祉総合センター〉　◎シンポジウム　「福祉対象をめぐる諸課題」　提言者・「児童」清水洋（札幌市総合福祉センター長）／「高齢者」工藤博（札幌市

361

第Ⅳ部　日本社会福祉学会地方部会史

	在宅福祉サービス協会）／「知的障害者」大坂徳昭（剣淵北の杜舎SW）／「家族」善養寺圭子（家庭C.C.理事）
1995 平7	3／19.月）「介護保険をめぐる動向と課題」岡部和夫（北海道社会福祉協議会事務局長）〈道民活動センター〉
	5／27.月）「21世紀の人間福祉の構築をめざして—生活福祉学の方法—」一番ヶ瀬康子（東洋大学教授）〈道民活動センター〉
	9／23.第34回大会〈道社会福祉総合センター〉◎テーマ「北海道の社会福祉サービスの活性化を考える」◎シンポジウム「北海道の社会福祉サービス開発の条件」司会・吉村信義／シンポジスト・工藤昭（白老町社協）、小林繁市（伊達市立通勤センター）、高倉淳（栗山町福祉課）／コメンテーター・高橋則克（道生活福祉部）、横山純一（北星学園大）・参加費、一般1000円、学生500円 ＊代表理事・高山武志（北海道医療大）、理事・伊藤博（北海道介護福祉専門学校）、杉岡直人（北星学園大）、平中忠信（北海道社会福祉史研究会）、岡部和夫（北海道社会福祉協議会）、佐藤八重子（家庭C.C.）、野村健（銀山学園）、杉村宏（北大）、伊藤淑子（北海道医療大）、吉村信義（北海道女子大開設準備室）、高内智海（文化女子大室蘭短大）、全国理事・松井二郎（北星学園大）、忍博次（北星学園大）、会計理事・鈴木幸雄（北海道医療大）、会計監事・相河アイ子（家庭C.C.）
	9／23.機関誌『北海道社会福祉研究』第16号発行　◎「障害者のエンパワーメントに関する考察—エンパワーメントの操作的概念と施設利用者の権利問題—」田中耕一郎（北星学園大大学院）／「北海道の老人日常生活用具給付等における福祉用具の年間供給量に関連する要因」中嶋和夫・佐藤秀紀（道医療大）／「都市高齢者の介護不安とインフォーマルネットワーク」平賀明子／「北海道における老人保健福祉事業と社会的要因の関係」佐藤秀紀・中嶋和夫（道医療大）／「小林運平と小樽盲唖学校（その1）—明治期盲唖教育—」平中忠信（北翔会）／◎研究ノート「援助者の対応に見る在宅福祉サービス供給の課題」横山奈緒枝／事業報告・事業計画・会計報告／◎会員名簿／◎研究誌投稿規定　・個人会員134名、団体会員6団体
	11／24.月）「人を支えるケア」馬場寛（ストックホルム市社会福祉第15区高齢者・障害者課責任者），シャシティーン・馬場（ストックホルム教師専門大学大学院）〈道社会福祉センター〉
1996 平8	3／1.「北海道社会福祉合同研究大会」開催要項決定，1．目的　社会福祉の領域と職種を超えて総合的な研究活動を推進し，あわせて相互理解と交流を図ることを目的とする。2．共催団体及び実行委員の選出，下記の共催団体より選出された実行委員（各団体より1〜2名）をもって大会準備委員会を構成する。[共催団体]　・北海道ソーシャルワーカー協会　・北海道MSW協会　・日本PSW協会北海道支部　・北海道社会福祉士会　・北海道介護福祉士会　・北海道地域福祉学会　・北海道社会福祉学会　3．スケジュール　3月　準備委員会発足，4月　開催要項発送，演題募集，6月　演題募集締め切り，8月　抄録原稿締め切り，大会要旨集印刷，9月　北海道社会福祉合同研究集会，10月　反省会
	3／23.月）「高齢社会における高齢者の人権と法律」内田信也（北海道合同法律事務所弁護士）〈道社会福祉総合センター〉
	3／26.合同研究大会第2回準備委員会

第1章　北海道部会史

	4／25．第3回準備委員会
	5／23．第4回準備委員会
	6／15．月）「イギリスにおける施設ケア改革の系譜―老人ホームケアに焦点を当てて―」米本秀仁（北星学園大）〈道社会福祉総合センター〉　・1996年度第1回理事会
	6／27．第5回準備委員会
	7／25．第6回準備委員会
	8／19．第7回準備委員会
	9／11．ISSN（国際標準逐次刊行物番号）の取得，ISSN1342-4378，キイ・タイトル：Hokkaido shakai fukushi kenkyu
	9／26．第8回準備委員会
	10／4．日本社会福祉学会公開シンポジウム〈北海道自治労会館〉「公的介護保険徹底解剖―在宅サービス供給体制を中心に―」司会・忍博次（北星学園大）／シンポジスト・白戸一秀（道社協地域課長），岩見太市（渓仁会医療福祉部長），吉田義人（栗山町福祉課主幹），前沢政次（北大医学部教授）　・日本社会福祉学会主催への協力
	10／4～5．第35回大会・第1回北海道社会福祉合同研究大会〈道社会福祉総合センター〉◎大会テーマ「いい福祉つくろう，北海道発！―領域と職種を越えて―」　◎記念講演「老いても障害をもっても輝くために―専門職に期待すること―」大熊由紀子（朝日新聞論説委員，大阪大学客員教授）
	10／5．機関誌『北海道社会福祉研究』第17号発行　◎特集　北海道社会福祉学会第34回大会シンポジウム　「北海道の社会福祉サービス開発の条件―財源・人材・ネットワーク―」／◎論文「施設処遇におけるパターナリズムと自己決定をめぐる問題―インフォームド・コンセントの視点から―」田中耕一郎（北星学園大大学院生）／「都市高齢者の介護不安と社会的ネットワーク―武蔵野市と札幌市の比較―」平賀明子／「高齢者の性別にみたAPDLと主観的幸福感の関連度」佐藤秀紀・中嶋和夫（道医療大）／「ソーシャルワークの価値と倫理に関する考察―新生児病棟の1事例に対する援助を通して―」鶴田光子（道医療大）／◎研究ノート「精神医学フィールドにおけるソーシャルワーク実践研究の課題」丸山裕子／「少年救護施設・大正期の統合化までの概要」平中忠信（北翔会）／「福祉実践領域におけるトレランス機能―北見工業大学公開講座再考―」志村健一／◎実践報告「町社協と共同でふれあえ町づくり―平成7年度事業を中心として―」広瀬清蔵（黒松内つくし園）／◎事業報告・事業計画・会計報告・会員名簿／◎学会誌編集規定・投稿規定　・個人会員142名，団体会員5団体
1997 平9	3／22．月）「フィンランドの地方分権と高齢者福祉―福祉保健包括補助金制度と市町村―」横山純一（北星学園大）〈道社会福祉センター〉
	6／21．月）「『北海道モデル』への期待」古瀬徹（北海道医療大）
	11／1．日本社会福祉学会公開シンポジウム〈札幌市社会福祉総合センター〉　◎「児童・障害者・高齢者の社会福祉計画を問う―地域への総合支援体制を求めて―」　司会・伊藤淑子（北海道医療大）／シンポジスト・武田俊彦（道高齢者保健福祉課長），伊藤たてお（道難病連事務局長），村上勝彦（帯広けいせい苑施設長）／コメンテーター・高橋則克（道総合企画部計画課主幹）　・日本社会福祉学会主催への協力　シンポジウム開催費250,000円を

		学会から補助された。
		11／1～2．第36回大会・第2回合同大会〈札幌市社会福祉総合センター〉 ◎大会テーマ「いい福祉つくろう，北海道発！─領域と職種を越えて─社会福祉実践の共通基盤を探る」 ◎記念講演「社会福祉実践の共通基盤を探る」一番ヶ瀬康子（長崎純心大） ＊代表理事・古瀬徹（北海道医療大），理事・松井二郎（北星学園大），伊藤淑子（北海道医療大），吉村信義（北海道女子大），栄坂幹雄（北海道介護福祉専門学校），平中忠信（北海道社会福祉史研究会），佐藤八重子（家庭C.C.），野村健（銀山学園）杉岡直人（北星学園大），杉村宏（北大），高内智海（文化女子大室蘭短大），岡部和夫（北海道社会福祉協議会），全国理事・忍博次（北星学園大），会計理事・鈴木幸雄（北海道医療大），会計監事・相河アイ子（家庭C.C.）・個人会員152名，団体会員5団体
		12／20．機関誌『北海道社会福祉研究』第18号発行 ◎特集 第1回北海道社会福祉合同研究大会分科会報告／第1分科会「わが町のケアマネージメント」 司会・椎谷淳二（北海道医療大）／第2分科会「利用者の人権」 司会・米本秀仁（北星学園大）／第3分科会「見つめ直そう，家族への援助」 司会・伊藤淑子（道医療大）／◎論文「「共生」概念の再検討─共生圏域の問題を中心に─」田中耕一郎（道女子大）／「日本の里親制度に関する基礎的考察」鈴木幸雄（道医療大）／「都道府県における介護サービス基盤の整備に関する研究─都道府県老人保健福祉計画の実現に向けて─」岡田直人（日本福祉学院）／◎研究ノート「痴呆老人のグループケア（グループホーム）と家族との連携に関する取り組み」宮崎直人・大久保幸積（幸豊ハイツ）／「小池九一の私立札幌報恩学園の創設をめぐる考察」平中忠信（北翔会）／◎調査報告「ひとり親家族の生活と社会関係─全道と札幌市における生別による母親の検討から─」岩田美香（北大大学院院生）／◎事業報告・事業計画・会計報告・会員名簿／◎学会誌編集規定・投稿規定
1998 平10	3／18．月）「北海道における社会福祉の今後の方向について」〈北海道社会福祉センター〉 武田俊彦（北海道保健福祉部高齢者保健福祉課長）	
	7／4．月）「ケアマネージメントの有効性の再検討─イギリスの経験をふまえて─」 高橋誠一（札幌大）〈道社会福祉総合センター〉	
	11／7．第37回大会・第3回合同大会〈道社会福祉総合センター〉 ◎大会テーマ「いい福祉つくろう，北海道発！─領域と職種を越えて─社会福祉実践の共通基盤を探る」 ◎記念講演「社会福祉実践の共通基盤を探る」仲村優一（淑徳大） ◎基調講演「社会福祉基礎構造改革の基本理念と展望」炭谷茂（厚生省社会・援護局長） ◎シンポジウム 「社会福祉基礎構造改革の理想と現実」 司会者・吉村信義（北海道女子大），シンポジスト・横井寿之（当麻町かたるべの森）／本間和彦（遠軽町福祉課主幹）／コメンテーター・炭谷茂（厚生省社会・援護局長）	
	＊代表理事・古瀬徹（北海道医療大），理事・松井二郎（北星学園大），伊藤淑子（北海道医療大），吉村信義（北海道女子大），栄坂幹雄（北海道介護福祉専門学校），平中忠信（北海道社会福祉史研究会），佐藤八重子（家庭C.C.），野村健（銀山学園），杉岡直人（北星学園大），杉村宏（北大），高内智海（文化女子大室蘭短大），岡部和夫（北海道社会福祉協議会），全国理事・忍博次（北星学園大），会計理事・鈴木幸雄（北海道医療大），会計監事・相河アイ子（家庭C.C.）・個人会員152名，団体会員5団体	
	12／20．機関誌『北海道社会福祉研究』第19号発行 ◎特集 第2回北海道社会福祉合同研究大会記念講演「社会福祉実践の共通基盤を探る」一番ヶ瀬康子（長崎純心大）／◎特集 日本社会福祉学会公開シンポジウム報告「児童・障害者・高齢者の社会福祉計画を問う─地	

第1章　北海道部会史

	域への総合支援体制を求めて—」／◎特集　第2回北海道社会福祉合同研究大会全体会（分科会）報告／◎論文「社会福祉施設におけるオンブズマンに関する検討—その機能と諸条件—」田中耕一郎（道女子大）／◎研究ノート「重症心身障害児者の障害の重度化と福祉」石川丹、藤崎賢治（札幌市児童福祉総合センター）／「介護保険制度導入後におけるデイサービス事業の在り方を考える」林芳治（美唄市社協）／「都市貧困者の実態と札幌の地域的社会事業—1920年代より1930年代を中心にして—」平中忠信（北翔会）／◎海外報告「北欧における高齢化政策の最近の動向—北欧諸国と日本のセミナーに出席して—」古濱徹（道医療大）／◎特別寄稿「日系人高齢者への治療的介入」アン・O・フリード（ボストンカレッジ名誉教授）訳・川村深雪（美深高）／◎事業報告・事業計画・会計報告・会員名簿／◎学会誌編集規定・投稿規定
1999 平11	3／20．月）「イギリスにおけるチャイルドプロテクションと学校ソーシャルワーク」松本伊智朗（札幌学院大）〈道社会福祉センター〉
	5／22．月）「地域ケアシステムの課題」太田貞司（北海道女子大）〈道社会福祉総合センター〉
	11／3．第38回大会〈道社会福祉総合センター〉　◎記念講演「スウェーデンの福祉と住宅政策」小川信子（北海道女子大） ＊代表理事・横井寿之（北海道医療大），理事・松井二郎（北星学園大），伊藤淑子（北海道医療大），吉村信義（北海道女子大），太田貞司（北海道女子大），平中忠信（北海道社会福祉史研究会），佐藤八重子（家庭C.C.），野村健（銀山学園），杉岡直人（北星学園大），忍博次（北星学園大），高内智海（北海道福祉衛生専門学校），岡部和夫（北海道社会福祉協議会），全国理事・杉村宏（北大），会計理事・鈴木幸雄（北海道医療大），会計監事・相河アイ子（家庭C.C.）　・個人会員165名，団代会員4団体
	12／20．機関誌『北海道社会福祉研究』第20号発行　◎特集　第3回北海道社会福祉合同研究大会記念講演「社会福祉実践の共通基盤を探る」仲村優一（淑徳大）／◎特集　第3回北海道社会福祉合同研究大会シンポジウム　「社会福祉基礎構造改革の理想と現実」／◎論文「「合計特殊出生率」の市町村格差に関連する社会経済的要因の検討」佐藤秀紀・佐藤秀一（青森県立保健大）・鈴木幸雄（道医療大）／「脳卒中患者の在宅ケアを阻害する要因に関連する研究」鷹野和美（北大医学部）・松浦信（道都大）・三重野英子（大分医科大），「ニュージーランドにおける権利擁護システムの視点」八巻正治（梅花女子大）／「地域で自立生活を送る知的障害者の健康と生活習慣—グループホーム利用者の自覚的健康度と生活習慣の調査から—」安井友康（道教育大岩見沢校）／「北海道における成人里子の生活と意識」鈴木幸雄他（道医療大）／◎調査報告「札幌市内在住の重症心身障害児者の実態（1998年7月調査報告）」藤崎賢治，石川丹（札幌市児童福祉総合センター）／◎事業報告・事業計画・会計報告・会員名簿／◎学会誌編集規定・投稿規定
2000 平12	12／20．機関誌『北海道社会福祉研究』第21号発行　◎特集　北海道社会福祉学会第38回大会記念講演「スウェーデンの福祉と住宅政策」小川信子（北海道女子大）／◎特集　北海学園大学経済学部創立50周年記念講演「現代日本の福祉・生活・経済—社会福祉と経済学—」一番ヶ瀬康子（長崎純心大）／◎論文「障害者運動研究における〈比較〉の視点と方法」田中耕一郎（道女子大）／「わが国の保健福祉学の動向と課題」佐藤秀紀（青森県立保健大）／「機能不全家族に関するシステム理論モデル」鞠子英雄（青森県立保健大）／「離島地域の高齢者福祉サービスのあり方に関する基礎的研究—北海道羽幌町天売島・焼尻島の調査結果を中心に—」志水幸（道医療大）／「新たなセイフティー・ネット再編に向けて」小早川

365

	俊哉（道都大）／◎研究ノート「地域の高齢者保健福祉施策に関する一考察」齋藤征人（道医療大大学院院生）／◎実践報告「大学附属病院におけるボランティア導入の経過と今後の方向―患者さんと病院との架け橋として―」湯浅国勝（道庁）／◎事業報告・事業計画・会計報告・会員名簿／◎学会誌編集規定・投稿規定
2001 平13	3／18．第39回大会〈道社会福祉総合センター〉 ◎記念講演「社会福祉における権利擁護について―虐待の事例に学ぶ―」西村武彦（道央法律事務所弁護士）
	12／２．第40回大会〈北海道医療大学サテライトキャンパス〉 ◎記念講演「支援費制度の課題と社会福祉の今後の動向」小林繁市（伊達市立地域生活支援センター所長） ＊理事名簿（任期2001年12月〜2003年11月）代表理事・横井寿之（北海道医療大），理事・米本秀仁（北星学園大），杉岡直人（北星学園大），伊藤淑子＊（北海道医療大），岡部和夫（道浅井学園大），吉村信義（道浅井学園大），太田貞司＊（道浅井学園大），平中忠信（北海道社会福祉史研究会），佐藤八重子（家庭C.C.），野村健（銀山学園），林康裕（道社会福祉協議会），杉村宏（法政大学），全国理事・松井二郎（北星学園大），会計理事・鈴木幸雄＊（北海道医療大），会計監事・相河アイ子（家庭C.C.）（＊は学会誌編集委員）・個人会員154名，団体会員４団体（カウンセリングセンター，道社会福祉協議会，学校法人日栄学園，社会福祉法人幸清会）
	12／20．機関誌『北海道社会福祉研究』第22号発行 ◎特集「社会福祉における権利擁護について―虐待の事例に学ぶ―」西村武彦（道央法律事務所）／◎論文「インクルーシヴ社会構築への視座」八巻正治（梅花女子大）／「定年退職者の生きがいづくりに関する研究（その1）（その2）」佐藤秀紀・佐藤秀一・山下弘二（青森県立保健大）・福渡靖（山野美容芸術短大）・鈴木幸雄（道医療大）／「日本と中国の社会的養護のシステムに関する考察」金潔（大正大大学院院生）／「アメリカのステップファミリー研究」七尾真白（北大大学院院生）／「札幌市在住の重傷心身障害児（者）の実態Ⅱ」藤崎賢治・石川丹・辰田収・倉橋容子・作田亜也子（札幌市児童福祉総合センター）／「保健・福祉サービスの利用に関する考察」今井良子（道釧路保健所）／「心身障害者地域共同作業所の設立と実践課題」齋藤誠一（共同作業所・WAYWAYすていしょん）／◎事業報告・事業計画・会計報告・会員名簿／◎学会誌編集規定・投稿規定
2002 平14	11／30．第41回大会〈道社会福祉総合センター〉 ◎記念講演「地域生活支援と社会福祉の動向」牛谷正人（滋賀県甲賀郡地域生活支援センター所長）
	12／20．機関誌『北海道社会福祉研究』第23号発行 ◎特集 第40回大会記念講演「支援費制度の課題と今後の可能性」小林繁市（伊達市立通勤センター旭寮長）／◎論文「わが国の介護サービス供給体制における市場化の実態とその到達点」佐橋克彦（帯広大谷短大）／「定年退職者の健康状況・健康管理状況の特徴」佐藤秀紀，佐藤秀一，山下弘二（青森県立保健大学），福渡靖（NPOヘルスプロモーション・フロンティア）／「障害のある児童生徒の就学する学校に関する調査研究」白石淳（道浅井学園大）／「北海道における苦情処理システムの現状」大友芳恵（道医療大，道福祉サービス運営適正委員会苦情解決委員会委員）／◎事業報告・事業計画・会計報告・会員名簿／◎学会誌編集規定・投稿規定 ・個人会員154名，団体会員４団体

第 2 章
東北部会史

田代　国次郎
遠藤　久江

1　東北部会初期の状況

　東北部会の活動は1959年10月30日，11月1日に開催された，第7回日本社会福祉学会大会に始まる。この時，学会会員は宮城県7名，岩手県1名，秋田県1名そして青森県1名の計10名であった。記録によると学会員は日本社会福祉学会東北支部結成に向けて活動を開始したと記されている。東北部会の発会式の記録を見いだすことはできないが，その後の部会の活動を見ると，東北部会は1962年に結成された「日本ソーシャルワーカー協会東北支部（1970年東北ソーシャルワーカー協会に名称変更）」（支部長・佐伯眞雄）の活動と深く関連しながら展開してきたといえる。その理由は東北部会の会員の多くが，東北ソーシャルワーカー協会の会員と重なっていたためである。すなわち，1963年度の学会会員は27名，東北ソーシャルワーカー協会会員は66名でほとんどが重複した会員資格を持っており，また，9割が宮城県の者であった。

　東北の社会福祉研究は仙台市が中心であった。仙台市が東北の中心であったというだけでなく，東北においてはだだ一つの4年制福祉系大学である東北福祉大学の存在も大きかった。以下当時活動していた研究会の設立時と名称を挙げてみる。1966年6月文化人類研究会，1968年，病院PSW研究会（後に宮城県PSW協会に発展），地域精神衛生研究会（担当：精神衛生センター），実践哲学研究会（担当：精神衛生センター），少年問題懇談会（担当：児童相談所），ケースワークの基礎論文集研究会（担当：鉄道弘済会），仙台医療社会福祉研究会（代表・田代国次郎），1969年グループワーク研究会（後に宮城県グループワーク研究会

になる），1970年公的扶助研究会（助言者・田代不二男，田代国次郎），1972年コロニー研究会（後に障害者福祉研究会に名称変更），1977年宮城県社会事業史研究会（世話人・本間敏行）等であった。これらはすべて宮城県を中心に活動していた研究会であった。他県の状況としては，1968年福島県ソーシャルワーカー協会（会長・永井健二，後に福島県社会福祉研究会と名称変更），1972年福島県児童問題研究会（代表・遠藤千枝子），1969年秋田県社会福祉研究会結成，同年，岩手県ソーシャルワーカー協会（事務局，盛岡市福祉事務所内），1972年東北ソーシャルワーカー協会青森支部，少し後に，1985年山形県ソーシャルワーカー協会結成などを見ることができる。

2　東北における社会福祉研究活動の背景

　東北地方はわが国の産業経済発展のもとで，1950年代後半から急激な変貌をきたしてきた。福島県下常磐炭鉱の閉山，太平洋岸のコンビナート化，仙台新港の開港にともなう流通産業の変貌，青森県むつ市の開発，出稼ぎ労働者の移動等は若年労働力の都市集中をもたらし，農業後継者不足，その延長線上に後継者なしの現象をきたし，農山村の過疎化の進行を加速させていった。
　これら生活環境の変化，さまざまな局面での生活の困難さに対応するために，現場のソーシャルワーカーと研究者が一体となって問題解決への実践，研究が展開していった。その研究，実践活動の中核をなしたのは日本ソーシャルワーカー協会東北支部であった（1970年からは東北ソーシャルワーカー協会に変更）。ここには筑前甚七（1919～1998）の長年にわたる献身的な努力があった。筑前甚七は宮城県中央児童相談所に勤務し，戦後の児童福祉行政を担ってきた。その後，コロニー創設や民間社会福祉の育成に関係し，退職後は福祉教育にも携わり，広く社会福祉実践と研究に貢献した。特に，1960年に結成された日本ソーシャルワーカー協会が5，6年で，活動停止状態になったとき，「日本ソーシャルワーカー協会の灯はどんなことがあっても消してはならない」という固い決意を持って活動し，その拠点として東北ソーシャルワーカー協会を位置づけて，事務局長の任についていた。このような経緯の中で，東北の社会福祉研

究・実践活動は筑前甚七の熱意と労を惜しまない謙虚な姿勢が吸引力となって続けられた。先に挙げた各種研究会の主要メンバーが日本ソーシャルワーカー協会東北支部及び日本社会福祉学会東北支部活動を表裏一体となった形で支えていたのである。

3　東北社会福祉研究の特色

　東北における社会福祉研究活動は2つのセミナーによって代表される。毎年春に開催される「東北地区（ブロック）セミナー」と秋に開催される「東北社会福祉合同セミナー」であった。前者は東北各地を持ち回りで開催し，優れた各地の実践報告や多くの問題提起がなされる会合であった。研究組織が未成熟な県や活動しようと動き出した県などに働きかけて開催し，現場の会員を励まし，研究活動を支える役割を果たした。一方「東北社会福祉合同セミナー」は，基調講演やシンポジュウムを企画し，研究発表を中心に据えて開催された。「東北社会福祉合同セミナー」には東北福祉大学が毎年20万円の助成をしてくれたために，会場はおおむね東北福祉大学で開催された。これらの研究会活動は日常の社会福祉現場のワーカーをはじめ研究者およびその周辺の人々を広範に巻き込んだ活動であったために，研究成果は公開され，開放的であった。東北における社会福祉研究と実践は，社会福祉各分野や関係機関の壁を越えて，横断的な活動の伝統を作っていくことになったといえる。

　東北社会福祉研究の内容は，『東北社会福祉研究』として機関誌に掲載されている。その成果を概観すると，以下のことがいえる。

　① 時代に即して常に社会福祉の課題，ニーズを明らかにしようとしている。1970年代は公的扶助，児童福祉，医療福祉の現場から事例的報告及び現状報告が多くなされている。これは各種研究会が事例研究を行っていたことによると思われる。しかし，この研究方法は時代が進むと共に，地域福祉，障害者福祉，老人福祉へと広がり，単に事例の報告にとどまらず，実践的な試みの報告へと発展し，実践の方法論を提示しているものもある。各種セミナーや研究会の参加者はその多くは実践家集団であることを考えると，この種の報告や研究は日

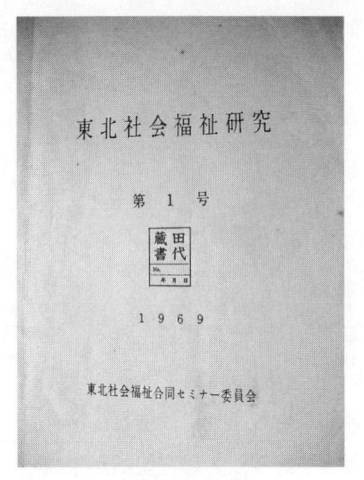

『東北社会福祉研究』第1号

頃の仕事へのヒントを与え，自らの実践を客観化する助けをしたのではないかと想像される。

② 東北地区の社会福祉研究は歴史研究が盛んであり，すぐれた成果を多く輩出している。仙台基督教育児院研究，福島県に於ける感化救済事業研究，東北三県凶作と岡山孤児院貧孤児収容の研究，東北六県の教護院における処遇方法史における研究等，その後社会福祉学会の中で集大成していく歴史研究の萌芽はこの東北社会福祉研究から出発している。

③ 東北という地域社会から派生する社会福祉のニーズとその問題に対して，その対象論や処遇論を確立していきたいとの思いは強いものがあった。しかし，東北の実践を普遍化しうる社会福祉理論の体系化が十分なされていないという問題は残る。しかし，これは東北地区の問題だけでなく，わが国の社会福祉研究全体に，社会福祉実践を体系化する社会福祉理論が構築されていないのではなかろうか。

『東北社会福祉研究』は第1号（1969年）から第21号（1991年）まで発行されている。長らく東北ソーシャルワーカー協会会長を担っていた大坂譲治の証言によると，この研究誌は途中財政的に発行が困難な状況に陥ったが，宮城県共同募金会による10万円から20万円の助成があり発行を継続することができた。しかし，宮城県共同募金会の配分委員会は『東北社会福祉研究』であるならば，東北各県の共同募金会からも助成があってしかるべきではないかとの見解で，助成を中止したために，以後発行が困難になっていった。

その他，1977年日本社会福祉学会東北部会の会員が中心となって「東北社会福祉史研究連絡会」が結成され，さかんに地域社会福祉史の発掘研究が進められ，その成果は『東北社会福祉史研究』第1号（1978年）から第21号（2003年）に発表されている。

4　東北部会の活動の断面

　日本社会福祉学会は1970年代を迎えて，社会福祉系大学も全国各地に開設され会員も増加してきた。また，社会福祉現場における新しい社会福祉ニーズへの取り組みの中で，既存の社会福祉理論と実践の枠組みでは捉えきれない課題に立ち向かった会員たちによって，学会の研究水準の向上と，学会運営のあり方について問題提起がなされていた。第17回大会時の総会においてなされたこの種の問題提起に対して，東北部会は早速取り組みをして，第18回大会時の総会に東北部会案として提出した。その内容は，①学会地区の区分及び地区会委員数比例による理事選出案，②理事選出は1大学1名とし，2名以上の場合は最高得点者とする，③全国理事会は，原則として東京にて開催，④理事会出席旅費は，実費で学会負担とする，⑤学会費は2000円とする，⑥学会誌は年2回，ニュースは年4回発行する，⑦地区別編集委員会を設置，⑧社会福祉学および社会福祉教育カリキュラム検討委員会設置，というものであった。学会の総会において学会改革案を提出したのは，関東部会と東北部会であった。

　また，1971年「社会福祉士法」制定試案が中央社会福祉審議会から発表された後，学会として社会福祉専門職問題検討委員会が設置され，各ブロックからの意見聴取があった折りには，東北ブロックとしても建設的な意見を開示している（『社会福祉学』第12号，1972年9月，p. 5）。

5　東北部会の現状と課題

　1990年代に入ってからは岩手県立大学，青森県立大学，弘前学院大学，仙台大学等，東北各地に4年制福祉系の大学が開設され，学会員で東北を拠点に活動する者も急増してきた。この時期東北部会は新たな時期を迎えている。1996年第30回を迎えた「東北社会福祉合同セミナー」は東北地区のソーシャルワーカー協会の改組により，形式や内容を変えて，名実ともに日本社会福祉学会東北支部としての活動を希求することとなった。1年間の準備期間を経て，1998

年日本社会福祉学会と東北社会福祉合同セミナー共催で，合同シンポジウムを開催した。しかし，この形も継続することができず，2001年にはじめての東北部会研究大会を開催することができた。

　東北部会としては，幹事会および大会において，以下のことを確認して活動を進めることにした。①学会員の研究活動の指針と支援：東北6県の県別，地域別に学会員の研究活動や所属研究会等について，その実態を把握し，部会として財政的支援を行うなどの研究活動の活性化の推進をはかる。②東北部会としての特色ある研究活動の推進，東北の地域特性に根ざした研究活動を発掘，促進し，将来的には「東北の福祉」のような形あるものにしていく研究活動を推進していく。

　翌年には第2回東北部会研究大会（盛岡市福祉会館）を開催し，定期的に幹事会を開催し，ニュースレターの発行（8月・3月），東北部会会員へのアンケート調査（2001年度実施）の集約と報告書の作成，東北部会の研究報告書等の発行に向けての準備もなされた。

　2003年度東北部会活動方針（2003年7月21日，日本社会福祉学会理事会報告より）として，年1回の研究大会の開催，各県に幹事1名を置き，地域ごとの研究活動状況の把握と情報交換の促進，研究情報誌の発行の検討，①部会としての特色ある研究活動の推進——東北の地域特性に根ざした研究を発掘，促進し，将来は「東北の福祉」のような形あるものにする，②学際的研究活動の推進——地域福祉，社会政策学，社会学，農村（生活）学，建築，都市計画等の学会，研究会との合同研究企画，③実践＝「現場」との連携——社会福祉士会，介護福祉士会などの専門的，職能団体との連携のもとに，共同的な研究活動を進める，④研究報告誌の発行，⑤ニュースレターの年2回発行などが提示されている。部会としての特色ある研究活動として東北の地域特性とそこに根ざした社会福祉研究・実践のあり方を模索していこうとしているが，この視点はかつて東北部会が東北ソーシャルワーカー協会と表裏一体となって活動していた時期から，一貫して追い続けているテーマでもある。

　10名の学会員ではじまった東北部会は今日では250余名を数えるまでになっている。多くの会員による豊かな研究・実践が展開していくことが期待される。

第2章　東北部会史

年表　日本社会福祉学会東北部会年表

年	活　動　状　況
1959 昭34	10／30～11／1．第7回，日本社会福祉学会大会が東北福祉短期大学で開催される。参加者180名。東北部会創設を目指して活動している
1962 昭37	7／11．東北地区社会福祉セミナー〈宮城県社協〉
	9／―．日本ソーシャルワーカー協会東北支部―東北ソーシャルワーカー協会結成（支部長・佐伯眞雄）
1963 昭38	7／1．各地区連絡理事へ上半期部会還元金が学会事務局より送付される。東北部会として1回分1500円・2回分1900円
	7／30．東北地区社会福祉セミナー第2回，第3回開催
1964 昭39	5／24．東北地区社会福祉セミナー第4回〈宮城県白萩荘〉　◎社会事業各分野の問題点について
1965 昭40	―／―．地方連絡理事として西内潔（東北福祉大）が選出される。
	4／29．東北地区社会福祉セミナー第5回〈宮城県県民会館〉
	8／1．東北地区社会福祉セミナー第6回〈福島市飯坂ゆかり荘〉　◎多問題家族とソーシャルワーク
1966 昭41	4／17．東北地区社会福祉セミナー第7回〈仙台市ユネスコ会館〉
	10／2．東北地区社会福祉セミナー第8回〈山形県婦人会館〉　◎ソーシャルワークの現状と課題
1967 昭42	2／―．地方連絡理事として田代不二男（東北大）が選出される。東北社会福祉合同セミナー開始（日本社会福祉学会，東北ソーシャル・ワーカー協会，各県下医療社会事業協会，精神医学ソーシャルワーカー協会，東北児童福祉司会合同）
	2／10～11．第1回東北社会福祉合同セミナー〈不明〉　◎特別講演「ケースワークにおける新しい方向」（小松源助）　参加者200人　発表件数24
	6／10．東北地区社会福祉セミナー第9回〈宮城県庁大会議室〉　◎第13回国際社会福祉会議を中心に
1968 昭43	―／―．福島県ソーシャルワーカー協会，会長永井健二（1974年，福島社会福祉研究会に名称変更），病院PSW研究会（後に宮城県PSW協会に発展），地域精神衛生研究会（担当：精神衛生センター），実践哲学研究会（担当：精神衛生センター），少年問題懇談会（担当：児童相談所），ケースワークの基礎論文集研究会（担当：鉄道弘済会），仙台医療社会福祉研究会（代表，田代国次郎）
	5／11．東北地区社会福祉セミナー第10回〈仙台市八階ホール〉　◎地域ぐるみの精薄者受け入れ体制
	12／7．第2回東北社会福祉合同セミナー〈不明〉　◎特別講演「社会福祉と人権」（谷川貞夫）　参加者250人　発表件数28
1969 昭44	5／23～24．東北地区社会福祉セミナー第11回〈山形県上山市エコー荘〉　◎変貌する農村と社会福祉
	11／29～30．第3回東北社会福祉合同セミナー〈不明〉　◎特別講演「精神医療とソーシャ

373

ルワーク」（遠藤康）　参加者250人　発表件数37

11／30．秋田県社会福祉研究会発足・岩手県ソーシャルワーカー協会（事務局，盛岡市福祉事務所），グループワーク研究会（後に宮城県グループワーク研究会になる）

『東北社会福祉研究』第1号発行（発行月日不明）　理論：「自我指向的ケースワークの方法について」中村啓／「フロイドにおける人格形成の概観」杉本太久哉／「スーパービジョン試論」板橋登美，筑前甚七／「小児を取り扱う場合の保護者との初回面接」上野幸子／「社会福祉対象論に対する諸構想」田代国次郎　公的扶助：「公的扶助ケースワークの問題点と関連機関との連携」寺崎聖／「イギリスの補足性給付制度の問題点」田代不二男／「東京都における生活保護の実態とその経済的背景について」小針靖　児童福祉：「施設入園児中特に生活指導上に問題となるケースの取り扱いについて」佐藤信，小川泰治，伊藤幸子，斉藤薫，狩野みよ子，石川涼子／「集団非行児のケースについて」古積士道／「青年期の非行し意的傾向との関係について（相談経過からの考察）」新宮幸子／「少年院仮退院者の予後考察」鈴木重夫／「乳児院措置児童の追跡調査について」福田治子／「農村における祖母の役割少年非行」岩淵忠正／「精神薄弱犯罪者のケースワーク」栗崎和夫／「児童の性的倒錯ケースの家族的背景について」筑前甚七／「三歳児検診の一考察」岡嶋泰子／「性格異常少年のケースワーク」斎田てい／「交通違反少年のケースワーク」平戸勇四郎　障害児者福祉：「在宅身障者の援護について」谷藤正郎　医療福祉：「精神病院における患者家族会について」鐘重太郎，伊香龍美／「仙台市保健所におけるM・S・Wの現状」菊地祐子，大友喜久子，伊藤嘉朗／「患者動向からみた問題ケースの接近」大住満喜子／「地域精神衛生活動について—精神衛生相談からの反省—」久道堯子　その他：現代家族と自殺問題」武永親雄

| 1970昭45 | 5／1．『東北社会福祉研究』第2号発行　理論：「社会福祉対象論に対する諸構想(2)」田代国次郎／「ケースワークの対象と診断の問題」　イ）問題とそのアプローチの方法について・中村啓　ロ）登校拒否児のケースにおけるその適用の試み・遠藤克子　ハ）限界級知能＋精神病質のケースにおけるその適用の試み・加藤委奈子　ニ）医療放置の精神分裂病者のケースにおけるその適用の試み・新宮幸子／「問題ケースの傾向的分類と指導について」菅本清治／「Old Poor Law成立の社会的条件についての一試論」岩本政次　公的扶助：「秋保町における被保護世帯の変遷について」佐々木宏司　児童福祉：「0歳児保育の問題点」七尾ミヨ／「最近の薬物等嗜用少年の概況について」黒田正大／「一時保護所における保護児童の推移」渡部武子／「精薄非行少年の一事例—ケースワークにおける問題点—」伊達南生子／「宮城県における養護相談の傾向—特に乳児を中心として—」千葉昭一／「放火少年のケースに関する一考察」平戸勇四郎／「過保護が児童に与えた心的変化」千田アキ子　障害児者福祉：「聾者のパーソナリティとその問題点」庄子今朝蔵／「精神薄弱児（者）の職業開拓について」高橋源吉／「在宅身障者への働きかけについて—精神薄弱者への協同訪問の経験から—」　イ）精神衛生活動の概況と問題点・富田千賀子　ロ）精神障害のケースへの働きかけ・太田和子　老人福祉：「老年問題における親子意識」武永親雄　医療福祉：「MSW定着化について—体験的情緒不安の解消のため—」平泉順子／「病院におけるPSWの役割についての考察」佐々木幸子／「中間施設の必要性について」鈴木和子／「院内及び他機関でのMSWの役割」摂待幸子／「院内作業療法施行中の患者に対するグループワーク—レクリェーションを中心として—」目黒義昭／「精神薄弱者入院患者の日用品費について」大友暉子／「集団検診業務における医療社会事業の業務の特異性とそのあり方」南条忠優　地域福祉：「社会福祉協議会の当面する諸問題とその対策」馬場利雄／「青少年の社会環境浄化推進運動について—東京都内某区の学校公害を中心として」及川一美／「小地域社協のあり方」坂田正次　その他：「交通事故による脊髄損傷少年の更生のための関係 |

		機関の連携について」三塚浩一／「速度見越し反応検査における尚早反応及び動揺度についての考察」佐藤良彦
		5／8～9．東北地区社会福祉セミナー第12回〈福島市飯坂〉　◎変貌する東北と社会福祉の課題
		11／3．公的扶助研究会（助言者，田代不二男・田代国次郎）結成
		11／27～28．第4回東北社会福祉合同セミナー　詳細不明
1971 昭46		5／22～23．東北地区社会福祉セミナー第13回〈岩手県雫石町鶯宿〉　◎社会福祉活動と協働化
		7／31．社会福祉専門職制度に関する特別集会
1972 昭47		4／30．『東北社会福研究』第3号発行　理論：「相談業務における実存の意義」杉本太久哉／「社会福祉と行政」加藤展博／「ケースワークにおける診断と処置への試論」新宮幸子／「国際社会事業教育の現状」田代不二男／「ホスピタリズムの現在的特徴」黒田正大　公的扶助：「生活保護における指導指示について」阿部功一／「生活保護世帯の精神薄弱者に対する働きかけの考察」伊área直一，山浦八代／「高校生の自動車事故について」小野恵子　児童福祉：「社会参加をめざす精神薄弱児の指導」永井昭　障害児者福祉：「重度身体障害者収容施設の問題点とその方向について」／板橋正志　医療福祉：「保健所医療社会事業の現状」大友喜紅子／「全ろうを伴った精神分裂患者の家庭復帰事例(1)」目黒善昭／「相談室業務の統計的観察」足利量子／「入院患者の生活の実態」伊香龍美，鐘重太郎／「精神障害者家族の動向と問題点」「1．病院家族会の経過と特徴」太田たき「2．地域家族会の経過と特徴」新宮幸子「3．考察と展望　地域福祉：「児童委員の現状と今後の課題について」筑前甚七　その他：「性格に偏きのある一成人の性犯罪の進展過程とその間の処遇内容並びに今後の問題点」山口清光／「婦人相談の今後の問題点」半沢祥一郎
		7／―．東北地区社会福祉セミナー第14回〈青森市〉
		11／―．第6回東北社会福祉合同セミナー〈東北福祉大学〉　◎基調講演　嶋田啓一郎（同志社大）／「学校福祉の機能と役割に関する一考察」出村和子／「心身障害者コロニーの基本的理念に関する一考察」筑前甚七（宮城県民生部）／「幼稚園教諭の老人福祉像の実態調査」安藤貞雄（東北福祉大）／「生活保護の申請取り下げの実態について」佐俣主紀（石巻福祉事務所）／「社会福祉法人と人口」原田克巳（東北福祉大）／「東北社会福祉事業史の研究と課題（その二）」田代国次郎（東北福祉大） 第20回日本社会福祉学会大会が東北福祉大学で開催され，学会員が増加して40余名になった。福島県児童問題研究会（会長遠藤千枝子），東北ソーシャルワーカー協会青森支部結成
1973 昭48		4／20．『東北社会福祉研究』第4号発行　理論：「社会福祉専門職集団におけるチームワークについて(1)」筑前甚七／「ソーシャルグループワークの発達過程に関する一考察」花村春樹／「ケースワークにおける扶養の問題とその限界—「親族扶養先の原則」の形骸化—」久道国男　歴史：東北社会事業史の研究と課題(1)」田代国次郎　公的扶助：「東北における民間救護施設現状と課題」奥田菊江／「経済給付と福祉サービスの問題についての一考察—ある二つの身障ケースから—」小針靖／「過疎地帯における生保ケースの老人問題について」和気克芳／「福祉事務所の機能について」本田久市　児童福祉：「登校拒否の一事例」柴田忍，菊地武郎，清俊夫／「少年非行をめぐる諸問題の臨床心理的考察」黒田正大／「1対1の教育をはじめてみて」戸松ユキ／「ひよこ組（0，1歳児組）のことばの発達を促す指導について」相馬ともみ　障害児者福祉：「重症児における診断の問題—意義と方向

	について—」西村章次　老人福祉：「保母の老人意識調査」安藤貞雄，及川一美，岩本ヤヨイ，枝松敏子，佐藤容子，塚田博重，威世イク子，五十嵐利恵，菅原栄子　医療福祉：「長期入院患者について」岩井章子／「精神衛生法による保護義務者選任についての一考察」佐藤マサ子／「退院を歓迎されないケースについて」鈴木典子／「医学教育と社会福祉—M・S・Wの発達のために—」摂待幸子／「基準看護業務の実際と公的扶助」早坂幸子／「医療制度を巡る二，三の問題」原田克己　地域福祉：「過疎問題の現状と課題」大友信勝／「過疎町村の現状と住民意識—過疎実態調査にとりくんで—」工藤研二　その他：「裁判所の審判で解決した事例」山口清光，水戸澄雄／「夫婦関係調整事件のケースワーク」伊達南生子
	6／9～10．東北地区社会福祉セミナー第15回〈秋田市，自治会館〉　◎基調講演「東北における社会福祉問題の現状」窪田暁子（日本福祉大）　157名出席
	11／―．第7回東北社会福祉合同セミナー〈東北学院大学〉　「高木憲次と児童福祉法制度」及川一美（立正保育専門学校）・小林又志（元東北福祉大）／「仙台市社会福祉基礎調査報告」小田忠良（東北福祉大）／「荒廃する農山村と貧困」大友信勝（秋田県仙北福祉事務所・現・暁学園短大）／「幼稚園教員の老人福祉像の実態調査」安藤貞雄（緑陽園）／「公的扶助政策の現状と課題」佐俣主紀（石巻福祉事務所）／「社会福祉主事と社会教育主事の問題点」原田克己（淑徳大・元東北福祉大）／「東北社会事業史の研究と課題(三)」田代国次郎（東北福祉大）／「精神分裂病者の就労への働きかけ」新宮幸子（宮城県精神衛生センター）
1974 昭49	6／1．『東北社会福祉研究』第5号発行　500円　理論：「家族間紛争解決へのアプローチ」大沢幸子，伊達南生子／「School Social Work（学校福祉）の機能と役割に関する一考察」出村和子／「心理臨床活動の問題点について」黒田正大／「社会福祉と人口」原田克己　歴史：「東北社会事業史の研究と課題(2)—東北の施設〈処遇〉史検討の一断面」田代国次郎　公的扶助：「生活保護における母子家庭の実態」佐藤弘／「救護施設の問題—浮浪性対象者の取り扱いと問題点—」秋山幸男／「民生員活動の現状と課題—特に貧困と住民運動に関する「意識」調査資料紹介を中心として」本田久一　児童福祉：「保育と児童観」讃岐信孝／「児童の権利思想の発展」堤宏　障害児者福祉：「心身障害者コロニーについての一考察」筑前甚七／「小松島学園におけるクラブ活動の果たす役割」永井義人，伊藤麗子／「重度・最重度精神薄弱児における指導訓育の基点について」丸山理子，菊地昌三　老人福祉：「養護老人ホームにおける老人意識調査」今野博子／「特別養護老人ホームにおける諸問題—老人の生きがいについて—」狩野国彦　医療福祉：「『精神分裂病』者治療の立場」大平常元／「デイケア参加者への働きかけ—ソーシャルワーカーの立場から—」新宮幸子，青木利子／「われわれのデイケアの実態」杉田静子，加藤委奈子　その他：「精神薄弱者の死刑囚A氏の幼女強姦殺人事件は成立するか」奥田菊江
	6／―．東北地区社会福祉セミナー第16回〈宮城県〉
	11／22～23．第8回東北社会福祉合同セミナー〈東北学院大学〉　「福島県社会福祉施設発達史(一)—戦前までの施設及び団体等の創立期を中心として—」菊池義昭（桜ヶ丘学園）／「デンマークにおける社会福祉の実態—特に未婚の母の問題を中心として—」小田忠良（東北福祉大）／「障害者問題と福祉事務所」佐俣主紀（石巻福祉事務所）／「高齢労働者の生活と問題」大和田猛（青森中央短大）／「東北社会福祉事業史の研究と課題（その四）」田代国次郎（東北福祉大）
1975 昭50	11／22～23．第9回東北社会福祉合同セミナー〈東北学院大学〉　◎特別講演「田中正造のこと」林竹二（宮城教育大学長）／「福島県社会福祉施設発達史(一)—戦前までの施設及び団

	体等の創立期を中心として─」菊池義昭（桜ヶ丘学園）／「母親の子供の"遊び"に関する意識」小田忠良（東北福祉大）／「青森市における高齢者雇用状況の一分析」大和田猛（青森中央短大）／「保育園保母の社会意識」安藤貞雄（岩手県立盛岡短大）／「MSW実習の方法論」足利量子（仙台市立病院）／「特別養護老人ホームの現状からみる今後の諸問題」筑前甚七（宮城県和風園）／「東北六県救護施設実態調査報告㈠㈡」「宮城県内A開拓地の生活実態調査報告」田代国次郎（東北福祉大）
	12／25. 『東北社会福祉研究』第6号発行　800円　歴史：「東北社会事業史の研究と課題（その3）」田代国次郎　公的扶助：「全国救護施設実態調査（その1）」奥田菊江　児童福祉：「高木憲次と児童福祉法制定」小林又志、及川一美／「宮城県児童相談所における養護相談の問題について」小針靖　障害児者：「精神薄弱児の福祉について」「その1　精神薄弱者福祉体型における施設の位置づけについて」板橋正志、「その2　コロニーにおける一般的処遇の考察」松本幸雄／「管内生活保護世帯における心身障害児（者）の実態調査について」小笠原正樹　地域福祉：「仙台社会福祉基礎調査報告─特に交通環境の実態から─」小田忠良
1976昭51	6／1. 『東北社会福祉研究』第7号発行　800円　理論：「福祉センターをめぐる団体と行政」原田克己／「社会福祉専門職集団におけるチームワークについて（その2）─児童相談所の場合─」筑前甚七　歴史：「東北社会事業史の研究と課題（その4）宮城県塩釜町内の施設史素描」田代国次郎／「福島県社会福祉施設発達史研究(3)」菊池義昭　公的扶助：「保健所から見た貧困」大友喜久子　児童福祉：「片方親権者となった子どもの福祉に関する諸問題」佐々木光郎、倉目喜一、寺嶋洋平、伊達南生子　障害児者福祉：「「精神薄弱」児施設における生活指導について─生活指導における発達仮説─」阿部美知子、遠藤邦子、菊池義昭、西牧啓子、水野とも子／「重症心身相談における個別処遇のための類型化の試み」堤宏／「心身障害児・者と歯科医療の現状」五十嵐公英、真柳英昭、白戸勝芳、井上博之、岩倉政城、野村興保／「精神薄弱児施設における生活指導理論─処遇理論への仮説的考察─」佐藤光市　老人福祉：「老人の就労と福祉─青森市における若干の高齢者雇用状況調査を例として─」大和田猛　医療福祉：「M.S.W.実習の方法論（その1）」足利量子／「病院ワーカーから見た老人問題の一考察」金井晃／「植物状態患者とその家族の実態」須英英充　地域福祉：「開拓地における福祉問題─栗駒町A開拓地の調査をとおして─」東海林栄芳　その他：「社会福祉の地域計画的研究─社会福祉施設の必要量サービス圏の推定─」筧和夫、萩田秋雄、湯田善郎、平野吉信
	11／27～28. 第10回東北社会福祉合同セミナー〈東北福祉大学〉◎特別講演　三吉明（北星学園大）／「宮城県における障害児保育の現状」木村進（東北福祉大）／「障害児保育をめぐる問題点」出村和子（東北福祉大）／「デンマークの施設における知恵遅れの子どもの処遇」佐藤光市（宮城県亀亭園）／「戦後日本におけるグループワークの研究㈠」北川清一（東北福祉大大学院生）／「東北地方に於ける独居老人の生活実態㈠」安藤貞雄（岩手県立盛岡短大）・矢上克己（青森中央短大）／「東北地方に於ける独居老人の生活実態㈡」田代国次郎（広島女子大）・東海林栄芳（東北福祉大大学院生）／「東北地方に於ける独居老人の生活実態㈢」大和田猛（青森中央短大）／「青少年をとりまく社会環境」小田忠良（東北福祉大）／「福島県における社会福祉施設並びに団体の歴史㈢」菊池義昭（桜ヶ丘学園）／「宮城県における戦後の障害児者サービスの系譜について」本間敏行（東北大）／「社会福祉行政における機構改革について」原田克己（淑徳大）

1977 昭52	6／10.『東北社会福祉研究』第8号発行　900円　歴史：「福島県における「社会福祉」施設及び団体の歴史—明治期の「社会福祉」施設と団体—」菊池義昭／「福島県貧児教育史—明治期の「福島保育学校」を中心として」谷口幸子，佐々木光郎，菊池義昭，塩崎房子　児童福祉：「子供の非行と司法福祉の諸問題—家事・離婚調停事件の事例分析から—」今井悦子　障害児者福祉：「宮城県内「小規模通園施設」実態調査報告」小川泰治／「障害児保育の現状と問題—幼稚園と保育所の比較を中心に—」木村進
	11／26〜27. 第11回東北社会福祉合同セミナー〈東北大学〉◎シンポジウム「社会福祉の専門性を問いなおす」シンポジスト・石郷岡泰（新潟大）・安藤貞雄（盛岡短大）・本田久一（児童福祉司）・足利量子（MSW），助言者・斉藤吉雄（東北大），司会・佐俣主紀（福祉事務所）／「グループワーク記録の検討」花村春樹（東北福祉大）／「精神薄弱者更生施設の処遇」及川一美（立正保育専門学校）／「精神薄弱児施設における生活指導に関する研究—食事指導を中心として—」菊池義昭（桜ヶ丘学園）／「障害児のためのコロニーに関する調査研究」筧和夫（東北大工学部）・萩田秋雄（横浜国立大工学部）／「社会福祉施設の社会化実態調査報告」鈴木幸雄（東北福祉大大学院）／「宮城県における障害児教育・福祉施設の利用圏に関する調査研究」筧和夫・伊藤宏（東北大工学部）／「東北六県における養護施設の生活空間構成に関する研究」筧和夫・平野吉信（東北大工学部）／「宮城県における戦後の障害児者施設サービスの系譜，その2　統計にみられる動向」本間敏行（東北大工学部）／「収容主義福祉施策の一転換」原田克己（淑徳大）／「福島県における「社会福祉」施設及び団体の歴史Ⅳ」菊池義昭（桜ヶ丘学園）／「石井十次の東北における足跡(1)—石井十次と阿部きし—」宮城県社会事業史研究会・筑前甚七（修紅短大）・萩田秋雄（横浜国立大工学部）・本間敏行（東北大工学部）・東海林栄芳（東北福祉大大学院）／「ケースワークにおける対象認識についての試論」遠藤克子（明治学院大付属研究所）／「アメリカにおける児童擁護の歴史的展開」田代不二男（立正大）／「独居老人層の形成について」東海林栄芳（東北福祉大大学院）／「養護老人ホームにおける老人の生活実態調査」安藤貞雄（岩手県立盛岡短大）／「地域福祉活動の方向と展開(→)」大和田猛（青森中央短大） □宮城県社会事業史研究会（世話人，本間敏行），東北社会福祉史研究連絡会（機関誌『東北社会福祉史研究』発行），塩釜・多賀城地区社会福祉研究会組織
1978 昭53	6／10.『東北社会福祉研究』第9号発行　1000円　理論：「ケースワークにおける対象認識についての試論」遠藤克子　歴史：「福島県における「社会福祉」施設及び団体の歴史Ⅳ—福島慈善授産場の対象者の実態—」菊池義昭／「石井十次の東北における足跡—東北の冷害と児童福祉の立場から—」筑前甚七，萩田秋雄，東海林栄芳　児童福祉：「養護施設の生活空間構成に関する研究」筧和夫，萩田秋雄，本間敏行，平野吉信　障害児者福祉：「重いちえ遅れの子どもの生活指導に関する研究Ⅲ—食事指導の方法と教育的発達仮説について—」高田法子／「「精神薄弱」児施設における生活指導について—生活指導における発達仮説—」菊池義昭，遠藤邦子，塩崎房子，筋内恵子，菅野ムツ子／「宮城県における障害児教育福祉施設の利用圏に関する調査研究」筧和夫，本間敏行，伊藤宏／「重症心身障害児の処遇の方向—教育との関連から—」堤宏／「宮城県における戦後の障害児者施設サービスの系譜—その2　統計にみられる施設の動向—」本間敏行，伊藤宏／「社会福祉施設におけるコロニー的施設形態に関する史的考察」筧和夫，萩田秋雄／「社会福祉施設の社会化実態調査報告—宮城県内「精神薄弱児施設」「小規模通園施設」を中心として—」鈴木幸雄　老人福祉：「独居老人層形成について—家族歴の調査をとおして—」東海林栄芳　地域福祉：「地域福祉論の位相—地域福祉活動のための予備的考察—」大和田猛

第2章　東北部会史

	11／25〜26．第13回東北社会福祉合同セミナー〈東北学院大学〉「養護施設児童の運動機能に関する研究(I)(II)」鈴木幸雄（仙台乳児院）・佐々木達雄（月見学園）／「精神薄弱児施設における生活指導に関する研究(Ⅳ)─食事指導の方法と教育的発達仮説について─」菊池義昭（桜ヶ丘学園）／「ケースワーカーの功罪」出村和子／「問題形成，処置に果たす家族の役割」新宮幸子・村上祐子他（宮城県精神衛生センター）／「児童福祉と養護施設入所児(I)」及川一美他（ながい寮）／「遠野物語に見られる老人観について」安藤貞雄（県立盛岡短大）／「社会福祉施設の社会化に関する地域住民の意識調査研究」鈴木幸雄（仙台乳児院）／「青森の施設の社会化について」大和田猛（青森中央短大）／「施設の社会化の視点─養護施設の場合─」大坂譲治（仙台基督教育児院）／「宮城県における障害者福祉施設の利用圏に関する調査研究」筧夫（東北大）・本間敏行他（宮城高専）／「仙台基督教育児院70年史年表草案」鈴木幸雄他（仙台乳児院）／「精薄者ホステルの試み(Ⅱ)」及川一美（立正保育専門学校）
1979 昭54	6／10．『東北社会福祉研究』第10号発行　理論：「ケースワーク研究の功罪（家族援助の評価と展望）」出村和子　歴史：「仙台基督教育児院70年史年表草案」木伏研一，鈴木幸雄／「福島県における感化救済事業ノート─薫陶園の歩みをたどって─(1)」本田久市／「福島県移民史研究１─明治期の海外出稼ぎ移民の統計資料を中心に(1)─」菊池義昭　児童福祉：「養護施設児童の運動機能に関する研究」鈴木幸雄／「児童の福祉と家族構造について(1)」及川一美，金漢善，米山岳広　障害児者福祉：「宮城県における障害児福祉施設の利用圏に関する調査研究」本間敏行，筧夫，伊藤宏，服部孝志／「社会福祉施設の社会化に関する地域住民の意識調査研究─精神薄弱児者施設の周辺住民を中心として─」鈴木幸雄／「心身障害児の集団指導訓練」山崎剛，寺崎聖，橋本峰子，石郷岡みつ子，遠藤昌子，大庭美和子／「精神薄弱児施設における生活指導に関する指導(Ⅳ)─食事指導の方法と教育の発達仮説について─」菊池義昭，塩崎房子，塩田愛子，筋内恵子／「─概念および平衡機能を中心として─」佐々木達雄　老人福祉：「特別養護老人ホームにおける老人の知的考察」安藤正尚／「特別養護老人ホームにおける生活指導のための観察方法」宮本克子，平野玲子
1980 昭55	6／10．『東北社会福祉研究』第11号発行　理論：「戦前社会事業理論史研究ノート（その１）─昭和初期における社会事業論争─」田中治和　歴史：「福島県における公的救済の実態史研究Ⅱ─明治期の国費恤救済の実態について─」菊池義昭／「明治年代の仙台基督教育児院の状況（その１）─復元した日記をもとに─」筑前甚七　公的扶助：「津山町における生活保護の動向について」米山健司　児童福祉：「教護院における児童理解と処遇の方法」堤宏，渡辺よし子／「養護施設における日常生活について」木伏研一，貝塚順子，渡部多恵子，栗田耕子／「問題家庭と家庭福祉─非行の事例を通して─」佐々木光郎　障害児者福祉：「乳児院における発達遅滞児に対する取り組みとその経過」鈴木幸雄，芝原和子／「精神薄弱児施設における生活指導に関する研究(Ⅴ)─教育的発達仮説と文化的行動の道筋の獲得─」筋内恵子，菊池義昭，遠藤邦子，塩田愛子／「日常生活において退行現象を示す重度精神薄弱児の事例について」相沢昭寿，宍戸義光／「宮城県内における障害者制度について─利用数の統計的推移─」島津敏夫，鈴木幸雄　老人福祉：「老人ホームにおける老人の生活─実態調査から─」宮本克子，平野玲子，坂本幸博　地域福祉：「地域医療へのひとつの試み─施設と病院と保健婦との連携─」佐藤くみ子
	11／15〜16．第14回東北社会福祉合同セミナー〈東北学院大学〉「社会福祉の学問的性格について」田中治和（東北福祉大）／「ケースワークにおける診断と処遇」新宮幸子・村上裕子（宮城県精神衛生センター）／「社会福祉施設と地域との関係について」花島政三郎（宮

城教育大）／「明治時代の仙台基督教育児院の状況」筑前甚七（修紅短大）／「精神薄弱児施設における生活指導に関する研究（その一）」菊池義昭（桜ヶ丘学園）／「デンマークにおけるファミリー・グループホームについて」花村春樹（東北福祉大）／「児童福祉観の歴史的考察」田中治和（東北福祉大）／「宮城県における緑化法施行当時の状況」筑前甚七（修紅短大）／「青森県における高齢者の生きがい対策について」福士忠寿（八戸短大）／「市町村保健センターに関する研究」萩田秋雄（横浜国立大）／「特別養護老人ホームにおけるリハビリテーションの現状と課題」及川一美（立正保育専門学校）

1981昭56	6／10．『東北社会福祉研究』第12号発行　理論：「社会福祉学の学問的性格に関する一考察」田中治和／「ケースワークにおける診断と処遇―非行事例を手掛りとして―」新宮幸子,村上祐子,佐藤律子,石郷岡泰　歴史：「明治年代の仙台基督教育児院の状況（その2）―復元した日記をもとに―」筑前甚七／「明治期における児童福祉観の研究―石井十次の児童観を中心に―」田中治和／「福島県移民史研究Ⅱ―明治・大正の海外出稼ぎ移民の統計資料を中心に(2)―」菊池義昭　障害者福祉：「精神薄弱児施設における生活指導に関する研究―情緒を育てる指導の試み―」菊池義昭，渡辺賀津子，菊池和子，小川カツ，菅野さつき，遠藤浩，遠藤礼子，角田真理子，根本真理子／「社会福祉施設と地域との関連について―「精神薄弱児施設」の場合―」筧和夫，本間敏行，「お友達グループ」有志　老人福祉：「特別養護老人ホームのリハビリテーション調査報告」及川一美，米山岳広
	11／28～29．第15回東北社会福祉合同セミナー〈仙台市戦災復興記念館〉「社会福祉の形成と二つの課題」吉田久一（日本女子大）／「社会福祉理論の認識に関する学説的研究―いわゆる寺橋理論の『対象規定』を中心として―」田中治和（東北福祉大）／「肢体不自由児療育キャンプの実践(I)」湯田善郎（東北大工学部）／「仙台育児園と東北孤児院に関する研究」菊池義昭（桜ヶ丘学園）・鈴木幸雄（仙台乳児院）／「佐澤廣臣と東北慈恵院」筑前甚七（修紅短大）・東海林栄芳（仙台福祉事務所）／「東北三県凶作と岡山孤児院の救済活動に関する研究―Ⅰ」菊池義昭（石川更生学園）／「宮城県における障害者福祉運動の系譜」佐俣主税（県身体障害者更正相談所）・本間敏行（仙台乳児院）／「精神薄弱者更正施設のタイムスタディについて」萩田秋雄（横浜国立大）／「青森県のホームヘルパーの現状」福士忠夫（光星学院短大）／「北欧における精神薄弱者福祉の現状」花村春樹（東北福祉大）
1982昭57	10／9．『東北社会福祉研究』第13号発行　理論：「非行を生みだす貧困―家族福祉へのアプローチ試論―」佐々木光郎／「ファミリーセラピー―その生物学的基礎・エコロジーから―」米川文雄　歴史：「東北三県凶作と岡山孤児院の貧孤児収容に関する研究Ⅱ」菊池義昭　障害者福祉：「宮城県における戦後の障害者福祉運動の系譜」本間敏行, 佐俣主税, 島津敏夫, 柿崎昭人, 入村浩子, 鈴木幸雄, 豊田香織, 古川由美／「戦後精神薄弱者施設における管理と処遇分化の問題」高橋幸三郎　地域福祉：「地域福祉と研究会活動の歩みとその課題」山本邦男, 鈴木龍悦, 熊谷武彦, 東海林栄芳, 木村三津子, 鎌田静子, 小針靖, 筑前甚七
	11／27～28．第16回東北社会福祉合同セミナー〈東北福祉大学〉／「八戸市における青少年の意識調査」福士忠夫（八戸短大）／「老人の居住環境整備に関する研究（その一）」筧和夫（東北大）・本間敏行（宮城高専）／「病院ボランティアの基本問題」足利量子（仙台市立病院）／「デンマークの社会福祉施設」板橋登美（東北福祉大）／「日本におけるソーシャル・ケースワークの変遷についての一考察」田中利宗（東北福祉大大学院）／「岡村社会福祉理論の方法論について」田中治和（羽陽短大）／考察「社会福祉のための組織論」佐藤豊道（青森大）／「東北三県凶作と岡山孤児院の救済活動に関する研究(Ⅳ)」菊池義昭（石川

第2章　東北部会史

	更生園）／「大正期の仙台基督教育児院に関する研究」筑前甚七（修紅短大）
1983 昭58	7／1.『東北社会福祉研究』第14号発行　理論：「非行少年ものびる―臨床における援助方法論―」佐々木光郎／「施設 Administration 研究の基礎視角―日米の理論的動向の対比を中心として―」高橋幸三郎　歴史：「青森県における児童福祉の展開Ⅰ」矢上克己／「東北三県凶作と岡山孤児院の貧孤児収容に関する研究(V)―東北凶作救済会の活動を中心に―」菊池義昭／「濃尾大震災と貧誇示救済活動に関する研究Ⅰ」鈴木幸雄、菊池義昭　障害者福祉：「障害者労働の現状と問題点」島津敏夫／「重度精神薄弱者の作業指導について」原光子　老人福祉：「老人の居住環境整備に関する研究その１―施設老人の入居前居住形態について―」本間敏行／「ケース事例から見た老人問題」佐藤衛　その他：「ボランティアとは何か―『ボランティア活動』の定義をめぐって―」太田久美子／「80年代の消費者保護の課題」堀江智恵子
1984 昭59	6／1.『東北社会福祉研究』第15号発行　「現代精神薄弱児施設における児童定数問題―滝乃川学園〈児童部〉の現状と課題をめぐって―」高橋幸三郎（滝乃川学園）／「社会福祉施設での生活教育の体系化に関する研究Ⅰ―生活・訓練・学習の教育構造の解明をめざして―」菊池義昭（石川更生園）／「青森県における児童福祉の展開２」矢上克己（清泉女学院短大）／「アルコール依存症を含む家族集団の力動性―特に児童の問題を中心として―」永井武巳（青森明の星短大）／「重度精神薄弱児（者）の保護・指導について―事例報告―」堤宏（宮城県亀亭園）／「非行少年のびる―臨床における作文（生活綴り方）療法―」佐々木光郎（仙台家庭裁判所）／「情緒不安定―その発生と範囲について―」米川文雄（小松島子どもの家）／「肢体不自由児施設における MSW の役割」松本幸子（宮城県整肢拓桃園）／「H・H・パールマン研究（その１）―パールマンの問題解決モデル構築の内在的契機―」宮崎法子（明治学院大大学院）／「東北社会福祉研究総目次」
	11／10～11.　第18回東北社会福祉合同セミナー〈東北福祉大学〉◎公開講演　黒川昭登（龍谷大）／障害福祉部会、老人・医療福祉部会　各５名／児童・青少年・家庭福祉部会、地域福祉・理論部会　各５名／歴史部会(I)　３名　歴史部会(II)　４名
1985 昭60	5／―.　山形ソーシャルワーカー協会結成
	10／20.『東北社会福祉研究』第16号発行　「精神薄弱者更正施設入所者と家族と地域環境との関連について」若桑源治郎（白石陽光園）／「ボランティア活動における問題とその解決法―アンケート調査より―」島津敏夫／「福祉実践にみられる"付き添い"的な関係性について―アルコール依存症及びその家族集団との関わりの中で―」永井武巳（青森明の星短大）／「地方社会事業成立期の社会事業史思想―阿部泰蔡社会事業主事の『社会事業について』の検討―」本田久市（原町社会福祉事務所）／「福島県における公的救済財政史研究Ⅱ―大正期の公的救済財政の実態―」玉井厚（白河学園）、菊池義昭（石川更生園）／「社会福祉施設での生活教育体系化に関する研究Ⅱ―訓練期の教育構造を中心に―」菊池昭義（石川更生園）／「東北六県の教護院における処遇方法史研究Ⅰ―明治・大正初期の実態―」佐々木光郎（仙台家庭裁判所）／「明治期児童問題とプロテスタント慈善事業の一断面―滝乃川学園・石井亮一の位置づけについて―」高橋幸三郎（滝乃川学園）
1986 昭61	10／20.『東北社会福祉研究』第17号発行　「非行少年の"転機"」後藤初子（山形家庭裁判所）／「自助づくり手法（その１）―書面連絡によるグループの制作―」原鉄也（東北福祉大）、山田章子（宮城県障害者福祉センター）、大類重信（神奈川県立三浦しらとり園）、大信田和義（(株)ジャー・シー・アイ）、島津敏夫／「収容施設の発展モデルに関する研究ノート―アメリカ精神遅滞者ケアの史的展開について―」高橋幸三郎（滝乃川学園）／「社

381

第Ⅳ部　日本社会福祉学会地方部会史

	会福祉施設での生活教育体系化に関する研究Ⅲ—学習期の教育構造を中心に—」菊池義昭（石川更生園）／「地方窮民救助事業に関する一考察—仙台自営館の変遷を中心に—」三上邦男（仙台デイケアセンター）／「仙台基督教育児院創設期前後について—仙台育児院月報第壱号を中心に—」筑前甚七（麻生東北短大）／「東北六県の教護院における処遇方法史研究Ⅱ—少年教護法（昭和9）前後の処遇の実際—」佐々木光郎（仙台家庭裁判所）／「ヒロシマ被爆者福祉諸問題—ヒロシマの「社会福祉権」充実を願って—」田代国次郎（広島女子大）
	11／22〜23．第20回東北社会福祉合同セミナー〈東北福祉大学〉◎公開講演「わたしの歩んだ道」岡本重夫（大阪市立大名誉教授）／◎シンポジウム「いま問われるソーシャルワーカーの課題—東北の優れた実践から—」①「自己洞察により自殺の危機を脱した例」赤澤美喜子（三愛病院），②「精神障害者の自立にむけて」松本顕雄（山形県立みやま荘），③「情緒障害児短期治療施設における子どもの問題と指導の実際」野呂勉（小松島子どもの家）／1日目：教育福祉部会　研究数6　発表者14名／障害・医療福祉部会　研究数7　発表者9名／2日目：地域福祉部会　研究数3　発表者3名／歴史・老人部会　研究数3名／老人福祉部会　研究数6　発表者7名
1987昭62	8／25．『東北社会福祉研究』第18号発行　「調査面接関係の日本的特質—「甘え」理論の積極的導入—」大滝慶作（仙台家庭裁判所）／「非行臨床における作文の活用」田中敏政，明珍美樹生（仙台家庭裁判所）／「老人の生活と意識に関する調査—第一報（岩手県の場合）—」小野寺幸（生活学園短大）／「乳幼児期の問題とその背景」島村喜久子，菊地陽子，国分隆，佐藤あけみ，浅野弘毅（仙台デイケアセンター）／「仙台デイケアセンターにおける不登校児援助に関する考察その1—登校拒否児の特性を中心に—」三上邦彦，大森信子，吉田明子，島村喜久子，国分隆，菊地陽子／「仙台デイケアセンターにおける不登校児援助に関する考察その2—援助過程の基本的枠組みと実際—」吉田明子，三上邦彦，大森信子，島村喜久子，国分隆，菊地陽子／「世帯更生資金貸し付け制度から見た中流意識についての一考察」中沢秀夫（山形県社会福祉協議会）／「イギリスの地方自治体における対人社会サービス供給システム再編成（パッチシステム）の理論とその特徴—ハドレイ少数派による福祉改革とは何か—」富田明裕／「アメリカ精神遅滞者州立施設閉鎖の動向1—その推移と方向性について—」ディビッド・ブラドック他，訳・高橋幸三郎（滝乃川学園）／「宮城県における戦後の障害者福祉運動の系譜—その2　昭和50年〜昭和61年—」島津敏夫，本間敏行（宮城高専），原鉄也（東北福祉大），小針靖（身障者更生相談所），菅原雅行（仙台市教育局）／「戦後精神薄弱者施設『滝乃川学園』の史的展開—第5期（児童福祉施設期）について—」高橋幸三郎（滝乃川学園児童部）／「東北六県の教護院におけ処遇方法史研究Ⅲ—戦時体制下の処遇の実際—」佐々木光郎（仙台家庭裁判所）◎シンポジウム　テーマ：「いま問われるソーシャルワーカーの課題—東北の優れた実践から—」シンポジスト・赤澤美喜子（三愛病院），松本顕雄（みやま荘），野呂勉（福島女子短大），助言者・安藤正尚　司会者・佐々木光郎（仙台家裁），白川充（東北厚生年金病院）
	12／14〜15．第21回東北社会福祉合同セミナー〈東北福祉大学〉◎公開講演「カナダにおける社会福祉の動向」マリオン・ボーゴー教授（トロント大学社会事業学校）◎シンポジウム「社会福祉資格制度と私たちの課題」①「社会福祉士及び介護福祉士法成立が社会福祉の教育・研究に与える影響について」田中治和（羽陽学園短大），②「施設の立場から」菊池義昭（石川更生園），③「医療機関で働くソーシャルワーカー」白川充（東北厚生年金病院）／研究発表　6つの部会で研究数24　発表数40

第 2 章　東北部会史

1988 昭63	9／30．『東北社会福祉研究』第19号発行　「調査面接関係の日本的特質　そのⅡ実際編―調査官に対するインタヴューによる研究―」大滝慶作（仙台家裁）／「非行臨床における援助方法ノート―中学生の試験観察の事例から―」佐々木光郎（仙台家裁）／「仙台市デイケアセンターにおける登校拒否児の援助に関する研究　その3―両親への援助と養育態度の変容―」島村喜久子，吉田明子，浅野弘毅，大森浩子，三上邦彦，国分隆，関口寛久（仙台デイケアセンター）／「重度精薄者の訓練の試みについて―K・Tの2年間の指導―」仁井敏昭，菊池義昭，景山江美子，大串喜代子（石川更生園）／「処遇の概念とその問題点に関する一考察」保良昌徳（東北福祉大）／「郡部における「社会サービス」システムに関する考察―「社会サービス」システムにおけるソーシャルワークの課題（その1）―」都築光一（涌谷町病院開設準備室）／「保健・医療・福祉ネットワークをめぐる問題状況の検討―研究会のあゆみをとおして―」白川充（東北厚生年金病院），片桐光啓（仙台市社会課），櫻井浩（仙台市東社会福祉事務所），菅野美賀（仙台市東保健所），長岡富士子（仙台市南保健所），白川由利枝（仙台市職員研究所），斉藤繁（仙台市住宅課）／「社会福祉における公私問題―公私関係における公的責任の再検討を中心に―」富田明裕（宮城県精神衛生センター）／「マニラ大都市圏におけるスラム問題とその制作に関する若干の考察」谷勝英，田上喜美（東北福祉大）／「アメリカにおけるソーシャルワーカーとボランティアの関係」塩村公子（京都国際社会福祉センター）／「オハイオ州における民間児童福祉施設の歩み―フラットロック児童ホームについて」高橋幸三郎（滝乃川学園）／「戦時下の福島市における厚生事業の実態―特に決戦体制下の厚生行政の内容を中心に―」菊池義昭（石川更生園）／「山形県における児童福祉の展開(1)―明治前期の慈善的救済から感化救済事業まで―」佐々木光郎（仙台家裁）
	10／9～10．第36回日本社会福祉学会大会〈東北福祉大学〉
	11／26～27．第22回東北社会福祉合同セミナー〈仙台中央公民館〉　◎公開講演「これからの地域福祉と，その担い手たち」鈴木五郎（全社協総合計画部長）／第1部会：1．老人養護委託制度に関する一試論／2．山形県内特別養護老人ホームにおけるボランティア／3．山形県における有料老人ホーム利用ニーズ実態調査について／第2部会：1．交通非行少年の運転に関する「甘さ」の研究／2．末期における存在的状態から存在論的状態への段階についての試論／3．社会福祉の理想と現実／第3部会：1．山形県における児童福祉の展開Ⅱ／2．養護施設における児童処遇展開過程について／3．住環境の影響がみられる母子の事例／4．ファミコンを用いたプレイセラピー(1)(2)／5．不登校児を持つ母親集団に対する援助について／6．不登校のグループ活動について／7．資格制度と社会福祉現場実習について／8．重度精薄者の訓練Ⅱ／9．精薄者施設での余暇活動／10．在宅精神障害者のケアを通して街づくりを考える／第4部会：1．福祉事務所改革の視点／2．「社会サービスシステム」の下でのソーシャルワーク　の役割について／3．小松島地区における福祉ニーズ調査(1)(2)／4．地域福祉の核「住宅福祉」の構築に向けて／5．地域における在宅痴呆老人への支援(1)(2)／6．アジアの貧困層の問題と社会福祉(2)(3)／7．フィリピンのコミュニティ・デベロップメントにおける住民の組織化に関する一研究／8．フィリピンの精神薄弱児・者の問題と社会福祉に関する研究
1990 平2	2／―．『東北社会福祉研究』第20号発行　「社会福祉の理想と現実」浮津宏（予備校講師，日本社会福祉学会員）／「社会福祉的宗教問題序論」佐野治（東北福祉大）／「社会福祉実践における非技術的基本問題への序論―児童養護施設での経験を通して―」鈴木弥生（東北福祉大大学院）／「交通非行少年の運転に関する「甘さ」の研究」大滝慶作（青森家裁弘

第Ⅳ部　日本社会福祉学会地方部会史

	前支部）／「住環境の影響が見られる母子の事例」三上邦男，大森浩子，国分隆，島村喜久子（仙台市デイケアセンター）／「ファミコンを用いたプレイセラピー―第1報　事例報告―」皆川州正（東北福祉大），菅原充雄（東北大大学院）／「ファミコンを用いたプレイセラピー―第2報　事例報告―」菅原充雄（東北大大学院），皆川州正（東北福祉大）／「強迫神経症を訴える子どもと家族へのアプローチ」富田明裕（宮城県精神保健センター（現，長崎県社会福祉協議会）），皆川州正（東北福祉大）／「地域における在宅痴呆老人への支援―その1　痴呆老人デイケアの試み―」辻寿美子，斉藤仁子，高橋和子，加藤祐子（仙台市青葉保健所）／「地域における在宅痴呆老人への支援―その2　痴呆老人デイケアの試み―」斉藤仁子，辻寿美子，玉手明美，加藤祐子（仙台市青葉保健所予防課）／「カトマンズの都市問題と社会福祉に関する研究（その1）―ネパールの地域特性と社会福祉に関する予備的考察―」谷勝英，田上喜美，赤塚俊治（東北福祉大）／「山形県における児童福祉の展開Ⅱ―大正期から戦時下厚生事業まで―」佐々木光郎（青森家裁弘前支部）
	11／23～24．第24回東北社会福祉合同セミナー〈東北福祉大学〉　◎シンポジウム「東北における地域福祉の展望―高齢者に向けての新しい創造をめざして―」　◎記念講演「社会福祉改革への注文」坂巻熙／「第25回国際社会福祉教育会議について」谷勝英／「アジアの貧困層の問題と社会福祉」谷勝英・田上喜美・佐野治・鈴木弥生・赤塚俊治／「近世東北における赤子養育制度の実態」遠藤久江・菊池義昭／「社会サービスシステムにおけるアドミニストレーション」都築光一／「地域における援助の在り方」新宮幸子／「障害幼児通園施設の現状と将来像」吉田栄／「重度障害者の動作系への訓練」菊池義昭／「精神薄弱者の就労に関する調査」佐々木達雄／「住環境と精神健康に関する調査」島村喜久子／「社会福祉原論に関する批判的考察」田中治和／「ホスピスの一考察」佐々木隆志／「特養ホームのターミナルに関する一考察」小山田正志
1991平3	11／16．『東北社会福祉研究』第21号発行　「第24回東北社会福祉セミナー　基調講演「社会福祉改革への注文」講師・坂巻熙／「公私論における「自助努力論」の意義」木村純一（ネットワーク研究会）／「『社会サービスシステム』のアドミニストレーションについて―『社会サービス』システムの下でのソーシャルワークの課題（その2）―」都築光一（涌谷町民医療福祉センター）／「『社会サービス』システムの下でのソーシャルワークの役割について（その3）―『社会サービスシステム』のアドミニストレーションについて（その2）―」都築光一（涌谷町民医療福祉センター）／「北奥羽三県の戦前救護院における児童の実態史研究(1)」佐々木光郎（青森家裁弘前支部）／「住環境と精神健康に関する調査」島村喜久子（仙台市デイケアセンター），横山明子（東京工業大）／「黒松内つくし園における夜尿児対策に関する一考察」玉井厚，木康夫（黒松内つくし園指導員）／「教護院退院児童に対してのリービングケアについて」斉藤史彦（東北福祉大大学院）／「老人ホームにおける「家」の論理に関する一考察」佐藤雅俊（山形市役所）／「仙台藩の赤子養育制度と懐妊出生調査の実態1―懐妊出生調査史料の現在状況を中心に―」菊池義昭（石川更生園）／「特別養護老人ホームにおける利用者の主体性に関する一考察」小幡俊秀（特別養護老人ホームさつき荘），鈴木弥生（東北福祉大大学院）
	11／28～29．第25回東北社会福祉合同セミナー〈東北福祉大学〉　◎講演・シンポジウム・自由研究発表　□仙台障害児研究会結成
1992平4	10／―．福島社会福祉合同セミナー〈福島大学〉
	11／14～15．第26回東北社会福祉合同セミナー〈東北福祉大学〉　◎基調講演「保健福祉計画とソーシャルワーカー・市町村時代の幕開け」小山秀夫（厚生省病院管理研究所）　◎シ

第2章　東北部会史

	ンポジウム「保健福祉計画とソーシャルワーカー」／「パソコン通信と地域福祉」金政信（東北福祉大）／「社会福祉の理論形成についての一試論」田中治和（羽陽学園短大）／「福祉法社会学の理論的枠組」高橋幸（酒田短大）／「社会サービスシステムの下でのソーシャルワーカーの役割」都築光一（涌谷町民医療福祉センター）／「専門学校生のボランティア意識に関する一試論」志朱朱（仙台医療福祉専門学校）／「分裂病のメンバーに対する院外集団療法活動について」鈴木弥生（宮城県精神保健センター）／「精神薄弱者の高齢化と施設の対応」佐々木達雄（羽陽学園短大）／「面接時における音楽活用についての考察」千葉千恵美（東北福祉大）／「医療社会事業実習指導と課題」山川敏久（仙台社会保健病院）／「実習協定書と諸課題」志田民吉（東北福祉大）／「福祉マンパワー対策における労働市場の分析」佐々木隆志（青森中央短大）／「北奥州の児童福祉Ⅲ・大正期の感恩講保育院の養護内容について」佐々木光郎（家裁調査官研修所）／「精神薄弱者の地域生活援助の支援システム化に関する一考察」赤塚俊治（東北福祉大）／「最近の母子寮処遇における諸問題とそれに対応する『図式による実践検討法』の試み」宮崎法子（東北福祉大）／「戦後の養護施設の内容と役割—須賀川寮の卒園者を中心に—」菊池義昭（共栄学園短大）
1993 平5	10／30. 福島社会福祉合同セミナー〈郡山市総合福祉センター〉「各組織の連携と今後のあり方」について9研究団体等からの報告と検討。午後自由発表
	11／13～14. 第27回東北社会福祉合同セミナー〈東北福祉大学〉◎基調講演「高齢者保健福祉推進十カ年戦略の問題点と課題」丸尾直美（慶応義塾大）◎シンポジウム「地域福祉新時代に期待できるか—私も手に期待するもの—」／「最近の母子寮処遇における諸問題に対応した『図式による検討法』」宮崎法子（東北福祉大）／「対人援助，業務の特質について」村田久行（酒田短大）／「Program, Evaluationの概念」高橋幸（東日本学園大）／「我国の老人保健事業における評価の現状」大月和彦他（東北福祉大）／「スーパービジョンの倫理綱領（その1）」筑前甚七（麻生東北短大）／「社会福祉協議会の経営戦略についての一考察」角田芳伸（東北福祉大学）／「電話相談からみた家族（その1）」大和田誠子他（宮城精神保健センター）／「身体障害者手帳所持における認識と課題」山川敏久他（仙台社会保険病院）／「明治35年凶作と窮民救済要求運動の内容」菊池義昭（共栄学園短大）／「措置権の委譲をうけて」都築光一（宮城県涌谷町）
1994 平6	11／12～13. 第28回東北社会福祉合同セミナー〈東北福祉大学〉◎基調講演「国際家族年と社会福祉—ソーシャルワーカーの課題と役割—」◎シンポジウム「変動する家族問題と社会福祉—家族支援の方向性を探る—」／「棚倉町老人保健福祉計画と特別養護老人ホームの具体的実践」半田芳吉（寿恵園）／「長寿社会対策と老人福祉計画に於ける現状把握について—宮城県涌谷町を中心にして—」都築光一他（涌谷町民医療福祉センター）／「天栄村の大正期の社会事業の内容」菊池義昭（共栄学園短大）／「家族を診る福祉の再考」五十嵐一雄（仏教大学福祉を考える会）／「最近の知的障害者におけるマッピング・プラクティス（図式による検討法）の実際」宮崎法子（東北福祉大）・松崎有一（誠心会）／「医療社会事業実習における評価の検討」山川敏久（仙台社会保険病院）／「スーパービジョンと倫理綱領—その1—」筑前甚七（麻生東北短大）／「教育に福祉の理念を—教師のための学校ではなく生徒のための学校—」遠藤宏（AZ学院）／「教護院に於ける短期処遇過程導入の現状」佐藤慎治（山形県立朝日学園）／「イギリスにおける在宅福祉サービスの一考察—ロンドン市内バーネット地区を中心に—」佐々木隆（青森中央短大）
	12／10. 福島社会福祉合同セミナー〈郡山市総合福祉センター〉

第Ⅳ部　日本社会福祉学会地方部会史

1995 平7	11/18～19．第29回東北社会福祉合同セミナー〈東北福祉大学〉 ◎基調講演「新しい介護システム導入により福祉はどう変わるか」 ◎シンポジウム　同上／「在宅要介護者の介護スケールに関する調査について」都築光一他（福祉共済課）／「国際養子縁組の諸問題」百瀬みえ子（仙台医療福祉専門学校）／「近代福島保育研究運動史」本田久市（福島県希望ヶ丘ホーム）／「北奥羽三県の戦前の教護児童について」佐々木光郎（東京家庭裁判所）／「わが国の保険・医療・福祉の各領域に於ける老人の終末ケア研究動向」佐々木隆志（弘前学院短大）／「老人保健計画の検証」佐俣主税（石巻福祉事務所）／「知的障害者施設における新人職員・現任職員研修で求められるこれからの訓練システム開発に関する一考察（その1）」松崎有一（誠心会）
1996 平8	11/30～12.1．第30回東北社会福祉合同セミナー〈東北福祉大学〉 ◎特別講演「これからの社会福祉─福祉の動向と課題─」仲村優一（日本ソーシャルワーカー協会会長） ◎特別報告「福祉先進国デンマークから学ぶ」 ◎シンポジウム「社会福祉の動向と専門職のあり方─専門職制度をめぐって─」／「東北における昭和10年代前の教護─修学園と青森学園の場合─」佐々木光郎（家庭裁判所）／「手足の不自由な子どものキャンプ─きぼっこに見られる現在のボランティアに関する考察─」中ノ井勉（東北福祉大研究生）／「施設病院におけるボランティア─美容ケアを通したアメニティを考える─」百瀬みえ子（専門学校講師）／「子どもの放任・放置の問題─親のパチンコ依存症による─」中野渡敏雄（青森県歯科医師会）／「マーケティング理論の社会福祉施設への応用─アメリカモデル─」加藤澄（トロイ大学院）・ロナルド・リーブス（トロイ大学院）／「超高齢地域からの報告─島根県邑智郡桜江町における独居老人の現状と課題─」君島昌志（島根女子短大）／「治療教育学の実践─知的障害児への治療教育学の有効性の考察─」増子正（仙台医療福祉専門学校）
1997 平9	東北地区の学会が毎年共同で進めてきた東北地区社会福祉セミナーは，その中心的な役割を果たしてきた東北地区ソーシャルワーカー協会が組織的に再編成期をむかえ，1997年度のセミナー開催を取りやめることになった。
1998 平10	11/21～22．日本社会福祉学会公開シンポジウム・東北社会福祉合同セミナー〈東北福祉大学〉 ◎公開シンポジウム「社会福祉構造改革とはなにか」コーディネーター・三浦文夫（日本地域福祉学会会長）・相澤宏邦（全国精神保健福祉センター長会会長）　シンポジスト・大澤隆（東洋英和女学院大）・戸田隆一（福島大）・長澤文龍（全国社会福祉施設経営者協議会副会長）コメンテーター・小笠原浩一（埼玉大）・遠藤恵子（東北学院大）／高齢者部会　大泉勝（立証会特別養護老人ホーム）・池田昌弘（東北福祉会せんだんの杜副社長）／障害者福祉部会　北村嘉勝（知的障害者施設奥中山学園園長）・釣舟晴一（青葉病院相談室PSW）／児童・家庭福祉部会　神戸信行（青葉学園）・西條祥樹（児童相談所） ◎総括講演「社会福祉の基礎構造改革」阿部志郎（横須賀基督教社会館長・基礎構造改革分科会会長代行）
1999 平11	東北部会新旧担当理事の協力で，以下のような方針で取り組むことになった。①県単位で社会福祉関連の研究活動を集約していく努力をすること。②そのために県ごとに1名の幹事を依頼し，学会より正式に委嘱してもらうことにし，現在人選を進めている。③大学等の研究と現場での実践との学問的交流および社会福祉と関連領域との学際的な研究交流を図る。④東北部会として特色のある研究活動を模索すること。5.会員の主体的な取り組みを部会として援助していくこと。

2000平12	2000年度の活動方針　①学会員の研究活動の推進と支援。②部会としての特色ある研究活動の推進。③学際的研究活動の推進。④実践＝「現場」との連携。⑤会員アンケートの実施
2001平13	7／20～21．第1回東北部会研究大会〈繁温泉清温荘〉　◎基調講演「東北農村の家・村の変貌と今日的課題」細谷昂（岩手県立大）　◎シンポジウム「東北における社会福祉研究・実践の課題と方向」　シンポジスト／地域福祉の立場から・渡辺剛士（元東北福祉大）／ソーシャルワークの立場から・大和田猛（青森県立保健大）／歴史研究の立場から・本田久市（仙台白百合大）　コーディネーター・志田民吉（東北福祉大）／「児童福祉の課題と隘路」遠藤宏（TIM福祉人材開発センター・仙台福祉専門学校）／「過疎地と高齢者」小川政浩／「国内自治体に於ける社会福祉等情報データーベースに関する調査―青森県における福祉情報提供システムの構築に向けて―」鈴木保巳（青森県立保健大）／「小規模施設の多機能展開」高橋英成（せんだんの里）／「子育て学へのアプローチ（自著を語る）」立柳聡（福島県立医科大）　◎指定課題に基づいてのミニシンポジウム／テーマ「スーパビジョンの諸相」課題報告者・塩村公子（岩手県立大）／コメンテーター・遠藤克子（東北福祉大）／進行・田中尚（岩手県立大） 2001年度の活動方針　①学会員の研究活動の推進と支援　東北6県の県別，地域別に学会員の研究活動や所属研究会等について，その実態を把握し，部会として財政的支援を行うなどの研究活動の活性化の推進図った。②東北部会としての特色ある研究活動の推進，東北の地域特性に根ざした研究活動を発掘，促進し，将来的には「東北の福祉」のような形あるものにしていく研究活動の推進について，幹事会（3回），研究大会等で検討を行った。
2002平14	11／9．第2回東北部会研究大会〈盛岡市福祉会館〉　◎基調講演①「宮澤賢治のイーハトーブ」佐々木民夫（岩手県立大）／◎基調講演②「「東北」という地域特性に根ざした社会福祉研究は成り立つか」佐藤嘉夫（岩手県立大）／「介護保険制度におけるケアマネージャーの実態」大和田猛（青森県立保健大）／「余暇活動参加に関する障害者の主観的評価についての事例研究―キャンプ実践を通して―」南條正人（仙台大）／「福祉サービスと利用者の権利擁護としての苦情解決制度―福祉リスクマネイジメントの視点から―」菅原好秀（東北福祉大）／「痴呆性高齢者グループホームにおける入居者家族との関係について」高橋英成・中村将洋・佐藤樹美（盛岡社会福祉専門学校）／「地域福祉計画を想定した社会福祉調査の事例」都築光一（弘前学院大） □部会活動　①ニュースレターの発行（8月・3月）　②東北部会会員へのアンケート調査（2001年度実施）の集約と報告書の作成　③東北部会の研究報告書等の発行にむけての準備　④幹事会の開催（5月，11月）

第 3 章
関東部会史

遠藤　久江

1　関東部会の発足と活動

　関東部会の開始は日本社会福祉学会の発足した1954（昭和29）年5月9日とほぼ同時期に発足した。その発議者の一人，吉田久一氏は関東部会発足のいきさつを「社会学会が関東部会を作り，その最初の講演会に参加して上原専禄先生の講演にえらく打たれ，関東部会の必要を強くするようになったと」証言している（2003年1月13日吉田久一名誉会員ききとり）。

　設立総会は1954年5月，会場は立教大学であった。議長：谷川貞夫，規約説明：横山定雄，司会進行：吉田久一，報告者：大河内一男（理論・東京大学），隅谷三喜男（歴史・東京大学），中村元（歴史・東京大学　インド学），平田富太郎（政策・早稲田大学），松島正儀（処遇・東京育成園）という内容であった。以後歴史，理論，政策・処遇の3部会制をとって隔月に研究会を行うこととした。

　翌1955年6月4日総会及び研究会が開催され，役員改選がなされている。代表幹事には若林龍夫（明治学院大学）が選出され，事務局も明治学院大学におかれ，関東部会会報第1号が9月に発行された。この時の参加者は会員35名，学生57名，その他6名となっている。運営は総会で選出された10名の幹事により組織された幹事会で行われ，事務局は明治学院大学であった。1957年総会において代表幹事に菅支那（日本女子大学）が選出されたことを受けて事務局は日本女子大学に移った。部会会費は100円であった。

2　初期の部会活動とその内容

　関東部会発足後の2，3年は3～4カ月おきに活発な研究会が開催されていた。1955年3月1日，「スラム研究の視点」富田富士雄／月日不明「コミュニティーオーガニゼーションについて」牧賢一／9月12日「社会福祉と家族」武田良三，小川政亮，佐藤文男。この間の6月4日には総会並びに研究大会が国立精神衛生研究所で開催され，施設見学（国立国府台病院），自由研究発表3題，研究討議があった。1956年には10月「インデアナポリスの社会事業について」松本武子，12月「スラムの諸問題」磯村英一で研究会が2回開催されている。研究会では会員の研究成果の発表，徐々に出版されはじめた社会福祉文献の論評，国際会議（1958年）開催を意識してか，外国の実情の紹介などが取り上げられ，年次総会並びに研究大会では共通テーマで研究討議を開催するスタイルをとっていた。ここで，共通テーマを挙げてみると以下のとおりであった。
□　1955年「プロフェッショナル・ソーシャル・ワーカーの固有機能は何か」
　主論者・大畠たね，大久保満彦，仲村優一／助言者・森脇要，高木四郎，松島正儀，清水義弘，茂又一郎
□　1956年「ケースレコードを通してみた日本に於けるケースワークの現状とケースワーカーの訓練について」座長・谷川貞夫，副座長・仲村優一／主論者・三浦かつみ，松本武子，石井哲夫，横山定雄
□　1957年「ボーダーライン層対策」座長・中鉢正美，副座長・仲村優一，一番ヶ瀬康子／主論者・牛窪浩，小沢辰男，神岡浪子，佐口卓

3　関東部会運営組織の変遷

(1)　当番校制

　部会組織の運営は始めは代表幹事の所属する大学が事務局になり，総会で選出された幹事（1955（昭和30）年には常任幹事3名，幹事10名）が運営にあたっていた。1957年度では，幹事が5名になり，会計監査2名が選出されている。総

会後や研究会後に幹事会を開催し，次回研究会の件，会報編集の件，会費未納者の件（3年間未納者は退会と認める）等討議している。1960年代になると，代表幹事と委員9名（1963年）が選出され，委員会組織になった。当番校は明治学院大学，日本女子大学，国立精神衛生研究所，駒澤大学等が担った記録がある。以後，関東部会の組織運営がどのようになっているのか正確にはわからないが，おおむね毎年，年によっては隔年に共通テーマを掲げて研究大会が開催されていた。関東部会は各種研究会等の開催が多い地域性に鑑み，1985（昭和60）年度から若手研究者によるシンポジウムと，関東部会に属している都県で順次開催する小規模の研究会議の開催を活動の中心にすることなど新しい試みもあった。

(2) 運営委員会制

1980（昭和55）年度になると日本社会福祉学会の会員が増加してくるが，関東部会は全学会員の4分の1を有する部会であることから抜本的な運営組織を考えなければならなくなった。1986年から，部会運営は関東の主な大学・研究機関より，1名ずつ委員を選出してもらい，その委員会の決議によって部会活動を行うことにした。委員の任期は3年とした。2期目の1989年11月から1992年10月までの委員は17名を数え，関東部会担当理事の下に，部会運営にあたった。1990年からは会員総会を開催することとなり，その他研究発表大会の開催，会報の発行，年3回から4回の運営委員会の開催等が主な任務で，事務は東京都社会福祉協議会選出の委員が中心になって行った。この時期の会員は700名であった。その後，委員の選出根拠は同一機関内に5人以上あるいは4人以上の学会員がいる職場から選出されることとなった。

1997年3月に続けて2回開催された運営委員会では，第2回運営委員会「運営委員会の性格付けと学会（関東部会）の性格付けについて」，第3回運営委員会「地方部会の廃止（関東社会福祉学会発足）について」が議題とされている。この動きは日本学術会議との関連で，一時期大所帯の学会は地区単位の部会を独立させる動きがあり，これを受けて，日本社会福祉学会も各支部を独立した学会に再編する方針を打ち出したことから，検討されたいきさつがあった。会

員にアンケートを実施した結果は賛成と反対または保留がほぼ同数であったので，引き続き検討することになっていたが，いつのまにか立消えになった。

現在は，関東部会担当理事のもとに事務局がおかれ，運営委員会が組織され，年4回の委員会開催，別に研究論文集発行のための編集委員会が組織されている。編集委員会の努力で年1回『社会福祉学評論』を発行している。

関東部会の2001年度の予算規模は150万円であるが，このうち50万円は事務局を担当していた明治学院大学からの援助によるものであった。

4　関東部会の研究大会とその内容

設立時の年数回にわたる研究会は60年代後半からは姿を消していき，年1回の研究大会のみとなっていった。1972年第17回研究大会と報告されているところを見ると，おおむね毎年開催されたことになる。1985年9月7日には会員有志による準備会を経て，前述した若手研究者によるシンポジウムが開催された。また，1986年12月9日には日本学術会議社会福祉・社会保障研究連絡委員会と共催で「高齢者問題と福祉サービス」をテーマにして，シンポジウムが開催され，学会員が問題提起を行った。1987年12月11日，やはり共催で「地域における高齢者の福祉と保健－新しい協力をめざす研究・教育・養成の問題－」のテーマで開催された。翌12日には独自に「社会福祉の専門性──『社会福祉士及び介護福祉士法』の基盤」をテーマにシンポジウムを開催した。以後，シンポジウム，研究大会，研究集会，関東部会年度大会と名称に統一性はないが，年1回の会合は開催され，その中で総会がもたれている。2002年度からは研究集会の名称で第1回が開催された。

5　論集・会報の発行

(1) 関東部会会報

関東部会設立の翌年，1955年9月に『日本社会福祉学会関東部会会報』として第1号が創刊された。代表幹事の若林龍夫の挨拶と，6月4日に開催された

第Ⅳ部　日本社会福祉学会地方部会史

第2回日本社会福祉学会関東部会研究集会（2003年3月23日　於：上智大学）

総会並びに研究大会の事務報告が掲載されている。1956年1月に第2号が発行されそれ以後は，年1回から2回発行されていたと思われる。現存する資料は，1963年5月発行の12号までである。

(2) **関東部会・会報**

　1990年5月15日付けで，「日本社会福祉学会関東部会・会報」の創刊号が発行された。創刊号によると，日本社会福祉学会員の38％，約600人が関東部会に所属しているので，それらの会員に関東部会の活動を周知徹底し，積極的に活動に参加できるように会報を発行することとしたとなっている。とりあえず，情報が共有できるようにとの願いであった。会報は以後年2回順調に発行されている。

(3) **論　集**

　1979年関東部会として『日本における「福祉的」処遇』の刊行を学会までに発行を試みたが，計画どおりにはかどらず，翌年3月20日に，『日本社会福祉学会関東部会紀要』として創刊した。その後紀要の発行は続かなかったが，20年後の1997年11月社会福祉研究論文集第1号『事業体系のパラダイム』（1997

年)が刊行された。内容は1996年度と1997年度のシンポジウムと研究論文3編で，定価1500円で販売した。2000年9月10には社会福祉研究論文集2号『介護保険と基盤整備—情報ネットワークと高齢者ケア・マネージメント—』が刊行され，それ以降毎年，『社会福祉学評論』として刊行されている。

『社会福祉学評論』刊行にあたっては，1999年度に編集委員会を組織し，委員会規程を作成，編集委員以外に査読委員を置くことにした。その人選は編集委員に一任された。執筆要領も制定されて会報に発表され，『社会福祉学評論』は順調に発刊されている（資料）。

資料　『社会福祉学評論』編集委員会規程および執筆要領

〈編集委員会規程〉
1．（設置）日本社会福祉学会関東部会運営委員会の選出により編集委員会（以下委員会）をおく。
2．（任務）委員会は，日本社会福祉学会関東部会「社会福祉学評論」の刊行について，編集・原稿依頼・投稿論文等の審査・刊行等の任務を行う。
3．（構成）① 委員会は，委員長，委員で構成される。
　② 委員長は担当理事があたる。
　③ 委員は運営委員会の議にもとづき，委員長が委嘱する。
4．（任期）①委員長の任期は3年，委員の任期は2年とする。
　② ただし，再任は妨げない。
5．（査読委員の委嘱）① 投稿論文等の審査のため，査読委員をおく。
　② 査読委員は，委員会の推薦にもとづき委員長が委嘱する。
　③ 査読委員は，委員会の依頼により投稿論文を審査し，その結果を委員会に報告する。
　④ 編集委員会は，査読委員の審査報告にもとづいて，投稿論文等の採否，修正指示等の措置を決定する。
　⑤ 査読委員名は，非公開とする。

研究論文執筆要領
〈編集方針〉
1．本論集は，日本社会福祉学会関東部会の刊行とし，年1回発行する。
2．本論集は，原則として社会福祉学会関東部会会員による社会福祉学の研究発表の場とする。
3．本論集の投稿者は，日本社会福祉学会関東部会会員で，かつ研究歴の短い者とする。
　ここでいう研究歴の短い者の範囲には，原則として大学院在籍者，大学・研究・実践機関団体等に勤務する者を指す。共同研究者も研究歴の短い会員であること。
4．投稿論文等は，査読に基づく審査があり編集委員会が採否を決定する。
5．原稿掲載は，別途定める執筆要領に従うものとする。

付記
・1995年6月15日　編集委員会にて一部修正
・1999年9月25日　運営委員会にて一部修正
・2000年7月8日　運営委員会にて一部修正

出所:「日本社会福祉学会関東部会・会報」第14号より転載。

第Ⅳ部　日本社会福祉学会地方部会史

年表　日本社会福祉学会関東部会年表

年	活 動 状 況
1954 昭29	5／－．創立総会〈立教大学〉議長　谷川貞夫　規約説明　横山定雄　司会進行　吉田久一　報告者　大河内一男（理論・東京大学）／隅谷三喜男（歴史・東京大学）／中村元（歴史・東京大学　インド学）／平田富太郎（政策・早稲田大学）／松島正儀（処遇・東京育成園）の諸氏と前出三氏ら　＊隔月に研究発表会を持つことになり，理論，歴史，政策・処遇の3部会制をとった。
1955 昭30	3／1．第1回研究会〈明治学院大学〉◎研究報告「スラム研究の視点」富田富士雄（関東学院大学）
	6／4．総会並びに研究会〈国立精神衛生研究所〉◎施設見学：国立国府台病院　自由研究発表：「社会福祉事業振興資金融通制度を理論構成する民間社会福祉事業」本間新一（社会福祉事業振興会）／「クラブ活動指導者の役割」村田松男（新宿生活館）／「ドイツ公的扶助に於ける名誉職委員制度の現状」小川政亮（日本社会事業短大）　総会：役員改選，国際社会事業会議協議項目の件　研究討論会：共通論題「プロフェッショナル・ソーシャル・ワーカーの固有機能は何か」　主論者　大畠たね（立教大），大久保満彦（慶應義塾大），仲村優一（社会事業短大）　助言者　森脇要（立教大），高木四郎（精神衛生研究所），松島正儀（東京育成園），清水義弘（東京大），茂又一郎（杉並福祉事務所）　当番校〈明治学院大〉出席者　会員35名，学生57名，その他6名
	－／－．第2回研究会〈明治学院大学〉◎研究報告「コミュニティ・オルガニゼーションについて」牧賢一（全社協）
	9／－．「日本社会福祉学会関東部会会報」第1号　編集発行人・阿部志郎　「挨拶に代えて」若林龍夫／「社会福祉とクラシック」吉田久一／「欧米の社会事業辞典について」小川政亮／事務報告 ※日本社会福祉学会関東部会事務局　東京都港区芝白金今里町42　明治学院大学内
	9／12．第3回研究会〈明治学院大学〉◎研究報告「社会福祉と家族」武田良三（早稲田大），小川政亮（日本社会事業短大），佐藤文男（東京都民生局）
	10／－．研究会〈日本女子大学〉◎研究報告「インデアナポリスの社会事業について」松本武子（日本女子大）
	12／－．研究会〈明治学院大〉◎研究報告「スラムの諸問題」磯村英一（東京都立大）
1956 昭31	1／－．「日本社会福祉学会関東部会会報」第2号　編集発行人・阿部志郎　「インデアナポリスに於ける社会事業」松本武子／「シカゴの福祉事務所」若林龍夫／「関東部会の研究活動について」「新会員の方々について」 日本社会福祉学会第3回大会（日本福祉大学）の批判として，研究発表の水準が低いこと，主論者の選択について一考を要すること，特に関東側が関西側に比較すると少壮教授陣がさっぱりなこと，が挙げられている。
	6／3．第3回総会〈日本社会事業短期大学〉◎開会挨拶：村田松男　◎研究討論会　座長：谷川貞夫　副座長：仲村優一　論題：「ケースレコードを通してみた日本に於けるケースワークの現状とケースワーカーの訓練について」松本武子（日本女子大）・石井哲夫（日本社会事業短大）・三浦かつみ（東京都児童福祉司）・横山定雄（国立精神衛生研究所）◎総会　司会者：若林龍夫　開会の辞　挨拶：葛西嘉資　事務会計報告：阿部志郎　議長選出　議事（1．役員選出　2．その他）　閉会の辞　◎研究討論会論題：「ボーダーライン層の

394

		生活構造」 座長：木田徹郎　副座長：三吉明　主論者：富田富士雄（関東学院大）・中鉢正美（慶応義塾大）　助言者：磯村英一（東京都立大）・藤本武（労働科学研究所）　◎閉会の辞：吉田久一　◎懇親会
1957 昭32		6／2．第4回総会並びに研究大会〈日本女子大学豊明講堂〉　開会の辞：横山定雄　◎研究討論会　座長：中鉢正美　副座長：仲村優一，一番ヶ瀬康子　論題：「ボーダーライン層対策」　主論者：牛窪浩（立教大），小沢辰男（武蔵大），神岡浪子（東京市政調査会），佐口卓（早稲田大）　◎総会　司会者：菅支那　開会の辞　挨拶：上代たの（日本女子大学長），磯村英一（日本社会福祉学会長）　事務会計報告：松本代理　一番ヶ瀬康子　議長選出：議長　木田徹郎　議事：役員改選　来年度の共通論題について出席者からアンケートをとった結果の報告（地域社会組織化の問題　9票，社会事業技術について　2票，その他「地域社会組織化の問題」，「社会事業技術について」，「人口問題と社会事業」，「1958年度日本社会事業の現状と批判」，「ボーダーライン層について」等）　挨拶　磯村英一　閉会の辞
		8／―．「日本社会福祉学会関東部会会報」第5号　編集発行人・松本武子　「最近読んだ本の中から」本田敏郎／第4回総会の記／研究大会記録「ボーダーライン層対策」中鉢正美（当日討論会座長）／32年度関東部会役員等
		9／17．第2回研究例会〈日本女子大学〉　◎「生活・家族・世帯」について「生活構造を論ずる立場で」中鉢正美（慶應義塾大）／「生活保護法を主として」小川政亮（日本社会事業大）　出席者総数　23名
		11／29．第3回研究例会〈日本女子大学〉　◎主題「アジアの社会福祉」「幸徳事件について―個別的調査報告」吉田久一（淑徳短大）／「インド的思惟と社会福祉」中村元（東京大）　出席者総数　53名
1958 昭33		2／1．臨時研究会〈日本社会事業短期大学〉　◎若林龍夫明治学院大学教授が国連主催の「地域社会開発並びに社会事業従事者養成に関するアジア極東セミナー」に出席，帰国し，その報告　幹事会　日本社会事業短期大学　◎第4回研究定例会について：主題『ケースワークの原理と技術』（仲村優一著）の論旨をめぐって　主論者・青山春夫（調布福祉事務所福祉主事），木田徹郎（日本社会事業短大），仲村優一（日本社会事業大）第5回総会について　出席者　28名
		2／20．「日本社会福祉学会関東部会会報」第6号　編集発行人・松本武子　「ニューデリーとその郊外」若林龍夫／会員紹介他 ※日本社会福祉学会関東部会事務局　東京都文京区高田豊川町18　日本女子大学内
		6／1．第5回研究大会〈慶應義塾大学〉　◎自由論題「身体障害者の更生援護の問題点―職業による社会復帰の観点より―」小島蓉子（日本国際キリスト教奉仕団）／「公的扶助行政における民生委員の存在意義―生活保護の申請経路を中心に―」三和浩（立教大）／「少年非行をめぐる地域社会の問題」牛窪浩（立教大）／「里親委託児童の現状と問題点―特に群馬県の実態調査を中心として―」三吉明（明治学院大）／「施設集団の性格と児童の養護」横山定雄・西内育子（国立精神衛生研究所）／「機能派ケースワークの諸問題」仲村優一（日本社会事業大）／「戦後日本における救貧法研究史」高島進（日本福祉大）／「江戸時代の賤民集落から近代スラムへの変容についての一考察」荒井貢次郎（東洋大）　◎共同論題「社会福祉の観点よりみた地域社会の構造と機能」　座長・小川政亮（日本社会事業大），牛窪浩（立教大）主論者・渡辺洋三（東京大），米山桂三（慶應義塾大），重田信一（全国社会福祉協議会），小川利夫（日本社会事業大）

第Ⅳ部　日本社会福祉学会地方部会史

1959 昭34	7／2．研究大会〈日本社会事業大学〉　◎『スラムの研究』「日本の下層社会」について　西田長寿（東京大学）／「東京都スラム調査報告書」について　阪本敬之（東京都民生局）　当番校〈国立精神衛生研究所〉所属者207名　出席者　約40名程度
	10／13．研究大会〈日本女子大学〉　◎「公的扶助におけるケース面接課程の検討」勝野隆昭（東京都調布市福祉事務所）　当番校〈国立精神衛生研究所〉　出席者　約40名程度
1960 昭35	2／27．研究大会〈日本女子大学〉　◎「家族構成と生活水準」江口英一（日本女子大）　当番校〈国立精神衛生研究所〉　出席者　約40名程度
1963 昭38	1／18．委員会〈日本女子大学〉　◎「新役員紹介，活動計画」
	2／23．研究例会〈日本女子大学〉「最近の日本における都市問題と社会福祉」神岡浪子（市政調査会）／「最近のアメリカにおける都市問題と社会福祉」磯村英一（都立大）　出席者　会員26名，傍聴者14名。委員会〈日本女子大学〉　◎「4月の研究例会の件」
	4／20．研究例会〈日本女子大〉「昭和37年度厚生白書について」松村稔（厚生省公衆衛生院人口衛生室長），金井信一郎（明治学院大）　出席者　会員15名，傍聴者50名。委員会〈日本女子大学〉　◎「総会の件」
	4／30．委員会〈日本女子大学〉　◎「総会の件」
	5／－．「日本社会福祉学会関東部会会報」第12号　編集発行人・一番ヶ瀬康子　「会報によせて」松本武子／「いままでの研究例会・委員会」／「本年度役員」／研究報告「最近のアメリカにおける都市問題と社会福祉」磯村英一／「最近の日本における都市問題と社会福祉」神岡浪子等
1968 昭43	6／8．研究大会〈立正大学〉　◎「社会福祉事業と宗教」　座長・谷川貞夫　レポーター・松本栄二（キリスト教研究者・上智大）／平山善一（キリスト教現業者・バット博士記念ホーム）／森永松信（仏教研究者・立正大学）／中村利昌（仏教現業者・日本大）デスカッサー　行政側　森幹郎（厚生省）／山下袈裟男（研究者・東洋大）／瓜巣憲三（現業者　川崎児童相談所）／山本信孝（全国社会福祉協議会），懇親会　午後5時〜7時
	－／－．米騒動50年記念大会〈立教大学〉　報告者　増島宏（法政大）／三好豊太郎（明星大）／福山政一（淑徳大）／長谷川良信（大正大）等の諸氏
1972 昭47	7／1．第17回研究大会〈駒澤大学大学会館〉　総会　社会福祉専門職問題委員会経過報告　シンポジウム「職業としての社会福祉　いわゆる『社会福祉労働』の課題」斎藤謙（青山学院女子短大），大保尚美（日向弘済学園），上坪洋（城北福祉センター），山本信孝（全国社会福祉協議会），星野貞一郎（駒澤大），原田信一（駒澤大）懇親会〈事務局〉駒澤大学社会学研究室　大久保満彦
1978 昭53	3／27．＊日本社会福祉学会・地区支部　連絡理事・吉田久一（日本社会事業大）事務局・大友昌子（日本女子大）
	7／16．関東部会〈日本女子大学〉　◎『日本の福祉的処遇』「精薄児施設における処遇史的研究」同研究グループ／「老人福祉施設の処遇調査」小笠原裕次／「身障処遇論」小島蓉子／「方法論と処遇論」小松源助，〈当番校〉日本女子大学・事務局　大友昌子・宇都榮子　＊1978．9．23．現在の今年度の計画である。77年度は関東部会を開けなかった。可能ならば，占領期の日本社会事業を指導したネフ氏が9月に来朝が予定されているので，同氏をかこんで占領期社会事業の不明な点を明らかにしたいと考えている。

第3章　関東部会史

1979 昭54	－／－．創立30周年を迎える日本社会福祉学会の創立会員等が余り老化しないうちに学会誌の編纂を。関東部会は，年の経費を全額『日本における「福祉的」処遇』の刊行に当てることにした。執筆者は総論（山崎美貴子），公的扶助（倉岡小夜），児童福祉（山田明・大友昌子），老人福祉（矢部広明，東京都養育院），障害福祉（小島蓉子）9月の日本社会福祉学会総会までに間にあうはず。（吉田記）
	3／20．『日本社会福祉学会関東部会紀要』創刊号，編集発行・日本社会福祉学会関東部会事務局，巻頭言「社会福祉処遇論―社会事業史からの接近―」吉田久一（日本社会事業大）／1「『処遇』に関する一試論―ケースワークの立場から―」岩本正次，遠藤克子，山崎美貴子（明治学院大）／2「公的扶助―生活保護処遇上の課題―」倉岡小夜（聖徳大）／3「老人ホームの処遇をめぐって」矢部広明（東京都養育院）／4「児童保護事業の成立とその社会的背景―明治後期における育児事業施設の管理と処遇の分析視覚―」大友昌子（日本女子大）／5「戦前精神薄弱者施設における処遇の特質と規定条件―旧筑波学園における生活，教育，施設経営の諸側面の分析を通して―」山田明（筑波大大学院）／6「身体障害者処遇論の展開―わが国戦後の身体障害者福祉行政的処遇研究の序説―」小島蓉子（日本女子大），中野敏子（日本女子大研究生）
1980 昭55	7／6．研究報告会「日本の貧困」〈日本女子大学〉　◎一．貧困の系譜　1「江戸の下層社会」吉田久一（日本社会事業大）／2「明治後期大正期の貧民学校」加登日恵子（日本女子大）／3「戦間期の下層社会」中川清（新潟短大）／4「太平洋戦争下の都民生活」遠藤興一（明治学院大）　二．高度成長下の山谷　5「住宅問題」江口英一（中央大）／6「老後問題」松崎久米太郎（上智大）　三．討論
1982 昭57	1／30．関東部会研究大会〈日本社会事業大学〉　◎「臨時行政調査会をめぐる社会福祉問題」　司会・三浦文夫，報告者・浦辺史（日本福祉大名誉教授），佐藤進（日本女子大），仲村優一（日本社会事業大）〈当番校〉81年度より事務局は，三浦文夫，市川一宏が担当，約50名の参加者 ＊報告，討論は「活力ある福祉社会の実例」ゼロシーリング予算等の行政改革答申にみられる社会福祉問題の具体的検討にととまらず，同答申の歴史的位置づけ，生存権，生活権等の権利問題の実態的考察，社会福祉理論の再検討といった多方面的接近が試みられた。
1985 昭60	9／7．第1回若手研究者によるシンポジウム〈東京都社会福祉総合センター〉　◎「社会福祉施設をめぐる政策動向―『老人ホームの入所判定通知』と『中間施設論』―」司会・高橋紘士（法政大学），報告者「老人ホーム政策の潮流」坂田周一（東京都老人総合研究所）／「老人ホームの現場から」鈴木恂子（特別養護老人ホーム信愛泉苑）／「老人ホーム入所をめぐる問題点」津田光輝（目黒福祉事務所），コメンテーター・伊藤淑子（都立大久保病院），参加者45名 ＊1985（昭和60）年度から運営方法を変え，会員数及び各種研究会，学会の開催の多い東京地区の実情を考慮して，若手研究者によるシンポジウムと，各都県で順次開催する小規模の研究会議の開催をその活動の中心とすることとした。企画・準備は自薦・他薦を問わず会員有志による。第1回は2回の準備委員会（参加会員数延24名）を経て開催された。
1986 昭61	12／9．シンポジウム　高齢者問題と福祉サービス〈日本学術会議大会議室（2F）〉　主催日本学術会議社会福祉・社会保障研究連絡委員会と共催　開会挨拶：一番ヶ瀬康子（日本学術会議会員，社会福祉・社会保障研究連絡委員会委員長，日本女子大），司会者・仲村優一（本研究連絡委員会幹事，日本社会事業大），北川隆吉（本研究連絡委員会幹事，名古屋大），問題提起「医療と福祉―老人保健法をめぐって―」朝倉新太郎（本研究連絡委員会委員，大

	阪大）／「地域における看護と福祉」木下安子（東京都神経科学総合研究所研究員）／「老人ケアのシステム」古瀬徹（日本社会事業大）／「ケアワーカーの専門性と養成訓練」秋山智久（本研究連絡委員会委員，明治学院大），討論・閉会挨拶：儀我壮一郎（本研究連絡委員会委員，専修大） ＊1986年より，関東ブロックの主要な大学・研究機関より1名ずつ関東部会委員を選出してもらい，その委員会の決議に図って部会活動を行うように試みた。副代表は谷口正隆氏（関東学院大）。
1987 昭62	12／11．日本学術会議シンポジウム〈日本学術会議講堂〉 ◎テーマ「地域における高齢者の福祉と保健―新しい協力をめざす研究・教育・養成の問題―」 開会の辞：一番ヶ瀬康子（日本学術会議会員，社会福祉・社会保障研究連絡委員会委員，日本女子大），シンポジウム司会・儀我壮一郎（社会福祉・社会保障研究連絡委員会委員，専修大），窪田暁子（社会福祉・社会保障研究連絡委員会委員，東京都立大） 報告者・①社会福祉の立場から 谷口正隆（関東学院大），②保健・医療の立場から 増子忠道（柳原病院医師），③統合化について 高橋紘士（法政大） コメンテーター・仲村優一（社会福祉・社会保障研究連絡委員会委員，放送大），朝倉新太郎（社会福祉・社会保障研究連絡委員会委員，大阪大名誉教授）〔討論〕 閉会の辞：北川隆吉（社会福祉・社会保障研究連絡委員会幹事，名古屋大），参加者 130人。当番校：日本学術会議社会福祉・社会保障研究連絡委員会
	12／12．シンポジウム〈全社協5Ｆ研修室〉 ◎テーマ「社会福祉の専門性―『社会福祉士及び介護福祉士法』の基盤―」 開会挨拶・オリエンテーション：関東部会担当理事 基調講演：「社会福祉学の独自性と展開」一番ヶ瀬康子（日本社会福祉学会代表理事，日本女子大） シンポジウム：「社会福祉の専門性―『社会福祉士及び介護福祉士法』の基盤―」「資格法制定・実施体制の経過報告」秋山智久（明治学院大） 司会：小松源助（日本社会事業大），報告者・「老人処遇の専門性」根本博司（明治学院大）／「障害者処遇の専門性」山田明（共栄学園短大）／「病院におけるソーシャルワークの専門性」大野勇夫（淑徳大）／「社会福祉教育における専門性」高橋重宏（駒澤大），参加者 150人 会員 550名（日本社会福祉学会の会員の38％）当番校：日本社会福祉学会 関東部会
1988 昭63	8／6．委員会（第1回）〈全国社会福祉協議会5Ｆ第1会議室〉 ◎議題：報告（「第36回日本社会福祉学会全国大会」について，学会理事会より），情報交換（最近の社会福祉制度「改革」，社会福祉資格制度など），協議（関東部会の組織について，活動内容について①研究大会開催②『社会福祉学』への投稿推薦 学会誌編集委員より）
	12／4．委員会（第2回）〈東京都社会福祉協議会5Ｆ控え室〉 ◎議題：今期の関東部会について活動内容について，活動内容について（時期研究大会の開催，日本社会福祉学会報告，日本学術会議社会福祉・社会保障研究連絡委員会報告）
	12／4．研究大会〈東京都社会福祉協議会5Ｆ講習講座室〉 ◎テーマ「社会福祉におけるパラダイム転換」 基調講演「新しい福祉理念とパラダイム」嶋田啓一郎（同志社大名誉教授）／シンポジウム「社会福祉におけるパラダイム転換」／発題「社会福祉における発想の転換―『私・発』の福祉より―」木原孝久（福祉教育研究会主宰），シンポジウム 司会・秋山智久（明治学院大），［社会福祉政策の視点から］高橋紘士（法政大），［社会福祉方法の視点から］谷口政隆（関東学院大），［社会福祉実践の視点から］橋本泰子（弘済ケアセンター）

第3章　関東部会史

1989 昭64 平元	12／10．シンポジウム〈東京都社会福祉協議会講座講習会〉　◎総合テーマ「保健・医療問題と社会福祉サービス」（午前の部）　日本学術会議との合同講演会　講師・仲村優一（放送大，日本学術会議，社会福祉・社会保障研究連絡委員会幹事）テーマ「ソーシャルワークにおけるジェネリックとスペシフィック―保健・医療問題に関連して―」（午後の部）　関東部会・社会福祉シンポジウム　テーマ「保健・医療問題と社会福祉サービス」　シンポジスト．［医視福祉の現場から］田戸静（日赤葛飾産院医療相談室日本医療社会事業協会会長）／［社会福祉の現場から］窪田暁子（東洋大）／［医療経済の現場から］二木立（日本福祉大）　司会・谷口正隆（関東学院大），参加者は125人。関東部会所属会員は約600人（全体の38％）。　＊毎年日本社会福祉学会より部会活動費として還元金30万円。1990年度活動方針：①研究集会の開催（関東部会単独で開催。研究集会の企画・立案担当者は，関東部会運営委員の中から，森井・瓜巣・金子・橋本・伊藤各委員があたる。），②関東部会・会報を発行（関東部会の活動を周知徹底し，積極的に活動に参加して頂く契機になるよう「日本社会福祉学会・関東部会報」（仮題）を発行する。部会活動費で会報の発行は可能），③関東部会会員総会の開催（年１回研究集会開催時に開催），④運営委員会の組織化と活動の強化（会員の多い大学・研究機関を中心に運営委員を委嘱。その役割分担は当面，代表，副代表，研究集会担当委員を決め，それ以外はそのつど決める。会計・庶務については当面代表がアルバイト等を活用して処理。）
1990 平2	5／15．「日本社会福祉学会関東部会・会報」創刊号，編集発行人・大橋謙策（関東部会担当理事，日本社会事業大）「いま，期待されていること」一番ヶ瀬康子（日本社会福祉学会代表理事，第14期日本学術会議議員）／「日本学術会議と社会福祉学会合同の公開講演会について」田端光美（日本女子大）／日本社会福祉学会・関東部会社会福祉シンポジウム報告／関東部会1990年度活動方針等
	10／18．「日本社会福祉学会関東部会・会報」第２号　編集発行人・大橋謙策（関東部会担当理事，日本社会事業大）「関東部会・1990年度研究大会に是非御参加下さい。」／「日本社会福祉・関東部会1990年度研究大会プログラム」
	12／9．シンポジウム「これからの社会福祉サービスのあり方」〈東京都社会福祉協議会（５F）〉　総合司会・森井利夫（文教大・関東部会運営委員）　シンポジウム①「週休二日制と社会福祉マンパワーの確保」　シンポジスト・小笠原祐次（日本女子大），渡辺茂雄（調布学園園長・都社協福祉マンパワー委員会委員長），司会・大橋謙策（日本社会事業大・関東部会担当理事），シンポジウム②「社会福祉八法改正と新しい福祉サービスの展開」　シンポジスト・土橋敏孝（埼玉県社会福祉協議会），栃本一三郎（厚生省専門官・前関東部会運営委員），司会　小林良二（東京都立大），〈当番校〉研究集会の企画・立案の担当者　森井，瓜巣，金子，橋本，伊藤各会員（関東部会運営委員），参加者　約60名 ＊日本社会福祉学会・関東部会はここ数年，日本学術会議と共催する形で合同公開シンポジウムを12月に開催してきたが，1990年度は学術会議が関西で同様の公開シンポジウムを開催予定なので，関東部会単独で研究集会を開催する予定（1990年５月15日現在）。
	12／9．関東部会総会　会計報告，活動報告の承認，1991年度活動報告及び役員体制の承認
1991 平3	5／15．「日本社会福祉学会関東部会・会報」第３号　編集発行人・大橋謙策（関東部会担当理事，日本社会事業大）「関東部会・1990年度研究大会概況」森井利夫（文教大学）／1991年度活動方針　他
	11／11．「日本社会福祉学会関東部会・会報」第４号　編集発行人・大橋謙策（関東部会担

399

第Ⅳ部　日本社会福祉学会地方部会史

	当理事，日本社会事業大）「関東部会研究大会に奮って御参加下さい！」／「歓迎の挨拶」星野信也（東京都立大）／「関東部会運営委員会からのお願い」他
	12／7．1991年度研究発表大会〈東京都立大学〉運営委員会，関東部会・総会，全体会　シンポジウムⅠ「福祉事務所再編成と区市町村福祉行政のあり方」　司会・星野信也（東京都立大）　シンポジスト・ゲスト　大森彌（東京大・中社審委員）・藤城恒昭（千葉県八千代市役所）　岡部卓（日本社会事業大）　シンポジウムⅡ「ケースマネージメントの課題と問題点―臨床方法論とシステム論の立場から―」　司会・小松源助（日本社会事業大），シンポジスト・橋本泰子（弘済ケアセンター）・山田明（共栄学園短大）・尾崎新（日本社会事業大），〈当番校〉事務局　東京都立大学・久保紘章（都立大，関東部会・運営委員），石原邦雄（前同）（事務連絡責任者　江上歩（都立大）），参加者は約100名（学会の会員のみならず，福祉事務所の職員をはじめ行政職員の参加も多数）
1992 平4	3／15．「日本社会福祉学会関東部会・会報」第5号　編集発行人・大橋謙策（関東部会担当理事，日本社会事業大）「研究発表会盛会裡に終わる」／「シンポジウムを終えて」星野信也（東京都立大）／シンポジストの報告概要「福祉事務所再編成と区市町村福祉行政のあり方」藤城恒昭，「ケースマネージメントの課題と問題点」尾崎新（日本社会事業大）／シンポジウム参加者の感想「『ケースマネージメントの課題と問題点』を聞いて」北沢清司（大正大），中谷陽明（東京都老人総合研究所），「『福祉事務所再編成と区市町村福祉行政のあり方』を聞いて」宇都榮子（専修大），伊藤秀一（駒澤大）／関東部会・総会報告
	10／1．会員数　770名
	10／17．＊執行部（1995年大会時まで）　関東部会担当理事　窪田暁子（東洋大）
	11／5．「日本社会福祉学会関東部会・会報」第6号　編集発行人・大橋謙策（関東部会担当理事，日本社会事業大）「『1992年度関東部会研究大会へのお誘い』―「国際社会福祉」探求の必要と意義―」一番ヶ瀬康子／1992年度日本社会福祉学会・関東部会研究大会プログラム　他
	12／5．研究大会〈日本女子大学〉関東部会総会　課題報告　◎「国際社会福祉に関する教育課題―第26回国際社会福祉教育議会における論調―」　報告者・上田千秋（日本学術会議社会福祉・社会保障研究連絡委員会代表），小島蓉子（日本社会事業学校連盟国際委員長）　シンポジウム「豊かさとは何か―国際社会福祉の課題―」　司会・北川隆吉（専修大），一番ヶ瀬康子（日本女子大）　シンポジスト・平本実（国際人材開発機構），秋元樹（日本女子大），窪田暁子（東洋大）　コメンテーター・秋山智久（明治学院大）―討論―，〈当番校〉日本女子大学（人間社会学部の西生田校舎）（事務連絡責任者，菊地信子），参加者は約100名 ＊大会のテーマは社会福祉における国際性の問題に絞ることを早くから決定し，日本女子大学の会員を中心に，日本学術会議社会福祉・社会保障連絡委員会との密接な連係のもとに計画された。12月第一土曜の研究大会はほぼ定着した。
1994 平6	＊1995年度部会還元金　473,500円
1995 平7	3／25．「日本社会福祉学会関東部会・会報」第7号　編集発行人・山崎美貴子（関東部会担当理事，明治学院大）　巻頭言「実践と理論の架橋」岡部卓（東京都立大）／運営委員会報告／2000年度日本社会福祉学会関東部会活動報告，予算／―シリーズ研究・課題・展望―共通テーマ：転換期の社会福祉と私　「転換期の社会福祉に想うこと―研究と実践の狭間か

第3章　関東部会史

	ら―」引馬知子（新潟青陵大）／「自閉症者への生活援助と障害者福祉理念の隔壁」安藤まみ（明治学院大）／「転換期の社会福祉に想うこと―研究と実践の狭間から―」野坂聡（横浜市神奈川福祉事務所）／「公的介護保健導入における現状と課題」井坂直人（社会福祉法人横須賀基督教社会館）／研究論文集執筆要綱／編集委員会規定／2000年度日本社会福祉学会関東部会大会・シンポジウムのお知らせ　他
1996 平8	3／26．第2回運営委員会〈明治学院大学社会学部共同研究室〉議題2：研究論文集『社会福祉学評論』発行について　他（各委員会でそのつど，経過報告。）
	6／5．関東部会引継ぎ〈マンション四谷T＆T〉課題　①活動の概要について　②委員会の運営について　③会計について，出席者　日本社会福祉学会理事・田端光美（日本女子大），前回担当　理事・窪田暁子（東洋大）以下1名，今回担当　理事・三友雅夫（立正大）以下2名
	7／13．第1回運営委員会〈立正大学人文科学研究所所長室〉課題　①1996年度事業計画（シンポジウム開催について，社会福祉研究論文集（仮称）発刊について，機関紙発行について）　②1996年度予算案，〈当番校〉立正大学，出席者9名
	10／1．「日本社会福祉学会関東部会・会報」第8号　編集発行人・三友雅夫（関東部会担当理事，立正大）「1996年度第1回運営委員会の報告」／1996年運営委員一覧／関東部会編"社会福祉研究論文集（仮称）"発刊について　他
	12／10．シンポジウム〈立正大学石橋湛山記念講堂〉◎「21世紀の社会保障・社会福祉のパラダイム」　基調講演・辻哲夫（厚生省大臣官房政策課長），宮沢健一（社会保障制度審議会会長）　シンポジウム座長・右田紀久恵（東京国際大）　シンポジスト・京極高宣（日本社会事業大学長），前田信雄（聖学院大），古川孝順（東洋大），岩田正美（東京都立大）〈当番校〉三友雅夫（立正大，関東部会理事），参加者　155名　＊参加費　500円　当日会場受付で支払い（学生は無料） 社会福祉研究論文集（仮称）中間報告　投稿・執筆申込は10名
1997 平9	3／15．第2回運営委員会〈立正大学（第5会議室）〉課題　①1996年度事業報告・決算報告（案）の検討　②社会福祉研究論文集（仮称）の発刊（中間報告及び編集委員・審査委員依頼について）　③1997年度事業計画・予算（案）の検討　④その他
	3／27．会員数　1426名
	3／31．第3回運営委員会〈立正大学（第5会議室）〉議題①シンポジウム開催，②社会福祉研究論文集（仮称）発刊，③1997年度事業計画・予算（案），④関東社会福祉学会発足（地方部会の廃止）について
	5／15．「日本社会福祉学会関東部会・会報」第9号　編集発行人・三友雅夫（関東部会担当理事，立正大）「1996年度第2・3回運営委員会報告」／1997年運営委員一覧／関東部会編"社会福祉研究論文集（仮称）"発刊について　他
	6／21．シンポジウム〈立正大学石橋湛山記念講堂〉◎「専門職倫理と実践活動の間で」基調講演・早島鏡正（東京大名誉教授），隅谷三喜男（東京大名誉教授）　シンポジウム座長・田端光美（日本女子大）　シンポジスト・アンセルモ　マタイス（上智大），三友量順（立正大），楠山泰道（脱オカルト協会理事），平岡正幸（脱オカルト協会理事），〈当番校〉三友雅夫（立正大，関東部会理事），参加者　147名　＊参加費　500円　当日会場受付で支払い（学生は無料），懇親会参加費　3000円　懇親会会場受付にて支払い

第Ⅳ部　日本社会福祉学会地方部会史

	10／1．会員数　1177名
	10／9．運営委員会〈立正大学〉議題　1997年度の事業の経過報告，会計報告
	11／4．「日本社会福祉学会関東部会・会報」第10号　編集発行人・三友雅夫（立正大，関東部会担当理事）「1997年度シンポジウム報告」／1997年運営委員一覧／関東部会総会報告／独立学会発足化（地方部会の廃止）について／関東部会編"社会福祉研究論文集（仮称）"発刊について　他
	11／-．社会福祉研究論文集第1号『事業体系のパラダイム』を発刊。定価1500円。内容は，1996年度，1997年度シンポジウム内容と，研究論文3編「構成主義セラピストの外在化における面接記録法 note-system 治療的活用」石川瞭子，「介護職と看護職の心理的負担感の差違―老人保健施設におけるサービスの質の向上を目指して―」谷川和昭，「職務満足度の要因分析―老人保健施設に勤務する介護職と看護職の比較―」八島妙子
1998 平10	3／26．運営委員会〈立正大学〉議題　1988年度の事業計画・予算等
	3／28．大会，総会〈明治学院大学（白金校舎2302番教室）〉◎「社会福祉基礎構造改革と21世紀への展望」基調講演「戦後半世紀の社会福祉を振り返って」仲村優一　◎シンポジウム　シンポジスト・網野武博（上智大），高橋五江（淑徳大），中野いく子（国際医療福祉大），八木原律子（明治学院大）　コメンテーター・大山博（法政大）　司会・岡部卓（東京都立大）　総会　議案1：1999年度事業報告　議案2：1999年度決算報告・監査報告　議案3：2000年度事業報告　議案4：2000年予算報告，参加者　約130名
	5／10．「日本社会福祉学会関東部会・会報」第11号　編集発行人・三友雅夫（立正大，関東部会担当理事）「第2回運営委員会報告及びシンポジウムのお知らせ(1)」／1998年度運営委員一覧／「98年度関東部会大会（基調講演・シンポジウム・総会）開催次第」／関東部会編「社会福祉論文集」について
	5／23．日本社会福祉学会関東部会1998年度大会〈立正大学石橋湛山記念講堂〉開会　坂詰秀一（立正大学長），阿部志郎（学会長）◎基調講演「医療福祉分野における情報システム」開原成允（東京大名誉教授，現国立大蔵病院院長）◎シンポジウム「高齢者ケア・マネジメントの諸問題―介護保険制度施行に当たっての問題点の洗い出しと課題の検討―」コーディネーター・橋本泰子（大正大）　シンポジスト及び課題「現行介護事業の評価と展望（ケアマネジメントの問題と課題）」加瀬裕子（桜美林大）／「介護支援専門員の資格制度と確保の問題（資質，資格制度，カリキュラム）」佐藤信人（厚生省老人保健福祉局介護保険制度施行準備室課長補佐）／「要介護状態の認定の問題（介護認定審査会，診査判定基準と判定，判定方式）」高椋清（健清会理事長老健施設長，医師，医博）／「介護保険制度施行と基盤整備の問題（市町村のサービス基盤整備，課題）」吉田克英（我孫子市中央公民館館長，前保健福祉部高齢者福祉課長）　総会　議案：97年度事業報告・決算報告，98年度事業計画案・予算案，その他　閉会　三友雅夫（立正大，関東部会担当理事）
	10／17．＊第19期日本社会福祉学会理事・監事（1998年〜2001年）関東部会担当理事・山崎貴美子（明治学院大）
	＊1998年度決算報告（自1998年4月1日　至1998年12月24日），特別会計中間報告（自1998年4月1日　至1998年12月24日） ＊収入決算額　1,159,630　支出決算額　761,571　差引額　398,059（会計については，全国大会を年度の区切りとする事になっているが，引継前の会計整理を要したため12月で区切ることとした。）特別会計中間報告　収入決算額　882,183　支出決算額　410,857　差異

402

	471,326　預金　451,105円　現金　20,221円
1999 平11	3／29．第3回運営委員会〈明治学院大学社会学部共同研究所〉議案③：2000年度決算報告，2001年度予算案について　他
	4／10．第1回運営委員会　議題：「1998年度決算報告，1999年度事業計画，1999年度予算案」，運営委員出席者　9名　＊運営委員会は学会員4名以上の研究機関・大学から選出された23名の委員による会で，当関東部会の大会テーマを決定し，担当理事の所属する大学を当番校として総会・大会を開催
	6／15．第1回編集委員会　議題：「研究論文集編集方針」「研究論文集執筆要綱」　＊編集委員会は運営委員会で選出された7名の委員による会で，当学会関東部会の研究論文を発行
	6／29．「日本社会福祉学会関東部会・会報」第12号　編集発行人・山崎美貴子（関東部会担当理事，明治学院大）　1999年度第1回運営委員会報告／1999年度編集委員会／シリーズ研究・課題・展望―福祉実践の理論化を目指して―「PSW実践における倫理的ジレンマ」原久美子（立正大），「利用者の自己決定と援助者のパターナリズム」岩崎晋也（法政大大原社会問題研究所），「高齢知的障害者施設の実践と課題」片桐直子（横浜市総合リハビリテーションセンター）／社会福祉研究論文集執筆要綱／1999年度運営委員一覧　他
	9／25．第2回運営委員会　議題：「研究論文集執筆要綱について，大会・総会について」
	11／6．第3回運営委員会　議題：「総会に向けて」
	11／6．大会，総会〈明治学院大学（本館1階1101教室）〉　◎大会テーマ「再び社会福祉学を問う―今問われる社会福祉の専門性―」　開会　古川孝順（東洋大）　◎基調講演「社会福祉の過渡的状況と理論研究―社会福祉理論の再構築のために―」　◎シンポジウム　シンポジスト・岡上和雄（全家連），奥津文子（京大医療技術短大），北島英治（東海大），冷水豊（上智大）　コメンテーター・小松源助（大正大），栃本一三郎（上智大学）　◎総会　i．1998年度決算報告　ⅱ．1999年度事業計画　ⅲ．1999年度予算・決算報告　ⅳ．社会福祉研究論文集執筆要綱　閉会　関東部会担当理事　山崎美貴子（明治学院大），参加者　104名　＊大会，総会は年1回の開催
2000 平12	1／31．「日本社会福祉学会関東部会・会報」第13号　編集発行人・山崎美貴子（関東部会担当理事，明治学院大）　「巻頭言」遠藤興一（明治学院大）／1999年度日本社会福祉学会関東部会大会報告／シリーズ研究・課題・展望―再び社会福祉学を問う：今問われる社会福祉の専門性―「大学における社会福祉実習の展開」伊部恭子（東洋大大学院），「家族の問題と対象の概念構成をめぐって」小林理（明治学院大大学院），「社会福祉教育法の研究から探る社会福祉の専門性」横山豊治（上智社会福祉専門学校）／社会福祉研究論文集執筆要綱　他
	3／29．第4回運営委員会　議題：「1999年度決算報告」「2000年度事業計画，2000年度予算案」「研究論文集の進行状況」．第2回編集委員会　議題：「研究論文集発行までのスケジュール」「査読について」
	4／22．第1回運営委員会〈明治学院大学社会学部共同研究室〉　議案：関東部会年次大会のテーマ設定および運営について　1999年度の会計報告とその承認．決算と監査の人選．2000年度の事業報告と予算案の検討．研究論文の進行状況の報告．タイトルと投稿者一覧，査読委員の選考と査読基準の作成，他
	6／27．第1回編集委員会〈明治学院大学〉議案：研究論文集編集について　他（論文査読の結果についての報告．巻頭言執筆者など論文以外の担当者の検討を行った。）

	7／8．第2回運営委員会〈明治学院大学社会学部共同研究室〉議題②：研究論文集『社会福祉学評論』発行について　他（各委員会でそのつど，経過報告。）
	7／31．「日本社会福祉学会関東部会・会報」第14号　編集発行人・山崎美貴子（関東部会担当理事・明治学院大）巻頭言「実践と理論の架け橋」岡部卓（東京都立大）／運営委員会報告／2000年度日本社会福祉学会関東部会活動計画，予算／シリーズ研究・課題・展望―転換期の社会福祉と私―「転換期の社会福祉に想うこと―研究と実践の狭間から―」引馬知子（新潟青陵大），「自閉症者への生活援助と障害者福祉理念の隔壁」安藤まみ（明治学院大大学院），「転換期の社会福祉に想うこと―研究と実践の狭間から―」野坂聡（横浜市神奈川福祉事務所），「公的介護保険導入における現状と課題」井坂直人（横須賀基督教社会館）／研究論文執筆要領，他
	9／10．社会福祉研究論文集2号『介護保険と基盤整備―情報ネットワークと高齢者ケア・マネージメント』　基調講演シンポジウム　開催校副学長挨拶・北川前肇／学会長挨拶・阿部志郎／「医療分野における情報システム」開原成／「現在介護事業の評価と展望」加瀬裕子／「介護支援専門員の資格制度と確保の問題」佐藤信人／「要介護状態の認定の問題」高椋清／「介護保険制度と基盤整備の問題」吉田克英／討論会　研究論文「住民参加型在宅福祉サービス団体の類型化とその特徴―組織の運営管理と支援のあり方に関する実証研修―」永田裕，「特別養護老人ホームの介護職の業務環境におけるストレスおよびバーンアウト」畑千津，「重度重複障害児のコミュニケーション活動形成・促進のための援助」見上昌睦・田口ས司，「社会福祉現場実習における学習成果を高める実習指導についての研究―特別養護老人ホームに配属された学生を対象とした面接調査から―」山井理恵
	10／21．大会，総会〈明治学院大学白金校舎〉◎大会テーマ「社会福祉基礎構造改革と21世紀への展望」　基調講演：仲村優一「戦後半世紀の社会福祉を振り返って」　◎シンポジウム　「21世紀の社会福祉の展望と行方について」　シンポジスト・網野武博（上智大），高橋五江（淑徳大），中野いく子（国際医療福祉大），八木原律子（明治学院大）　コメンテーター・大山博（法政大）　司会・岡部卓（東京都立大）　◎総会　議案①1999年度事業報告，議案②1999年度決算報告・監査報告，議案③2000年度事業報告，議案④2000年度予算報告
2001 平13	3／19．第3回運営委員会〈明治学院大学社会学部共同研究所〉議案③2000年度決算報告，2001年度予算案について　他
	3／31．『社会福祉学評論』創刊号（通巻3号）発行　編集委員　市川一宏，遠藤興一，岡部卓，北島英治，深谷三枝，牧野田恵美子，山崎美貴子（関東部会担当理事）　巻頭言「社会福祉研究雑感」古川孝順（東洋大）　論文「『障害』の実態的モデルへの批判的アプローチ―構築論的モデルに向けて―」谷内孝行（アルファ福祉専門学校），〈論評〉佐久夫（日本社会事業大）／研究ノート「昭和38年『重症心身障害児療育実施要綱』―『措置困難児問題』との関係を中心に―」小埜寺直樹（東京都立大大学院），〈論評〉北沢清司（東海大）／「市民福祉事業と自治体行政に関する一考察」亀田尚（東洋大大学院），〈論評〉蟻塚昌克（埼玉県立大）／「生活保護に於ける社会福祉実践の位置づけをめぐる諸説の構造と展開について―論争期までの議論を対象として―」根本久仁子（明治学院大大学院），〈論評〉伊藤秀一（駒澤大）／「人の国際移動と福祉問題―中国帰国者と日系ブラジル人の生活実態調査から―」藤沼敏子（総合研究大学院大学），〈論評〉新保美香（明治学院大）／関東部会大会報告から「看護職との比較からみた介護福祉職の独自性について」奥津文子（京都大学医療技術短期大学部）／編集室から「『社会福祉学評論』発刊に想うこと」六波羅詩朗／次号論

第3章　関東部会史

	文投稿要領／編集後記
	3／31.「日本社会福祉学会関東部会・会報」第15号　編集発行人・山崎美貴子（関東部会担当理事，明治学院大）　巻頭言「関東部会大会を終えて…」大山博（法政大）／2000年度大会報告／シンポジウム報告／関東部会研究論文集『社会福祉学評論』論文募集について／2000年度関東部会研究論文集発行について　他
	8／31.「日本社会福祉学会関東部会・会報」第16号　編集発行人・山崎美貴子（関東部会担当理事，明治学院大）　巻頭言「時間の"膨らみ"をもたらすもの」戸塚法子（淑徳大）／2001年度事業（活動）計画／2001年度予算（案）／シリーズ研究・課題・展望〈1〉「社会福祉対象研究における課題」鈴木忠義（東京都立大大学院），〈2〉「よみがえれ，相談という仕事」三浦健（社会福祉士）／研究論文集『社会福祉学評論』について／2001年度研究論文集（2号）の発行について／2001年度日本社会福祉学会関東部会大会・分散会のお知らせ　他
	12／8．2001年度日本社会福祉学会関東部会大会・分散会〈明治学院大学〉　◎「社会福祉の理論・原理を今日，問う」　基調講演・星野信也（帝京大）　◎分散会「ソーシャルワーカーに求められる援助技術の理論と専門職教育」発題者・山本哲也（つくば国際大），コメンテーター・高橋流里子（日本社会事業大）／「戦後社会福祉本質論争と『マルクス主義（的）社会福祉論』」発題者・中里操夫（清和女子短大），コメンテーター・六波羅詩朗（国際医療福祉大）／「社会福祉原論の将来展望—社会福祉実践と社会福祉政策の接点を中心として—」発題者・新保幸男（愛知教育大），コメンテーター・遠藤興一（明治学院大）／「社会福祉学の学問・教育・実践の課題」発題者・小嶋章吾（大正大），コメンテーター・稲沢公一（東洋大）報告会　総会，参加者　約100名
2002 平14	1／31.「日本社会福祉学会関東部会・会報」第17号　編集発行人・山崎美貴子（関東部会担当理事，明治学院大）　巻頭言「関東部会大会を振り返って」湯浅典人（文京女子大）／2001年度大会報告／シリーズ研究・課題・展望〈1〉「要介護高齢者及びその介護者の支援システム研究の課題」早坂聡久（法政大），〈2〉「情報資料室の今後に思う」飯村史恵（東京都社会福祉協議会）／2001年度研究論文集『社会福祉学評論』について　他
	3／31.『社会福祉学評論』第2号（通巻4号）　巻頭言「ボランティア活動をめぐる今日的状況に思うこと」遠藤興一，論文「生活の「社会化」論の検討—社会福祉対象把握における一視点—」鈴木忠義，〈論評〉戸塚法子／「震災遺児の死別の悲しみ」株本千鶴，〈論評〉高橋幸三郎／研究ノート「ケアマネージメントがわが国に導入された経緯・意義及び課題」鳥羽美香，〈論評〉石井三智子／「エスニックマイノリティへの社会福祉援助—Montana Asian-Amereican Centerを中心に—」伊藤正子，〈論評〉石川久展／編集室から／「社会福祉学評論第2号刊行に思うこと」小林ısı／編集後記／編集部
	4／27．第1回運営委員会：①2001年度の事業報告と決算報告，②2002年度運営委員会の運営と年間計画，③大会と総会のあり方，④会報について，⑤研究論文集について，⑥2002年度予算案，〈当番校：ルーテル学院大学〉　運営委員24名中13名出席　＊③年1回の大会を研究集会として2回開催に変更，④2回発行，⑤200部発行とし，既刊の配布，販売促進
	6／8．第2回運営委員会：第1回会報委員会（会報の形態，第18号の内容，発行時期決定）：第1回編集委員会（論文再募集，査読者決定・依頼，論文投稿締切7月末）：第1回研究委員会（研究集会開催日程決定），運営委員10名出席
	7／6．「日本社会福祉学会関東部会・会報」18号　編集発行人・福山和女（関東部会理事，

405

		ルーテル学院大） 巻頭言 栃本一三郎（上智大）／2002年度事業計画と予算案／第1回研究集会のおしらせ／『社会福祉学評論』バックナンバー紹介／他
		8／2．第2回編集委員会：再投稿論文なし，査読者への依頼，論文送付，編集委員6名出席
		9／28．第3回運営委員会：第2回会報委員会（第19号内容，発行時期決定）第3回編集委員会（査読締切・結果一覧作成，論文採否決定，コメンテーター選任，巻頭言・編集後記執筆者決定）第2回研究集会委員会（11／30開催の研究集会の内容決定），運営委員8名出席
		10／2．日本社会福祉学会大会で論文集販売，研究集会案内
		11／30．第1回研究集会〈ルーテル学院大学〉「社会福祉実践と理論から〈支援費制度〉を考える」 内容：障害者福祉における〈支援費制度〉の持つ意味，方向性を社会福祉実践と理論の面から福祉実践者，行政，研究者等，多様な立場によるグループ・ディスカッションを中心として議論。ゲストスピーカー・①片山泰信氏（愛成楽園・東京都・知的入所更生施設長），②枡谷篤氏（神奈川県障害福祉課），③赤塚光子氏（立教大），コメンテーター・山口和彦氏（厚生労働省障害福祉専門官）／総会／第4回編集委員会（印刷所への見積依頼，論文集原稿締切，巻頭言原稿執筆依頼文発送），〈当番校：ルーテル学院大学〉，研究集会参加者 68名 編集委員 4名 運営委員12名
2003 平15		2／14．「日本社会福祉学会関東部会・会報」19号 編集発行責任者・福山和女（関東部会理事，ルーテル学院大） 巻頭言 市川一宏（ルーテル学院大）／平成14年度第1回研究集会の報告／第2回研究集会のご案内
		2／28．『社会福祉学評論』第3号（通巻5号） 巻頭言・福山和女／論文「フラナガンの来日と占領期児童福祉政策―政策立案過程と地方自治体の対応を中心に―」岩永公成，〈論評〉菅沼隆／「日本における『ケア』に関する現金等給付制度（payment for care）の動向と分析点」田中恵美子，〈論評〉石川久展／「ソーシャルワーカー養成実習におけるソーシャルワークの価値伝達の重要性とその課題―実証研究の文献レビュー―」石川和穂，今井朋美，〈論評〉北本佳子
		3／23．第2回研究集会〈上智大学〉 テーマ「社会福祉研究・実践の飛翔を目指して―20世紀の実態からどう離脱するか・その具体化の為の提言―」 パネリスト・森田明美（東洋大），北島英治（東海大） 第4回運営委員会：議題―親学会からの検討依頼事項／一年のまとめ／次年度のスケジュール確認 研究集会参加50名・運営委員9名出席

第 4 章
中部部会史

高島　進

1　中部部会の活動

　1954（昭和29）年浦辺史先生が日本社会福祉学会に入会され，1959（昭和34）年頃は学会委員を務められ，1962（昭和37）年より1973年度までは理事を務められた。中部部会はその間浦辺先生のご指導のもとにあり，1965（昭和40）年には日本福祉大学を会場として最初の研究例会が開催されている。会員数は同年の記録によるとまだ28名の少数であったが，本格的に部会活動をはじめようとされたのであろう。当時は愛知県に社会福祉関係の学部・学科・コースを持つ大学は日本福祉大学，愛知県立大学，同朋大学の3校（その他若干の保育系短大）に限られており，中部他府県はゼロであったと思う。大学院は日本福祉大学が1969（昭和44）年修士課程を開設したのが最初で，当初はまだ存在せず，大学関係者以外には社会福祉現場の職員若干の参加があっただけだった。
　しかし，浦辺先生は1967（昭和42）年秋の全国大会で翌年度より代表理事となられることが決まると，4月まで待たずに，その秋から実質的な代表理事としての活動をはじめられ，1973（昭和48）年度まで，3期6年間代表理事を務められた。私は浦辺先生の代表理事就任とともに事務局を担当することになり，1967（昭和42）年度の大会時の理事会で推薦されて翌年4月1日から理事となったが，事実上は前年大会後から事務局を引き受けた。事務局前任校時代，体制が不十分で，会費徴収など事務局事務が停滞していたのを浦辺先生のご指導のもとで建てなおした記憶がある。
　こうした，学会本部の活動は，せっかく動き始めた中部部会の活動の継続を

妨げ，1970（昭和45）年で中断した。また，浦辺先生は学内的にはこの期間，学部長，学監を歴任され，その面でもご多忙だったのが中断の一つの原因だと思われる。浦辺先生は1976年3月に日本福祉大学を定年退職され，東京に帰られ，保育研究所の所長，保育合同研究集会実行委員長としてのご活動を主にされるようになった。先生も私も，規定により一期理事を下り，1977年には再度理事に当選しているが，先生が中部を離れられたので，私は1977年，中部部会在籍でこの期の理事に選ばれた児島美都子，高森敬久両氏と年度内の例会再開を目指し，相談して準備し，それは1978（昭和53）年3月11日・12日，親睦を兼ねて，名古屋市内の知的障害者通園施設を経営するあさみどり会の会館に1泊し，2日間で，自由論題としての老人問題と障害者問題の報告，および川口弘中央大学教授の記念講演「高福祉負担をどう考えるか」を内容として開催された。参加者は30人だったが，継続の要望も強く，それが，中部部会の本格的な再開のスタートとなった。以後，最低年1回，開催時期は全国大会との兼ね合いで，全国大会後の秋，または年度末3月に開かれるようになった。再開後も関係大学の実態は前述とあまり変わらないが，各大学のスタッフが充実を見せていたり，日本福祉大学大学院生およびその修士終了生や現場のベテランの加入も増え，例会報告にも積極的な参加が見られ，以前に比べてにぎやかになった。運営は名古屋近辺の大学単位で会員のいる大学から代表を選んでもらって構成した幹事会で行った。

　80年代にはいると新設校，学部，学科が増え始め，特に1987年社会福祉士，介護福祉士の法制化の前後から急増したこともあり，会員数も年々増加し，現在（2003年度）では573人を数えるに至っている。しかしこの時期の当初は，愛知を除くと会員はわずかが散在している情況で，例会は名古屋を中心にする以外にはなかった。1987年（昭和62年）度からは春季例会（2日開催）と秋季例会（1日開催）の2度の例会を開催することになった。その直後，1988（昭和63）年度は，1989（昭和64）年3月には2日間の春季例会が開かれてはいるが，秋季例会が開かれていない。これは私が1988年7月から1年間いわゆる海外留学になり，留守をした故だったかと反省させられる。そして，1991（平成3）年度からは会員の参加条件がより良いと判断されて，春季例会が4月下旬に変更

されたが，年2回開催は1990年度以後1993年，1995年度を除き守られている。そして，2000（平成12）年には，会員が愛知県以外にもかなり増加してきている事情を考慮，3年に1度は愛知県以外の県で条件のあるところで開催したいという考えが中部部会幹事会で決定され，そのために中部各県から希望者を地方幹事に委嘱し，愛知近辺（この間，岐阜・静岡に広がる）の各大学1名以上の名古屋に集まりやすいこれまでの幹事会は常任幹事会とし，春季例会時に地方幹事を含む拡大幹事会を開くことになった。地方幹事はようやく最近すべての県から選出をいただくことができた。2001年度にはその最初の春季例会が静岡県立大学短期大学部で開かれ，2004年度はその第2回目の開催を受けていただける開催県および会場の交渉が始められたが，責任者の外国留学などで延期せざるをえなかった。

2 中部部会の特徴

　中部部会例会の内容上の特徴を若干挙げれば，第1に，「社会福祉制度改革」(1992年)，「児童福祉法改正問題」(1997年) などの，時々の社会福祉政策動向の理解，あるいはクローズアップされる領域の理解を，いわば共通論題あるいはシンポジウムを組んで，あるいは記念講演で取り上げてきていること。第2は，社会教育学会，地域福祉学会，ソーシャルワーカー協会など隣接の学会・団体と共同開催にも配慮していること。第3に，1983（昭和58）年のロバート・ピンカー氏（ロンドン・スクール・オブ・エコノミックス社会福祉学部長「英国福祉国家の現況と展望」），1994（平成4）年のガイ・ベックマン氏（フィンランド，オー

ボ・アカデミー教授,「北欧の福祉国家とその社会政策」)などの来日中の可能な人材に海外動向の特別報告,嶋田啓一郎同志社大学名誉教授(1986年,「ソーシャルワーカーの任務」),成瀬龍夫滋賀大学教授(1998年,「介護保険法と地方自治体」)など,中部部会の外にも積極的に適任者をもとめ,他地方部会,他学会の専門家に特別講演を,そして,テーマによっては現場の非会員に積極的にシンポジストをお願いするよう努めて来たこと。第4には,会員の増加に伴い,自由論題発表希望者が増加しているが,原則的に全員受け入れ,発表の機会を保障していること。これは全国大会が近年マンモス化し,発表時間に制約が大きくなるなどの傾向の中で,地方部会の重要な役割になりつつあるように思われる。第5に,最近,実践および方法論を積極的にとりあげ,制度政策論との関係や両者の統合理論化の確立をめざしていること。最後に,幹事会構成員の連帯が厚く,この地方で全国大会が行われるときには,全員が協力して実質的に中部部会の開催にしてきたこと,などである。なお,1983(昭和58)年に日本福祉大学が知多奥田に移転して以後,名古屋に会場を探すあるいは春季例会を県内の保養所などで親睦を兼ねて合宿して開くなどの苦労をしてきたが,最近は交通の便が良い中京大学名古屋キャンパスを会員を通じてお借りし開催している。2003年,日本福祉大学の名古屋キャンパスが拡張され,使える可能性も開けた。

　私は,これまで,中部部会の本格的な発足以後,理事在任中は中部部会担当として,一貫して中部部会の運営責任を担い,たとえば1992(平成4)年から1994(平成6)年までは宮田和明氏が中部部会担当理事を務められたが,理事を下りている時期も幹事としてかかわり続けてきた。2000年度で理事を退いた時には,2002(平成14)年度末,日本福祉大学を定年退職し,関西国際大学に移る予定なので,幹事も中部部会を代表する他の人材と交代したいと願ったが,強い慰留を受け幹事として留任している。私見では中部部会は例会をきちんと開く努力では模範的であり,それなりの成果をあげてきたと信じている。もちろん,至らなかった部分は私に第一に責任がある。今までより活動条件は低下せざるを得なくなったが,今後も可能な限り,中部部会の発展に協力していきたいと考えている。現在の幹事会の名簿を付して終わりたい(資料,p.418)。

第4章　中部部会史

年表　日本社会福祉学会中部部会年表

年	活　動　状　況
1963 昭38	6／25．3300円上半期（6月30日までの分）部会還元金（会費納入者1名につき100円）送付される（1962年度20名分，1963年度13名分）中部部会連絡担当理事・浦辺史
	12／1．1963年度7月～11月分の部会還元金2000円送付される（1962年度10名分，1963年度10名分）部会担当理事・浦辺史
1964 昭39	9／20．1964年上半期部会還元金（会費納入者1名につき100円）1200円（1963年度4名分，1964年度8名分）
1965 昭40	7／3．研究例会〈日本福祉大学〉報告「医療社会事業論争をめぐって」秦恵美子／秋の学会について本部よりの連絡事項協議
	10／1．研究例会〈日本福祉大学〉報告「児童収容施設近代化の一側面―19世紀救貧法児童処遇の展開―」高島進／「身体障害者集団福祉論」浦辺史
	11／2．会員の異動　転入5名，転出6名，会員総数28名　報告　連絡委員・浦辺史
1966 昭41	4／23．研究例会〈日本福祉大学〉①研究報告「工業都市に於ける福祉行政の課題」土井久雄／「社会福祉理論における若干の問題点」高島進　②秋の大会の共通論題・その他研究情報
	10／27．研究例会〈日本福祉大学〉研究報告「MSWと医療チーム」児島美都子／「民間社会事業の現状分析と課題」高島進／「老齢者の実態と問題」遠藤滋　中部部会連絡委員・浦辺史
1967 昭42	9／30．研究例会〈日本福祉大学〉報告　学会準備状況の報告／研究発表「保育行政に対する提言」土方康夫／「マリッジ・カウンセリングについて」田中美智子／その他　学会発表の研究概要の報告　出席者12名
1968 昭43	7／9．研究例会〈日本福祉大学〉「名古屋市の保育問題」土方康夫／「最近における福祉大家庭児童相談室からみた障害児の問題」秦恵美子／「今秋大会のシンポジュームの報告について」児島美都子（日本福祉大）
1969 昭44	10／10．研究例会〈日本福祉大学〉報告「老人の生活実態」宇治谷義雄／「現代日本における精神薄弱者福祉の構造」藤井力夫／「病児を養育する家庭の形態」貝沼恭一／「精神障害者の社会経済的背景に関する研究」大野勇夫，加藤薗子，秦恵美子／「『高度成長下』の児童問題対策とその特徴」小笠原祐次／「"知恵遅れ幼児の発達指導教室"開設の意義について」秦恵美子
1970 昭45	――．研究例会　出席者　78名（記録不備）
1978 昭53	3／11～12．研究例会〈名古屋市「あさみどり会館」〉11日個人発表「四日市市における一人ぐらし老人の三ヶ年における追跡調査」土井久雄（中部社会問題研究所）／「一人暮し老人の生活実態とその対策―二つのひとり暮し老人実態調査から―」上原千寿子（日本福祉大大学院）／「自閉症児の義務教育修了後の実態と問題点」金子寿子（名大付属病院精神科）／「地域における施設の役割―心身障害児母子通園施設「さわらび園」の実践から―」島崎左世（あさみどりの会「さわらび園」）12日講演会「高福祉負担をどう考えるか」川口弘（中央大学）

411

第Ⅳ部　日本社会福祉学会地方部会史

1979 昭54	6／30．研究例会〈日本福祉大学〉「未解放部落における児童問題とその解決実践」山本耕平（和歌山信愛女子短大）／「高度経済成長期の児童問題―名古屋市児童福祉施設調査報告―」東海社会教育研究会児童部会①無認可保育所問題　中田照子（愛知県立大）／②学童保育問題　髙橋悦子（愛知県立大）／③養護問題　長谷川真人（名古屋市若松寮）／④教護院措置児童問題　加藤幸雄（名古屋家庭裁判所）。中部部会参加者28名，東海社会教育関係者14名，一般25名。 ＊日本社会教育学会東海地区，東海社会教育研究会と共催
1980 昭55	11／1．研究例会〈愛知県立大学〉「豊田市老人事例調査報告」大友信勝（日本福祉大）／「障害児施設の現状と課題」田中良三（愛知県立大）
1981 昭56	9／20．研究例会〈日本福祉大学〉　◎在宅ケア，地域福祉「わが国の保育制度とベビーホテル」中田照子（愛知県立大）／「精神障害者にたいする地域での援助―家族会での試み―」黒川明美（愛知済生会病院）／「婦人障害者の生活と自立―『婦人と障害者問題実態調査』を通して―」日比野京子・石原由理子（日本福祉大非常勤講師）／「老人福祉における給食その他の諸問題」見神俊彦（日本福祉大）。40名以上
1982 昭57	4／10．研究例会〈日本福祉大学〉　◎臨調・行革問題「臨調行革の背景・沿革・特徴」都丸泰助（日本福祉大）／「『日本型福祉社会』論と社会福祉論」高島進（日本福祉大）／「臨調と保健医療」加藤孝夫（愛知県民主医療機関連合会）／「愛知県の社会福祉からみた臨調問題」丹羽典彦（愛知県社会福祉協議会）。40名以上
	11／27．研究例会〈日本福祉大学〉「今日の児童問題と地域教育・福祉」増山均（日本福祉大）／「愛知県における両眼の高度視覚障害児の実態調査について」薗部光子（愛知県コロニー中央病院）／「長野県下における保育需要の特徴と保育行政の課題」桜田百合子（長野大）／「甲府市における延長保育実施施行の実態と問題点」山田英美（山梨大）
1983 昭58	4／10．講演会〈朝日新聞社名古屋本社講堂〉「英国福祉国家の現況と展望」ロバート・ピンカー（ロンドン大学ロンドン・スクール・オブ・エコノミックス社会福祉学部長）／通訳・岡田藤太郎（龍谷大），寺西勇二（名古屋市在住）。 ＊朝日新聞社名古屋厚生文化事業団と共催。講演会終了後懇談会（会場愛知会館）
1985 昭60	3／2．研究例会〈中小企業センター〉　司会者・前田敏夫（愛知教育大）　特別報告「英国の社会福祉と地方自治」都丸泰助（日本福祉大）／課題報告①「措置費の国庫負担率削減の動きをめぐって」小川政亮（金沢大）／②「専門職制の動きをめぐって―MSWを中心に―」黒川明美（愛知済生会病院）。約30名
1986 昭61	3／1．研究例会〈中小企業センター〉　◎特別講演「ソーシャルワーカーの任務」嶋田啓一郎（同志社大学名誉教授）　シンポジウム　篠塚加代子（ゆたか福祉会）／清水将一（江南社会福祉協議会）／坂井徹（名古屋家裁）／市川季夫（名古屋市民生局）。40名
1987 昭62	3／7．研究例会　◎社会福祉制度改革「制度改革と社会福祉論」高島進（日本福祉大）／「制度改革と法律的動向」笛木俊一（日本福祉大）／「制度改革と民間社会福祉施設」辻村禎彰（宇治老人ホーム施設長）。32名
	11／28．研究例会　講演「社会福祉実習における大学と現場の役割」マリオン・ボーゴ（カナダ・トロント大学教授）「社会福祉士資格問題について」解説・大友信勝（日本福祉大）。50～60名（学会員以外の参加者含む）

第4章　中部部会史

1989 昭64 平元	3／20〜21．研究例会　◎特別講演「戦後福祉の四十年—私の歩んできた道—」児島美都子（日本福祉大）　自由研究発表「岩手県沢内村の生命行政の成果についての批判的検討」加藤孝夫（愛知民医連）／「インドにおけるダウリィ（DOWRY）慣習の由来と現状について」福田志津枝（稲沢女子短大）／「高校生の精神保健に焦点をあてたサポート・システム」久野恵理（日本福祉大大学院）／「在宅介護の費用—三河健生会, 豊橋市寝たきり老人・介護者実態調査を基に—」吉浦輪（日本福祉大大学院）／「愛知県における社会福祉施設のあり方—県社協・同検討会の施設計画論について—」峰島厚（江南女子短大）／「岐路に立つ社会福祉の二つの選択肢」東方淑雄（名古屋市立保育短大）／地域福祉調査報告「社会福祉協議会活動推進強化方策策定のための調査」高森敬久（愛知県立大）。36名
1990 平2	3／17〜18．研究例会　◎特別報告「在外研究を終えて—欧米における老人の地域福祉—」高島進（日本福祉大）　自由研究発表「Stoma 患者の生活改善援助について」室田人志（昭和病院）／「1980年代における福祉国家論」田村喜代（同朋大）／「外島君の思い出」坂井徹（名古屋家庭裁判所）／「複合選抜制と養護施設の子どもたち」長谷川真人（愛知県立大）／「グループホームにおける精神薄弱者の生活支援に対する研究」小澤温（愛知県立コロニー発達障害研究所）。25名
	10／6．研究例会〈愛知県青年会館〉　◎基調講演「父子福祉推進の課題について」平野隆之（名古屋経済大）／実践報告「事例を通してみる家族の現状について—老人の場合—」黒川明美（愛知済生会病院）／「難病における家族システムをめぐって」浅野正嗣（刈谷総合病院）。15名
1991 平3	4／27〜28．研究例会27日〈愛知県ホテル小野浦〉　特別報告「医療福祉士資格制度化の動向について」竹中哲夫（日本福祉大）／総会及び懇親会 28日〈日本福祉大学〉　自由論題「戦前, 愛知県における障害児の教育福祉問題史的研究—『個別学級』と『八事少年寮』の検討—」小川英彦（名古屋市立一色中学校）／「障害者の地域生活を考える—精神遅滞者と精神障害者の小規模住居の比較を通して—」小澤温（愛知県立コロニー発達研究所）／「障害と障害者の概念をめぐる研究の動向と課題—『精神薄弱者』概念を中心に—」高橋智（日本福祉大）／「視覚障害者の生活実態と福祉サービスについて」小笠原恭子（前日本福祉大大学院）／「在宅痴呆性老人・家族介護者の生活実態と社会福祉サービス利用についての実証的研究—富山県における痴呆性老人介護世帯の生活実態調査をもとにして—」保正友子（松波総合病院 MSW）／「高齢者の退院援助のあり方」室田人志（昭和病院）／帰朝報告「ニュージーランドの社会福祉」大友信勝（日本福祉大）。80名（学生オブザーバー含む）
	9／21．秋季例会〈愛知県社会福祉会館〉　◎「老人福祉労働の専門性」座長・平野隆之（名古屋経済大）／報告者「老人介護の専門性」小國英夫（愛知県立大）／「訪問看護婦の専門性」渡辺祥子（南生協病院地域医療科）／「ホームヘルパーの現状と課題」森充子（愛知県ホームヘルパー連絡協議会）。25名
1992 平4	3／21〜22．春季合宿例会〈サンパーク犬山〉　共同報告「在宅神経難病患者へのケース・マネージメント」高森敬久（愛知県立大）・船橋香緒里（愛知県江南保健所）・近藤菊久枝（愛知県江南保健所）・室田人志（日本福祉大）／自由論題「『社会福祉改革論』について」東方淑夫（名古屋市立短大）／「インフォームド・コンセント再考—精神遅滞者の脱施設における『本人の意志』をめぐって—」久田則夫（駿東学園社会福祉研究所）／「高齢者の墓意識の変容—墓コミュニティづくりの『舫いの会』活動をめぐって—」大橋慶子（中京短大）／「脳卒中友の会の現状と課題—友の会の実態調査をもとにして—」永井淑子（日本福

413

第Ⅳ部　日本社会福祉学会地方部会史

	祉大大学院特別研究生）／「『もう一つの過疎化』と高齢者の医療・福祉―珠洲市日置地区の医療実態調査をもとにして―」佐藤あずさ（金沢大大学院）・田中明彦（金沢大大学院）。30余名
	9／19．研究例会　「社会福祉制度改革の評価をめぐって」宮田和明（日本福祉大）／「在日外国人と日本の福祉」田中宏（愛知県立大）／「福祉現場からのコメント」水谷幸生（中央総合福祉専門学校）・西村正広（中京病院）。30名
1993 平5	3／6～7．研究例会〈愛知県青年会館〉　◎「老人保健福祉計画の動向と課題」野口定久（日本福祉大）・加藤孝夫（愛知民医連）／自由研究発表「中国における社会福祉論の動向」松久保博章（河合塾・河合文化研究所）／「産院引取りの新生児里子委託について―母子の絆形成観察と特別養子縁組審判例―」矢満田篤二（岡崎児童相談所）／「高齢者の在宅援助へのケース・マネージメントの展開―地域のケアシステムづくりをめざして―」室田人志（昭和病院）／「知的障害者の用語・呼称および議論の整理と課題」高橋智（日本福祉大）／「名古屋市の障害児教育史研究―戦後初期の『精神薄弱』学級の実態―」小川英彦（名古屋市立南養護学校）／「知的障害者本人の意志を尊重した生活スタイル確立への課題」久田則夫（駿東学園社会福祉研究所）。約40名
1994 平6	3／5～6．研究例会　記念講演「北欧の福祉国家とその社会政策」ガイ・ベックマン（フィンランド、オーボ・アカデミー大学教授、日本福祉大客員研究員）／自由研究報告「地方改良事業と慈善―日本社会事業のひとこま―」原田克巳（常葉学園浜松大）／「CBR（Community Based Rehabilitation）の理論と実際―インドネシアにおけるCBRプロジェクトの概念紹介から―」小林明子（日本福祉大大学院特別研究生）／「社会保険における『移送費』の支給要件に関する考察」西村正広（社会保険中京病院）／「社会福祉援助の必要な患者のスクリーニングシステム―愛知県江南市昭和病院調査より―」（第一報）室田人志（愛知県厚生連昭和病院）・杉崎千洋（日本福祉大非常勤）・野田智子（愛知県厚生連昭和病院）／「社会福祉援助の必要な患者のスクリーニングシステム―愛知県江南市昭和病院調査より―」（第二報）杉崎千洋（日本福祉大非常勤）・室田人志（愛知県厚生連昭和病院）・野田智子（愛知県厚生連昭和病院）。〈当番校：中部部会担当理事・宮田和明〉。1日目参加者25名，2日目13名
	11／26．研究例会〈愛知県青年会館〉　記念講演「イタリアの危機と社会国家の行方」福田静夫（日本福祉大）／◎「児童家庭福祉問題の総合的検討」　報告「現代の児童家庭福祉の課題」竹中哲夫（日本福祉大）／指定討論者「児童養護問題を中心として」長谷川真人（愛知県立大）／「保育制度改革を中心として」垣内国光（日本福祉大）。〈当番校：中部部会担当理事・高島進〉。30数名
1995 平7	10／21．研究例会〈同朋大学〉　◎「現代の貧困と社会福祉」「現代の差別と貧困」近藤祐昭（同朋大）／「『貧困の女性化』と社会福祉研究」杉本貴代栄（長野県短大）／「第三世界の貧困と地域社会開発」／コメンテーター・笛木俊一（日本福祉大）。20数名
1996 平8	6／20．1995年1月から12月までの収支報告　収入合計437,429円（うち部会還元金は133,350円），支出合計323,024円
	秋．第44回全国大会が同朋大学で開催のため，研究例会は取りやめ
1997 平9	3／9．研究例会〈同朋大学〉　特別報告Ⅰ「児童福祉法改正問題の経過と今後の展望―児童福祉現場・児童福祉研究者からの提言―」　司会・長谷川真人／「中央児童福祉審議会基本問題部会の審議経過―分析と評価―」遠藤由美（名古屋造形芸術大）／「児童福祉法改正

414

第4章　中部部会史

と保育所」対馬幸司（かしの木保育園長）／「児童福祉法改正と児童福祉施設」喜多一憲（名古屋キンダーホルト園長）／「児童福祉法改正と児童相談所」立松照康（名古屋市児童相談所児童福祉司）／「中間報告の評価と児童福祉法改正への提言」竹中哲夫（日本福祉大）／自由論題発表「父子福祉からみた地域福祉」平野隆之（名城大）／「カナダ・ブリティッシュ・コロンビア州の統合教育―事例報告を通して―」岡元行雄（兵庫県立看護大）・岡元光子／「薬物依存症者に関わるソーシャルワーク」山口みほ（日本福祉大大学院）／「林訴訟第一審判決と今後の課題」藤井克彦（笹島診療所ワーカー）。〈当番校：中部部会事務局・吉村公夫（同朋大学）〉。60名

10／5．研究例会〈同朋大学〉　◎「高齢者の医療と介護」「医療保険制度の改正をめぐって」加藤孝夫（愛知県民連）／「老人保健施設の側から見て」小西乃里子（老人保健施設レインボー）／「在宅介護支援センターから」内田信幸（松本西在宅介護支援センター）／司会・高島進，野口典子。〈当番校：中部部会事務局・吉村公夫〉。20名
1996年度会計報告　収入合計592,050円（うち部会還元金171,450円，44回大会事務局より幹事協力費100,000円），支出合計592,050円（うち次期繰越金446,102円）　会計監査・近藤祐昭

1998平10	4／25～26．研究例会〈リバーサイド犬山〉　◎「公的介護保険制度の実施上の諸問題」　特別講演「介護保険法と地方自治体」成瀬龍夫（滋賀大学）／特別報告1「ソーシャルワーカーとケア・アセスメント」大和田猛（愛知県立大）／特別報告2「介護保険と措置制度（高齢者の生活）」赤星俊一（半田市役所）／自由研究発表「現代老人ホーム処遇史―特別養護老人ホームの入所高齢者の動向調査の結果分析を通して―」野口典子（中部学院大）／「障害者プランの実行に関する考察―A町障害者計画策定に関わって―」林智樹（三重短大）／「子育て支援施策と児童福祉法改正」宍戸健夫（保育研究所）／「要介護者に関わる社会サービス情報の取り入れ方法について―愛知県知多郡武豊町における事例調査をとおして―」伊藤さゆり（日本福祉大）／「高齢者世帯家計の検討―公的介護保険をにらんで―」小野由美子（日本福祉大大学院）／「都市型団地における医療・福祉ニーズ―とくに長崎ダイヤランドを調査事例として―」浅香勉，増田樹郎，岩田香織（静岡県立大短大部）。〈当番校：中部部会事務局・吉村公夫〉。50数名
	10／4．研究例会〈愛知県青年会館〉　◎「ケアワークの現状と課題」司会・宍戸明美（中部学院大）／「ケアワークとソーシャルワークの視点」高森敬久（金城学院大）／「老人ホームにおけるケア―特養の調査からいえるもの―」宮本益治（東海学園大）／「在宅ケアのあり方」神谷鉅子（高浜市地域福祉サービスセンター主任ホームヘルパー）／コメンテーター・若松利昭（日本福祉大）。〈当番校：中部部会事務局・吉村公夫〉。43名
部会活性化と研究例会報告と開催案内を載せた「中部部会ニュース」発行　編集協力・野口典子，小松理佐子（中部学院大）
1999平11	4／24～25．研究例会〈サンパーク犬山〉　◎「社会福祉基礎構造改革と権利擁護」司会・中田照子（愛知県立大），黒田学（岐阜大）／特別報告「社会福祉基礎構造改革と公的扶助をめぐる課題」笛木俊一（日本福祉大）／「福祉の市場化と選択利用制を考える」垣内国光（日本福祉大）／「社会福祉現場からみた権利侵害の事例」青木邦子（明正第二作業所長）／「成年後見制度の動向と社会福祉法制」大曽根寛（愛知県立大）／自由研究発表　司会・佐々木隆志（静岡県立大短大部），長谷川真人（愛知県立大）／特別養護老人ホーム入所待機者の課題」久保美由紀（豊田学園介護福祉専門学校）／「高齢者虐待防止をどう進めるか」加藤悦子（日本福祉大大学院）／「宅老所・グループホーム全国調査結果の分析」平野

第Ⅳ部　日本社会福祉学会地方部会史

	隆之（日本福祉大）／「ポプラリズム―20世紀初頭イギリス救貧法改善運動―」伊藤文人（日本福祉大大学院）／「犯罪被害者への援助　神戸小学生連続殺傷事件被害者にみる」加藤暢夫（岐阜保護観察所）／「児童福祉法『改正』は何であったか？これからどうなるか？」竹中哲夫（日本福祉大）／「愛知県における知的障害問題の成立とその意義」小川英彦（岡崎女子短大）／「自治体における医療・福祉施策と高齢者」鈴木静（金沢大大学院），高田清恵（琉球大）。 1998年度会計報告　収入合計750,447円（うち部会還元金235,700円），支出合計750,447円（うち次期繰越金479,600円）　会計監査・近藤祐昭　研究例会総会にて承認
	7／9．幹事会〈愛知青年会館〉
	11／28．研究例会　〈中京大学〉　特別講演「最近の経済政策動向と社会福祉」二宮厚美（神戸大）／◎シンポジウム「基礎構造改革と社会福祉各分野の動向」司会・佐々木隆志（静岡県立大短大部），シンポジスト・宍戸健夫（佛教大），野口典子（中部学院大），峰島厚（愛知江南短大）。〈当番校：ニュース担当・野口典子，小松理佐子（中部学院大）〉。36名
2000 平12	1／17．幹事会〈愛知青年会館〉
	3／6．幹事会〈愛知青年会館〉
	4／22～23．研究例会　〈中京大学名古屋キャンパス〉　22日自由研究発表「児童相談所はどこにいてどこに行くのか―暗中模索の児童相談所論―」竹中哲夫（日本福祉大）／「『保育所利用者の保育料負担実態調査』中間報告―保育料『負担感』の分析―」中村強士（日本福祉大大学院）／「介護保険を契機とした地域福祉の展開」加藤佳子（岡崎女子短大）／「高齢者虐待事例に対する現行援助の可能性と限界―愛知県の在宅での事例をてがかりに―」加藤悦子（日本福祉大大学院）／「福祉施設援助論研究―その１―」米澤國吉（青森県立保健大）／「知多地区における福祉NPOの現状―『住民互助型』の住民参加型在宅福祉サービス供給団体を中心に―」竹中理香（日本福祉大大学院）／「精神障害者施設コンフリクトに関する一考察―保護廃止後の『再野宿化』の視点から」山田荘志郎（日本福祉大大学院）　23日午前自由発表「障害者の自立生活の類型化」小山秀隆（社会福祉法人AJU自立の家）／「養護学校における進路支援のと現状と課題」川上輝昭（名古屋市立西養護学校）／「ソーシャルワークにおける『変える』ということの意味―坪上宏『社会福祉的援助活動』の検討を通して―」樋澤吉彦（新潟青陵大）／「ハンセン病国家賠償問題と人間的尊厳に関する一考察」吉田シズカ（日本福祉大大学院）／「サービスの『質の保障』と権利擁護の支援システムについて―カリフォルニア州の知的障害者対策における―」　◎共通論題「社会福祉実践における権利擁護―介護保険実施の中での高齢者分野―」　司会・宮田和明（日本福祉大）・樋下田邦子（JA愛知中央会・愛知ソーシャルワーク協会会員）　特別報告１「ソーシャルワークと権利擁護」沖田佳代子（愛知県立大）／特別報告２「社会福祉協議会における権利擁護」清水勝一（江南市社会福祉協議会）／特別報告３「福祉事務所における権利擁護」赤星俊一（半田市役所）／特別報告４「老人保健施設における権利擁護」真野潤（豊明老人保健施設）／特別報告５「NPOにおける権利擁護」金田高士（あいちオンブズマン・弁護士）。参加者84名
	12／3．秋季例会〈中京大学名古屋キャンパス〉　◎シンポジウム「走り出した介護保険―半年後の現状―」　シンポジスト・森雅行（名古屋市社会福祉協議会），斎藤登（愛知県厚生事業団），徳田秋（名古屋北区医療生協あじま診療所医師・愛知県社会保障推進協議会会長），平井俊圭（上野市社会福祉協議会，在宅介護支援センターふれあい）／コーディネーター・

第4章　中部部会史

	野口定久（日本福祉大）。参加者45名
2001 平13	4／21～22．春季例会〈静岡県立大学短期大学部静岡校（静岡市）〉 1日目　午後1時～5時30分　共通論題・シンポジウム「児童虐待と社会福祉の課題」／シンポジスト・加藤光良（静岡県東部児童相談所所長），江崎道子（小児科医師），竹中哲夫（日本福祉大）／コメンテーター・山本仲春（常葉学園短大），白石淑江（同朋大）／コーディネーター・中田照子（同朋大） 2日目　自由論題「山口県東和町高齢者の生活からのインフォーマルサービスのあり方について」伊藤桜（静岡県立大短大部）／「韓国・国民基礎生活保護法の意義」藤田博仁（愛知県立大）／「社会福祉実習教育システムの現状と課題—社会福祉士養成校の立場から—」平野華織，笛木俊一，柿本誠（日本福祉大）／「司法の場における知的障害者の人権擁護と支援者の課題」川上輝昭（名古屋市立西養護学校・名古屋市立大研究員）／「障害を持つ人の『自立』と『自立訓練』の意義についての考察—知的障害者自立生活訓練を中心として—」丸山晃（鈴鹿国際大短大部）。参加者60名
	12／16．秋季例会〈中京大学八事キャンパス〉　シンポジウム「社会福祉法をめぐる政策動向と問題点—障害者福祉に焦点をあてて—」　シンポジスト・峰島厚（立命館大），鈴木峯保（ゆたか福祉会），宮田鈴枝（前愛知県障害者（児）の生活と権利を守る連絡協議会会長）／コーディネーター・林智樹（金城学院大）。参加者45名
2002 平14	4／20～21．春季例会〈中京大学八事キャンパス〉 1日目　自由研究発表　〈分科会A〉司会・野口典子（中京大），吉村公夫（名古屋市立大）　報告「在宅介護支援センターにおける業務分析報告」梅崎薫（金城大）／「愛知県下市町村の介護保険の実績と自治体，住民運動の課題」加藤孝夫（愛知民医連）／「高齢者ケアの保健・医療・福祉職の協働に関する一考察—高齢者の状況と専門職の認識や判断との関係に着目して—」仲野真由美（日本福祉大大学院）／「介護殺人事件の法的解釈と実体的解決」加藤悦子（日本福祉大大学院・日本学術振興会特別研究員）／「知的障害者の裁判を受ける権利について」川上輝昭（名古屋市立西養護学校）〈分科会B〉司会・川田誉音（日本福祉大），安井理夫（同朋大）　報告「コミュニティーソーシャルワークの実践と課題」野田秀孝（社団法人尾北医師会　地域ケア協力センター）／「フェミニスト・ソーシャルワークと愛知県におけるドメスティック・バイオレンスの現状」田島希実（金城学院大大学院）／「介護保険以降の医療ソーシャルワークの課題」安井豊子（岐阜経済大）／「ふれあい・いきいきサロンの効果測定からみる地域社会での"居場所"づくり」沢田知子（日本福祉大大学院研究生） 2日目　共通論題「ソーシャルワークの今日的課題と新たな方向性をめぐって」　◎基調報告「ソーシャルワークと現代社会」高森敬久（金城学院大）　◎シンポジウム「変貌する社会と社会福祉実践」　シンポジスト・赤星俊一（元半田市社会福祉事務所），丹羽典彦（愛知県社会福祉協議会），日江井幸治（前三重県北勢児童相談所長），黒木信之（名古屋第二赤十字病院）／コーディネーター・大野勇夫（日本福祉大），竹中哲夫（日本福祉大）。参加者70名
	11／30．秋季例会〈中京大学名古屋キャンパス〉　◎共通テーマ「ソーシャルワークの固有性とは何か：ソーシャルワーカーのアイデンティティと教育」　(1)基調講演「ソーシャルワークの固有性とは何か：英国の動向から考える」川田誉音（日本福祉大）　(2)シンポジウム「ソーシャルワークの固有性とは何か：ソーシャルワーカーのアイデンティティと教育」シンポジスト・宍戸明美（中部学院大），川島喜美江（静岡県立大短大部），柴田謙治（金城

417

	学院大），安井理夫（同朋大）／コーディネーター・高森敬久（金城学院大），小松理佐子（中部学院大）。参加者約50名
2003 平15	1／9．幹事会〈愛知青年会館〉
	3／10．幹事会〈愛知青年会館〉

資料 中部部会・幹事一覧（2004年度）

日本社会福祉学会副会長　宮田和明（日本福祉大学）
中部部会担当理事　　　　中田照子（同朋大学）
常任幹事
　高島　進（日本福祉大学名誉教授（関西国際大学）），高森敬久（金城学院大学），
　田中顯悟（愛知みずほ大学），小松理佐子（日本福祉大学），
　野口典子（中京大学），安井理夫（同朋大学），宍戸明美（中部学院大学），
　鍛治屋浩一（東海女子大学），吉村公夫（名古屋市立大学），竹原健二（岐阜大学），
　佐々木隆志（静岡県立大学短大部），中井健一（岐阜経済大学）
地方幹事
　　長野県　石原剛志（長野大学）　　　石川県　矢上克己（金城大学）
　　富山県　宮田伸朗（富山短期大学）　福井県　小林明子（福井県立大学）
　　三重県　萩　吉康（皇學館大學）
事務局　藤田博仁（愛知県立大学），長谷川俊雄（愛知県立大学）
会計監査　浅野正嗣（金城学院大学）

第 5 章
関西部会史

牧里 毎治

1 関西部会の概略的変遷と特徴

　関西部会としての活動をどこから開始とするかは,異論があるかもしれないが,部会という呼び方で活動を始めたのは1959年頃とされている。約200名余りの会員が年に1,2回は研究例会を当番校が交替で準備開催されたという。部会会報もなく例会記録も出していなかったという。テーマは「社会福祉と諸科学」,「社会福祉と社会保障」など全国学会大会のテーマを部会で前もって討議するという形がとられている。[1]

　それ以前は関東の取り組みと平行して,関西の大学教員有志を結集して1947年に設置された関西社会事業教育懇話会を「関西社会事業教育連盟」に改称し,この教育組織を母胎に新しい会員も加えて,全国学会発足に先立つ1950年に「関西社会福祉学会」としてスタートしている。[2]この関西社会福祉学会は部会というよりは全国学会というべきで,日本社会福祉学会の源流をつくった学会というべきであろう。つまり1959年の関西部会が設置されるまでは,また設置されて以後数年は全国学会と渾然一体とした形で部会活動が行われていたようである。[3]

　その後は,関西の大学・短大が持ち回りで例会開催を担当していたようであるが,記録などが散逸していて詳細は不明である。特に1960年代は部分的に記録は残っているものの,学会関係者からの聞き取りもむずかしくなってきている。1970年代以降は主として当番校の企画と運営に一任されたシンポジウムのような形式で部会例会が開催されている。1990年代後半には関西部会としてと

419

第Ⅳ部　日本社会福祉学会地方部会史

関西部会例会（1988年7月2日　於：桃山学院大学）

いうよりも独立した関西社会福祉学会としての研究活動を求める声も高まり，1998年には正式に「関西社会福祉学会」として発足することになった（日本社会福祉学会関西部会年表 p.433 ならびに後掲資料「関西社会福祉学会設立時の規約」を参照のこと）。しかしながら，関西部会との組織的・内容的な面での関係をどのように整理するかが問題となっていたが，2004年「新しい関西部会」として再スタートしたところである。

2 社会福祉本質論争と部会活動

　なんらかの意味で部会活動の運営に関わりのあったと思われる方々にインタビューして，当時の活動についてお聞きするのが部会活動記録の一部としても有意義だろうと考え，関わりの深かった右田紀久恵氏にインタビューをさせていただいた。関西部会に関わりのある多くの会員にお聞きする必要があったが，時間の限界と紙数の制約から今回は断念させていただいた。以下，インタビューの要約である。

　聞き手　学会初期の頃についてお聞かせください。
　右田　初期の頃，というより，戦後社会福祉教育がスタートし，すこし落ち着きを見せた頃，「社会福祉とは何か」という社会福祉本質論争が継続展開され，雑誌『大阪社会福祉研究』に連続掲載されました。その論者の筆頭が田村，孝橋，岡村，竹内，嶋田先生で若手研究者も交ざっていました。この当時全国大会で報告するときは，必ず先に関西部会で報告していました。つまりまず関西で論議して全国的に展開するパターンでした。若手の報告も関西でまず一定の評価を得ることが条件でした。それは現在の学会誌の査読のようなもので厳しいものでした。初期には孝橋理論が優勢でしたが，岡村先生には貧困論だけではないという思いがあったようです。人間が見えてこないということでした。関西部会で報告した中から骨のあるものだけを全国大会に持っていく。それで論点整理の経過を経たのち本質論争から『日本の貧困』(有斐閣，1958年) に展開していきました。「貧困」とは経済的貧困だけなのかということで岡村先生がつねに問題提起をされて，社会政策からの社会福祉の固有性を主張し，頑張っておられました。当時まだ相対的貧困論がでていなかったときです。岡村先生は『日本の貧困』で多問題家族について書いておられ，相対的貧困については理論的に承認されていたと思います。その結果，本質論争の延長上ともいえる『日本の貧困』を全国テーマにされたと記憶しています。
　したがって，関西の特徴・源流は本質論争にあると思います。そのあと，理

論と実践を研究するため事例研究会（OSW：大阪ソーシャルワーカー協会）がスタートし，さらにその後，MSW（医療ソーシャルワーク）の研究会がうまれました。事例研究会は岡村先生を中心に研究者，福祉施設職員，福祉事務所ワーカーと実に多種の人々が参加していました（大阪市上本町6丁目，旧大阪市社会福祉会館にて）。その後国際会議に向けて大阪ソーシャルワーク協会に変えたのです。MSWの関係者はその後，PSWと専門化するメンバーと分離し，社会福祉士資格制度が議論される中で医療福祉士を独立させたいという動きもみられました。

聞き手　関西と関東の違いはどんなところにあるのでしょうか。

右田　意識的に関東と関西の違いを考えたことがない上に，関東の方々の動向も良く知らないので答えられません。

しかし，一つには，出自の研究領域から競うように研究活動が展開されて各大学ごとに新着洋書の紹介・批評が行われ，それを持ち寄ってさらに議論を深めるという「スタイル」がありました。知識や情報を共有して，社会福祉研究対象をみようとする雰囲気でした。二つには，実践と理論の統合というか，実践をどのように理論化するかを課題にしていたようです。そのために社会福祉調査も重視され，単なるニーズ論・ケースワーク論を直ちに受け入れず，一度現場を通してから研究報告するという傾向があったといえます。直輸入型研究をさけようとする傾向ですね。

また，他の学会や隣接科学を意識しながら「生活」「生活課題」へのアプローチを考えていた点もみられるのではないかと思います。

しかし，各大学の特徴がそれぞれあって個性的なスクールカラーを発揮していたことも事実です。私のいた大学は公立でしたから，行政との良い意味での協働があり，事例研究や調査の継続的共同実施によって行政への提言・職員の研修と研究は日常的でした。

こうした中で，第4回大会が同志社大学で開催され，朝鮮動乱後の生活保護の引き締め政策の時期だったので，「ボーダーライン層」が中心テーマになったと思います。そのあと『日本の貧困』を学会挙げての問題提起として刊行することになりました。そこでも依然として論議の中核は研究対象と実践対象は

何かという対象論でした。学として成立させるための対象論です。関西部会の真剣な取り組みは社会福祉学として成立するのかどうか，そのためには対象とは何かからはじまり，問い続けていました。

このように関西での本質論争が，関東でどのようになされていたかはわかりません。

聞き手 本質論争，貧困論，対象論，ボーダーライン層研究から研究方法論へ59年から60年あたりにテーマが移ってきますね。それで70年代にやや空白期間があって79年あたりから個人発表がはじまりました。ところで，70年代に入ると右田先生も学会活動に関わってこられたのではないですか？

右田 大阪市立大学に在籍していましたが，学部は自然科学系の助手という考え方が主流で研究室雑用優先でしたから，学会創設期やその後の動向の背景は分かりませんでした。もっぱら学会の資料作りをしていました。しかし，奥村先生報告の「エンゲル係数の逆現象について」のプリント作りや岡村先生，桑畑先生の報告資料作成過程で多くを学びました。69年から70年にかけて空白があるのは，事務局は大阪社大（大阪社会事業短大）で私がイギリス留学をしていた時期です。もちろん，担当者も決まっていたのですが，この時地方部会の担当だった岡村先生の言葉をおぼえています。「担当者が留学していたために関西部会はその間，全面休会でした」と報告されました。この頃「方法と体系」をテーマにしていて冷水さん（当時関西学院大学）の報告が力作で注目されました。

関西部会のスタートは対象論と学として成り立つかどうかという議論の中から孝橋理論，岡村理論がうまれ，その後「方法論」を追及するという流れでした。このような関西部会の活動や内容は私どもにとって大きな財産だと思います。

聞き手 これからの関西部会の若い世代に期待することはなんでしょうか。

右田 1999年に関西部会担当の梅花女子大学で福祉研究をもう一度見直さなければならないのではないかという永岡さんからの提案がありました。関西部会を関西社会福祉学会とする提案は学術会議との関連で不可欠という説明も出ていましたが，関西社会福祉学会をつくる以上，原理や思想の本格的追究が最

第Ⅳ部　日本社会福祉学会地方部会史

資料　関西社会福祉学会設立時の規約

第1条（名称）本会は，関西社会福祉学会（Kansai Academic Association for the Study of Social Services）と称する。

第2条（目的）本会は，関西地区における社会福祉研究の発展及び会員相互の研究上の連絡と交流，協力を促進することを目的とする。

第3条（事業）本会は，前条の目的を達成するため次の事業を行う。
1. 年次大会の開催
2. 研究報告会の開催
3. 講演会等の開催
4. 機関誌等の刊行
5. その他必要な事業

第4条（会員）本会は，原則として関西地区に在住し，社会福祉の研究，教育，実践を行う者及び関心を有する者をもって会員とする。

第5条（入会）本会に入会しようとする者は，会員1名の紹介を要し，理事会の承認を受けるものとする。

第6条（会費）会員は，定められた会費を納めなければならない。会費は，年額2000円とする。既納の会費は，返済しない。

第7条（退会）会員は，随時理事会の議を経て退会することができる。会費を3年以上滞納した者は，理事会において退会したものとみなす。

第8条（役員）本会に次の役員を置く。
　　理事若干名（うち理事の互選により会長1名，副会長1名，総務担当理事1名，研究担当理事2名，機関誌担当理事1名，事務局担当理事1名を置く）
　　監事2名

第9条（役員の任務）役員の任務は，次の通りとする。
1. 理事は，理事会を組織し，会務を執行する。
2. 会長は，会務を統括し，本会を代表する。
3. 副会長は，会長を補佐し，会長事故あるときは，職務を代行する。
4. 総務担当理事は，本会の総務を担当する。
5. 研究担当理事は，本会の研究活動の計画と推進を図る。
6. 機関誌担当理事は，本会の機関誌等の編集・刊行を担う。
7. 事務局担当理事は，本会の事務（庶務，会計，渉外等）を処理する。
8. 監事は，会計・事業を監査する。

第10条（役員の選任・任期）役員は，別に定める規則により，総会において会員の中より選挙等の方法により選任する。役員の任期は，3年とする。役員は，2期を超えないこととする。

第11条（理事会）本会の運営は，理事会によって行う。
1. 理事会は，会長が召集する。
2. 理事会は，理事の過半数の出席をもって成立する。

第12条（特別委員会）理事会は，会務の処理のため必要であるときは，期間を定めて特別委員会を設置することができる。

第13条（総会）会長は，年1回年次大会の際に総会を招集する。但し特別に必要があるとき，または会員の3分の1以上の要請あるときは，臨時総会を開く。

第14条（経費）本会の経費は，会費，寄付金，日本社会福祉学会部会還元金等をもってあてる。

第15条（予算及び決算）本会の予算・決算は，理事会の議決を経，総会の承認を得てこれを決す

> る。本会の会計年度は，毎年4月1日より翌年3月31日までとする。
>
> 附則
>
> 1．本規約の変更及び本会の解散は，会員の3分の1以上または理事の過半数の提案により，総会出席会員の3分の2以上の同意を得なければならない。
> 2．本会の事務局の設置箇所は，理事会の議を経て会長が，これを定める。
> 3．本会は，日本社会福祉学会関西部会を兼ねる。
> 4．本会設立時の入会については，第5条の規定にかかわらず，会員1名の紹介を要しないものとする。
> 5．本規約は，1998年11月29日より施行する。

注：付則3は，2001年4月に「本会は，日本社会福祉学会関西部会事業の一部を兼ねる。」と改正された。

優先となるのではないかと私は考えていました。その経緯は他でもふれてあると思いますが，個別報告も入れて実施することになりました。形としては，第1回目は永岡・池田・岡本（栄）・右田のメンバーで重いテーマのシンポジウムでした。

若い世代に期待する第1点は，いま述べたような関西社会福祉学会のスタート時点で提起された基本的課題を深めていただきたいということです。現代科学として社会福祉研究とその存在理由はどうなのかと問いかけが必要でしょう。それから岡村理論，孝橋理論のどこを学び，その有効性や限界を研究する人が出ることを期待しています。

聞き手 関西社会福祉学会もしくは関西部会が再生するためには何をすべきなのでしょうか。

右田 1つは学としての課題，2つに実践としての課題，そして学会というのは純粋実践理論の論議でよしとするのかという課題，3つあると思います。現代の科学としての社会福祉学を追究することでしょう。そして歴史研究をなくして社会福祉学の明日の発展はないとも考えます。近年は現場の従事者の分析も少なくなっています。これは学会としてまた，教育に関わる者として当然課題提起してゆくべきではないかと思います。"ソーシャルワーク理論の脱リアリティに共感できない"従事者の声や課題から"出発"するという作業も急がれるのではないでしょうか。そして積極的な学際研究も必要だと思います。

3　まとめにかえて——関西部会の特質

　関西の部会活動の特質はなにか，学会活動と総体としての社会福祉研究は次元が異なるかもしれないが，本質論争や学会創設の活動にも関わってこられた小倉襄二氏からも別途，書簡の形でコメントをいただいたので掲載しておきたい。あえて要約をする必要もみとめられないので箇条書きにして示してある。

　（1）初源についてはカオスのようなものでそのなかから研究がはじまったといえます。それは人物・研究者の交流，その意味で関西には開拓者，戦前・戦後にむかう人脈がつくられていったと思います。竹中・竹内・嶋田・孝橋・田村・岡村すこしおくれて右田・小倉ら世代（創成期）が参加しました。

　（2）戦後状況の苛烈さは復原すべくもないですが，新しい憲法秩序，世界人権宣言，人権・福祉の政策・政治用語としての鮮烈さ，アンシャン・レジームへの批判・抵抗，社会科学・マルクス主義反抗，革命イメージと生活保障法への熱烈なイメージがありました。

　（3）学会の成果は未熟でしたが，多くのメンバーは出自の"学会"研究領域からの提言でした。とくに，この期は大河内理論"論争"をふくむ「社会政策学会」とのそのメンバーとしての活動と重複した論文が多かった。竹中・孝橋・嶋田すべてに「戦争責任」の問題も出没したと思います。

　（4）論証の拠点は，目前の生活崩壊・悲惨・"第二の下層社会"への対応が中心で，当然，「貧困論」，対象論につよく集約された。"社会科学的分析"イデオロギーの鮮明化もありました。

　（5）この鋭敏な反応が「本質論争」のシリーズとなったと思います。東京・関東の政治・行政中枢と距離もあり，その風土，学的な環境が現象からこれからの理論・統合セオリー→本質を問うという作業に共感があったと思います。

　（6）同志社－関西学院の研究交流も学生を交えてあったようです。キリスト教社会福祉実践・思考のことも関西の研究風土にとって無視できないと思います。

第5章　関西部会史

　（7）歴史・思想性を福祉理論・実践において重複する学会は関西の共通の雰囲気・イデオロギー的に通じあうものがあります。同志社人文科学研究所の研究のユニークさ，留岡・山室・石井研究，キリスト教と社会問題（C・S研究），きわめてユニークで，永岡・室田・小倉・加藤へとつづく研究指向が存在しています。

　（8）この真摯な研究風土の特性をこの21世紀の判断停止（エポケー）と混迷の福祉研究状況にどう承認し進展しうるかを仮に"関西"と標榜するならば，そのことを問いつづける責務があると考えます。

注
（1）　主に岡村重夫氏の発言からまとめてみた。「日本社会福祉学会の歴史（座談会）」『社会福祉学』第21－2号，1980年。本書第Ⅲ部にも掲載。
（2）　山本啓太郎氏の調べによると，『大阪の社会事業』第5号（1950年7月刊）に「近く生まれる社会福祉学会」として同年9月から発足する関西社会福祉学会の記事が載せられている。内容は大阪社会事業短期大学，大阪女子大学，同志社大学，大阪市立大学，関西学院大学の社会福祉専門科目を担当する教授など教員によって学会を構成し，事務局を関西社会事業教育連盟事務局に置くとある。
（3）　全国学会創設の頃の関西の動きについては上記『社会福祉学』第21－2号の座談会記録（pp.91-92）のほか，対談記録「学会創立時の学問状況と想い出の人々」『社会福祉学』第25－2号，1985年（pp.87-89）の岡村重夫氏の発言からもうかがうことができる。本書第Ⅲ部にも掲載。
（4）　いわゆる社会福祉本質論争が掲載された雑誌。1952年1月から1953年1月まで大阪府社会福祉協議会が発行した専門雑誌で展開された論争をいう。日本社会福祉学会創設を担った岡村重夫，田村米三郎，竹内愛二，孝橋正一，竹中勝男，雀部猛利，小倉襄二などの各氏が登壇して論争した。

＊　関西部会のまとめについては担当者が容易に決まらず，最終的に歴史の門外漢である者がまとめなくてはならなくなった。結果として小倉襄二氏，右田紀久恵氏の協力，山本啓太郎氏の力添えで紙幅を埋めることができた。また，年表の作成にあたっては，上野谷加代子氏にもご協力いただいた。この場を借りて謝意を表しておきたい。
　（文責，牧里毎治）

第Ⅳ部　日本社会福祉学会地方部会史

年表　日本社会福祉学会関西部会年表

年	活動状況
1947 昭22	12／―．関西社会事業教育懇話会発足，毎月1回定期的に集会を開くこととする
1948 昭23	上記教育懇話会は関西社会事業教育連盟に改称　＊目的は，大学の社会事業教育，府県・市・社協の従事者再教育，啓蒙的社会事業教育，社会福祉学科担当教師養成の4部門の委員会を設置
1950 昭25	それぞれの制度が一応確立を見たので上記連盟は「目的を果たした」ので解散し，同時に「全くの学問的団体として」関西社会福祉学会発足。上記連盟の会員の他に新たに入会者を迎える
1959 昭34	5／9．第1回研究大会〈大阪社会事業短期大学〉　◎自由発表「社会福学の方法論」田村米三郎（大阪女子大）／「宮崎県茶臼原開拓農村生活実態調査」碓井隆次・片上明（大阪社会事業短大），〈当番校：大阪社会事業短期大学〉出席者・23名，会員205名
	6／27．〈鉄道弘済会大阪支部社会福祉ホール〉　◎主題「社会福祉と諸科学」田中太郎（大阪女子大）・園直樹（京都府立大）・中本博通（大阪社会事業短大）。出席者・31名
	10／3．〈鉄道弘済会大阪支部社会福祉ホール〉　◎シンポジウム「社会福祉と諸科学―社会福祉研究の方法論―」　発題者・雀部猛利（神戸女学院大）・小倉襄二（同志社大）・柴田善守（大阪市立大）。出席者22名
1960 昭35	4／2．〈大阪社会事業短期大学〉　◎シンポジウム主題「社会福祉と社会保障」　発題者・嶋田啓一郎（同志社大）・田村米三郎（大阪女子大）・寺本喜一（京都府立大）。〈当番校：60年度より大阪女子大〉。出席者34名　＊部会会員総数55年3月31日現在で207名。
	5／21．〈大阪女子大学〉　◎論題「社会福祉と社会保障」　報告者・孝橋正一（大阪社会事業短大）
	7／23．〈鉄道弘済会福祉ホール〉　◎論題「社会福祉と社会保障」　報告者・岡村重夫（大阪市立大）
	9／10．〈大阪女子大学〉　◎論題「生活保護法の諸問題」荻野正一（大阪府民生部社会課）
	12／10．〈日生病院〉　◎論題「福祉国家の条件―英国の現実をみて―」　報告者・小倉襄二（同志社大）
1963 昭38	12／12．＊部会還元金，昭和38年度第2回分として7400円
1965 昭40	3／2．＊在京理事会において「地方連絡理事選任の件」で部会からは岡村重夫（大阪市立大）が選任される。
1968 昭43	6／1．部会例会〈華頂短期大学〉　◎「公的扶助と人権―朝日訴訟最高裁判決の論点―」小倉襄二（同志社大）／「福祉国家，法と人権」「生活保護と人権について」右田紀久恵・庄谷怜子（大阪社会事業短大）
1969 昭44	1／25．部会例会〈華頂短期大学〉　◎「社会福祉方法論の体系化をめざして」岡村重夫（大阪市立大）
1970 昭45	11／3．＊第18回大会開催時に部会理事に「孝橋正一・上田千秋」承認。なお，「関西部会」には，「富山・石川・福井・愛知・岐阜の5県，鳥取県及び四国を含む」

第5章　関西部会史

1971 昭46	12／4．部会例会（第1回）〈佛教大学〉　◎日本社会福祉学会の改革について部会の立場から協議。資料「社会福祉学会活動の水準向上と運営の改善について」（学会改革問題委員会東部ブロック委員会）「協議の中で特に部会活動については，運営の円滑化を図るために規約作成の必要なこと，財政上の問題として会費制を検討すること，情報に関する問題として簡単な例会報告を行うことや，会員のこれまでの福祉論文抄録集作成のことなどがとりあげられた」〈当番校：佛教大学（71，72年度）前当番校は大阪社会事業短期大学〉。出席者21名
1972 昭47	2／19．部会例会（第2回）〈大阪市立北市民館〉　◎講演「北市民館の50年」斎藤恕（北市民館長）　討議「社会福祉士法案」をめぐる問題について　嶋田啓一郎（同志社大）より状況説明後検討。出席35名
	6／24．部会例会（第3回）〈佛教大学〉　◎発表「社会福祉専門職化問題について」小國英夫（老人ホーム健光園）。出席者41名
1973 昭48	3／31．部会例会（第4回）〈大阪ボランティア協会〉　◎主題「福祉への市民参加と専門職について」　発表「社会事業の新しい試みとボランティア活動」岡本栄一（大阪ボランティア協会）／「ボランティア活動と専門職について」佐藤宣三郎（大阪ボランティア協会）。出席者43名
1975 昭50	6／―．〈当番校：前当番校大阪女子大学より75・76年度当番校として龍谷大学〉
	9／20．部会例会（第1回）〈龍谷大学深草学舎〉　◎テーマ及び主論者「障害者の生活実態について」住谷磬（同志社大）／「障害児保育の実践的研究」杉本一義（龍谷大）／討論者・岡村重夫（佛教大）・寺嶋久男（金剛コロニー）／司会者・西田誠行（龍谷大）。出席者65名
1976 昭51	3／31．部会例会（第2回）〈龍谷大学大宮学舎〉　◎テーマ及び主論者「公的ワーカーの今日的課題」西尾祐吾（大阪市鶴見区福祉事務所）・木内正一（華頂短大）・桧前敏彦（花園大）／司会・小倉襄二（同志社大）。出席者70名，部会会員300名
	9／4．部会例会（第1回）〈龍谷大学大宮学舎〉　◎テーマ及び主論者「福祉見直し論―特に地域福祉に関連して」上田千秋（佛教大）・右田紀久恵（大阪社会事業短大）・三浦文夫（社会保障研究所）／討論者　岡田藤太郎（神戸女学院大）・嶋田啓一郎（同志社大）／司会・柴田善守（大阪市立大）。出席者70余名
1977 昭52	3／22．部会例会（第2回）〈龍谷大学大宮学舎〉　◎テーマ「社会福祉教育のあり方について」の答申をめぐって　発表者・嶋田啓一郎（同志社大）　コメンテーター・岡村重夫（佛教大）・小國英夫（健光園）　司会・中垣昌美（龍谷大）。出席者60余名
	10／1．部会例会〈神戸女学院大学〉　◎シンポジウム・テーマ「社会福祉施設をどう考えるか」　発題者・清水英夫（老人生活研究所）・岡本千秋（キリスト教ミード館）・野上文夫（兵庫県社協）　司会・雀部猛利（関西大）。〈当番校：77年度から神戸女学院大に〉。出席者63名
1978 昭53	3／22．部会例会〈神戸女学院大〉　◎自由発表「中村遥の社会事業実践とその思想」延原正海（大阪水上隣保館）／「あいりん地区（通称釜が崎）を中心にして外来患者の実態について」山口昇（大阪社会医療センター）／「精神薄弱者の在宅サービスについて―緊急一時保護制度を活用して―」滝野透（金剛コロニー）／「コミュニティワークについて」榎本和子（関西大）　フォーラム「最近の社会福祉研究方法論をめぐって」座長・中垣昌美（龍谷大）・船曳宏保（大阪社会事業短大）。出席者35名。　＊部会の連絡理事は岡村重夫氏から雀

429

第Ⅳ部　日本社会福祉学会地方部会史

	部猛利氏に移る。
1979 昭54	4／7．部会例会〈高野山大学〉 ◎報告1「最近の愛隣地区レポート―労働組合の動き―」釈智徳（華頂短大）／報告2「明治末期社会事業思想」室田保夫（高野山大）／報告3「重複障害児へのアプローチ」松本美恵子（神戸市立心身障害福祉センター）／報告4「寝たきり老人の社会医学的考察」奈倉道隆（大阪社会事業短大）／報告5「ボランティア・コーディネーターについて」岡本栄一（大阪ボランティア協会）　総括討論　座長・岡村重夫（大阪社会事業短大）・赤松快龍（高野山大）。〈当番校：79年度から花園大学〉
	9／1．部会例会〈花園大学〉 ◎午前の部　特別記念講演「人間について」水上勉　午後の部　個別研究発表　「老人大学について」石田恵子（大阪市立大）／「社会科学的立場のケースワーク論の整理と若干の考察」磯智徳（大手前女子短大）／「明治期の大阪木賃宿」松本英孝（大阪児相）／「英国の児童福祉」木川田正毅（東光学園）／「里親制度の現状とファミリーグループホーム」岩崎美枝子（家庭養護促進協会）／「北東アジア社会事業教育セミナーに参加して」上田千秋（佛教大）　コメンテーター・柴田善守（大阪市立大）・雀部猛利（関西大）　司会・桑原洋子（花園大）　閉会の辞・岡村重夫（大阪社会事業短大）。参加者　学会員・73名、聴講者・134名
1980 昭55	7／5．部会例会〈花園大学〉 ◎第一部　特別講演「生かされている者」代田熊文（花園大）　第2部　シンポジウム「80年代の福祉を目指して」「地域住民の観点から」坂下達男（神戸社協）／「暮らしと健康を守る創造豊かな町づくり」斎藤定夫（堀田病院）／「『助け合いの会活動』とは」上野谷加代子（常磐短大）／「保健活動は地域の人々と共に」小竹道夫（唐橋社協）　コメンテーター・岡村重夫（大阪社会事業短大）・中川健太朗（京都市中央老人福祉センター）　司会・長尾憲彰（花園大）　閉会の辞・西田誠行（龍谷大）。参加者　学会員・52名、当日会員・42名
1981 昭56	6／20．部会例会〈大阪府立労働センター〉 ◎発題「地域福祉におけるソーシャルワーカーの役割について」岡本民夫（同志社大）／「英国における最近の社会福祉の動向について」中村永司（佛教大）　司会・柴田善守（大阪市立大）。〈当番校：81年度から大阪社会事業短期大学（現大阪府立大）〉
	12／19．部会例会〈大阪府立労働センター〉 ◎共通論題「行政改革と社会福祉」①「戦後福祉の分岐点と行政改革」小倉襄二（同志社大）／②「行政改革の課題」星野信也（大阪市立大）／③「行政改革の民生行政におよぼす影響」次井義泰（大阪府民生部）　司会・西田誠行（龍谷大）
1982 昭57	6／26．部会例会（第1回）〈大阪府立労働センター〉 ◎テーマ「福祉政策の本質と基本的課題」①「イギリスの最近の社会福祉政策をめぐって」岡田藤太郎（神戸女学院大）／②「日本型福祉社会論の福祉政策」里見賢治（大阪府立大）／③「民間社会福祉実践からの行革への提言」小國英夫（健光園）／④「障害福祉の現場からの臨調批判」武元勲（大津市福祉保健課）
	12／18．部会例会（第2回）〈大阪市社会福祉指導センター〉 ◎メインテーマ「行政改革下における社会福祉の動向と課題」①「1980年代における英国の社会福祉政策について―特にソーシャル・ワークの動向について―」小田兼三（聖和女子大）／②「行政改革下の状況における福祉現場の課題」細川順正（寝屋川市福祉事務所）
1983 昭58	4／2．春季例会（朝日新聞厚生文化事業団との共催）〈大阪市社会福祉指導センター〉 ◎演題「英国福祉国家の現況と展望」ロバート・ピンカー（英国ロンドン大学ロンドン・ス

第5章　関西部会史

	クール・オブ・エコノミックス社会福祉学部長）　司会・右田紀久恵（大阪府立大）　通訳・岡田藤太郎（龍谷大）・小西辰郎（大阪市民生局調査課）。〈当番校：83年度より同志社大学が部会担当〉。参加者34名
1986 昭61	4／26．部会例会〈関西学院大学〉　◎発題①「社会福祉における情報処理システムに関する研究」岡本民夫（同志社大）／②「情報収集のネットワーク・システム形成の課題」野上文夫（兵庫県社協社会福祉情報センター）／③「組織サービスにおけるコンピュータ利用」久保保（システム科学研究所）／④「福祉のシステムとコンピュータ論について」小倉襄二（同志社大）　司会・浅野仁（関西学院大）
	12／13．部会例会〈関西学院大学〉　◎発題「エコロジカル・モデルによるソーシャル・ワーク実践論—その効用と課題—」平山尚（テネシー大）　司会・荒川義子（関西学院大）
1987 昭62	6／27．部会例会〈大阪市社会福祉研修センター〉　◎シンポジウム「社会福祉における自立について」　司会・岡本民夫（同志社大）　報告者「社会福祉実践理論の立場から」高田眞治（関西学院大）／「公的扶助の立場から」中川健太朗（京都市民局）／「障害福祉論の立場から」谷口明広（身障者自立生活研究所）。〈当番校：事務局・桃山学院大学〉。参加者51名
	12／12．部会例会〈大阪府立大学〉　◎「社会福祉と住・環境問題」シンポジウム　報告者・右田紀久恵（大阪府立大）・小國英夫（健光園）・東村衛（神戸市住宅局）　司会・小田兼三（大阪市立大）。〈当番校：事務局・桃山学院大学〉。参加者60名
1988 昭63	7／2．部会例会〈桃山学院大学〉　◎共通テーマ「高齢者福祉の今後を探る—福祉問題の見落とされた局面」　司会・野々山久也（桃山学院大）「地域老人の中での福祉対策ケース」古谷野亘（桃山学院大）／「老人福祉とケースマネージメント」白澤政和（大阪市立大）／「在宅老人ケアの社会学」松原一郎（関西大）／「福祉医療生協の設立をめぐって」青木信雄（健光園診療所）。〈当番校：事務局・桃山学院大学〉。参加者120余名
	12／3．部会例会〈大阪市社会福祉センター〉　◎共通テーマ「ハンディキャップと在宅ケア」　司会・桑原洋子（花園大）「障害者の大学教育システムについて—日米の比較—」北野誠一（桃山学院大）／「地域リハビリテーションの取り組みを通して」山本和儀（大東市福祉事務所）／「施設の立場から見た在宅障害児・者問題について」松村寛（風の子保育園）／「アメリカ合衆国における障害者の自立と地域福祉」定藤丈弘（大阪府立大）。〈当番校：事務局・桃山学院大学〉。参加者30名程度。部会還元金　226,650円　1988.1.1から1988.12.31
1989 昭64 平元	7／8．部会例会〈京都府立大学〉　◎共通テーマ「社会福祉現場における処遇とケースワーク」「地方自治体としての京都市におけるソーシャルワーカー」勅使河原伯秀（京都市児童福祉センター）／「職業と学問としての社会福祉の諸問題」村本詔司（花園大）／「社会福祉教育の立場から」岡本民夫（同志社大）。〈当番校：京都府立大学〉。参加者80名
1990 平2	7／7．部会例会〈京都府立大学〉　◎シンポジウム「現代社会福祉における普遍主義をめぐって」「理念の面から」一圓光弥（関西大）／「制度の面から」庄谷怜子（大阪府立大）／「処遇の面から」黒川昭登（龍谷大）　司会・小田兼三（大阪市立大）。〈当番校：京都府立大学〉。参加者・約40名。90年度部会還元金　239,950円
	12／8．部会例会〈京都府立大学〉　◎シンポジウム「社会福祉の対象としての非行問題—司法福祉的立場から—」　司会・桑原洋子（龍谷大）　報告者「司法福祉観と少年法・児童福祉法」野田正人（花園大）／「触法少年の処遇」里城義彦（福知山児童相談所）／「少年

	非行学―社会病理学と司法福祉との接点から―」高原正興（京都府立大）。〈当番校：京都府立大学〉。参加者38名
1991 平3	9／28．秋季部会例会〈大阪府立大学〉　◎シンポジウム「福祉マンパワーをめぐる争点と課題」「社会福祉学の立場から」井岡勉（同志社大）／「法学の立場から」金子和夫（花園大）／「地域保健活動の立場から」久池井暢（美樹の里）　司会・松原一郎（関西大）。〈当番校：当該年度から大阪府立大学〉。参加者33名
1992 平4	3／14．春季部会例会〈大阪府立大学〉　◎シンポジウム「家族の変容と社会福祉展望」「家族社会学の立場から」岡田徹（花園大）／「家族への臨床アプローチの立場から」谷口泰史（神戸児相）／「司法福祉の立場から」佐野健吾（神戸家庭裁判所）　司会・倉石哲也（大阪府立大）。参加者39名
	7／4．部会例会（第1回）〈大阪府立大学〉　◎テーマ「児童虐待と子どもの福祉―子どもの権利条約の視点から―」「子どもの虐待ホットラインから見える保健医療職の役割」鈴木敦子（大阪府立看護短大）／「児童相談所における相談援助と措置の問題点」津崎哲郎（大阪中央児童相談所）／「子どもの人権保障と法的課題」泉薫（大阪弁護士会）　指定討論者・山縣文治（大阪市立大）。参加者130余名
1993 平5	2／6．部会例会（第2回）〈大阪府立大学〉　◎テーマ「国連・障害者の10年の検証を新たなる展望―ノーマライゼイションの今日的課題―」「福祉のまちづくりの現状と展望―ADAと福祉のまちづくり条例の動向をふまえて―」定藤丈弘（大阪府立大）／「障害児の教育権と機会平等―市立尼崎高校の事例を通して―」青木佳史（大阪弁護士会）／「自立生活運動と自立生活支援の方法―援助者の役割」北野誠一（桃山学院大）。
	10／23．部会例会（第1回）〈龍谷大学瀬田学舎〉　◎テーマ「児童福祉はいま―『子どもの権利条約』の提起するもの―」　①基調講演「子どもの権利条約を読む」永井憲一（法政大）②シンポジウム　司会・西光義敞（龍谷大）　パネリスト・許斐有（大阪府立大）・延原正海（大阪水上隣保館）・出口治男（京都葵法律事務所）。〈当番校：93年度から龍谷大学〉。参加者100余名
1994 平6	3／12．部会例会（第2回）〈龍谷大学瀬田学舎〉　◎テーマ「福祉改革の現状―措置権委譲と老人保健福祉計画―」　司会・中垣昌美（龍谷大）　パネラー「市町村における福祉改革」冨士原要一（滋賀県健康福祉部）／「老人保健福祉計画づくりの動向」山本敏貢（総合社会福祉研究所）／「老人保健福祉計画と地方分権」芝田英昭（大阪千代田短大）。参加者50余名
	9／24．部会例会（第1回）〈龍谷大学瀬田学舎〉　◎テーマ「児童の発達と家族関係」　司会・黒川昭澄（龍谷大）　パネラー「児童虐待相談の立場から」加藤曜子（児童虐待防止協会）／「登校拒否相談の立場から」奥平俊子（滋賀県心の教育相談センター）／「家族社会学の立場から」阪井敏郎（大阪女子大）。参加者100余名
1995 平7	3／11．以下の通り開催される予定であったが，阪神淡路大震災のため中止。部会例会（第2回）〈龍谷大学大宮学舎〉　◎テーマ「高齢者の福祉と家族」　パネルディスカッション　浅野仁（関西学院大）／佐々木政人（日本社会事業大）／中村すみ子（兵庫県介護福祉士会会長）／松原一郎（関西大）　コーディネーター・奈倉道隆（龍谷大）
	10／13．部会例会〈佛教大学〉　◎講演会「現代の貧困をどう考えるか―その国際比較―」ピーター・タウンゼント（英国ブリストル大学名誉教授）。〈当番校：95年度から佛教大学

第5章　関西部会史

1996 平8	へ）。参加者約80名
	3／9．部会例会〈佛教大学〉　◎講演「公的介護保険制度をめぐる諸問題」　基調講演・隅谷三喜男（東京大学名誉教授・中央社会保障制度審議会会長）　鼎談・小國英夫（愛知県立大）・広末利弥（特別養護老人ホーム原谷こぶしの園）・山上賢一（佛教大）。参加者約70名。「1996年度は会計年度の変更により1996年1月1日から97年3月末までの変則的期間である」
	5／18．部会例会〈佛教大学〉　◎講演「英国におけるコミュニティケアの課題」ロバート・ピンカー（ロンドン大学ロンドン・スクール・オブ・エコノミックス教授）　通訳・松原一郎（関西大）。参加者約50名。
1997 平9	11／22．部会例会〈神戸女子大学〉　◎理事会報告　「井岡理事より理事会の論議を踏まえて地方部会活性化の方策として関西社会福祉学会設立の方向で準備を進めたい旨提起」　◎特別講演「クオリティ　オブ　ライフを問う」岡田渥美（神戸女子大）　シンポジウム「社会福祉実践と心のケア―その実態と課題を探る―」「被災児童への援助の立場から」松本恵美子（神戸児相）／「仮設住宅入居者支援の立場から」高間満（神戸市中央区役所）／「『震災後の地域心のケア』相談員の立場から」吉岡康栄（兵庫県精神保健協会）／「国際社会福祉の立場から」富田輝司（愛知みずほ大）　コーディネーター・内藤勇次（神戸女子大）。〈当番校：97年度より神戸女子大学〉。参加者約30名
1998 平10	2／21．部会例会〈神戸女子大学〉　◎全体会　関西部会の学会化について議論。日本社会福祉学会関西部会であるとともに関西社会福祉学会であるという「二枚看板」で学会設立を図ることを可決（反対1名）。会員4名以上の大学等から設立準備委員各1名に関西選出理事を加えて数回準備委員会を開き1998年11月29日設立することとなった。　◎基調講演「高齢者ケアをめぐる諸問題」小國英夫（愛知県立大）　シンポジウム「高齢者ケアの現状と問題点」　シンポジスト・濵田和則（ナーシングホーム智鳥）・中村恵子（枚方市立デイサービスセンター）・加藤雅典（神戸市保健福祉局在宅福祉課）・成清美治（神戸女子大）　コーディネーター・坪山孝（うてるホーム）。参加者70名
	4／18．第1回関西社会福祉学会設立準備委員会〈神戸女子短期大学〉　議題1：関西社会福祉学会設立準備委員会の構成、責任体制について　代表・井岡勉（関西部会担当理事）／副代表・定藤丈弘（大阪府立大）・久松英保（神戸女子大）／事務局長・成清美治（神戸女子大）　議題2：関西社会福祉学会の組織・運営及び活動方針のあり方について　議題3：次回委員会日程・委員の補充その他
	7／18．第2回準備委員会〈神戸女子短期大学〉　議題1：関西社会福祉学会の組織・運営及び活動方針のあり方　議題2：関西社会福祉学会の規約　議題3：次回委員会日程・委員の補充
	9／19．第3回準備委員会〈神戸女子短期大学〉　議題1：学会設立大会開催要項の決定　議題2：学会規約（案）の確定　議題3：理事・監事選出規定（案）の確定　議題4：理事・監事選出（案）の確定　議題5：98年度予算・事業計画（案）の確定　議題6：設立準備委員の補充・その他
	11／14．第4回準備委員会〈神戸女子短期大学〉　議題1：97・98年度事業計画、予算・決算報告　議題2：規約（案），理事・監事選出規則（案）のチェック・確定　議題3：役員候補の選考・承認　議題4：設立総会に向けて
	11／29．関西社会福祉学会設立大会・関西部会例会〈神戸女子短期大学〉　◎設立総会①開

会の辞，②学会設立の経緯，③規約・理事及び監事選出規則（案）の提案，④役員の発表と承認，⑤会長挨拶，⑥98年度並びに99年度事業計画・予算報告，⑦関西社会福祉学会有志の会「設立祝金」贈呈，⑧次年度事務局挨拶，⑨閉会の辞　◎研究大会テーマ「福祉ビッグバン―利用者にとっての介護保険制度とは―」（第１部）記念講演「イギリスにおけるケアマネジメントの動向―1990年国民保健サービス及びコミュニティケア法以後―」ロバート・ピンカー（ロンドン大学名誉教授）　通訳・小田兼三（龍谷大）（第２部）　研究報告・課題提起　①「ソーシャルワークの視点による介護基礎整備の考察」藤原苗（関西学院大院）／②「利用者にとっての介護保険とは？」真辺一範（おおくら在宅介護支援センター）　コメンテーター・成清美治（神戸女子大）（第３部）設立総会　議長団・髙田眞治（関西学院大）／山田容（滋賀文化短大）前日本社会福祉学会関西担当理事・井岡勉（同志社大）より学会設立経緯報告並びに規約（案）・役員選出規則（案）が提案，満場一致で承認。1998年度・1999年度事業計画・予算案も承認。鈴木寿恵（四天王寺国際仏教大）より「設立祝い金」（25万円）が岡本民夫会長（同志社大）に手渡される。参加者160名　98．4．1から99．3．31の部会還元金　501,100円

1999 平11	3／26．理事・幹事会　◎今年度の事業計画・予算案，学会研究方針・機関紙刊行，ニューズレター発行等の事業計画を承認。
	9／25．理事会〈梅花女子大学〉　◎（報告事項）①会員の状況／②事務執行の状況（協議・承認事項）①新会員の承認／②1998年度事業報告及び会計報告／③1999年度事業計画及び予算／④機関紙の発行について／⑤その他意見交換 ◎関西社会福祉学会年次大会　（第１部）1999年度総会　開催校挨拶・大黒トシ子（梅花女子大）　会長挨拶・岡本民夫（同志社大）　議事・第１号―第４号議案（第２部）　◎シンポジウム　テーマ「いま，社会福祉の思想を問う―その普遍性と公共性―」　コーディネーター・井岡勉（同志社大）　シンポジスト・「福祉国家のゆらぎと地域福祉」右田紀久恵（広島国際大）・「公共と福祉の現代的再編」池田敬正（佛教大）・「ボランタリズムの思想」岡本栄一（西南女学院大）　コメンテーター「関西の思想的風土から」永岡正己（梅花女子大）（第３部）懇親会。〈当番校：梅花女子大学人間福祉学科共同研究室内・関西社会福祉学会事務局〉。参加者・78名　関西社会福祉学会会員数・190名（3．26現在）
2000 平12	1／8．講演会〈同志社大学〉　◎テーマ「スウェーデンの社会福祉とソーシャルワーク―21世紀前夜の挑戦課題―」スベン・ヘッスレ（ストックホルム大学教授・同志社大特別招聘教授）。参加者84名。99年度還元金　500,000円
	2／26．研究報告会〈梅花女子大学〉　挨拶・成清美治（神戸女子大・関西社会福祉学会総務担当理事）　座長・井元真澄（梅花女子大）　研究報告①「ソーシャルワーカーとケアワーカーの抱えるストレス構造の分析」南彩子（天理大）／②「障害者理解の一方法としてのライフヒストリー―ある脊髄損傷者の事例から―」田垣正晋（京都大院後期）／③「地域福祉計画の発展過程に関する研究」玉置好徳（梅花女子大）。参加者53名。
	3／31．役員会〈同志社大学〉　◎会合開かず。電話・ファックスで連絡・意見交換・意志確認
	7／30．ニューズレター発行（2000年度第１号）
	9／30．理事会〈梅花女子大学〉
	11／18．年次大会〈梅花女子大学〉　◎テーマ「関西社会福祉の伝統と役割―その思想・実践・理論の再吟味―」　コーディネーター・秋山智久（大阪市立大）　シンポジスト・「関西

	社会福祉の思想的系譜」室田保夫（関西学院大）／「関西社会福祉の実践の系譜」藤井博志（兵庫県社会福祉協議会）／「関西社会福祉の理論的系譜」牧里毎治（大阪府立大）　コメンテーター・加納恵子（梅花女子大）
	11／18．理事会〈梅花女子大学〉
2001平13	1／20．ニューズレター発行（2000年度第2号）
	2／16．研究報告会〈梅花女子大学〉　◎議案（報告事項）会員の状況（261名，01.2.16現在）／事務執行の状況について（審議事項）／新会員の承認（申請者16人）／2000年度事業報告について／2000年度会計報告について／2001年度事業計画について／2001年度予算案について／機関紙の発行について／理事・監事の選挙について／次期担当校について／その他
2002平14	2／16．◎シンポジウム「関西ソーシャルワーク実践を問う」　コーディネーター・岡本民夫（同志社大）　シンポジスト　「民生委員の立場から」白神潔（大阪市民生局）／「セルフヘルプ運動の立場から」中田智恵海（武庫川女子大）／「児童福祉の立場から」岩崎美枝子（家庭養護促進協会）／「老人福祉の立場から」小國英夫（四天王寺国際仏教大）。〈当番校：梅花女子大学〉
	2／24．理事会〈梅花女子大学〉
	10／－．理事会〈キャンパスプラザ京都〉　議案　2002年度事業計画，組織問題等
2003平15	1／－．理事会〈大阪市総合生涯学習センター〉　議案　組織問題，第51回日本社会福祉学会大会開催校・四天王寺国際仏教大学への協力体制について
	3／－．研究報告会〈堺市総合福祉会館〉「小地域福祉活動における高齢者支援の役割―介護保険制度導入後のとりくみから―」松本しのぶ（神戸市総合医療介護福祉専門学校）／「イギリス・対人社会サービスと高齢者福祉―消費者主権を視点として―」山田亮一（大阪市立大大学院）／「障害者・児施設のサービス共通評価基準の実践的検討」潮谷光人（桃山学院大大学院）
	3／－．総会およびシンポジウム〈堺市総合福祉会館〉　◎「21世紀社会福祉の課題と展望―価値・政策・方法―」　コーディネーター・上野谷加代子（桃山学院大）　コメンテーター・池田敬正（京都府立大名誉教授），岡本民夫（関西社会福祉学会会長，同志社大）　シンポジスト「社会福祉と価値―アジアから学ぶ，ユニバーサル・ヒューマン・ライツ―」桂良太郎（奈良大）／「社会福祉と政策―『福祉を創る』ことの今日的意味―」上掛利博（京都府立大）／「社会福祉と方法―ケアワークとソーシャルワーク―」白澤政和（大阪市立大）　参加者130名

＊1984，1985年については記録の所在が不明。

第 6 章
中国四国部会史

平戸　ルリ子

1　中国四国部会の発足

　日本社会福祉学会中国四国部会の第1回例会は，1969年の12月6日に行われた。北海道など地区部会活動が活動を開始していく中で，中国四国地区でも研究会（学会）を発足したいという声が具体的な形となったのは，1969年度最初の頃である。岡田藤太郎が呼びかけの中心となり，内田節子や奥山典雄などに声をかける形で，話が進められることになった。具体的には，同年11月3日に佛教大学にて開催された日本社会福祉学会大会の際に，約20名による準備委員会がもたれ，連絡委員が各県ごとに決められ，会の具体案が詰められていったことが，形となった最初である。そして約1カ月後の開催実現となった。

　第1回例会の会場は，四国学院大学であった。午後1時より5時まで，正・準会員あわせて37名が出席し，個人研究発表とシンポジウム，総会の3部構成で実施された。個人研究発表は岡山県中央児童相談所の町井晶子と開催校四国学院大学の中園康夫の2名であり，多くの個人研究発表が行われるようになった現在の大会とは異なり，じっくりと少人数で検討するという形式であった。シンポジウムの共通論題は，「社会福祉における理論と実践」で，広島キリスト教社会館（当時）の蛭江紀雄，岡山県中央児童相談所の赤木正典，四国学院大学の岡田藤太郎の3名により行われた。中国四国の地域特性が考慮され，異なる県からのシンポジジストによって構成された。

　その後行われた第1回総会にて部会役員が決定，初代会長は，中国四国部会発足の呼びかけ人である四国学院大学の岡田藤太郎が選出された。

2 初期の中国四国部会の活動

　中国四国部会の例会（研究会）は，2回目以降は原則として6月の第2週の土曜日をあてて行われることになっている（詳細は年表参照）。第2回は広島女子大学にて6月13日に開催されたが，それ以降現在の36回大会まで，年1回のペースを崩すことなく，継続して大会は開催されている。
　広島女子大学では，午後だけの開催時間であったにもかかわらず，6つの研究発表が行われたり，シンポジウムが開催されるなど，内容が充実していた。その結果，半日では時間不足で十分に論議できず残念との反省が持たれ，以後1日かけて例会をもつことが総会にて確認され，現在に至っている。
　また，中国四国部会の会員数が少ないため，研究発表者もシンポジウムの報告者もかなり会員以外の人に頼らざるを得ないということも，その際問題点としてあがり，以後会員を増やす努力を互いにしていくことが確認されている。
　なお，この第2回例会総会にて，中国四国部会の役員・規約についても審議されたが，役員（代表理事や幹事，運営委員等）については決定したものの，規約については，文章で残る形の正式なものはつくられなかった。現事務局を担当の中嶋和夫部会担当理事が就任した際に，他の地方部会の状況などを考慮しながら，中国四国部会としての学会規約を作成しようと，運営委員会などでも検討されたが，諸事情により現段階では作成はみあわせられている。
　部会初期の開催地は，代表の岡田藤太郎理事の所属であった四国学院大学が主に中心となった。それに，岡山県立短期大学（現岡山県立大学）等岡山の開催地が間に組み合わされ，さらに広島女子大などがその間に入るというふうに決定されていった。

3 中国四国部会の特徴

(1) **例会（研究会）のもち方の特徴**
　第2回の総会にて決定されたように，6月に朝から1日かけて研究報告およ

びシンポジウムや基調講演が行われる形が現在まで続けられている。

1996年には，中国四国部会例会とは別に，四国ブロック地域福祉研究会が，2月4日に愛媛県総合社会福祉会館にて行われた。これは，愛媛県社会福祉協議会を中心とする実行委員会（委員長：武智紀制）の尽力のもと実現したものであるが，現場の職員を中心とする優れた報告内容が多く，充実した内容となった。この四国ブロック地域福祉研究会は翌年も高知にて開催されている。

このように，社会福祉学会の中国四国部会として研究会を開催しようとする動きと，現場職員レベルで援助の実際等を検討していこうという動きが並行して行われていたのも中国四国部会の特徴であろう。

例えば岡山では，日本ソーシャルワーカー協会岡山県支部と岡山県ソーシャルワーカー協会が合同で，月1回の事例等の実践に関わる研究会が継続して開催されており，また，岡山県の行政職員を中心とする研究発表会も立ち上がっているなど，社会福祉学会とは別のレベルで，研究・検討の機会が別途持たれているという実状もみられる。

当初，社会福祉学会の中国四国部会は，参加者の間で「中四国社会福祉学会」と呼ばれていたが，これはあるいは，このような研究会と区別しようという事情も関係しているのかもしれない。「学会」という呼称については，のちに社会福祉学会として「部会」を「学会」へ独立させてはどうかという学会本部からの提案があったが，これとは異なるものである。現在は，「中国四国部会大会」もしくは「例会」と呼ばれている。

なお，1998年の第30回研究会は第6回中国・四国介護福祉学会との合同開催にて実施され，また，2002年の第34回大会（於：聖カタリナ女子大学）は，社会福祉実習教育中国四国研究協議会と共催というふうに，関連する学会や団体との協力により開催されてきたのも，中国四国部会の特徴である。

(2) **大会の内容の特徴**

中国四国部会の大会の内容の特徴は，基調講演を中に組み入れ，多彩な講演者を外部から招く形で内容の充実をはかっていること，シンポジウムのテーマを時代のニーズに合わせて選択し，担当地区の現場職員などから，現状を報告

第6章　中国四国部会史

してもらうことが多いということである。

　会員数が多くないことから，会場校（担当校）の学生，非会員などにも参加機会が与えられ，討議などにも積極的に若いメンバーが加わっているのも特徴である。

　なお，テーマとしては，日本社会福祉学会とあわせて検討されており，近年の日韓交流などは，大会の全体テーマ（第34回）にもなっている。

(3)　事務局体制の特徴

　中国四国部会の大きな特徴のひとつとして，持ち回りの事務局体制がある。

　これは，研究の拠点となるような規模の大きな大学が部会内になかったこと，部会の範囲が広く（所属県が多く），地域的な面からみても，どこかに事務局を継続して持つことが困難だったことなどが，理由として考えられる。

　また，会員の状況をみても，役員経験者の部外への異動（例えば当初の呼びかけ人である岡田藤太郎の他ブロックへの転出や発起人の一人である奥山典雄の死去など）が多々あり，人材面からも一箇所に拠点を置くことは不可能であったことは想像に難くない。

　そういった事情もあって，中国四国部会の事務局は，前年度の大会総会にて次回開催校（地域）を決め，そこに当番校として1年間事務を取り扱ってもらうという体制を長くとってきた。会員数が他の地域部会に比べて少ないことも，それができた所以であろう。ただし，そのことによって，通して中国四国部会活動把握が困難になったことは残念なことである。

　2002年からは，岡山県立大学の中嶋和夫の部会担当理事就任に伴い，中嶋の任期中は岡山県立大学が事務局体制をとることが承認されている。

　岡山県立大学のスタッフ4名（坂野純子，筒井澄栄，村社卓，近藤理恵）が中嶋理事を支えて事務局体制を運営している。

　さらに，運営委員会をつくり，地域性を考慮した大学から，構成員を選出している。現運営委員は中嶋和夫部会担当理事，内田節子（吉備国際大学），高橋憲二（島根県立島根女子短期大学），長崎和則（福山平成大学），藤井悟（同），森洋介（山口短期大学），栗田明良（高知女子大学），高林秀明（県立広島女子大学），宮

439

田康三（四国学院大学），八重樫牧子（川崎医療福祉大学）である。3月または4月と6月の大会時の年2回開催されて，部会活動の詳細を検討している。この運営委員会は，さらなる体制強化のため，2003年段階で参加メンバーがいない順正短期大学，広島国際大学，広島文教女子大学，山口県立大学，宇部フロンティア大学，聖カタリナ女子大学にも委員を依頼することになった。

　また，部会大会の開催校については，従来，山陽，山陰，四国が順番に担当していたが，学校数が山陰は多くないことから，山陽と山陰でひとまとまりとし，四国と交互になるように，35回大会から検討していくこととなった。

(4) 出版物等の特徴

　まず，「日本社会福祉学会中国・四国部会会報」が年2回（4月または5月と11月）発行されており，事務局が作成することになっている。また，岡山県立大学に事務局が移転してからであるが，大会で報告された講演内容や報告，質疑応答をまとめたものとして，『日本社会福祉学会中国四国部会研究発表論文集』（前年度は抄録集）が10月に発行されている。

　これらの費用については，原則として，学会本部からの地方部会還元金をあてている。中国四国部会では，年会費というものを徴収していない。大会の開催も原則として，大学等の教室を使用していることから，高額な使用料は必要とされてこず，その結果，まとまった繰越金を有していた。大会時には開催校の判断で資料代として参加費を徴収する場合が多いが，いずれも1000円や多くても2000円程度である。それも余剰金が出た場合には，すべて繰り越されている。会報の印刷代や郵便切手代は，これらから支出されている。

4　これからの中国四国部会の課題

　1999年の第31回大会の際，懇親会時に会員より，今後の充実に向けて意見が出された。その内容は以下のとおりである。①中国四国部会の体制を固めていくことの必要性，②そのために予算を積極的に使った活動の活発化，③会員の研究動向を紹介する会報の発行（2000年度より実施済），④若い会員層のレベル

第6章　中国四国部会史

アップのために，院生の学会加入の積極的呼びかけ。これらの意見が確認され，今後，より充実した部会での研究活動を進める方向付けがなされた。また，中国四国部会の中国・四国社会福祉学会への移行についても，現在会員の中で検討が進められているところである。総会では，「もう少し様子を見て」という意見が多数を占めているが，それに向けて基金となるよう会費の運用を検討している状態である。

　中国四国部会は会員数や規模の面，地域的な広がりの面からも，さまざまな課題を抱えている地区部会であるといえよう。今後よりいっそうの発展を期待したい。

　なお，部会名については，中四国，中国・四国等さまざまな呼称が用いられているが，本章では原則としてその時の呼称を用い，文章の説明の際には学会ニュースで使用している中国四国部会を使用した。研究の大会についても，当時の呼称の例会，研究会，大会をそのまま使用した。

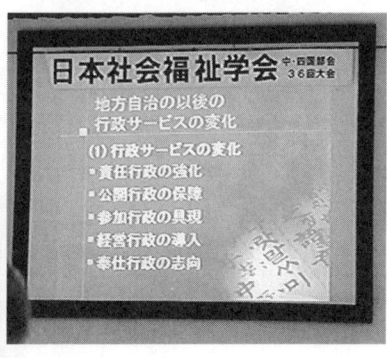

第36回中国四国部会大会（2004年6月，福山平成大学）における基調講演Ｉ
金龍澤（韓国・東國大学校人文科学大学）の様子

第Ⅳ部　日本社会福祉学会地方部会史

年表　日本社会福祉学会中国四国部会年表

年	活動状況
1969 昭44	12／6．第1回例会〈四国学院大学〉　個人研究発表「里親制度の現状」町井晶子（岡山県中央児童相談所）／「『治療関係論』基本的視点について―特に『かかわり』の問題をめぐって―」中園康夫（四国学院大）　◎シンポジウム　社会福祉における理論と実践「社会福祉における専門性確立のための研究者と実践家の課題」蛭江紀雄（広島キリスト教社会館）／「児童相談所より見た今日的福祉」赤木正典（岡山県中央児童相談所）／「社会事業教育のあり方について」岡田藤太郎（四国学院大） 総会「部会役員を決める」会長・岡田藤太郎選出。正・準会員37名
1970 昭45	6／13．第2回例会〈広島女子大学〉　個人研究発表　司会・杉田次郎（広島女子大），宮本秀夫（広島社会福祉協議会）／「原爆被爆者における生活保護受給世帯の実際について」西谷義則（広島市社会福祉事務所）／「広島市老人生活調査について」石川伯広（広島市民生局社会課）／「広島県身障者の実態調査について」土井長一水，後藤幸生（広島県民生労働部社会課）／「施設入所理由別からみた現代崩壊家庭の動向について」笠原貞子（広島県中央児童相談所）／「社会福祉の主体」山本鎮雄（広島女子大）／「インドの社会福祉の現状と問題点」中山修一（広島女子大）／◎シンポジウム「社会福祉事業従事者の専門職化」児玉あきら（原爆障害調査委員会），榊淳司（広島県廿日市福祉事務所），桑原達夫（広島新生学園） 総会　中四国部会の役員・規約について，会計報告，次期開催地について，例会のもち方について，その他。出席者　広島県52人，岡山県4人，山口県・愛媛県・佐賀県各1人，計63人，その他広島女子大学学生約50人
1971 昭46	5／22．第3回例会〈岡山県立短期大学〉　総合司会・奥山典雄（岡山県中央児童相談所）　研究発表　司会・井上勲／「社会福祉と公害」林雅孝（山口県立女子短大）／酒井慈玄（広島文教女子大）／「精神薄弱児教育についての一試案―ダウン症児の特質とその教育方法―」神迫明（岡山県立由加学園），内田徳行（岡山県倉敷児童相談所）／「児童福祉司の役割―親の意識調査とケース分析から―」町井晶子（岡山県中央児童相談所）　◎シンポジウム「社会福祉事業従事者の専門職化」　司会・井上肇（倉敷市立倉敷保育専門学院）　報告者・秋山智久（四国学院大），山崎喜久雄（広島八幡学園），難波金次（岡山県立短大） 総会　議長・杉田次郎（広島女子大）　議事　会計報告，次期開催地，例会（大会）のもち方について，その他。社会福祉学会中国四国部会連絡担当者・秋山智久
1972 昭47	6／3．第4回例会〈四国学院大学〉　◎特別講演「実存主義社会事業」竹内愛二（四国学院大）／シンポジウム「社会福祉における政策と方法」　司会者・山本鎮雄（広島女子大）コメンテーター・林雅孝（山口県立女子短大），渡辺憲正（岡山作陽短大），三村正弘（広島・福島生協病院），岡田藤太郎（四国学院大）　分科会　児童福祉座長・川本滋三，宮武定輝，川崎喜久雄／老人福祉座長・蛭江紀雄，酒井慈玄／地域福祉座長・宮本秀夫，三浦正樹／個人発表　司会・中園康夫（四国学院大）「性的非行の事例研究」内田節子（岡山県立短大），町井晶子（岡山県中央児童相談所）／「比較社会福祉論」岡田藤太郎（四国学院大）／「都市の偏倚集団―下関市の場合―」林雅孝（山口県立女子短大）／「社会福祉施設創設期の問題点」川崎俊和（聖恵授産所）／◎シンポジウム「社会福祉士法案をめぐる動きと問題点」　司会・西脇勉（四国学院大）　シンポジスト・沖野宏（高知県中央保健所），山本鎮雄（広島女子大），坂野賀夫（徳島県児童相談所），秋山智久（四国学院大），難波金次（岡山県立短大） 総会　事業報告，会計報告，中国・四国部会規約について，社会福祉士法案アンケートにつ

442

	いて，来年度開催地について，その他．参加者41名
1973 昭48	6／2．第5回例会〈広島女子大学〉 個人発表「非行児の分析的考察」真庭一郎（広島県中央児童相談所）／「身体障害者にたいする諸援助法の分析―前提的考察―」宮本モヨ（広島女子大）／「日本的ケースワークの方向」寺本喜一（四国学院大）／「社会調査における政策と方法―香川県における保育所保母の意識調査をめぐって―」吉田卓司（四国学院大），秋山智久（四国学院大）／「広島県の社会福祉制度」縄手健（広島県民生部社会課）／「地域福祉を推進するもの」難波金次（岡山県立短大）．参加者96名
1974 昭49	6／8．第6回例会〈岡山県総合社会福祉センター〉 ◎みのりある豊かな地域福祉を高めるために―その考え方と方法― 司会・奥山典雄（岡山県ももぞの学園）「精薄児施設出身者の予後について」松田淳之介（岡山県立短大）／「Personalityの改革―特に自閉症について―」林雅孝（山口県立短大）／「精薄児施設におけるファミリー・ケースワークの位置」赤木正典（岡山県総合社会福祉センター）／「病院ワーカーが，かかわりをもった適応異常児についての一考察」金中美佐緒（済生会総合病院）／「受容とマリア信仰」宮川数君（山陽学園短大）／「自由主義的社会福祉論」岡田藤太郎（四国学院大）／分科会 ◎児童福祉座長・内田節子，町井晶子 話題提供者・奥山典雄（岡山ももぞの学園），森依顕（徳島県中央児童相談所），植田克美（岡山県児童家庭課），西脇勉（四国学院大） ◎老人福祉座長・渡辺憲正，井上勲 話題提供者・川崎真由美（岡山県憩いの丘），水畑信男（岡山県厚生課），河内泉（広島県三篠園） ◎地域福祉座長・小谷光江，難波金次 話題提供者・小野木一（岡山県津山社協），岡崎久嘉（岡山県福祉事務所），久保紘章（四国学院大） 同日総会開催．当番広島県，事務局四国学院大学，代表・岡田藤太郎．参加者83名（うち会員30名）
1975 昭50	6／7．第7回例会〈四国学院大学〉 司会者・中園康夫（四国学院大） 研究報告「家庭問題に対する一視点」槙野覚（徳島家裁）／「福祉の社会構造論―児童の場合Ⅰ―」林雅孝（山口女子大）／「医療社会事業の一視点」森真佐子（岡山済生会総合病院）／「精神障害者福祉序説―精神衛生法をめぐる問題を中心として―」宮崎昭夫（岡山県立短大）／「社会福祉行政の変遷」河合幸尾（広島女子大）／「秘境祖谷の生活変貌について―老人問題と生活保護―」寺本喜一（四国学院大），矢野嘉三，小林経幸，工藤成子，三船麻美，瀬端里子，吉峰栄子（四国学院大大学院）／紹介「英国社会福祉行」吉田卓司（四国学院大）／特別講演「米国における社会福祉の最近の動向」秋山智久（四国学院大）． 当番校：四国学院大学，代表・奥山典雄（ももぞの学園）．参加者150名（うち正会員40名） ＊岡田藤太郎教授の転出により代表交代．
1976 昭51	6／5．第8回例会〈山口女子大学〉 司会者・林雅孝，坪郷康（山口女子大） 研究報告「特別養護老人ホーム入所者に関する報告」鳥居守人（山口豊浦社会福祉事務所）／「福祉国家における『平等』の概念について」佐藤克繁（四国学院大）／「病院の行う社会医学活動におけるM・S・Wの役割」小谷光江，藤川里子（岡山済生会総合病院）／「いわゆる福祉見直し論について―児童福祉の立場から―」松本眞一（広島女子大）／「地域福祉の諸問題」岩見国夫（広島文化女子短大）／「ケース・ワークと権威の関係について」寺本喜一（四国学院大） 分科会（午後）第一分科会（児童福祉） 発題者・林雅孝（山口女子大） コメンテーター・松本眞一（広島女子大） 司会者・井上肇（倉敷市立短大） 講評・西脇勉（四国学院大）／第二分科会（障害者福祉） 発題者・坪郷康（山口女子大） コメンテーター・内田節子（岡山県立短大） 司会者・白井善雄（山口県中央児童相談所） 講評・杉田次郎（安田女子大）／第三分科会（地域福祉・老人福祉） 発題者・藤田信成（山口県社協），

第Ⅳ部　日本社会福祉学会地方部会史

	岩田啓靖（山口女子大），宮本秀夫（広島県社協）　コメンテーター　宮崎昭夫（岡山県立短大）　司会者・岩見国夫（広島文化女子大）　講評・岡田藤太郎（神戸女学院大）　総会　議長・脇英夫（徳山大）。当番校：四国学院大学，代表・奥山典雄。参加者105名（うち正会員26名）。
1977 昭52	6／5．第9回例会〈広島女子大学〉　研究発表（午前の部）　司会者・田代国次郎（広島女子大），河合幸尾（広島女子大）　報告「福祉教育に関する一考察～教科書を中心に～」田路慧（岡山県立短大），内田節子（岡山県立短大）／「T.H. Marshalの"Social Policy"について」柏野健三（四国学院大大学院）／「『生存権』について～社会福祉理念との関連から～」脇英夫（徳山大）／「摂津訴訟判決の問題点」松本眞一（広島女子大）／「犯罪統制に関する一考察」増田周二（四国学院大）／「混在社会の地域福祉」林雅孝（山口女子大）／「エレクソンと大島癩療養所」西脇勉（四国学院大）／分科会（午後）　児童福祉（第一分科会）　司会者・高橋卓郎（広島県中央児童相談所）　発題者・宮本モヨ（広島女子大），内田徳行（倉敷児童相談所），宮武定輝（広島修道院）　障害者福祉（第二分科会）　司会者・西脇勉（四国学院大）　発題者・若林誠造（呉共同作業所），宮崎昭夫（岡山県立短大）　老人福祉（第三分科会）　司会者・宮本秀夫（広島県社協）　発題者・蛯江紀雄（老人ホーム清鈴園），林雅孝（山口女子大）　福祉行政（第四分科会）　司会者・寺本喜一（四国学院大）　発題者・畠山護三（海田福祉事務所），脇英夫（徳山大）　全体会議（午後の部2）　司会・杉田次郎（安田女子大），松本眞一（広島女子大）　各分科会（司会者）からの報告に対する質疑応答，補足説明，意見交換。 総会　議長・奥山典雄（中・四国部会長）　議事　来年度引受校・開催日の発表，会計報告（寺本喜一，林雅孝），事務局報告（広島女子大）。当番校：広島女子大学，代表・奥山典雄。参加者119名（うち会員34名）　新学会入会者7名
1978 昭53	6／10．第10回例会〈岡山県立短期大学〉　総合司会・山本嘉一（作陽短期大学）　開会の辞　準備委員長・井上肇（倉敷市立短大）　開催当番校挨拶　赤木五郎（岡山県立短大）　研究発表　司会・渡辺憲正（中国短大），松本眞一（広島女子大）「社会福祉政策における住宅問題」柏野健三（岡山女子短大）／「老人と子どもの世界　その(1)」志賀兼充（尾道市立長江中学校訪問教師）／「自由民権期における留岡幸助」村上幸家（四国学院大）／「公的扶助労働の実態」畠山護三（海田福祉事務所）／「大都市の社会病理―児童をめぐる非行化分析―」林雅孝（山口女子大）　◎シンポジウム「みのりある豊かな地域福祉を―各福祉領域の理解と協働化をめざして―」　司会・西脇勉（四国学院大），井上勲（岡山就実短大）　発題者「児童福祉・健全育成」在里恂志（倉敷児童相談所）／「児童福祉・心身障害」松井和義（岡山県中央児童相談所）／「老人福祉」山口真佐子（岡山市役所）／「地域福祉（福祉事務所）」小坂田三郎（岡山県厚生課）／「医療福祉」野崎文江（岡山県済生会病院）　総会　来年度開催校について。開催準備委員長・井上肇　部会規約の一部を改正し，会長は地区理事とする。参加者約100名（非会員含む）。学会前理事の奥山典雄部会長4月6日に急逝。
1979 昭54	6／9．第11回例会〈高知女子大学〉　開会の辞　準備委員長・早川進／挨拶　開催当番校学長・安中正哉　研究発表　司会・西脇勉（四国学院大）「中学生の自殺および福祉に対する態度―予備調査からの一報告―」〇林俊江（詫間小学校），今村通代（豊浜中学校），松田眞一（高知女子大）／「『家族と児童』の病理」林雅孝（山口女子大）／「ひとり暮し老人の生活実態の一考察―高知市社会福祉協議会の調査から―」山崎昇（高知市社会福祉協議会），松田眞一（高知女子大）／「社会の底辺の悩みごとの解決について」難波金次（岡山）／「島根県における被爆者の実態」松浦五朗（出雲市民病院）／「ソーシャル・ポリシ

第6章　中国四国部会史

	ィ（social policy）と社会的費用―主として R・M・ティトマスの所論をめぐって―」柏野健三（岡山女子短大）／「社会福祉の源流論について―塚本哲氏の所論によせて―」脇英夫（徳山大）／「社会意識としての〈福祉〉論―特に施設問題をめぐって―」増田樹郎（香川）／「福祉教育に関する一考察―教科書を中心に―」田路慧（岡山県立短大），内田節子（岡山県立短大）◎シンポジウム「社会福祉研究方法論をめぐって」　司会・田代国次郎（広島女子大）「社会福祉研究方法論問題の概観と現状」宮崎昭夫（岡山県立短大）／「社会福祉研究の空白部分を埋めるもの」村上光輝（四国学院大）／「社会福祉研究における『対象論』の検討から」松田眞一（高知女子大）。 総会　議長・林雅孝。参加者35名
1980 昭55	6／14. 第12回例会〈四国学院大学〉　開会の辞　準備委員長・西脇勉（四国学院大）／挨拶　開催校学長・A・B・テーラ（四国学院大）　研究発表　司会・田代国次郎（広島女子大），川田誉音（四国学院大）／「英国における社会政策の諸問題と今後の課題」柏野健三（岡山女子短大）／「社会福祉教育に関する一考察（その7）」田路慧（岡山県立短大），内田節子（岡山県立短大）／「老人福祉―島根県における老人の生活と問題―」紫民芳（島根県立女子短大）／「ソーシャル・ワークにおける生活世界（Lebenswelt）」早川進（高知女子大）／「明治期における山口県社会事業の発展・成果，防長孤児院（その1）」松本れい子（岩国大）／「精神障害者に対する地域福祉サービスの分析枠組」川田誉音（四国学院大）／「老人に対する地域福祉サービスの比較研究」宮崎昭夫（岡山県立短大）／シンポジウム「地域住民の生活と福祉」　司会・早川進（高知女子大）　シンポジスト・宮本秀夫（広島県社協），久保紘章（四国学院大），佐々木信也（特別養護老人ホームガリラヤ荘） 総会　議長・脇秀夫。参加者50名
1981 昭56	6／13. 第13回例会〈宇部短期大学〉　開会の辞　準備委員長・大東和人（宇部短大）　挨拶　開催校学長・松井魁（宇部短大）　研究発表　司会・内田節子（岡山県立短大），林雅孝（山口女子大）「現代における子殺しの背景」水田和江（宇部短大）／「山口県北浦地方の障害児感『福子』について」坪郷康（山口女子大）／「山口県児童福祉史の発掘・成果―大正十三年から昭和七年までの農繁期貿託児所について―」松本れい子（岩国大）／「人口問題と家族福祉」林雅孝（山口女子大）／「山口県内におけるボランティアの実態」森法房（山口県社協）／記念講演「山口県の児童福祉」小野倉瑳（山口県児童収容施設連絡協議会会長）／司会・国重賢亮（愛児園平川保育所）／桜井章彦先生を偲ぶひととき／シンポジウム「地域住民の生活と社会福祉―障害児・者をめぐって―」　司会・田代国次郎（広島女子大）　発題者・有間信宏（精薄者更生施設善和会）／河野敏一郎（宇部市立岬小学校）／藤本克己（宇部市肢体不自由者父母の会）／西脇勉（四国学院大） 総会　議長・国重賢亮（愛児園平川保育所）　閉会の辞　大東和人（宇部短大）。参加者115名（当日会員，学生含む）。桜井章彦先生追悼文掲載　執筆者・坪郷康（山口女子大）
1982 昭57	6／12. 第14回例会〈広島女子大学〉　開会挨拶　準備委員長・杉田次郎（安田女子大）／研究発表「児童健全育成の理想と現実―遊び場，児童館，子ども会などの場合―」岩見国夫（広島文化女子短大）／「コミュニティにおける意識調査」山本喜一（作陽短大）／「広島県における少年非行の動向」松本眞一（広島女子大）／「保育学生の福祉意識」水田和江（宇部短大）／「社会福祉の社会調査」林雅孝（山口女子大）／「社会科学的立場のケースワーク研究（その3）」松本英孝（新見女子短大）／「香川県ねたきり老人，ひとり暮し老人実態調査報告」井村圭壮（四国学院大）ほか共同研究者4名／分科会　①児童福祉―非行問題を考える　司会者・内田節子（岡山県立短大）　発題者・坪郷康（山口女子大），長瀬一喜（岡山県中央児童相談所），松本眞一（広島女子大）　②老人福祉　司会者・田代国次郎

第Ⅳ部　日本社会福祉学会地方部会史

	（広島女子大）　発題者・吉田卓司（四国学院大），蛯江紀雄（老人ホーム清鈴園），宮崎昭夫（岡山県立短大）　③福祉行政　司会者・松田眞一（高知女子大）　発題者・脇英夫（徳山大），畠山護三（可部福祉事務所），河合幸尾（広島女子大）／全体報告会　司会者・西脇勉（四国学院大）／総会　司会者・林雅孝（山口女子大）／閉会の辞　杉田次郎（安田女子大）。参加者55名
1983 昭58	6／11．第15回例会〈岡山県立短期大学〉　総合司会・渡辺憲正（中国短大）　開会の辞　準備委員長・井上肇（倉敷市立短大）　挨拶・開催当番校学長・小山鷹（岡山県立短大）／研究発表　司会・村山幸輝（四国学院大），山本喜一（作陽短大）／「障害児教育学の基礎研究」その１施設論　藤原正憲（家庭裁判所），赤尾裕久（岡山大）　その２もんぴ学級　滋賀兼充（長江中学校），難波安彦（長江中学校）／「中間施設における専門的処遇に関する研究」細川淑子（浦安荘）奥村と免子（浦安荘）／「スティグマとノーマライゼーション」芦野美香（四国学院大）／「大都市の社会病理―福岡市の家出問題―」林雅孝（山口大）／「堀木訴訟最高裁判決の問題」鈴木勉（広島女子大）／「縁起的世界観と福祉の心」田路慧（岡山県立短大）／分科会　①児童，障害　司会・林雅孝（山口大）　発題者・坪郷康（山口女子大），在里恂志（岡山中央児童相談所），長瀬一喜（津山児童相談所）／②地域福祉，福祉行政　司会・松本眞一（広島女子大）　発題者・岩見国光（広島文化女子大），西野勝久（香川県婦人児童課），森種夫（玉野社協）／③老人福祉　司会・梶並角功（作陽短大）　発題者・宮崎昭夫（四国学院大），大山栢（岡山高齢者福祉対策室），江田亀雄（旭水荘）／全体会・司会・部会終了挨拶，中国・四国部会総合司会・渡辺憲正（中国短大）。参加者52名（学生含む）
1984 昭59	6／9．第16回例会〈四国学院大学〉　詳細不明
1985 昭60	6／8．第17回例会〈徳山大学〉　開会挨拶　準備委員長・脇英夫（徳山大）　研究発表　司会・内田節子（岡山県立短大），坪郷康（山口女子大）／「山口県の障害児（者）福祉史」水田和江（宇部短大）／「赤松安子の携帯乳児所について―1899年の徳山―」脇英夫（徳山大）／「中華人民共和国の社会福祉（一）―盲人福祉・工人新村・人民公社」林雅孝（山口大）／「岡山県内の保育系短大生ボランティア意識」村井龍治（美作女子短大）／「保育学生の意識と進路の実態」井上勲（就実女子大）／シンポジウム「社会福祉の転機と今後の展望」　司会・田代国次郎（広島女子大）　発題者・松田紀男（山口県庁）／国重賢亮（山口県保育協会）／宮崎昭夫（四国学院大）／総会　議長・脇英夫（徳山大）。参加者40名。記録・宮崎昭夫
1986 昭61	6／14．第18回例会〈松江市〉　研究発表　司会・田中量子（島根県社会福祉部）／「保育集団の同和問題に関する意識調査の所感」上野隆（徳島市私立無認可保育連盟）／「広島市の都市病理（その１）」林雅孝（山口大）／「山口県楠木町社会事業史」松本れい子（社会福祉研究センター）／「実習による施設理解の変化」水田和江（宇部短大）／「障害者の性とノーマリゼーション―その援助方法を考える―」沼田章（四国学院大）／「登校拒否の親と子への援助の一考察―香川県におけるグループの活動を通して―」野口新子（四国学院大）／「児童のいじめ対策について二三の提言―教員養成課程学科目に社会福祉を加えよ―」脇英夫（徳山大）／シンポジウム「21世紀の社会福祉を展望する―在宅福祉・地域福祉に求められるもの―」　司会・田代国次郎（広島女子大）　発題者・井上昭雄（島根大学保健センター）／山本真一（島根大）／成相教専（県立厚生センター）／小田草伊佐雄（松江市社協）／閉会の辞　準備委員長　紫民芳（松江市社協）。松江市ボランティア推進協議会と

第6章　中国四国部会史

	の合同開催。主旨は「民間福祉事業の中核をになう」推進協議会が「社会教育・社会福祉の分野を問わず、住民の身近な課題を取り上げ住民代表が一堂に会し松江市の住民自治活動としての福祉活動の在り方を得ることを目的」としたもの。松江市の民間福祉事業関係者が多数参加。記録・中園康夫
1987 昭62	6／13. 第19回例会〈広島女子大学〉　開会の辞　準備委員長・田代国次郎（広島女子大）／研究発表　司会・脇英夫（徳山大），岩見国夫（広島文化女子大）／「山口県における山中彦六の保育事業」松本れい子（国立岩国病院看護学校）／「戦後呉市における社会福祉の一断面―ドロシー・デッソーの功績を中心に―」高坪冨美子（国立呉病院リハビリテーション学院）／「ソーシャルワーク実践の『価値』に関する一考察」土井智代枝（四国学院大）／「ケアワーカー養成のカリキュラムに関する一考察」松本英孝（新見女子短大）／「『福祉改革』下の住民参加と福祉活動」岡崎仁史（広島県社協）／「戦前岡山県児童保護施設史の一断面」岡崎節子（倉敷市立短大）／「広島市の都市病理について―その2―」林雅孝（山口大）／参加者研究交流会　司会・中園康夫（四国学院大，中・四国理事），内田節子（岡山県立短大）　意見交換，懇談，その他／総会　議事①会計報告（宮崎昭夫―四国学院大）／②来年度引受校・開催日・③事務局報告／④その他／閉会の辞　田代国次郎（広島女子大）。　＊シンポジウムにかえて，初めて参加者交流会を開催。話題は，社会福祉士及び介護福祉士法の持つ問題点，研究活動と現場での活動の連続性の問題，社会福祉実践に内在する根本的な価値観，理論的な枠組みの問題等。記録・中園康夫
1988 昭63	6／19. 第20回例会〈岡山県立短期大学〉　◎変革期における社会福祉　司会・中園康夫（四国学院大），田代国次郎（広島女子大）　研究発表「イギリスの教育と福祉」福千栄子（岡山県立短大）／「地域住民にとっての原発の意義」永森直子（四国学院大）／「全社協『住民参加型在宅サービス』論の検討（その2）」岡崎仁史（広島県社協）／「山口県内ボランティア活動の実態」水田和江（宇部短大）／「低所得世帯における暮らしの特徴と問題点」西村昇（高知福祉専門学校）／「広島市の都市病理について（その3）」林雅孝（山口大）／「戦後呉市における社会福祉の一断面（その2）」高坪冨美子（呉リハビリ学院）／分科会　児童福祉部会，障害福祉部会，老人福祉部会（それぞれ3人ずつ発題）。参加者50名。記録・宮崎昭夫
1989 昭64 平元	6／24. 第21回大会〈聖カタリナ女子大学〉　◎高齢化社会における地域福祉活動　座長・田代国次郎（広島女子大），岡崎仁史（広島県社協）「呉市における地域福祉の現状と課題（その1）」岩見国夫（広島女子大）／「呉市における老人福祉の現状―高齢者の生活実態調査を通じて―」高坪冨美子（広島県立保育専門学校）／「中高年女性のインフォーマル・サポート・ネットワーク―非構造性と弱性―」上野加代子（聖カタリナ女子大）／「老人の生活実態調査についての一考察」上野隆（助任保育園）／「地域福祉活動の枠組み検討―PRIVATIZATIONとの比較―」岡崎仁史（広島県社協）／「ソーシャルワークの構造と内容についての一試論」粟田修司（聖カタリナ女子大），西まゆみ（聖カタリナ女子大）／「障害児のきょうだい関係について」高尾悦子（四国学院大大学院）／「山村における一人暮らし老人の生活実態について」西尾昇（高知福祉専門学校）／「福祉協同の可能性と現実性Privatizationとの対抗関係の形成視点を求めて―」鈴木勉（広島女子大）／「過疎離島における高齢者の生活保護世帯の生活史―鹿児島県大島郡瀬戸内町の事例を通して―」松浦勲（高知大）／「社会資源へのアクセシビリティ」宮岡京子（四国学院大大学院）　◎シンポジウム　高齢化社会における地域福祉活動　座長・宮崎昭夫（四国学院大）　シンポジスト・岡本栄一（聖カタリナ女子大），永和良之助（松山医療生協デイケアセンター虹の家），佐々木信也（特別養護老人ホーム白寿荘），谷川敏一（松山市社協）。参加者60名。記録・宮

第Ⅳ部　日本社会福祉学会地方部会史

	崎昭夫
1990 平2	6／23．第22回例会〈四国学院大学〉　自由研究報告　司会・大島侑（聖カタリナ女子大），吉田卓司（四国学院大）「高知における民生・児童委員の活動と意義」〇岡村順一（高知学園短大），池川美知子（高知県社協）／「ホーム・ヘルプ・サービス供給体制の検討」小尾義則（山陽学園短大）／「地域社会における在宅サービスの課題—島根県における障害者（ちえおくれ）の生活実態—」高橋憲二（島根県立島根女子短大）／「山村におけるひとり暮らし老人の生活実態について　その2」〇西村昇（高知福祉専門学校），松田眞一（高知女子大）／「人びと（障害をもっている）の権利保障への一試論」黒河英之（四国学院大大学院）／「精神障害寛解者にみるノーマライゼーション—分園型グループホームを通して考える—」細川淑子（岡山・浦安荘）／「男性保育者に対する保育所長・主任保母・保母の意識構造に関する調査研究」井村圭壮（聖カタリナ女子大）／「ソーシャルワーク上におけるケースワークの位置」大島侑（聖カタリナ女子大），粟田修司（聖カタリナ女子大）／◎シンポジウム「社会福祉の転換期とボランティア活動」　司会・松田眞一（高知女子大）　シンポジスト・岡本栄一（聖カタリナ女子大），岡崎仁史（広島県社協），村田哲康（四国学院大）。参加者70名。記録・宮崎昭夫
1991 平3	6／22．第23回例会〈松山大学〉　詳細不明
1992 平4	6／20．第24回例会〈川崎医療福祉大学〉　◎福祉と保健・医療のネットワーク—高齢化社会における政策・実践の展望と課題—　①記念講演　江草安彦学長，②自由研究報告，③シンポジウム　コーディネーター・宮崎昭夫，シンポジスト・永и良之助，岡崎仁史，兼間道子ほか。記録・岡本栄一（聖カタリナ女子大）
1993 平5	6／12．第25回例会〈高知福祉専門学校〉　開会挨拶・早川進（例会委員会・高知福祉専門学校）　開催校挨拶・腰山静雄（高知福祉専門学校長）　自由研究発表「障害児保育における課題—障害児保育実態調査をもとに，現在の保育現場で障害児保育を行う際の課題の考察—」園部信大（四国学院大大学院）／「島根における障害者作業所の実態」高橋憲二（島根県立島根女子短大）／「戦時局下での浮浪者調査—東京市の場合—」安岡憲彦（高知市民図書館）／「ボランティアコーディネーターの"Advocacy"機能について」黒河英之（松山市社協）／「高等学校におけるボランティア精神を育成するためのカリキュラム開発—安芸高等学校の事例を通して—」濱田久美子（高知県立安芸高等学校）／「既存の介護調査の検討と若干の展開」〇西村昇（高知福祉専門学校），松田眞一（高知女子大）／「学院卒業生の介護専門職への定着と専門性について—1期生・3期生の意識比較から分かること—」〇福永英彦（旭川荘厚生専門学院），豊福恵子（旭川荘厚生専門学院）／「地域福祉充実の必要性と福祉コミュニティの形成」富吉繁貴（徳山大）　◎シンポジウム「介護福祉士の専門性の現状と課題」　シンポジスト・安部雅章（高知福祉専門学校），西村洋子（宇部短大），宮崎昭夫（四国学院大）　コーディネーター・松田眞一（高知女子大） 総会　会計報告，来年度開催校，事務局報告
1994 平6	5／27．第26回例会〈四国学院大学〉　自由研究報告　第1部会：司会・松田眞一（高知女子大），金永子（四国学院大）「中山間地域における『介護の社会化』—農村住民の介護意識とその変革—」石田一紀（キャピタル国際福祉専門学校）／「過疎山村地の高齢者在宅ケアシステムに関する研究」高橋憲二（島根県立島根女子短大）／「ひとり暮らし老人における自立意識の型による生活意識の特徴について」西村昇（高知福祉専門学校），松田眞一（高知女子大）／「高齢者の学習プログラム開発の視点」河内昌彦（東広島市社協）／

448

第6章 中国四国部会史

	「ソーシャルワーカーのアイデンティティ及びソーシャルワーカーの効果測定に関する調査結果の報告（その1）」永井陽子・川西基雄・園部信大・水永淳（四国学院大大学院）／第2部会：司会・松本英孝（広島女子大）、宮田康三（四国学院大）「医療リハビリテーションから職業リハビリテーションへ―橋渡しのためのソーシャルワーク―」石井大輔（吉備高原医療リハビリテーションセンター）／「新聞報道にみる児童虐待」大西美智恵（聖カタリナ女子大）／「児童虐待に関する研究」内田節子（岡山県立短大）、福知栄子（岡山県立大）／「社会保障と原爆被害者援護法」三村正広（広島県保険医協会）／「英国における地域ベースサービスの基本的概念の検討―ナン・カール女史による『KEY CONCEPTS』を通して―」岡部由紀・片岡香織・方成敏（四国学院大大学院）／「岡村社会福祉論と外国文献（その3）―K. Pray を中心として―」松本英孝（広島女子大）／記念講演「インドにおけるソーシャルワーカーの活動と使命」パランジペ・ラジャーニ（四国学院大）通訳・宮崎昭夫（四国学院大）。記録・中園康夫（中国・四国部会担当理事）
1995 平7	―／―. 第27回例会　詳細不明
1996 平8	2／4. 四国ブロック地域福祉研究会〈愛媛県総合社会福祉会館〉◎「住民主体のサービス提供を考える」研究発表　コーディネーター・日開野博（四国学院大）「綾南町老人介護支援センター3年目を終えて」増田玲子（綾南町老人介護支援センター）／「ADL評価の向上を求めて」相場寿（特別養護老人ホーム喜楽苑）／「高齢者政策ビジョンのための基礎的考察―高知県北川町を事例として―」田中きよむ（高知大）／「事業型社協への展望と諸課題―ふれあいネットワークプラン21愛媛県推進計画策定を通して―」武田伸司（朝倉村社協）／◎シンポジウム「公的サービスとインフォーマルなサービスとの協働によるサービス提供」コーディネーター・渡邊洋一（聖カタリナ女子大）「地域福祉サービスとミニデイサービス事業にみる協働」立花眞策（松山市社協）／「超過疎の村における行政政策と住民参加」島崎義弘（関前村役場）／「精神病院デイケアセンターにおけるボランティアの活動と効果」西山千夏（松山記念病院）／「バリアフリーデザインと公的援助プログラム」徳永栄一（フォルム設計企画）／「介護に対する支援体制の在り方」門屋征洋（日本赤十字愛媛県支部）。愛媛県社会福祉協議会を中心とする実行委員会（委員長：武智紀制愛媛県社協事務局長）。参加者　高知県20名、香川県13名、徳島県12名、愛媛県56名の計101名。
	6／15. 第28回研究会〈山口県立大学〉特別講演「21世紀の国際社会福祉に於ける韓国の役割―日・韓両国比較の視点から―」慎奭重（韓国国立釜山大学社会科学大学社会福祉学科教授）／第1分科会：障害者福祉　司会・田口豊稔, 志村哲郎　「バリア・フリートイレについて」佐伯周司（島根県立浜田ろう学校）／「車椅子利用者のトイレマップの作成に関わって」黒河英之（松山市社協）／「一人っ子障害児の家族の実態」三原博光（山口県立大）、豊山大和（旭川荘厚生専門学院）／「授産施設作業者の疲労」田口豊稔（川崎医療福祉大）／「阪神大震災を体験した中途視覚障害者の移動・情報問題」植田喜久子（広島大）、鈴木正子（広島大）／「障害・女性・家族」志村哲郎（山口県立大）／第2分科会：援助技術論・地域福祉　司会・粟田修司　「治療グループワークの初歩的な介入訓練法」粟田修司（岡山県立大）／「地域福祉保健医療活動における危機介入理論の効果と評価」高坪富美子（山口県立大非常勤講師）／「デイケアにおけるケアマネージメントについて」住居広士（広島県立保健福祉短大）／「われわれがかかわってきた調査研究の一総括―高知県における過疎地域の高齢者調査から何を引き出しうるか―」西村昇（高知福祉専門学校）、松田眞一（高知女子大）／「中山間地域における家族の介護負担軽減に関する研究」草平武志（山口県立大）／第3分科会：福祉政策・国際福祉等　司会・足利義弘, 杉山博昭　「政党の福

449

第Ⅳ部　日本社会福祉学会地方部会史

	祉政策を考える」松井圭三（広島福祉専門学校）／「介護保険制度の財源論」鈴木勉（広島女子大）／「保健福祉論の試み（その２）」真野元四郎（川崎医療福祉大）／「国際福祉の課題―国際化について」足利義弘（聖カタリナ女子大）／「海外居住者の年金未請求に関する研究」山北勝寛（吉備国際大）／「戦時下の地方社会事業家」杉山博昭（宇部短大）／第４分科会：福祉教育・福祉意識　司会・伊藤秀樹，水田和江　「介護実習生の介護課程の展開」横山正博（宇部短大）／「施設実習後における学生の意識変化について」伊藤秀樹（広島福祉専門学校）／「介護福祉系学生の就職意向に関する調査」片岡香織（松山総合福祉専門学校），井村圭壮（岡山県立短大），松原新（黒潮福祉看護専門学校）／「生命観に関する学生間の比較研究―看護系学生と教育文系学生―」岡野初枝（岡山県立短大），森下早苗（岡山県立短大）／「幼児のいじめについての中学生の認識」上野隆（徳島県助任保育園）／「母親の健康と子育て不安」水田和江（宇部短大）。当番校・山口県立大学社会福祉学部（上田千秋学部長）。 ＊前日（６月14日）夕には懇親会開催〈於：湯田温泉・翠山荘〉　会員40名参加。記録・小田兼三（中国・四国担当理事）
1997 平９	６／21．第29回研究会〈吉備国際大学国際学術交流センター〉　特別講演「児童福祉改革について」津崎哲郎（大阪市児童相談所副所長）／総会／午後：個人研究発表　第１分科会：理論・政策・歴史　司会者・真野元四郎，藤原正範　「福祉多元主義理論の一考察―Ｎ.ジョンソンの理論を中心に―」工藤隆治（中村女子高等学校）／「米国における社会福祉運営管理論の動向（その１）」中根真（山口短大）／「アメリカ合衆国1935年社会保障法と女性の社会的地位―要扶養児童扶助の成立をめぐって―」藤原哲也（広島大大学院）／「保健福祉論の試み（その３）―保健福祉論の構成要素を中心に―」真野元四郎（川崎医療福祉大）／「日本共産党の社会福祉政策を考える―高齢者福祉政策を中心にして―」松井圭三（広島福祉専門学校）／「備作恵済会の事業の成立に関する研究」藤原正範（岡山家庭裁判所）／第２分科会：介護・高齢者・障害者問題　司会者・井村圭壮，西村昇　「介護度による介護モデルの検討」〇住居広士（広島県立保健福祉大学），高山忠雄（岡山県立大），橋本祥恵（岡山県立短大），石田一紀（長野大），村上須賀子（広島市立安佐市民病院）／「介護福祉系学生の就職意向に関する調査研究（第２報）」〇松原新（黒潮福祉看護専門学校），井村圭壮（岡山県立短大）／「社会福祉施設における介護福祉士の異性の利用者に対する介護の現状と意識について」〇片岡香織（松山総合福祉専門学校），相原あや子（松山市医師会訪問介護ステーション），松田眞一（高知女子大）／「ひとり暮らし高齢者における希望する生活の一考察―高知県下一過疎地域における調査を通して―」〇西村昇（高知福祉専門学校），松田眞一（高知女子大）／「『在宅介護者の会』の集い活動における運営上の問題点―山口県内における『要介護高齢者在宅介護者の会』の運営実態調査より―」渡辺靖志（下関女子短大）／「広島県知的障害者グループホーム実態調査報告―全国調査報告との比較結果を中心に―」隈広静子（広島ＹＭＣＡ健康福祉専門学校）／「『市民アドボカシー』とその活動の展開についての検討」村上武志（吉備国際大）／第３分科会：地域福祉・国際社会福祉・援助技術　司会者・住居広士，山北勝寛　「岡山市の児童館の現状と課題―児童館の幼児クラブの実態を中心に―」八重樫牧子（ノートルダム清心女子大）／「クオリティ・オブ・ライフの指標に関する一考察」福本安甫（吉備国際大）／「音大生の演奏不安に対するケースワーク介入(Ⅰ)」桑田繁（くらしき作陽大）／「社会資源情報の公開と広報について―専門家と市民の手元に届ける取り組み―」〇村上須賀子（広島市立安佐市民病院），住居広士（広島県立保健福祉短大），佐々木哲二郎（加計町国民健康保険病院），草野裕子（大朝ふるさと病院）／「企業ボランティアの活動状況に関する調査研究―企業規模による分析を基本視点

第6章　中国四国部会史

	として―」○伊藤秀樹（広島福祉専門学校），井村圭壮（岡山県立短大），山北勝寛（吉備国際大）／「国際協力場面におけるソーシャルワーカーの配置状況」山北勝寛（吉備国際大）。20日午後6時より懇親会約40名の会員，吉備国際大学教員参加。
1998 平10	6／20．第30回研究会〈広島県三原市総合福祉健康センター〉　午前：公開特別講演「介護保険と高齢者福祉の課題」蛭江紀雄（廿日市高齢者ケアセンター長・特別養護老人ホーム清鈴園園長）　コメンテーター・岡崎仁史（広島県社協），総会，午後：自由研究発表〔社会福祉分科会〕座長・大塚忠廣，加茂陽　「福祉多元主義理論における非営利民間部門の役割―N．ジョンソンの理論を中心に2―」工藤隆治（中村女子高等学校介護福祉専門学校）／「特定非営利活動促進法に関する一考察(1)」橋本勇人（旭川荘厚生専門病院・中国短大非常勤講師）／「過疎地における一人暮らし高齢者の介護像について―高知県東津野村における高齢者の『介護の一般のあり方』と『自らの介護のあり方』の関係を中心に―」松田眞一（高知女子大），○西村昇（高知福祉専門学校）／「企業ボランティアの活動状況に関する調査研究～その2～」○伊藤秀樹（広島福祉専門学校），井村圭壮（岡山県立短大），山北勝寛（吉備国際大）／「アメリカに学ぶ日本の在宅医療への課題（薬剤師としての視点から）」恩田光子（広島国際医療福祉学部医療経営学科）／「政権党および野党における高齢者福祉政策の比較研究―公的介護保険を中心に―」松井圭三（中川学園・広島福祉専門学校）／「施設利用の現状と今後の課題―精神薄弱者の親の意識調査―」井出和人，木村博文（精神薄弱者授産施設松永作業所）〔保健福祉分科会〕座長・長崎和則，村上須賀子　「老人福祉施設における社会化に関する一考察―訪問ボランティアの有効性と課題―」○小野昌彦，土谷由美子（中国短大），高塚延子（さわらび苑）中村貴志（西南女学院大）／「ハイリスクの新生児の家族援助に関する一考察―岡山県内の周産期医療機関アンケート調査から―」○若林敏子（元岡山県立大），福知恵子（岡山県立大），西元幸江（兵庫県立大大学院）／「保健福祉論の試み（その4）―アルコール依存症者（酒害者）の生命と存在の中心に―」真野元四郎（川崎医療福祉大）／「障害受容の諸相　中途視覚障害者の『語りnarrative』からの考察」○植village喜久子，鈴木正子（広島大），真砂照美（広島国際大）／「病識と地域，福祉サービスとの連絡―若年発症した脊髄小脳変性症患者の訪問看護を通して―」○徳田明美，板坂利生，宮本君江，川角洋子（国民健康保険上下病院）／「医療ソーシャルワーカーの専門性の確立について」○藤田花緒里，渡辺佳代子，村上幸子（広島市立安佐市民病院），村上須賀子（広島国際大），塚本弥生，松本ソノ（社会保険市民病院）／「在宅神経筋患者の生活支援用具の開発に関する調査研究」○大塚彰（広島県立保健福祉短大）〔介護福祉分科会〕座長・稲葉峯雄，仁科優子　「介護福祉士養成施設学生の就職意向に関する調査研究（第3報）」○松原新（黒潮福祉看護専門学校），井村圭壮（岡山県立短大），中野明子（吉備国際大）／「介護と看護職の心理的負担感の差違」谷川和昭（徳島健祥福祉専門学校）／「ある老人に対する言語的表現の増加を目指した介入―行動療法に基づいて―」三原博光（山口県立大）／「身体障害者療護施設におけるアルコール依存傾向の利用者への援助」○高木香代子，平岡文恵（旭川荘かわせみ療護園），粟田修司（岡山県立短大）／「A荘における『寝たきり体験実習』の効果について」塩谷久子（広島福祉専門学校），吉原彰（あすらや荘指導員），花神耕平（元あすらや荘指導員）／「一人暮らしの老人を抱える家族への援助について」薬師寺文子（広島県立保健福祉短大）／「家族介助・男性の場合の評価」仁科優子（岡山県介護福祉専門学校）。　会計報告（担当・田淵創）。当番校・広島県立保健福祉短期大学。 ＊第6回中国・四国介護福祉学会と合同開催，総会では日本福祉学会より提案されている中国・四国社会福祉学会としての独立運営についての説明があったが，もう少し様子を見よう

第Ⅳ部　日本社会福祉学会地方部会史

	ということになった。1997年度学会からの還付金は182,700円。記録・小田兼三（中国・四国部会前担当理事）
1999 平11	7／31．第31回大会〈今治明徳短期大学〉　午前：シンポジウム「介護保険制度の基本意義を考える―社会福祉の見地から―」　司会者・森四郎　シンポジスト「地域福祉（保健）と介護保険」佐伯直子（愛媛県広田村住民福祉課保健婦）／「施設福祉（地域保健）と介護保険制度―老人保健相談員として関わる中で―」大塚一史（老人保健施設燈園相談員）／「介護保険制度と社会福祉」金子努（広島女子大）　総括コメント・稲葉峯雄（今治明徳短大）午後：自由研究発表　座長・田中チカ子（松山東雲短大），西内香織（大阪鍼灸専門学校）「中道の高齢者福祉政策を考える―政党K党を中心に―」松井圭三（中国短大）／「ハンセン病患者隔離への先駆的批判―1950年代における森幹郎の議論を通して―」杉山博昭（宇部短大）／「社会開発援助QOLアプローチ研究―インドのAIDS・HIV患者のQOL調査から―」橋本由紀子（岡山大大学院）／「吉備国際大学（新設4年制大学）における社会福祉援助技術現場実習教育に関する一考察（その1）」園部信大（吉備国際大）／「多様化する保育・子育て支援ニーズ―島根県出雲市におけるニーズ調査より―」君島昌志（島根県立島根女子短大）／「児童養護施設における被虐待児のケアについての考察（序）」木内哲二（山口福祉専門学校）／「知的障害者の高齢福祉に関する一考察―ノーマライゼーションの視点から―」西内香織（大阪鍼灸専門学校），西内章（龍谷大大学院）　総会・懇親会。当番校・今治明徳短期大学。 ＊総会・懇親会に出た会員からの意見，①中四国部会の体制を固めていく必要がある，②そのために予算を積極的に使って活動を一層活性化したい，③会員の研究動向を紹介するなど会報を発行すること，④若い会員層のレベルアップのための院生の学会への積極的参加を呼びかけていく。　会計報告・部会還元金250,600円，記録・鈴木勉（中国・四国部会担当理事，広島女子大）
2000 平12	6／24．第32回大会〈島根県立島根女子短期大学〉〔第一会場〕座長・金子努，山本眞一「二人（夫婦）暮らし高齢者の『介護の社会化』をめぐる意識について―高知県東津野村における高齢者調査を通して―」〇西村昇（すすめ共同作業所），松田眞一（高知女子大）／「介護保険政策の一考察―これからのキャスティングボードをにぎる福祉政策を考える―」松井圭三（中国短大）／「介護保険制度の導入に伴って生じる高齢者介護のマクドナルド化」賀戸一郎（広島国際大）／「介護保険に伴う介護福祉士養成課程の改定と課題」國定美香（福山市立女子短大），住居広士（広島県立保健福祉大），藤原芳朗（旭川荘厚生専門病院），有村大士（日本ケアワーク研究会），大庭三枝／「介護保険制度施行後における在宅介護支援センターの現状と課題」金子努（県立広島女子大）〔第二会場〕座長・君島昌志，高林秀明　「自我機能と構造からみた子育て福祉」飯田精一（川崎医療福祉大）／「高齢者の健康問題の構造―地域福祉の対象課題分析として―」高林秀明（県立広島女子大）／「特別養護老人ホーム介護職員の職場ストレッサーに関する研究―宮城県所在の特別養護老人ホーム介護職員への意識調査からの考察―」紫俊英（島根県総合福祉専門学校）／「開発途上国におけるスラムの居住権とNGOの役割について―インドのスラム住民と強制移転の問題―」橋本由紀子（吉備国際大）／「少子化のインパクト①―島根県の現状について―」君島昌志（島根県立島根女子短大）／◎基調講演「中山間地域における高齢者の生活実態と介護保険」浜岡政好（佛教大）／◎シンポジウム「介護保険開始2ヵ月，制度を検証する」　シンポジスト・高橋幸男（エスポアール出雲クリニック院長），石倉徳章（島根県八雲村村長），三原玲子（呆け老人抱える家族の会島根支部長），池田真理香（壱岐・五箇村デイサービスセンター所長）／助言者・浜岡政好，司会・高橋憲二　記録・鈴木勉（県立広島女子大）

452

第6章　中国四国部会史

2001 平13	7／8．第33回大会〈県立広島女子大学〉　自由研究発表2会場，計7報告　基調講演「社会福祉基礎構造改革と社会事業における主体のあり方めぐって」石倉康次（広島大）　シンポジウム「社会福祉基礎構造改革の課題と展望」　シンポジスト・高浜浩美（広島県大野町社協），西川洋一（広島県似島学園高等養護部），寺尾文尚（広島県人権擁護センターほっと），岡崎晃（生協ひろしま福祉推進室） 会報　2回発行（5月，11月）部会担当理事・鈴木勉
2002 平14	7／27．第34回大会〈聖カタリナ女子大学〉　大会テーマ「21世紀の児童福祉」　総合司会・小嶋裕（聖カタリナ女子大）　大会長挨拶　下田正（聖カタリナ女子大）／基調講演①「日本における児童虐待の現状と課題」高橋重宏（日本社会事業大）　②「韓国における児童虐待の現状と課題」朴千萬（韓国啓明大学）　司会者・下田正　シンポジウム「社会福祉で問われる専門性」　司会者・石川瞭子（川崎医療福祉大）　シンポジスト「当事者の視点から」山本博之（聖カタリナ女子大）／「医療ソーシャルワーカーの視点から」澁谷久美（心臓病センター榊原病院）／「施設経営者の視点から」大野明良（社会福祉法人福角会）／一般演題　司会者・藤沢真理子（聖カタリナ女子大），坂野純子（岡山県立大）「福山市におけるスクールソーシャルワークの現状と課題」長崎和則（福山平成大）／「保育実習（施設）における学生の社会・自己形成プロセスに関する研究」今村由紀子（香川短大）／「岡山孤児院の海外進出」片山貴夫（吉備国際大大学院）／「愛媛県における育児休業制度及び介護休業制度の課題」濱島淑恵（今治明徳短大）／「年金政策についての一考察―A紙報道を中心に―」松井圭三（中国短大）／「国際障害分類（ICF）の活用と有効性に関する研究（序）」田中浩二（国際医療福祉大大学院） ＊社会福祉実習教育中国四国研究協議会と共催。大会の報告内容については『第34回大会抄録集』として10月15日に発行。日本社会福祉学会中国・四国部会会報2回発行（5月・11月）。運営委員会2回開催（3月27日・総会時）　部会担当理事が中嶋和夫（岡山県立大）に交代。それにともない4月より事務局が岡山県立大学に移動。

453

第 7 章
九州部会史

田澤　あけみ

1　組織・運営の変遷と特色

(1)　九州支部の発足

　日本社会福祉学会九州支部は，熊本短期大学（内田守・大会会長）における日本社会福祉学会第13回大会（1965年11月21～22日）の開催を機に設立された。熊本が候補にあがった背景の詳細は不明だが，1964年11月7日，華頂短期大学で開かれた理事会で第13回大会会場は熊本短期大学と東洋大学があがり，熊本短期大学での開催が決定している（『社会福祉学』第6号）。この時点で地方部会はすでに北海道，東北，関東，中部，関西で組織化されており，九州部会の設立はむしろ待ち望まれての発会であったと考えられる（資料1参照）。

　1966年には，「社会福祉に関する学問的研究及び研究者相互の連絡と協力を促進し，かねて学会本部及び内外の学会との連繋を図り，社会福祉に寄与する」（規約第3条）ことを目的に掲げた「日本社会福祉学会九州支部規約」（1966年8月28日より施行）が制定された（資料2）。支部事務所を熊本短期大学内に置くことや研究報告会の開催，年1回以上の支部大会開催などが規定されている（資料2参照）。

　部会発会当初の役員は，内田守（熊本短期大学）を初代支部代表理事として，会計理事・市瀬幸平（所属不明，1968年には退会），理事・葛西清童（西南女学院短期大学），岡本民夫（熊本短期大学），平吉義治（長崎ABCC），角田ハマ（延岡市家庭児童相談室），幹事・潮谷総一郎（慈愛園），潮谷愛一（平和園）であった。会員数は75名（1969年2月）で，熊本県在住会員が46名，福岡県会員が15名と

第7章　九州部会史

資料1　「日本社会福祉学会九州支部大会報告」（1974年6月9日開催）巻頭言

峠を望みて

西九州大学教授・医博
日本社会福祉学会理事
内田　守

　昭和40年11月，日本社会福祉学会が始めて関門トンネルを通過して九州に開かれることとなり，第13回総会が筆者の熊本短大を会場として開かれることになった。筆者は確か昭和38年頃，日本社会福祉学会の九州地区担当の理事に選任されて，九州の啓蒙の為に先づ集会をお引き受けした。現在の熊本短大の岡本教授や関東学院大の市瀬助教授，熊本短大の大塚講師等が全く一身同体（ママ）となって奮闘してくれた。その時編集した集会要旨の報告集は実に見事なものであり，全国の会員に感謝されたものだった。
　さて日本福祉学会はブロック制になり，九州支部が設けられ，会員は40〜50名を上下して居るが，支部活動がなかなか思うように出来ず，支部長格の筆者の悩は深かった。それでも
　　第1回支部総会　　昭和41年8月27，28両日　　場所　熊本短期大学
　　第2回支部総会　　昭和43年3月16，17日　　場所　熊本短期大学
　　第3回支部総会　　昭和44年2月22，23日　　場所　北九州門司区出光ホール
　その後は別項の記録にあるように若い研究者達による九州社会福祉研究会なる討論を主体とした極めてユニークな研究会が各地廻り持ちに開催されるようになり，日社学会支部の集会と重複する傾向があったので，支部の会合は開くことがなかった。
　筆者は老齢となり九州地区の社会福祉学の推進の責任を負いかねていたが，昭和48年の日社福学会の総会で理事選出の会則が変更され，昭和49年度より，全国の老齢理事が全員勇退することに決したのであった。
　時たまたま筆者は佐賀の家政大学が社会福祉学科に転換するに際し，その準備委員として招聘を受け，昭和48年9月より佐賀家政大教授として熊本短大より出向し，昭和49年4月より，九州最初の社会福祉の4年制大学として発足し，1月末日の文部省認可であったのにかかわらず30名の新入生を獲得し得て気をよくした次第であった。又6月1日付にて西九州大学と改名し，管理栄養士学科と併設である。
　それで学校当局に懇請して社大のPRと，学生諸君の勉強の為に，又小生としては10年間任めた（ママ）日本社会福祉学会の最後の思出として九州支部の総会を開くと共に，近年隆々と栄えている九社研の泊り合い集会を開いてもらうこととし，支部の会合は佐賀市の県社会福祉会館，後者は筆者の大学の宿泊所を利用していただく事にしたのであった。
　別項記事の通り両学会共早急の計画としては先づ先づの成功であったと思う。同志社大教授の大塚達雄先生は遠路京都より馳せつけて頂き錦上花と添えて頂いた。又最後の記念パーティの如き我が大学当局の理解と学生の協力並に佐賀県当局と社協の御援助に謝意を表する次第である。
　ちなみに第22回の日本社会福祉学会総会は昭和49年10月20日に京都の龍谷大学で開かれ，理事改選の結果九州地区から，熊本短大の岡本民夫教授が選任された。
　尚最後の理事会に東京の某理事が近き将来に九州で福祉学会総会を開いてくれないかとの内交渉を受けた。西南学院大の中村教授も相談に乗るといっていられるので，2－3年後に第2回の日福学会総会が持たれる運となることを期待して御挨拶とする。

出所：発行所，西九州大学社会福祉研究室／発行日，1974年12月15日

第Ⅳ部　日本社会福祉学会地方部会史

資料2　日本社会福祉学会九州支部規約

第1章　総則
第1条（名称）　本会は，日本社会福祉学会九州支部と称する。
第2条（事務所）　本会の事務所は熊本市大江2丁目5番1号熊本短期大学に置く。
　第2章　目的及び事業
第3条（目的）　本会は，社会福祉に関する学問的研究及び研究者相互の連絡と協力を促進し，かねて学会本部及び内外の学会との連繋を図り，社会福祉学に寄与することを目的とする。
第4条（事業）　本会は前項の目的を達成するため左の事業を行う。
　　1．研究報告会の開催，毎年1回以上支部大会を開く。但し必要に応じて臨時大会を開く事がある
　　2．公開講演会の開催
　　3．内外の諸学会との連絡及び協力
　　4．機関誌その他の刊行物の発行
　　5．その他本会の目的を達成するために必要な事業
　第3章　会員
第5条（会員の資格）　社会福祉に関する学問的研究を行う者は本部理事会の承認を得て本部会員及び支部の会員となる事ができる。
第6条（入会）　会員になろうとする者は会員2名以上の推薦を得て，本部理事会に申し込まなければならない。会員として承認された者は別に定める手続きによって支部事務局に申し込まなければならない。
第7条（会費）　会員は，総会の定めるところにより会費を納めなければならない。既納の会費は返済しない。
第8条（退会）　会員はいつでも本部理事会に通告して退会することができる。
　　　会費を滞納した者は，本部理事会に於いて，退会したものとみなすことができる。
第9条（賛助会員）　本会の主旨に賛同し，本会のために特別の援助をなす団体又は個人は，本部理事会の議を経て，本会の賛助会員とすることができる。
　第4章　機関
第10条（役員）　本会に左の役員を置く。
　　1．理事若干名　うち1名を代表理事，1名を会計理事とする。
　　2．監事　2名。
第11条（理事及び監事の選任）　理事及び監事は総会に於いて会員の中から選挙などの方法により選任する。
　　　代表理事は理事会において互選する。
第12条（任期）　役員の任期は2年とする。役員は再選することができる。
　　　補欠の役員の任期は，前任者の残任期間とする。
第13条（代表理事）　代表理事は本会を代表する。代表理事に故障ある場合にはこの指名した他の理事が職務を代行する。
第14条（理事）　理事は理事会を組織し，会務を執行する。
第15条（監事）　監事は，会計及び会務執行の状況を監査する。
第16条（委員）　理事会は委員を委嘱し会務の執行を補助させることができる。
第17条（総会）　代表理事は毎年1回会員の通常総会を召集しなければならない。代表理事が必要と認めるとき，又は会員の三分の一以上の請求がある時は，臨時総会を開く。
第18条（議決）　総会の議事は，出席会員の過半数をもって決する。
　第5章　会計

第19条（経費）　本会の経費は，会費，寄付金及びその他の収入をもってあてる。
第20条（予備及び決算）　本会の予算は理事会の議を経，総会の承認を得てこれを決定する。
会計理事は毎年会計年度の終了後遅滞なく，決算報告書を作り，総会に提出してその承認を得なければならない。
第21条（会計年度）　本会の会計年度は，毎年4月1日に始り，翌年3月31日に終わるものとする。
　第6章　規約の変更及び解散
第22条　本規約を変更し，又は本会を解散するには，会員の三分の一以上の又は理事の過半数の提案により，総会出席者の三分の二以上の同意を得なければならない。
　　　付則
1，この規約は昭和41年8月28日より施行する。

出所：『熊本社会福祉研究』第14巻第1号，1969年2月，熊本社会福祉研究所。

資料3　九州支部発会初期の会員の構成（所属種別人数）

所属種別	1969年2月	1972年2月
家庭裁判所	―	3
保護観察所	1	1
高齢者福祉施設	5	7
障害者福祉施設	2	3
児童福祉施設	6	6
福祉事務所	13	9
児童相談所	4	12
行政機関	5	3
社会福祉協議会	3	3
保健所	2	4
病院（精神病院を含む）	13	16
大学・短期大学	17	19
その他及び不明	4	5
計	75	91

資料：1969年2月は『熊本社会福祉研究』第14巻第1号，熊本社会福祉研究所，1969年2月。
　　　1972年2月は「九州社会福祉研究会名簿（五十音順）」（手書き　泉順氏提供）。
　　　施設種別が不明のものや所属記載がない会員については「その他及び不明」に区分した。

両県で多数を占め，残りが長崎県，宮崎県，佐賀県であった（『熊本社会福祉研究』第14巻第1号，熊本社会福祉研究所，1969年2月）。所属の特色は，大学・短期大学の研究，教育機関や医療機関，福祉事務所，児童相談所，行政などの関係

者が多くを占め，全体的には研究・実践・行政がほぼ均衡のとれた構成でのスタートであった（資料3参照）。

日本社会福祉学会九州部会としての第1回部会大会は1966年8月27～28日熊本でもたれたことが記録に残されているがその内容等に関する詳細は不明である（『社会福祉学』第8・9合併号）。第2回研究発表会については，1968年3月16～17日の両日にわたって熊本短期大学講堂において開かれた。2日間ともにそれぞれ5つずつ計10研究発表と「現代社会における保育の位置」をテーマに，司会者・内田守（熊本短期大学），北原知代（熊本市立城西小学校），山下徹夫（熊本県婦人児童課），葛西清童（西南女学院短期大学）吉崎モトエ（熊本短期大学）をシンポジストとするシンポジウムが行われた（前掲『熊本社会福祉研究』第14巻第1号）。

(2) 「九州社会福祉研究会」活動を中心とする時代（1970年代）

1970年2月11日，第4回日本社会福祉学会九州支部大会が博多・東和大学を会場に開催された。大会では通常の部会大会内容と併せて，当時の内外の社会福祉系大学・学部等における社会福祉「学」のあり方やとらえ方に対する問題提起を反映して，日本社会福祉学会事務局提出の「特別課題討議」として「1 日本社会福祉学会の研究水準の向上について」と「2 日本社会福祉学会の民主化更新のため」と題する議論がなされた。

このような時代的雰囲気のなかで大会終了後，早速，第4回部会大会課題を継承して当時社会福祉学のあり方を模索していた熊本短期大学の新進気鋭の研究者たち（岡本民夫，古川孝順，定藤丈弘，泉順ら）を中心に1970年3月23日，熊本短期大学研究室にて「社会福祉・九州支部研究会」設立準備にむけた打ち合わせ会がもたれ（泉順談），同じ年の4月26日，ゆたか学園（福岡県）で九州社会福祉研究会と命名した第1回研究会開催に至った。研究会と支部との関係や研究会の性格等に関しては，研究会設立当事者の1人・古川孝順は後日以下のように記している。

　　「その節（第4回日本社会福祉学会九州支部大会のこと——筆者注），閉会後支部会員を中心とした懇親会の席上，大会の反省及び昨年の日本社会福祉学会に

第7章　九州部会史

おいて問題となった課題（（1）研究水準の向上（2）学会民主化）の討論がなされ，そのなかで九州支部会及び支部大会のあり方に関する問題提起がなされました。問題提起は約言すれば以下の通りでした。（1）九州支部大会のこれまで果して来た役割は一応評価するとしても従来の年1回の総花的な大会方式によって日本社会福祉学会の提起する方向での成果を期待することは必ずしも充分ではないのではないか。（2）従って期待される成果を達成する方向へ1歩でも踏出すための具体的な提案として，年1回の総会方式を一応留保したまま，年数回の研究集会を持ち，そこでテーマについても多少の限定をしたうえで討論を深めていくという方式が提案された。……この研究会の性格は，九州支部とは一応離れて自由に討論し……そこで再度九州支部へ問題提起をすべきものと考えられていた」（古川孝順「出発点に立ち戻った問い直しを!! —"深み"のある討論の場を目指して-」『九州社会福祉研究』No. 2，九州社会福祉研究会，1970年10月25日）。

　一部山口県を含む九州地区学会員を中心とする当時の九州社会福祉研究会は，事務局を熊本短期大学に置き，1975年までは年3回位のペースで各県持ち回りで研究大会が持たれ，しだいに日本社会福祉学会九州支部活動は九州社会福祉研究会（以下「九社研」と略記する）に吸収される形でオーバーラップしていった。

(3)　**集団体制—世話人会運営方式への移行（1970年代後半～80年代半ば頃）**

　1970年代半ば過ぎには，社会福祉学の本質を問うような社会福祉をめぐる積極的な状況が変化したことや九社研事務局の中心メンバーたちの熊本短期大学からの相次ぐ転出・在外研究活動等の事情により，それまでの型や内容での九社研活動の維持は困難となってきた。また九社研活動の象徴的存在であった『九州社会福祉研究』の発刊も，第16号（1975年7月10日）を最後に実質的には終焉に向かった（年表参照）。代わって持ちまわりの世話人会による運営がなされる新たな段階を迎えた。

　「1975年に入って，九社研は大きな変化を余儀なくされました。1つは事務局の異動により，2つにはこれまでの活動への全体的な反省の気運の発生によ

って今春には，特に今後の方向についての活発な話し合いがなされました。……①今後は集団指導体制の確立を目指す。②従来の事務局中心の体制を改め新たに世話人会を設置し，運営全般について同会がこれを協議・決定する。③世話人会は，原則として定例研究会終了後に開催する。④世話人会は九州・山口の各県より選出する（代表・船曳宏保・福岡県社会保育短期大学，各県委員・林雅孝・山口県立大学，戸丸敦子・北九州市児童相談所，池田ヒロ子・門司鉄道病院，荒波聖・福岡市児童相談所，松尾誠次郎・福岡県社会福祉協議会，加藤幸枝・福岡県身体障害者福祉センター，硯川征時・西九州大学，下川誠一・佐賀県立の施設，平吉義冶・長崎 ABCC，柴山悦子・健保諫早病院，潮谷愛一・熊本短大，柿本誠・熊本県庁，熊本短大事務局メンバー，黒木睦郎・西臼杵福祉事務所，松田豊・宮崎県中部福祉事務所，大分・鹿児島・沖縄県は未定）。⑤事務局は当面熊本短大が引き続き担当するが仕事分担もできるだけ分散化させること（文責・定藤丈弘）」（『九州社会福祉研究』No.16，1975年7月10日）。

というのがその概要であった。

以後支部大会の回数は1970年以来の九社研の数次を継承しつつ，鹿児島県で初の開催もなされるなど持ち回りで続行された。

(4) **九州支部活動を中心とする再編（1990年頃以降）**

実態としての九社研の実質的霧散以降，形としての支部活動は継承されていたが，福祉系大学・短期大学の増設，福祉機関・施設の増加，福祉サービス構造の一層の複雑化なども影響して部会内部のまとまりとエネルギーには分散化傾向が見られた。折しも社会福祉をめぐる外部状況は，1980年代半ば以降急激ないわゆる福祉改革や再編のうねりの中で地域福祉化，国家資格化に伴う新たな問題などを始めとして大きな歴史の転換点にあった。部会としても改めて研究活動・実践上の情報交換や連携が必要な状況が目白押しとなっていった。

社会福祉も新たな時代を迎え，1993年10月15日，第35回九州社会福祉研究会・九州部会セミナーが北九州市毎日西部会館で開かれた折の支部総会では，今後の九州部会のあり方に関してが取り上げられた。九社研と九州部会との関係を明確に区分し，今後はいわば支部組織としての再建を図り，新たに九州部

第7章　九州部会史

会運営委員会として支部活動を実施していくことが決められた。

「従来，九州社会福祉研究会をもって九州部会としてその都度実行委員会が組織されて実施されてきたところであるが，今後は九州部会としての継続的な運営を行うため組織を明確にし……以下の様に九州部会を組織運営する。1．九州社会福祉研究会と九州部会との関係について　①社会福祉の研究者と実践者との連絡・交流による理論と実践の充実発展に寄与する。②部会組織の運営は民主的である。③事務的に安定した運営を継続する。2．九州部会運営委員会を組織する（九州部会担当理事・保田井進記）」。

この時の運営委員の選出結果は，在籍会員152名，投票数70名で植田美佐恵，岡本栄一，鬼崎信好，菊池正治，郷地二三子であった（『社会福祉学』第35-1号，1994年6月）。

2　主な研究活動にみる特色

九州部会内の伝統的特色としては，熊本県と福岡県を中心とするいわば2つのグループが広い九州をまとめてきた。特に熊本グループは熊本社会福祉研究所（熊本短期大学）を中心に紀要『熊本社会福祉研究』の発刊などある時期までには，九州における社会福祉実践と研究の1つの拠点となってきた。1970年発足の九社研の発想や活動は，九州の社会福祉研究活動のみならず全国をも視野に入れて発信されていた。会報『九州社会福祉研究』は，九社研が精力的に活動をした1970～75年頃には年3回，九州部会会員を中心に全国の社会福祉関係者にも頒布されていた。内容は研究会テーマをレジュメ的に掲載したり日本社会福祉学会の在り方そのものについての論を展開したりもした。研究会組織化当初は社会福祉（学）の根本的問題や社会福祉をめぐる実態を領域・分野別に取り上げ，実践と研究との関係や会員間で問題の共有化を図るための議論を展開した。

1975年にはこの九社研活動を中心とした支部活動の成果として初めての紀要『九州社会福祉研究紀要』第1号が500部発行された。内容は研究会で発表したテーマを論文としてまとめたものであった。この1巻以降，支部としての研究

紀要は，関係者たちの努力により半世紀経った2003年度末復刊された。

その後の部会の中の新たな動向として注目されるのは，九州部会活動の再編がなされた1993年に先んじて1990年，第33回九州社会福祉研究会・日本社会福祉学会九州支部大会が熊本で実施されたのを機に，それの企画・運営に当たった熊本県内社会福祉関係者を中心に新たに「熊本社会福祉研究会」の立ち上げを見たことである。第33回会長を務めた岡田武世（熊本短期大学）は「同一もしくは類似の名称の研究会が過去に何度か生まれ，一定の成果を収めながら継続・発展して今日に至り得なかったという歴史に深く学びながら，新しい研究会の永続的発展を願って」（九州社会福祉研究会・日本社会福祉学会九州地区学会実行委員会『第33回九州社会福祉研究会報告集・あらためて社会福祉における自立概念を問う』）と，立ち上げへの想いを語っている。同研究会は年2回の研究会開催と1995年以降は紀要『熊本社会福祉研究』を発行している（年表参照）。会長の宮崎俊策は，この会の性格について次のように記述している。

> 「20余年にわたる九州社会福祉研究会活動は見直され，正式には日本社会福祉学会九州部会に吸収されていくことになる。しかし，熊本県域には地方独自の福祉の発展を志向する職域を超えた研究会を切望する声も多かった。その契機となったのが熊本学園大学における日本社会福祉学会九州部会の開催であった。……その後福祉学徒が定期的に集い，地元の発展に寄与するために1990年8月18日，熊本社会福祉研究会は発足した。この研究会の運営委員はその代表を分野別に，しかも広く県域から集め年2回の研究会の開催を中心とした」
> （『熊本社会福祉研究』第5号，熊本社会福祉研究会　2002年11月）。

このような動向は，社会福祉行財政の新たな地方分権が促進される中で，同じ九州部会の中でもさらにそれぞれの地域特性を社会福祉研究と実践の側面から連携・模索していこうとする動向といえよう。

第7章　九州部会史

年表　日本社会福祉学会九州部会年表

年	活　動　状　況
1964 昭39	11／7．理事会〈華頂短期大学〉①若林代表理事選出　②第13回大会の件　熊本短大で開催確認
1965 昭40	3／12．在京理事会〈明治学院大学〉で九州部会は第13回大会に結成することを決議
	6／7．在京理事会〈明治学院大学〉　若林・重田・木田・佐口・小川の各理事並びに内田熊本短大教授出席。第13回日本社会福祉学会大会プログラムについて。個人発表に時間を費やす。共通論題講演者候補，東京・中鉢正美（生活構造），関西・小倉襄二（財政問題），名古屋・浦辺史（施設分布），熊本・内田守（生活環境），当番校・熊本短大
	11／6．在京理事会。第13回日本社会福祉学会大会準備経過報告，部会還元金並びに九州部会設立の件，当番校・熊本短大
	11／20．理事会（於・熊本）九州部会設立の件について話し合う，当番校・熊本短大
	11／21～22．九州部会成立　第13回日本社会福祉学会総会・大会〈熊本短期大学〉「地域格差と社会保障」　司会・奥村忠雄，仲村優一，発表者「生活構造面の問題」中鉢正美（慶應大）／「福祉施設の整備問題」浦辺史（日本福祉大）／「地方財政面の問題」小倉襄二（同志社大）／「生活環境と医療問題」内田守（熊本短大）　＊学会より大会への補助金は3万円とする。学会参加費300円，懇親会費599円
1966 昭41	8／27～28．第1回部会（昭和41年度）〈熊本短期大学〉詳細不明　支部代表理事・内田守　66年還元金　8,000円
1968 昭43	3／16～17．第2回部会（昭和42年度）〈熊本短期大学〉　1日目　1「保健所における精神衛生業務について」地下哲郎（熊本保健所），米本しげ子（熊本西保健所）／2「養護施設児童の卒園後の状況」尾里一清（藤崎台童園）／3「障害福祉年金の利用について」光富昭子（熊本保養院）／4「山間部児童の諸問題」大塚信生（熊本短大）／5「児童福祉対象論の試み」古川孝順（熊本短大）　2日目　1「脊損患者の実態調査と社会復帰を阻む問題について」斎藤三十四（九州労災病院）／2「交通違反少年の累行傾向について」渡辺武敬（熊本保護観察所）／3「水俣病を巡る良心と暴力」内田守（熊本短大）／4「社会福祉方法論に関する研究(1)」岡本民夫（熊本短大）／5「最近の非行児童について」原田益雄（熊本短大）　シンポジウム「現代社会における保育の位置」　司会・内田守（熊本短大）／「婦人労働と保育」北原知代（熊本市立城西小学校）／「高度成長下における保育」山下徹夫（熊本県婦人児童課）／「集団保育と子供の発達」葛西清童（西南女学院短大）／「日本における保育制度の問題」吉崎モトエ（熊本短大），支部機関誌『九州の社会福祉』発行，67年還元金　8,000円
1969 昭44	2／22～23．第3回部会大会〈出光会館〉（北九州社協・福岡県立福岡保育短大協賛）　大会委員長・葛西清童（西南女学院短大）　会務報告・内田守理事　◎研究発表「社会福祉の対象論と本質問題」磯部実（福岡県社会保育短大）／「産炭地における福祉諸問題」小関康光（福岡県社会保育短大）／「天草における天然痘」内田守（熊本短大）／「豊後における児童館」葛西清童（西南女学院短大）／「北九州市における社協活動」山口建彦（北九州市）／「民生委員活動とその問題点」松口賢三（北九州市）／「水俣病患者の人権闘争」岡本民夫（熊本短大），69年2月　熊本社会福祉研究所『熊本社会福祉研究』第14巻第1号
1970 昭45	2／11．第4回九州支部大会〈博多・東和大学講堂〉（協賛・福岡県社会福祉協議会・東和大学・純真女子短大）　特別課題「日本社会福祉学会の研究水準の向上および民主化につい

463

	て」研究発表　司会・内海洋一，小関康之　「グリーティング」内田守支部長　「70年代社会福祉の課題と展望」磯部実（大会委員長）／「筑豊における有子組織研究序説」葛西清童（西南女学院短大）／「保育所及び幼稚園の通園の方法についての一考察」内海洋一（西南女学院大）／「社会福祉ソーシャル・アクションと広報活動について」大谷秀水（東和大）提題と合同研究　提題「老人と社会福祉」田中多聞（福岡悠生園）　合同研究　テーマ「70年代にこれだけは解決したいこと」座長・内田守　プロモーター・岡本民夫，船曳宏保　閉会の辞　大谷秀水，〈第4回大会事務局　福岡県社会保育短期大学〉
	＊第4回支部大会後の懇親会の席上，「大会の反省及び44年の日本社会福祉学会において問題となった課題（①研究水準の向上，②学会民主化）の討論がなされ」，「九州支部大会のこれまでに果してきた役割は一応評価するとしても従来の年1回の総花的な大会方式によって日本社会福祉学会の提起する方向での成果を期待することは充分ではないのではないか」，したがって，「年1回の総会方式を一応保留したまま，年数回の研究集会をもちそこでテーマについても多少の限定をした上で討論を深めていくという方式が提案された。このような提案によって，『九州社会福祉研究会』が誕生」
	4／26．第1回九州社会福祉研究会〈ゆたか学園〉　◎「1970年代の社会福祉研究について」岡本民夫（熊本短大）／「研究会のあり方について」泉順（熊本短大）「第1回研究集会での合意事項」①本会の名称は九州社会福祉研究会とする。②研究会は年数回開催し，テーマ，発表者，開催地等の決定は原則として研究会の場での提案等に基づき事務局が行う。③研究会事務局は差当り熊本短期大学古川研究室におくこととする。④会の運営に当ってはそのつど運営費を徴収する。⑤その他会を進めるにあたって重要と思われる事項については適宜研究会の場で討論し決定していくこととする。出席者17名
	8／10．『九州社会福祉研究』No. 1発行（以下，『九社研』と記す）　1「現場と研究者の積み重ねを!!―第2回の研究会を迎えるにあたって―」古川孝順　・第18回定期大会　異例の方式　70年代の社会福祉研究に対しての何らかの方向を試みることになるはず。・第17回大会での提起　学会の民主化，研究水準の向上という問題。・学会民主化の問題との関連で，現場と研究をどうかかわらせていくか。　2「社会福祉従事者論」社会福祉従事者に望むもの　潮谷総一郎（熊本・慈愛園長）
	8／30．第2回九州社会福祉研究会〈慈愛園〉　◎話題提供「社会福祉従事者論」潮谷総一郎（慈愛園）／「社会福祉方法論をめぐる諸問題」船曳宏保（福岡県社会保育短大），九社研会費500円
	10／25．『九社研』No. 2発行
	11／23～24．第3回九州社会福祉研究会〈島原荘〉　◎話題提供「現代における医療社会事業の課題」平吉善治（長崎ABCC），光永輝雄（水俣市立病院），柴山悦子（諫早病院）／「老人問題への提言」田中多聞（悠生園），松口賢三（老人福祉センター小倉荘），定藤丈弘（熊本短大），出席者約40名
	12／10．『九社研』No. 3発行
1971 昭46	2／1．『九社研』No. 4発行
	2／27～28．第4回九州社会福祉研究会〈社会福祉センター・めかり会館〉　◎話題提供　共通論題「地域福祉の現状と課題」「地域福祉活動の問題点」山口健蔵（北九州社協）／「地域福祉活動の問題点　一試論」小関康之（福岡県社会保育短大）／「地域変容による少年非行とその予防活動」政時義明（香月児童館）／追加討論　小園和男（福岡県社協），定

第7章　九州部会史

	藤丈弘（熊本短大）／司会・井ノ口正光（福岡県社会保育短大），泉順（熊本短大），『九社研』会報会費1000円，30名会費支払い ＊第4回研究会で昭和46年度活動計画が話し合われる。46年度活動計画　開催回数＝最低年3回（4カ月に1度開催），テーマについて＝若干総花的とも考えられるが幅広く社会福祉の各分野を総括的に検討しながら社会福祉の本質を明確化していく。発題者は20分の発題時間で3人程度になっているが木目細かい発題と討論を期待するためには発題者数の限定と発題時間の拡大も考慮する必要がある。運営方法について＝参加者が九州各県に分散しているのでシンポジウムを中心とした1泊研修会の形態を原則とする。1日目は現場からの具体的問題提起，2日目は研究者からの同問題への理論的問題の提起という組み方も考えられる。会員の範囲について＝45年度は福祉学会九州支部会員を中心に適宜テーマに関係ある人々に参加を呼びかけてきた。新年度も原則として旧来通りとするが3回連続して連絡のない人はメンバーから外していくなど範囲を限定し明確化していく方向をとる必要がある。
	5／10．『九社研』No. 5 発行
	6／12～13．第5回九州社会福祉研究会〈垂玉温泉山口旅館〉◎共通論題「児童福祉の現状と課題」　話題提供　第1日目　「現代における児童福祉の課題」朽網健二（福岡中央児童相談所），宮崎昭夫（福岡家庭裁判所），尾上一清（藤崎台童園），大塚信生（熊本短大）　司会・柴山悦子（健保諌早病院）／第2日目　追加討論　泉順（熊本短大），平吉義治（長崎ABCC）　司会・潮谷総一郎（慈愛園），参加費200円，宿泊1泊2食付1410円
	9／10．『九社研』No. 6 発行
	10／16～17．第6回九州社会福祉研究会〈早良町営・国民宿舎・千石荘〉◎話題提供「現代における貧困とその対策」①「北九州市の生活保護の現状—行政の側面から—」戸丸敦子（北九州市民生局保護課）／②「現代の貧困とその対策—福祉事務所の現場から—」荒波聖（福岡市中福祉事務所）／③「現代の貧困—精神障害者世帯の生活実態調査から—」光富照子（熊本保護院）　参加費1泊2食付1500円，1000円の会費納入者は37名 ＊会報『九社研』は全国各地の社会福祉関係者約60名に送付。
1972 昭47	2／1．『九社研』No. 7 発行
	2／26～27．第7回九州社会福祉研究会〈福岡県社会福祉センター〉◎話題提供「心身障害児（者）福祉の現状と課題」①「重症心身障害児の施設についての提言」青木善次（聖ヨゼフ園）／②「精神薄弱児通園施設の現状と問題点」中山彬（ゆたか園）　追加討論　朽網健二（福岡中央児相）　2日目　総会「これからの研究企画及び会の運営について」「研究と実践とが研究・討議しあって行く場としての九社研はこの2年間で一応定着したと言えるのではないか。しかし，研究・討議の内容は広く浅いものであり，テーマについての共通性の確認にとどまった，といえる，したがってこれからは……いままでのように自分たちが抱えている問題を投げかけあうのではなく，問題解明への共同作業を組織し合う必要がある。……その結果歴史を年間統一テーマとする」　参加費200円，1泊2食付1450円（施設関係者は1250円） ＊九社研の組織化が提案されてから2年を経過した。以来，7回の研究会を持ってきた。「各論」をテーマにした討議は今回で終ろうとしている。
	6／1．『九社研』No. 8 発行
	6／24～25．第8回九州社会福祉研究会〈熊本県社会福祉センター〉◎話題提供「ケースワーク発達史について」①「ケースワーク分析試論」坂井佳代（長崎原爆病院医療社会事

業部）／②「日本におけるケースワーク論の展開」岡本民夫（熊本短大）／③「ケースワークに何が要請されているか」柴山悦子（諫早病院医療社会事業部），5月末現在会員数95名，漸増傾向にある

10／1．『九社研』No. 9発行

10／28〜29．第9回九州社会福祉研究会〈延岡旅館〉　◎話題提供「貧困問題とその対策の史的展開」　①「公的扶助の展開とその問題点」定藤丈弘（熊本短大）／②「延岡市及びその周辺における貧困の推移とその実態」松田豊（東臼杵福祉事務所）／③「水俣病をめぐる貧困問題の動向―医療ケースワーカーの立場から―」光永輝雄（水俣市立病院）　特別論題「戦前の社会事業実践をとおしてみた貧困の問題及びその対策」　①葛西清童（西南女学院短大）／②潮谷千鶴子（慈愛園）　参加費200円，1泊2食付1500円　出席者40名
＊「予定に従えば今回は児童問題に取り組むはずであった。初めて宮崎県で開催するため地元の意向を考慮した結果貧困問題を先行させる方が望ましいということであった」

1973 昭48	2／1．『九社研』No. 10発行
	2／24〜25．第10回九州社会福祉研究会〈福岡黙想の家〉　◎話題提供「児童問題とその対策の史的展開」　①「戦後の児童福祉行政の動向について―児童相談所の立場から―」小塩勝・他（福岡市児相）／②「社会福祉発展の一側面」潮谷総一郎（慈愛園）／③「保育史研究の課題」泉順（熊本短大），会員45名（全国会員2名，500円会員1名を含む）
	5／15．『九社研』No. 11発行
	6／9〜10．第11回九州社会福祉研究会〈国民宿舎・あしや（福岡県）〉　◎話題提供「老人問題とその対策の史的展開」　①「老人問題の歴史的一考察」山口富啓（特養しらぬい荘）／②「農山村の過疎化と老人の精神衛生に関する調査」鮫島文孝・他（福岡県精神衛生センター）／③「老人の経済保障の史的課題」定藤丈弘（熊本短大）　参加費300円，1泊2食付1500円
＊「2月の研究会の席上，定藤丈弘氏より事務局長辞任の意向がもらされ，後任は……泉順に担当させる」，「事務局では本年の課題を研究紀要（仮称）刊行に絞りそのための準備としての資金集めについて話しを煮詰めている」
	10／20．『九社研』No. 12発行
	11／10〜11．第12回九州社会福祉研究会〈長崎原爆福祉会館〉　◎話題提供「心身障害問題とその対策の史的展開」　①「身体障害者対策の歴史的検討」加藤幸枝（福岡県身体障害者福祉センター）／②「身体障害者福祉の歴史」潮谷義子／③「肢体不自由児養護施設の問題点」潮谷愛一（熊本短大）／④「重症心身障害児対策の推移と問題点」山本由紀子（国立・再春荘）
＊「去る6月の第11回研究会の席上研究紀要の企画・編集について提案しましたところ大方の賛同をうることができました。内容は本研究会で発表したものにその後の発展・成果を加味した論文で編集していく方針に決定しました。遅くとも昭和49年1月上旬までに脱稿していただくことになりました。執筆者とテーマは次の通り。①戸丸敦子「北九州の生活保護の現状」②柴山悦子「ケースワークに何が要請されているか」③松田豊・他「延岡市及びその周辺における貧困の推移とその実体」④山口富啓「老人対策の歴史的一考察」
1974 昭49	2／1．『九社研』No. 13発行
	2／23〜24．第13回九州社会福祉研究会〈宮崎県労働会館・はまゆう荘〉　◎話題提供「地

第7章　九州部会史

	域福祉問題の歴史と課題」①「地域福祉と福祉事務所の役割」柿本誠（天草福祉事務所福祉課）／②「地域保健・医療活動におけるソーシャルワーカーの役割と課題」佐々木むめの（都城保健所）
	5／20.『九社研』No.14発行
	6／8．第14回九州社会福祉研究会〈佐賀家政大学〉◎テーマ「社会福祉労働をめぐって」「福祉労働について考える」池田ヒロ子（門司鉄道病院相談室）／「福祉事務所職員の職務について」松田豊（宮崎中部福祉事務所）／「制度的並びに精神的な疲労度からくるもの」政時義明（北九州八幡区社協）／「福祉施設で働く職員として福祉労働と福祉労働者の権利について考える」中山彬（福岡ゆたか学園）／「北九州市における福祉労働者の状況に対する批判的検討」戸丸敦子（北九州市児相）／「福祉労働問題の一面的考察」荒波聖（福岡市児相）／「児童福祉の立場から」潮谷義子（慈愛園）／「福岡社協職員の職務と意識」松尾誠次郎（福岡県社協）参加者50名、会費は年1000円、研究会の案内を兼ねて会報を発行。会員は約120名、出席者は毎回約30人。年3回開催はほぼ定着。本年8月には研究紀要第1号発行予定（1975年3月に刊行された）。 ＊「佐賀家政大を会場として使用させて頂くのについては、同大より社会福祉学科開設記念の講演会を開催したい。そこで会場・宿舎を提供するので講演会に合わせて九社研を開催できないだろうかという申し入れが宮崎総会の席上なされそれを受けて、6月8日を九社研、9日を特別講演会という日割りにした」。
	6／9．九州支部セミナー　―西九州大学社会福祉学科開設記念―〈佐賀社会福祉会館〉◎個人発表「施設対象者の自由の限界」井上美智子（軽費老人ホーム船小屋荘）／「熊本県における家庭奉仕員の意識と実態」大塚信生（熊本短大）、田口明（熊本県社協）／「養護施設における夜尿症について」尾里一清（藤崎台童園）／「市町村社協の問題点」久保田昇（熊本県社協）／「水俣病の医療社会事業的調査」光永輝雄（水俣市立病院相談室）／「炭坑閉山地域における欠損家族」保田井進（西南女学院短大）／「老人ホームの一日」倉野あい子（しらぬい荘）　特別発表「佐賀県の社会福祉の歴史と現状」内田守（熊本短大）　特別講演「身体障害者処遇の諸問題」大塚達雄（同志社大）　シンポジウム「児童福祉における福祉労働」潮谷総一郎（慈愛園）、船曳宏保（福岡県社会保育短大）、大塚巌（佐賀県厚生部）、草野勲（佐賀県保育会） ＊西九州大学の旧校名は佐賀家政大学、出席者約70名　会報を送付している者約120名「久しぶりにセミナー開催」（『社会福祉学』15号）、支部活動報告に併せて「九社研の活動」が泉順（熊本短大）により報告・記載。
	11／15.『九社研』No.15発行
	11／30～12／1．第15回九州社会福祉研究会　11月30日〈熊本県社会福祉会館〉12月1日〈熊本県婦人会館〉◎「社会福祉労働をめぐって」「再び社会福祉労働をめぐって」岡本民夫（熊本短大）／「幼労組の歩みと福祉労働」藤野とし子（福岡県労組）／「医療と福祉労働者」柴山悦子（諫早病院MSW）／「いわゆる従事者論の点検」大塚信生（熊本短大）／「福祉労働について」中山彬（福岡ゆたか園）　会費300円（学生200円）
1975 昭50	3／1～2．第16回九州社会福祉研究会〈熊本市民会館〉内容等詳細不明　この1年間のテーマは「福祉労働」とする（泉順「九州社研事務局日記」より）、参加者24名 ＊「1975年に入って九社研は大きな変化を余儀なくされました。1つは事務局内部の異動（泉氏の転勤、岡本氏の海外留学）により、2つにはこれまでの活動への全体的な反省の気

	運の発生によって今春には特に今後の方向についての話し合いがなされた」「運営機構の改善について　①今後は集団指導体制の確立を目指す。②新たに世話人会を設置し、運営全般については同会が協議・決定する。③世話人会は原則、定例研究会終了後に開催。④世話人会は九州・山口の各県より選出。当面の構成。代表・船曳宏保（福岡県社会保育短大），各県委員・山口・林雅孝（山口県女子大），北九州・戸丸敦子（北九州市児相），池田ヒロ子（門司鉄道病院），福岡・荒波聖（福岡市児相），松尾誠次郎（福岡県社協），加藤幸枝（福岡県身体障害者福祉センター），佐賀・硯川征時（西九州大），下川誠一（県立施設），長崎・平吉義治（長崎ABCC），柴山悦子（諫早病院），熊本・潮谷愛一（熊本女子短大），柿本誠（熊本県庁），熊本短大事務局メンバー，宮崎・黒木睦郎（西臼杵福祉事務所），松田豊（中部福祉事務所），大分，沖縄は未定」「事務局は熊本短大が引き続き担当。研究紀要の刊行にかかわる仕事は西九州大学が担当」
	3／23. 第1回世話人会〈福岡社会福祉会館〉　①今後は集団指導体制の確立を目指す。②従来の事務局中心体制を改め世話人会を設置，運営全般を協議・決定する。③世話人会は定例研究会終了後に開催。④世話人会は九州・山口の各県より選出。代表・船曳宏保（福岡県社保短大）⑤事務局は当面熊本短大が引き続き担当。九州社会福祉研究紀要については当面西九州大が担当。
	3／―. 『九州社会福祉研究紀要』第1号「北九州における生活保護の現状分析」戸丸敦子（北九州児相）／「福祉事務所からのレポート」松田豊，山内将夫（東臼ワーカー）／「医療社会事業に何が要請されているか」柴山悦子（諫早病院）／「救貧事業における老人対策の一考察」山口富啓（しらぬい荘）／「社会福祉関係，旧法制」―資料として―　6月末現在刊行部数500部，内400部は既に消化。1部500円。年1回紀要刊行が確認。
	7／10.『九社研』No.16発行
	7／12～13. 第17回九州社会福祉研究会　九州社会福祉研究会・日本社会福祉学会九州支部主催〈福岡県社会福祉センター〉　◎研究発表「ソーシャルアクション論の一考察―アメリカの場合―」定藤丈弘（熊本短大）／「ソーシャルワーカーの訓練法としてのグループワーク」保田井進（西南女学院短大）／「日本におけるグループワーク」硯川征時（西九州大）／「社会福祉学の方法」船曳宏保（福岡県社会保育短大）／「精神障害者のコミュニティケアを巡る問題」鮫島文孝（福岡県精神衛生センター）／「児童福祉領域でのコミュニティケアの現況と問題」渕上継雄・他（福岡市児相）／「肢体不自由児の養育の現況」柴田泰博（足立学園）／「老人ホームでの老人処遇の方法」甲斐田和子（船小屋荘）／「生活保護制度での生活指導（ケースワーク）の意義」荒巻輝勝（福岡市民生局）　特別講演「コミュニティケアの概念体系と日本の課題」三浦文夫（社会保障研究所），〈代表世話人・船曳宏保〉，会費1000円，学生500円
1976 昭51	9／―. 九社研・研究活動　第20回研究会〈長崎市カトリックセンター・めぐみの丘原爆老人ホーム〉　◎「社協からみた福祉見直し論」久保田昇（熊本社協）／「カナダの社会福祉体系」岡本民夫（熊本短大）
	10／11～12. 第24回日本社会福祉学会総会・研究大会〈福岡市電気ビル会議室〉（福岡県社会保育短期大学）
1977 昭52	―／―. 第21回九州社会福祉研究会〈水前寺共済会館〉　◎「在宅障害児者をめぐる諸問題」報告者①岡田武世（熊本短大）／②中山彬（ゆたか学園），〈当番校：熊本短大（岡本民夫）〉　＊九州地区は支部活動のほかに支部会員を含めた「九社研」の活動を年間3～4回

第7章　九州部会史

	のペースで開催している
	－／－．第22回九州社会福祉研究会　九州支部と共催〈佐賀県国民年金センターかんざき荘〉　◎共通テーマ「在宅障害児者をめぐる諸問題」　報告者①豊島律（熊本短大）／②武藤直義（佐賀県立コロニー）／③鬼崎信好（西九州大），〈当番校：熊本短大（岡本民夫）〉
1978 昭53	6／24～25．九州社会福祉研究会〈北九州市・ひびき荘〉　◎研究発表「『老人のための明るいまち推進事業』の地域の組織化と運動の展開」政時義明（北九州市社協）／「肢体不自由児の発達のためのインテグレーション―福祉と教育の関係をめぐって―」柴田泰博（足立学園）／「児童相談所と中学校との連携―いわゆる「問題児」をめぐっての2例―」荒波聖（福岡市児相）　司会・戸丸敦子（福岡市児相）　個人自由発表「障害児保育の実践と諸課題」尾崎敦子（福田保育園），重松ヒサ子（金川保育所），柴崎正美（西九州大）　◎シンポジウム　メインテーマ「福祉的処遇の展開」　シンポジスト・境田勲（北九州市障害福祉センター），竹上洵子（南小倉病院），岡本民夫（熊本短大），〈当番校：熊本短大（岡本民夫）〉，「次回から研究会開催時にニュースレターを発刊し，終了後研究報告の成果を『九州社会福祉研究紀要』に載せることになった」　＊九州における活動は支部会員を含めた「九州社会福祉研究会」という形式で行っている
	11／11～12．第23回九州社会福祉研究会〈別府市観海寺・紫雲荘〉　◎テーマ「医療社会事業―リハビリテーションをめぐって―」　報告　樋口香子（別府リハビリテーションセンター），光富照子（熊本保養院）　司会・岡本民夫（熊本短大）
1979 昭54	2／24～25．第24回九州社会福祉研究会〈鹿児島大学教育学部〉　◎テーマ「児童福祉―その理念，現状，課題―」　報告・自由演題　①「障害児の教育権・就労権」須郷昌徳（西日本短大）／②「養護施設における児童処遇の提起及び課題について」山下一行（シオン園）／③「障害児福祉進展の不可欠要因としての能力観根本的変革」岡田武世（熊本短大）／④「障害児の治療教育―行動論アプローチについて―」平原博（鹿児島中央児相）／「保育料研究の到達点と残された課題」清原浩（鹿児島大），竹原健二（鹿児島県社協）／「児童問題と福祉事務所」久永繁夫（姶良福祉事務所）／「一般保育所における障害児保育の諸問題」中村弘（西南学院大）／「無認可保育所の現状と課題」村永チトセ（よいこの保育園）　司会・宮崎俊策（熊本短大），竹原健二（鹿児島県社協）　◎シンポジウム「児童福祉，その理念・現状・課題」　司会・清原浩（鹿児島大）　発表者・内田守（西九州大），阿部実（熊本短大），祝追加津子（鹿児島市学童保育連絡協議会）
1980 昭55	1／26～27．第25回九州社会福祉研究会〈熊本商科大学〉　◎テーマ「1980年代における社会福祉の課題―特に地域福祉を中心に―」　報告者①「福祉施設の立場から」平田清正（清心慈愛園）／②「社協の立場から」久保田昇（熊本県社協）／「ボランティア」竹原健二（鹿児島社協）／「地域福祉一般」大塚信生（熊本短大）
	10／25～26．第26回九州社会福祉研究会〈長崎県共済組合出島会館〉　◎テーマ「心身障害児者をめぐる諸問題」　報告者「障害児の就学問題」大友功（基督教友愛社会館）／「障害者のリハビリテーション」樋口香子（別府リハビリテーションセンター）／「障害者問題と地域福祉」中野いく子（熊本短大）
1981 昭56	5／30～31．第27回九州社会福祉研究会〈佐賀市公立学校共済組合・葉隠荘〉　◎テーマ「地域福祉を現場から考える」　パネルディスカッション　パネラー・安武浩爾（福岡奈多創生園），松尾誠次郎（久留米市社協），北川紀代子（佐賀富士学園）　司会・大塚信生（熊本短大）　総括討論　基調報告・岸勇（西九州大学）　討議司会・保田井進（西南女学院短大）

469

第Ⅳ部　日本社会福祉学会地方部会史

1983 昭58	12／17～18. 昭和58年度九州社会福祉研究会（後援　北九州市社会福祉協議会）〈北九州市立障害福祉会館〉　◎テーマ「地域福祉実践の課題・現状・展望」　17日・個別発表　①「障害福祉ボランティア協会の組織と活動」古賀由美子（北九州市障害福祉ボランティア協会）／②「いのちの電話とボランティア活動」保田井進（西南女学院短大）／③「老人のデイケアについて」柴田裕介（南小倉病院）／④「高齢化社会をめぐる問題」鬼崎信好（西九州大）／⑤「地域福祉をめぐる問題」大塚信生（熊本短大）　18日・基調講演「地域福祉の課題と展望」山口建蔵（鹿児島経済大）　シンポジウム「地域福祉実践の課題・現状・展望」①「障害児の福祉と教育の立場から」根ケ山俊介（小池学園）／②「障害児者の施設養護から」大友栄木（母原更生センター）／③「障害者福祉行政の視点から」富岡悟（北九州市障害福祉課）／④「児童問題と健全育成から」古賀栄（北九州市教育委員会）／⑤「老人福祉の視点から」政時義明（北九州市年長者研修大学校周望学舎）
1985 昭60	7／13～14. 九州部会〈佐賀市・葉隠荘〉　◎13日・個別発表　司会・米沢国吉（西九州大）①「社協会の現状と展望」有馬洋（佐賀県社協）／②「社協と在宅福祉サービス」中山陽一（筑後市社協）／③「シオン園の高校進学について」高口悦子（シオン園）／④「ボランティア活動の現状と課題」鬼崎信好（西九州大）　14日　司会・鬼崎信好（西九州大）　シンポジウム「現代社会福祉政策を考える」田畑洋一（西九州大），田鍋秀則（梅光学院大），中島充洋（鹿児島経済大），保田井進（西南女学院短大）　総会，〈担当者：保田井進〉
1987 昭62	6／6～7. 九州社会福祉セミナー〈福岡県社会福祉センター〉　◎テーマ「社会福祉従事者と資格制度」　1日目　基調報告「今回の資格制度化について」松永俊文（福岡県社協），植田美佐恵（福岡県社保短大）　司会者・鬼崎信好（中村学園大）　2日目　特別基調講演「社会福祉従事者資格制度の法制化」一番ヶ瀬康子（日本女子大）／シンポジウム「社会福祉従事者資格制度を考える」渕上継雄（西南大），松尾直子（真心の園），斎藤三十四（宅麻台病院），中野いく子（熊本短大）　司会・保田井進（西南女学院短大），〈担当者：植田美佐恵〉，参加者1日平均150名　＊「このおおよそ半年間，部会として報告できるほどの活動がなかった。九州部会には10数年前より九州社会福祉研究会（九社研）という学会の枠を超えた研究会の伝統があり，機関誌も発行されていた。」
	7／25～26. 第30回九州社会福祉研究会〈熊本短期大学〉　◎テーマ「社会福祉改革と今後の展望」　1日目　「高齢化社会と地方自治体の福祉施策」鬼崎信好（中村学園大学）／「福祉事務所の現状と課題」池上俊邦（熊飽事務所）／「児童福祉の動向と展望」大友功（九州子ども発達研究センター）　2日目　「老人福祉の動向と展望」富田公春（ひろやす荘）／「退院後の在宅患者の諸問題」小仲邦生（熊本リハビリテーション病院）／「資格制度法制化の動向と今後の課題」大塚信生（熊本短大）　九州社会福祉研究会総会，〈担当者：熊本短大・植田美佐恵〉，参加者1日平均30名
1988 昭63	6／4～5. 第31回九州社会福祉研究会〈鹿児島経済大学〉　共通テーマ「資格制度と専門的水準の向上を目指して」　1日目　講演「中国福祉教育の現状―障害児教育を中心として―」原本昭夫（鹿児島経済大）　シンポジウム「社会福祉士および介護福祉士法―その意義と近未来予測―」演者・猪口研二（紫明寮），大友功（九州子ども発達研究センター），米田綾子（純心短大），小林迪夫（鹿児島経済大）／司会・中島充洋（鹿児島経済大）　2日目　1分科会（児童・障害児・者部会）　座長・郷地二三子（鹿児島経済大）／「障害児福祉の当面する課題」九木元弘（明星），／「精神薄弱者の人権擁護に関する考察」大友栄木（母原更生センター）／「視力障害者の生活から見た福祉課題の検討」林敏弘（福岡県身体障害者相談員）／「麦の芽共同作業所における取り組みとその分析」清原浩（鹿児島大）／「福

第7章　九州部会史

	祉施設実習についての一考察」坂口寛治（尚絅短大）　2分科会（老人・地域部会）　座長・長谷川彰（鹿児島経済大）／「老人クラブとコミュニティオーガニゼイション」保坂恵美子（鹿児島女子大）／「老人福祉当面の課題」中野いく子（熊本短大）／「地方公共団体における老人福祉施策」鬼崎信好（中村学園大）／「地域福祉とボランティア活動」保田井進（西南女学院短大）／「痴呆老人に対する動作法の試み」佐藤暁（鹿児島経済大）　総会・進行　中嶋充洋（鹿児島経済大），〈担当者：熊本短大　植田美佐恵〉，参加者1日平均90余名，「総会では九州支部の組織運営体制について今後検討していくことが話し合われた」
1989 昭64 平元	6／3～4．第32回九州社会福祉研究会〈長崎ウエスレヤン短期大学〉　◎テーマ「今，社会福祉実践に求められる専門性とは何か」　基調講演「専門ソーシャルワーカーの今日的課題」黒川昭登（龍谷大）　地域・障害者・老人部会　シンポジウム　牛津信忠（長崎外大），岡田武世（熊本短大），増田樹郎（長崎ウエスレヤン短大）　司会・沢昌夫（長崎純心女子短大），〈担当者：大友功〉，参加者97名
1990 平2	2／10～11．第33回九州社会福祉研究会（九州社会福祉研究会，日本社会福祉学会九州地区学会実行委員会）〈熊本短期大学〉　1日目　シンポジウム「研究室からの発題　社会福祉論における自立観の系譜」仲村優一（放送大）／「実践現場からの発題　いま，対象者たちの自立のために」「貧困と自立」柿本誠（熊本県立保育大学校）／「養護児童と自立」山下一行（シオン園）／「障害児者と自立」三浦貴子（愛隣館）／「婦人と自立」佐藤タカ（熊本市母子福祉センター）／「老人と自立」富田公春（ひろやす荘）／「討論のまとめ」徳永幸子（熊本YMCA学院）　司会　岡田武世（熊本短大）　2日目　自由研究報告　分科会A：「紫明寮における老人性痴呆症のとりあつかい」平理美子・猪口研二（紫明寮）／「老人保健施設コスモピア熊本の現状と課題」八浪弘子・山田明子・可児リナ・牛島千恵子・田中朋子（コスモピア熊本）／「痴呆性老人の地域ケアについて考える」後藤秀昭（菊池病院）／「高齢者の姿勢及び家庭環境と援助技術に関する考察(1)」蘭香代子・石山勝己・中村恵子（西九州大）／「高齢者の姿勢及び家庭環境と援助技術に関する考察(2)」蘭香代子・石山勝己・中村恵子（西九州大）／「討論のまとめ」宮崎俊策（熊本短大）　分科会B：「介護福祉士養成教育の課題」徳永幸子（熊本YMCA学院）／「障害胎児の命を起点に福祉教育と施設実習に思う」坂口寛治（尚絅短大）／「養護児童の自立に向けての一事例」池上和行（熊本天使園）／「高年齢児処遇の事例」石嶺昇（広安愛児園）／「地域社会での就労と自立」大友栄木（あすなろ学園）／「討論のまとめ」大塚信生（熊本短大）　参加者　1日目188名，2日目86名　＊「第33回九州社会福祉研究会を終えそれを機に『熊本社会福祉研究会』が誕生した」
	8／18．第1回熊本社会福祉研究会〈希望荘〉「第33回九州社会福祉研究会シンポジウム「中村優一氏発題」を聞いて」　報告者・岡田武世（熊本学園大）　参加者33名
	9／22～23．第34回九州社会福祉研究会〈西日本短期大学〉（委員長・須郷昌徳）　◎統一テーマ「社会福祉改革の現状と課題」　①シンポジウム「社会福祉改革の現状と課題」　基調講演「社会福祉改革の背景と視点」保田井進（西南女学院短大）／シンポジスト「福祉施設の現状と課題」喜多岡良一（洸寿園）／「福祉行政の現状と課題」吉開和十四（南筑後福祉事務所）／「在宅福祉の現状と課題」竹原健二（西日本短大）／「外国人からみた日本の社会福祉改革」朴光駿（釜山女子大）　②自由研究報告〔理論・制度分科会〕　司会・楠峰光（西日本短大）「日帝時代と韓国社会福祉史」須郷昌徳（西日本短大），鍛治屋浩一（宮崎医療管理専門学校）／「社会福祉制度改革と国家責任の解除」芝田英昭（西日本短大）／「日本における宗教状況と社会福祉」笠井正弘（西日本短大）〔方法処遇分科会〕　司会・堺太

郎（西南学院大）「老人保健施設のデイケア」藤井恵（長寿園）／「特別養護老人ホームと基本的人権の保障」山岡寿（洸寿園）／「金隈病院の現状と相談室の役割」久野敦子（金隈病院）／「高等学校における福祉的配慮に基づく障害児教育のあり方についての一考察」福島文吾（西日本短大付属高校）／「医療機関における重度心身障害児のソーシャルワークの実践活動から福祉問題を考える」川波郁代（福岡大病院医療相談室）〈担当者：保田井進〉参加者約200名　＊「第34回大会開催校・竹原氏（西日本短大）より新校舎建築の記念事業として開催したい旨のあいさつあり」

1991 平3	4／20. 第2回熊本社会福祉研究会〈熊本短期大学〉　施設入所児童の社会的自立援助の考察　報告者・江崎征男（西九州大）　参加者17名
	8／17. 第3回熊本社会福祉研究会〈希望荘〉　老人と自立「福祉施設の生活観を考える」三浦貴子（愛隣館）／「老人性痴呆症と欲求」前垣藤子他（紫明荘）　参加者28名
	10／19～20. 第39回日本社会福祉学会総会・大会開催　〈鹿児島経済大学〉
1992 平4	3／28. 第4回熊本社会福祉研究会〈熊本短期大学〉「現場における処遇者の人間観」田村紀公子（一本松荘）／「社会福祉における人間把握の視座」徳永幸子（熊本YMCA学院）参加者23名
	8／22. 第5回熊本社会福祉研究会〈紫明寮〉「紫明寮の現状」猪口研二，大久保等，海法定（紫明寮）／「熊本県における高齢福祉の現状と課題」柿本誠（熊本県高齢福祉課）／「樋口昊子著『老いの波間に』を読んで」坂口寛治（尚絅短大）　参加者75名
1993 平5	2／6. 九州大学地域福祉社会学研究室主催「在宅福祉公開セミナー」を九州部会として後援〈九州国際ホール〉　◎講演「ゴールドプランをどう具体化するか」江口隆裕（北海道大学）　パネルディスカッション「ゴールドプランと自治体の福祉計画」　パネラー・河野正輝（九州大），富安兆子（高齢社会を良くする北九州女性の会），竹下政人（福岡県），江口隆裕（北海道大）　コーディネーター・鈴木廣（九州大），保田井進（福岡県大）〈担当者：保田井進〉
	2／22～23. 九州部会・福岡県地域福祉振興基金共催　22日〈小倉ホテル〉　◎講演「スウェーデンの社会福祉の動向について」ハラルド・スウェードネル（イエテボリ大名誉教授）通訳・広沢洋子（北九州市民通訳協会）　パネルディスカッション「スウェーデンの保健・医療・福祉について」ハラルド・スウェードネル，一安弘文（医師），吉村健清（産業医科大），渡辺良司（北九州市社協），保田井進（福岡県大）　23日〈福岡国際ホテル〉　◎パネルディスカッション「政権交替後のスウェーデンの福祉事情について」ハラルド・スウェードネル，井上英晴（穂波町社協），張正好（福岡市社協），原田真紀（西日本新聞），保田井進（福岡県大），〈担当者：保田井進〉
	4／17. 第6回熊本社会福祉研究会〈熊本短期大学〉「高齢者ケア国際シンポジウムに参加して」富田公春（ひろやす荘）／「知覚恒常性研究と社会福祉論」岡田武世（熊本短大）参加者23名
	8／21. 第7回熊本社会福祉研究会〈広安愛児園〉「広安愛児園の沿革・現状および養護における課題」江崎征男（広安愛児園）／「ケースワーカー養成の方法」宮崎俊策（熊本短大）　参加者　28名
	10／15～17. 第35回九州社会福祉研究会（93年度社会福祉学会九州部会研究会）〈毎日西部会館〉　◎統一テーマ「市町村老人保健福祉計画—計画策定の過程と残された問題—」　個人

第7章　九州部会史

	発表　1「女性の立場から取り組む住民参加型福祉活動」富安兆子（高齢化社会をよくする北九州女性の会）／2「障害者の自立を支える街づくりの実践」荒川孝一（北九州市障害福祉ボランティア協会）／3「人権を基盤とした地域福祉活動の実践」井上英晴（穂波町社協）／4「教護児童の学校不適応とその家庭的背景」広渡修（虹ノ松原学園）／5「社会福祉研究のあるべき姿を求めて」岡田武世，豊島律，宮崎俊策（熊本短大）／6「地域福祉の概念について」岡本栄一（西南女学院短大）　◎シンポジウム「市町村老人保健福祉計画—計画策定の過程と残された問題—」　コーディネーター・鬼崎信好（福岡大）／シンポジスト・阿部和光（福岡県大），一ノ瀬諭（筑後市），合場宏（北九州市医師会），登本弘志（福岡県社協）　◎総会（17日）〈担当者：九州部会担当理事・保田井進（事務局）〉，　＊九州社会福祉研究会と部会との関係について，従来九州社会福祉研究会をもって九州部会としてそのつど実行委員会が組織されて実施されてきた。今後は九州部会としての継続的運営を行うため組織を明確にする。九州部会運営委員会を組織する。94年度九州部会は鹿児島経済大にて開催されるよう要請する。九州部会運営委員選挙については，在籍会員152名，投票数70，植田美佐恵・岡本栄一・鬼崎信好・菊池正治・郷地二三子が運営委員に決定。なお，規定により運営委員は地区担当学会理事が兼ねる。
1994 平6	3／19．第8回熊本社会福祉研究会〈熊本短期大学〉「ノーマライゼーションと施設福祉」岡田武世（熊本短大）　参加者19名
	8／27～28．第9回熊本社会福祉研究会〈紫明寮〉「痴呆老人介護者の受けるストレス」前垣藤子（紫明寮）／「西南の役における鳩野宗巴の人道主義的実践を振り返ってリデルとライトの福祉実践に学んだこと」坂口寛治（尚絅短大）
	11／12～13．九州部会（第36回社会福祉セミナー）〈鹿児島経済大学〉◎「少子化社会と社会福祉—戦後日本の子育て支援を検証する—」　12日　基調講演「少子化時代の社会保障と社会福祉」坂脇昭吉（鹿児島経済大）　シンポジウム「少子化と社会福祉」　コーディネーター・郷地二三子（鹿児島経済大）／コメンテーター・坂脇昭吉／シンポジスト・「変り行く家庭と子育て支援」潮谷義子（慈愛園）／「少子化を支える保育園の役割」前原寛（安良保育園）／「女性政策と社会福祉」戸丸敦子（筑紫女学園短大）　◎総会　13日　個別発表「老人福祉施設における生活指導員の役割」佐藤俊一，高橋信行（鹿児島経済大）／「在宅介護支援センターの調査とSWの資質と機能を考える」斎場三十四（佐賀医科大），岩永憲一（東原整形外科），山本雅也（コスモピア熊本）／「少子化時代の在宅福祉の必要に関する一考察」吉岡久美子（長崎純心大）／「里帰り出産の実態と母子への支援状況」瓢風須美子（地域母子研究会）／「ライフモデル論実践方式概説」佐藤直明（鹿児島経済大）／「熊本におけるボランティア育成の現状と課題」大塚信生（熊本短大）／「北欧の福祉最新事情」鬼崎信好（福岡県大）　〈担当校：九州部会担当理事・保田井進，セミナー実行委員長・田端洋一，部会運営委員・郷地二三子他〉，登録出席者49名，その他学生の参加あり。会員数153名（1994．3．4現在）　＊1994年度還元金　87,900円
1995 平7	3／—．第37回社会福祉セミナー（詳細不明）　＊1995年度還元金　96,200円
	3／18．第10回熊本社会福祉研究会〈熊本学園大学〉「高齢者における社会的入院の現状と関連施策の課題」植田智也（飽田病院）　参加者21名
	8／19．第11回熊本社会福祉研究会〈ホテル杵島〉「熊本天使園における過去10年の入所理由の考察」池上和行（熊本天使園）／「熊本県におけるデイサービスセンターの現況に関する調査報告」西島衛治（熊本工業大）　参加者19名

473

第Ⅳ部　日本社会福祉学会地方部会史

	9／-．熊本社会福祉研究会『熊本社会福祉研究』創刊号発行　創刊号によせて（熊本社会福祉研究会会長・岡田武世）　論説「高齢者における「社会的入院」の現状と関連施設の課題」植田智也／「子どもの人権と「親と子の教育相談室」—あるべき教育相談像を求めて—」岡田てるみ／調査報告「熊本県におけるデイサービスセンターの現況に関する調査報告」西島衛治／「ボランティア活動に参加した学生の意識変容—ゆうあいピック熊本大会コンパニオンの体験をとおして—」坂口寛治／実践活動報告「新生地区ふれあい福祉の町づくり」山下一行／研究会のあゆみ／熊本社会福祉研究会規約
1996 平8	3／28．第12回熊本社会福祉研究会〈熊本学園大学〉「住宅介護支援センターの現状」今吉光弘（熊本県社会福祉士会）／「戦後沖縄児童福祉の歴史」丹野喜久子（熊本学園大学）　参加者30名
	8／-．『熊本社会福祉研究』第2号発行　論説「児童教育の社会化と女性労働—高度経済成長期に焦点をあてて—」徳永幸子／調査報告「在宅高齢者住宅の介助空間のホームヘルパーによる利用評価—全国都市部及び熊本県の状況について—」西島衛治／研究ノート「社会福祉を学ぶ専門学校生の進路の動向と今後の福祉教育のあり方についての一考察」名和久仁子／「薙野ミエ子先生のご逝去を悼む」岡田武世／研究会のあゆみ／熊本社会福祉研究会規約
	10／9～10．第13回熊本社会福祉研究会〈玉名温泉・尚玄山荘〉「これからの福祉マンパワーの教育と訓練」後藤秀昭（菊池病院）　参加者18名　会員数　207名（1996.10.1現在）
1997 平9	3／29．第14回熊本社会福祉研究会〈熊本学園大学〉「痴呆性高齢者の財産保全管理サービスの実態と課題」柿本誠（県立保育大学校）　参加者12名
	9／20～21．第15回熊本社会福祉研究会〈山鹿簡易保険保養センター〉「在宅ケア活動における『連携』の問題」永田千鶴（熊本学園大）／「児童の成長の記録」勘角成久（愛隣園）　参加者23名
	9／-．『熊本社会福祉研究』第3号発行　論説「痴呆性高齢者の財産保全・管理サービスの実態と課題」柿本誠／調査報告「民間事業者の「やさしいまちづくり」に関する取り組み状況について—熊本県における「熊本県高齢者及び障害者の自立と社会活動への参加の促進に関する条例」施行2年を経て—」西島衛治／実践活動報告「福祉美術を提案する—『生活の質』の向上を追求する立場から—」西村一也／研究会のあゆみ／熊本社会福祉研究会規約
1998 平10	1／31．第38回日本社会福祉学会九州部会大会〈西南女学院大学〉　◎テーマ「虐待と人権」（午前の部）自由研究発表　3分科会において11人が発表　（午後の部）総会　96年度事業報告及び会計報告，97年度決算見込み，98年度事業計画案及び予算可決．特別講演「人間性と人権—ホリスティクな視点からソーシャルワーカーの役割を考える—」アキイエ・ニノミヤ（関西学院大）／シンポジウム「虐待問題にどう取り組むか—人権の視点から—」　シンポジスト・金子保子（福岡市中福祉事務所），泉賢祐（直方在宅介護支援センター）　コーディネイター・門田光司（西南学院大）／コメンテーター・細井勇（福岡県大）　シンポジウムは日本社会福祉学会が38回支部大会の中で開催した．〈担当校：事務局　西南女学院大〉　参加者約100名
	4／18．第16回熊本社会福祉研究会〈熊本学園大学〉「過疎地の社会福祉援助体制」岡田武世・豊島律（熊本学園大）　参加者27名
	10／10．第17回熊本社会福祉研究会〈熊本テルサ〉「老人ホームにおけるオムツはずし」田

第7章　九州部会史

	尻辰枝（紫明寮）／「身体障害者の生活施設と在宅福祉サービスのネットワーキング」三浦貴子（愛隣園）　参加者25名
	12／12．運営委員会〈熊本学園大学〉　協議事項　第39回大会の件　総会開催の件　次回40回大会開催校の件，会員数266名（1998.10.1現在）
	12／12～13．第39回日本社会福祉学会九州部会大会〈熊本学園大学〉　◎テーマ「21世紀を展望する福祉・保健・医療統合化と地域化の可能性を考える」　12日　基調講演「サービスは誰のために―医療・保健・福祉の連携の戦略―」旗野脩一（熊本学園大）／シンポジウム司会・岡田武世（熊本学園大）　発題者「課題としての福祉・医療・保健の連携」岡本栄一（西南学院大）／「蘇陽町における福祉と健康の町づくりの取り組み」関川次子（蘇陽町役場）／「5町村合併にみる医療・保健・福祉の現在と未来のビジョン」立山ちづ子（熊本学園大）　13日　（自由発題による分科会）　第1会場「成年後見制度について」柿本誠／「米国における成年後見制度について」西崎緑／「公的介護保険制度下の社会福祉協議会」井上英晴／「社会福祉協議会の現状と課題」竹原健二／「福祉のまちづくりに関する住民の意識」西島衛治　第2会場「アジアにおけるNGO活動の研究」安川正夫／「高齢者福祉対策を救貧にとどまらず一般化普遍化に意識改革を」富田公春／「ソーシャルウェルフェアの概念に関する諸問題について」富永義秀／「児童家庭福祉時代における子ども・家庭・社会」輪倉一広　第3会場「介護場面における高齢者のセクシャルライトの阻害要因」久佐賀真理／「家庭介護におけるソーシャルワーク援助査定票の意義と課題」小原真知子／「児童養護施設におけるチーム実践への考察」高口悦子／「精神障害をもつ人のピアカウンセリング」中村幸／「視覚障害者更生施設の役割と課題」中村哲夫　◎総会　98年度事業計画及び予算案の承認　運営委員会等（橋本運営委員転出後の問題，部会事務局を後1年継続）の承認　その他，〈担当校：九州部会担当理事・保田井進，運営委員・保田井進（福岡県大），岡本栄一（西南女学院大），鬼崎信好（福岡県大），竹原健二（九州看護福祉大），田畑洋一（鹿児島経済大），岡田武世（熊本学園大），岸川洋治（西南女学院大＝事務局）以上任期97年4月1日から2000年3月31日，九州部会会員数254名（1998.7現在）
1999 平11	3／27～28．第18回熊本社会福祉研究会〈ヘルシーパル八代〉「福祉のまちづくりに関する住民の意識」西島衛治（九州看護福祉大）／「オムツ外しが痴呆症の異常行為に与えた影響」猪口研二（紫明寮）　参加者13名
	6／―．『熊本社会福祉研究』第4号発行　論説「『女工哀史』再考―日本本土・沖縄出身，そして朝鮮人の『女工哀史』から，今何を学ぶべきか―」岡田武世／「老人性痴呆症のオムツ外し」田尻辰枝，井手和子／「オムツ外しが老人性痴呆症の随伴症状に与えた影響」猪口研二／研究ノート「介護福祉士の養成にまつわるディレンマ」植田智也／「須恵村の保健・医療の現状と5町村合併構想」立山ちづ子／研究報告「福祉のまちづくりに関する住民の意識―『山江村のやさしいまちづくり計画』の場合―」西島衛治／研究会のあゆみ／熊本社会福祉研究会規約
	10／9．第19回熊本社会福祉研究会〈熊本学園大学〉「熊本県の児童養護施設における児童虐待調査報告」池上和行（熊本天使園）／「国際高齢者年について考える」北村育子（熊本学園大）　参加者20名
	12／11．第40回日本社会福祉学会九州部会大会〈アバンセ（佐賀市）〉　開催校〈西九州大学〉　◎大会テーマ「変革を求められている社会福祉」　①自由発表　第1分科会　「社会福祉理論と政策の新たな視点」福永義秀（福岡女学院短大）／「社会保障制度における社会性と日本的特質について」石田久二（福岡県大）／「要介護度一次判定ソフトによる解析」堤

475

第Ⅳ部　日本社会福祉学会地方部会史

	文生（九州リハ大学校）／「導入前の介護保険に対する各施設の認識」生野繁子（九州看護福祉大）／「社会福祉基礎構造改革と社会福祉協議会」竹原健二（九州看護福祉大）　第2分科会　「オーストラリアにおける高齢者福祉」佐藤直明（鹿児島短大）／「NPO型成年後見制度のあり方」荻野源吾（大分大）／「在宅福祉推進を妨げる公営交通事業運賃の優遇制度の見直しの動き」池畑安則（神村学園専門学校）／「視覚障害者雇用継続の問題点と課題」中村哲夫（九州看護福祉大）／「地域ケアと地域福祉」井上英晴（九州看護福祉大）　第3分科会　「ソーシャルワークによる生きがいの構築」岡部由紀夫（西九州大大学院）／「小学校における福祉教育に関する研究」樽木清香（福岡県大大学院）／「児童養護施設での処遇の取り組みについて」広渡修（国士舘大学福祉専門学校）／「筑豊の子どもを守る会の活動とその後」細井勇（福岡県大）／「社会福祉の指導（行動）原理に関する一考察」輪倉一広（智念総合福祉専門学校）／「ワーカー・クライエント関係における関係反応に関する一考察」中村幸（筑紫女学園大）　特別講演「21C社会福祉展望と課題」古川孝順（東洋大）　シンポジウム「変革を求められている社会福祉—介護保険を例として—」シンポジスト・藤本幸男（福岡県痴呆性老人を支える家族の会），古賀理（シオン園），古賀厚志（北九州市保健福祉局），斎場三十四（佐賀医科大）　座長・清山洋子（西九州大）　総会　部会運営委員の改選．〈担当校：事務局は1999年から部会大会の当番大学が担当することとなる．現在は西九州大（岡田和敏）．次期運営委員　岡本栄一（西南女学院大），保田井進（福岡県大），日比野正己（長崎純心大），鬼崎信好（福岡県大），峰尾一路（九州保健福祉大），荻野源吾（大分大），岡田和敬（西九州大），硯川眞旬（熊本大），田畑洋一（鹿児島国際大），竹原健二（九州看護福祉大），以上任期は3年〉　九州部会会員数327名（1999.10.1現在）
2000 平12	3／25．第20回熊本社会福祉研究会〈熊本学園大学〉「レスパイトケア試行事業の取り組みを通して」佐藤秀俊（ライン工房）　参加者16名
	11／18．第21回熊本社会福祉研究会〈熊本学園大学〉シンポジウム「社会福祉改革時代の人材養成を考える」「社会福祉基礎構造改革と人材養成」豊島律（熊本学園大）／「養成機関の立場から」後藤秀昭（九州看護福祉大）・宮崎俊策（熊本学園大）／「福祉現場の立場から」植田茂子（仁愛ひかり園）・森上英治（シルバー日吉）　参加者25名
	12／2．第41回日本社会福祉学会九州部会大会（2000年度）〈筑紫女学園大学〉　◎大会テーマ「社会福祉基礎構造改革は社会福祉の責務を果たせるか」　自由研究発表　第1分科会　座長・竹原健二，福永善秀　①「社会福祉における参加の問題」福永善秀（福岡女大）／②「社会福祉における主体性論の到達点と課題」竹原健二（九州看護福祉大）／③「北タイにおけるHIV／AIDS当事者のためのソーシャルサポートネットワークの構築とNGOの役割」入江詩子（長崎ウエスレヤン短大）／④「社会福祉系学生のステレオタイプについての考察」立石宏昭（福岡県大大学院）　第2分科会　座長・中村哲夫，荻野源吾　①「グループスーパービジョンの実践とその開発についての研究」荻野源吾（大分大）／②「精神障害者のストレングスとケアマネジメントの展開について」黒須依子（福岡県大大学院）／③「子どもに対する意識変化の現状と保育園の課題　その1」鍋田耕作（西九州大大学院）／④「視覚障害者用拡大読書器の普及状況と活用状況」中村哲夫（九州看護福祉大）　第3分科会　座長・名和田澄子，鬼崎信好　①「ホームヘルプサービスにおける家事援助の一考察」山崎きよ子（九州保健福祉大）／②「Quality of Lifeの影響因子に関する一考察」岩瀬緑（西南女学院大）／③「高齢者のQOLにおける芸術の役割について」梶原佳子（九州保健福祉大）／④「アメリカにおける中国系高齢者移民」名和田澄子（北九州保育福祉専門学校）／⑤「軽症の痴呆性老人に対する回想法実践」黒木邦弘（福岡県大大学院）　総会　基調講演「福祉社会の形成とそれを支える主体の形成」保田井進（福岡県大）　シンポジウ

第7章 九州部会史

	ム「社会福祉基礎構造改革と利用者の権利保障」　コーディネーター・宮崎昭夫（福岡県大）　シンポジスト・田畑洋一（鹿児島国際大）、富安兆子（高齢社会を良くする北九州女性の会）、渡辺良司（北九州市社協）、窪田次男（久山療育園）、〈担当校：西九州大・岡田研究室、筑紫女学園大・戸丸研究室、運営委員長・保田井進（福岡県大）〉、九州部会会員数366名（2000.10.1）　参加者87名　＊「九州部会　九州は地理的にまとまりが難しい。福岡が中心になる。場所の選定が難しい」
2001 平13	3／31〜4／1．第22回熊本社会福祉研究会〈日赤九州ブロック研修センター「アソシエート」〉「高齢者介護サービスの質の保障」永田千鶴（熊本学園大）　参加者18名
	10／20〜21．第20期理事会（2001年度改選）九州ブロック　選挙選出理事・鬼崎信好，硯川眞旬，九州担当理事・硯川眞旬　＊日本社会福祉学会第49回全国大会・川添雅由実行委員長のもと沖縄県で開催。テーマ「アジアの社会福祉と日本」
	12／1．第23回熊本社会福祉研究会〈熊本学園大学〉「社会福祉法下における社会福祉施設改革の課題」宮崎俊策（熊本学園大）
2002 平14	1／26．第42回九州部会大会〈久留米大学〉　◎大会テーマ「福祉の原理と分権・民活化」　自由報告・第1―3分科会14題　基調講演「福岡県地域福祉振興基金の現状と課題」鈴木廣（久留米大学）　シンポジウム「利用者主体の福祉サービスとは―高齢者の介護サービスを中心にして―」　コーディネーター・岡本栄一（流通科学大）　シンポジスト・鬼崎信樹（福岡県大）、樋口かをる（社団法人呆け老人をかかえる家族の会）、西依信樹（久留米市保健福祉部介護保険課）、吉永美佐子（高齢者快適生活づくり研究会）、〈担当校：久留米大学　運営委員長・硯川眞旬〉参加者76名
	5／11．第24回熊本社会福祉研究会〈熊本学園大〉「NPOを考える」富田公春（熊本社会福祉専門学校）／「精神障害者地域生活支援センターは当事者の地域生活に貢献できるか」後藤秀昭（九州看護福祉大）　参加者24名
	11／−．『熊本社会福祉研究』第5号発行　追悼号　岡田武世先生　猪口研二先生　山下一行先生　追悼号の刊行にあたって　熊本社会福祉研究会会長・宮崎俊策　論説「国際連合と高齢者福祉・国連NGOとしてのAARP」北村育子／「先島民衆が受けてきた生活破壊の歴史と不平等時期の影響―日本社会福祉史研究と〈おきなわ〉・先島―」楳木亜季／「出生前診断を考える―産める社会・産みたい社会構築のための障害者福祉―」神宮真代／「占領下の沖縄の社会福祉に関する歴史的一考察―〈おきなわ〉法と〈本土〉法の比較を通して―」廣畑圭介／調査報告「地域福祉的視点からみたバリアフリーに関する調査報告―熊本県有明地区2市8町村の住民の福祉のまちづくり意識について―」西島衛治／研究ノート「明治10年「西南の役」に燦然と輝いた人間愛の数々」坂口寛治／追悼のことば　岡田武世先生へ「心の糧」村上ます子／「先生が教えて下さった「全ての人にとっての福祉」」秋山真輝／猪口研二先生へ「天草で最初の特養ホーム」富田公春／「猪口研二先生の思い出」坂田千賀子／山下一行先生へ「山下一行先生を偲んで」江崎征男／「山下先生の思い出」高口悦子／略歴・業績（岡田武世先生）（猪口研二先生）（山下一行先生）／研究会のあゆみ／熊本社会福祉研究会規約
	12／14．第43回九州部会大会・総会〈西南女学院大〉　◎大会テーマ「サービス評価のあり方を考える」　自由発表　第1―5分科会24題　基調講演「サービスの質を評価すること―福祉と医療―」中島誠（九州大大学院）／シンポジウム「サービス評価のあり方を考える」　コーディネーター・鬼崎信好（福岡県大）　シンポジスト・渡辺正孝（ひびき荘）、高田芳

477

| 信(老いをささえる北九州家族の会), 高田照男(北九州市保健福祉局監査指導課), 杉原好則(西南女学院大) 参加者91名 九州運営委員会選挙 |

＊特に第18回, 19第回の九州社会福祉研究会(1975～76年)については詳細不明。

第Ⅴ部
資　料　編

〔資料1〕 日本社会福祉学会規約

①**日本社会福祉学会規約**（創立時。原文縦書きのため漢数字を算用数字に改めた。）

　　　第1章　総則
第1条（名称）本会は，日本社会福祉学会と称する。
第2条（事務所）本会の事務所は，大阪市住吉区帝塚山大阪府立女子大学社会福祉学研究室におく。
　　　第2章　目的及び事業
第3条（目的）本会は，社会福祉に関する学問的研究及び研究者相互の連絡と協力を促進し，かねて内外の学界との連繋を図り，社会福祉に寄与することを目的とする。
第4条（事業）本会は前項の目的を達成するため，左の事業を行う。
　　　1．研究報告会の開催　毎年1回全国大会を開く，但し必要に応じて臨時大会を開くことがある。
　　　2．別に定めるところによって，地方部会及び専門部会をおくことができる。
　　　3．公開講演会の開催
　　　4．内外の諸学会との連絡及び協力
　　　5．機関誌その他の刊行物の発行
　　　6．その他本会の目的を達するために必要な事業
　　　第3章　会員
第5条（会員の資格）社会福祉に関する学問的研究を行う者は，理事会の承認を得て，本会の会員となることができる。
第6条（入会）会員になろうとする者は，会員2名以上の推薦を得て，理事会に申込まなければならない。
第7条（会費）会員は，総会の定めるところにより会費を納めなければならない。既納の会費は返済しない。
第8条（退会）会員は，いつでも理事会に通告して退会することができる。
　　　　会費を滞納した者は，理事会において退会したものとみなすことができる。
第9条（賛助会員）本会の主旨に賛同し，本会のために特別の援助をなす団体又は個人は，理事会の議を経て，本会の賛助会員とすることができる。
　　　第4章　機関
第10条（役員）本会に左の役員をおく。
　　　1．理事　若干名　うち1名を代表理事，1名を会計理事とする。
　　　2．監事　2名
第11条（理事及び監事の選任）理事及び監事は，総会において，会員の中から選任する。代表理事は，理事会において互選する。
第12条（任期）役員の任期は，2年とする。役員は再選することができる。補欠の役員の任期は，前任者の残任期間とする。

第13条（代表理事）代表理事は，本会を代表する．代表理事に故障がある場合には，その指名した他の理事が職務を代行する．
第14条（理事）理事は，理事会を組織し，会務を執行する．
第15条（監事）監事は，会計及び会務執行の状況を監査する．
第16条（委員）理事会は，委員を委嘱し会務の執行を補助させることができる．
第17条（総会）代表理事は，毎年1回会員の通常総会を招集しなければならない．代表理事が，必要と認めるとき又は，会員の3分の1以上の請求がある時は，臨時総会を開く．
第18条（議決）総会の議事は，出席会員の過半数をもって決する．

第5章　会計

第19条（経費）本会の経費は，会費，寄附金およびその他の収入をもってあてる．
第20条（予算及び決算）本会の予算は，理事会の議決を経，総会の承認を得てこれを決定する．会計理事は，毎会計年度の終了後遅滞なく，決算報告書をつくり，総会に提出してその承認を得なければならない．
第21条（会計年度）本会の会計年度は，毎年4月1日に始まり，翌年3月31日に終るものとする．

第6章　規約の変更及び解散

第22条　本規約を変更し，又は本会を解散するには，会員の3分の1以上又は理事の過半数の提案により，総会出席会員3分の2以上の同意を得なければならない．

附則
1．この規約は1954年5月9日より施行する．

②日本社会福祉学会規約（現行規約）

第1章　総則

第1条（名称）本会は，日本社会福祉学会（Japanese Society for the Study of Welfare）と称する．
第2条（事務所）本会の事務所は，東京都新宿区三栄町8森山ビル西館501に置く．

第2章　目的及び事業

第3条（目的）本会は，社会福祉に関する研究及び研究者相互の連絡と協力を促進し，兼ねて内外の学会との連繋を図り，社会の福祉に寄与することを目的とする．
第4条（事業）本会は前項の目的を達成するため，下記の事業を行う．
1．毎年1回研究報告会としての全国大会を開催．
2．学会機関誌その他の刊行物の発行．
3．地方部会を設置し，活動を推進．
4．すぐれた研究業績をあげた者の顕彰および奨励．
5．内外の諸学会との連絡及び協力．
6．公開講演会等の開催．
7．その他本会の目的を達成するために必要な事業．

第3章 会員

第5条（会員の資格）社会福祉に関する研究を行う者は理事会の承認を得て，本会の会員となることができる。

第6条（入会）会員になることを希望する者は，会員2名以上の推薦を得て，理事会に申込まなければならない。

第7条（会費）会員は，総会の定めるところにより入会金および各年次会費を納めなければならない。既納の会費は返済しない。

第8条（退会）会員は，理事会に申し出て退会することができる。

　　会費を3年以上滞納した者は，理事会において退会した者とみなす。

第9条（名誉会員）本会は，本会発展に多大な貢献のあった会員に名誉会員の称号を贈ることができる。

　　名誉会員に関する規則は別に定める。

第10条（会員の除籍）会員が本会の名誉を著しく傷つけた場合，理事の3分の2以上の提案により，総会出席会員の3分の2以上の同意を得て，その会員を除籍することができる。

第11条（賛助会員）本会の趣旨に賛同し，本会のために特別の援助をなす団体または個人は，理事会の議を経て，本会の賛助会員とすることができる。

第4章 機関

第12条（役員）本会に下記の役員をおく。

　1．理事10名以上20名以内。うち1名を会長にあてる他，副会長，総務担当理事，研究担当理事，渉外担当理事，機関誌担当理事，庶務担当理事，および地方部会担当理事をおく。

　2．監事　2名

第13条（理事および監事の選任）理事および監事は，会員の中から選挙等の方法により，総会において選任する。理事および監事の選出に関する規則は別に定める。

第14条（任期）役員の任期は，総会において承認された日の翌日から3年後の大会の終了する日までとする。役員に欠員が生じた場合，補充された役員の任期は，前任者の残任期間とする。

第15条（会長）会長は，理事の中から互選し，本会を代表する。ただし，会長の任期は2期を限度とする。

第16条（副会長）副会長は理事の中から会長が指名し，会長に事故がある場合には，会長の職務を代行する。

第17条（理事）理事は，理事会を組織し，会務を執行する。

第18条（監事）監事は，会計および会務執行の状況を監査する。

第19条（委員）理事会は，委員を委嘱し会務の執行を補助させることができる。

第20条（特別委員会）理事会は，本会の活動目的に照らし，集中的に活動を要する課題があると認められたときには，総会の議をへて，特別委員会を設置することができる。特別委員会の委員長は，理事会に出席し，意見を述べることができる。

資料1　日本社会福祉学会規約

ただし，議決権は有しない。

第21条（総会）会長は，毎年1回会員の通常総会を召集しなければならない。会長が必要と認めるとき，理事の2分の1以上から請求がある時，または会員の3分の1以上の請求がある時は，臨時総会を開く。

第22条（議決）総会の議事は，総会出席会員の過半数をもって決する。

第5章　会計

第23条（経費）本会の経費は，会費，寄付金およびその他の収入をもってあてる。

第24条（予算および決算）本会の予算および決算は，理事会の議決を経て，総会の承認を得て，これを決定する。

第25条（会計年度）本会の会計年度は，毎年4月1日に始まり3月31日に終るものとする。

第6章　規約の変更及び解散

第26条（規約の改正）本規約を変更する場合は，会員の10分の1以上または理事の過半数の提案により，総会出席会員3分の2以上の同意を得なければならない。

第27条（本会の解散）本会を解散するには，会員の3分の1以上または理事の3分の2以上の提案により，総会出席会員(1)の3分の2以上の同意を得なければならない。

附則
1．この規約は1954年5月9日より施行する。
2．この規約は1969年11月3日より一部改正施行する。
3．この規約は1973年10月20日より一部改正施行する。(2)
4．この規約は1987年10月10日より一部改正施行する。
5．この規約は1991年10月19日より一部改正施行する。
6．この規約は1993年9月9日より一部改正施行する。ただし，第11条に定める「会長」は次の選挙で選ばれた役員から適用する。
7．この規約は1994年10月9日より一部改正施行する。
8．この規約は1996年10月12日より一部改正施行する。
9．この規約は1998年10月17日より一部改正施行する。
10．この規約は2001年10月21日より一部改正施行する。
11．この規約は2003年10月12日より一部改正施行する。

注1：創立時規約では「総会出席会員3分の2以上」となっておりその後の規約改正において「会員の」と「の」を加える改正は正式にはなされないまま条文が変更されたようである。

注2：附則3には当初「ただし第12条に関しては次の選挙で選ばれた役員から適用する。」とのただし書きがあったが，現行規約ではただし書きがとれている。

③「日本社会福祉学会規約」改正一覧（創立時規約～現行規約まで）

(1)1969年11月3日

旧	新
第8条第2項　会費を滞納した者は，理事会に	第8条第2項　会費を3年以上滞納した者は，

483

第V部 資料編

おいて退会したものとみなすことができる。	理事会において退会したものとみなすことができる。
第21条（会計年度）　4月1日に始まり翌年3月31日に終るものとする。	第21条（会計年度）　<u>1月1日に始まり12月31日に終る</u>ものとする。
	附則　2．この規約は1969年11月3日より一部改正施行する。

(2)1973年10月20日

旧	新
第2条（事務所）　本会の事務所は，大阪市住吉区帝塚山大阪府立女子大学社会福祉学研究室におく。	第2条（事務所）　本会の事務所は，<u>名古屋市昭和区滝川町31　日本福祉大学内</u>におく。
第3条（目的）　…社会福祉に関する学問的研究及び研究者相互の…	第3条（目的）　…社会福祉に関する研究及び研究者相互の…（「学問的」を削除）
第5条（会員の資格）　社会福祉に関する学問的研究を行う者は…	第5条（会員の資格）　社会福祉に関する研究を行う者は…（「学問的」を削除）
第12条（任期）　役員の任期は，2年とする。	第12条（任期）　役員の任期は，<u>3年</u>とする。
第13条（代表理事）　代表理事に故障がある場合には，その指名した…	第13条（代表理事）　代表理事に故障がある場合には，<u>理事会</u>の指名した…
	附則　3．この規約は1973年10月20日より一部改正施行する。ただし第12条に関しては次の選挙で選ばれた役員から適用する。

(3)1984年10月20日

旧	新
第2条（事務所）　本会の事務所は，東京都千代田区霞が関3丁目3番4号　全国社会福祉協議会内におく。	第2条（事務所）　本会の事務所は，<u>東京都千代田区永田町2丁目12番4号　山王飯店ビル</u>全国社会福祉協議会内におく。

(4)1987年10月10日

旧	新
第1条（名称）　本会は，日本社会福祉学会と称する。	第1条（名称）　本会は，日本社会福祉学会<u>（Japanese Society for the Study of Social Welfare）</u>と称する。
第2条（事務所）　本会の事務所は，東京都千代田区永田町2丁目12番4号　山王飯店ビル全国社会福祉協議会内におく。	第2条（事務所）　本会の事務所は，<u>東京都千代田区霞が関3-3-2新霞が関ビル</u>　全国社会福祉協議会内におく。

旧	新
第3条（目的）本会は，社会福祉に関する研究及び研究者相互の連絡と協力を促進し，かねて内外の学界との連繋を図り，社会福祉に寄与することを目的とする。	第3条（目的）本会は，社会福祉に関する研究及び研究者相互の連絡と協力を促進し，かねて内外の学界との連繋を図り，<u>社会の福祉</u>に寄与することを目的とする。
第20条（予算及び決算）本会の予算は，理事会の議決を経，総会の承認を得てこれを決定する。	第20条（予算及び決算）本会の予算及び決算は，理事会の議決を経，総会の承認を得てこれを決定する。
	附則 4．<u>この規約は1987年10月10日より一部改正施行する。</u>

(5)1991年10月19日

旧	新
	第9条（名誉会員）本会は，<u>本会発展に多大な貢献のあった会員に名誉会員の称号を贈ることができる。名誉会員に関する規則は別に定める。</u>
	付則 5．<u>この規約は1991年10月19日より一部改正施行する。</u>

注：新条文の追加により第9条以後の条文番号が改められるが，本資料ではその記載を省略した。以降の新旧対照表においても同様に省略。

(6)1993年9月9日

旧	新
第11条（役員）本会に下記の役員をおく。 1．理事若干名 うち1名を代表理事，1名を会計理事とする。	第11条（役員）本会に下記の役員をおく。 1．理事若干名 うち1名を<u>会長</u>，1名を会計理事とする。
第12条（理事及び監事の選任）理事及び監事は，総会において，会員の中から選挙等の方法により選任する。代表理事は，理事会において互選する。	第12条（理事及び監事の選任）理事及び監事は，総会において会員の中から選挙等の方法により選任する。<u>会長</u>は，理事会において互選する。
第14条（代表理事）代表理事は，本会を代表する。代表理事に故障がある場合は，理事会の指名した他の理事が職務を代行する。	第14条（<u>会長</u>）<u>会長</u>は，本会を代表する。<u>会長</u>に故障がある場合は，理事会の指名した他の理事が職務を代行する。
	第18条（特別委員会）<u>理事会は，本会の活動目的に照らし，集中的に活動を要する課題があると認められたときには，総会の議を経，特別委員会を設置することができる。特別委員会の委員長は，理事会に出席し，意見を述べることができる。ただし，議決権は有しない。</u>

旧	新
第18条（総会）　代表理事は，毎年1回会員の通常総会を召集しなければならない。代表理事が，必要と認めるとき又は会員の3分の1以上の請求があるときは，臨時総会を開く。	第19条（総会）　会長は，毎年1回会員の通常総会を召集しなければならない。会長が，必要と認めるとき又は会員の3分の1以上の請求があるときは，臨時総会を開く。
	付則　6．この規約は1993年9月9日より一部改正施行する。ただし，第11条に定める「会長」は次の選挙で選ばれた役員から適用する。

(7) 1994年10月9日

旧	新
第2条（事務所）　本会の事務所は，東京都千代田区霞が関3-3-2新霞が関ビル　全国社会福祉協議会内におく。	第2条（事務所）　本会の事務所は，東京都新宿区四谷4-6-1　四谷サンハイツ1208号室内に置く。
	付則　7．この規約は1994年10月9日より一部改正施行する。

(8) 1996年10月12日

旧	新
第2条（事務所）　本会の事務所は，東京都新宿区四谷4-6-1　四谷サンハイツ1208号室内に置く。	第2条（事務所）　本会の事務所は，東京都新宿区四谷4-6-1　四谷サンハイツ1209に置く。
第11条（役員）　本会に下記の役員をおく。 1．理事若干名　うち1名を会長，1名を会計理事とする。	第11条（役員）　本会に下記の役員をおく。 1．理事10名以上20名以内。うち1名を会長にあてる他，総務担当理事，研究担当理事，渉外担当理事，機関誌担当理事，庶務担当理事，及び地方部会担当理事をおく。
第23条（会計年度）　本会の会計年度は，毎年1月1日に始まり12月31日に終るものとする。	第23条（会計年度）　本会の会計年度は，毎年4月1日に始まり3月31日に終るものとする。
	付則　8．この規約は1996年10月12日より一部改正施行する。

(9) 1998年10月17日

旧	新
第2条（事務所）　本会の事務所は，東京都新宿区四谷4-6-1　四谷サンハイツ1209に置く。	第2条（事務所）　本会の事務所は，東京都新宿区三栄町8森山ビル西館501に置く。
第8条（退会）　会員は，いつでも理事会に通告して退会することができる。会費を3年以上	第8条（退会）　会員は，いつでも理事会に通告して退会することができる。会費を3年以上

資料1　日本社会福祉学会規約

滞納した者は，理事会において退会したものとみなすことができる。	滞納した者は，理事会において<u>退会したものとみなす</u>。
第13条（任期）　役員の任期は，3年とする。役員は再選することができる。補欠の役員の任期は，前任者の残任期間とする。	第13条（任期）　役員の任期は，<u>総会において承認された日の翌日から3年後の大会の終了する日までとする</u>。役員は再選することができる。補欠の役員の任期は，前任者の残任期間とする。
	付則　9．この規約は1998年10月17日より一部改正施行する。

⑽2001年10月21日

旧	新
第4条（事業）本会は前項の目的を達成するため，下記の事業を行う。 1．研究報告会の開催，毎年1回全国大会を開く。但し必要に応じて臨時大会を開くことがある。 2．別に定めるところによって，地方部会及び専門部会をおくことができる。 3．公開講演会の開催 4．内外の諸学会との連絡及び協力 5．機関誌その他の刊行物の発行 6．その他本会の目的を達成するために必要な事業	第4条（事業）　本会は前項の目的を達成するため，下記の事業を行う。 1．<u>毎年1回研究報告会としての全国大会を開催。</u> 2．<u>学会機関誌その他刊行物の発行。</u> 3．<u>地方部会を設置し，活動を推進。</u> 4．内外の諸学会との連絡及び協力。 5．公開講演会等の開催。 6．その他本会の目的を達成するために必要な事業。
第8条（退会）会員は，いつでも理事会に通告して退会することができる。会費を3年以上滞納した者は，理事会において退会したものとみなす。	第8条（退会）　会員は，<u>理事会に申し出て退会することができる。</u> 会費を3年以上滞納した者は，理事会において退会した者とみなす。
	第10条（会員の除籍）　会員が本会の名誉を著しく傷つけた場合，理事の3分の2以上の提案により，総会出席会員の3分の2以上の同意を得て，その会員を除籍することができる。
第11条（役員）本会に左の役員をおく。 1．理事10名以上20名以内。うち1名を会長にあてる他，総務担当理事，研究担当理事，渉外担当理事，機関誌担当理事，庶務担当理事，及び地方部会担当理事をおく。	<u>第12条</u>（役員）　本会に下記の役員をおく。 1．理事10名以上20名以内。うち1名を会長にあてる他，<u>副会長，</u>総務担当理事，研究担当理事，渉外担当理事，機関誌担当理事，庶務担当理事，<u>および</u>地方部会担当理事をおく。
第13条（任期）役員の任期は，総会において承認された日の翌日から3年後の大会の終了する日までとする。役員は再選することができる。補欠の役員の任期は，前任者の残任期間とする。	第14条（任期）　役員の任期は，総会において承認された日の翌日から3年後の大会の終了する日までとする。役員に欠員が生じた場合，補充された役員の任期は，前任者の残任期間とする。

487

第14条（会長）会長は，本会を代表する。会長に故障がある場合には，理事会の指名した他の理事が職務を代行する。	第15条（会長）　会長は，理事の中から互選し，本会を代表する。ただし，会長の任期は2期を限度とする。
	第16条（副会長）　副会長は理事の中から会長が指名し，会長に事故がある場合には，会長の職務を代行する。
第24条　本規約を変更し，又は本会を解散するには，会員の3分の1以上又は理事の過半数の提案により，総会出席会員の3分の2以上の同意を得なければならない。	第26条（規約の改正）　本規約を変更する場合は，会員の10分の1以上または理事の過半数の提案により，総会出席会員3分の2以上の同意を得なければならない。
	第27条（本会の解散）　本会を解散するには，会員の3分の1以上または理事の3分の2以上の提案により，総会出席会員の3分の2以上の同意を得なければならない。
	附則　10．この規約は2001年10月21日より一部改正施行する。

(11) 2003年10月12日

旧	新
第4条（事業）本会は前項の目的を達成するため，下記の事業を行う。 　1．毎年1回研究報告会としての全国大会を開催。 　2．学会機関誌その他刊行物の発行。 　3．地方部会を設置し，活動を推進。 　4．内外の諸学会との連絡及び協力。 　5．公開講演会等の開催。 　6．その他本会の目的を達成するために必要な事業。	第4条（事業）　本会は前項の目的を達成するため，下記の事業を行う。 　1．毎年1回研究報告会としての全国大会を開催。 　2．学会機関誌その他刊行物の発行。 　3．地方部会を設置し，活動を推進。 　4．顕著な研究業績をあげた者の顕彰。 　5．内外の諸学会との連絡及び協力。 　6．公開講演会等の開催。 　7．その他本会の目的を達成するために必要な事業。
	附則　11．この規約は2003年10月12日より一部改正施行する。

注：創立以来，事務局担当大学の交替により，事務所は何度か移転しており，規約自体は書き換えられたが，総会の議を経ないで変更されたようであり，附則の中に記載されていない（〔資料8〕日本社会福祉学会年表参照）。

〔資料2〕 日本社会福祉学会歴代役員　第1期（1954-1955）～第20期（2001-2003）

年	会　長	選挙役員	推薦役員	監　事
1954 1955	第1期 四宮恭二	東田英夫，磯村英一，木田徹郎，森脇要，村松常雄，岡村重夫，嶋田啓一郎，竹内愛二，谷川貞夫，若林龍夫，吉田久一	会計理事　田村米三郎	菅支那 竹中勝男
1956 1957	第2期 磯村英一	東田英夫，平田冨太郎，城戸幡太郎，村松常雄，森脇要，岡村重夫，嶋田啓一郎，四宮恭二，竹内愛二，田村米三郎，谷川貞夫，若林龍夫，横山定雄，吉田久一	会計理事　木田徹郎	菅支那 竹中勝男
1958 1959	第3期 竹内愛二	木田徹郎，吉田久一，岡村重夫，嶋田啓一郎，雀部猛利，中本博通		
1960 1961	第4期 木田徹郎	若林龍夫，牧賢一，籠山京，東田英夫，磯村英一，雀部猛利，横山定雄		
1962 1963	第5期 岡村重夫	会計監事　奥村忠雄 籠山京，東田英夫，竹内愛二，田村米三郎，西脇勉，嶋田啓一郎，寺本喜一	西内潔，磯村英一，木田徹郎，小川政亮，仲村優一，吉田久一，一番ヶ瀬康子，佐口卓，若林龍夫，柏木昭，浦辺史	塚本哲 雀部猛利
1964 1965	第6期 若林龍夫	小川政亮，竹内愛二，磯村英一，木田徹郎，岡村重夫，一番ヶ瀬康子，仲村優一，嶋田啓一郎，浅賀ふさ	籠山京，西内潔，佐口卓，浦辺史，寺本喜一，孝橋正一，雀部猛利，西脇勉，柏木昭，重田信一	福山政一 米山富雄
1966 1967	第7期 若林龍夫	一番ヶ瀬康子，磯村英一，柏木昭，孝橋正一	仲村優一，小川政亮，岡村重夫，嶋田啓一郎	竹内愛二
1968 1969	第8期 浦辺史	岡村重夫，仲村優一，嶋田啓一郎，一番ヶ瀬康子，孝橋正一，小川政亮，若林龍夫，重田信一，磯村英一	助川貞利，田代不二男，本出祐之，雀部猛利，西脇勉，内田守，佐口卓，小沼正，柏木昭，高島進	森永松信 秦隆真
1970 1971	第9期 浦辺史	柏木昭，高島進，小倉襄二，小川政亮，仲村優一，岡村重夫，一番ヶ瀬康子，嶋田啓一郎，磯村英一	重田信一，三吉明，田代不二男，吉田久一，福島垂穂，児島美都子，孝橋正一，上田千秋，西脇勉，内田守	小沼正 前田敏男
1972 1973	第10期 浦辺史	仲村優一，一番ヶ瀬康子，嶋田啓一郎，小川政亮，岡村重夫，小倉襄二，重田信一，高島進，柴田善守	三吉明，田代不二男，三浦文夫，柏木昭，福島垂穂，窪田暁子，上田千秋，孝橋正一，岡田藤太郎，内田守	森永松信 吉田宏岳

第Ⅴ部 資料編

年	期			
1974	第11期 三浦文夫	小倉襄二，吉田久一，柴田善守，窪田暁子，三吉明，岡田藤太郎，大塚達雄，児島美都子，福田垂穂	阿部志郎，上田千秋，田代国次郎，白沢久一，住谷馨，奥山典雄，小川政亮，仲村優一，岡本民夫，宍戸健夫	吹田盛徳 中垣昌美
1975				
1976				
1977	第12期 一番ヶ瀬康子	重田信一，阿部志郎，高島進，右田紀久恵，浦辺史，大坂譲治，大塚達雄，岡村重夫，岡本民夫	大沢勝，忍博次，児島美都子，雀部猛利，嶋田啓一郎，高森敬久，武田建，永田幹夫，吉田久一，吉田卓司	高澤武司 田代不二男
1978				
1979				
1980	第13期 一番ヶ瀬康子	重田信一，仲村優一，高島進，永田幹夫，岡村重夫，嶋田啓一郎，三浦文夫，柴田善守，窪田暁子	上田千秋，岡田藤太郎，右田紀久恵，小松源助，小倉襄二，白沢久一，武田建，大坂譲治，保田井進，吉田卓司	田代不二男 高澤武司
1981				
1982				
1983	第14期 仲村優一	阿部志郎，三浦文夫，浦辺史，児島美都子，窪田暁子，上田千秋，吉田久一，小川政亮，小倉襄二	白沢久一，秋山智久，大塚達夫，真田是，柴田善守，筑前甚七，田代国次郎，保田井進，永田幹夫，北川隆吉	佐藤進 小松源助
1984				
1985				
1986	第15期 一番ヶ瀬康子	小松源助，阿部志郎，岡本民夫，板山賢治，河田正勝，忍博次，大坂譲治，秋山智久，高森敬久，小田兼三	中園康夫，植田美佐恵，右田紀久恵，高島進，児島美都子，小川政亮，大塚達雄，三和治，吉澤英子，黒川昭登	佐藤進 浦辺史
1987				
1988				
1989	第16期 一番ヶ瀬康子	三浦文夫，仲村優一，岡本民夫，板山賢治，白沢久一，筑前甚七，大橋謙策，高島進，小田兼三	岡本栄一，保田井進，石井哲夫，右田紀久恵，大坂譲治，忍博次，窪田暁子，田代国次郎，野久尾徳美，宮田和明	井岡勉 佐藤進
1990				
1991				
1992	第17期 仲村優一	秋山智久，阿部志郎，窪田暁子，児島美都子，宮田和明，三浦文夫，大橋謙策，白沢久一，大友信勝	井岡勉，真田是，太田義弘，松井二郎，岡本栄一，保田井進，中園康夫，田代国次郎，渡部剛士，板山賢治	小松源助 佐藤進
1993				
1994				
1995	第18期 阿部志郎	一番ヶ瀬康子，秋山智久，京極高宣，井岡勉，太田義弘，岡本民夫，忍博次，松井二郎，小田兼三	児島美都子，古川孝順，高島進，大友信勝，三友雅夫，中園康夫，田端光美，渡部剛士，橋本泰子，高橋重宏	小松源助 中垣昌美
1996				
1997				
1998	第19期 大橋謙策	岡本民夫，一番ヶ瀬康子，古川孝順，小田兼三，三浦文夫，右田紀久恵，高橋重宏，京極高宣，高島進	岡本栄一，佐藤嘉夫，白澤政和，杉village宏，鈴木勉，田代国次郎，田端光美，保田井進，宮田和明，山崎美貴子	佐藤進 中垣昌美
1999				
2000				
2001	第20期 大橋謙策	秋山智久，宮田和明，黒木保博，中嶋和夫，白澤政和，硯川眞旬，岩田正美，井岡勉，鬼崎信好	阿部實，上野谷加代子，大友信勝，高澤武司，中田照子，福山和女，牧里毎治，松井二郎，山崎美貴子，米本秀仁	右田紀久恵 三浦文夫
2002				
2003				

490

資料3　日本社会福祉学会会員数の変遷

注1：本書第Ⅲ部座談会（p.233）の中で吉田久一は理事の選出について「第1回は選考委員を決めて，選考委員会でやりましたね。」選挙というのは「11回目ごろからですよ。」と述べている。
　　　また，1964年6月13日開催の理事会記録によると，新理事選挙の件についてとりあげられ，同日開催の選挙管理委員会では「選挙は前例に準じて運営する。」とある（『社会福祉学』第5号，1964年，p.61）。
　　　したがって，理事選出が選挙によって行われるようになったのは，第5期からではないかと思われるので，第1期から第4期については選挙役員，推薦役員の区別はなかったと思われる。
注2：第3期，第4期，第7期の理事については，本資料に掲載されている会員以外にもあったと思われるが，不明である。

〔資料3〕 日本社会福祉学会会員数の変遷

年月	名誉会員	北海道	東北	関東	中部	関西	中国四国	九州	海外	計
1954.05										196
1956.12										296
1963.10										442
1967.04										599
1969.06		37	28	242	83	161	27	49		627
1970.09		35	36	228	78	187	35	53		652
1983.06		63	64	482	147	372	107	116		1,351
1986.08		81	65	527	161	380	107	110	4	1,435
1989.08		87	97	587	164	403	120	123	6	1,587
1992.06		85	110	730	212	444	135	141	6	1,863
1993.09	6	96	121	850	234	489	171	152	9	2,128
1994.06	6	98	122	858	338	489	181	156	9	2,251
1995.07	6	111	131	922	264	538	209	184	13	2,378
1996.10	7	126	141	1,100	307	642	265	212	13	2,813
1997.10	6	135	163	1,173	340	700	279	234	20	3,050
1998.07	6	143	179	1,228	359	732	309	259	21	3,236
2001.06	8	154	238	1,448	461	753	338	401	31	3,832
2003.10	12	166	274	1,640	604	940	415	485	34	4,570

注1：2001.06までは残存する学会名簿による数値。
注2：2003.10は2003年度総会議案書による数値。
注3：1954.05の会員数については，〔資料4〕注2参照。
注4：「学会ニュース」No.36，2004年6月1日によると2004年5月末会員数は4,528人。

〔資料4〕創立時日本社会福祉学会会員名簿　1954年5月（ABC順）

ABC順	氏　名	所属機関	所属機関所在地
A	阿部　志郎	明治学院大学	東京都港区芝
	明山　和夫	大阪女子大学	大阪市住吉区帝塚山東3丁目
	新井　文子	日本女子大学	東京都文京区高田豊川町18
	荒井貢次郎	中央大学	東京都千代田区神田駿河台3ノ9
	淺賀　ふさ	中部社会事業短期大学	名古屋市昭和区滝川町31
C	中鉢　正美	慶應義塾大学経済学部	東京都港区芝三田2丁目2
D	伊達　富久	岡山県岡山保健所	岡山市東吉松80
	土井　正徳	最高裁判所家庭局	東京都千代田区霞ヶ関
	堂面　秋芳	兵庫県立労働研究所	
E	江澤　繁	北海道学芸大学	札幌市南二十二条西12丁目
F	藤井　了貞	慶徳寺善隣館	茨木市中穂積6
	藤野　隆一	熊本短期大学	熊本市大江町渡鹿
	福島　衞	東京都民生局	東京都千代田区丸ノ内3ノ1
	古坂　明詮	駒澤大学	東京都世田谷区
	藤沢裟裟利*	神奈川大学	横浜市神奈川区
G	五味百合子	日本社会事業短期大学	東京都渋谷区原宿3丁目266ノ2
H	濱田　光雄	近畿地方更生保護委員会	
	原田　盆雄	熊本女子大学	熊本市大江町
	長谷川良信	マハヤナ学院	東京都豊島区西巣鴨3ノ616
	服部　克己	東京都民生局	東京都千代田区丸ノ内3ノ1
	服部　正	大阪社会事業短期大学	大阪市東区森之宮西之町1
	東田　英夫	大阪社会事業短期大学	大阪市東区森之宮西之町1
	平林　治徳	大阪女子大学	大阪市住吉区帝塚山東3丁目
	平賀　孟	国立精神衛生研究所	千葉県市川市国府台
	本出　祐之	大阪市立大学家政学部	大阪市西区西長堀南通5
	堀内　義正	愛知県社会福祉協議会	名古屋市中区関鍛冶町1ノ1
	星野周一郎	大阪女子大学	大阪市住吉区帝塚山東3丁目
I	茨木健二郎	石井記念愛染園	大阪市浪速区北日東町41
	一番ヶ瀬康子	日本女子大学	東京都文京区高田豊川町18
	池川　清	大阪市役所民生局	大阪市北区中之島1
	今岡健一郎	中部社会事業短期大学	名古屋市昭和区滝川町31
	井上　直彦	株式会社大丸神戸店	神戸市生田区明石町
	石田良三郎		
	石井　文子	大阪市役所民生局	大阪市北区中之島1
	磯村　英一	東京都立大学	東京都目黒区衾町591
	伊藤　昭	東光学園	堺市土塔町2028
	糸賀　一雄	滋賀県立近江学園	大津市石山南郷町
	岩藤　和子	岡山県岡山保健所	岡山市東吉松80

資料4　創立時日本社会福祉学会会員名簿

	井垣　章二＊	同志社大学文学部	京都市上京区烏丸今出川東入
	岩本　一美＊	明治大学	
	石井　哲夫＊	日本社会事業短期大学	東京都渋谷区原宿
	市岡　典三＊	日本社会事業短期大学	東京都渋谷区原宿
K	龜井専之祐	大阪市役所民生局	大阪市北区中之島1
	菅　　支那	日本女子大学	東京都文京区高田豊川町18
	金子　志郎	大阪社会事業短期大学	大阪市東区森之宮西之町1
	賀集　　一	朝日新聞大阪厚生文化事業団	大阪市北区中之島3ノ3
	片上　　明	大阪社会事業短期大学	大阪市東区森之宮西之町1
	桂　　泰三	尼崎市福祉事務所	尼崎市北城内47
	川上　　和	尼崎市福祉事務所	尼崎市北城内47
	紀　　幸子	国立精神衛生研究所	千葉県市川市国府台
	木田　徹郎	日本社会事業短期大学	東京都渋谷区原宿3丁目266ノ2
	雉本　時哉	大阪女子大学	大阪市住吉区帝塚山東3丁目
	木村　武夫	大阪経済大学	大阪市東淀川区大隅通79
	岸　　　勇	中部社会事業短期大学	名古屋市昭和区滝川町31
	古閑　慶之	朝日新聞大阪厚生文化事業団	大阪市北区中之島3ノ3
	孝橋　正一	大阪社会事業短期大学	大阪市東区森之宮西之町1
	小島　幸治	日本社会事業短期大学	東京都渋谷区原宿3ノ266
	古今堂雪雄	毎日新聞社大阪社会事業団	大阪市北区堂島中町
	小松　源助	熊本短期大学	熊本市大江町渡鹿
	小宮山主計	日本社会事業短期大学	東京都渋谷区原宿3丁目266ノ2
	近藤浩一郎	中部社会事業短期大学	名古屋市昭和区滝川町31
	小西　孝彦	朝日新聞大阪厚生文化事業団	大阪市北区中之島3ノ3
	小谷　光江	光生病院	岡山市大供厚生町
	神崎　　廣	大阪社会福祉協議会	大阪市東区法円坂町1
	桑畑　勇吉	大阪市立大学家政学部	大阪市西区西長堀南通5
	籠山　　京＊	北海道大学教育学部	札幌市北八条西5丁目
	古賀滿喜枝＊	国立精神衛生研究所	市川市国府台1丁目
	串原とみ子＊	石井記念愛染園	大阪市浪速区北日東町41
	城戸幡太郎＊	北海道大学	札幌市北八条西5丁目
M	待井　和江	大阪社会事業短期大学	大阪市東区森之宮西之町1
	前田　　栄	日本女子大学	東京都文京区高田豊川町18
	牧　　賢一	全国社会福祉協議会連合会	東京都渋谷区原宿3丁目266ノ2
	丸山　　學	熊本短期大学	熊本市大江町
	増田　啓子	大阪女子大学	大阪市住吉区帝塚山東3丁目
	増原　良二	大阪市社会福祉協議会	大阪市北区中之島大阪市役所内
	松井　豊二	岡山博愛会病院	岡山市花畑37
	松本　榮二	関西学院大学	西宮市上ヶ原
	松尾　純雄	毎日新聞大阪社会事業団	大阪市北区堂島中町
	松島　正儀	東京育成園	東京都世田谷区上馬1ノ754

第Ⅴ部 資料編

	見神　俊彦	大阪社会事業短期大学	大阪市東区森之宮西之町1
	三木正太郎	大阪社会事業短期大学	大阪市東区森之宮西之町1
	三井　正雄	大阪市社会福祉協議会	大阪市北区中之島1，大阪市役所内
	光川　晴之	大阪女子大学	大阪市住吉区帝塚山東3丁目
	三浦　文夫	中部社会事業短期大学	名古屋市昭和区滝川31
	三宅　宗雄	西京大学文家政学部	京都市右京区桂市ノ前町1
	三吉　　明	明治学院大学	東京都港区芝白金
	三好豊太郎	労働省統計調査部	
	水野　作子	大阪市立大学家政学部	大阪市西区西長堀南通5
	森脇　　要	立教大学	東京都豊島区池袋3ノ1272
	村越　芳男	厚生省社会局	
	村松　常雄	名古屋大学医学部	名古屋市昭和区鶴舞町
	村田　松男	東京都立新宿生活館	
N	長岡　陽子	大阪市役所民生局	大阪市北区中ノ島1
	永谷　孝治	大阪社会事業短期大学	大阪市東区森之宮西之町
	中井　駿二	関西大学	大阪府吹田市千里山17
	中本　博通	大阪社会事業短期大学	大阪市東区森之宮西之町
	中村　　遥	大阪水上隣保館	
	中村幸太郎	大阪女子大学	大阪市住吉区帝塚山東3丁目
	中村藤太郎	中部社会事業短期大学	名古屋市昭和区滝川町31
	仲村　優一	日本社会事業短期大学	東京都渋谷区原宿3ノ266
	成川　芳雄	大阪市役所民生局	大阪市北区中ノ島1
	西田　誠行	大阪市役所民生局	大阪市北区中ノ島1
	西田　長壽	東京大学法学部	東京都文京区本富士町
	西原　熙久	東北大学農学部	仙台市北六番丁
	西原　富雄	伏見児童相談所	京都市伏見区舞台町40
	西川　　晃	大阪女子大学	大阪市住吉区帝塚山東3丁目
	西村嘉三郎	大阪女子大学	大阪市住吉区帝塚山東3丁目
	西野　威子	岡山博愛会病院	岡山市花畑37
	西内　　潔	社会事業研究所	東京都渋谷区原宿3ノ266
	西脇　　勉	大阪社会福祉協議会	大阪市東区法円坂町1
	丹羽　湛海	愛知県中央児童相談所	名古屋市中区王子町
O	小川　政亮	日本社会事業短期大学	東京都渋谷区原宿3ノ266
	小倉　襄二	同志社大学文学部	京都市上京区今出川通烏丸東入北小路町
	大橋　　薫	大阪市立大学家政学部	大阪市西区西長堀南通5
	大畠　たね	立教大学	東京都豊島区池袋3ノ1272
	追矢　正巳	大阪女子大学	大阪市住吉区帝塚山東3丁目
	岡　　茂子	倉敷保健所	倉敷市美和町
	岡田　日向		
	岡村　重夫	大阪市立大学家政学部	大阪市西区西長堀南通5
	沖津　邦弘	関目学園	大阪市城東区古市中通3ノ18

資料4　創立時日本社会福祉学会会員名簿

	大久保満彦	慶應義塾大学経済学部	東京都港区三田2ノ2
	奥村　忠夫	大阪市立大学家政学部	大阪市西区西長堀南通5
	奥山　典雄	岡山県中央児童相談所	岡山市石井75
	音田　正巳	大阪社会事業短期大学	大阪市東区森ノ宮西之町1
	大野　辰見	浪速大学工学部	堺市百舌鳥
	長部　英三	近畿地方更生保護委員会	
	大塚　鐙	大阪社会事業短期大学	大阪市東区森之宮西之町1
	大藪　壽一	熊本短期大学	熊本市大江町渡鹿
	大塚　達雄＊	同志社大学文学部	京都市上京区今出川通烏丸東入
	大原　竜子＊	埼玉県民生部	埼玉県浦和市
R	利齋　明子	大阪市役所民生局	大阪市北区中ノ島1
S	佐口　卓	早稲田大学商学部	東京都新宿区戸塚町
	阪井　敏郎	大阪女子大学	大阪市住吉区帝塚山東3丁目
	坂本敬之介	東京都民生局	東京都千代田区丸ノ内3ノ1
	坂本ツヤ子	関西学院大学文学部	西宮市上ヶ原
	櫻井　芳郎	国立精神衛生研究所	千葉県市川市国府台
	佐光　乙二	兵庫県社会福祉研究所	
	眞田　是	大阪社会事業短期大学	大阪市東区森之宮西之町1
	雀部　猛利	神戸女学院大学	西宮市岡田山65
	佐藤　文男	東京都民生局	東京都千代田区丸ノ内3ノ1
	柴田　善守	大阪市立大学家政学部	大阪市西区西長堀南通5
	重田　信一	全国社会福祉協議会連合会	東京都渋谷区原宿3ノ266
	四方　壽雄	愛知県立女子短期大学	名古屋市瑞穂区瑞穂町字神ノ内5
	嶋田啓一郎	同志社大学文学部	京都市上京区今出川通烏丸東入小路町
	清水　英夫	四天王寺悲田院養老寮	大阪府南河内郡埴生村大字埴生野60ノ1
	四宮　恭二	大阪社会事業短期大学	大阪市東区森之宮西之町1
	篠崎　茂穂	日本女子大学	東京都文京区高田豊川町18
	潮谷總一郎	慈愛園	熊本市神水町320
	白幡　幸穂	大阪社会事業短期大学	大阪市東区森之宮西之町1
	管野　重道	国立精神衛生研究所	千葉県市川市国府台
	杉村　春三	リデルライト記念養老院	熊本市黒髪町下立田631
	住　宏平	大阪女子大学	大阪市住吉区帝塚山東3丁目
	鈴木栄太郎	北海道大学	札幌市北八条西5丁目
	鈴木　俊子	大阪市役所民生局	大阪市北区中ノ島1
	鈴木　育子＊	国立精神衛生研究所	市川市国府台1丁目
	榊原　節子＊	大阪市立上町中学校	大阪市南区南桃谷町11
	園　直樹＊	西京大学文家政学部	京都市右京区桂市之前町
T	橘　覺勝	大阪大学文学部	豊中市柴原
	多田　貞久	北海道社会福祉協議会	札幌市北一条西14丁目
	多田　吉三	市立泉尾第二工業学校	大阪市大正区泉尾松之町
	高橋　梵仙		

第Ⅴ部 資料編

	武田　建	関西学院大学	西宮市上ヶ原
	武田喜久子	大阪市立大学家政学部	大阪市西区西長堀南通5
	竹中　勝男	同志社大学文学部	京都市上京区今出川通烏丸東入北小路町
	竹内　愛二	関西学院大学	西宮市上ヶ原
	玉井　政介	国立精神衛生研究所	千葉県市川市国府台
	田宮　良子	日本女子大学	東京都文京区高田豊川町18
	田村米三郎	大阪女子大学	大阪市住吉区帝塚山東3丁目
	田中　卓	大阪社会事業短期大学	大阪市東区森之宮西之町1
	田中　太郎	大阪女子大学	大阪市住吉区帝塚山東3丁目
	田中　嘉男	厚生省社会局	
	谷　貞信	東京医療少年院	東京都渋谷区代々木大山町1076
	谷川　貞夫	社会事業研究所	東京都渋谷区原宿3ノ266
	丹治　義郎	関西学院大学文学部	西宮市上ヶ原
	田代不二男	東北大学農学部	仙台市北六番丁
	舘野　眞	中部社会事業短期大学	名古屋市昭和区滝川町31
	寺本　喜一	西京大学文家政学部	京都市右京区桂市之前町
	富永　陽子	大阪女子大学	大阪市住吉区帝塚山東3丁目
	富田富士雄	関東学院大学	横浜市金沢区六浦町
	塚本　哲	東京都立新宿生活館	
	都築　秀夫	関目学園	大阪市城東区古市中通3ノ18
	寺田　浩子*	南海毛糸紡績株式会社	大阪市東区南久太郎町2-9
	高山　教三*	石川県福祉課	石川県金沢市
U	内田　守	熊本短期大学	熊本市大江町
	上田　千秋	大阪市役所民生局	大阪市北区中之島1
	宇治谷義雄	中部社会事業短期大学	名古屋市昭和区滝川町31
	浦辺　史	国立身体障害者更生指導所	東京都新宿区戸山町1
	浦山　倫郎	大阪社会福祉協議会	大阪市東区法円坂町1
	牛窪　浩	立教大学	東京都豊島区池袋3ノ1272
	碓井　隆次	大阪社会事業短期大学	大阪市東区森之宮西之町1
	瓜巣　憲三*	神奈川県立中里学園	
W	若林　龍夫	明治学院大学	東京都港区芝白金今里町42
	脇坂　聖	大阪府立羽曳野結核療養所	
	鷲谷　善教	日本社会事業短期大学	東京都渋谷区原宿3ノ266
	渡邊　英雄	島根県社会福祉協議会	
Y	矢部　喜一	東京都民生局	東京都千代田区丸ノ内3ノ1
	矢島　貞子	大阪市役所民生局	大阪市北区中ノ島1
	山田　泰作	北海道社会福祉協議会	札幌市北一条西14丁目
	山本千枝子	大阪市役所民生局	大阪市北区中ノ島1
	山本　開作	大阪市立大学家政学部	大阪市西区西長堀南通5丁目
	山本紀久恵	大阪市立大学家政学部	大阪市西区西長堀南通5丁目
	山室　周平	山梨大学学芸学部	甲府市古府中町

資料4　創立時日本社会福祉学会会員名簿

山根　常男	南山大学	名古屋市昭和区五軒家町6
山下　俊郎	東京都立大学	東京都目黒区衾町
大和ちどり	大阪女子大学	大阪市住吉区帝塚山東3丁目
山吉　　長	大阪女子大学	大阪市住吉区帝塚山東3丁目
横山　益治	大阪社会事業短期大学	大阪市東区森之宮西之町1
横山　定雄	国立精神衛生研究所	千葉県市川市国府台1丁目
吉田　久一	淑徳短期大学	埼玉県北足立郡与野町小村田55
吉田　宏岳	中部社会事業短期大学	名古屋市昭和区滝川町31
吉田ますみ	聖路加国際病院	東京都中央区明石町
吉川　俊一	大阪女子大学	大阪市住吉区帝塚山東3丁目
吉澤　英子	日本女子大学	東京都文京区高田豊川町18
山﨑　道子＊	国立精神衛生研究所	千葉県市川市国府台1丁目
山根　　薫＊	埼玉大学	埼玉県浦和市常盤町6ノ1
矢島　　博＊	日本社会事業短期大学	東京都渋谷区原宿3ノ266

注1：上掲名簿には日本社会福祉学会役員，委員，会員の所属機関電話番号，自宅住所・電話番号も記載されているが省略した。役員，委員については本書第Ⅱ部第1章（p.107）参照。なお上掲名簿は縦書きのため，漢数字は算用数字に改めた。

注2：＊印は，謄写版で作成され貼付されている。前掲名簿掲載の会員総数は216名，うち謄写版貼付分会員は20名。謄写版貼付分会員のうち，関東部会所属のものについては，「昭和29年5月の会員名簿が印刷されて以後の新会員の方々」（「日本社会福祉学会関東部会会報」第2号，1956年1月）として掲載されている会員一覧の中にある。したがって，最初の会員数はこの貼付分を除いた196名であったと思われる。

資料：『昭和29年5月　日本社会福祉学会会員名簿』日本社会福祉学会。

〔資料5〕機関誌『社会福祉学』総目次
〔第1巻第1号(1960.3)～第44巻第3号(2004.3)〕

● 『社会福祉学』(第1巻第1号)(1960年3月31日発行)
SCIENCE OF SOCIAL WELFARE
社会福祉と諸科学
　機関誌の創刊に際して　　　　　　　　　　　　　　　　　竹内　愛二…(2)
〈共通論題〉　社会福祉と諸科学
　　　　　　岡村重夫…(3)／嶋田啓一郎…(8)／牛窪浩…(32)／佐口卓…(43)
〈自由論題〉
　「社会事業研究の問題と方法に関する一考察」　　　　西原煕久／岩本正次…(52)
　「アメリカ社会事業の成立時代」　　　　　　　　　　　一番ヶ瀬　康子…(71)
　「事実的養育関係にある児童とその身上保護について」　　　右田　紀久恵…(105)
　「現代日本における老人問題～大都市における中流・下流・下層階層の場合」
　　　　　　　　　　木田徹郎(124)／副田義也(129)／石井哲夫…(158)
　「大都市におけるスラムの社会構造」　　　　　　　　　　　竹中　和郎…(169)
〈研究室紹介〉
　明治学院大学社会学研究室・社会福祉学研究室…(197)
　日本女子大学と社会福祉学科…(199)
　日本社会福祉学会の起源と発達…(204)
学会彙報(206)

● 『社会福祉学』(第1巻第2号)(1961年3月31日発行)
〈特集〉　ソーシャル・ケースワーク
　「ケースワーク特集号の発刊に際して」　　　　　　　　　　木田　徹郎…(2)
　「ケースワークの社会学的本質～特に専門社会事業としての考察」　竹内　愛二…(3)
　「ソーシャル・ケースワークへの本質的接近」　　　　　　　寺本　喜一…(20)
　「ケースワークの日本的条件」　　　　　　　　　　　　　　仲村　優一…(36)
　「家族の緊張と家族診断」　　　　　　　　　　　　　　　　柏木　昭…(48)
　「児童ケースワーク接近への本質的課題」　　　　　　　　　三浦　賜郎…(64)
〈資料〉　欧米社会事業統制機関としての連合慈善会について　　矢吹　慶輝…(76)
　　　　　　　　　　　　　　　　　　　　　　　　　解説：吉田　久一
　　　明治六年の三子養育料給与規定　　　　　　　　　　　　碓井　隆次…(82)
〈書評〉　「日本の救貧制度」をよみて　　　　　　　　　　　竹内　愛二…(88)
　　　　「日本社会事業の歴史」によせて　　　　　　　　　　岡村　重夫…(90)
〈研究室紹介〉
　大阪女子大学福祉学科研究室(92)／日本福祉大学の社会福祉学科(95)
日本福祉学会の起源と発達(99)／学会彙報(100)

資料5　機関誌『社会福祉学』総目次

● 『社会福祉学』（第3号）（1962年6月1日発行）
〈特集〉　最低生活費論
　　「低額所得階層研究方法序説」　　　　　　　　　　　江口　英一…(3)
　　「最低生活費論の課題～保護基準に関連して」　　　　岸　　　勇…(56)
　　「最低生活費と生活保護基準の算定について」　　　　雀部　猛利…(68)
〈自由論題〉
　　「変動期における青少年のパースナリティ構造と生活構造」
　　　　　　　　　　　　　　　　　　木田徹郎／竹中和郎／副田義也…(79)
〈図書紹介〉
　　「生活保護行政の実態と展開」　　　　　　　　　　　大塚　達雄…(99)
〈研究室紹介〉
　　大阪市立大学社会福祉研究室（103）／大正大学文学部社会事業学科（107）
学会彙報（109）

● 『社会福祉学』（第4号）（1963年12月25日発行）
〈特集〉　社会福祉における住民参加
　　「社会福祉における住民参加～その四つの形態と問題」　野久尾徳美…(1)
　　「社会福祉における住民参加～社協活動と京都市民」　　寺本　喜一…(15)
〈自由論題〉
　　（小特集）社会問題の分析枠組　　　　　　　　　　　　…‥…(27)
　　Ⅰ「アノミー論の展開」　　　　　　　　　　　　　　木田　徹郎…(27)
　　Ⅱ「社会問題研究に際しての分析枠組」　　　　　　　竹中　和郎…(34)
　　Ⅲ「社会問題のマルクス主義的分析枠組のための基本的前提」　副田　義也…(47)
　　「児童生活と母子関係の力動性～大都市周辺地域を中心として」
　　　　　　　　　　　　　　　　　　松本武子／吉澤英子／柴田英子…(74)
　　「身体障害者福祉の一考察」　　　　　　　　　　　　三和　　治…(104)
〈図書紹介〉
　　ウドルーフ著「慈善から社会事業へ」　　　　　　　　中村　幸太郎…(115)
　　岡村重夫著「社会福祉学」（各論）　　　　　　　　　仲村　優一…(124)
〈研究室紹介〉
　　関西学院大学社会学部社会福祉研究室（124）／華頂短期大学社会福祉科（130）

● 『社会福祉学』（第5号）（1964年12月25日発行）
〈特集〉　経済開発と社会福祉
　　「経済開発と社会福祉」　　　　　　　　　　　　　　磯村　英一…(1)
　　「後進地域の経済開発と生活水準」　　　　　　　　　籠山　　京…(15)
〈自由論題〉
　　「社会事業の比較研究」　　　　　　　　　　　　　　園　　直樹…(28)
〈図書紹介〉

499

第V部 資料編

  一番ヶ瀬康子著『アメリカ社会福祉発達史』   高島　進…(*42*)
〈研究室紹介〉
  日本社会事業大学社会福祉学部社会事業学科・児童福祉学科研究室（ *49*）／同志社大学文学部社会学科社会福祉学研究室（ *56*）

● 『社会福祉学』（第6号）（1966年3月25日発行）
〈特集〉　戦後20年の社会福祉研究
  （総論的研究）
    「社会事業理論の研究」   園　　直樹…(*1*)
    「社会事業研究の方向について」   柴田　善守…(*11*)
    「戦後社会事業論史研究序説」   一番ケ瀬　康子…(*21*)
    コメント   竹内　愛二…(*41*)
  （低所得階層対策研究）
    「福祉国家状況と低所得」   小倉　襄二…(*45*)
    「低所得階層対策の研究」   小沼　　正…(*57*)
    コメント   雀部　猛利…(*68*)
  （ケースワーク研究）
    「戦後におけるケースワーク研究の動向と課題」   中園　康夫…(*72*)
    コメント   仲村　優一…(*83*)
〈自由論題〉
  「戦後社会事業思想史の問題点〜占領期をめぐって」   吉田　久一…(*88*)
〈図書紹介〉
  柴田善守著『石井十次の生涯と思想』   西脇　　勉…(*105*)
〈研究室紹介〉
  東北福祉大学社会福祉学部研究室（*109*）／大阪社会事業短期大学社会事業科研究室（*110*）
日本社会福祉学会事務局報告…(*115*)

● 『社会福祉学』（第7号）（1967年3月25日発行）
〈特集〉　地域格差と社会保障
  （総論的研究）
    「生活構造論における地域的条件の問題」   中鉢　正美…(*1*)
    「社会福祉と地域格差」   浦辺　　史…(*14*)
    「環境及び保健問題と社会保障」   内田　　守…(*29*)
〈自由論題〉
  「農家生活の変貌と保健所」   田端　光美…(*42*)
  「多問題家族への多面的組織的アプローチの必要性」
              松本武子／山崎道子／吉澤英子…(*60*)
  「近郊小都市における老人の存在形態と生活態度に就いて」 山下　袈裟男…(*87*)
  「医療ソーシャルワーカーの機能について」 窪田暁子／小野哲郎／小林育子…(*126*)

〈図書紹介〉
　　竹内愛二著『実践福祉社会学』　　　　　　　　　　　三友　雅夫…(*143*)
　　牧　賢一著『コミュニティ・オーガニゼーション概論』　岡村　重夫…(*146*)
〈研究室紹介〉
　　立正大学社会学研究室（*149*）／愛知県立大学社会福祉学科（*151*）
昭和41年度日本社会福祉学会事務局報告（*153*）／昭和40年度決算（*154*）
昭和41年度上半期会計報告（*155*）／昭和42年度予算案（第１案・第２案）（*156*）

● 『社会福祉学』（第8／9合併号）（1969年6月25日発行）
　　「フェティシズム行為児童の分析」　　　　　　　　　　赤木　正典…(*1*)
　　「交通事故と医療社会事業」　　　　　　　　　　　　　沖津　邦弘…(*17*)
　　「ケースワークにおける行動化 acting out」　　　　　　黒川　昭登…(*33*)
　　「養護施設における集団主義教育について」　　　　　　積　　惟勝…(*49*)
　　「『精神薄弱福祉論』の試み」　　　　　　　　　　　　津曲　裕次…(*63*)
　　「里親制度と児童の福祉」（付）滋賀県里親実態調査結果　福田　杲正…(*77*)
　　「イギリスにおける貧困問題と選別性論」　　　　　　　高島　　進…(*87*)
〈研究室紹介〉
　　北星学園大学文学部社会福祉研究室（*99*）／佛教大学社会福祉学科研究室（*101*）
学会記事（*104*）

● 『社会福祉学』（第10号）（1970年10月15日発行）
〈論文〉
　　「公害と地域福祉」　　　　　　　　　　　　　　　　　神岡　浪子…(*1*)
　　「民生委員の意識構造に関する研究（１）」永田勝彦／忍博次／石川恒夫／沢井光子…(*19*)
　　「児童福祉における対象の問題」　　　　　　　　　　　古川　孝順…(*51*)
〈研究ノート〉
　　「地域と社会福祉」　　　　　　　　　　　　　　　　　林　　雅孝…(*65*)
〈研究室紹介〉
　　四国学院大学文学部…(*79*)
　　学会記事…(*83*)
　　東北における社会福祉活動研究の状況　　　　　　　　　田代　国次郎…(*85*)
　　事務連絡（*91*）

● 『社会福祉学』（第11号）（1971年9月20日発行）
70年代の社会福祉―課題と展望―
〈特集論文〉
　　「社会福祉運動が示すもの―児童をめぐる教育と福祉―」浦辺　　史…(*1*)
　　「70年代の社会福祉の課題―対象者との対応関係を中心に―」岡本　民夫…(*11*)
　　「社会福祉理論の課題」　　　　　　　　　　　　　　　岡田　藤太郎…(*23*)
　　「70年代における社会福祉のための理論と実践」　　　　後藤　平吉…(*35*)

第Ⅴ部　資料編

〈文献紹介〉
　「我が国における『家族福祉』研究の現状と今後の方向」　　　　　　阪野　　貢…(51)
〈現場からの提言〉
　「京都府社協の歩みと今後の課題」　　　　　　　　　　　　　　　　土村　禎彰…(61)
　「職業的リハビリテーションと従事者の課題」　　　　　　　　　　　安部　節子…(67)
　「精神障害者と社会福祉―コミュニティ・ケア（PSWの立場から）」　寺谷　隆子…(72)
　「現場からの問題提起―社会福祉教育について―」　　　　　　　　　上野　博子…(76)
　「精神障害者に対するディ・ケアの展開―スタッフのかかわり方を中心に―」
　　　　　　　　　　　　　　　　　　　　　　　　　　　　　　　　松永　宏子…(80)
　「精神薄弱者更生施設における社会復帰指導の現状と課題について」　森　　靖彦…(85)
　「理論と実践の遊離性について―社会福祉と特殊教育の接点からの一考察―」
　　　　　　　　　　　　　　　　　　　　　　　　　　　　　　　　安倍　敏子…(94)
　「社会福祉現場よりみた社会福祉の今後の方向」　　　　　　　　　　筑前　甚七…(100)
　「家庭裁判所の課題と展望―少年法改正問題を中心に―」　　　　　　松本　真一…(105)
〈国際社会福祉会議報告〉
　「70年代における社会開発の新戦略」　　　　　　　　　　　　　　　嶋田　啓一郎…(113)
〈大学院紹介〉　　　　　　　　　　　　　　　　　　　　　　　　　　　　　　　…(123)
　　同志社大学文学研究科　大阪市立大学家政学部大学院　明治学院大学大学院
　　立教大学大学院　関西学院大学大学院　東洋大学大学院　日本福祉大学大学院
　　佛教大学大学院　龍谷大学大学院
日本社会福祉学会第18回通常総会報告…(141)
部会報告　中四国部会例会報告…(146)

● 『社会福祉学』（第12号）（1972年9月30日発行）
社会福祉の専門性をめぐって
〈特集論文〉
　「社会福祉における専門職化と法制化―『社会福祉士法』制定試案の検討―」
　　　　　　　　　　　　　　　　　　　　　　　　　　　　　　　　嶋田　啓一郎…(1)
　「『専門職労働』としての社会福祉労働論序説」　　　　　　　　　　細川　順正…(23)
　「『社会福祉士法』制定試案をめぐる問題」　　　　　　　　　　　　鷲谷　善教…(47)
〈提言〉―「専門性」についての提言―
　「社会福祉士法制定試案の問題点（専門職化についての学界への提言）」檜前　敏彦…(61)
　「専門性への提言」　　　　　　　　　　　　　　　　　　　　　　　丹羽　　昇…(69)
　「現場からの提言（報告）」　　　　　　　　　　　　　　　　　　　大坂　譲治…(71)
　「専門性への提言」　　　　　　　　　　　　　　　　　　　　　　　寺本　喜一…(75)
　「社会福祉"専門性"への素朴な提言」　　　　　　　　　　　　　　田代　国次郎…(79)
　「利用者中心の発想を」　　　　　　　　　　　　　　　　　　　　　前田　大作…(85)
　「専門性への提言」　　　　　　　　　　　　　　　　　　　　　　　泉　　　順…(89)

資料5　機関誌『社会福祉学』総目次

　　「専門性への提言―施設実践の立場から―」　　　　　　　積　　惟勝…(*92*)
　　「保育所保母の職務実態―専門性とはほど遠く―」　　　川原　佐公…(*96*)
〈文献紹介〉
　　「内外の専門職・従事者問題についての文献紹介」　　　黒川　昭登…(*101*)
〈追悼論文〉
　　「故　木田徹郎教授の社会事業論」　　　　　　　　　　吉田　久一…(*115*)
　　故　木田徹郎教授略年譜・著作目録
〈研究室紹介〉
　　日本女子大学文学部社会福祉学科研究室…(*129*)
〈学会記事〉
　　日本社会福祉学会第19回大会総会報告…(*132*)

● 『社会福祉学』（第13号）（1972年9月30日発行）
〈特集Ⅰ〉　社会福祉と教育
　　「社会福祉と教育」　　　　　　　　　　　　　　　　　小川　太郎…(*1*)
　　「非行青少年の福祉と教育」　　　　　　　　　　　　　山口　　透…(*14*)
　　「児童養護と教育」　　　　　　　　　　　　　　　　　積　　惟勝…(*24*)
　　「公的扶助と教育」　　　　　　　　　　　　　　　　　河合　幸尾…(*37*)
〈特集Ⅱ〉　社会福祉と医療
　　「医療社会事業の問題点―今日の医療をめぐる状況の中で―」　児島　美都子…(*50*)
　　「リハビリテーションにおける医療と福祉」　　　　　　小島　蓉子…(*66*)
　　「特別養護老人ホームと医療福祉」　　　　　　　　　　丹羽　　昇…(*82*)
　　「精神障害者をめぐる福祉と医療」　　　　　　　　　　柏木　　昭…(*87*)
社会福祉の専門性をめぐって―専門団体の現状と課題―
　　「公的扶助研究全国連絡会の現状と課題」　　　　　　　津田　光輝…(*102*)
　　「日本医療社会事業協会の現状と今後の課題」　　　　　田戸　　静…(*105*)
　　「日本ソーシャル・ワーカー協会について―京都ソーシャル・ワーカー協会の立場
　　　から―」　　　　　　　　　　　　　　　　　　　　　寺本　喜一…(*109*)
　　「全国障害者問題研究会」　　　　　　　　　　　清水寛／三島敏男…(*113*)
〈資料〉　日本社会福祉学会発表目録
　　①大会経過（開催年月日，場所）　　　　　　　　　　　　　　　…(*117*)
　　②共通論題テーマ及び発表者（第1回〜第19回）　　　　　　　　…(*118*)
　　③自由論題及び発表者（第1回〜第19回）　　　　　　　　　　　…(*124*)
　　④学会機関誌『社会福祉学』総目録（第1号〜第11号）　　　　　…(*163*)

● 『社会福祉学』（第14号）（1973年9月30日発行）
〈特集〉　社会福祉労働の現状と課題
　　「社会福祉労働の現状と課題」　　　　　　　　　　　　今岡　健一郎…(*1*)
　　「社会福祉労働の需給と分析枠組」　　　　　　　　　　岸　　　功…(*15*)

第Ⅴ部　資　料　編

　　　「公的扶助労働の性格規定とその変化の展望」　　　　　　　　　　　　白沢　久一…（27）
　　　「社会福祉労働の現状と課題」　　　　　　　　　　　　　　　　　　平田　マキ…（44）
　　　「大阪における社会事業従事者の組織活動」　　　　　　　　　　　　沖津　邦弘…（52）
　　　「特別養護老人ホームの寮母業務内容について」　　　　　　　　　　安藤　貞雄…（65）
　　　「教護労働の主体について」　　　　　　　　　　　　　　　　　　　山口　泰弘…（74）
　　　「児童福祉労働の現状と課題」　　　　　　　　　　　　　　　　　　本田　典子…（83）
　　　「児童福祉施設における福祉労働の現状と課題」　　　　　　　　　　佐藤　　顕…（95）
　　　「施設労働に関する事例研究」　　　　　　　　　　　　　　　　　　瀬間　弥栄子…（103）
　　　「社会福祉労働の福祉社会学的分析」　　　　　　　　　　　　　　　林　　雅孝…（115）
　　　「保育労働と職業病問題」　　　　　　　　　　　　　　　　　　　　中田　照子…（125）
　　　「青少年対策推進委員制度の専門職としての位置づけ」　　　　　　　土居　忠行…（138）
　　　「福祉労働に対する私の意見」　　　　　　　　　　　　　　　　　　伊藤　　宏…（147）
学会記事…（152）
● 『社会福祉学』（第15号）（1974年9月30日発行）
〈特集〉　社会福祉研究の回顧と展望
　　　「現代社会事業理論の系譜」　　　　　　　　　　　　　　　　　　　吉田　久一…（1）
　　　「社会福祉研究の歴史的課題」　　　　　　　　　　　　　　　　　　嶋田　啓一郎…（21）
　　　「社会事業の哲学」　　　　　　　　　　　　　　　　　　　　　　　竹内　愛二…（36）
　　　「社会福祉に関する態度尺度の構成」　　　　　　　　　　　　永田勝彦／西塔正一…（55）
　　　「ホスピタリゼーションの社会的背景」　　　　　　　　　　　　　　小田　兼三…（67）
　　　「精神薄弱児の教育・福祉施設に関する研究」　　　　　　　　井本裕久／赤尾泰子…（89）
〈研究ノート〉
　　　「摂津訴訟と児童福祉法施行令の改定をめぐって」　　　　　　　　　松本　真一…（108）
〈資料〉
　　　「社会福祉の研究・教育体制等について（勧告）」　　　　　　　　　日本学術会議…（115）
学会記事（122）／地方部会報告（129）
● 『社会福祉学』（第16号）（1975年9月30日発行）
　　　「児童福祉施設最低基準と職員問題」　　　　　　　　　　　　　　　小笠原　祐次…（1）
　　　「『福祉的』社会構造論」　　　　　　　　　　　　　　　　　　　　林　　雅孝…（16）
　　　「児童福祉政策と方法」　　　　　　　　　　　　　　　　　　　　　本田　典子…（28）
　　　「へき地における障害児福祉の現状と課題」　　　　　　　　　　　　大久保　哲夫…（43）
　　　「わが国の社会福祉政策に関する一提言」　　　　　　　　　　　　　山下　克己…（54）
　　　「青森県における老人の生活と問題」　　　　　　　　　　　　　　　大和田　猛…（65）
〈資料〉
　　　学会記事（86）／地方部会報告（89）
● 『社会福祉学』（第17号）（1976年9月30日発行）
〈特集〉　社会福祉をみなおす

資料5　機関誌『社会福祉学』総目次

「社会福祉見直し論と福祉施策」　　　　　　　　　　　　後藤　平吉…(1)
「社会福祉論の批判的研究　その一」　　　　　　　　　　杉本　一義…(16)
「社協活動の社会的存在性―社協活動における見直し論の視点―」　宮本　秀夫…(33)
「復帰後の沖縄県民の生活と社会福祉―『福祉見直し』の風潮に思う―」
　　　　　　　　　　　　　　　　　　　　　　　　　　我喜屋　良一…(48)
「過年児障害者の教育要求運動から学ぶもの―問いなおさなければならないものは
　何か―」　　　　　　　　　　　　　　　　　　　　　村上　尚三郎…(69)
「保護世帯と一般世帯の家計収支の格差および保護生活水準の推移について」
　　　　　　　　　　　　　　　　　　　　　　　　　　高野　史郎…(88)
〈資料〉
　　学会記事（ 117 ）／地方部会報告（ 120 ）
● 『社会福祉学』（第18号）（1977年10月20日発行）
〈特集〉　地域福祉
「現代コミュニティ論の到達点―地域福祉の今日的課題とのかかわりで―」
　　　　　　　　　　　　　　　　　　　　　　　　　　久冨　善之…(1)
「コミュニティ意識類型による福祉対象者への住民の地域援助活動に対する態度と
　行動の関係の分析」　　　　　　　　　　　植村勝彦／新美明夫…(19)
「社会福祉学の方法についての覚え書」　　　　　　　　船曳　宏保…(35)
「『心身障害者のコミュニティ・ケアをめぐる諸問題』―愛知県における障害者福
　祉対策の動向から―」　　　　　　　　　　　秦　安雄／白井和江…(50)
「母子自・他殺（いわゆる母子心中）の社会統計的研究」　高橋　重宏…(77)
〈資料〉
　　社会的現実と社会事業教育の対応（ 95 ）／学会記事（ 124 ）／地方部会報告（ 127 ）
● 『社会福祉学』（第19号）（1978年9月23日発行）
「社会福祉施設をどう考えるか―第25回大会共通論題に想うこと―」嶋田　啓一郎…(1)
「社会福祉の施設体系の変せんをめぐる諸問題―サリドマイド被害児に対する事業
　の現状―」　　　　　　　　　　　　　　　　　　　　泉　　順…(23)
「施設の社会化と福祉実践―老人福祉施設を中心に―」　　大橋　謙策…(49)
「福祉学の学際性とその関連諸科学―諸科学との通路を探りつつ，福祉学の独自性
　樹立を志向して―」　　　　　　　　　　　　　　　　岡田　真…(61)
「自閉症児の処遇論（その1）―愛知自閉症児親の会の活動とその発展過程―」
　　　　　　　　　　　　　　　　　　　　　　　　　　金子　寿子…(75)
「若林龍夫先生をしのんで」　　　　　　　　　　　　　渡辺　栄…(105)
「奥山典雄先生を偲んで」　　　　　　　　　　　　　　町井　晶子…(113)
「奥山典雄君のこと」　　　　　　　　　　　　　　　　吉田　久一…(122)
〈学会記事〉
　　日本社会福祉学会第25回大会および総会（ 125 ）／地方部会報告（ 128 ）

第V部　資料編

● 『社会福祉学』（第20号）（1979年9月23日発行）
福祉処遇の現状と課題
　　「福祉労働の方法をつくり出すために―児童相談労働を中心に―」　　鈴木　政夫…（ 1 ）
　　「重症心身障害児（者）の福祉」　　江草　安彦…（ 29 ）
　　「老人ホームの処遇に関する一試論」　　小笠原　祐次…（ 45 ）
　　「公的扶助処遇における『生活知識』と『生活文化』の研究課題―社会福祉労働論
　　の視点より―」　　白沢　久一…（ 67 ）
　　「日本社会福祉発達史研究の死角」　　阿部　實…（ 87 ）
　　「アメリカにおける『労働ソーシャルワーク』」　　秋元　樹…（ 103 ）
　　「ケースワークよ、試練を超えて―効果研究の評価作業を見直す―」　　出村　和子…（ 127 ）
　　「コミュニティ・ワークについて」　　榎本　和子…（ 220 ）
〈研究ノート〉
　　「公的扶助論の課題―ビヴンとクロワードの共著『貧困者統制』によせて―」
　　　　　　　　　　　　　　　　　　　　　　　　　　　　　　　　　　北村　篤子…（ 155 ）
〈国際会議の動向〉
　　「国際社会福祉協議会の動き」　　永田　幹夫…（ 173 ）
〈学会記事〉
　　日本社会福祉学会第26回大会および総会（211）／地方部会報告（224）
　　機関誌編集規定等の改正について（230）

● 『社会福祉学』（第21―1号）（1980年4月23日発行）
児童問題と児童福祉
　　「児童問題の視点―児童精神医学の立場から―」　　堀　要…（ 124 ）
　　「児童問題の視点―児童文化論の立場から―」　　金田　茂郎…（ 1 ）
　　「児童問題の視点―教育学の立場から―」　　堀尾　輝久…（ 23 ）
　　「児童の処遇」　　宍戸　健夫…（ 39 ）
　　「シンポジウムを司会して」　　浦辺　史…（ 47 ）
　　「トインビー・ホールの思想―A.トインビーとS.バーネット―」　　高島　進…（ 51 ）
〈資料〉
　　要望書　全国社会福祉協議会・養護施設協議会　　…（ 73 ）
　　「竹内愛二先生をしのんで」　　武田　建…（ 81 ）
　　故竹内愛二先生略歴・著書論文一覧…（ 95 ）
　　学会機関誌『社会福祉学』総目録（125）／第28回全国大会開催について（135）
〈学会記事〉
　　日本社会福祉学会第27回大会および総会…（137）
　　第27回大会を終えて　　高森　敬久…（ 141 ）

● 『社会福祉学』（第21―2号）（1980年11月20日発行）
　　「あるネイバーフッドセンター連合体における協働調整に関する社会学的考察」

資料5　機関誌『社会福祉学』総目次

　　　　　　　　　　　　　　　　　　　　　　　　　　　　　　松原　一郎…(1)
　　「福島県における公的救済財政史研究―明治期の公的救済財政史の実態を中心に―」
　　　　　　　　　　　　　　　　　　　　　　　　　　　　　　菊池　義昭…(23)
　　「青少年の自殺―東京都23区を中心として―」　　越永重四郎／島村忠義／梅沢隆…(132)
〈国際動向〉
　　「転換期を迎えた社会福祉―香港国際社会福祉会議報告―」　　　嶋田　啓一郎…(49)
〈座談会〉
　　「日本社会福祉学会の歴史―創設期初期を中心に（Ⅰ）―」
　　　　　　　　　　岡村重夫／嶋田啓一郎／横山定雄／吉田久一／司会　一番ヶ瀬康子…(63)
　　同資料（1～4）　　　　　　　　　　　　　　　　　　　　　　　　　…(97)
掲載論文英文抄録…(138)
地方部会報告（139）／21―1号正誤表（144）

● 『**社会福祉学**』（第22―1号）（1981年5月20日発行）
地域住民の生活と社会福祉
　　「岩見沢市における在宅福祉サービスの課題」　　　　　　　忍　博次…(1)
　　「植物状態患者家族とのとりくみ―医療ソーシャルワーカーの実践記録―」
　　　　　　　　　　　　　　　　　　　　　　　　　　　　　　足利　量子…(166)
　　「『山谷』と高令日雇労働者の生活状態―山谷地域福祉調査報告―」松崎　久米太郎…(17)
　　「地域福祉問題研究の視角と方法―豊田市老人福祉事例調査―」　窪田　暁子…(39)
　　「在宅福祉における老人給食サービスの意義と役割及び今後の問題点―大阪におけ
　　　る一つの実践より―」　　　　　　　　　　　　　　　　　岡本　千秋…(63)
　　「被爆者支援と私たちの役割」　　　　　　　　　　　　　　三村　正弘…(87)
　　「住民のエトスの形成過程としての地域福祉―北九州市の場合―」　保田井　進…(115)
　　「シンポジューム司会者のコメント」　　　　　　　　　　　　阿部　志郎…(127)
〈座談会〉
　　「日本社会福祉学会の歴史―創設期初期を中心に(2)―」
　　　　　　　　　　岡村重夫／嶋田啓一郎／横山定雄／吉田久一／司会　一番ヶ瀬康子…(131)
　　「日本学術会議短信」　　　　　　　　　　　　　　　　　　大沢　勝…(147)
掲載論文英文抄録…(174)
〈学会記事〉
　　第28回全国大会報告・地方部会報告（175）／第29回大会開催について（181）

● 『**社会福祉学**』（第22―2号）（1981年10月10日発行）
障害者福祉研究の課題
　　「障害者（児）福祉研究の動向と課題」　　　　　　　　　　小島　蓉子…(1)
　　「在宅重度肢体不自由者の介護問題と在宅福祉問題」　　　　定藤　丈弘…(43)
　　「保護雇用の動向と課題」　　　　　　　　　　　　　　　　児島　美都子…(71)
　　「『ノーマリゼーションの原理』の起源とその発展について―特に初期の理念形成

507

第Ⅴ部　資料編

　　　　を中心として―」　　　　　　　　　　　　　　　　　　　　　　中園　康夫…(89)
　　　「障害児保育における親と保育者との相互関係―より積極的なパートナーシップを
　　　　求めて―」　　　　　　　　　　　　　　　　　　　　　　　　平岡　蕃…(113)
　　　「英国の身体障害者福祉―地方自治体サービスを中心として―」
　　　　　　　　　　　　　　　　　　　　　　　　　　　右田紀久恵／中村永司…(133)
　　　「障害児教育の課題と方法―生活と教育の結合―」　　　　　　　田中　良三…(200)
〈国際動向〉
　　　「新しい展開せまられる国際社会福祉活動―最近のICSWの動向―」矢口　雄三…(163)
地方部会報告（211）

● 『社会福祉学』（第23―1号）（1982年7月20日発行）
地域福祉における在宅サービス
　　　「多様性の対策」　　　　　　　　　　　　　　　　　　　　　　田鍋　秀則…(1)
　　　「住民生活とベビーホテル問題―ベビーホテルと『延長』『夜間』保育制度の問題点―」
　　　　　　　　　　　　　　　　　　　　　　　　　　　　　　　　　中田　照子…(21)
　　　「ソーシャルワーカーの役割」　　　　　　　　　　　　　　　　岡本　民夫…(57)
　　　「在宅福祉サービスの課題―その背景・問題点・コスト・今後の課題―」秋山　智久…(77)
　　　「非行の『一般化』現象と家族崩壊」　　　　　　　　　　　　　花島　政三郎…(95)
　　　「臨調・『行革』と社会福祉研究の課題」　　　　　　　　　　　浦辺　史…(131)
　　　「日本学術会議からの報告」　　　　　　　　　　　　　　　　　北川　隆吉…(155)
　　　　第30回全国大会について…(158)
〈学会記事〉
　　　　第29回全国大会報告・地方部会報告（159）

● 『社会福祉学』（第23―2号）（1982年10月10日発行）
臨調行政改革と社会福祉の動向
　　　「老人保健法の批判的検討―愛知県・名古屋市の現状から―」　　加藤　孝夫…(1)
　　　「『保護適正化』と福祉労働者の課題―福祉事務所からのレポート―」戸田　隆一…(29)
　　　「イギリスにおける社会福祉政策の動向」　　　　　　　　　　　小田　兼三…(49)
　　　「レーガン政権下の社会福祉政策―改革の原理と実状―」
　　　　　　　　　　　　　　　　　　　　　　　平山　尚／黒木保博／平山佳須美…(73)
　　　「在宅心身障害者の地域福祉活動―地域福祉的アプローチの方法をめぐって―」
　　　　　　　　　　　　　　　　　　　　　　　　　　　　　　　　　高森　敬久…(91)
　　　「今日の児童相談所問題―京都市児童福祉センターへのとりくみをふまえて―」
　　　　　　　　　　　　　　　　　　　　　　　　　　　　　　　　　竹中　哲夫…(121)
　　　「身体障害者の雇用実態と今後の雇用見通し」　石田恵子／白澤政和／星野信也…(206)
〈学会記事〉
　　　　地方部会報告（219）

資料5　機関誌『社会福祉学』総目次

● 『社会福祉学』（第24―1号）（1983年6月30日発行）
社会福祉政策と行財政改革
　社会福祉政策の本質
　　「臨調行革と社会福祉―小さな政府論の批判的検討を通じて―」　　都丸　泰助…(1)
　　「福祉政策と公私問題」　　小林　良二…(23)
　行財政改革と社会福祉
　　「第二次臨調下の行財政改革と福祉行政」　　佐藤　進…(43)
　　「社会福祉予算の動向―ゼロシーリングと社会福祉予算の構造―」　　坂田　周一…(67)
　　「臨調行政改革と保育見直し論―三浦文夫氏の所説によせて―」　　垣内　国光…(87)

　　「日本前近代における社会福祉の構造―日本社会福祉史序説―」　　池田　敬正…(117)
　　「重度肢体不自由者の生活とライフサイクル―身体障害者療護施設利用者の生活歴
　　　調査から―」　　山田　明…(145)
追悼記　　吉田　久一…(179)
学術会議報告　　北川　隆吉…(192)
学会記事（194）

● 『社会福祉学』（第24―2号）（1983年9月22日発行）
方法論研究の課題と動向
　方法論研究の課題と動向
　　「『社会福祉方法原論』序説」　　小松　源助…(1)
　　「米国における危機介入の現状と課題」　　荒川　義子…(51)
　　「社会福祉方法論の動向―アメリカ社会福祉政策とソーシャル・ワーク―」
　　　　　　　　　　　　　　　　　　　　　　　　　　　　　　　　高田　眞治…(79)

　　「社会福祉政策における公私問題と体制理念」　　岡田　藤太郎…(101)
　　「ベビーホテル対策をめぐる評価―夜間保育所を中心として―」　　山縣　文治…(127)
　　「朝鮮救護令の制定実施に関する一考察」　　愼　英弘…(153)
　　「『運動論』体系にみる孝橋理論批判の検討―社会福祉研修方法論の確立に向けて―」
　　　　　　　　　　　　　　　　　　　　　　　　　　　　　　　　藤井　伸生…(177)
　　「就学前教育の史的考察」　　林　俊光…(201)

　　「大学院における社会福祉教育の現状と課題」　　社会福祉教育調査委員会…(223)
地方部会報告（259）

● 『社会福祉学』（第25―1号）（1984年9月1日発行）
社会福祉における公私問題―日本の現状と課題―
　　「私設社会事業の歴史的展開―公私論を軸に―」　　吉田　久一…(1)
　　「社会福祉における公私問題―日本の現状と課題―地域における実態」　山田　泰作…(31)

509

第Ⅴ部　資料編

　　　「社会福祉における公私関係―民間社会福祉事業の役割―」　　　　　　秦　　安雄…(43)
　　　「わが国の公私関係を考える」　　　　　　　　　　　　　　　　　　　星野　信也…(55)
　　　「対人援助技術の『日本的展開』―比較研究の視点から―」　　　　　　宮本　義信…(63)

　　　「精神薄弱者療育指導について」　　　　　　　　　　　松本恵美子／藪内道子…(85)
　　　「三浦梅園の慈悲無尽をめぐって」　　　　　　　　　　　　　　　　　池田　敬正…(109)
　　　「大学における社会福祉教育の現状と課題―社会福祉教育基礎調査報告―」
　　　　　　　　　　　　　　　　　　　　　　日本社会福祉学会・社会福祉教育調査委員会…(131)
　　　「日本学術会議報告」　　　　　　　　　　　　　　　　　　　　　　　北川　隆吉…(184)
学会記事（ 186 ）

● 『社会福祉学』（第25―2号・通巻30号）（1985年3月31日発行）
日本社会福祉学会創立30周年記念特集号
〈特集〉　社会福祉理論形成の軌跡と展望
　　　巻頭言「激動下の社会福祉と学会の対応」　　　　　　　　　　　　　仲村　優一…(1)
　　　「日本社会福祉学会の特質と展望」　　　　　　　　　　　　　　　　　浦辺　　史…(5)
　　　「日本における社会福祉研究に関する所見」　　　　　　　　　　　　一番ヶ瀬康子…(15)
　　　「社会福祉政策研究の回顧と課題」　　　　　　　　　　　　　　　　　三浦　文夫…(23)
　　　「今日の社会福祉史研究の課題」　　　　　　　　　　　　　　　　　　高島　　進…(43)
　　　「日本社会福祉学会創立30周年記念対談」　　　　　　　　　岡村重夫／吉田久一…(67)
　　　「日本社会福祉学会の起源と発達（再録）」　　　　　　　　　　　　　竹内　愛二…(103)
　　　「日本社会福祉学会の起源（再録）」　　　　　　　　　　　　　　　　吉田　久一…(105)
〈学会特集〉　危機にたつ現代家族と社会福祉の課題
　　　「我が国における家族の危機的状況と社会福祉施策」　　　　　　　　　住谷　　磬…(107)
　　　「現代家族の変容と福祉政策」　　　　　　　　　　　　　　　　　　　堀　　勝洋…(119)
　　　「臨調基本答申と社会福祉法の課題」　　　　　　　　　　　　　　　　北村　圭文…(139)
学会機関誌『社会福祉学』総目録（ 177 ）／学会共通論題・シンポジウムおよび分科会総テーマ
（ 191 ）

● 『社会福祉学』（第26―1号・通巻31号）（1985年9月20日発行）
　　　「社会科学的障害者福祉論とノーマライゼーションの『思想』」　　　　岡田　武世…(1)
　　　「単親世帯概念の検討―世帯の形成過程の考察を中心に―」　　　　　　山崎　美貴子…(23)
　　　「社会福祉におけるレクリエーション観」　　　　　　　　　　　　　　垣内　芳子…(63)
　　　「戦後における医療社会事業理論の動向と課題」　　　　　　　　　　　大野　勇夫…(83)
　　　「ドイツ社会事業成立過程における職業化についての一考察―ベルリン女子社会事
　　　業学校史を通して―」　　　　　　　　　　　　　　　　　　　　　　　岡田　英己子…(107)
　　　「地域における社会福祉史研究の試み―研究の視点と福島市の事例を中心に―」
　　　　　　　　　　　　　　　　　　　　　　　　　　　　　　　　　　　菊池　義昭…(129)
　　　「障害児の早期療育を推進する地域福祉活動について―愛知県における経過と問題点―」

	袴田　正己…(*159*)
「社会福祉危機の時代」	東方　淑雄…(*177*)

地方部会報告（*215*）

● 『社会福祉学』（第26—2号・通巻32号）（1985年11月25日発行）

日本社会福祉学会第33回大会シンポジウム　社会福祉における国・地方・民間の役割

〈シンポジウム 1〉

「社会福祉の制度的保障と民間活動」	司会	宮田　和明…(*1*)
「『社会福祉におけるナショナル・ミニマム』の法的枠組み」		河野　正輝…(*3*)
「地域福祉における公私関係―社協を中心として―」		井岡　勉…(*23*)
「ボランティア問題をめぐる公と私」		岡本　栄一…(*35*)

〈シンポジウム 2〉

「社会福祉における対人福祉サービスの保障」	司会	小松　源助…(*49*)
「地域における対人福祉サービスの方向」		池末　亨…(*53*)
「対人福祉サービスにおけるホームヘルプの課題」		田端　光美…(*67*)
「対人福祉サービスにおける民間相談活動の役割」		出村　和子…(*83*)
「The Roles of the Statutory and Voluntary Sectors in British Social Welfare」		Robert Pinker…(*120*)

地方部会報告（*129*）

● 『社会福祉学』（第27—1号・通巻33号）（1986年5月25日発行）

「居宅型高齢者施設入所者の背景と施設需要―在宅老人との関わりで―」		
		清山　洋子…(*1*)
「大都市における公営住宅と生活保護問題の変容」	岩田正美／平野隆之…(*29*)
「老年期痴呆の老人の扶養に関する分析枠組」		岡本　多喜子…(*51*)
「高齢者の住環境整備―都市部と地方の格差を認識しながら―」		斉場　三十四…(*81*)
「高齢者向住宅資産活用制度」		加瀬　裕子…(*109*)

地方部会（*143*）／学会会計決算書（*145*）

● 『社会福祉学』（第27—2号・通巻34号）（1986年11月15日発行）

〈特別寄稿〉「アメリカ合衆国における社会福祉に関する政策とプログラム―家庭の安定と強化に焦点を当てて―」　多々良紀夫著／門場靖訳／秋山智久監訳…(*1*)

「危機における社会福祉の理論と現実」	東方　淑雄…(*33*)
「ソーシャルワーカーの専門職問題」	筑前　甚七…(*55*)
「社会福祉におけるクライエント認識に関する一考察―転換期における『価値』からの視点―」	平塚　良子…(*75*)
「社会福祉施設の認可についての試論―現在の社会福祉法人の批判的検討を通して―」	
	竹原　健二…(*103*)
「中学で養護施設を出て働く児童の生活とアフターケア」	山縣　文治…(*123*)
「障害児と健常児の統合キャンプの意義に関する一考察」	小山　隆…(*147*)

第Ⅴ部 資料編

「明治初期京都府における障害者救助—『恤救名簿』掲載者の検討を中心にして—」
　　　　　　　　　　　　　　　　　　　　　　　　　　　　山田　明…(*171*)
「ジャパン・レスキュー・ミッションの婦人救済事業—慈愛館の活動と大阪婦人ホーム—」　　　　　　　　　　　　　　　　　　　　西村　みはる…(*191*)

英文要約（*241*）／1986年日本社会福祉学会役員選挙開票結果（*242*）

● 『社会福祉学』（第28—1号・通巻35号）（1986年6月30日発行）
〈特集〉　高齢化社会における社会福祉の再検討
　「転換期における価値からの視点」　　　　　　　　　　　　上原　英正…(*1*)
　「現場における老人処遇」　　　　　　　　　　　　　　　　米本　秀仁…(*21*)
　　　　　　　　　　　　　　　　　　　　コメント　浦辺　史…(*53*)
　　　　　　　　　　　　　　　　　　　　コメント　栃本　一三郎…(*57*)
　「社会福祉政策の動向と課題」　　　　　　　　　　　　　　里見　賢治…(*65*)
　「社会福祉の戦後40年を考える」　　　　　　　　　　　　　永岡　正己…(*87*)
　「現場からみた老人問題と老人福祉施策のあり方について」　今村　雅夫…(*107*)
　　　　　　　　　　　　　　　　　　　　コメント　池田　敬正…(*125*)
〈論説〉
　「多元的現実とクライエント理解—対人的援助専門職の問題—」井上　摩耶子…(*129*)
　「地方自治体における地域福祉の動向について—住民福祉運動をとりまく現状と課題—」　　　　　　　　　　　　　　　　　　　　　　岡崎　仁史…(*149*)
〈英文要約〉…(*184〜191*)
〈報告〉　学会報告（*192*）／学術会議報告（*205*）／地方部会報告（*206*）

● 『社会福祉学』（第28—2号・通巻36号）（1987年10月1日発行）
〈論説〉
　「社会福祉史の成立」　　　　　　　　　　　　　　　　　　池田　敬正…(*1*)
　「ケアセンターにおける入浴サービスの評価研究」　　　　　副田　あけみ…(*27*)
　「在宅ケアの課題に関する試論—"老人介護事件"の検討から—」太田　貞司…(*54*)
〈研究ノート〉
　「ライフコース論のソーシャルワークへの導入—G.H.エルダーの枠組を中心に—」
　　　　　　　　　　　　　　　　　　　　　　　　　　　　南　育広…(*76*)
　「ミネソタ州における精神遅滞者サービス供給戦略」　　　　高橋　幸三郎…(*97*)
　「児童福祉としての養子制度—英国養子制度の示唆するもの—」清水　隆則…(*121*)
〈報告〉　地方部会報告（*154*）

● 『社会福祉学』（第29—1号・通巻37号）（1988年6月1日発行）
〈特集〉　現代の生活と自立—社会福祉実践の課題
　「社会福祉における専門性と専門職—『自立』との関連において—」秋山　智久…(*1*)
　「社会福祉方法論の動向と自立援助の課題—社会福祉におけるシステム思考—」
　　　　　　　　　　　　　　　　　　　　　　　　　　　　高田　眞治…(*26*)

〈自由寄稿〉
「重度身体障害者の日本的自立生活概念と自主生活教育プログラム」　谷口　明広…（45）
「ソーシャルワークの職務分析に関する試論」　　　　　　　　　　奥田　いさよ…（65）
「障害児の『早期療育』に関する研究・序―そのサービス構造検討に向けて―」
　　　　　　　　　　　　　　　　　　　　　　　　　　　田澤あけみ／中野敏子…（94）
〈報告〉　地方部会報告（130）／学術会議報告（133）

● 『社会福祉学』（第29―2号・通巻38号）（1988年9月1日発行）
〈論説〉
「スティグマと社会福祉―我が国の公的扶助をめぐって―」　　　西尾　祐吾…（1）
「国民優生法の成立思想―全体主義体制と法制定―」　　　　　　加藤　博史…（24）
〈海外社会福祉事情〉
「社会変化と社会適応問題―アメリカ合衆国における地域精神衛生を通してアジア
　系移民・難民問題を考える―」　　　　　　　　　　　　　　　横山　穰…（48）
〈調査研究〉
「団体委任事務化と保育所入所措置実態の一考察―新潟県の調査を通して―」
　　　　　　　　　　　　　　　　　　　　　　　　　　　　　　桜井　慶一…（64）
〈報告〉　地方部会報告（89）／学術会議報告（96）／社会福祉文献・資料（113）

● 『社会福祉学』（第30―1号・通巻40号）（1989年6月1日発行）
　　　　　　　　　　　　＊本号が通巻40号とされたため、通巻39号が欠番となった。
〈特集〉　変革期における社会福祉
「社会福祉の公私の社会的責任―社会福祉にみる法と行政制度の側面から―」
　　　　　　　　　　　　　　　　　　　　　　　　　　　　　　佐藤　進…（1）
「社会福祉におけるサービスの基準」　　　　　　　　　　　　　岡本　民夫…（15）
「社会福祉における市場サービス」　　　　　　　　　　　　　　松原　一郎…（38）
「医療福祉の今日的課題―業務研究の意義―」　　　　　　　　　児島　美都子…（63）
「社会福祉マンパワーの課題―地域福祉の立場から―」　　　　　渡部　剛士…（86）
〈論説〉
「人権基本の社会福祉体制への展望」　　　　　　　　　　　　　磯村　英一…（106）
「社会福祉学に関する一断章―福祉政策学の構築をめぐっての三浦文夫氏との対論
　から―」　　　　　　　　　　　　　　　　　　　　　　　　　京極　高宣…（129）
「時代の変化と勤労青少年福祉」　　　　　　　　　　　　　　　坂口　順治…（143）
〈海外福祉事情〉
「サービスの認知と意識―アメリカにおける母子世帯調査を通して―」
　　　　　　　　　　　　　　　　　　　　　　　松原康雄／マーサ・オザワ…（157）
「ソーシャルワーク実践におけるエイズ問題―社会福祉援助方法に関する示唆（ア
　メリカ合衆国を例に）―」　　　　　　　　　　　　　　　　　横山　穰…（177）
〈報告〉　地方部会報告（206）／学術会議報告（210）

第Ⅴ部　資　料　編

● 『社会福祉学』（第30—2号・通巻41号）（1989年11月1日発行）
〈論説〉
　「実践構造論：序説」　　　　　　　　　　　　　　　　　　米本秀仁／安井愛美…（ 1 ）
　「社会福祉実践とネットワーキング」　　　　　　　　　　　　　　　　山手　茂…（ 21 ）
　「保健医療におけるソーシャルワーク面接の構造分析」
　　　　　　　　　　　　　　　　　　　　　　　南　彩子／武田加代子／杉本照子…（ 41 ）
　「福祉実践の方法論としての行動分析学—社会福祉と心理学の新しい関係—」
　　　　　　　　　　　　　　　　　　　　　　　　　　　　　　　　　望月　昭…（ 64 ）
　「身体障害者福祉支援としての福祉機器の有効活用化に関する研究」
　　　　　　　　　　　　　　　　　　　　　　　　　　　　　　高山忠雄／安梅勅江…（ 85 ）
　「福祉『改革』と費用徴収問題」　　　　　　　　　　　　　　　　　垣内　国光…（ 106 ）
　「被虐待児に対する保護法制のあり方」　　　　　　　　　　　　　　清水　隆則…（ 137 ）
〈研究ノート〉
　「社会福祉政策の質的転換」　　　　　　　　　　　　　　　　　　　須藤　緑…（ 162 ）
〈報告〉　地方部会報告（188）／学術会議報告（193）／社会福祉文献・資料（207）
● 『社会福祉学』（第31—1号・通巻42号）（1990年6月1日発行）
〈特集〉　社会福祉制度改革と福祉実践
　「社会福祉改革とその理論的背景—普遍主義と選別主義の緊張関係—」小田　兼三…（ 1 ）
　「施設福祉実践と制度改革」　　　　　　　　　　　　　　　　　　　小室　豊允…（ 26 ）
　「施設福祉実践と制度改革—コメント」　　　　　　　　　　　　　　吉本　充賜…（ 51 ）
　「地域福祉実践と制度改革」　　　　　　　　　　　　　　　　　　　忍　　博次…（ 64 ）
　「社会福祉制度改革と福祉実践—地方自治体から見る課題—」　　　　大澤　　隆…（ 81 ）
　「地方自治体からみる制度改革の課題—コメント」　　　　　　　　　平野　隆之…（ 98 ）
〈論説〉
　「セルフヘルプグループの概念をめぐって—欧米の代表的な概念の研究を参照し
　　ながら—」　　　　　　　　　　　　　　　　　　　　　　　　　岡　　知史…（ 103 ）
　「中央慈善協会の成立」　　　　　　　　　　　　　　　　　　　　　池田　敬正…（ 128 ）
　「ジェネラリスト・パースペクティブへの展開をめぐる一考察—問題解決アプロー
　　チに関連して—」　　　　　　　　　　　　　　　　　　　　　　藤原　正子…（ 155 ）
　「乳幼児の心身障害の早期発見—療育システムの検討—保健・医療・福祉・教育・
　　地域援助の連携をもとに—」　　　　　　　　　　　　　　　　　喜多　祐荘…（ 188 ）
　「社会福祉対人援助技術教育のためのハイパーメディアシステム構築に関する研究」
　　　　　　　　　　　　　　　　　　　　　　　立木茂雄／倉石哲也／中川千恵美…（ 218 ）
〈報告〉　地方部会報告（264）／学術会議報告（271）
● 『社会福祉学』（第31—2号・通巻43号）（1990年10月1日発行）
〈論説〉
　「過疎地域における保育所の現況とその制度の在り方に関する一考察」桜井　慶一…（ 1 ）

「システムズ・アプローチにおけるファミリーケースワークの現状と展望―円環的
　認識論の立場から―」　　倉石哲也／池埜　聡／大塚美知子／布柴靖枝／武田　丈…(*26*)
「社会福祉における『家族』の位置についての一考察」　　　　　　山辺　朗子…(*49*)
「入所施設におけるソーシャルワーク実践の再考」　　　　　　　　林　　浩康…(*70*)
「高齢障害者福祉支援としての福祉機器の有効活用化に関する研究」
　　　　　　　　　　　　　　　　　　　　　　　　　　　　高山忠雄／安梅勅江…(*87*)
〈研究ノート〉
「Stoma患者へのソーシャルワーク―生活改善援助の取組みをとおして―」
　　　　　　　　　　　　　　　　　　　　　　　　　　　　　　室田　人志…(*104*)
〈報告〉　地方部会報告（*128*）／社会福祉文献・資料（*152*）
● 『社会福祉学』（第32―1号・通巻44号）（1991年6月1日発行）
〈特集〉　90年代の家族と社会福祉実践
「90年代の家族と社会福祉実践」　　　　　　　　　　　　　　　村川　浩一…(*1*)
「家族の変化と老人介護の将来」　　　　　　　　　　　　　　　袖井　孝子…(*16*)
「90年代の家族と社会福祉実践―コメント」　　　　　　　　　　岡本　民夫…(*37*)
「家族の変化と家族治療の将来」　　　　　　　　　　　　　　　黒川　昭登…(*40*)
「家族への援助介入の理論と実践―家族臨床の立場から―」　　　佐藤　悦子…(*52*)
「90年代の家族と社会福祉実践―黒川，佐藤先生の発表に対するコメント―」
　　　　　　　　　　　　　　　　　　　　　　　　　　　　　　前田　ケイ…(*81*)
〈論説〉
「『福祉改革』と当面の問題」　　　　　　　　　　　　　　　　小國　英夫…(*87*)
「個別援助技術としてのロール・レタリング（役割交換書簡法）」　春口　德雄…(*107*)
「ハンディキャップ福祉援助実践の基底としての〈まなざし〉論研究」八巻　正治…(*124*)
〈研究ノート〉
「占領期の社会福祉の実態―PHWへの嘆願書の分析―」　　　　三谷　謙一…(*147*)
〈資料〉
「戦前における『障害者福祉』関係文献目録―主な社会福祉関係雑誌の整理を通し
　て―」　　　　　　　　　　　　　　　　　　　　　　　　　　小川　英彦…(*191*)
〈報告〉　地方部会報告（*174*）／学術会議報告（*180*）
● 『社会福祉学』（第32―2号・通巻45号）（1991年10月15日発行）
〈論説〉
「多問題家族へのアプローチ―家族とコミュニティ資源との関係から―」
　　　　　　　　　　　　　　　　　　　　　　　　渡辺顕一郎／松岡克尚…(*1*)
「J・アダムスがソーシャルケースワークのケースワークの形成に及ぼした影響
　―革新主義時代にみるアダムスとリッチモンド（1900-1914）―」　木原　活信…(*22*)
〈研究ノート〉
「イギリス社会福祉学における制度的再分配論のゆくえ―『相対的貧困』『剥奪』

第Ⅴ部　資料編

　　「『社会的公正』―」　　　　　　　　　　　　　　　　　　杉野　昭博…(56)
　　「ノーマリゼーションの思想的系譜―『国民優生法』制定に関する批判思想の検討
　　から―」　　　　　　　　　　　　　　　　　　　　　　加藤　博史…(77)
　　「ソーシャルワークの価値に関する試論的展開―ソーシャルワークの価値をめぐる
　　諸見解の考察を通して―」　　　　　　　　　　　　　　平塚　良子…(105)
　　「仙台藩の赤子養育制度と懐妊出生調査―上戸沢の懐妊出生調帳等に見る子育て意
　　識を中心に―」　　　　　　　　　　　　　　　　　　　菊池　義昭…(129)
　　「健常者との外見上の差異がもたらす社会的不利について―小人症者の問題を通し
　　て―」　　　　　　　　　　　　　　　　　　　　　　　渡辺　裕子…(156)
〈報告〉　社会福祉文献・資料（185）

●『社会福祉学』（第33―1号・通巻46号）（1992年6月1日発行）
〈論説〉
　　「社会福祉『改革』とマンパワー問題―医療・福祉のネットワークの重要性について―」
　　　　　　　　　　　　　　　　　　　　　　　　　　　　岡本　祐三…(1)
　　「社会福祉『改革』とマンパワー―マンパワーの質と量の確保を考える―」
　　　　　　　　　　　　　　　　　　　　　　　　　　　　大橋　謙策…(20)
　　「福祉マンパワーの現状と課題―保健医療・福祉マンパワー対策本部中間報告とマ
　　ンパワーの確保―」　　　　　　　　　　　　　　　　　金子　和夫…(46)
　　「在宅精神薄弱児者の母親の主観的疲労感」　　　　　　三浦　　剛…(64)
　　「食生活調査面接による生活理解の方法」　　　　　　　結城　俊哉…(88)
〈研究ノート〉
　　「エコ・マップの概要とその活用―ソーシャルワーク実践における生態学・シス
　　テム論的視点―」　　　　　　　　　　　　　　　　　　湯浅　典人…(119)
〈報告〉　地方部会報告（148）／学術会議報告（154）

●『社会福祉学』（第33―2号・通巻47号）（1992年10月15日発行）
日本社会福祉学会第40回大会記念特集号
〈特集〉　変動期における社会福祉の課題
　　「今日の社会福祉研究の課題―社会福祉法学研究との国際的側面からの考察を通して―」
　　　　　　　　　　　　　　　　　　　　　　　　　　　　佐藤　　進…(1)
　　「社会福祉施設処遇論考―社会臨床論の構築―」　　　　石井　哲夫…(21)
　　「社会福祉混成構造論序説―次代を展望する社会福祉研究の理論的枠組―」
　　　　　　　　　　　　　　　　　　　　　　　　　　　　高田　眞治…(48)
　　「社会福祉研究のミッシング・リンク」　　　　　　　　松原　一郎…(74)
　　「21世紀にむけての社会福祉学の進展への一考察」　　　筑前　甚七…(100)
〈論説〉
　　「日本のセルフヘルプグループの基本的要素『まじわり』『ひとりだち』『ときはなち』」
　　　　　　　　　　　　　　　　　　　　　　　　　　　　岡　　知史…(118)

「グループワークにおける相互援助システム―ウィリアム・シュワルツの遺産として―」 　　　　　　　　　　　　　　　　　　　　　　　　　　　岩間　伸之…(137)
「生態学的視点の理論的限界―社会福祉原理研究ノート［Ⅰ］―」　　稲沢　公一…(163)
「『ノーマライゼーション』の初期概念とその変容」　　　　　　　　杉野　昭博…(187)
「婦人保護事業の人権理論―『性的自由権の社会権化，その中核的施策』としての把握―」　　　　　　　　　　　　　　　　　　　　　　　　　片居木　英人…(204)
「済生会の成立と展開―大阪の場合―」　　　　　　　　　　　　　中西　よしお…(221)
「タイムスタディ調査データ活用による特別養護老人ホームにおける介護のシミュレーション」　　　　　　　　　　　　　　　　　　　　　　　渡辺　裕子…(243)

〈報告〉　地方部会報告（282）/学術会議報告（285）/社会福祉文献・資料（306）

● 『社会福祉学』（第34―1号・通巻48号）（1993年6月15日発行）

〈論説〉
「社会福祉制度改革の到達点と残された課題」　　　　　　　　　　宮田　和明…(1)
「市町村が福祉の総合的主体になるために―機関委任事務からの脱却ということ―」
　　　　　　　　　　　　　　　　　　　　　　　　　　　　　　澤井　　勝…(28)

〈研究ノート〉
「各地の地域福祉計画の内容と問題点」　　　　　　　　　　　　　高木　和美…(41)
「障害者サービスの展開と雇用・生活上の障害者差別の撤廃―オーストラリアにおける『1992年障害者差別禁止法』の制定を中心に―」　　　　　玉村　公二彦…(70)
「重度身体障害者の『自立生活構造』と『地域社会』の課題―名古屋における調査データを通じて―」　　　　　　　　　　　　　　　　　　　平川　毅彦…(89)
「障害者福祉実践の一視角―共生社会をめざして―」　　　　　　　久保　美紀…(108)
「社会システムにおける暴力的排除―意味の無根拠性と差別―」　　稲沢　公一…(129)
「ネットワーク分析の方法―ソーシャルワークへの応用についての検討―」
　　　　　　　　　　　　　　　　　　　　　　　　　　　　　　湯浅　典人…(147)

〈報告〉　地方部会報告（178）/学術会議報告（185）

● 『社会福祉学』（第34―2号・通巻49号）（1993年12月25日発行）

〈論説〉
「慈恵的救療と民衆―成立期済生会事業の特質について―」　　　　中西　よしお…(1)
「認知機能低下青年と家族の生活ストレス分析―脳損傷術後後遺症の五年間―」
　　　　　　　　　　　　　　　　　　　　　　　　　　　　　　野々村　典子…(21)
「特別養護老人ホームの介護職員における介護負担感の数量化に関する研究」
　　　　　　　　　　　　　　　　　　　　　　　　　　　　　　筒井　孝子…(43)
「在宅重度障害者への機器適用の条件―生活過程で変化するニーズ充足に向けて―」
　　　　　　　　　　　　　　　　　　　　　　　　　　　　　　橋本　美紀…(83)

〈研究ノート〉
「旧東ドイツ精神医療の理想と現実―『ヴァルトハイム』報道の波紋を起点にして―」

第Ⅴ部　資料編

　　　　　　　　　　　　　　　　　　　　　　　　　　　　橋本　　明…(*108*)
　　「障害者福祉とセクシュアリティ―問題の構造とケアの課題―」　旭　洋一郎…(*129*)
　　「チェルノブイリ原子力発電所爆発事故による被災者に対する移住政策に関する研
　　　究」　　　　　　　　　　　　　　　　　　　　　　　　　鷹野　和美…(*146*)
社会福祉文献・資料（*167*）／彙報（*181*）
● 『社会福祉学』（第35―1号・通巻50号）（1994年6月15日発行）　＊横組となる。
〈特集〉　国際化時代の社会福祉とその課題
　　「国際化時代の社会福祉とその課題―国内問題としての国際化―」　星野　信也…(*1*)
　　「国際化時代の社会福祉とその課題」　　　　　　　　　　　　富田　輝司…(*22*)
　　「国際化時代の社会福祉とその課題―比較社会福祉の基礎的諸問題を中心に―」
　　　　　　　　　　　　　　　　　　　　　　　　　　　　　　古川　孝順…(*38*)
〈論説〉
　　「児童虐待アセスメント指標の諸課題」　　　　　　　　　　加藤　曜子…(*59*)
〈研究ノート〉
　　「エリザベス救貧法に先立つ宗教社会ギルドの歴史的意義―ヨーロッパ中世都市市
　　　政機関との関連をめぐって―」　　　　　　　　　　　　藤本　美子…(*77*)
　　「家族文化へのアプローチ―家族ソーシャルワークへのてがかりとして―」
　　　　　　　　　　　　　　　　　　　　　　　　　　　　　　金谷　倫子…(*92*)
　　「在宅高齢者の福祉機器利用を規定する要因に関する研究」　筒井　孝子…(*110*)
地方部会報告（*130*）／学術会議報告（*136*）
● 『社会福祉学』（第35―2号・通巻51号）（1994年12月25日発行）
〈特別寄稿〉
　　「海外からみた日本の社会福祉―国際化時代に応えるために―」　平山　　尚…(*1*)
〈論説〉
　　「『満州国』植民地社会事業行政の展開」　　　　　　　　　沈　　　潔…(*14*)
　　「福祉国家と経済成長―構造方程式モデルによる収斂理論の検討―」　中田　知生…(*33*)
　　「福祉事務所のワーカーの倫理ディレンマに関する研究―Grounded Theory Approach
　　　を通じて―」　　　　　　　　　　　　　　　　　　　　沖田　佳代子…(*48*)
〈研究ノート〉
　　「障害構造の分析モデル―WHO国際障害分類の分析枠組みの活用―」　渡辺　裕子…(*64*)
〈書評〉…(*90*)
社会福祉文献・資料（*95*）
● 『社会福祉学』（第36―1号・通巻52号）（1995年6月25日発行）
〈特別寄稿〉
　　「『経営漫リニ費ス人間ノ力』―日本福祉の源流を追う―」　杉井　六郎…(*1*)
　　「喜びを運ぶ器としての科学―日本社会福祉学会に期待する―」　嶋田　啓一郎…(*16*)
〈論説〉

「遺族給付制度の変容と今日的課題」　　　　　　　　　　　寺本　尚美…(36)
「精神薄弱者更生施設における直接処遇職員のバーンアウトとその要因」
　　　　　　　　　　　　　　　　　　　　　　　　佐藤秀紀／中嶋和夫…(53)
〈研究ノート〉
　　「ソーシャル・サポートに焦点をあてた援助についての考察」　　湯浅　典人…(72)
〈資料〉
　　「『バンク‐ミケルセン』の姓について」　　　　　　　　　　　花村　春樹…(87)
〈書評〉…(92)
地方部会報告 (99)／日本学術会議報告 (106)

● 『社会福祉学』（第36―2号・通巻53号）（1995年12月20日発行）
〈特集〉
　　「社会保障及び社会福祉のパラダイムの転換」　　　　　　　　堀　　勝洋…(1)
　　「社会保障・社会福祉のパラダイムの転換―アフター・フォーディズムと福祉国家
　　の再編―」　　　　　　　　　　　　　　　　　　　　　　　松井　二郎…(15)
　　「『自立と共生』の規範的言明を考える」　　　　　　　　　　松原　一郎…(28)
〈論説〉
　　「1920-40年代日韓社会事業研究者の植民地社会事業観」　　　　朴　　貞蘭…(42)
　　「社会関連性評価に関する保健福祉学的研究―地域在住高齢者の社会関連性評価の
　　開発及びその妥当性―」　　　　　　　　　　　　安梅勅江／高山忠雄…(59)
〈研究ノート〉
　　「厚生省の創設と戦争遂行―日本の社会保障の政策主体の形成における戦争の役割―」
　　　　　　　　　　　　　　　　　　　　　　　　　　　　　鍾　　家新…(74)
　　「救済事業調査会に関する研究」　　　　　　　　　　　　　石井　洸二…(91)
　　「社会福祉実践機関におけるフィードバック機構についての一考察―理想的なフ
　　ィードバックの仕組みを求めて―」　　　　　　　　　　　　阪口　春彦…(107)
〈書評〉…(123)
社会福祉文献・資料 (137)

● 『社会福祉学』（第37―1号・通巻54号）（1996年6月20日発行）
〈論説〉
　　「在宅介護支援センターにおける援助実践―実践的内容を規定する組織要因の検討―」
　　　　　　　　　　　　　　　　　　　　　　　　　　　　　副田あけみ…(1)
　　「文化変容ストレスに対するソーシャルサポートのインパクト―カナダ日系女性移
　　住者の場合―」　　　　　　　　　　　　　　　　　　　　木村　真理子…(20)
　　「精神障害者家族の認知と対処に関する研究」　　　　　　　南山　浩二…(38)
　　「感化救済事業―日本における社会事業形成の基点―」　　　池本　美和子…(56)
〈研究ノート〉
　　「ノーマライゼーションに求められるもの―多元主義の思想―」　横須賀　俊司…(73)

第Ⅴ部　資料編

　　「精神障害者の生活適応とソーシャルサポート―単親生活者の場合―」
　　　　　　　　　　　　　　　　　　　　　　　　　　　　　　　　　大原　美知子…（88）
〈資料〉
　　「小島幸治文書『救貧法関係書類』（綴）と5点の新救貧立法構想文書―『窮民救助
　　法案要項』『救貧法案ニ関スル意見』など―」　　　　　　　　　寺脇　隆夫…（100）
地方部会報告（125）／学術会議報告（132）
●『社会福祉学』（第37―2号・通巻55号）（1996年11月20日発行）
〈論説〉
　　「高齢者の主観的幸福感を規定する要因の検討」　　　　　　佐藤秀紀／中嶋和夫…（1）
　　「ベヴァリッジのナショナル・ミニマム政策の意義と限界―彼の労働問題と生活問
　　題の把握を通じて―」　　　　　　　　　　　　　　　　　　　　鎮目　真人…（16）
　　「防貧と地方改良―日本における社会事業形成の基点―」　　　　池本　美和子…（32）
　　「山室軍平と救癩」　　　　　　　　　　　　　　　　　　　　　杉山　博昭…（50）
　　「ソーシャルワークにおける媒介実践論研究―『媒介・過程モデル』の素描―」
　　　　　　　　　　　　　　　　　　　　　　　　　　　　　　　　岩間　伸之…（66）
〈研究ノート〉
　　「『障害過程論』の構築をめざして」　　　　　　　　　　　　　　渡辺　裕子…（84）
　　「ソーシャルワーク実践における価値―医師・看護婦・ソーシャルワーカーの比較
　　調査から―」　　　　　　　　　　　　　武田加代子／南　彩子／杉本照子…（101）
〈書評〉…（116）
社会福祉文献・資料（132）
●『社会福祉学』（第38―1号・通巻56号）（1997年6月20日発行）
〈特集〉
　　「人権と社会福祉―市民主体活動を支援する立場から―」　　　　矢満田　篤二…（1）
　　「高齢者福祉に関する人権論―最近の課題を巡って―」　　　　　小國　英夫…（10）
　　「人権と社会福祉―ジェンダーの視点から見る『女性の人権』―」杉本　貴代栄…（21）
　　「現代の貧困問題と人権―『住所不定者』問題と生活保護裁判―」笛木　俊一…（32）
〈論評〉
　　「社会福祉と自由原理の関係について―J.S.ミル・L.T.ホブハウス・A.センの比
　　較検討―」　　　　　　　　　　　　　　　　　　　　　　　　　岩崎　晋也…（45）
　　「重度障害者用意志伝達装置の適用に関する諸問題―重度障害者用意志伝達装置
　　ユーザーのケースワーク研究を通して―」　　　　　　　　　　　久能　由弥…（65）
　　「機関に対するライフモデル・ソーシャルワーク実践の一考察―職場内インフォー
　　マル集団の形成とエンパワーメントを通じてのフォーマル課題の変容―」
　　　　　　　　　　　　　　　　　　　　　　　　　　　　　横田恵子／立木茂雄…（81）
　　「てんかん患者へのソーシャルグループワーク―青年期患者への認知―行動療法の
　　導入―」　　　　　　　　　　　　　　　　　　　　　　　　　　川村　隆彦…（99）

「岡村家族福祉論の検討―家族福祉研究の課題を探る―」
　　　　　　　　　　　　　　　　　　　　　　　　　鶴野　隆浩…(*115*)
〈研究ノート〉
　　「障害者の自立生活を支える介護形態の検討」　　　圓山　里子…(*130*)
　　「転院援助行為とソーシャルワーカーの日常活動」　大本　和子…(*145*)
　　「社会福祉における権利意識」　　　　　　　　　　鵜沼　憲晴…(*160*)
〈書評〉…(*177*)
地方部会報告（*195*）
● 『社会福祉学』（第38―2号・通巻57号）（1997年12月20日発行）
〈論説〉
　　「ソーシャルワーク実践における二次的心的外傷ストレスに関する一考察―心的外
　　傷後ストレス障害（PTSD）に携わる援助者のサポートシステム構築へ向けて―」
　　　　　　　　　　　　　　　　　　　　　　　　　池埜　聡…(　*1*)
　　「地域在宅高齢者の抑うつ状態とその関連要因」　佐藤秀紀／中嶋和夫…(*20*)
　　「公的介護保険制度における要介護度認定の考え方―全国60地域で行われた要介護
　　認定結果を基に―」　　　　　　　　　　　　　　筒井　孝子…(*36*)
　　「入所施設から地域へ―知的障害者の入所施設設立が20世紀前半と後半の国との比
　　較―」　　　　　　　　　　　　　　　　　　　　渡辺　勧持…(*53*)
　　「わが国に学校ソーシャルワーカーは必要か？―教頭へのアンケート調査結果より―」
　　　　　　　　　　　　　　　　　　　　　　　　　門田　光司…(*67*)
　　「子どもへの不適切な関わりに対する専門職の認識構造」　中谷　茂一…(*81*)
〈研究ノート〉
　　「生きがいづくり支援サービスの効果評価とサービス開発の観点―高齢者の生きが
　　いの創造を予測する視点に関する予備的検討―」　川元　克秀…(*97*)
　　「家族実践における家族中心ソーシャルワークの有効性」　宮本　義信…(*119*)
　　「韓国の社会福祉政策の成立過程と社会統制―軍事政権の福祉立法を中心に―」
　　　　　　　　　　　　　　　　　　　　　　　　　朴　　明喜…(*136*)
〈資料〉
　　「町村での農村社会事業から戦時厚生事業移行期の実態―『福島県報』に見る町村への行
　　政指導を中心に―」　　　　　　　　　　　　　　菊池　義昭…(*152*)
社会福祉文献・資料（*184*）
● 『社会福祉学』（第39―1号・通巻58号）（1998年6月30日発行）
〈論説〉
　　「イギリスにおけるコミュニティ・ケア改革以降の公私関係―ボランタリー組織と
　　の関係を中心に―」
　　　　　　　　　　　　　　　　　　　　高橋万由美／永田　祐…(　*1*)
　　「ソーシャルワークにおける『ソーシャル』が意味するもの―生態学の発想を基軸
　　にした実践の視点に関する検討―」　　　　　　　空閑　浩人…(*22*)

第Ⅴ部　資　料　編

「老人ホームにおける人生回顧法を用いたグループワーク実践の試みについて」
　　　　　　　　　　　　　　　　　　　　　　　　　　　　　黒田　　文…(39)
「地域における子育て支援のあり方―英国のファミリーセンターを例として―」
　　　　　　　　　　　　　　　　　　　　　　　　　　　　　清水　隆則…(56)
「保健医療福祉職の援助過程における判断構造と特性―質的研究の試み―」
　　　　　　　　　　　　　神谷弘美／後藤真澄／坂本真理子／若松利昭…(74)
「高齢者を対象とした福祉サービスの効果評価に『自己実現』の概念を用いるため
の測定尺度の検討―Short Index of Self-Actualization (SSA) の交差妥当性と基準
関連妥当性―」　　　　　　　　　　　　　　　　　　　　　川元　克秀…(91)
「明治・大正期における児童虐待とその背景」　　　　　　　　岩間　麻子…(112)
「新婦人協会とハルハウス―平塚らいてうの母性保護思想の実践と，山田嘉吉，わ
か夫妻の果たした役割―」　　　　　　　　　　　　　　　　今井　小の実…(129)

〈研究ノート〉

「介護福祉士及びヘルパーのケアマネジメント関連項目に対する自己評価」
　　　　　　　　　　　　　　　　　　　　　　　　安梅勅江／高山忠雄…(145)
「医療的ケアを伴う重度重複障害者における問題―在宅福祉の改善への提言―」
　　　　　　　　　　　　　　　　　　　　　　　　　　　　　結城　康博…(162)
「精神保健ボランティア活動に関する研究」　　　　　　　　　栄　セツコ…(177)
「虐待経験，食行動異常に悩む福祉学生へのケースワーク―セルフ-エスティーム
を高めるための実践―」　　　　　　　　　　　　　　　　　川村　隆彦…(193)
「児童福祉の新たな視角―『子どもの権利条約』と教育をめぐる問題―」
　　　　　　　　　　　　　　　　　　　　　　　　　　　　　菊地　みほ…(214)
「ソーシャルワーク理論の概念構成に関する考察」　　藏野ともみ・八重田淳…(230)
「高齢者及び依存性の高い成人の虐待を取り扱うソーシャルワーカーの職務満足度
に関する一考察―カリフォルニア州サンタクララ郡成人保護サービス機関に所属
する虐待専門援助者の意識調査を通して―」　　　　　　　　江原　勝幸…(244)
「在宅ケア活動における『看護』と『介護』」　　　　　　　　永田　千鶴…(260)
「痴呆性高齢者施設の建築設計における理念・目標・手法に関する研究」
　　　　　　　　　　　　　　　　　　　　　　　　本間敏行／菅野　實…(279)
「心身障害児者の家族に対する家族生活教育（FLE）の実践とその評価―本格的
な実施に向けたプログラム開発の前段階として―」　　　　　渡辺　顕一郎…(297)

地方部会報告…(334)
日本学術会議報告…(350)

●『社会福祉学』（第39―2号・通巻59号）（1999年1月20日発行）

〈論説〉

「障害者福祉改革と権利保障」　　　　　　　　　　　　　　　杉野　昭博…(1)
「家庭相談員と学校ソーシャルワーカー―半構造的面接調査からの分析―」

資料5　機関誌『社会福祉学』総目次

　　　　　　　　　　　　　　　　　　　　　　　　　　　　　　門田　光司…(15)
「高齢者の住宅改善における社会福祉専門職の役割」　　　　　山本　美香…(33)
「高齢者の社会支援と主観的QOLの関係」　　　　　中嶋和夫／香川幸次郎…(48)
「世間体意識尺度12項目版の交差妥当性と信頼性—因子構造の安定性と再検査法に
　よる信頼性の検討—」　　　　　　　　　　　　　　　　　　川元　克秀…(62)
「在宅高齢者の神経症症状とそれに関連する要因」　　　　　　青木　邦男…(83)

〈研究ノート〉

「『自発的に援助を求めないクライエント』に対するソーシャルワーク実践—ルー
　ニイによる具体的方策の検討—」　　　　　　　　　　　　伊藤　冨士江…(100)
「成年後見制度におけるソーシャルワーカーの役割」　　　　福島　喜代子…(118)
「マレーシア人留学生へのケースワーク—危機介入，ライフモデル，RETを使っ
　たSystematic Eclectic Approachの実際—」　　　　　　　　川村　隆彦…(134)
「日本での『貧困の女性化』についての1考察—高齢女性の貧困の統計的検討—」
　　　　　　　　　　　　　　　　　　　　　　　　　　　　海野　恵美子…(155)
「『ホームレス』問題の所在—広島市の『ホームレス』と福祉施策」
　　　　　　　　　　　　　　　　　　　　　　　　都留民子／尾上麻紀子…(172)
「今後の児童福祉法改革の課題—児童家庭福祉サービス供給体制改革に向けて—」
　　　　　　　　　　　　　　　　　　　　　　　　　　　　西郷　泰之…(189)
「『呆けゆく』人びとの『呆けゆくこと』体験における意味世界への接近—相互行
　為的な『バイオグラフィカル・ワーク』を手がかりに—」　　出口　泰靖…(209)
「要援護高齢者のための地域介護ネットワーク構築—過疎中山間地域における『お
　隣ヘルパー』の試み—」　　　　　　　　　　　　　　　　　玉里　恵美子…(226)
「保健・医療・福祉情報システム評価の体系化—情報システム評価の方法—」
　　　　　　　　　　　　　　　　　　　　　　　　　　　　増子　　正…(243)
「コミュニケーション福祉機器の適用に関する諸条件—重度障害者用意志伝達装置
　適用に果たすコーディネータの役割—」　　　　　　　　　　久能　由弥…(254)
「多職種チームの3つのモデル—チーム研究のための基本的概念整理—」
　　　　　　　　　　　　　　　　　　　　　　　　　　　　菊地　和則…(273)
「医療機関における『枠組みとしてのチーム』の形成とその意義」　高山　恵理子…(291)
社会福祉文献・資料…(331)

● 『社会福祉学』（第40—1号・通巻60号）（1999年6月30日発行）
〈論説〉

「在宅老人福祉サービス実施状況の市町村間格差に関連する社会的要因の分析」
　　　　　　　　　　　　　　　　　　　　　　　　佐藤秀紀／中嶋和夫…(1)
「老人保健施設入所者・通所者及びその家族の特性比較に関する研究—老人保健施
　設入所要因について—」　　　　　　　　　　　　　　　　　藤野　達也…(20)
「スペシャルトランスポートサービスの現状と課題—バリアフリー社会実現に向けて—」

523

第V部　資　料　編

　　　　　　　　　　　　　　　　　　　　　　　　　　　　　　　高橋　万由美…(39)
　「わが国での学校ソーシャルワーク機能の必要性について」　　　門田　光司…(58)
　「婦女新聞の『母子扶助法制定促進会』創設とエレン・ケイの母性／児童保護思想
　　の系譜」　　　　　　　　　　　　　　　　　　　　　　　　　今井　小の実…(77)
〈研究ノート〉
　「社会福祉援助における自立規範の構造─機能分析─社会福祉援助の理論構造につ
　　いての批判的検討─」　　　　　　　　　　　　　　　　　　衣笠　一茂…(96)
　「日本人の文化とソーシャルワーク─受け身的な対人関係における『主体性』の把握─」
　　　　　　　　　　　　　　　　　　　　　　　　　　　　　　空閑　浩人…(113)
　「公民館を拠点とするふれあい会と訪問ケアの意義と展望」
　　　　　　　　　　　　人見裕江／徳山ちえみ／揚野裕紀子／杉本敏夫…(133)
　「ソーシャルワークのスキルに関する研究枠組」
　　　　　　　　　　　　岡本民夫／平塚良子／牧　洋子／戸塚法子／久保美紀／
　　　　　　　　　　　　木原活信／信川美樹／日根野健／空閑浩人／藤野好美…(150)
　「施設運営上の処遇計画の位置づけと構造に関する分析─特別養護老人ホームの場合─」
　　　　　　　　　　　　　　　　　　　　　　　　　　　　　　倉田　康路…(172)
　「痴呆性高齢者の介護における倫理的諸問題─家族介護者による自由記述回答の内容分
　　析─」　　　　　　　　　　　　　　　　　　　　　　　　　沖田　佳代子…(190)
　「『痴呆性老人』における，あるいは『痴呆性老人』をめぐる相互作用の諸相」
　　　　　　　　　　　　　　　　　　　　　　　　　　　　　　天田　城介…(209)
　「精神障害者のコミュニティケアにおいてきょうだい世代が果たしうる役割─『役割拘
　　束』を鍵概念としての一考察─」　　　　　　　　　　　　　南山　浩二…(234)
　「障害者スポーツ事業の現状と課題─九州の障害者スポーツ事業を中心に─」
　　　　　　　　　　　　　　　　　　　　　　　　　　　　　　後藤　貴浩…(252)
　「わが国における自閉症福祉施策の変遷に関する研究─自閉症児施設を中心に─」
　　　　　　　　　　　　　　　　　　　　　　　　　　　　　　中山　忠政…(271)
地方部会報告…(287)

● 『社会福祉学』（第40─2号・通巻61号）（2000年2月28日発行）
〈論説〉
　「保健福祉評価指標としての社会関連性─高齢者の社会との関わり状況と死亡に関
　　する実証研究─」　　　　　　　　　　　　　　　　　　　　安梅　勅江…(1)
　「ヘルスケア領域における専門職間連携─ソーシャルワークの視点からの理論的整理─」
　　　　　　　　　　　　　　　　　　　　　　　　　　　　　　松岡　千代…(17)
〈研究ノート〉
　「自己決定とストレングス視点」　　　　　　　　　　　　　　狭間　香代子…(39)
　「てんかん患者へのソーシャルワーク─クライエント中心療法，ライフモデル，認
　　知-行動療法を使ったSystematic Eclectic Approachの実際─」　川村　隆彦…(57)

「『児童虐待防止ネットワーク』の意義と発展に関する一考察」　　加藤　曜子…(81)
「乳幼児を持つ母親の自由時間とその関連要因」　　佐藤秀紀／鈴木幸雄…(98)
「児童相談所への通告義務と立入調査権に関する一般市民の周知と認識」
　　　　　　　　　　　　　　　　　　　　　　　　　　　中谷　茂一…(117)
「児童養護施設職員の子ども観」　　　　　　　　　　　　林　　浩康…(136)
「韓国の家族扶養の動向と高齢者政策に関する研究―日本との比較を通して―」
　　　　　　　　　　　　　　　　　　　　　　　　　　　金　　美淑…(152)
「米国における後見人監督制度と法的後見制度代替策」　　西崎　　緑…(168)
「台湾における『全民健康保険』の成立と課題」　　　　　高橋　　隆…(189)
「NPOの存立原理に関する基礎的考察―組織原理論とアソシエーション論を中心に―」
　　　　　　　　　　　　　　　　　　　　　　　　　　　渡辺　一城…(210)
「ポプラリズム―戦間期イギリス公的扶助形成過程の一端として―」　伊藤　文人…(227)
社会福祉文献・資料…(245)

● 『社会福祉学』（第41―1号・通巻62号）（2000年7月10日発行）　※B5判サイズとなる。
JAPANESE JOURNAL OF SOCIAL WELFARE（英文タイトル変更）

〈論文〉
「在宅高齢者の日常的外出行動を規定する要因に関する研究―千葉県M市における
　ケース・スタディ―」　　　椎野亜紀夫／中村　攻／木下　勇／齋藤雪彦…(1)
「多職種チームの構造と機能―多職種チーム研究の基本的枠組み―」　菊地　和則…(13)
「知的障害者施設における援助技術の原理的問題点と権利擁護の課題」金子　晃之…(27)
「知的障害者家族が抱くスティグマ感―社会調査を通して見たスティグマ化の要因
　と家族の障害受容―」　　　　　　　　　　　　　　　　藤井　　薫…(39)
「児童育成計画（地方版エンゼルプラン）策定実態と今後の課題」　　山本　真実…(49)
「保育所における障害児保育の実施状況と支援体制の検討―療育のある統合保育に
　向けての課題―」　　　　　　　　　　　　　　　園山繁樹／由岐中佳代子…(61)
「学校ソーシャルワーク実践におけるパワー交互作用モデルについて」門田　光司…(71)
「家族への政策的対応をめぐる前提的議論―『家族問題』と『家族』という概念構
　成を中心に―」　　　　　　　　　　　　　　　　　　　小林　　理…(87)
「医療機関におけるソーシャルワーク業務の実証的検証―特定機能病院における
　『退院計画』援助の定着―」　　　　　　　　　　　　　高山　恵理子…(99)
「医療ソーシャルワーカーの職務の特徴―アイデアルイメージと実践的意識の比較―」
　　　　　　　　　　　　　　　　　　　　　　　南　彩子／武田加代子…(111)
「福祉教育・ボランティア学習活動参加後の学習者のボランティア活動意欲の変容」
　　　　　　　　　　　　　　　　　　　　　　　　　　　川元　克秀…(121)

〈研究ノート〉
「自己決定と福祉―自己決定概念の福祉分野における意義と限界―」　臼井　正樹…(135)
「重症心身障害児施設療育の制度化過程―対象としての『重症心身障害児』規定を

第Ⅴ部 資料編

めぐって—」　　　　　　　　　　　　　　　　　　　　　　　　　　小埜寺　直樹…(*151*)
「青少年の老人に対するイメージの日・韓比較研究—SD法による中学生・高校生の老人イメージ測定—」
　　　　　　　　　鄭　鐘和／金　英淑／下垣　光／十束支朗／洪　淳慧／朴　勝昊…(*163*)

〈学会情報〉
地方部会報告…(*175*)

● 『社会福祉学』（第41—2号・通巻63号）（2001年3月25日発行）

〈論文〉
「国立結核療養所村松晴嵐荘における職業指導の成立過程とその背景：外気小屋から『実生活復帰準備』へ」　　　　　　　　　　　　　　　　　　加賀屋　一…(*1*)
「社会福祉法総則に関する考察—対象，目的，理念を中心として—」　　鵜沼　憲晴…(*13*)
「社会福祉政策の移行—『開発』と『民主化』の視角から—」　　　　　高橋　隆…(*25*)
「在宅高齢者のセルフ・エフィカシーとそれに関連する要因」　青木邦男／松本耕二…(*35*)
「ホームヘルプサービスの有効性に関する研究—利用者満足度とホームヘルパーの自己評価の比較から—」　　　　　　　　　　　　　　後藤真澄／若松利昭…(*49*)
「障害者施設福祉サービスに関わる情報取り扱いに関する一考察—情報提供・公開・共有の観点から—」　　　　　　　　　　　　　　　　　　沖倉　智美…(*59*)
「地域福祉と『居住』—高齢者の居住継続のあり方を求めて—」　　　　山本　美香…(*71*)
「福祉ボランティア活動をする大学生の動機の分析」　　　　　　　　　谷田　勇人…(*83*)
「イギリスにおけるコミュニティ・トランスポートの沿革と制度」　　　高橋　万由美…(*95*)
「非営利組織と社会的監査—英国スコットランドの事例から—」　　　　村山　浩一郎…(*107*)
「ニッチ開拓：大学病院のソーシャルワーカーによる退院援助の一側面」
　　　　　　　　　　　　　　　　　　　　　　　　　　　　　　　　三毛　美予子…(*117*)

〈調査報告〉
「高齢者虐待への福祉的介入・援助の有効性と限界—愛知県下の在宅事例の現状を手がかりに—」　　　　　　　　　　　　　　　　　　　　　　加藤　悦子…(*131*)

● 『社会福祉学』（第42—1号・通巻64号）（2001年8月31日発行）

〈論文〉
「社会福祉実践における『他者』の問い—脱近代ソーシャルワーク議論の意味—」
　　　　　　　　　　　　　　　　　　　　　　　　　　　　　　　　松倉　真理子…(*1*)
「エンパワーメント論：ナラティブ・モデルの批判的吟味」　加茂　陽／大下由美…(*12*)
「対人援助業務従事者の葛藤やジレンマに関する考察—葛藤やジレンマの蓄積に関するモデルの構築とシミュレーションによる検証—」　　　　　　小松　聖司…(*23*)
「坪上宏の援助関係論に内包する『変化』の意味についての一考察—『循環的関係』の検討を通して—」　　　　　　　　　　　　　　　　　　樋澤　吉彦…(*34*)
「組織・集団における『状況の圧力』と援助者の『弱さ』—『施設内虐待』の問題を通じて—」　　　　　　　　　　　　　　　　　　　　　　　空閑　浩人…(*44*)

「子育て支援施設の整備およびサービス状況における地域特性の分析」　佐藤　秀紀…(55)
「制度が前提とする家族モデル―児童扶養手当を中心に―」　　　　堀　真紀子…(68)
「障害者雇用政策の3類型―日本および欧米先進国の比較を通して―」　遠山　真世…(77)
「障害者文化論―障害者文化の概念整理とその若干の応用について―」　臼井　正樹…(87)
「入所施設におけるサービス計画（全体計画）を実現するための条件と方策―介護老人福祉施設（特養）職員による自由回答の内容分析から―」　　倉田　康路…(101)
「介護における『現金支払い』をめぐる『消費者主導』とジェンダー：アメリカの事例から」　　　　　　　　　　　　　　　　　　　　　　　森川　美絵…(114)
「在宅高齢者の孤独感とそれに関連する要因―地方都市の調査研究から―」
　　　　　　　　　　　　　　　　　　　　　　　　　　　　　青木　邦男…(125)

〈調査報告〉
「社会福祉従事者のバーンアウトとストレスについての研究」　　　藤野　好美…(137)

〈学会情報〉
地方部会報告…(151)
執筆要項…(159)

● 『社会福祉学』（第42―2号・通巻65号）（2002年3月31日発行）
〈論文〉
「占領期のPHWの児童福祉政策構想―厚生省児童局の設置過程を通して―」
　　　　　　　　　　　　　　　　　　　　　　　　　　　　　岩永　公成…(1)
「Statute of Charitable Uses (1601) に関する一考察―概要と論点整理を中心に―」
　　　　　　　　　　　　　　　　　　　　　　　　　　　　　松山　毅…(11)
「ソーシャルワーク実践における資源システムの構築Ⅰ―理論編―」
　　　　　　　　　　　　　　　　　　　　　　　　加茂　陽／大下由美…(22)
「ソーシャルワークの専門職性評価指標作成の試み」　武田加代子／南　彩子…(32)
「福祉関連職における Maslach Burnout Inventory の因子構造の比較」
　　　　　　　　原田和宏／齋藤圭介／有岡道博／岡田節子／香川幸次郎／中嶋和夫…(43)
「生存者罪悪感（survivor guilt）の概念的枠組みとソーシャルワーク実践の課題
―ソーシャルワークにおけるトラウマ・アプローチに関する一考察―」
　　　　　　　　　　　　　　　　　　　　　　　　　　　　　池埜　聡…(54)
「不登校児童生徒に対する学校ソーシャルワーク実践の役割機能について」
　　　　　　　　　　　　　　　　　　　　　　　　　　　　　門田　光司…(67)
「自閉症児の母親の障害受容過程―1歳半健診制度化の効果と母親への支援のあり方に関する研究―」　　　　　　　　　　　　　　　　　　　夏堀　摂…(79)
「児童養護施設入所児童およびその保護者の問題の経時的変容状況と相互関連性」
　　　　　　　　　　　　　　　　　　　　　　　　　　佐藤秀紀／鈴木幸雄…(91)
「知的障害者グループホーム・生活ホームにおける支援に関する研究」　小松　聖司…(106)
「知的障害児・者施設生活指導員における Pines Burnout Measure の構成概念に関

第Ⅴ部 資料編

する検討」　佐藤ゆかり／原田和宏／齋藤圭介／有岡道博／香川幸次郎／中嶋和夫…(*118*)
「老親扶養義務感尺度の開発」　　　　　　　　　　　　　　　太田美緒／甲斐一郎…(*130*)
「わが国の介護サービスにおける準市場の形成とその特異性」　　　　佐橋　克彦…(*139*)
「高齢者ケアマネジメントにおける倫理的意思測定—ソーシャルワークにおける道
　徳的推論の適用に関する議論からの一考察—」　　　　　　　　　沖田　佳代子…(*150*)

〈実践報告〉
「多発性硬化症の発症に随伴する急性悲嘆への初期介入を試みた一事例」
　　　　　　　　　　　　　　　　　　　　　　　　　　　　　富樫　八郎…(*161*)

〈調査報告〉
「心身障害児の親の子どもの自立をめぐるストレスと対応資源に関する研究」
　　　　　　　　　　　　　　　　　　渡辺顕一郎／田中一代／松江暁子…(*170*)
「介護保険施行後のY県の福祉環境の特色—ケアマネジャー回答によるケアマネー
　ジメント・サービス供給の実態と問題点—」　　　　　　　　　山崎　百子…(*182*)
「タイ王国南部・ハンセン病患者／元患者の社会保障とQOLに関する研究」
　　　　　　　　　　　　　　　　　　　　　　　　　　　　　志賀　文哉…(*195*)

● 『社会福祉学』（第43—1号・通巻66号）（2002年8月31日発行）

〈論文〉
「婦選獲得同盟と母性・児童保護運動—その揺籃期のモチベーションを追って—」
　　　　　　　　　　　　　　　　　　　　　　　　　　　　　今井　小の実…(*1*)
「個人責任・就労機会調停法とデュアリズムの進行—1990年代アメリカ福祉改革の
　動向—」　　　　　　　　　　　　　　　　　　　　　　　　廣川　嘉裕…(*12*)
「イギリスにおける福祉国家の変容—『サッチャリズム』から『第三の道』へ—」
　　　　　　　　　　　　　　　　　　　　　　　　　　　　　岡田　忠克…(*23*)
「ポスト産業社会における社会福祉の対象理解」　　　　　　　　金子　　充…(*33*)
「ソーシャルワーク実践における資源システムの構築Ⅱ—実践編—」　大下　由美…(*44*)
「医療ソーシャルワーカーのコーディネーションに対する患者，家族，院内外関係
　者，ワーカーの満足度評価分析—効果性の評価視点に基づく医療福祉システム
　コーディネート機能の評価—」
　　　　　　　加藤由美／糟谷昌志／真嶋智彦／山川敏久／都築光一／増子　正／関田康慶…(*54*)
「薬物依存者の家族に対するソーシャルワーク—家族自身の心理・社会的脆弱化と
　初期介入の試み—」　　　　　　　　　　　　　　　　　　　山野　尚美…(*67*)
「介護サービス計画の決定作成における倫理的ディレンマ—ケアマネージャーに対
　する訪問面接調査から—」　　　　　　　　　　　　　　　　沖田　佳代子…(*80*)
「主観的QOLの多様性—ギルド理論によるQOLの多様性の解明—」
　　　　　　　　　　　　　　　　　　　　　　　　　　　　Jung Won LEE…(*91*)
「血液透析患者の対処—共分散構造分析によるモデル構築の試み—」　藤田　譲…(*102*)

● 『社会福祉学』（第43―2号・通巻67号）（2003年3月31日発行）
〈論文〉
「福祉行政のためのNPM」　　　　　　　　　　　　　　　　　　　　　　　廣川　嘉裕…(3)
「貧困問題の『新』展開―アンダークラス概念の登場と背景―」　　　　　　　西村　貴直…(14)
「生活保護における『母子世帯』施策の変遷―戦後補償と必要即応原則―」
　　　　　　　　　　　　　　　　　　　　　　　　　　　　　　　　　　　菊地　英明…(23)
「児童虐待防止における自治体ソーシャルワークに関する一考察」　　　　　　才村　眞理…(33)
「母親の虐待行動とリスクファクターの検討―首都圏在住で幼児をもつ母親への児
　童虐待調査から―」　　　　　　　　　　　　　　　　　　　　　　　　　大原　美知子…(46)
「児童養護施設における対応が困難な事例への処遇法の構築：事例研究」
　　　　　　　　　　　　　　　　　　　　　　　　　　　　加茂　陽／前田佳代…(58)
「児童養護施設職員の職場環境とストレスに関する研究」　　　　　　伊藤　嘉余子…(70)
「介護老人保健施設に入所した高齢者の『満足』『不満』ならびに『不満への対
　処』の分析」　　　　　　　　　　　　　　　　　　　　楠永敏恵／山崎喜比古…(82)
「高齢者向け生きがい感スケール（K―I式）の作成および生きがい感の定義」
　　　　　　　　　　　　　　　　　　　　　　　　　　　　近藤　勉／鎌田次郎…(93)
「実習後グループによる学生の省察を促す指導プロセスの展開―グラウンデッド・
　セオリー・アプローチを用いた分析―」　　　　　　　　　　　　　　　坪内　千明…(102)
〈実践報告〉
「知的ハンディキャップをもつ人と出会う学習における学習者の意識変容」
　　　　　　　　　　　　　　　　　　　　　　　　　　　　　　　　　　　立木　正敏…(113)
〈調査報告〉
「中途視覚障害者の"白杖携行"に関する調査研究―アンケート調査による意識
　と実態の把握―」　　　　　　　　　　　　　　　　　　　　　　　　　高田　明子…(125)
〈学会情報〉
　編集委員会規定，編集規定，執筆要項…(137)

● 『社会福祉学』（第44―1号・通巻68号）（2003年7月31日発行）　＊本号より1巻3号となる。
〈論文〉
「家族支援理念の再考―家族福祉論の再構築のために―」　　　　　　　鶴野　隆浩…(3)
「岩下壮一の救癩思想―指導性とその限界―」　　　　　　　　　　　　輪倉　一広…(13)
「障害児の『親の障害受容』研究の批判的検討」　　　　　　　　　　　夏堀　摂…(23)
「生殖補助医療に伴う子どもの権利性の社会的支援に関する質的研究」
　　　　　　　　　　　　　　　　　　　　　　　　　　　　才村眞理／宮嶋淳…(34)
「1920年代までの米国における『精神薄弱』者施設センター的役割の強調―社会的
　処遇における施設と公立学校特殊学級の相互補完―」　　　　　　　　米田　宏樹…(46)
「高齢者福祉施設スタッフのQWL測定尺度の開発」　　　　　　Jung Won LEE…(56)
「介護福祉士における離職意向と役割ストレスに関する検討」

第Ⅴ部 資 料 編

佐藤ゆかり／澁谷久美／中嶋和夫／香川幸次郎…(67)
「タイにおける医療保障制度―医療保障制度の歴史的考察と現地調査による30バーツ政策の分析―」　　　　　　　　　　　　　　　　牧田　満知子…(79)

〈書評〉
講座『戦後社会福祉の総括と21世紀への展望　Ⅰ　総括と展望』　　小林　良二…(90)
講座『戦後社会福祉の総括と21世紀への展望　Ⅱ　思想と理論』　　遠藤　興一…(93)
講座『戦後社会福祉の総括と21世紀への展望　Ⅲ　政策と制度』　　平岡　公一…(97)
講座『戦後社会福祉の総括と21世紀への展望　Ⅳ　実践方法と援助技術』
　　　　　　　　　　　　　　　　　　　　　　　　　　　　　　　川田　誉音…(100)
〈執筆要項〉…(104)

● 『社会福祉学』（第44―2号・通巻69号）（2003年11月30日発行）
〈論文〉
「『精神保健福祉』の概念とその課題―用語の定着過程の検証―」　堀口　久五郎…(3)
「防貧概念の変遷―社会事業形成期の対象把握の視点から―」　　　野口　友紀子…(14)
「ホームレス対策の３つのアプローチ―『就労自立アプローチ』の傾斜とその限界性―」　　　　　　　　　　　　　　　　　　　　　　　　　　山田　壮志郎…(24)
「ひとり親家庭に対する政策論理の変化―イギリスとオランダにおける就労支援政策の比較から―」　　　　　　　　　　　　　　　　　　　　永田　　祐…(34)
「脳損傷による高次脳機能障害者家族の介護負担感の構造―ＢⅠ（Zarit Burden Interview）尺度を用いた検討―」　　　　　赤松　昭／小澤　温／白澤政和…(45)
「訪問介護サービスにおけるニーズとサービスの量的不一致―介護保険の応益負担と給付制限をめぐって―」　　　　　　　　　　　　　　　　梶　　晴美…(55)

〈実践報告〉
「不適切な養育環境に育った子どもに対する援助―児童養護施設における実践事例―」
　　　　　　　　　　　　　　　　　　　　　　　　　　　　　　　野津　　牧…(65)
「障害児の早期教育相談に関する研究―淡路島のガイドブック作りをとおして―」
　　　　　　　　　　　　　　　　　　　　　　　　　高倍　史／八幡ゆかり…(77)

〈調査報告〉
「太平洋戦争下の日本における医療社会事業実践―聖路加国際病院のケース記録の分析―」　　　　　　　　　　　　　　　　　　　　　　　仲野　真由美…(87)

〈書評〉
シリーズ社会学の現在3『家族・福祉社会学の現在』　　　　　　　安立　清史…(98)
『「高齢者神話」の打破：現代エイジング研究の射程』　　　　　　木下　康仁…(101)
『援助するということ：社会福祉実践を支える価値規範を問う』　　小山　　隆…(104)

編集委員会規程・編集規程・執筆要項…（107)

● 『社会福祉学』（第44―3号・通巻70号）（2004年3月31日発行）
〈論文〉

「障害者をめぐる言説の構築とソーシャルワーク実践—新たな言説(「聴覚障害者」から「ろう者」へ)の形成と協働の可能性を求めて—」　　奥田　啓子…(3)
「アンダークラスとラベリング—アンダークラスの『積極的』機能をめぐる考察—」
　　　　　　　　　　　　　　　　　　　　　　　　　　　西村　貴直…(13)
「多職種チームのコンピテンシー—インディビデュアル・コンピテンシーとチーム・コンピテンシーに関する基本的概念整理—」　　菊地　和則…(23)
「小児がんで子どもを亡くした母親の悲嘆のプロセスとその対応」　金子　絵里乃…(32)
「フィリピンにおける都市貧困住民の Well-being 指標についての試論—マニラ郊外でのフォーカス・グループ・ディスカッションから—」　　小田川　華子…(42)
「大都市在宅高齢者のソーシャルサポート源に対する選好度の特徴—手段的サポートと情緒的サポートにおける類似点と相違点—」　権　泫珠／岡田進一／白澤政和…(52)
〈書評／Reply〉
「公的扶助の展開；公的扶助研究運動と生活保護行政の歩み」　　杉村　宏…(62)
　　　　　　　　　　　　　　　　　　　　　　　Re：大友　信勝…(64)
「障害者家族を生きる」　　　　　　　　　　　　　　　　茨木　尚子…(66)
　　　　　　　　　　　　　　　　　　　　　　　Re：土屋　葉…(69)

〈編集委員会規程・編集規程・執筆要項〉…(71)

注：通巻号数の表示について，通巻39号が次番となっているため，以降表示されているとおりの通巻号数で掲載してある．最新の第44−3号は通巻70号と表示されているが，実際は通巻69号である．

〔資料6〕 日本社会福祉学会出版物一覧

"*Cultural Exchange in the Field of Social Work*", 1958年11月.
　※1958年11月開催の国際社会事業会議開催を記念して発行された.
日本社会福祉学会編『日本の貧困―ボーダー・ライン階層の研究―』有斐閣, 1958年12月.
日本社会福祉学会『社会福祉学』第1巻第1号～, 1960年3月～現在に至る.
日本社会福祉学会編『日本の貧困』再版, 有斐閣, 1963年4月.
日本社会福祉学会・心身障害者福祉対策研究委員会『国庫補助金一律削減における地方の心身障害者福祉対策の影響の研究』1987年12月.
日本社会福祉学会・生保国庫負担削減に関する特別研究委員会『生活保護国庫負担削減による影響についての研究』1988年12月.
日本社会福祉学会・社会福祉学研究者実態調査委員会『社会福祉学研究者実態調査報告書』1992年12月.
日本社会福祉学会『社会福祉における国際協力のあり方に関する研究・基礎研究編』1994年10月.
Japanese Society for the Study of Social Welfare, "*Japanese Journal of Social Services*" (JJSS) No. 1～, 1997年10月～現在に至る.
日本社会福祉学会『社会福祉における国際協力のあり方に関する研究（理論・実践編）』1997年10月.
日本社会福祉学会『21世紀の日本社会福祉学会の組織・運営のあり方委員会報告』2001年6月.
一番ヶ瀬康子・高島進・高田真治・京極高宣編『講座 戦後社会福祉の総括と21世紀への展望 I 総括と展望』ドメス出版, 1999年10月.
阿部志郎・井岡勉編『社会福祉の国際比較―研究の視点・方法と検証―』有斐閣, 2000年3月.
阿部志郎・右田紀久恵・宮田和明・松井二郎編『講座 戦後社会福祉の総括と21世紀への展望 II 思想と理論』ドメス出版, 2002年4月.
三浦文夫・高橋紘士・田端光美・古川孝順編『講座 戦後社会福祉の総括と21世紀への展望 III 政策と制度』ドメス出版, 2002年4月.
仲村優一・窪田暁子・岡本民夫・太田義弘編『講座 戦後社会福祉の総括と21世紀への展望 IV 実践方法と援助技術』ドメス出版, 2002年7月.

〔資料7〕 日本社会福祉学会第2回臨時総会並びに研究発表会開催要綱

日本社会福祉学会第二回臨時総会
並びに研究発表会開催要綱

一、開催期日　昭和三十九年十一月十四日（土）及び十五日（日）

二、会　　場　第一日（十一月十四日）日本女子大学（東京都文京区西生田壹三川町）
　　　　　　　第二日（十一月十五日）日本社会事業短期大学（東京都渋谷区原宿三ノ三）

三、日　　程
　　第　一　日（十一月十四日）
　　　　受　付（午前九時―九時三十分）
　　臨時総会（午前九時三十分―十時）
　　　　　　　　　　　　　　　　　　　　　　　司会理事　吉田　久一　氏
　　　開　会　の　辞　　　　　　　　　　　　代表理事　四宮　恭二　氏
　　　来　賓　挨　拶
　　　経　過　報　告　　　　　　　　　　　　　　　会計　田村　米三郎　氏
　　　議　　　　　事
　　　　①　来年度総会並に研究発表会の日時及び場所
　　　　②　来年度研究発表会における共通論題の題目
　　　　③　其　の　他
　　　研究発表会　―自由論題―（午前十時―十二時）
　　　　昼　食（午後〇時―一時）
　　　研究発表会　―自由論題―（午後一時―五時）
　　　夕食懇親会（午後六時）
　　　　会　場　日本女子大学
　　　　会　費　金三百円

　　第　二　日（十一月十五日）
　　　　受　付（午前九時―九時三十分）
　　　研究発表会　―自由論題―（午前九時三十分―十二時）
　　　　昼　食（午後〇時―一時）
　　　研究発表会　―共通論題―（午後一時―四時）
　　　　　　　　　　　　　　　　　　　　　　　司会理事　磯村　英一　氏
　　　　　　　　　　　　　　　　　　　　　　　主事理事　嶋田　啓一郎　氏
　　　論　　題　　社会福祉事業の実際について
　　　閉　会　の　辞　　　　　　　　　　　　理事　木田　徹郎　氏

四、参加会費　百　円

第Ｖ部　資　料　編

五、研究発表題目並に発表者氏名　(発表順)

自由論題の部　(発表時間　一人二十分質問共)

題目	所属	発表者
ケースワークの方向についての考え方	明治学院大学	阿部志郎　氏
いわゆる「最低生活水準」の意義について	慶応義塾大学	中　鉢　正　美　氏
ケースワークの問題解決との関係について	大阪市立大学	本　出　祐　之　氏
John Lockの「貧困児童」観	日本女子大学	一番ケ瀬　康　子　氏
離村年少労働者の非行傾向の数値に関する調査	日本女子大学	前　田　　　栄　氏
社会福祉の本質に関する一考察 ― 扶養義務と世帯	大阪女子大学	右　田　紀久子　氏
我が国生活保護制度の特質について	日本社会事業短期大学	小　川　政　亮　氏
岡山県資困問題委員会実態研究	岡山大学医学部	奥　山　康　雄　氏
「家族福祉からみた公共援護の利用」に関する実態調査	社会事業短期大学	菅　部　益　利　氏
民法的扶養義務の履行について	東京都民生局	佐藤文夫氏
非行の意義	大阪市立大学	柴田善守氏
貧困社会の職業との人間関係	同志社大学	岡　田　直　樹　氏
社会福祉並に関連分野評価分類表作成試案 ― 社会福祉援助活動基盤の発表の	同志社大学	寺本　晋一　氏
第一次世界大戦以後における我国の家族事情 ― 生活の崩壊をめぐって―	大阪女子大学	富　永　勝　子　氏
社会事業における計測の問題	関東学院大学	富田富士雄　氏
ケースワーク現態における運営についての一つの（一）社会資源について―	国立精神衛生研究所	古　賀　源　吾　氏
		山　崎　達　子　氏
地域社会福祉の診断と指導の方法に関する研究	国立精神衛生研究所	横　山　定　雄　氏
	同	櫻　井　芳　郎　氏
	立教大学	浅　井　浩　氏
社会事業と生活の安定図 ― 田舎都市の場合―	慶応義塾大学	吉　田　久　一　氏
グループワーク・リーダーシップの問題	大阪社会事業短期大学	眞　田　　　是　氏

共通題目の部　(発表時間　一人二十分質問共、討議は全発表者の発表後に行う)

題目	所属	発表者
社会福祉事業の失態について	中央大学	三　好　豊太郎　氏
	大阪女子大学	田　村　米　三　氏
	日本社会事業短期大学	岸　　勇　三　郎　氏
	大阪市立大学	岡　村　重　夫　氏
スラムについて	明治学院大学	渡　辺　　　栄　氏

注：最後の渡辺栄発表は自由論題の部。

〔資料8〕日本社会福祉学会年表（1954年度～2003年度）

年	学 会 事 項
1954 昭29	5／9．日本社会福祉学会創立総会並びに学会第1回大会〈大阪市教育会館〉 ◎共通論題「貧困の日本的性格」 司会：東田英夫／今岡健一郎 発表者：奥村忠雄（大阪市立大）／孝橋正一（大阪社会事業短大）／仲村優一（日本社会事業短大）／磯村英一（東京都立大）。創立総会には，社会政策学会，日本社会学会から祝辞としてメッセージが届いた。日本社会福祉学会規約施行。学会事務所は大阪府立女子大学社会福祉学研究室におかれた。初代会長は，四宮恭二。
	5／－．関東部会創立総会〈立教大学〉。
	11／14～15．第2回大会〈日本女子大学，日本社会事業短期大学〉 ◎共通論題「社会福祉事業の対象について」 司会：磯村英一／嶋田啓一郎 発表者「社会福祉事業の対象についての科学的接近への課題──被保護者家族の構造分析を中心として──」三好豊太郎（労働省）／「社会事業の対象について」岸勇（中部社会事業短大）／「社会福祉事業の対象」岡村重夫（大阪市立大）／「社会事業における計測の問題」富田富士雄（関東学院大）。21の自由論題研究発表。
	11／14．第2回臨時総会〈日本女子大学〉 経過報告，議事 ①来年度総会並に研究発表会の日時及び場所 ②来年度研究発表会に於ける共通論題の題目 ③其の他
1955 昭30	10／29～30．第3回大会〈中部社会事業短期大学〉 ◎共通論題「社会事業の本質について」 司会：谷川貞夫／岡村重夫 発表者：早崎八洲（厚生省）／竹内愛二（関西学院大）／雀部猛利（神戸女学院大）。明確な共同研究テーマを定めたいという意見が役員会において提出され，大会で了承された。そこで，文部省の総合研究費を申請，1956・57の両年度に日本社会福祉学会は，文部省総合研究費を得て「ボーダー・ライン層の生活構造の研究」を共同研究として行う事となった。24の自由論題研究発表。
	10／29．第3回総会〈中部社会事業短期大学〉 会務並会計報告 議事 ①次期総会の日時及び場所 ②次期総会の共通論題 ③その他（日本社会事業学校連盟総会）
	10／29．日本社会福祉学会公開公演会〈愛知県商工館ホール〉後援：愛知県／名古屋市／愛知県社会福祉協議会／朝日新聞厚生文化事業団 司会：岡村重夫／木田徹郎 講演者：「農村社会と農民福祉」四宮恭二（大阪社会事業短大）／「戦后都市の社会福祉」磯村英一（東京都立大）／「精神の健康と社会福祉」堀要（名古屋大）
1956 昭31	10／13～14．第4回大会〈同志社大学，京都民生会館〉 ◎共通論題「ボーダーライン層について」 司会：竹内愛二／磯村英一 発表者：「被救恤層の形成とボーダーライン層の位置」小倉襄二（同志社大）／「停滞的過剰人口としてのボーダーライン層」富田富士雄（関東学院大）／「ボーダーライン層の実証的研究」坂寄俊雄（大阪社会事業短大）／「ボーダーライン層の生活構造」中鉢正美（慶応義塾大）。30の自由論題研究発表。
	10／13．第4回総会〈同志社大学〉 部会報告会計並会計報告 議事①次期総会の日時及び場所 ②次期総会の共通論題 ③その他
1957 昭32	8／－．日本社会福祉学会，日本社会事業学校連盟と共同で「社会福祉主事・児童福祉司及び身体障害者福祉司の資格を向上せしめる方策に関する陳情」を神田厚生大臣に行う。
	10／12～13．第5回大会〈明治学院大学，公衆衛生院〉 ◎共通論題「低所得階層の生活構

535

第Ⅴ部　資料編

	造の研究」　発表者：「ボーダーライン層の意識過程」園直樹（西京大）／「社会福祉政策とボーダーライン層」田村米三郎（大阪女子大）／「明治期の東京市における下層社会の変貌過程―ボーダーライン層形成過程に関する一考察―」一番ヶ瀬康子（日本女子大）／「低所得層と医療問題」嶋田啓一郎（同志社大）／「ボーダーライン層の問題」小川政亮（日本社会事業短大）／「ボーダーライン層の大きさと類型に関する作業仮説」雀部猛利（神戸女学院大）／「ボーダーライン層と貸付金制度」木田徹郎（日本社会事業短大）／「ボーダーライン層生計費の分析」奥村忠雄（大阪市立大）／「ボーダーライン層の生活態度―医療扶助単給世帯を中心に―」横山定雄（国立精神衛生研究所）・服部克己（東京都民生局調査課）／「中間層としてのボーダーライン層」富田富士雄（関東学院大）／「低所得層の社会福祉的分類の試み」岡村重夫（大阪市立大）／「ボーダーラインの階層とその対策」磯村英一（東京都立大）。
1958 昭33	10／17～18．第6回大会〈関西学院大学〉　◎共通論題「近代社会における家族と社会福祉」　司会：谷川貞夫／四宮恭二　発表者：「役割構造より見た問題過程の要保護的性格―要保護性分析の一方法として―」桑畑勇吉（大阪市立大）／「躾の場としての家族と社会福祉」伊藤規矩治（同志社大）／「結核被保護世帯の世帯類型とケース・ワーク」籠山京（北海道大）／「家族の持つ社会福祉機能の立場から考察」横山定雄（国立精神衛生研究所）。
	11／30～12／6．第9回国際社会事業会議，東京で開催．外国からの参加者のために"Cultural Exchange in the Field of Social Work"を出版．
	12／5．共同研究の成果として，日本社会福祉学会編『日本の貧困』有斐閣刊行．本書に記載された学会規約によると学会事務所は日本社会事業大学．
1959 昭34	6／―．関東地区（木田理事，吉田理事），関西地区（竹内代表理事，岡村，嶋田，雀部各理事，中本委員）が中旬，大阪市で会合し，機関誌発行の具体化を協議．吉田久一，横山定雄，雀部猛利，中本博通の4人を編集委員に任命．
	10／31～11／1．第7回大会〈東北福祉短期大学〉　◎共通論題「社会福祉と諸科学―社会福祉研究の方法論」　司会：岡村重夫　発表者：嶋田啓一郎（同志社大）／牛窪浩（立教大）／佐口卓（早稲田大）．会員および傍聴者約180名参加．
	＊昨年中部地方を襲った伊勢湾台風被害にたいして，学会大会中に義捐金を集め，又一方では台風被害調査委員会を設けて協議した結果，日本福祉大学と協力して，適当な援助を本学会がなすことを決定し着手．
1960 昭35	3／31．機関誌『社会福祉学』（社会福祉と諸科学）第1巻第1号，日本社会福祉学会編（関西学院大学社会福祉学研究室），全社協発行・創刊．編集規定は『社会学評論』を参考にして作成．財政的には，大阪府，朝日新聞大阪厚生文化事業団，毎日新聞大阪社会事業団，日本生命済生会，鉄道弘済会大阪支部，産業経済新聞・大阪新聞厚生事業団からの寄付金によってまかなう．
	11／2～3．第8回大会〈大阪社会事業短期大学〉　◎共通論題「社会福祉と社会保障」　司会：木田徹郎，雀部猛利　発表者：大谷嘉朗（バット博士記念ホーム）／浦辺史（日本福祉大）／孝橋正一（大阪社会事業短大）．
	11／3．理事会は，編集委員に牧賢一，横山定雄，雀部猛利，柴田善守，役員選出方法研究員に富田富士雄，小川政亮，牛窪浩，三浦賜郎，岡村重夫，寺本喜一を決定．

資料8　日本社会福祉学会年表

	11／20．第8回総会決議事項「生活保護基準ノ根本的是正ヲ要求スル決議」を印刷の上朝日新聞社ほか40カ所に配布，「東大新聞」等に掲載された。
1961 昭36	1／9．第8回総会決議事項「生活保護基準ノ根本的是正ヲ要求スル決議」文を携えて，大河内一男・藤本武（社会政策学会），木田徹郎，籠山京，中鉢正美，仲村優一，吉田久一（社会福祉学会）は江田書記長（社会党），田中政調会部長（自民党）等に面接陳情。
	7／31．学会誌刊行費用募金のため，木田徹郎，若林龍夫，牧賢一，吉田久一が日赤，鉄道弘済会，原田積善会を訪問。
	9／1～2．第9回大会〈北海道大学・北海道学芸大学札幌分校〉 ◎共通論題「社会福祉における国家と地方自治体」 司会：東田英夫／磯村英一 発表者：雀部猛利（神戸女学院大）／小川政亮（日本社会事業大）／江沢繁（北海道学芸大）。第1日〔シンポジウム〕，第2日〔研究報告〕。
1962 昭37	11／18．北星学園大学に社会福祉学科（文学部）が創設されたのを機会に，北海道社会福祉学会を創設し，日本社会福祉学会の地方支部としての承認を申請，1962年の理事会，総会を経て地方支部となる。
	11／24～25．第10回大会〈日本生命中之島ビル〉 ◎シンポジウム：「社会福祉における住民参加」 司会：竹内愛二・牛窪浩 発表者：重田信一（明治学院大）／野久尾徳美（日本福祉大）／寺本喜一（京都府立大）。
1963 昭38	2／10．日本社会福祉学会，日本社会事業学校連盟・日本ソーシャルワーカー協会と共同で，最高裁・法務省に「家庭裁判所調査官採用試験科目改正に関する陳情」を提出（専門試験科目として社会福祉学を加えることを要望）。社会福祉系専門科目追加を実現。
	3／30．関西理事会において「会費未納処理の件」について審議され，1963年6月末日現在において，3年以上会費未納者を自然退会とみなし事務処理と行うことを決定。
	4／17．有斐閣より『日本の貧困』再版。
	6／30．前年の関西理事会の決定を受けて会員整理の結果新入会員数56名，自然退会者125名で，会員現在数438名となる。
	7／1．各地連絡理事へ，上半期部会還元金を送付（東北部会1500円，関東部会3400円，中部部会3300円，関西部会16800円。）
	10／26～27．第11回大会ならびに総会〈東京都立大学〉 ◎シンポジウム論題「経済開発と社会福祉」 司会：磯村英一／野久尾徳美 研究報告者：籠山京（北海道大）／嶋田啓一郎（同志社大）／冨田富士雄（関東学院大）／福武直（東京大）。自由報告5部会，合計52報告。
	12／12．部会還元金昭和38年度第2回分として，21600円発送。北海道2300円，東北1900円，関東8000円，中部2000円，関西7400円。
	12／14．北星学園大学の火災につき，学会費の援助を籠山京北海道部会連絡理事より要請され，各大学，研究機関代表に，事務局より援助依頼文を発送。
1964 昭39	2／－．日本社会福祉学会・日本社会事業学校連盟，国家公務員採用上級試験に関する陳情を人事院に提出（出題分野に社会福祉関連科目を加えることを要望）。
	2／28．理事会〈大阪市立大学〉 学会の研究レベルを明らかにすることなどを決定。

537

第Ⅴ部 資 料 編

	11／7～8．第12回大会〈華頂短期大学，知恩院境内〉 ◎共通論題「社会福祉の総論的研究」 1日目 自由論題5部会合計43報告 2日目 Ⅰ共通論題討議（部会）［第1部会］「社会福祉の総論的研究（基礎理論・歴史を含む）」 司会：竹内愛二（関西学院大）／吉田久一（日本社会事業大） 主論者：園直樹（京都府立大）／柴田善守（大阪市立大）／一番ヶ瀬康子（日本女子大） ［第2部会］「低所得階層対策の研究（制度の研究を含む）」 司会：浦辺史（日本福祉大）／雀部猛利（神戸女学院大） 主論者：小倉襄二（同志社大）／小沼正（厚生省） ［第3部会］「ケースワークの研究（GW・COを含む）」 司会：浅賀ふさ（日本福祉大）／仲村優一（日本社会事業大） 主論者：大塚達雄（同志社大）／中園康夫（四国学院大）／小松源助（日本社会事業大） Ⅱ共通論題討議［全体会議］ 論題：「社会福祉研究の戦後における発展」 司会：岡村重夫（大阪市立大） 主論者：嶋田啓一郎（同志社大）／雀部猛利（神戸女学院大）／仲村優一（日本社会事業大）．
	11／8．理事会〈華頂短期大学〉 研究発表は理事会である程度選考する必要があるのではないかとの検討がされたが時期尚早ということになった。レジュメの作成を確実にすべきであるなども検討された。
	12／14．事務局，大阪社会事業短期大学より，明治学院大学に引き継ぐ。
1965 昭40	11／21～22．第13回大会〈熊本短期大学〉 ◎シンポジウム「地域格差と社会保障」 司会：奥村忠雄／仲村優一 発表者：「生活構造面の問題」中鉢正美（慶應義塾大）／「社会福祉と地域格差」浦辺史（日本福祉大）／「地方財政面の問題」小倉襄二（同志社大）／「環境及び保健問題と社会保障」内田守（熊本短大）．
	11／21．総会〈熊本短期大学〉 1．議長選出 2．代表理事挨拶 3．事務局報告 4．会計報告ならびに会計監査報告 5．部会報告 6．機関誌に関する報告 7．その他 ＊九州部会成立
1966 昭41	11／11～12．第14回大会〈立正大学〉 ◎共通論題（シンポジウム）「民間社会事業の現状分析と課題—国民要求からみたその位置づけ—」 司会：池川清／森永松信 発表者：西脇勉（四国学院大）／鷲谷善教（日本社会事業大）／高島進（日本福祉大）．
1967 昭42	11／11～12．第15回大会〈日本福祉大学〉 ◎課題研究テーマ：「社会福祉行財政の問題点」 発表者：「社会福祉」木村忠二郎（日本社会事業大）／「公的扶助」籠山京（北海道大）／「地方自治」鳴海正泰（横浜市副主幹）／「社会福祉事業」檜前俊彦（前・神戸市民生局長） ◎シンポジウムテーマ：「厚生行政への提言」 発表者：「施設運営」重田信一（明治学院大）／「保育」土方康夫（日本福祉大）／「公的扶助」仲村優一（日本社会事業大）／「リハビリテーション」糸賀一雄（近江学園）．
1968 昭43	9／23～24．第16回大会〈北星学園大学〉 ◎共通論題「人権問題」 ◎パネルディスカッション「人権侵害の事実」 発表者：「人権侵害の事実」石川恒夫（北星学園大）／「人権侵害の事実」大坂譲治（仙台基督教育児院）／「人権侵害の事実」児島美都子（日本福祉大）／「人権侵害の事実—低所得階層を中心として—」向山耶幸（日本女子大）／「水俣病問題と人権」岡本民夫（熊本短大） ◎課題発表「社会福祉と人権」 発表者：「社会権と福祉政策の課題」角田豊（同志社大）／「社会福祉と人権」後藤平吉（札幌大）／「社会事業と人権」小川政亮（日本社会事業大）．

1969 昭44	6／25．『社会福祉学』第8・9合併号発行．本号より日本社会福祉学会編集委員会編，日本社会福祉学会発行となる．本号の「学会記事」によると，「※学会活動としては，各支部において例会が開催され，会員により共同研究などもすすめられている．大会における研究発表，大会参加も著増してきたが，学会の研究水準の向上に一段と努力が望まれる．学会にとって，最も重要な学会機関誌『社会福祉学』の刊行が遅延することになった．」「⑴学会の事務局が代表理事交代のたびに変わることになり，会計，事務処理上に多くの欠陥を有していた．浦辺史理事の提案により，1968年度以降，学会の会費徴収および連絡事務を日本福祉大学に固定することができた．名簿発行はじめ，日常的な連絡は，日本福祉大学でまかなわれるようになり，従来の連絡，調整についての処理が順調にすすめられることになった．」「⑵理事改選により，44・45年度新理事選出．代表理事浦辺史（日福大）の選出．現在会員数690（1968年9月23日現在）次期大会について，開催校は佛教大とし，参加費を300円から500円に変更することに決定．」との内容．
	11／2～3．第17回大会〈佛教大学〉◎共通論題「社会変動と社会福祉の対象—1960年代の動向—」 司会：岡村重夫（大阪市立大） 発表者：「貧困の問題について」白沢久一（北星学園大）／「児童福祉問題について」泉順（熊本短大）／「老人福祉問題について」上田千秋（佛教大）／「心身障害者問題について」三和治（明治学院大）／「公害と地域福祉について」神岡浪子（日本福祉大） ◎シンポジウム 司会：雀部猛利（神戸女学院大）／吉田久一（日本社会事業大） 主論者：宮本憲一（大阪市立大）／真田是（立命館大）／江口英一（中央大）．
	11／3．総会（大会2日目）：1．予算・決算の承認 2．規約改正 3．学会の研究水準向上，運営の改善について 4．次回大会の会場について．また，1969年4月頃より中・四国部会開催を希望する声が高まり，今回，約20名による準備相談会を持ち，連絡委員を各県ごとに決定．
1970 昭45	4／18．理事会〈日本福祉大学〉「18回大会について」11月2・3日に四国学院大学で行い，個人発表はなしで，共通論題は「1970年代の社会福祉の研究課題」とし，学会および会員の社会的任務を具体的に明確にすることと合わせて，学会運営の改善の本格的な討論を期待することに決定．
	11／2～3．第18回大会〈四国学院大学〉◎共通論題「70年代の社会福祉の研究課題」 共通論題討論［第1分科会］「社会福祉の理論と教育」（内容・柱）Ⅰ社会福祉学とは何か Ⅱ社会福祉教育とは何か 司会者：仲村優一（日本社会事業大）／忍博次（北星学園大）／窪田暁子（日本福祉大） 報告者：「社会福祉理論の検討」荻野源吾（京都保育専門学校）／「社会福祉教育—その対象者の意識を中心として—」永田勝彦（北星学園大）／「社会福祉教育とはなにか」田代不二男（東北大）／「社会福祉の教育について—とくに高校教育について—」一番ヶ瀬康子（日本女子大）／「短期大学における社会福祉教育」斉藤安弘（和泉短大）／「社会福祉の理論と教育」前田敏雄（同朋大）／「大学における社会福祉教育について」西光義敞（龍谷大）／「社会福祉教育とは何か」黒川昭登（大阪市立大）／「ソーシャルワーカー養成への指向」岡田藤太郎（四国学院大） 追加討論者：西原富雄（花園大）／浦辺史（日本福祉大）／森永松信（立正大）／小田兼三（聖和女子大）／内田節子（岡山県立短大）［第2分科会］「社会福祉研究の課題」（内容・柱）Ⅲ社会福祉研究者の課題 Ⅳ社会福祉現場研究者の課題 Ⅴ社会福祉運動と研究 司会者：岡村重夫（大阪市立大）／上田千秋（佛教大）／雀部猛利（神戸女学院大） 発表者：「社会福祉研究者の課題—現場と

資料8 日本社会福祉学会年表

539

第V部　資料編

	運動と研究—」真野元四郎（大阪府吹田保健所）／「心身障害者の職業問題について」阿部節子（東京都心身障害者福祉センター）／「社会福祉研究者の課題—現場と運動と研究—」藤原達観（横浜家庭裁判所）／「同」藤本昇（相模原児童相談所）／「同」小野善吉（京都家庭裁判所）／「障害者安楽死事件が提起するもの」藤井力夫（名古屋大学大学院）／「ソーシャル・アクション批判」冷水豊（関西学院大）　追加討論者：本村汎（大阪市大）／増井正博（川崎児童相談所）／会田芳敬（横浜家庭裁判所）／南樹（富山家裁）／新里二三夫（新潟家裁）／松本眞一（大阪家裁）／堺太郎（西南学院大）。
	11／3．総会〔報告〕　1．会務報告，前回大会の決定にもとづき学会改革のため関東・関西両部会に委員会を設置し，検討したこと，「少年法改正」に反対する決議を総会の名で法務大臣他関係機関に送ったことなど。　2．地方部会報告，東北部会での学会改革についての意見බ掲，その他略。　3．機関誌編集委員会報告（略）　4．選挙管理委員会報告，理事選挙結果　日本社会福祉学会第18回通常総会報告について　（略，議題1参照）　5．会員の現状〔議題〕　1．役員の選任について　推薦理事は学会の民主的運営の充実，地方部会の運営充実をめざし北海道1名，東北1名，関東3名，中部1名，関西2名，中・四国1名，九州1名。浦辺代表理事再任の報告　浦辺理事より理事会運営の強化のため，企画担当（柏木），会計担当（高島），編集担当（小倉），連絡（主として日本学術会議との渉外）担当（小川）の4名の常任理事を委嘱することが提案され了承された。　2．学会誌編集委員の委嘱について　3．昭和44年度決算承認　4．会費値上げについて　会計理事より現行年1200円の収入規模では46年度予算は本部事務局設置校よりの寄附会誌への書籍広告量など収入増に努めても名簿印刷費積立て，選管費積立てが全くできないだけではなく，印刷費，消耗品等も予算がくめず，実体のない作文予算しかできない，今年度の予算執行状況，昨年度の決算で見ると過年度の未収会費の納入や事業の遅れ（会誌発行などの）でかろうじてまかなっているにすぎないこと，未収会費の整理，事業の遅れは今年度大きく改善されているので，次年度にはこのようなやりくりは不可能，最小限2000円は必要であると資料にもとづいて説明があり，全員一致で承認。　5．46年度予算承認　6．第19回開催地。　7．その他　江口英一会員より「失対制度廃止反対の声明」への署名運動を学会内ですすめることへの協力申し出あり了承。
1971 昭46	9／20．『社会福祉学』（70年代の社会福祉—課題と展望—）第11号。「編集後記」によると，「特集論文の他に，特に『現場からの発言』を9氏から頂いた。これは昨年の第18回大会において幾人かの方がたが「現場」と「研究者」の問題に言及され，学会が「現場」からの発言を大切にすべきことを提案されたのに応えて企画した」とある。また，「理事が1名も（編集に）加わっていないことから，大会企画との連携が薄くなることも」改善するため，理事会に提案して，本年から理事の中から編集担当責任者を選出することになった。「学会理事会の記録を，本号から掲載する」との記事も見られる。
	10／2～3．第19回大会〈日本女子大学〉　◎共通論題「社会福祉の専門性をめぐって」　◎共通論題との関連「社会福祉専門団体の現状と課題」　司会：吉田久一（日本社会事業大）／高島進（日本福祉大）　発表者：「公的扶助研究会全国連絡会」津田光輝（東京都目黒福祉事務所）／「日本医療社会事業協会」田戸静（同協会事務局）／「日本ソーシャル・ワーカー協会」伊藤宏（東京都ろうあ者更生寮），寺本喜一（京都ソーシャル・ワーカー協会）／「全国障害者問題研究会」清水寛（埼玉大），三島敏男（都立江東ろう学校）　◎〔第1分科会〕「社会福祉と教育」　司会：大谷嘉朗（和泉短大）／宍戸健夫（愛知県立大）　発表

540

者：「児童の社会福祉と教育」小川太郎（日本福祉大）／「幼児の社会福祉と教育」泉順（熊本短大）／「非行青少年と福祉と教育」山口透（愛知県立大）／「障害児の福祉と教育」田中昌人（京都大）／「児童養護と教育」積惟勝（松風荘）／「公的扶助と教育」河合幸尾（名古屋市南区福祉事務所），[第2分科会]「社会福祉と医療」 司会：西脇勉（四国学院大）／小松源助（日本社会事業大） 発表者：「医療社会事業の問題点」児島美都子（日本福祉大）／「リハビリテーションにおける福祉と医療」小島蓉子（日本女子大）／「福祉施設（特養老人ホーム）における福祉と医療」丹羽昇（贊育会）／「地域福祉と医療」杉村宏（小平市福祉事務所）／「精神医療をめぐる福祉と医療」柏木昭（国立精神衛生研究所）／「らいの福祉と医療」佐藤献（国立多磨全生園） ◎共通問題シンポジウム：「社会福祉の専門性をめぐって」 司会：小倉襄二（同志社大）／三浦文夫（社会保障研究所） 発表者：細川順正（大阪西成労働福祉センター）／仲村優一（日本社会事業大）／窪田暁子（日本福祉大）

10／3．総会 議事 1．社会福祉専門職問題検討委員会を設置し一番ヶ瀬康子，柏木昭，児島美都子，嶋田啓一郎の4名を選任。 2．中央社会福祉審議会に対し，社会福祉士法案要綱試案並びに審議経過の公表を学会として申請することを決定。 3．学術会議会員選挙にあたり，田中昌人（京都大学），小川太郎（日本福祉大学）の要請により学会としての推薦を決定。

11／22．第19回総会決定にもとづき社会福祉士法試案の公開を厚生省に要請。

12／4．関西地方部会第1回例会（於：佛教大学 21名出席） 日本社会福祉学会の改革について，関西部会の立場から協議をすすめた。資料「社会福祉学会活動の水準向上と運営の改革について」（学会改革問題委員会東部ブロック委員会）。

1972 昭47	4／17．専門職問題検討委員会の中間報告を中央社会福祉審議会職員問題分科会に送付。
	9／6．学術会議に対し，学会の市民権獲得をめざし，科学研究費補助金の配分審査委員，社会学及び経済学連絡委員会に参加方承認を要請。
	9／30．『社会福祉学』第12号から，機関誌編集は地方で分担ということになり京都が担当。編集担当理事小倉襄二。同し，『社会福祉学』第13号，九州（熊本短期大学）で担当し発行。
	10／7～8．第20回大会〈東北福祉大学〉 共通論題「社会福祉労働の現状と課題」 第1日（7日）◎自由論題発表 ◎総会第1部 決定事項 1．会務報告 ①社会福祉士法試案の公開を厚生省に要請。専門職問題検討委員会の中間報告を中央社会福祉審議会職員問題分科会に送付。②学会誌出版助成，文部省に申請，承認得られず。③学会誌の学術出版物承認申請，対郵政省，当日までに未回答。④学術会議に対し，科学研究費補助金の配分審査委員，社会学および経済学連絡委員会に参加方承認を要請。⑤次年度の課題─学会の市民権獲得，規約改正（小委員会設置），「社会福祉労働調査研究」を学会員の共同研究として文部省，厚生省に申請。 2～5省略
	10／8．第20回大会第2日 ◎総会第2部 専門職問題検討小委員会報告（委員長，嶋田啓一郎） ◎共通論題「社会福祉労働の現状と課題」「第1分散会」 司会：重田信一／窪田暁子 発表者：1医療：三塚武男（同志社大）／2養護：大坂誠（仙台基督教育児院）／3学童保育：岩佐洋子（学童保育連絡会）／4社会福祉協議会：渡部剛士（山形県社会福祉協議会）／5コロニー：三島敏男（全国障害者問題研究会） [第2分散会] 司会：三浦文夫 発表者：1公的扶助：佐俣主紀（石巻福祉事務所）／2保育：土方康夫（日本福祉大）／3

第Ⅴ部　資　料　編

	老人：小國英夫（健光園）／4救護：木野村峰一（醍醐和光寮）／5ホームヘルパー：上坪陽（東京都民生局）　◎シンポジウム「社会福祉労働の課題」　司会：浦辺史（日本福祉大）／小川政亮（日本社会事業大）　報告者：鷲谷善教（日本社会事業大）／一番ヶ瀬康子（日本女子大）／村岡末弘（二葉学園）　コメンテーター：細川順正（大阪西成労働福祉センター）／高澤武司（日本社会事業大）／柏木昭（国立精神衛生研究所）。
1973 昭48	2／6．学会誌第14号の第1回編集委員会（編集委員，四国学院大学社会福祉学科中園康夫，寺本喜一，秋山智久，久保紘章）を開催し次のような方針を決めた。　1．共通テーマ「社会福祉労働の現状と課題」について全会員より論文を公募する。　2．応募の状況をみて不足であれば特別に執筆を依頼する。　3．自由課題は今回は載せない。この決定に基づき2月末日を期限に執筆に関し874名の全会員に葉書によるアンケートを出したところ，236名の回答があり，そのうち21名が執筆を希望し，42名の方が学会誌編集について意見を寄せられた。
	3／20．機関誌執筆に関する本年2月のアンケートの結果に基づき執筆希望を寄せた21名にあらためて，執筆依頼状を送付。原稿締切6月1日までに到着したものおよびその後の催促の結果最終的に14編の論文が得られた。集まった論文を基に開いた編集会議では採否の基準をめぐって意見の対立があったが，結局，玉石の判定は会員諸氏の判断に委ねるということにして全篇採用。
	10／20～21．第21回大会〈上智大学〉　◎共通課題「社会福祉研究の回顧展望」　司会者：五味百合子／田代国次郎　報告者：吉田久一／柴田善守　◎シンポジウム「社会福祉政策と方法―国民の福祉要求にこたえて―」　総括司会：三浦文夫　報告者：「老人の貧困問題」高野史郎／「老人の医療問題」磯典理／「老人の雇用と職業問題」下斗米傑／「老人の福祉問題」杉村春三。第1日（20日）共通課題，第2日（21日）シンポジウム。
	10／21．総会：会務報告の主要点は(1)学術会議において，正式に学術団体として認定されたが，所属分野については社会学，経済学関係で検討中であること。(2)第4種郵便（学会刊行物）の認可が行われたこと。(3)以下省略 異常な物価高のため昭和49年度より会費を2500円に引き上げることを決定。
	12／10．文部省に対し「社会福祉労働者の現状と課題」の総合研究A 3カ年計画1224万円の科学研究費を申請。
1974 昭49	1／25．日本社会事業学校連盟と連名で文部大臣宛に国立大学に社会福祉学科の設置方並に学位規定に社会福祉学博士・修士の新設を要望。
	9／30．『社会福祉学』（社会福祉研究の回顧と展望）第15号は北星学園大学に委託され編集発行。内閣総理大臣宛の日本学術会議「社会福祉の研究・教育体制等について（勧告）」（1974年5月20日）も掲載。
	10／20～21．第22回大会〈龍谷大学〉　◎共通論題「社会福祉における政策と方法―児童福祉を中心にして―」　第1分科会「児童福祉政策と福祉運動」　司会：村岡末広（二葉学園）／筑前甚七（宮城県民生部）　報告者：(1)「児童福祉施設最低基準と児童福祉労働」小笠原祐次（東京都老人総合研究所），小川信子（日本女子大）(2)「戦後児童福祉政策史」長島瑞穂（京都府立大），丹野喜久子（全国社会福祉協議会），第2分科会「児童福祉と国民要求」司会：泉順（熊本短大）／窪田暁子（日本福祉大）　報告者：(3)「児童福祉をめぐる自治体

	と住民」西田誠行（龍谷大），鈴木政夫（東京都隅田児童相談所）(4)「児童福祉と教育・医療」上林靖子（国立国府台病院），大橋謙策（日本社会事業大）。◎シンポジウム「社会福祉における政策と方法」　司会：岡田藤太郎（四国学院大）／浦辺史（日本福祉大）　分科会報告：村岡末広／筑前甚七／泉順／窪田暁子　パネラー：一番ヶ瀬康子（日本女子大）／小倉襄二（同志社大）／小川利夫（名古屋大）。
	10／21．総会　1．会務報告　(1)1973年12月10日文部省に対し"社会福祉労働者の現状と課題"の総合研究A 3ヵ年計画1224万円の科学研究費を申請したが，また割当はなし。(2)1974年1月25日日本社会事業学校連盟と連名で文部大臣宛国立大学に社会福祉学科設置方並に学位規定に社会福祉学博士・修士の新設を要望。(3)1974年日本学術会議より政府に対し社会福祉の研究教育体制等について勧告あり，学会からは小川政亮，一番ヶ瀬康子，三浦文夫，宍戸健夫，土方康夫，田中昌人，浦辺史等が協力要請にこたえた。(4)以下省略。
1975 昭50	10／11〜12．第23回大会および総会〈日本福祉大学〉　第1日（11日）は自由論題，第2日（12日）は共通論題，シンポジウム，午後は総会。◎共通論題「社会福祉における政策と実践—障害問題を中心として—」　第1分科会　「障害者の生活実態・就労・所得などについて」秦安雄（日本福祉大）／「障害者への福祉サービス・教育・医療などについて」川添邦俊（東北福祉大），岡崎英彦（びわこ学園）　第2分科会　「障害児者の運動・居住・地域福祉などについて」大塚達雄（同志社大），日比野正巳（長崎造船大）／「障害者の生活実態・就労・所得などについて」住谷磐（同志社大）　◎シンポジウム「社会福祉における政策と実践—障害者問題を中心として—」　司会：三浦文夫／児島美都子　シンポジスト：飯田精一／調一興／田中昌人。
	10／12．総会　一．会務報告　1．学会の運営については，専門領域別の部会を設けて研究活動の強化をはかる提案があった。この方向を確認しながら，当面は「地方部会」の研究活動を強める方針で取り組む。　2．国際社会福祉会議のテーマなどについて学会の意見がナショナル・レポートに反映するような取り組みが必要である。　3．いわゆる「福祉みなおし論」などについて各方面からの提言・答申などもあるので，学会としても一定の見解を提起する必要があるのではないか。　4．日本社会福祉学会の英文名を，Japanese Society for the Study of Social Welfare (JSSSW) とする。　5．「大会費」（科目）は大会開催校への助成という考え方ではなく，実質的に大会開催費を確保できるように努力する。　6．文部省科学研究費審査員は社会学会と協議のうえ，選出する（後日，雀部猛利氏を選出）。　7．東北福祉大学の田代理事を中心とする編集委員会によって『社会福祉学』第16号を刊行することができた。　8．学会誌第17号は，佛教大学・上田千秋理事を編集担当として取り組む。　9．次期，第24回大会開催地は九州方面にお願いする。　10．新入会員70名承認の報告があり，会員数は1182名となった。　二．昭和49年度決算案承認　三．昭和51年度予算案承認。
1976 昭51	10／23〜24．第24回大会および総会〈福岡市電気ビル〉　第1日（11日）自由論題，第2日（12日）共通論題，総会，シンポジウム，午後には総会が行われた。◎共通論題「地域福祉論」　1．「老人のコミュニティ・ケアをめぐる諸問題」　司会：三浦文夫　報告者：杉村春三／前田大作　2．「心身障害者のコミュニティ・ケアをめぐる諸問題」　司会：泉順　報告者：高田眞治／末益昭夫　3．「地域組織化活動をめぐる諸問題」　司会：阿部志郎　報告者：高橋紘士／井岡勉　◎シンポジウム「地域福祉の成立と展開」　司会：岡村重夫　報告者：三浦文夫／阿部志郎／右田紀久恵。

543

第Ⅴ部　資　料　編

	10／24．総会　一．会務報告　1．第24回大会開催経過について　3月の理事会において福岡県社会保育短期大学に大会を引き受けていただいたこと，その際テーマを「地域福祉論」と決定したこと．　2．自由論題発表に「社会福祉教育」の分科会を学会（理事会）からの提起として設けたこと．　3．分科会での司会が単なる「司会者」におわらないようにするため，理事各位に「司会者」として積極的に参加していただくようになったこと．　4．従来からの要望である学会機関誌年2回発行については検討中．　5．外国学会員については原則として認めるが，詳細については他の学会を調査の上検討したい．　二．機関誌編集委員会よりの報告　三．部会活動報告　四．新入会員報告（95名）　五．理事選挙管理委員会委員に，西田誠行（龍谷大学），井岡勉（同志社大），遠藤滋（立命館大）を委嘱．　六．来年度機関誌編集担当委員を今年度に引き続いて上田千秋理事（佛教大学）に依頼．　七．昭和50年度会計決算監査報告・承認　八．昭和52年度会計予算承認
1977 昭52	10／22〜23．第25回大会および総会〈大正大学〉　第1日（22日）は10部会に分かれての自由研究発表，第2日（23日）は課題研究発表が行われ，午後からは総会に引き続いてシンポジウムを開催．　◎共通論題「社会福祉施設をどう考えるか―その課題と展望―」［第1部会］「社会福祉の施設体系の変遷をめぐる諸問題」　司会：三吉明（北星学園大）／柴田善守（大阪市立大），報告者：玉井眞徹（滝乃川学園）／泉順（財団いしずえ）　［第2部会］「地域社会における施設活動をめぐる諸問題」　司会：小倉襄二（同志社大）／福田垂穂（明治学院大）　報告者：奥山典雄（ももぞの学園）／大橋謙策（日本社会事業大）　［第3部会］「施設運営をめぐる諸問題」　司会：阿部志郎（横須賀基督教社会館）／吉澤英子（関東学院大学），報告者：渡辺茂雄（調布学園）／秋山智久（明治学院大）　◎シンポジウム「社会福祉施設をどう考えるか」　司会：嶋田啓一郎（同志社大）／重田信一（大正大）　報告者：上田千秋（佛教大）／大坂譲治（仙台基督教育児院）／小國英夫（健光園）／河田正勝（全国社会福祉協議会）．
	10／23．総会　一．会務報告　1．学会誌第18号は佛教大学の上田千秋理事を中心とする編集委員会によって刊行．　2．次期第26回大会開催校，東洋大学に決定．　3．新入会員承認　二．選挙管理委員会報告　三．昭和51年度決算案承認　四．昭和53年度予算案承認
1978 昭53	3／27．1978年度第1回理事会〈霞山会館〉．一番ヶ瀬康子代表理事は，「大沢勝学会理事が日本学術会議会員に当選したこと，学会地区支部活動の活発化への期待を述べるとともに，福祉を学ぶ学生の急増など，学会発展の基礎条件はできつつあるので，その方向をさらに促進させたい」と挨拶．
	5／1．「学会ニュース」第1号創刊，会員に学会の動きを知らせる試みの一環として前理事会で決定．
	9／23〜24．第26回大会および総会〈東洋大学〉　第1日（23日）は7部会に分かれて自由研究報告が行われ，第2日（24日）は課題報告（分科会）総会，大会テーマを主題としたシンポジウムが行われた．　◎共通論題「日本における福祉的『処遇』の展開―社会福祉研究の方法を求めて―」　課題報告（分科会）：1児童福祉分科会　司会：浦辺史／大坂譲治　報告者：「児童相談所関係『児童相談の現場から』」鈴木政夫（東京都墨田区児童相談所）／「養護施設関係」吉澤英子（関東学院大）／「保育所関係『日本の保育所』」藤田照子（私立厚生館保育園）　2障害児（者）福祉分科会　司会：大塚達雄／忍博次　報告者：「障害児（者）関係（施設，学校，地域）」手塚直樹（身体障害者雇用促進協会）／「重症心身

	障害児（者）関係『重症心身障害児福祉の現状と課題』」江草安彦（岡山市旭川児童館）／「福祉工場・授産施設関係」丸山一郎（東京コロニー協会）　3 老人福祉分科会　司会：吉田卓二／児島美都子　報告者：「施設関係『老人ホームにおける処遇の現状と今後のあり方』」小笠原祐次（東京都老人総合研究所）／「在宅関係『ひとりぐらし老人の食生活の実態と老人給食へのニーズについて』」北浦春夫（調布市福祉事務所）／「医療関係『医療にかかわる老人の問題』」葛西修（名古屋市聖隷病院）　◎シンポジウム「日本における福祉的"処遇"の展開―社会福祉研究の方法を求めて―」　司会：田村健二／岡本民夫　報告者：「方法・技術論の立場から」小松源助（日本社会事業大）／「管理論の立場から」木川田正毅（東光学園）／「運動論の立場から」白沢久一（北星学園大）。
	9／24. 総会　一．会務報告　①学会誌第19号は日本福祉大学の高島理事を中心とする編集メンバーによって刊行。②次期・第27回大会開催は中部部会による運営、会場は日本福祉大学に決定。③新入会員73名が承認され、会員は1225名となった。④学会機関誌である『社会福祉学』の一層の充実を図るため、「編集委員会」の発足が提起され、承認された。編集委員会委員　永田勝彦（北海道ブロック・北星学園大）、花村春樹（東北ブロック・東北福祉大）、小松源助（関東ブロック・日本社会事業大）、高島進（中部ブロック・日本福祉大）、雀部猛利（関西ブロック・関西大）、久保紘章（中国四国ブロック・四国学院大）、岡本民夫（九州ブロック・熊本短期大）など。
	11／1.「学会ニュース」第2号発刊。
	12／17. 機関誌『社会福祉学』の質的向上を図るため『社会福祉学』編集委員会の発足が9月22日の理事会において提起され9月24日の総会で決定。第1回編集委員会開催。委員は各ブロックより選出。
	＊学会事務局、全国社会福祉協議会内（担当・地域組織部　根本嘉昭，石本洋海）東京都千代田区霞ヶ関3-3-4に移転。
	＊学会入会申し込み承認手続きの迅速化をはかるため、10名程度の申し込みがあったら、在京理事会にかけ、その後文書審議の形で理事会の承認を求めることとなった。
1979 昭54	4／―．学会事務局員石本洋海退職，後任は出雲祐二（上智大学大学院生）。
	5／1.「学会ニュース」第3号刊行。
	9／23.『社会福祉学』第20号発行。『社会福祉学』編集規定・執筆要項を改正し、各地方部会から選出された編集委員によって構成される編集委員会が機関誌編集にあたることとなった。
	9／23～24. 第27回大会〈日本福祉大学〉　第1日（23日）は10部会に分かれて自由研究報告が行われ、第2日（24日）は大会テーマに沿ったシンポジウムと総会を開催。（大会前日の22日には、国際児童年を記念して浦辺史，一番ヶ瀬康子によって特別講演会開催。）　◎共通テーマ「児童問題と児童福祉」　◎シンポジウムⅠ「児童問題の視点」　司会：岡本民夫／大塚達雄　報告者：「児童精神医学の立場から」堀要（日本福祉大）／「児童文化論の立場から」金田茂郎（東京都立大）／「教育学の立場から」堀尾輝久（東京大）　シンポジウムⅡ「児童問題と児童福祉―人権の視点をふまえて―」　司会：一番ヶ瀬康子／浦辺史，報告者：「児童の権利の視点から」小川政亮（日本社会事業大）／「児童の処遇」宍戸健夫（愛知県立大）／「社会福祉方法論の立場から」福田垂穂（明治学院大）

545

	※第27回大会は，日本福祉大学を会場に，中部部会が開催を引き受けるという初めての試みで実施。
	9／24．総会　会務報告　①学会誌第20号は新しく発足した編集委員によって，内容も充実したものとして刊行することができた。②1980年度は役員（理事）改選の年にあたり，この選挙事務は役員選出規則に則り，一番ヶ瀬代表理事の管理の下に行われる。③新入会員承認。昭和53年度・決算承認　年度会費の値上げと1980年度の予算案（理事会より1980年1月1日より年度会費を従来の2500円から4000円に値上げしたい旨提案があり，慎重に討議の結果，賛成多数で可決された。値上げの理由は⑴学会機関誌を年2回発行することで会誌の充実を図る。⑵郵便料金などの値上げが見込まれる上に，1980年度は役員改選，会員名簿などの特別事業がある。）1980年度・予算案承認　最後に一番ヶ瀬代表理事により，年会費の値上げは学会発展のための積極策であるとして，学会員の協力を要請。
	9／23～24．機関誌編集規定・執筆要領の改正。
1980 昭55	4／23．機関誌『社会福祉学』第21－1号から年2回発行となる。
	11／29～30．第28回大会〈大阪市立大学〉　後援：大阪府／大阪市／朝日新聞大阪厚生文化事業団／毎日新聞大阪社会事業団／サンケイ・大阪新聞厚生文化事業団／日本生命済生会，第1日（29日）は大会テーマに沿ったシンポジウムと総会，第2日（30日）は9分科会に分かれて自由研究報告が行われた。（今大会のシンポジウムは，各部会からテーマに沿った発表者を1名選出するという方式がとられたため，それぞれの地域性を反映させたユニークな発表が続き従来に増して熱心なシンポジウムとなった。）◎大会テーマ「地域住民の生活と社会福祉」　◎シンポジウム　司会：吉田卓司／高森敬久／阿部志郎／住谷磐　報告者：「岩見沢市における在宅福祉サービスの課題」忍博次（北星学園大）／「地域住民の生活と社会福祉—東海地域構造研究会よりの報告—」窪田暁子（日本福祉大）／「住民のエトスの形成過程としての地域福祉—北九州の場合—」保井田進（西南女学院大）／「地域の住民生活と社会福祉」足利量子（仙台市立病院）／「「山谷」と社会福祉」江口英一（中央大）・松崎久米太郎（上智大）／「地域福祉における老人給食サービスの意義と役割及び今後の問題—大阪における8年間の経験より—」岡本千秋（ミード社会館）／「被爆者援護と私たちの役割」三村正弘（広島中央保健生協）。
	11／29．総会　協議題①昭和54年度・決算案承認，②1981年度・予算案承認，③役員選挙結果報告（三浦文夫選挙管理委員長より，一番ヶ瀬康子以下10名の新理事が公正な選挙により選出されたとの報告があり，承認された。）④新役員の承認（新役員10名による残り10名の理事，監事の推薦があり，承認された）。
1981 昭56	10／9～10．第29回大会〈善通寺市民会館・四国学院大学〉　◎大会テーマ「地域福祉における在宅サービス」　◎シンポジウム　司会：仲村優一／西脇勉／三浦文夫／三吉明　報告者：「地域福祉における住宅サービス—ソーシャル・ワーカーの役割—」岡本民夫（同志社大）／「在宅福祉サービス実践の結果と問題点—米国における20年の実践を中心に—」秋山智久（明治学院大）／「地域福祉における在宅サービス—施設の役割—」大坂譲治（仙台基督教育児院）／「多様性の対策」田鍋秀則（北九州社会福祉研修所，梅光女学院大）／「地域福祉における在宅サービス—老人ホームと地域福祉—」稲葉峯雄（ガリラヤ荘）／「わが国の保育制度とベビー・ホテル」中田照子（愛知県立大）。
	10／10．『社会福祉学』第22－2号（通巻24号）発行。文部省から科学研究費補助金研究成

資料8　日本社会福祉学会年表

1982 昭57	果刊行費として第22巻第1号と本号に対し58万円交付される。
	10／10.『社会福祉学』(臨調行政改革と社会福祉の動向) 第23－2号 (通巻26号) 発行。本年も昨年に続き、科学研究費補助金の研究成果刊行費として第23巻1号および本号に対して60万円交付される。
	10／10～11. 第30回大会〈佛教大学〉　両日の午前は臨調行財政改革特別研究委員会報告、同シンポジウム」が、11日の午後には大会テーマに沿ったシンポジウムと総会が開催された。第1日には、特別研究委員会報告と並行して12分科会に分かれて自由研究報告が行われた。(今回の特別研究委員会シンポジウムは各ブロックから、テーマに沿った報告がなされるとともに、各分野からの動向等が報告された。) ◎大会テーマ「社会福祉政策の本質を問う—その動向と課題—」 大会テーマシンポジウム　司会：右田紀久恵 (大阪府立大)／忍博次 (北星学園大)　報告者：「行財政問題」都丸泰助 (日本福祉大)／「公私問題」小林良二 (東京都立大)／「基本的原理問題」小倉襄二 (同志社大) ◎特別研究委員会報告　テーマ「行財政改革と社会福祉」〔午前の部〕司会：小松源助 (日本社会事業大)／桑原洋子 (花園大)　報告者：「臨調・行財政改革と社会福祉」佐藤進 (日本女子大)／「行財政改革と社会福祉をめぐる論点整理」三浦文夫 (日本社会事業大)／「社会福祉予算の動向」坂田周一 (長野大)／「保育分野からの報告」浦辺史 (保育研究所)・垣内国光 (保育研究所)〔午後の部〕〈地方部会研究報告〉「北海道部会報告」白沢久一 (北星学園大)／「東北部会報告」佐俣主紀 (宮城県総合福祉センター)／「中部部会報告」加藤孝夫 (愛知県民医連)／「関西部会報告」定藤丈弘 (大阪府立大)／「中・四国部会報告」川合幸夫 (広島女子大)／「九州部会報告」宮崎俊策 (熊本短大) ◎特別研究委員会シンポジウム、司会：北川隆吉 (名古屋大)／出村和子 (宮城学院大) ◎諸報告・研究・総括, 仲村優一 (日本社会事業大) ◎全体討論 ◎共通討論
	10／11. 総会：協議題①1981年度決算案承認、②1982年度補正予算案承認、③1983年度予算案承認　報告事項①次回大会について (1983年度第31回大会は9月23・24の両日、札幌の北星学園大学にて開催されることが報告された)。
	＊日本社会福祉学会社会福祉教育調査委員会, 日本社会事業学校連盟, 日本学術会議社会福祉・社会保障連絡会社会福祉教育小委員会の三者共同により「大学院における社会福祉教育に関する調査」実施。
1983 昭58	9／22.『社会福祉学』(方法論研究の課題と動向) 第24－2号 (通巻28号) 発行。今年も機関誌2号に対し、文部省科学研究費補助金61万円が交付された。
	9／23～24. 第31回大会〈北星学園大学〉 ◎大会テーマ「社会福祉における公私問題—日本の現状と課題—」内容：シンポジウム, 分科会, 自由研究報告　参加人数：合計604名 (内訳：会員365, 会員外179, 学生60) ◎シンポジウム　司会：阿部志郎 (横須賀基督教社会館)／小倉襄二 (同志社大)　報告者：「公私論の史的展開」吉田久一 (日本女子大)／「行財政面の課題」高橋紘士 (社会保障研究所)／「地域における実態」山田泰作 (北海道社会福祉協議会)　コメンテーター：星野信也 (東京都立大)／井岡勉 (同志社大) ◎分科会　〔第1分科会〕児童福祉　発題者：大坂譲治 (仙台基督教育児院)　司会：右田紀久恵 (大阪府立大)／古川孝順 (日本社会事業大)　〔第2分科会〕老人福祉　発題者：小國英夫 (健光園)　司会：三浦文夫 (日本社会事業大)／稲葉峯雄 (ガリラヤ荘)　〔第3分科会〕障害者福祉　発題者：秦安雄 (日本福祉大)　司会：窪田暁子 (東京都立大)／保田井進 (西

547

第Ⅴ部　資　料　編

	南女学院短大）　◎自由研究報告：部会　原理・歴史Ⅰ～Ⅳ（発表数21，研究者数23），政策・制度Ⅰ～Ⅱ（同13，同15），方法論（同5，同7），障害児・者Ⅰ～Ⅲ（同18，同32），児童・家庭Ⅰ～Ⅳ（同22，同35），老人Ⅰ～Ⅲ（同17，同24），医療（同6，同25）福祉・教育（同7，同22），地域Ⅰ～Ⅲ（同20，同25），合計　発表数129，研究者数208。
1984 昭59	4／28.「学会通信」第1号発行。
	10／20. 日本社会福祉学会規約の一部改正施行（仮事務所移転）。
	10／20～21. 第32回大会〈駒澤大学〉　◎大会テーマ「危機にたつ現代家族と社会福祉の課題」　◎分科会　［第1分科会］「現代家族の変容と福祉政策」　司会：真田是（立命館大）　コーディネーター：三浦文夫（日本社会事業大）　発題者：「法制度面に表れた現代家族の変容」堀勝洋（社会保障研究所）／「現代家族の扶養機能と福祉政策─日本型福祉社会の評価をめぐって─」星野貞一郎（群馬大）／「現代家族の変容と福祉政策」庄谷怜子（大阪府立大）　［第2分科会］「現代家族と児童福祉」　司会：吉澤英子（東洋大）　コーディネーター：浦辺史（元日本福祉大）　発題者：「農山村における家族と子供の生活実態」遠藤久江（福島県立会津短大）／「児童と家族をめぐる問題の現状をどのように認識するか」浜野一郎（明治学院大）／「潜在する問題をとらえる視点について」庄司洋子（日本社会事業大）　［第3分科会］「現代家族と障害者福祉」　司会：児島美都子（日本福祉大）　コーディネーター：小松源助（日本社会事業大）　発題者：「障害幼児の治療と母親カウンセリングの経験から」忍博次（北星学園大）／「障害者と家族への支援方策をめぐって」藤村紘（関東学院大）／「障害児（者）をもつ家族へのアプローチ」久保紘章（四国学院大）　［第4分科会］「現代家族と老人福祉」　司会：前田大作（東京都老人総合研究所）　コーディネーター：阿部志郎（横須賀基督教社会館）　発題者：「現代家族と老人の福祉」直井道子（東京都老人総合研究所）／「ひとり暮らし老人と他出子女家族の交流を中心にして」安藤貞雄（岩手県立盛岡短大）／「老人のヘルスケアと家族の問題」奈倉道隆（大阪府立大）　◎シンポジウム　司会：一番ヶ瀬康子（日本女子大）／大塚達雄（同志社大）　報告者：「現代日本における家族の問題」山根常男（駒澤大）／「臨調基本答申の問題点と社会福祉法」北村圭文（愛知県立大）／「わが国における家族の危機的状況と社会福祉政策─とくに老人の扶養関係をめぐって─」住谷磐（同志社大）／「単身世帯の現状と社会福祉の課題」山崎美貴子（明治学院大）。
	10／21. 大会総会のおりに日本学術会議会員候補の推薦方法及び推薦の決定方法について報告し，会員の賛否を問う。
1985 昭60	9／22～23. 第33回大会〈大阪府立大学〉　◎大会テーマ「社会福祉における国・地方・民間の役割」　◎シンポジウム1：「社会福祉の制度的保障と民間活動」　司会：宮田和明（日本福祉大）　発題者：「『社会福祉におけるナショナル・ミニマム』の法的枠組み─老人福祉を中心に─」河野正輝（岡山大）／「地域福祉における公私関係─社協を中心として─」井岡勉（同志社大）／「ボランティア問題をめぐる公と私」岡本栄一（大阪ボランティア協会）　シンポジウム2：「社会福祉における対人サービスの保障」　司会：小松源助（日本社会事業大）　発題者：「地域における対人福祉サービスの方向」池末亮（小平市障害福祉センター）／「対人福祉サービスにおけるホームヘルプの課題」田端光美（日本女子大）／「対人福祉サービスにおける民間相談活動の役割」出村和子（仙台いのちの電話）。（正会員の参加479名，会員外155名の参加）。

資料8　日本社会福祉学会年表

1986 昭61	11／15～16．第34回大会〈淑徳大学〉　◎共通テーマ「高齢化社会における社会福祉の再検討」　第1分科会（東日本担当）「高齢化社会における社会福祉の再検討」　司会：三浦文夫（日本社会事業大）／矢島博（福島県立会津短大）　コメンテーター：栃本一三郎（社会保障研究所）／浦辺史（保育研究所）　サブテーマ1．「戦後社会福祉における高齢化社会の位置」原田信一（駒澤大）／2．「現場における老人処遇」米本秀仁（北星学園大）／3．「福祉政策の転換と課題」河合克義（明治学院大）／4．「転換期における「価値」からの視点」上原英正（淑徳大）　第2分科会（西日本担当）「高齢化社会における社会福祉の再検討」　司会：小倉襄二（同志社大）／庄谷怜子（大阪府立大）　コメンテーター：池田敬正（京都府立短大）／小笠原祐次（日本福祉大）　サブテーマ1．「制度・政策論・社会福祉政策の動向と課題」里見賢治（大阪府立大）・中村永司（佛教大）／2．「実践の場から」今村正夫（伏見福祉事務所）／3．「歴史：戦後40年の総括と21世紀への始点」永岡正己（日本福祉大）。
	11／15．総会　報告・審議事項①1985年度決算報告，②1986年度補正予算案について，③1987年度予算案について，④役員選挙結果報告，⑤新役員（理事）の承認について，⑥各部会報告，⑦生活保護等国庫負担削減に関する特別委員会の経過報告，⑧会員の移（異）動について，⑨その他。
	12／9．日本学術会議社会福祉・社会保障研究連絡委員会では，公開シンポジウム「高齢者問題と福祉サービス」〈日本学術会議会議室2階〉を開催し，日本社会福祉学会会員他関係者約200名参加。
1987 昭62	3／2．第13期日本学術会議は，「社会福祉におけるケアワーカー（介護職員）の専門性と資格制度について」の意見書申を，厚生大臣宛行った（一番ヶ瀬康子本学会選出第13期日本学術会議会員が『社会福祉学』に報告）。
	10／10～11．第35回大会および分科会〈日本福祉大学〉　◎大会テーマ「現代の生活と自立―社会福祉実践の課題」　司会：小松源助（日本社会事業大）／大友信勝（日本福祉大）　発表者：「現代の貧困・生活問題と自立について」金持伸子（日本福祉大）／「自立に向けての社会福祉の専門性と専門職」秋山智久（明治学院大）／「社会福祉方法論の動向と自立援助の課題」高田眞治（関西学院大）／「地域福祉における実践課題としての自立」窪田暁子（東京都立大）。　＊自由研究は14分科会に分かれ，合計131題の報告があった。
	10／10．総会　報告・審議事項①1986年度決算報告，②1987年度補正予算案について，③1987年生活保護等国庫負担削減に関する特別研究委員会特別会計予算案について，④1988年度予算案について，⑤第14期日本学術会議会員候補者及び推薦人の選出について，⑥日本福祉学会規約改正について，⑦会員の移（異）動，⑧各部会報告，⑨生活保護等国庫負担削減に関する特別研究会報告，⑩その他。
	12／－．「学会ニュース」（復刊1号）発行。
1988 昭63	1／23．選挙管理委員会　一番ヶ瀬康子代表理事が本学会推薦の第14期日本学術会議会員候補者として選出された。
	1／29．日本学術会議に対して，本学会としての第14期日本学術会議会員候補者を届け出る。
	3／22．「富士記念財団」に対して，「国庫補助金一律削減における地方の心身障害者福祉施策の影響の研究」報告を提出。

549

	4／20. 生活保護等国庫負担削減に関する特別研究委員会報告書「生活保護国庫負担削減に関する影響についての研究」作成。
	6／1.『社会福祉学』第29-1号（通巻37号）発行。「会員相互の学術報告の交流を意図して」「会員から文献を収集し」『社会福祉学』に掲載するとして，「文献収録および『社会福祉学』への掲載について」によって会員に呼びかけがなされた。
	10／9～10. 第36回大会〈東北福祉大学〉 ◎大会テーマ「変革期の社会福祉―人権の視点から―」 シンポジウムⅠ「社会福祉供給システムの再考」 司会：右田紀久恵（大阪府立大）／星野信也（東京都立大） シンポジスト：「社会福祉における公私の社会的責任」佐藤進（日本女子大）／「社会福祉におけるサービスの基準」岡本民夫（同志社大）／「社会福祉における市場サービス」松原一郎（関西大） シンポジウムⅡ「社会福祉マンパワーの課題（領域別）」 司会：阿部志郎（横須賀基督教社会館）／森健一（東北学院大）。シンポジスト：「①老人・障害者」小笠原祐次（みぎわ園）／「②医療」児島美都子（日本福祉大）／「③児童」渡部剛士（東北福祉大）。
	10／9. 総会〈東北福祉大学〉 1．1987年度決算報告。 2．1988年度補正予算案 3．1989年度予算案その他報告事項（経過報告及び会員数の現況）
	12／5. 1989年度科学研究費補助金研究成果公開促進費（学術定期刊行物）への補助申請の実施。
1989 昭64 平元	8／23. 1989年度科学研究費補助金研究成果公開促進費（学術定期刊行物）交付決定。
	11／11～12. 第37回大会〈日本社会事業大学〉 ◎大会テーマ「社会福祉制度改革と福祉実践―実践・処遇的視点からみた制度改革―」 シンポジウム 司会：仲村優一（放送大学）／黒川昭登（龍谷大） 1「社会福祉「改革」とその理論的背景」 主論者：三浦文夫（日本社会事業大） 討論者：小田兼三（大阪市立大） 2「施設福祉実践と制度改革」 主論者：小室豊充（姫路獨協大） 討論者：吉本充賜（福島県立会津短大） 3「地域福祉実践と制度改革」 主論者：忍博次（北星学園大） 討論者：野口定久（日本福祉大） 4「自治体からみる課題」 主論者：大澤隆（神奈川県福祉部） 討論者：平野隆之（名古屋経済大）。
	11／11. 総会〈日本社会事業大学〉 1．1988年度決算報告 2．1989年度補正予算案 3．1990年度予算案 4．①日本社会福祉学会理事及び監事選出規則案，②日本社会福祉学会理事及び監事選出実施要領案，③日本学術会議会員及び推薦人の選出方法案 5．役員選挙結果 6．新役員の承認 その他報告事項
1990 平2	9／17. 日本社会福祉学会「名誉会員についての検討委員会」設置要項（案）。
	10／8. 日本社会福祉学会「社会福祉学研究者調査委員会」設置要項（案） 目的：「社会福祉学研究者調査委員会」とは，社会福祉学研究者の研究条件，研究テーマ等の調査により社会福祉研究の現状を明らかにして，社会福祉学士を含む諸問題の検討に資することを目的として設置する。任期は1992年12月末までとする。
	10／20～21. 第38回大会〈関西学院大学〉 ◎大会テーマ「90年代の家族と社会福祉実践」 シンポジウム 司会：小國英夫（愛知県立大）／高田眞治（関西学院大） 主論者：村川浩一（厚生省）／袖井孝子（お茶の水女子大）／黒川昭登（龍谷大学）／佐藤悦子（立教大） 討論者：岡本民夫（同志社大）／前田ケイ（日本ルーテル神学大）

資料8　日本社会福祉学会年表

	10／20．総会〈関西学院大学〉　1．1989年度事業・決算報告　2．1990年度補正予算案　3．1991年度事業計画及び予算案　4．日本学術会議会員及び推薦人の選出について　5．「社会福祉学研究者調査委員会」の設置について　6．「名誉会員についての検討委員会」の設置について　その他報告事項
1991 平3	10／19〜20．第39回大会〈鹿児島経済大学〉　◎大会テーマ・シンポジウム「社会福祉『改革』とマンパワー——福祉マンパワーの質と量の確保を考える—」　司会：保田井進（西南女学院短大）／中嶋充洋（鹿児島経済大）　シンポジスト：大橋謙策（日本社会事業大）／岡本祐三（阪南中央病院）／金子和夫（花園大学）　コメンテーター：一番ヶ瀬康子（日本女子大）。
	10／19．総会〈鹿児島経済大学〉　1．1990年度事業・決算報告及び監査報告　2．1991年度補正予算案　3．日本社会福祉学会一般会計、特別会計の一本化について　4．1992年度事業計画および予算案　5．名誉会員制度設置に伴う規約改正及び名誉会員に関する規則案　その他報告事項　(1)日本学術会議第15期会員候補者選挙結果，(2)経過報告及び会員数の現況
1992 平4	2／6．「社会福祉研究者実態調査」の実施。
	10／17〜18．第40回大会〈長野大学〉　◎大会テーマ「21世紀につなぐ社会福祉——福祉改革の課題と展望—」　シンポジウム　司会：萩原清子（長野大学）　シンポジスト：宮田和明（日本福祉大）／沢井勝（地方自治総合研究所）／羽田澄子（映画監督）　コメンテーター：一番ヶ瀬康子（日本女子大）／三浦文夫（日本社会事業大）。参加者800人超，自由研究報告者250人弱。「今回のシンポジウムは福祉改革の策定が今後の福祉現場，実践にどのような影響をもたらすか考えながら，21世紀への指針を探ることを目的に設定しました。」（大会実行委員会委員長萩原清子「日本社会福祉学会長野大会を終えて」）。
	10／17．総会〈長野大学〉　議事：1．1991年度決算及び監査報告，2．1992年度補正予算案，3．1993年度予算案，4．理事及び監事選挙結果について，5．新理事及び監事の承認について，6．名誉会員の承認について，7．社会福祉研究者調査研究委員会報告について。理事会より磯村英一，岡村重夫，浦辺史会員が名誉会員に推挙され，満場一致で承認された。名誉会員は日本社会福祉学会規約第9条にもとづくもので，「日本社会福祉学会名誉会員制度規則」に細則は定められている。
	11／13．文部省科学研究費補助金研究成果報告書を提出。
	11／20．「学会ニュース」復刊され3号として発行。
	11／25．過年度未収年会費請求の実施，『社会福祉学』1992年度購読代金未納分の請求を実施。
1993 平5	3／26．日本社会福祉学会規約第18条（特別委員会）に基づき「社会福祉における国際協力のあり方検討委員会」が特別委員会として設置された。研究の主要な柱は(1)従来の社会福祉の限界（国境・国籍の内という）の実態の解明，(2)社会福祉における国際問題の抽出，(3)社会福祉における国際協力の意義の検討，(4)社会福祉における国際協力の実態の調査，(5)社会福祉における国際協力の方法の検討，(6)日本社会福祉学会としての社会福祉における国際協力の可能性の検討である。委員構成は委員長仲村優一，副委員長窪田暁子，東北部会原鉄哉，関東部会三谷謙一，中部部会高島進，関西部会岡本民夫，関西部会足利義弘，九州部会保田井進・事務局秋山智久渉外担当理事。

551

		4／8.「社会福祉学研究者実態調査報告書」の送付。
		7／20.「社会福祉における国際協力に関するアンケート」の実施。
		7／20.「学会ニュース」4号発行。
		9／4～5. 第41回大会〈上智大学〉 ◎大会テーマ・シンポジウム「国際化時代の社会福祉とその課題」 司会：高橋重宏（駒澤大）／松本栄二（上智大） シンポジスト：富田輝司（日本福祉大）／星野信也（東京都立大） コメンテーター：J.アンソレーナ（上智大）／古川孝順（東洋大）。大会参加受付人数900名余。自由研究報告12テーマ、37分科会、234名の発表が行われた。
		9／4. 総会〈上智大学〉「日本社会福祉学会規約」の改正を行い、①日本社会福祉学会代表者名を「代表理事」から「会長」に変更、②特別委員会の設置の明確化を行った。「社会福祉における国際協力のあり方」研究委員会設置を決定。さらに、「日本社会福祉学会理事会運営内規」を制定し、理事の役割分担、各担当理事の事務分掌、代表理事、総務担当理事、渉外担当理事、機関誌担当理事、会計担当理事で構成される運営委員会の設置を決めた。さらに「機関誌編集規定・執筆要領」をそれぞれ「機関誌編集規程」、「機関誌『社会福祉学』執筆要領」とし、「理事会運営内規」の制定に伴い、機関誌編集委員会の設置を明示し「機関誌編集委員会内規」を制定。理事会より嶋田啓一郎、吉田久一、重田信一会員が名誉会員に推挙され、満場一致で承認された。
		10／20.「学会ニュース」5号発行。
		11／25.「社会福祉における国際協力のあり方研究委員会」発足に伴う会員の研究データの提出依頼。
1994 平6		1／7.「社会福祉における国際協力のあり方に関する研究」研究助成申請（安田火災記念財団）。
		4／14. 第2回理事会を文書審議により行い、日本社会福祉学会事務局移転を承認（（旧）東京都千代田区霞が関3-3-2新霞が関ビル全国社会福祉協議会内→（新）同新宿区四谷4-6-1四ツ谷サンハイツ1208号室内）。
		5／24. 日本社会福祉学会事務局移転に伴う業務委託契約を日本マーケティング教育センターと締結。
		5／25.「学会ニュース」6号発行。
		6／1. 日本社会福祉学会規約一部改正・内規制定施行 ①会費及び入会金改定について（（旧）入会金500円、会費6000円→（新）入会金1000円、会費7000円）②本学会事務所移転に伴い、本学会規約第2条を改正。
		10／8～10. 第42回大会〈同志社大学〉 ◎大会テーマ「社会福祉における歴史性と地域性」 記念講演：『『経営漫リニ費ス人間ノ力』―日本福祉の源流を追う―」杉井六郎（京都女子大教授、同志社大名誉教授） 招待講演：「海外からみた日本の社会福祉」平山尚（テネシー大社会福祉学校准学部長，教授） 名誉会員講演：「社会福祉学会に期待する」嶋田啓一郎（同志社大名誉教授） 課題報告シンポジウム：テーマ「社会福祉における国際化」 シンポジスト：金永子（四国学院大）／谷勝英（東北福祉大） コメンテーター：松本栄二（上智大学）／平山尚（テネシー大） コーディネーター：秋山智久（大阪市立大）／岡田徹

資料8　日本社会福祉学会年表

	（花園大）　シンポジウムⅠ　テーマ「社会福祉における歴史性と地域性」　シンポジスト：池田敬正（佛教大）／田端光美（日本女子大）／永岡正己（日本福祉大）　コメンテーター：田代国次郎（福島大）　コーディネーター：小倉襄二（同志社大）／忍博次（北星学園大）　シンポジウムⅡ　テーマ「老人保健福祉計画をめぐる課題」　シンポジスト：村川浩一（日本社会事業大）／大友信勝（東洋大）　コメンテーター：大国美智子（大阪府立大）／西三郎（愛知みずほ大），指定討論者：池田洋子（吹田市民生保健部）／大本英治（枚方市保健福祉部）　コーディネーター：岡本民夫（同志社大）／保田井進（福岡県立大）。参加者1150名。自由研究発表（口頭発表とポスター発表）は，2日目23会場，3日目24会場で行われ，発表数は264。特に高齢者保健福祉，障害児者福祉，児童福祉の発表多数。分科会への参加者は，高齢者保健福祉，児童福祉，理論等への参加が多かった。 ＊初めての試みとして従来より1日多い3日間開催。記念講演，招待講演，名誉会員講演，大会テーマの外に課題報告シンポジウム，老人保健計画についてのシンポジウム，多くの分科会などを設けた。
	10／9．総会〈同志社大学〉　会費の値上げ6000円から7000円，入会費の値上げ500円から1000円などを含む議案が提案どおり承認された。
	10／－．「国際協力のあり方協力委員会」は「社会福祉における国際協力のあり方に関する研究・基礎研究篇」を作成刊行し，大会参加会員に配布。
	11／16．日本学術会議社会福祉・社会保障研究連絡委員会第1回会合。
	11／29．文部省「科学研究費助成金」申請。
1995 平7	1／25．「学会ニュース」7号を発行。
	3／7．1995年度第1回理事会において日本社会福祉学会の協力員として全国社会福祉協議会富田恵子を依頼。事務局は，日本マーケティング教育センター岡井哲士と事務局員として春山陽子担当。
	3／23．大震災アンケート実施。
	5／27．特別委員会「社会福祉における国際協力のあり方」全国研究会。
	7／20．「学会ニュース」8号発行。
	7／29．「社会福祉における国際協力のあり方検討委員会」第2回全国研究会，青森県職員東京宿泊所会議室にて開催。(1)レポート「国際社会福祉の概念」（足利義弘），(2)国際学会報告（原鉄哉），(3)地方部会の研究状況，(4)その他。
	9／30．「社会福祉における国際協力のあり方検討委員会」第3回全国研究会，愛知県青年会館会議室にて開催。(1)事例研究「ベトナム障害児教育についての援助に関する調査」（高島進），(2)地方部会の研究状況，(3)報告書の構成について（秋山智久）。
	10／20．「学会ニュース」9号発行。
	11／11～12．第43回大会〈淑徳大学〉　◎大会テーマ「社会保障・社会福祉のパラダイム（制度・理念・実践）の転換」　記念講演：「長谷川良信と『社会事業』—思想と実践—」吉田久一（名誉会員）　シンポジウムⅠ「社会福祉における国際化」　司会：岡田徹（花園大）　シンポジスト：萩原康生（日本社会事業大）／小林明子（中部女子短大）／木村真理子（東海大）　シンポジウムⅡ「震災と社会福祉」　司会：立木茂雄（関西学院大）　シンポジス

553

	ト：牧里毎治（大阪府立大）／宮城孝（東海大）／小山隆（同志社大） 大会主題シンポジウム「社会保障・社会福祉のパラダイム（制度・理念・実践）の転換」 司会：右田紀久恵（東京国際大）／松崎泰憲（淑徳大） シンポジスト：堀勝洋（上智大）／松原一郎（関西大）／松井二郎（北星学園大）。
	11／11. 総会〈淑徳大学〉 機関誌編集規定並びに執筆要領を改訂し、審査付（レフリー付）学会機関誌としての社会的認知と役割を向上させることとする。理事会より小川政亮会員が名誉会員に推挙され、満場一致で承認された。
	12／1. 文部省「科学研究費助成金」申請。
	12／3. 日本学術会議社会福祉・社会保障研究連絡委員会（略称「福祉研連」）と福祉研連に所属する7つの学会（日本社会福祉学会，日本地域福祉学会，社会事業史研究会，日本仏教社会福祉学会，日本児童学会，日本年金学会，日本医療社会福祉学会）共催でシンポジウム ◎「災害と社会福祉—阪神・淡路大震災の経験に学ぶ—」〈大阪府立大学　学術交流会館〉開催。参加者207名。
1996 平8	3／4. 理事会において「(仮称)『20世紀の社会福祉—その総括と展望—』刊行委員会」の設置が承認された。理事会指名の委員は松井二郎（北星学園大），京極高宣（日本社会事業大），太田義弘（大阪府立大），古川孝順（東洋大）の4名。
	3／4. 理事会において，日本社会福祉学会としても「公的介護保険制度」「児童福祉制度改革」について多様なメンバーの参画を得て議論の場を提供する必要性について議論され，公開シンポジウム開催を決定。
	3／31.「学会ニュース」10号発行。
	5／19. 児童福祉制度改革公開シンポジウム「子ども家庭施策の新たな方向」〈東洋大学〉開催　基調講演「児童福祉制度の見直しについて」高木俊明（厚生省児童家庭局長）　テーマ「子ども家庭施策の新たな方向」　シンポジスト：室谷千英（神奈川県副知事），福島一雄（共生会希望の家園長），林千代（城西国際大），小笠原彩子（弁護士）　コメンテーター：庄司洋子（立教大），山縣文治（大阪市立大）　コーディネーター：古川孝順（東洋大，日本社会福祉学会事務局長），高橋重宏（駒澤大，公開シンポジウム担当理事）。
	7／25.「学会ニュース」11号。
	8／30. 安田火災記念財団「英文誌刊行事業」申請。
	9／30.「学会ニュース」12号発行。
	10／4. 公開シンポジウム北海道ブロック開催〈北海道自治労会館ホール〉 ◎「公的介護保険徹底解剖—在宅サービス供給体制を中心に—」
	10／12〜13. 第44回大会〈同朋大学〉 ◎大会テーマ「21世紀を拓く社会福祉—人間が人間であるために—」　記念講演：「生と死と人間の幸福と」前田惠學（日本学術会議会員・愛知学院大教授）　シンポジウム：テーマ「人権と社会福祉」　シンポジスト：矢満田篤（矢満田社会福祉相談室）／小國英夫（愛知県立大）／杉本貴代栄（長野県短大）／笛木俊一（日本福祉大）　コメンテーター：一番ヶ瀬康子（東洋大）／保田井進（福岡県立大）　コーディネーター：安藤順一（同朋大）／大友信勝（東洋大）　シンポジウムⅠ：「共生をめざす福祉」　シンポジスト：大島巌（東京大）／河東田博（四国学院大学）／樋口恵子（全国自立

	生活センター協議会） コーディネーター：忍博次（北星学園大）／佐藤久夫（日本社会事業大） シンポジウムⅡ：「社会福祉の国際化」 シンポジスト：ステファニ・レナト（小牧カトリック教会）／桑山紀彦（山形大）／愼英弘（神戸大） コーディネーター：高島進（日本福祉大）／岡田徹（花園大） 特別企画：「阪神・淡路大震災と同朋大学ボランティア―同朋大学ボランティアネットワーク（DVN）の活動経過と今後の課題―」を展示。参加者：約1200名。
	10／12. 総会〈同朋大学〉 1．日本社会福祉学会規約等改正について，2．1995年度事業報告及び決算・監査報告，3．特別事業の実施並びに特別委員会の設置について，4．1996年度補正予算案，5．1997年度事業計画案・予算案，6．日本学術会議会員及び推薦人の選出手続きについて。
	10／12. 日本社会福祉学会規約一部改正施行。
	10／26. 公開シンポジウム近畿ブロック開催〈同志社大学今出川校地・明徳館2階・21番教室〉 ◎「こどもの人権―児童虐待問題をめぐって」
	12／7. 公開シンポジウム九州ブロック開催〈西南女学院大学〉 ◎「公的介護保険の課題」
	12／16. 日本学術会議会員候補者・推薦人選挙結果について選挙管理委員会より報告。会員候補者に仲村優一。
1997 平9	3／7. 第4回理事会〈東洋大学甫水会館会議室〉 1．財政の状況について，2．第45回大会について，3．第47回大会について，4．特別委員会について〔「国際比較研究委員会の設置について」，「シンポジウム企画実施委員会（含む『児童福祉の戦後50年』刊行企画案）」，「記念出版刊行委員会（A．「20世紀社会福祉編年史資料作成」編集委員会 B．講座各担当編集委員会）」，「英文誌刊行委員会」〕 5．「社会福祉における国際協力のあり方」応用編について 6．地方部会の活性化について（地方部会の学会化をはかり活性化する案），7．入会希望者の審査について，新入会員47名承認。
	3／20. 「学会ニュース」13号発行。
	6／20. 「学会ニュース」14号発行。
	6／29. 1997年度学会主催公開シンポジウム①「子ども家庭福祉の新たな方向」〈東洋大学〉 基調講演：「児童福祉法の一部改正について」大泉博子（厚生省児童家庭局企画課長） シンポジウム「問われる在宅子ども家庭サービス」 シンポジスト：遠山洋一（全国私立保育園連盟）／石川修（神奈川県立総合療育相談センター課長）／浅井春夫（白梅学園短大）／平湯眞人（弁護士）／高橋重宏（駒澤大） コメンテーター：高橋利一（日本社会事業大）／山崎美貴子（明治学院大） コーディネーター：古川孝順（東洋大）／山本真実（日本子ども家庭総合研究所）。
	9／20. 「学会ニュース」15号発行。
	10／―. 『社会福祉における国際協力のあり方に関する報告書（理論・実践編）』（「社会福祉における国際協力のあり方に関する研究」委員会）発行。
	10／―. "*Japanese Journal of Social Services*" No. 1, 刊行。
	10／25〜26. 第45回大会〈龍谷大学〉 ◎大会テーマ「社会福祉―戦後50年の総括と21世

第Ⅴ部　資　料　編

	への展望―」　大会記念シンポジウム「社会福祉研究―戦後50年の総括と21世紀への展望」　シンポジスト：仲村優一（淑徳大）／阿部志郎（横須賀基督教社会館）／一番ヶ瀬康子（長崎純心大）／三浦文夫（前日本社会事業大学）　コーディネーター：古川孝順（東洋大）／中垣昌美（龍谷大）。参加者約1600名。
	10／25．総会〈龍谷大学〉　1．学会機関誌編集に関わる規定の改正（案），2．その1　1996年度事業報告，その2　1996年度日本社会福祉学会収支計算書，3．1997年度日本社会福祉学会会計補正予算案，4．その1　1998年度日本社会福祉学会会計予算案，その2　1998年度日本社会福祉学会運営基金会計予算，その3　1998年度日本社会福祉学会助成金事業会計予算（案），報告事項。＊学会機関誌の質的向上をめざし，投稿論文審査に査読体制を設け，審査の充実をはかることとなった。
	11／1．1997年度学会主催公開シンポジウム②「児童・障害者・高齢者の社会福祉計画を問う―地域への総合支援体制を求めて―」〈札幌市社会福祉総合センター〉　基調講演：「社会福祉実践の共通基盤をさぐる」一番ヶ瀬康子（長崎純心大）　シンポジウム「児童・障害者・高齢者の社会福祉計画を問う―地域への総合支援体制を求めて―」　シンポジスト：武田俊彦（北海道保健福祉部）／伊藤たてお（北海道難病事務局）／村上勝彦（帯広市子育て支援システム実行協議会）。
	12／20．「学会ニュース」16号発行。
1998平10	1／31．1997年度学会主催公開シンポジウム③「虐待と人権」〈西南女学院大学〉　特別講演「人間性と人権―ホリスティックな視点からソーシャルワーカーの役割を考える―」アキイエ・ヘンリー・ニノミヤ（関西学院大）　公開シンポジウム「虐待問題にどう取り組むか―人権の視点から―」　シンポジスト：金子保子（福岡市中福祉事務所）／泉賢祐（直方在宅介護支援センター）他　コメンテーター：細井勇（福岡県立大）　コーディネーター：門田光司（西南女学院大）。
	5／15．日本地域福祉学会との合同事務所が，日本社会事業学校連盟と共同で部屋を借りることになり，移転した。
	5／30．「学会ニュース」17号発行。
	5／―．ホームページ委員会によりホームページを開設。
	8／20．「学会ニュース」1998年度 No. 2（18号）発行。
	9／23．1998年度学会主催公開シンポジウム①「社会福祉基礎構造改革」〈駒澤大学〉　基調講演：炭谷茂（厚生省社会・援護局長）　シンポジウム：シンポジスト：吉村靫生（大阪自彊館）／福武總一郎（ベネッセコーポレーション）／橋本宏子（神奈川大）　コメンテーター：京極高宣（日本社会事業大）／安岡厚子（NPOサポートハウス年輪）　コーディネーター：庄司洋子（立教大）／高橋重宏（駒澤大），約400名参加。
	10／17～18．第46回大会〈明治学院大学・白金校舎〉　◎大会テーマ「わが国におけるソーシャルワーク研究の到達状況について」　記念講演：「ノーマライゼーションの成果と展望」ベクト・ニィリエ（ウプサラ大）　シンポジウム1「社会福祉システムの再構築とソーシャルワーク理論のパラダイム」　司会：松井二郎（北星学園大）　コメンテーター：山崎美貴子（明治学院大）　講演者：岩崎浩三（岩手県立大）／窪田暁子（中部学院大）／高田眞治（関西学院大）／福山和女（ルーテル学院大）　シンポジウム2「わが国におけるソーシ

	ャルワークとケアワークの研究状況」 司会：黒沢貞夫（浦和短大） コメンテーター：根本博司（明治学院大） 講演者：伊藤淑子（北海道医療大）／亀山幸吉（淑徳短大）／須加美明（長野大）／相澤譲治（平安女学院短大）。参加者：約1400名。
	10／17. 総会〈明治学院大学〉 1．日本社会福祉学会規約改正 2．1997年度事業報告及び監査報告，3．1998年度補正予算案，4．1999年度事業計画・予算案，理事会より仲村優一会員が名誉会員に推挙され満場一致で承認された。報告事項：特別事業報告 1998年度公開シンポジウム，記念出版，英字誌創刊。
	10／30.「学会ニュース」1998年度 No.3 (19号) 発行。
	11／7. 1998年度学会主催公開シンポジウム②「社会福祉基礎構造改革」〈岡山・衛生会館5階中ホール〉 講演：「公的介護保険が社会保障を変える」増田雅暢（国立社会保障・人口問題研究所） 基調講演：「中央社会福祉審議会社会福祉構造改革分科会・社会福祉基礎構造改革について」大泉博子（山口県副知事） シンポジウム「社会福祉基礎構造改革」 シンポジスト：大泉博子／小田兼三（龍谷大）／岡崎仁史（広島県社会福祉協議会）他 コーディネーター：高橋重宏（駒澤大）。
	11／15. 日本学術会議「福祉研連」登録学術団体19団体の共催によりシンポジウム「少子社会と子育て支援システムのあり方」開催〈大正大学〉 基調講演：吉澤英子（大正大） シンポジスト：①行政から 河津英彦（東京都地域福祉推進部）／②現場から 田口信一（白鳥こども・家庭支援センター）／③現場から 鮎京眞知子（児童虐待防止センター弁護士）／④研究者から 椋野美智子（日本社会事業大）。
	11／21〜22. 1998年度学会主催公開シンポジウム③仙台（東北部会）〈東北福祉大学〉 ◎1日目「社会福祉基礎構造改革とは何か」 シンポジスト：大澤隆（東洋英和女学院大）／戸田隆一（福島大）／長澤文龍（全国社会福祉施設経営者協議会） コメンテーター：小笠原浩一（埼玉大）／遠藤恵子（東北学院大） コーディネーター：三浦文夫（日本地域福祉学会会長・分科委員）／相ái宏邦（全国精神保健福祉センター長），2日目「現場の中で社会福祉基礎構造改革の課題を考える」，1．高齢者福祉部会 せんだんの杜職員，2．障害者福祉部会 菊池昌三（第二共生園）／八巻幹夫（東北会病院），3．児童・家庭福祉部会 西條祥樹（仙台市児童相談所）／神戸信行（青葉学園） 総括講演：「社会福祉基礎構造改革とは何か」阿部志郎（横須賀基督教社会館）。
	11／29. 関西社会福祉学会設立。これは，1996年3月日本社会福祉学会理事会における「地方部会の活性化」の方針を受けて，関西部会において1997年「部会の学会化」を提起し，1998年2月関西社会福祉学会設立準備委員会を設置して設立したもので，日本社会福祉学会関西部会も兼ねている。
1999 平11	2／25.「学会ニュース」20号発行。
	3／7. 1998年度第4回理事会においてホームページ委員会発足。委員長：坂田周一，委員：小山隆，森本佳樹，中谷茂一，高橋重宏。
	4／1. 学会事務局員春山陽子が3月末で退職，後任小林萬里子就任。
	5／19. 日本社会福祉学会ホームページ公開開始。学会情報として入会申込，大会案内，役員リスト等掲載，学会ニュースや学会誌も掲載する予定。

	5／21. 日本学術会議，社会福祉・社会保障研究連絡委員会に登録している19の学術学会・団体の代表が参加して，連絡協議会会議開催。「福祉研連」に登録した登録学術研究団体で連絡会議（日本学術会議では通称この組織を「登録学・協会」と呼ぶ）を正式に発足させることとし，「福祉研連」の日本学術会議における役割と地位を確立することに努めることとなった。
	5／31. 「学会ニュース」21号発行。
	9／1. 「日本学術会議福祉研連ニュース」創刊。
	9／25. 「学会ニュース」22号発行。
	10／8～10. 1999年度理事会において「社会福祉学助成研究費振興委員会」（仮称）の設置を承認。
	10／9～10. 第47回大会〈川崎医療福祉大学〉 ◎大会テーマ「岐路に立つ社会福祉理論の動向と課題」 記念講演：「産業の視点から見た福祉」太田房江（通商産業省大臣官房審議官） 大会シンポジウム「岐路に立つ社会福祉理論の動向と課題」 シンポジスト：古川孝順（東洋大）／芝野松次郎（関西学院大）／市川一宏（ルーテル学院大） コメンテーター：白澤政和（大阪市立大）／北島英治（東海大） コーディネーター：宮崎昭夫（福岡県立大）／鈴木勉（広島女子大）。初めての企画として自主企画シンポジウムを実施，5企画参加。自由研究発表379件（内ポスター発表26件，ポスター発表は本大会から採用）。参加者約1540名。＊大会に韓国社会福祉学会金聖二会長，事務局長を招待。
	10／9. 総会〈川崎医療福祉大学〉 1．1998年度事業報告及び・監査報告，2．1999年度補正予算，3．2000年度事業計画・予算案，4．機関誌編集規定の改定，報告事項①韓国社会福祉学会長の招待及び交流について，②英文誌の発行について，③会員数の現況，④地方部会報告，⑤日本学術会議会員候補予定者および推薦人の選挙，⑥2000年度大会開催校について。
	10／15. 『講座 戦後社会福祉の総括と21世紀への展望 Ⅰ総括と展望』（一番ヶ瀬康子・高島進・高田眞治・京極高宣編，ドメス出版）刊行。
	11／15. 日本学術会議50周年記念日本学術会議医用生体工学専門委員会シンポジウム開催〈日本学術会議ホール〉 テーマ「福祉社会を創る工学・技術の連携を求めて」。日本社会福祉学会協賛。
2000 平12	2／3. 「学会ニュース」23号発行。
	3／31. 国際比較研究委員会の成果として，阿部志郎・井岡勉編『社会福祉の国際比較』有斐閣，刊行。
	5／21. 「ソーシャルケアサービス従事者養成・研修研究協議会」発足（日本学術会議社会福祉・社会保障研究連絡委員会（「福祉研連」と略）が中心となって呼びかけ，日本社会福祉学会は「登録学・協会」の世話学会としてその活動の推進に協力。含む日本社会事業学校連盟，社会福祉従事者の職能団体，社会福祉士および介護福祉士養成に関わる団体）。
	5／31. 「学会ニュース」24号発行。
	5／-. "Japanese Journal of Social Services" No. 2 刊行，論文数12編，B5判，200頁。

7／10.	『社会福祉学』第41－1号（通巻62号）よりB5判，絵柄入りカラー表紙となった。
7／22.	第18期日本学術会議発足，大橋謙策会長が日本学術会議の社会福祉・社会保障研究連絡委員会登録の社会福祉系学会22からなる推薦委員会推挙により会員となる。
9／15.	第2回「ソーシャルケアサービス従事者養成・研修研究協議会」開催。社会福祉人材の養成，研修に関わる以下の9つの課題について議論①ソーシャルワーカーに求められる倫理綱領とそれに関する教育，②生活モデルに即した問題発見・問題解決のためのアセスメントに関わる共通なアセスメントシートの開発と教育方法，③フィールド実習における実習指導システムと教育機関との関わり，④社会福祉援助技術演習における事例の取り上げ方と事例研究の方法，⑤社会福祉士実習におけるケアワーク技術に関わる実習，⑥高校福祉科教員養成課程における介護技術実習と社会福祉士実習との関わり，⑦地域を基盤とした社会福祉総合実習のあり方と社会福祉援助技術の統合化，⑧「社会福祉士のための医学一般」，「社会福祉士のための社会学」等の科目における教育内容と教材，⑨社会福祉士国家試験科目のシラバスの検討と教材について。そして以下の4つのプロジェクトについて研究成果をまとめることとなった。A．倫理綱領，B．事例研究教材とアセスメントツールの開発，C．実習教育，D．社会福祉士国家試験科目の内容。
10／1.	第18期「福祉研連」委員任命。委員は，田端光美，岡本民夫，白澤政和，高橋重宏，古川孝順，牧里毎治，山崎美貴子，川村佐和子，大橋謙策。
10／10.	「学会ニュース」25号発行。ホームページ委員会からのお知らせとして会員の業績登録は機関誌『社会福祉学』に掲載していたのを中止してインターネットによる会員自身の入力に切り替えたので登録してほしいとの記事も掲載。
11／2～4.	2000年度第2理事会において「21世紀の日本社会福祉学会の組織・運営のあり方委員会」の設置について承認。また，文部省科学研究助成費の社会福祉分野推進のために「日本社会福祉学会社会福祉学研究助成振興委員会」委員を選出し委嘱することを承認。
11／3～4.	第48回大会〈日本女子大学〉 ◎大会テーマ「あたらしい社会福祉の知と実践を求めて」 記念講演：「生命・個人・社会」多田富雄（東京大学名誉教授） 大会シンポジウム：「21世紀の社会福祉：何にどこまで関わるのか」 報告者：橘木俊昭（京都大学経済研究所）／白澤政和（大阪市立大）／小林良二（東京都立大）／中野敏子（明治学院大） コーディネーター：岩田正美（日本女子大） 自由研究発表，口頭発表297件，ポスター発表70件，計367件（当日キャンセル9件）。自主企画シンポジウム11件（含日韓学術交流）。参加者約1600名。
11／3.	総会〈日本女子大学〉 1999年度事業報告，2001年度事業計画・予算案，児島美都子会員を名誉会員に推挙，満場一致で承認。報告事項①日本学術会議の会員および社会福祉・社会保障研連の委員について。第18期日本学術会議会員大橋謙策，第18期・社会福祉・社会保障研究連絡委員会委員（略）について，②日本社会福祉学会・社会福祉学研究助成振興委員会委員（略）について。
11／3.	理事会承認により「21世紀の日本社会福祉学会の組織・運営のあり方委員会」（委員長・白澤政和，委員・岩田正美，黒木保博，高橋重宏，中野いく子，松井二郎，山縣文治）発足。
11／10.	「福祉研連」第1回会合。委員長に大橋謙策，幹事に田端光美，高橋重宏を選出。

	幹事補佐として中野敏子，中野いく子，市川一宏を選出。一番ヶ瀬康子（第13期～第15期会員），仲村優一（第16期～17期会員）に「福祉研連」顧問を依頼。第18期の活動の中心として，①文部科学省および日本学術振興会に働きかけて，科学研究費の分科，細目の区分において社会福祉学を社会学細目から独立させる活動を行うこと，②2000年5月に結成された「ソーシャルケアサービス従事者養成・研修研究協議会」の活動を支援する意味も含めて，第17期からの引継事項である「ソーシャルワークを展開できるシステムづくりと社会福祉教育の条件整備」について検討する等について協議。
	11／―．日本社会福祉学会，日本地域福祉学会をはじめいくつかの社会福祉関連学会が文部省（当時）学術局研究助成課に対し社会福祉学の独立の陳情書を提出。
	12／19．「福祉研連」登録学・協会2000年度第1回会合開催。科学研究費の取り組み方が討議され，基本的に「福祉研連」登録学・協会の世話学会である日本社会福祉学会に委任し，実質的に日本社会福祉学会設置の「社会福祉学研究助成振興委員会」が科学研究費のあり方（審査の考え方）等について審議していくことを了承。
2001 平13	1／―．第2回ソーシャルケアサービス従事者養成・研修研究協議会開催。
	2／5．「学会ニュース」26号発行。
	3／1．「福祉研連ニュース」第3号刊行，登録学・協会役員及び社会事業学校連盟加盟校等に約1200部配布。
	3／5．第18期「福祉研連」第3回会合では，大橋委員長が日本学術会議特別委員会「ヒューマンセキュリティのあり方委員会」委員に任命されたことをうけ，「社会福祉・社会保障の立場から考えたヒューマンセキュリティのあり方」について討議。
	3／23．日本学術会議第1部として，科学研究費の細目として社会福祉学を独立させること，できれば分科として独立させることを文部省および日本学術振興会に申し入れることが事実上了承され，折衝に入った。
	6／1．「学会ニュース」27号発行。
	6／―．引き続き日本社会事業学校連盟，日本地域福祉学会と共同で事務所を借り，年度途中より社団法人日本社会福祉士養成校協会が加わり4団体の共同となった。
	6／27．21世紀の日本社会福祉学会の組織・運営のあり方委員会。
	7／7．日本学術会議・夏季学術研究集会〈県立広島女子大学〉日本社会福祉学会中国四国部会は，日本地域社会福祉学会及び日本介護福祉学会中国部会，広島県社会福祉士会，同介護福祉士会などと実行委員会を結成して開催。
	8／23．2004年の日本社会福祉学会設立50周年記念事業として日本社会福祉学会50年史編纂のために日本社会福祉学会50年史編纂委員会発足。
	10／5．「学会ニュース」28号発行。
	10／20～21．第49回大会〈沖縄国際大学・沖縄コンベンションセンター〉 ◎大会テーマ「アジアの社会福祉と日本」 記念講演：「グローバリゼーションと社会福祉―国際社会福祉との関連―」ジェイムズ・ミッジリイ（カリフォルニア州立大） 大会シンポジウム「東アジアの社会福祉と日本への期待」 シンポジスト：ケイ・Y.K. クー（香港社会福祉協議会会長），咸世南（韓国江南大・韓国社会福祉学会会長），高嶺豊（国連アジア太平洋経済社会委

資料8　日本社会福祉学会年表

	員会開発部障害担当官），萩原康生（日本社会事業大）　コーディネーター：大橋謙策（日本社会事業大）　特別企画シンポジウム「アジア社会福祉における国際協力と国際協調をめざして」，日本社会福祉学会，アジア社会福祉学会と共催　ファシリテーター：ジェイムズ・ミッジリイ　コーディネーター：萩原康生（日本社会事業大）　シンポジスト：イルワント（インドネシア，アトマンジャヤ・カトリック大），M.ラジェンドラン（岩手県立大），エベリナ・パンガランガン（フィリピン大），ギャム・ティ・リャン（シンガポール国立大学）ミニシンポジウムⅠ「社会保障制度改革と社会福祉」，同Ⅱ「社会福祉実践を問う─ソーシャルワークとケアワーク」開催．大会実行委員会主催自主企画シンポジウムⅠ「沖縄における国際児に関わる問題と支援─総合相談・アメラジアンの教育権と養育費確保の法的支援─」，同Ⅱ「離島における福祉問題の特徴と課題」．参加者約1160人，本大会は県内大学，短大，施設従事者会員，県地域福祉学会および県社協の関係者で組織する大会実行委員会によって運営された．
	10／21．総会〈沖縄国際大学〉「21世紀の日本社会福祉学会の組織・運営のあり方委員会」報告を受けて，日本社会福祉学会規約等大幅な改正が行われた．学会規約の主な改正点は，①学会事業，全国大会の開催，学会誌の発行，②会員の除籍条項を設け，学会の名誉を著しく傷つけた場合，理事の3分の2以上の提案により，総会出席会員の3分の2以上の同意を得て除籍できるとした．③役員として副会長を加えた．④会長の任期は2期を限度とする．⑤規約改正要件，⑥解散規程，この他に「名誉会員制度規定」，「理事監事選出規則」の改正を行い，理事会運営内規，事務局内規を決定．さらに「機関誌編集委員会規程」，「機関誌編集規程」改正． 阿部志郎，小倉襄二，佐藤進の3会員が理事会から名誉会員に推挙され満場一致で承認．
	10／−．在日社会福祉学専攻留学生協議会（日韓社会福祉学術交流分科会）発足し，日本社会福祉学会より10万円援助．
2002 平14	1／26．社会福祉学研究助成振興委員会．
	3／5．「学会ニュース」29号発行．
	4／15．『講座　戦後社会福祉の総括と21世紀への展望　Ⅱ思想と理論』（阿部志郎・右田紀久恵・宮田和明・松井二郎編，ドメス出版）刊行．
	4／19〜20．韓国社会福祉学会春季学術大会〈延世大学校〉に招かれ日本社会福祉学会代表として宮田和明日本社会福祉学会副会長（日本福祉大），井岡勉研究担当理事（同志社大）出席．2日目の特別分科会「日本社会福祉の課題と展望」において，井岡理事は「日本における地域福祉の特徴的動向と課題」について，宮田副会長は「日本における社会保障・社会福祉改革と介護保険制度」について報告．
	4／30．『講座　戦後社会福祉の総括と21世紀への展望　Ⅲ政策と制度』（三浦文夫・高橋紘士・田端光美・古川孝順編，ドメス出版）刊行．
	6／15．「学会ニュース」30号発行．
	7／6．2002年度第1回理事会において「ヒトゲノム（脳死・臓器移植を含む）に関する特別委員会」「倫理と社会福祉学に関する常置委員会」設置について審議され，委員を委嘱し，検討することとなった．
	7／25．『講座　戦後社会福祉の総括と21世紀への展望　Ⅳ実践方法と援助技術』（仲村優

561

第Ⅴ部　資 料 編

	一・窪田暁子・岡本民夫・太田義弘編，ドメス出版）刊行。
	10／5．「学会ニュース」31号発行。
	10／26～27．第50回記念大会〈日本社会事業大学〉　◎大会テーマ「21世紀社会福祉学の将来像」　後援：東京都・清瀬市・東京都社会福祉協議会・清瀬市社会福祉協議会，日社大をかこむ地域福祉連絡会　大会記念講演：「日本人の心」梅原猛（ものつくり大学総長）　大会記念シンポジウム「福祉の世紀，女性の時代」　司会：長尾立子（日本社会事業大学理事長・全国社会福祉協議会会長）　シンポジスト：太田房江（大阪府知事）／潮谷義子（熊本県知事）／堂本暁子（千葉県知事（ビデオ参加））。学会企画シンポジウムⅠ「社会保障制度改革と社会福祉の将来像」　司会：京極高宣（日本社会事業大）　シンポジスト：阿藤誠（国立社会保障・人口問題研究所）／大森彌（千葉大）／樋口恵子（東京家政大）／河幹夫（前厚生労働省参事官）　コーディネーター：阿部實（日本社会事業大）　同シンポジウムⅡ「ソーシャルワークとケアワークの協働の方向性」　司会：福山和女（ルーテル学院大）　シンポジスト：西原雄次郎（ルーテル学院大）／野川とも江（埼玉県立大学）／浅野正嗣（刈屋総合病院）　コメンテーター：山崎美貴子（明治学院大）　コーディネーター：福山和女（ルーテル学院大）　日本社会福祉学会・韓国社会福祉学会学術交流シンポジウム「日韓の社会福祉学の現状と課題―共同研究への模索―」　シンポジスト：Dr Choi Sung Jae（ソウル国立大，韓国社会福祉学会会長），Dr. Lee Young Bun（建国大，韓国社会福祉副会長），井岡勉（同志社大，日本社会福祉学会研究担当理事），Kee-Bok Eom（東洋大大学院，在日社会福祉学専攻留学生会）　コーディネーター：黒木保博（同志社大）。　国際フォーラム「アジアのドラマ―高齢者の健康・生きがい・長寿とQOL―」，同フォーラムⅡ「高齢者介護システムとケアマネージメント―ケアの質の向上を求めて―」。学会員による自由研究発表319，ポスター発表47，自主企画シンポジウム14。参加者約1800名。
	10／27．総会〈日本社会事業大学〉2001年度事業報告，2003年度事業計画案の承認。日本社会福祉学会と韓国社会福祉学会との間に「社会福祉に関する研究交流の推進に関する覚書」調印を承認。「日本社会福祉学会賞創設企画委員会」設置承認。一番ヶ瀬康子，柏木昭，小松源助の3会員を名誉会員とすることを承認。
	12／-．日本社会福祉学会機関誌『社会福祉学』の規定変更　執筆要項適用（①年3号発行体制，②投稿者は前年度中に学会会員資格を得る，③投稿原稿の字数の条件を厳格に，④中途文献を分離，文献の引用法を全面的に変更等）。
2003 平15	2／25．「学会ニュース」32号発行。
	5／2～3．韓国社会福祉学会春季学術大会（大会テーマ「ノムヒョン政府にのぞむ社会福祉政策」〈Seongkyunkwan大学〉）に日本社会福祉学会代表として山崎美貴子研究担当理事ならびに大友信勝庶務担当理事参加。
	5／3．韓国社会福祉学会春季学術大会2日目に日韓研究交流シンポジウム開催。第1テーマは「日韓両国の社会福祉政策の歩みと特徴」，今後のあり方に関わる「福祉主体の役割と課題」が検討された。大友勝信理事「戦後日本の社会福祉政策における中央政府と地方政府の役割変化」，Bak Jong Man教授（全北大学校）発表。コーディネーター：Kyungbae Chung博士（韓国福祉経済研究院長）。第2テーマは「公的部門と民間部門の協力体系」が共通課題。山崎美貴子理事「公的セクターと民間セクターとのパートナーシップ」と題して発表。韓国側発表はKim Young Jong博士（Kyongu Sung大学）。コーディネーター：パ

資料8　日本社会福祉学会年表

	クジョンラン博士（仁済大学校）。参加者約100名。
6／10.	「学会ニュース」33号発行。
7／31.	『社会福祉学』Vol.44-1号（通巻68号）より機関誌は，1年1巻3号発行となる。
9／25.	「学会ニュース」34号発行。
10／11～13.	第51回大会〈四天王寺国際仏教大学〉　◎大会テーマ「21世紀社会福祉の価値と倫理」　記念講演：「福田思想と社会福祉の原点」瀧藤尊教（元和宗総本山四天王寺第105世管長）　シンポジウム：「21世紀社会福祉実践の価値と倫理」　コーディネーター：中垣昌美（四天王寺国際仏教大）　シンポジスト：太田義弘（関西福祉科学大）／川村隆彦（城西国際大）／平塚良子（大分大）　コメンテーター：秋山智久（第一福祉大）　参加者：事前申込で756名，自由研究発表（口頭発表273，ポスター発表31，自主企画シンポジウム9）。
10／12.	総会　1．2002年度事業・決算報告および監査報告。2．2003年度補正予算案。3．2004年度事業計画および予算案。4．名誉会員の推挙（大坂譲治，窪田暁子両会員）。5．「日本社会福祉学会理事及び監事選出規則」改正案。6．日本社会福祉学会創立50周年記念事業（①50周年式典・シンポジウム・記念パーティー　②『日本社会福祉学会賞』（仮）の創設　③『日本社会福祉学会50年史』（仮）の刊行）　7．「日本社会福祉学会規約」改正案　8．その他〔協議事項〕「日本社会福祉学会研究倫理指針」案について。＊6の②については，学会創立50周年記念事業の一環として日本社会福祉学会賞（学術賞・奨励賞）が創設されることになり，「日本社会福祉学会賞設置要綱」（2003年10月10日）を承認。
12／1.	「学会ニュース」35号発行。

注1：本年表の作成にあたっては，資料として日本社会福祉学会所蔵の『社会福祉学』，『各大会要旨集』，「総会議案書」，「学会ニュース」等を使用した。
注2：事項の記述にあたっては大会のあとの〈　〉内は大会開催会場，報告者等のあとの（　）内は，所属とした。
注3：機関誌『社会福祉学』の発行については毎年記載せず，特記の必要のある際に記した。各年の刊行については第Ⅴ部資料編〔資料4〕参照。

編集後記

　『社会福祉学研究の50年』は，日本社会福祉学会50周年を記念して編纂された。2001年8月23日に，第1回編纂委員会は開催され，毎月編纂委員会を重ねることとした。すでに本書の冒頭に，本書刊行を計画された大橋謙策会長の「刊行にあたって」に続いて「編纂の視点と枠組み」について編纂委員会として述べているので，編纂方針についてはそちらを参照していただきたい。
　編纂委員会の構成は以下の通りである。
　日本社会福祉学会50年史編纂委員会委員
　◎宇都　榮子（専修大学教授）
　　遠藤　久江（聖隷クリストファー大学教授）
　　杉村　　宏（法政大学教授）
　　田澤あけみ（常磐大学教授）
　　平戸ルリ子（東京家政大学助教授）
　＊古川　孝順（東洋大学教授）
　＊牧里　毎治（関西学院大学教授）
　　〔◎＝委員長　＊＝日本社会福祉学会50年史編纂担当理事（2001年8月～2001年10月　古川孝順，2001年10月～現在　牧里毎治，なお，古川孝順は担当理事を交替した後は編纂委員として参加）〕
　最初，学会渉外担当理事として編纂委員に加わっていただいた古川孝順委員には，本書第Ⅲ部に収載された聞き書きの司会のみで他に執筆いただいていないが，編纂委員会の中で編纂方針にかかわる貴重な意見を出していただいたことを記しておきたい。

　できるだけ原資料にあたって記述することをめざしたが，学会創立初期の資料については設立趣意書，設立総会，第1回大会についての文書資料は残って

いなかった。幸い，学会創立25周年，30周年を記念して計画された座談会，対談が機関誌『社会福祉学』に掲載され，学会創立に至る経過，学会設立にかかわる学問的流れ，学会設立の呼びかけ，創立準備にかかわった人びと，学会名称の決定の過程など学会創立に至る経過や，学会の社会的活動，学会創立に貢献した故人について明らかにされていたので，これらから創立から30周年にいたるところまでたどることができた。この座談会，対談については本書に再録させていただいた。

さらに，創立時の「日本社会福祉学会規約案」，「日本社会福祉学会第2回臨時総会並びに研究発表会開催要綱」，「日本社会福祉学会第3回総会要綱」，「日本社会福祉学会第4回総会要綱」などの学会初期の研究活動を物語る資料のコピーを，阿部志郎名誉会員からご提供いただいた。また，設立総会，設立準備委員，並びに設立総会から第19回大会までの写真資料ならびに創立時の『日本社会福祉学会名簿』を，秋山智久会員からご提供いただいた。学会初期を物語る貴重な資料をご提供いただいたお二人に感謝申し上げたい。

秋山会員ご提供の資料はもともと故岡村重夫名誉会員ご所蔵のものであったということである。故岡村重夫名誉会員は，吉田久一名誉会員とともに，日本社会福祉学会生みの親といっていい方である。特に記しておきたい。

また，今回，吉田久一名誉会員には，学会初期のことについて聞き取り調査にご協力いただいたが，25周年を記念して行われた座談会，30周年を記念しての岡村重夫氏との座談会の内容との重なりがあり，本書に収録できなかった。しかし，本文中で引用させていただいた。感謝申し上げたい。

学会そのものの通史に加えて，各地方部会史を跡づけておくことも大切だと考え，部会関係者にご協力をお願いしたが，各部会の貴重な機関誌などをご提供いただくことができた。後掲した資料がそれである。

執筆に際し参考・引用した主な資料，資料編等の担当者は以下の通りである。
　1．参考・引用した主な資料
　　① 日本社会福祉学会
　　　『社会福祉学』，『大会発表要旨集』，「学会ニュース」，「総会議案書」，

『日本社会福祉学会会員名簿』，学会事務局所蔵の各種事務書類綴
  ② 地方部会
    『北海道社会福祉研究』，『東北社会福祉研究』，「関東部会会報」，「関東部会・会報」，『日本社会福祉学会関東部会紀要』，『社会福祉研究論文集』（関東部会），『社会福祉学評論』（関東部会），「ニューズレター」（関西部会），『九州社会福祉研究』等
2．資料編等の担当者
第Ⅳ部地方部会史年表（本文執筆者以外の担当者）並びに，第Ⅴ部資料編の担当者は以下の通りである。
  ① 第Ⅳ部　地方部会史年表
      関東部会年表　宇都　榮子
      中部部会年表　平戸ルリ子
      関西部会年表　田澤あけみ
  ② 第Ⅴ部　資料編
      〔資料1〕日本社会福祉学会規約，〔資料4〕創立時日本社会福祉学会会員名簿，〔資料5〕機関誌『社会福祉学』総目次，〔資料8〕日本社会福祉学会年表（1954年度～2003年度）　宇都　榮子
      〔資料2〕日本社会福祉学会・歴代役員　小林萬里子・宇都　榮子
      〔資料3〕日本社会福祉学会会員数の変遷　田澤あけみ
      〔資料6〕日本社会福祉学会出版物一覧　遠藤　久江

収載した写真は，日本社会福祉学会所蔵のものと先に述べた秋山智久会員ご提供のものに加えて，右田紀久恵，岡本民夫，中垣昌美，吉澤英子の学会会員諸氏からのご提供によるものである。

本書の編纂にあたり，先にあげた方がた以外に以下の皆様が，聞き取り調査，資料提供等に快く応じて協力してくださった（50音順，敬称略）。
　　畦地　利枝　　泉　　順　　上野谷加代子　　内田　節子　　大坂　譲治
　　太田　義弘　　小倉　襄二　加登田恵子　　菊池　義昭　　小林　理

小原　真知子	小森　有記	重田　信一	下田　　正	鈴木　幸雄
谷藤　正郎	豊島　　律	長崎　和則	中嶋　和夫	野田　正人
福山　和女	松井　二郎	溝渕　智則	村社　　卓	山本啓太郎

　第Ⅰ部は，日本社会福祉学会歴代代表幹事，会長に寄稿していただいた。仲村，阿部，三浦三氏の論稿は，『講座戦後社会福祉の総括と二一世紀への展望Ⅱ　総括と展望』（ドメス出版，2002年）に所収された論文を加筆訂正されたものであるが，ドメス出版には本書への転載をご快諾いただいた。

　学会50年史編纂にあたり，資料の整理，入力作業，聞き取りテープの起こし作業などをして下さった小泉亜紀会員に感謝申しあげたい。さらに一瀬通子氏には部会年表の整理でご協力いただいた。

　学会事務局の小林萬里子氏，村上トシ子氏，林伸子氏には，大変お世話になったが，特に小林萬里子氏には編纂委員会に毎回遅くまでつきあっていただき，資料作成にもご協力いただいた。心より感謝申し上げたい。

　また，ミネルヴァ書房杉田啓三社長をはじめとする同社の皆様には大変お世話になった。出版企画部部長戸田隆之氏，編集部堂本誠二氏には，東京まで出向いて本書出版の具体化にご尽力いただき，出版企画部堺由美子氏には本書編纂に最後まで根気強くつきあっていただいた。深甚の感謝の念を捧げると共に，あらためて関係者の皆様に感謝の意を捧げたい。

　地方部会の会報や機関誌，各種文書資料，写真資料等，本書編纂にあたって蒐集した資料をいかに保存していくかも今後の課題として残った。本書刊行をきっかけに日本社会福祉学会史をさらに深めていく研究活動が進むことを望みたい。また，本書が，学会創設に尽力された先輩諸会員が本学会において果そうと意図された研究活動をさらに発展させ，社会福祉学研究を深めることにつながればと願っている。

　　2004年9月20日

　　　　　　　　　　　　　　日本社会福祉学会50年史編纂委員会委員長　宇都　榮子
　　　　　　　　　　　　　　日本社会福祉学会50年史編纂担当理事　　　牧里　毎治

人名索引

あ行

赤木正典　436
秋山智久　160, 178, 179, 195, 271
浅賀ふさ　9
足利義弘　195
穴山徳夫　288
阿部志郎　7, 34, 35, 165, 167, 177, 189, 190, 192, 195, 198, 324
天達忠雄　9
荒波聖　460
飯塚鉄雄　145
井岡勉　195, 197
池川清　93, 283
池田敬正　33, 159, 425
池田太郎　91
池田ヒロ子　460
石井哲夫　192, 304, 389
石黒チイ子　171
泉順　458
磯村英一　9, 94, 106, 109, 121, 198, 211, 218, 219, 238, 239, 270, 285-287, 299, 312, 389
市瀬幸平　454
一番ヶ瀬康子　27, 33, 119, 121, 134, 138, 145, 146, 149, 150, 160, 161, 164, 165, 167, 168, 176, 188, 189, 191, 194, 198, 205, 210, 211, 214, 275, 302, 303, 308, 311, 323, 324, 331, 332, 389
伊藤博　340
糸賀一雄　18, 91
伊部英男　9
今岡健一郎　9, 99, 109, 215
岩下壮一　10
ウィルソン, ドナルド・V.　98, 213, 215, 251, 275

植田美佐恵　461
上野博子　149, 150
上野谷加代子　207
牛窪浩　121, 129, 130, 240, 241, 389
右田紀久恵　165, 167, 259, 321, 421, 425-427
内田節子　436, 439
内田守　249, 269, 454, 458
宇都榮子　86, 271, 302, 323
浦辺史　9, 111, 135, 139, 140, 145, 149, 150, 160, 161, 167, 168, 177, 198, 292, 304-308, 315, 317, 329, 407
江口英一　42, 114, 155, 286
江沢繁　340
蛯江紀雄　436
遠藤久江　136, 302, 323, 367, 388
大内兵衛　134, 245, 293
大久保満彦　389
大河内一男　5, 9, 27, 104, 123, 134, 219, 238, 245, 247, 276, 278, 281-283, 286, 290, 293, 327, 328, 388
大坂譲治　198, 370
大坂鷹司　10
太田義弘　340, 343
大塚久雄　327
大友信勝　165, 205
大橋謙策　ii, 63, 69, 196, 208, 332
大畠たね　389
岡田武世　462
岡田藤太郎　308, 436
岡村重夫　vi, 9, 29, 33, 46, 65, 67, 68, 70, 92, 93, 101-103, 105, 106, 107, 111, 118, 120-122, 125, 128, 130, 135, 160, 198, 210, 236, 243, 271, 285, 302, 303, 319, 321, 325, 326, 423, 426, 427
岡村周美　99

569

岡本栄一　425, 461
岡本民夫　195, 269, 454, 458
小川太郎　142
小川利夫　121, 247, 283
小川政亮　93, 99, 105, 106, 118, 121, 132, 142, 145, 176, 198, 226, 229, 232, 236, 245, 258, 261, 293, 311, 312, 325, 389
奥村忠雄　108, 121, 231, 238, 279, 286, 287, 423
奥山典雄　436
小倉襄二　42, 92, 121, 147, 198, 214, 426, 427
小田兼三　71, 195
音田正己　246, 277, 279, 293

　　　　か　行

柿本誠　460
籠山京　42, 111, 134, 244, 245, 293, 338, 340
葛西清童　454
葛西嘉資　9, 287
柏木昭　149, 150, 198, 313
加藤幸枝　427, 460
神岡浪子　389
上村哲弥　99
川合章　145
川口弘　408
川田貞治郎　10
菅支那　9, 99, 319, 388
菊池勇夫　219, 276, 278
菊池正治　99, 461
鬼崎信好　461
岸勇　110, 117, 121, 123, 238, 280
木田徹郎　3, 9, 30, 42, 65, 93, 105, 111, 118, 120, 121, 125, 127, 134, 146, 229, 236, 243, 245, 254, 257-261, 270, 281, 285, 287, 294-296, 303, 319, 326
北川隆吉　145, 146, 167, 168, 312
喜多祐荘　340
金聖二（キム・ソンイ）　197
木村忠二郎　8, 9, 150, 222, 232, 258, 283, 287
京極高宣　33, 164, 176, 177, 309

窪田暁子　180, 194, 198
栗田明良　439
黒川昭登　291
黒木利克　8, 9, 65, 93, 118, 120, 287, 288
黒木睦郎　460
桑畑勇吉　121, 423
小出省吾　261
郷地二三子　461
孝橋正一　vi, 9, 29, 33, 43, 92, 105, 108, 121, 128, 219, 221, 226, 238, 243, 253-256, 261, 278, 279, 283, 294, 326, 426, 427
児島美都子　44, 149, 150, 198, 305, 408
後藤清　219, 276, 278
後藤平吉　340, 341
小沼正　171, 175
小松源助　70, 105, 147, 167, 168, 198, 210, 258, 328
五味百合子　9
小山進次郎　9, 287
小山隆　201, 260, 281
小山秀夫　189
近藤理恵　439

　　　　さ　行

西郷泰之　192
斉藤勇一　99
佐伯眞雄　367
坂田周一　201
坂野純子　439
阪野貢　99
佐口卓　129, 130, 240, 241, 389
雀部猛利　92, 111, 121, 126, 244, 427
定藤丈弘　458, 460
佐藤敦子　150
佐藤進　167-169, 171, 192, 198
佐藤文男　389
真田是　33, 42, 43, 93, 134
澤井勝　188
潮谷愛一　454, 460
潮谷総一郎　454

重田信一　*9, 94, 101, 168, 198, 214, 247, 277*
宍戸健夫　*177*
四宮恭二　*107, 217, 236, 256, 286, 287, 326*
柴田善守　*126, 131, 214*
柴山悦子　*460*
嶋田啓一郎　*9, 30, 32, 65, 68, 105, 121, 125, 128,*
　　　129, 149, 150, 198, 210, 219, 236, 294, 308, 309,
　　　324-326, 410, 426
清水義弘　*389*
下川誠一　*460*
白沢久一　*340*
白澤政和　*201*
杉村宏　*112, 302, 323, 338*
鈴木幸雄　*340*
硯川征時　*460*
隅谷三喜男　*247, 290, 388*
左右田喜一郎　*10*
副田義也　*42*
園直樹　*121*

た　行

高木四郎　*389*
高木俊明　*191*
高澤武司　*163, 176*
高嶋巌　*10*
高島進　*33, 43, 147, 160, 162, 164, 194, 195, 210, 211,*
　　　214, 290, 302, 322, 323, 407
高田眞治　*164, 192*
高野史郎　*42, 150*
高橋憲二　*439*
高橋重宏　*201*
高橋紘士　*164*
高林秀明　*439*
高森敬久　*305, 408*
高山武志　*340*
田川大吉郎　*218*
竹内愛二　*8, 9, 29, 92, 105, 111, 121, 125, 126, 135,*
　　　160, 210, 211, 215, 216, 219, 224, 228-230, 234,
　　　236, 239-243, 250, 254, 264, 266, 268, 269,
　　　271-273, 276, 284, 291, 293, 294, 296, 319, 326,
　　　426, 427
武田良三　*389*
武智紀制　*438*
竹中勝男　*8, 9, 92, 121, 215, 227, 234, 257, 259, 272,*
　　　276, 426, 427
田澤あけみ　*156, 302, 323, 454*
田代国次郎　*367, 368*
田代不二男　*368*
田中邦太郎　*94*
田中卓　*246, 293*
田中昌人　*177*
田中嘉男　*93*
谷勝英　*194*
谷川貞夫　*8, 9, 96, 103, 104, 111, 120, 216, 220, 233,*
　　　240, 241, 247, 268, 272, 273, 276, 279, 280, 326,
　　　388, 389
田端光美　*164, 195*
田村一二　*91*
田村操　*149*
田村米三郎　*92, 105, 107, 121, 217, 229, 236, 248,*
　　　254, 256, 257, 274, 285, 286, 294, 295, 319, 325,
　　　426, 427
筑前甚七　*192, 251, 368*
中鉢正美　*42, 44, 106, 111, 120, 121, 134, 231, 245,*
　　　279, 286, 293, 389
塚本哲　*232, 287*
津田光輝　*171*
筒井澄栄　*439*
角田ハマ　*454*
土井洋一　*159*
栃本一三郎　*195*
戸丸敦子　*460*
富田恵子　*200*
富田輝司　*196*
富田富士雄　*111, 120, 121, 389*
豊福義彦　*195*

な 行

永井道雄　*313*
永岡正己　*92, 163, 165, 423, 425, 427*
長崎和則　*439*
中嶋和夫　*437, 439*
中島重　*266, 267*
中園康夫　*436*
中谷茂一　*201*
永田幹夫　*50, 168, 278*
中村幸太郎　*257, 295*
中村遙　*10*
仲村優一　*2, 4, 5, 9, 68, 101, 105, 109, 112, 117, 134, 147, 149, 154, 157, 160, 167, 168, 171, 189, 194, 198, 214, 229, 238, 247, 250, 277, 278, 283, 287, 296, 304, 309, 311, 313, 323, 332, 389*
中本博通　*125-127, 242, 243, 293*
那須宗一　*307*
生江孝之　*9, 319, 320*
成瀬龍夫　*410*
西内潔　*215*
ネフ, ネルソン　*215, 221, 222, 227*
野村健　*343*

は 行

萩原清子　*188*
長谷川喜千平　*94*
長谷川保　*10*
長谷川良信　*9, 10*
服部克己　*121, 232, 287*
咸世南（ハム・セナム）　*197*
浜田光雄　*215, 216*
早崎八洲　*111, 272, 288*
林雅孝　*460*
原泰一　*284*
原鉄哉　*194*
東田英夫　*109, 135, 245, 274*
土方康夫　*177*
平泉澄　*293*
平田富太郎　*248, 282, 290, 388*
平戸ルリ子　*182, 302, 323, 436*
平野恒　*10*
平林徳三　*105, 236, 257, 286, 295*
平山尚　*196*
平吉義治　*454, 460*
福武直　*329, 330*
福田垂穂　*45, 149, 325*
福田徳三　*10*
藤井悟　*439*
藤本武　*134*
藤森閑一　*145*
船曳宏保　*33, 460*
ブルーガー, フローレンス　*213, 215, 272, 275*
古川孝順　*5, 33, 43, 137, 164, 302, 458*
古瀬徹　*340*
星野信也　*33, 37, 326*
保田井進　*195*
穂積重遠　*95, 275*

ま 行

牧賢一　*9, 94, 127, 211, 218, 285, 389*
牧里毎治　*419*
牧野英一　*10*
増田雅暢　*192*
町井晶子　*436*
松井二郎　*33, 165, 167*
松尾誠次郎　*286, 460*
松崎久米太郎　*171, 283*
松島正儀　*10, 388, 389*
松田豊　*460*
松原一郎　*192*
松本栄二　*121*
松本潤一郎　*219*
松本征二　*99*
松本園子　*205*
松本武子　*4, 247, 389*
丸尾静香　*149*
丸尾直美　*189*

丸山博　123
三浦かつみ　94, 389
三浦賜郎　272
三浦文夫　32, 33, 40, 43, 44, 49, 54, 160, 162, 164, 167, 168, 177, 188, 189, 206, 308, 309, 321, 325
三代浩肆　149, 150
三谷謙一　195
宮田和明　33, 92, 165, 167, 188, 197, 410
宮田康三　439
宮本憲一　42
三吉明　135, 338, 340
三好豊太郎　9, 110
三和治　171, 175
村社卓　439
村田松男　287
村松義郎　94
室田保夫　427
森本佳樹　201
森洋介　439
森脇要　99, 389

や　行

八重樫牧子　440
矢嶋真希　73

安田巌　99
山下袈裟男　171
山下徹夫　458
山田雄三　177
山中篤太郎　10
山本啓太郎　427
横井寿之　340
横山定雄　101, 103, 105, 121, 126, 210, 213-215, 239, 244, 247, 277, 290, 294, 297, 298, 301, 325, 388, 389
吉田久一　4, 9, 30, 31, 33, 41, 42, 93, 94, 101, 103, 105, 110, 111, 121, 123, 125-128, 132-135, 138-140, 160, 198, 210, 211, 236, 243, 244, 271, 302, 325, 326, 388, 393
吉見静江　99
吉本哲夫　150
米山桂三　247

ら・わ行

若林龍夫　9, 99, 127, 254, 261-263, 292, 319, 388, 391
鷲谷善教　121
渡辺栄　263
渡辺洋三　247

事項索引

あ行

秋田県社会福祉研究会　368
朝日新聞厚生文化事業団　216, 217, 273
朝日訴訟　17, 116, 133, 134, 327
アジア社会福祉学会　34, 36, 196
医療ソーシャルワーカー　153, 312, 313
医療福祉士（法）　144, 152, 313, 422
岩手県ソーシャルワーカー協会　368
インテグレーション　19, 294
運動論　iv, 139, 164, 305, 316, 328
エコロジカルアプローチ　70
SCM　266
NPO　21, 37, 316
エンゲル係数　122, 230
エンゼルプラン　185, 190
大河内社会事業　228
大河内理論　282, 302, 303, 426
『大阪社会事業』　221
大阪社会事業学校　284
大阪社会事業短大（大阪社大）　423
大阪社会福祉協議会　92, 96
『大阪社会福祉研究』　92, 93, 100, 102, 108, 110, 111, 221, 421
大阪ソーシャルワーカー協会　422
大阪ボランティア協会　273
岡村理論　2, 220, 423
岡山県ソーシャルワーカー協会　438

か行

介護支援専門員　205
介護システム　189
介護対策検討会報告書　185
介護福祉士　72, 177, 207
介護保険（制度）　iii, 6, 19, 36, 37, 63, 184, 187-192, 197, 393
　——事業計画　68
介護保険法　61, 68, 206
階層論　286
皆保険皆年金　41, 44, 114, 115
科学的社会事業　267, 297
『科学的社会事業入門』　225
学園紛争　262
学問思想および教育の自由に関する決議　245
「学会ニュース」　196, 201-203, 205, 208
活力ある福祉社会　170
家庭裁判所調査官　135, 149, 155
家庭児童相談室　288
還元金　142, 203, 340
韓国社会福祉学会　27, 197, 336
関西社会事業教育懇話会　101, 272, 419
関西社会事業教育連盟　100, 101, 108, 216, 229, 236, 419
　——会長　105
　——事務局　427
関西社会福祉学会　94, 98, 101, 203, 216, 222, 273, 419, 420
　——規約　424
関西部会　142, 189, 195, 203, 419, 420, 423, 426, 454
関東部会　141, 142, 194, 247, 290, 388-392, 454
機関委任事務　65, 68
基金募集委員　127
岸-仲村論争　117, 238
技術論　iv, 4, 128, 130, 279, 294, 303-305
救護法　89
救済並び福祉計画の件（SCAPIN404）　7, 87
『九州社会福祉研究』　459, 460, 461
九州社会福祉研究会　305, 457, 459, 460-462

574

事項索引

『九州社会福祉研究紀要』 461
九州部会(九州支部) 142, 189, 195, 305, 454, 458, 460, 461, 462, 463
行財政改革 167, 169, 170, 176
共同募金 92, 187
居住福祉 316
居住福祉学会 317
緊急保育対策等5か年事業 183
近代社会事業研究会 244, 253
金曜会 94, 101, 214, 277-279
『熊本社会福祉研究』 457, 461, 462
熊本社会福祉研究会 462
グループワーク 130, 219
ケアワーカー 68, 72, 146, 312
ケアワーク 66, 207
警察官職務執行法(改正) 132, 245, 292
『ケースウォークの理論と実際』 264, 297
ケースワーク 3, 130, 219, 231, 233, 238, 262, 265, 267, 268
『ケース・ワークの技術』 264, 268
『月刊福祉』 106, 225, 226, 300
憲法25条 10, 27, 88, 122, 133
権利擁護 152, 190, 193
合計特殊出生率 183
公私分離原則 47
公私問題 47, 169
公私役割分担論 53
『厚生』 120
厚生行政基礎調査(報告) 113, 115
厚生事業 8, 226
『厚生白書』 17, 113, 119, 124, 248
公的扶助 17, 87, 112, 117, 118, 137, 174
孝橋理論 2, 421, 423
高齢化社会特別委員会 146
高齢社会福祉ビジョン懇談会 185
高齢者保健福祉推進十か年戦略(ゴールドプラン) 56, 182, 189, 190
ゴールドプラン21(今後の5か年間の高齢者保健福祉施策の方向) 184

国際社会事業会議 28, 111, 121, 135, 242
国際社会事業教育会議 111
国際社会福祉会議 156, 255
国際障害者年 18, 50
国際比較研究委員会 34, 195
国民健康保険(制度) 114, 138
国民助け合い運動 92
互酬性 15
国家試験 310, 311, 320, 329, 330
国庫補助金一律削減 175
国庫補助金等の整理合理化 171
国庫補助率(削減) 112, 161
コミュニティ・オーガニゼーション 130, 301
コミュニティケア 13, 46, 47, 49, 50, 70
コミュニティソーシャルワーク 71
米騒動50周年記念 290
コロニー 18, 368
「今後の子育て支援のための施策の基本的方向について」 183
「今後の社会福祉の在り方について」 182

さ 行

psychological era 239
在宅福祉 50, 53
――サービス 50, 68
最低生活保障 7, 87, 117
作業療法士 72, 144
三火会 93, 211
シーボーム報告 70
ジェネラル・ソーシャルワーク 70
――アプローチ 72
支援費制度 187
資格制度 144, 146, 148, 177, 182, 204, 310, 311, 329, 330
資格問題 66, 141
施設ケア 46
『慈善』 106, 225
『思想』 138, 303
市町村地域福祉計画 187

指定介護事業所　205
児童福祉改革　189, 191, 192
児童福祉法　7, 37, 88-91, 184, 222, 283
児童福祉法改正問題　189, 409
児童福祉法要綱案　89
児童扶養手当　138
児童保護事業　89
市民参加型福祉サービス　15
社会救済　87
社会事業　117
『社会事業』　93, 94, 96, 98, 99, 104, 106, 109, 118, 120, 220, 226
社会事業教育懇話会　93, 98, 99, 101, 213, 275, 276
社会事業教育連盟　94, 222, 264, 272-274, 288
社会事業研究会　91, 214, 217, 280, 298
社会事業研究サロン　94
社会事業研究所　94, 98, 101, 213, 214, 216, 219, 220, 232, 233, 275-277, 282, 284, 319, 326, 328
社会事業研究発表会　94, 104, 275
社会事業史学会　37
社会事業事例研究会　94, 101, 102, 216, 290
『社会事業年鑑』　276
社会事業文献賞　214, 277
社会事業法　92, 225
社会事業本質論争→本質論争
社会政策学会　29, 106, 111, 123, 134, 211, 231, 237, 245, 286, 426
社会福祉改革　187-189, 197, 204
社会福祉解体論　306, 307, 328
『社会福祉学』　124, 126, 131, 141, 160, 166, 167, 176, 178, 180, 192, 454, 461
『社会福祉学評論』　391, 393
社会福祉学助成振興委員会　207
社会福祉関係三審議会　177
社会福祉関係八法改正　54, 56, 61, 63, 68, 182, 183, 188
社会福祉基礎構造改革　i, iii, 21, 61, 64, 182, 185, 186, 190-192, 333
社会福祉教育カリキュラム検討委員会　141,

371
社会福祉教育懇談会　178
社会福祉教育調査委員会　179
社会福祉・九州支部研究会　458
社会福祉系学会連絡協議会　82
『社会福祉研究』　177, 222, 227, 265, 300
社会福祉研究者実態調査　206
社会福祉士　10, 71, 72, 177, 207, 332
社会福祉士及び介護福祉士法　56, 58, 68, 154, 166, 175, 204, 309, 310, 324, 391
社会福祉事業法　68, 90, 92, 93, 167, 222, 283
社会福祉士法制定試案　45, 58, 147, 149, 150, 153-155, 175, 309, 324, 328, 371
社会福祉施設解体論　139
社会福祉施設緊急整備5カ年計画　47
社会福祉実習教育中国四国研究協議会　438
社会福祉制度改革　57, 67, 189, 192, 193, 409
社会福祉専門職　147-149, 156, 177
　──化問題　45, 66
　──問題検討委員会　66, 150, 151
社会福祉と諸科学　129, 239, 244, 249, 294
社会福祉法　64, 69
社会福祉法人　187, 205
社会福祉本質論争→本質論争
社会福祉労働論　305, 311
社会福祉六法　19, 29, 41, 43, 114, 116, 138, 147, 158, 163, 167
社会保障制度審議会　88, 115
「社会保障制度の推進に関する勧告」　137
障害者プラン（ノーマライゼーション7か年戦略）　184, 190
自立生活運動　51
新エンゼルプラン　184
新ゴールドプラン　185
心身障害者福祉対策研究委員会　175
身体障害者福祉法　7, 19, 89
SCAP（連合軍最高司令部）　273, 274, 295
SCAPIN775　92
生活権　158, 170

576

事項索引

――保障　27
生活構造論　42
生活困窮者緊急生活援護要綱　87
『生活と福祉』　120
生活保護　iii, 44, 112, 114, 116, 158, 287, 327, 341
　　――基準　88, 116, 122, 123, 133, 327
　　――適正化　114, 116, 118, 119, 124
　　――等国庫負担削減　170, 171, 174
生活保護法　7, 87-90, 93, 98, 196
政策論　iv, 4, 128, 294, 303, 304
精神薄弱者福祉法　19, 30, 116, 138
精神保健法　138
精神保健福祉士　313, 331, 332
精神保健福祉士法　206
生存権　10, 158, 169, 226, 300
　　――保障　86, 88
制度論　130
折衷主義　259
設立趣意書　105
全国公的扶助研究会　44, 149, 150, 368
全国社会福祉協議会　94, 95, 119, 141, 165, 171, 176, 177, 243, 278, 306, 323, 326
全国障害者問題研究会　149, 150
戦災孤児等保護対策要綱　88
戦時厚生事業　220, 274
仙台基督教育児院研究　370
全日本民生委員連盟　91
専門社会事業　225
『専門社会事業研究』　224, 265, 269
専門職化　178
ソーシャルアクション　37, 316, 333
ソーシャル・アドミニストレーション　43, 323
ソーシャルケアサービス従事者養成・研修研究協議会　207
ソーシャルケースワーク　135
ソーシャルポリシー　317, 323
ソーシャルワーカー　65, 67-69, 72, 206, 323
　　――の資格　178
ソーシャルワーク（Social Work）　3, 27-29, 64, 66, 67, 70, 71, 74, 83, 223, 224, 256, 264, 285, 317, 322, 323, 332
『ソーシャル・ワーク』　224
ソーシャル・ワーク研究所　264

た　行

大学紛争　303, 304, 306
第三者評価　iii, 187, 335
対人福祉サービス　45, 48, 49
第2次臨時行政調査会　55, 167, 169
代表理事　140, 160, 180, 194, 240, 294, 306, 308, 340, 341, 407
団体委任事務化　158, 171
地域トータルケアシステム　70
地域福祉　13, 64, 71, 342
　　――計画　59, 64, 69
知的障害者福祉法　116, 138
地方自治経営学会　162
地方部会還元金　440
地方分権　20, 36, 64, 65, 158
中央共同募金会　92
中央社会事業委員会　89
中央社会事業協会　98, 328
　　――社会事業研究所　95
中央社会福祉協議会　91
中央社会福祉審議会　51, 66, 150, 151, 175, 177, 186, 324
　　――・老人福祉専門分科会　51
中国四国部会（中・四国部会）　142, 194, 436
中部部会　142, 189, 195, 407, 454
長寿社会対策大綱　56
低所得階層　43, 109, 112, 115, 120
鉄道弘済会　127, 245, 293
東京医療社会事業協会　149
東京都社会福祉協議会　147, 390
同胞援護会　91
東北児童福祉司会　142
『東北社会福祉研究』　369, 370
東北社会福祉合同セミナー　189, 371, 372

577

東北社会福祉史研究連絡会　370
東北ソーシャルワーカー協会　142, 367, 368, 370, 372
東北部会　141, 194, 367, 371, 372, 454
『都市問題』　120

な行

日本医療社会事業協会　81, 148-150, 254, 331, 332
日本介護福祉学会　58, 206, 321
日本介護福祉教育学会　58, 206
日本介護福祉士養成校協会　81
日本学術会議　i, 34, 38, 63, 64, 71, 75, 77, 81, 82, 142-146, 165, 166, 176, 180, 191, 194, 206, 309, 311, 312, 314, 324, 331, 332
　――経済政策研究連絡委員会　166
　――産業・国民生活特別委員会　312
　――社会福祉・社会保障研究連絡委員会　34, 71, 81, 82, 145, 146, 166, 180, 206, 309, 312, 391
　――社会学研究連絡委員会　145
　――社会法学研究連絡委員会　145, 166
日本居住福祉学会　317
日本キリスト教社会福祉学会　335
日本社会学会　106, 231, 235, 237, 247, 286, 290, 388
日本社会事業学会　104, 106, 211
日本社会事業学校　215, 284
日本社会事業学校連盟　28, 66, 80, 81, 111, 134, 148, 155, 165, 177, 200, 205, 207, 262, 291, 292, 310, 324
日本社会事業協会　91, 94, 99, 103, 104, 217
『日本社会事業大学四十年史』　87
日本社会福祉学　392
日本社会福祉学会
　――創立　106
　――の社会的活動　131, 207
『日本社会福祉学会関東部会・会報』　392
『日本社会福祉学会関東部会会報』　391
『日本社会福祉学会関東部会紀要』　392

日本社会福祉学会九州支部規約　454, 456
「日本社会福祉学会中国・四国部会会報」　440
『日本社会福祉学会中国四国部会研究発表論文集』　440
日本社会福祉教育学校連盟　80, 81
日本福祉教育・ボランティア学習学会　38
日本社会福祉士会　81
日本社会福祉士養成校協会　81
日本精神医学ソーシャル・ワーカー協会　81, 142, 148, 149, 150, 153, 254
日本精神保健福祉士協会　81
日本赤十字　127, 245
日本ソーシャルワーカー協会　81, 148, 149, 155, 177, 178, 250-254, 290, 310, 324, 331, 367, 409
　――東北支部　369
日本地域福祉学会　37, 59, 167, 200, 317, 409
『日本の貧困』　29, 119-121, 123, 239, 287, 319, 421, 422
日本PSW協会北海道支部　344
日本福祉文化学会　38
日本保育学会　111
任用資格　181
ノーマライゼーション　19, 50

は行

バークレイ報告　70
ハーフウエイ・ハウス　46
発達保障　91
原田積善会　127, 245
ヒューマン・リレーションズ協会　268
福祉改革　188, 189
福祉関係三審議会合同企画分科会　55
福祉元年　48, 167
福祉教育ボランティア学会　38
福祉国家　v, vi, 16, 30, 32, 164, 170
福祉センター構想　44, 66
福島県児童問題研究会　368
福島県社会福祉研究会　368
福島県ソーシャルワーカー協会　368

事項索引

福祉見直し　49, 156, 157, 167, 171, 176, 179, 343
　──論　13, 21, 48
富士記念財団　175
保育士法案　154
方法論　241, 248, 262, 267
ボーダーライン（階層）　17, 29, 42, 109, 119-121, 123, 124, 135, 137, 230, 286-288, 389, 422
ホームページ委員会　201
母子及び寡婦福祉法　116, 138
母子福祉法　19, 30, 116, 138
北海道MSW協会　344
北海道社会福祉学会　142, 338, 339, 343
北海道社会福祉協議会　342
『北海道社会福祉研究』　340, 341, 343
北海道社会福祉士会・介護福祉士会　344
北海道ソーシャルワーカー協会　343
北海道地域福祉学会　344
北海道部会　189, 338, 339, 454
本質論（争）　vi, 92, 93, 117, 165, 303, 306, 307, 327, 421

ま　行

マンパワー　45, 53, 65, 66
宮城県共同募金会　370
宮城県社会事業史研究会　368
名誉会員　i, 198

や　行

安田火災記念財団　195
山形県ソーシャルワーカー協会　368
養護学校義務化　145

ら　行

理学療法士　72, 144
リハビリテーション　51
臨床心理士　309
臨調行政改革　158, 159, 162, 168, 169
　第2次──　170, 171
倫理綱領　207
老人福祉法　17, 19, 30, 37, 116, 138
老人保健福祉計画　59, 68, 189, 190

《編者紹介》

日本社会福祉学会
(Japanese Society for the Study of Social Welfare)

連絡先　日本社会福祉学会事務局
　　〒160-0008　東京都新宿区三栄町8　森山ビル西館501
　　TEL　03-3356-7824　　E-mail　jsssw@jt2.so-net.ne.jp

社会福祉学研究の50年
——日本社会福祉学会のあゆみ——

2004年10月9日　初版第1刷発行	検印省略

定価はカバーに
表示しています

編　　者	日本社会福祉学会
発 行 者	杉　田　啓　三
印 刷 者	中　村　嘉　男

発 行 所　株式会社　ミネルヴァ書房
607-8494　京都市山科区日ノ岡堤谷町1
電話代表(075)581-5191番
振替口座01020-0-8076番

© 日本社会福祉学会, 2004　　　中村印刷・新生製本

ISBN4-623-04132-8
Printed in Japan